"十三五"普通高等教育本科规划教材

水资源规划及利用

主　编　门宝辉　金菊良
副主编　吴成国　张礼兵　林运东　孙艳坤

中国电力出版社
CHINA ELECTRIC POWER PRESS

内 容 提 要

本书是"十三五"普通高等教育本科规划教材。全书系统介绍了水资源规划及利用的基本原理和方法，主要包括水资源综合利用、水资源评价、水资源规划的系统分析方法、水资源供需水预测及其平衡分析、水资源优化配置、水资源规划的原理方法与工作流程、水能资源规划、水库综合利用、水环境保护规划与管理等内容并配有习题。

本书可作为高等院校水利水电工程、水文与水资源工程专业教材，还可供从事水利工程和市政工程的技术人员参考。

图书在版编目（CIP）数据

水资源规划及利用 / 门宝辉，金菊良主编 . —北京：中国电力出版社，2017.1

"十三五"普通高等教育本科规划教材

ISBN 978 - 7 - 5198 - 0104 - 5

Ⅰ.①水… Ⅱ.①门… ②金… Ⅲ.①水资源—水利规划—高等学校—教材 ②水资源利用—高等学校—教材 Ⅳ.①TV212 ②TV213.9

中国版本图书馆 CIP 数据核字（2016）第 304289 号

中国电力出版社出版、发行

（北京市东城区北京站西街 19 号　100005　http：//jc.cepp.com.cn）

三河市百盛印装有限公司印刷

各地新华书店经售

*

2017 年 1 月第一版　2017 年 1 月北京第一次印刷

787 毫米×1092 毫米　16 开本　24.5 印张　598 千字

定价 **50.00** 元

敬 告 读 者

前　言

　　水资源规划及利用是水文与水资源工程和水利水电工程专业的一门重要的专业课。通过对该课程的学习，使学生了解和掌握水资源规划方面的理论和方法，以及水资源开发利用方式等方面的知识，要求掌握水资源评价的概念及分类，包括地表水资源量、地下水资源量、区域水资源总量等的计算，以及区域水质分析评价等；掌握水资源需求预测的方法，包括生活、生产、生态需水的预测，掌握水资源供需分析方法，了解水资源优化配置的基本概念及方法，为将来从事水资源及水利水电工程相关领域的工作奠定基础。

　　本书是"十三五"普通高等教育本科规划教材，可作为高等院校水利类专业用书，也可作为水利工程及相关专业技术人员用书。全书内容有绪论、水资源综合利用、水资源评价、水资源规划的系统分析方法、水资源供需水预测及其平衡分析、水资源优化配置、水资源规划的原理方法与工作流程、水能资源规划、水库综合利用、水环境保护规划与管理。各章配有习题，有助于学生对课程内容的掌握。

　　本书由门宝辉和金菊良任主编，吴成国、张礼兵、林运东和孙艳坤担任副主编。各章节编写分工如下：门宝辉负责第一章、第三章、第十章，金菊良负责第四章、第六章，吴成国负责第九章，张礼兵负责第八章，林运东负责第二章、第五章，孙艳坤负责第三章、第七章，全书由门宝辉统稿。

　　犟霁、姚力玮、龙日尚参与了部分资料的收集整理和编写修改工作。

　　本书出版得到了华北电力大学教务处的大力支持，受到了中央高校教育教学改革专项暨华北电力大学重点专业建设项目、华北电力大学教学名师培育计划（第四期）以及华北电力大学（北京校部）2014 年教育教学改革项目（2014JG57）等资助，编者一并表示感谢！

　　本书在内容编写过程中参阅并引用了书后所列参考文献的相关书籍、规范和文章，在此表示衷心的感谢。

　　由于编者水平所限，对于教材中的不足之处，恳请读者批评指正。

编　者

2016 年 8 月

目 录

第一章 绪 论

第一节 概 述

水是生命之源，是人类赖以生存和发展的不可或缺的宝贵资源，是自然环境的重要组成部分，是生态系统中最活跃的因子，是经济社会可持续发展的基础条件。

随着人口与经济的增长，水资源的需求量不断增加，人类活动对水的干扰不断加剧，进而水环境不断恶化，水生态脆弱性不断显现，水资源短缺已经成为全球性问题。联合国在1997年《对世界淡水资源的全面评价》报告中指出："缺水问题将严重地制约21世纪经济和社会发展，并可能导致国家间的冲突。"

21世纪，世界面临的三大水问题为洪涝灾害、干旱缺水、水环境恶化，将严重影响到人类生活水平的提高、社会的稳定和经济的发展。

一、水资源定义

近几十年来，"水资源"一词在我国广泛流行，但对其内涵，却仁者见仁，智者见智，尚无公认的定论。究其原因，主要是：不同部门、不同行业对水资源的理解有差异；水的表现形式多种多样，如大气水、地表水、地下水、降水、土壤水等，且相互之间可以转化；水的物理、化学性质具有较强的地域性，它至少包含水量和水质两方面，这两方面在自然因素或社会因素影响下是可变的；水资源的开发利用，受自然因素、社会因素、经济因素、生态环境因素等多种因素的影响和限制，水资源利用效率由于上述诸多因素的影响不断地发生变化；水资源系统是一个复杂的开放的耦合系统，涉及众多的学科，如数学、物理学、化学、生物学、地学、气象学、水文学、地质学、环境学、生态学、伦理学等，并且与人类社会发展和生存环境相结合。

在国外，较早采用"水资源"这一概念的是美国地质调查局。1894年，该局设立了水资源处，其主要业务范围是对地表河川径流和地下水进行观测。1963年，英国通过了水资源法，在该法中将水资源定义为"具有足够数量的可用水"。1965年，美国通过了水资源规划法案，同时成立了水资源理事会（Water Resources Council），此时水资源具有浓厚的行业内涵。在《英国大百科全书》中，水资源被定义为"全部自然界任何形态的水，包括气态水、液态水和固态水"。此定义被广泛引用，这与英国大百科全书权威性有很大关系。在1998年，由联合国教科文组织（United Nations Educational，Scientific and Cultural Organization，UNESCO）和世界气象组织（The World Meteorological Organization，WMO）给出的水资源定义比较有影响，其定义是："作为资源的水应当是可供利用或有可能被利用，具有足够数量和可用质量，并可适合对某地为水的需求而能长期供应的水源。"

我国开发利用水资源的历史悠久，逐渐形成了比较完整且具有中国特色的水利科学体系。公元前250年左右，秦代李冰父子在四川省灌县修建了解决成都平原水旱灾害的举世闻名的都江堰水利工程。长期以来，水利界人士一直认为水利就是兴水利、除水害。在西方国家文字中，暂时还没找到与我国"水利"一词完全对应的较贴切的译文。因此，我国水利与水资源两词并行具有一定的历史背景。随着时代的发展，西方的"水资源"也越来越具有"水利"意义。《中国大百科全书：大气科学、海洋科学、水文科学卷》中指出：水资源是地球表层可供人类利用的水，包括水量（质量）、水域和水能资源，一般指每年可更新的水量资源。在《中华人民共和国水法》中水资源是指地表水和地下水。因此，水资源可以理解为人类长期生存、生活和生产过程中所需要的各种水，既包括了它的数量和质量，又包括了它的使用价值和经济价值。许多国家在谈到水资源时，常常把通过全球水文循环而可不断获得补充的淡水作为水资源。

综上所述，水资源作为维持人类社会存在及发展的重要资源之一，应当具有以下的功能：

（1）可以按照社会的需要提供或有可能提供的水量。

（2）这个水量有可靠的来源，且这个来源可以通过自然界水文循环不断得到更新或补充。

（3）这个水量可以由人工加以控制。

（4）这个水量及其水质能够适应人类用水的要求。

水是自然界的一个重要组成部分，也是人类生活和生命的依靠。作为资源来看，必须是有经济价值和使用价值的。故水资源可定义为："地球上目前和近期人类可直接或间接利用的水量，是自然资源一个重要组成部分，为人类生产和生活中不可缺少的资源。"

对水资源定义的理解可有广义和狭义之分。

广义的水资源是指地球上水的总体。自然界中的水以固态、液态和气态的形式存在于地球表面和地球岩石圈、大气圈、生物圈之中。因此，广义水资源包括：地面水体，指海洋、沼泽、湖泊、冰川、河水等；土壤水和地下水，主要存在于土壤和岩石中；生物水，存在于生物体中；气态水，存在于大气圈中。地球水的总储量约为 13.86 亿 km^3，其中海洋水占96.5%；淡水储量仅为总储量的 2.53%，约为 0.35 亿 km^3。淡水储量中绝大部分为冰盖、冰川和深层地下水，人类真正能够利用的是江河湖泊以及地下水中的一部分，仅约占地球总水量的 0.26%。由此可见，地球上广义水资源量是非常巨大的，但是，在如此巨大的水资源中我们人类能够利用的水资源，即淡水资源却极其有限。

狭义水资源是指逐年可以恢复和更新的淡水量，即大陆上由大气降水补给的各种地表、地下淡水的动态量，包括河流、湖泊、地下水、土壤水、微咸水。在水资源分析与评价中，常利用河川径流量和积极参与水循环的部分地下水作为水资源量。

综上所述，水资源的定义是随着社会的发展而变化的，它具有一定的时代烙印，并且出现了从非常广泛的外延向逐渐明确的内涵的方向演变的趋势。由于其出发点不同，相对于特定的研究学科领域而言，它们都具有合理的因素。从各个学科出发，水资源含义非常明确，研究对象十分清楚，但是如果从宏观角度系统地认识水资源，水资源定义又很模糊，五花八门，让人感到难以掌握。同时我们还必须注意到，上述各种水资源的定义，基本上都围绕着水的形态、利用、水量等展开论述，很少涉及水资源的质即水质。然而，水质对于水资源而言是十分重要的，不考虑水质而研究水资源，必将导致水资源开发利用的失误。

二、水资源的类型

广义的水资源包括地球上所有的水体，大体可分为地表水、地下水、土壤水、大气水、生物水几大类。

（一）地表水

地表水（surface water）是指存在于地壳表面，暴露于大气的水。

地表水是河流、冰川、湖泊、沼泽四种水体的总称，也称"陆地水"。它是人类生活用水的重要来源之一，也是各国水资源的主要组成部分。

1. 河流（river）

中国大小河流的总长度约为 $42×10^4$ km，径流总量达 27 115 $×10^9$ m³，占全世界径流量的 5.8%。中国的河流数量虽多，但地区分布却很不均匀，全国径流总量的 96% 都集中在外流河流域，面积占全国总面积的 64%，内陆河流域仅占 4%，面积占全国总面积的 36%。冬季是中国河川径流枯水季节，夏季则是丰水季节。

2. 冰川（glacier）

中国冰川的总面积约为 $5.65×10^4$ km，总储水量约 29 640 $×10^9$ m³，年融水量达 504.6 $×10^9$ m³，多分布于江河源头。冰川融水是中国河流水量的重要补给来源，对西北干旱区河流水量的补给影响尤大。中国的冰川都是山岳冰川，可分为大陆性冰川与海洋性冰川两大类，其中大陆性冰川约占全国冰川面积的 80% 以上。

3. 湖泊（lake）

中国湖泊的分布很不均匀，1km² 以上的湖泊有 2800 余个，总面积约为 8 万 km²，多分布于青藏高原和长江中下游平原地区。其中淡水湖泊的面积为 3.6 万 km²，占总面积的 45% 左右。此外，中国还先后兴建了人工湖泊和各种类型水库共计 9.7 万余座。

4. 沼泽（swamp/mire）

中国沼泽分布很广，仅泥炭沼泽和潜育沼泽面积即达 11.3 万余 km²，三江平原和若尔盖高原是中国沼泽集中的两个区域。中国大部分沼泽分布于低平而丰水的地段，土壤潜在肥力高，是进一步扩大耕地面积的重要对象。

（二）地下水

地面以下水分在垂直剖面上的分布可以按照岩石空隙中含水的相对比例，以地下水面为界，划分为两个带：饱和带和包气带（见图 1 - 1）。在包气带，岩石的空隙空间一部分被水占据，还有一部分被空气占据。在大多数情况下，饱和带的上部界限或者是饱和水面或者覆盖着不透水层，下部界限则为下伏透水层，如黏土层。

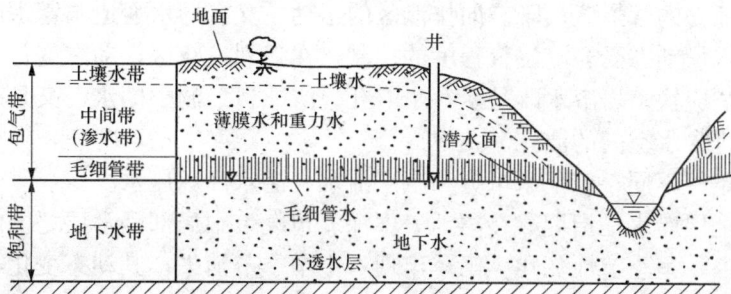

图 1 - 1　地面以下水的分布

包气带（充气带）从地下水面向上延伸至地面，通常可进一步划分为 3 个带：土壤水带、中间带和毛细管带。土壤水带的主要有结合水、毛管水和重力水 3 种水分形式。中间带的水为气态水、结合水和毛管水。毛细管带内的水分含量随着距潜水面高度的增加而逐渐减少，在毛细管带中，压力小于大气压力，水可以发生水平流动及垂直流动。

地下水（ground water）泛指存在于地下多孔介质中的水，其中多孔介质包括孔隙介质、裂隙介质和岩溶介质。

（1）按起源不同，可将地下水分为渗入水、凝结水、初生水和埋藏水。

渗入水：降水渗入地下形成渗入水。

凝结水：水汽凝结形成的地下水称为凝结水。当地面的温度低于空气的温度时，空气中的水汽便要进入土壤和岩石的空隙中，在颗粒和岩石表面凝结形成地下水。

初生水：初生水既不是降水渗入，也不是水汽凝结形成的，而是由岩浆中分离出来的气体冷凝形成，这种水是岩浆作用的结果，称为初生水。

埋藏水：与沉积物同时生成或海水渗入到原生沉积物的孔隙中而形成的地下水称为埋藏水。

（2）按矿化程度不同，可将地下水分为淡水、微咸水、咸水、盐水、卤水。各种水的矿化度的盐分含量见表 1-1。

表 1-1　　　　　　　　　　　　　　　　地下水按矿化度分类表

地下水类型	淡水	微咸水	咸水	盐水	卤水
总矿化度（g/l）	<1	1~3	3~10	10~50	>50

（3）按含水层性质不同，地下水可分为孔隙水、裂隙水、岩溶水。

孔隙水：疏松岩石孔隙中的水。孔隙水是储存于第四系松散沉积物及第三系少数胶结不良的沉积物的孔隙中的地下水。沉积物形成时期的沉积环境对于沉积物的特征影响很大，使其空间几何形态、物质成分、粒度以及分选程度等均具有不同的特点。

裂隙水：裂隙水是指赋存于坚硬、半坚硬基岩裂隙中的重力水。裂隙水的埋藏和分布具有不均一性和一定的方向性，含水层的形态多种多样，明显受地质构造的因素的控制和水动力条件比较复杂。

岩溶水：岩溶水是指赋存于岩溶空隙中的水。其特点是：水量丰富而分布不均一，在不均一之中又有相对均一的地段；含水系统中多重含水介质并存，既有具统一水位面的含水网络，又具有相对孤立的管道流；既有向排泄区的运动，又有导水通道与蓄水网络之间的互相补排运动；水质水量动态受岩溶发育程度的控制，在强烈发育区，动态变化大，对大气降水或地表水的补给响应快；岩溶水既是赋存于溶孔、溶隙、溶洞中的水，又是改造其赋存环境的动力，不断促进含水空间的演化。

（4）按埋藏条件不同，地下水可分为上层滞水、潜水和承压水。

上层滞水：上层滞水是指埋藏在离地表不深、包气带中局部隔水层之上的重力水。上层滞水一般分布不广，呈季节性变化，雨季出现，干旱季节消失，其动态变化与气候、水文因素的变化密切相关。

潜水：潜水是指埋藏在地表以下、第一个稳定隔水层以上、具有自由水面的重力水。潜水在自然界中分布很广，一般埋藏在第四纪松散沉积物的孔隙及坚硬基岩风化壳的裂隙、溶洞内。它通过包气带与大气连通，潜水面为自由水面，不承受压力。潜水面与地面的距离为潜水埋藏深度，而潜水面与第一个稳定隔水层顶之间的距离则为潜水含水层厚度。

潜水的主要补给来源是降水和地表水，干旱沙漠地区尚有凝结水补给。当大江大河下游水位高于潜水位时，河水也可成为潜水的补给来源。干旱地区冲积或洪积平原中的潜水主要靠山前河流补给，河水通过透水性强的河床垂直下渗而大量补给潜水，有时水量较小的溪流甚至可全部潜入地下（见图1-2）。

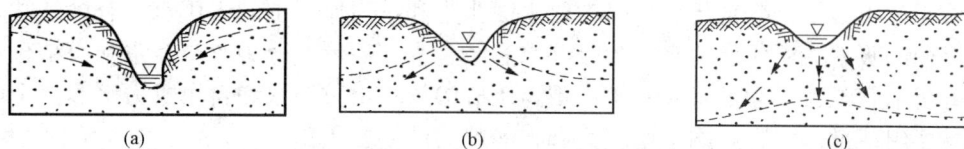

图1-2 地表水体附近潜水的形状

(a) 地表水排泄潜水；(b) 地表水补给潜水；(c) 地表水补给潜水，潜水埋藏较深

承压水（见图1-3）：埋藏并充满两个稳定隔水层之间的含水层中的重力水。承压水具有静水压力，补给区与分布区不一致，动态变化不显著的特点，不具有潜水那样的自由水面，所以它的运动方式不是在重力作用下的自由流动，而是在静水压力的作用下，以水交替的形式进行运动。

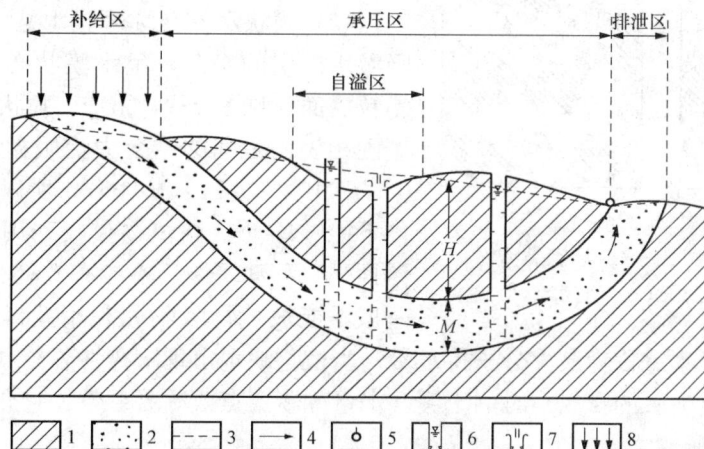

图1-3 承压水示意图

承压水具有压力水头，一般不受当地气象、水文因素影响，且具有稳定动态变化的特点。承压水不易遭受污染，水量较稳定，在城市、工矿供水中占重要地位。

（三）土壤水

土壤水（soil water）又称为包气带水。包气带是在土壤上层、饱和水带以上的土层，由于没能全部充满液态水，土壤孔隙中有大量气体和水流动。包气带土层中上部主要是气态水和结合水，下部接近饱和水带处充满毛细管水。如果土壤有较大的孔隙，则会产生重力水，当包气带中存在局部隔水层时，则重力水会积储其上，形成上层滞水。

土壤学中的土壤水是指在一个大气压下，在105℃条件下能从土壤中分离出来的水分。土壤水是植物生长和生存的物质基础，它不仅影响林木、大田作物、蔬菜、果树的产量，还影响陆地表面植物的分布。在土壤学中，较为普遍的是从能量的观点来研究土壤水，从而形成水的能量分类。土壤学中的土壤水主要研究水的能量状态和水的运动，主要用于研究分层土壤中水分的运动、不同介质中水分的转化（蒸发、蒸腾），水分在土壤—植物—大气连续体（SPAC）中的运移和土壤水对植物的有效性。

广义的土壤水是土壤中各种形态水分的总称，主要有固态水、气态水和液态水三种。土壤水主要来源于降雨、降雪、灌溉水及地下水。根据所受力的不同，土壤水一般分为吸湿水、毛管水和重力水，分别代表吸附力、表面张力和重力作用下的土壤水。有国外学者还把由土粒表面的吸着力所保持的水分为吸湿水和结合水，后者又分为紧结合水和松结合水；毛管水又分为毛管悬着水和毛管上升水；重力水分渗透自由重力水和自由重力水等。土壤水是土壤的重要组成部分，是影响土壤肥力和自净能力的主要因素之一。

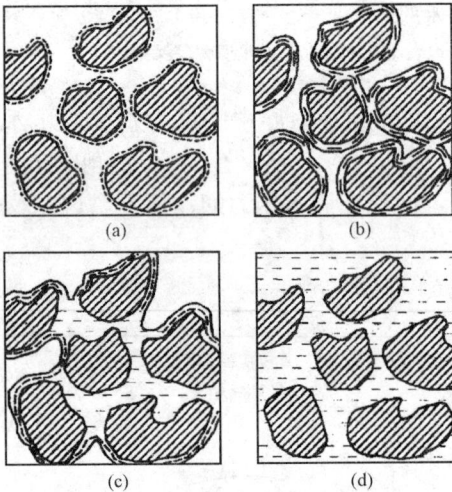

图 1-4　土壤液态水分形态类型
(a) 吸湿水；(b) 膜状水；(c) 毛管水；(d) 重力水

（1）吸湿水。吸湿水是气态水分子在分子引力和静电引力的作用下吸附在土壤固相颗粒表面的水分［见图 1-4 (a)］。吸湿水的水分子与土壤固相表面之间的结合力非常大（大约是 $3.14 \times 10^6 \sim 1.01 \times 10^9$ Pa），水分子不能自由移动，不能被植物吸收利用。土壤中吸湿水含量达到最大时的含水量称为吸湿系数或最大吸湿水含量。

（2）膜状水（又称薄膜水）。膜状水是吸附在吸湿水外层的水分，呈水膜状态包裹在土壤固相颗粒表面［见图 1-4 (b)］。膜状水的水分子与土壤固相表面之间的结合力比吸湿水要小（大约是 $6.33 \times 10^5 \sim 3.14 \times 10^6$ Pa），所以膜状水在一定条件下能够移动且被植物吸收利用。但是膜状水黏滞性强，移动缓慢，不能有效补充植物所需水分，一般不能被植物吸收和利用。当土壤中膜状水含量达到最大时的含水量称为最大分子持水量。当植物缺水出现永久性萎蔫（经过蒸腾量最小的夜间仍不能恢复失去的膨压）时的土壤含水量称萎蔫点或凋萎系数，它介于最大分子持水量和吸湿系数之间。

（3）毛管水。毛管水是在毛管力作用下吸附并保持在土壤毛管孔隙中的水分［见图 1-4 (c)］。所谓毛管孔隙是指土壤中孔径为 0.001～1mm 的孔隙。存在于毛管中的液体在毛管力的作用下，可以沿毛管运动一定距离并保持在毛管孔隙中，而不因重力的作用流出，这种现象称为毛管现象。根据水源和运动方向不同，毛管水可分为毛管上升水和毛管悬着水两种类型。毛管上升水是指地下水沿毛管上升并保持在毛管孔隙中的水分，毛管悬着水是指在降水或灌溉后水分沿毛管下降并保持在毛管孔隙中的水分。毛管水受力较小（在 $3.38 \times 10^4 \sim 6.33 \times 10^5$ Pa），可以流动，既能顺利地被植物吸收利用，又能在土壤中保持较长时间，因此是土壤中最有效的水分。当土壤毛管水含量达到最大时的含水量称为毛管最大持水量，其中当毛管悬着水含量达到最大时的土壤含水量称田间持水量，它反映了某种土壤能够保持水分的最大能力。

（4）重力水。土壤毛管孔隙充满水分之后，倘若水分进一步增加，那么土壤非毛管孔隙中也可存在一定数量的水分。这种存在于非毛管孔隙中、能在重力作用下向下移动或沿坡侧渗的水分称重力水。重力水受到的引力为零，可以被植物吸收利用，但在大多数情况下，重力水不能在土壤中保存很长时间，属多余水分。只有当地下水位很浅或出露地表时，或土壤下部有隔水层存在时，土壤毛管孔隙和非毛管孔隙才能被水分全部填充，达到饱和状态［见图 1-4（d）］，此时的土壤含水量称土壤饱和持水量或最大持水量。

（四）大气水

大气水（atmospheric water）是指包含于大气中的水汽及其派生的液态水和固态水。常见的天气现象如云、雾、雨、雪、霜等是大气水的存在形式。降雨和降雪合称大气降水，简称降水，是大气中的水汽向地表输送的主要方式和途径。

（五）生物水

生物水（biowater）是指在各种生命体系中存在的不同状态的水。水、无机离子、有机分子是构成原始生命的三大要素。生物都是含水系统，只有在含水的情况下，才有生命活动。生物水在生命的繁衍中有多种重要作用。水的高比热、高汽化热特点使其成为有机体的温度调节剂。正常生理条件下，体液在机体内流动、循环，把养料和废物分别运送到一定的部位（组织、器官等），在浩繁的生命活动中完成运载工具的重要功能。水又是一个优良的溶剂，它为生命提供了一个合适的介质环境，其中的 pH 值、离子种类和离子强度决定着各种物理化学及生物化学过程和反应速度。水还是光合作用、葡萄糖酵解等多种重要反应的直接参与者。此外，水在润滑关节、维持细胞内外渗透压、保持细胞、器官乃至整个有机体的外形方面均起着重要作用。

第二节 水资源的属性

水资源不同于土地资源和矿产资源，有其独特的性质。只有充分认识水资源的属性，才能合理、高效地开发利用。水资源作为一种特殊的资源，既是自然资源，又是社会资源，因此，水资源具有自然属性和社会属性。

一、水资源的自然属性

水资源的自然属性是指水资源本身所具有的、没受到人类干扰的特征，主要表现为水资源的有限性与无限性、时空分布的不均匀性、利用的广泛性和不可替代性、利害两重性、可恢复性与循环性。

（一）水资源的有限性与无限性

水资源与其他资源不同，它在水循环过程中能够不断恢复、更新、再生，属于可再生资源。地球上的水循环过程是永无止境的、无限的。因此，水资源是可再生的、无限的。水循环供给陆地源源不断的降水、径流，因此水循环的变化将引起水资源的变化。水资源开发利用后可以得到恢复和更新，这是地球上的水资源所具有的特征。

虽然水循环是无限的，但地球上每年得到的太阳能是一定的，即每年通过蒸发参加水循环的水量是有限的，即各种水体的补给量是不同的而且是有限的，另外，由于下垫面条件的限制，每年能够得到更新和恢复的水量是有限的。因此，水资源又是有限的。水资源在一定的限度内才是"取之不尽、用之不竭"的资源。

（二）水资源时空分布的不均匀性

时空分布的不均匀性是指水资源在时间上、空间上分布不均，有些地方多，有些地方少，有些时间多，有些时间少。这是由各地气候条件和下垫面的差异造成的。

水资源在时空分布上的不均匀性，使得地球上有些地区洪涝灾害严重，如我国的南方地区；而有些地区干旱频繁，如我国北方黄土高原地区。水资源在时空分布上的不均匀性，给水资源的合理开发利用带来很大困难。人类为了满足各地区、各部门的用水要求，必须修建蓄水、引水、提水、水井和跨流域调水工程，对天然水资源进行时空再分配。因受自然、技术、经济、社会等条件的限制，兴修的水利工程也只能控制和利用水资源的一部分或大部分。

（三）利用的广泛性和不可替代性

水资源既是生活资料，同时也是生产资料，在国计民生中用途广泛，各行各业都离不开水，这是水资源的广泛性。水资源不仅用于农业灌溉、工业生产、城乡生活和生态环境，而且还用于水力发电、航运、水产养殖、旅游娱乐等。

从水资源的利用方式看，水可以分为消耗性用水和非消耗性用水。生活用水、农业用水、工业生产用水都属于消耗性用水，这些被利用的水其中一部分重新回到水体，但水量已经减少，水质也发生了改变。非消耗性用水主要指利用水体发电、航运、水产养殖，这些产业都是利用水体，而不消耗和污染水体，或很少消耗和污染水体。

总之，水资源的综合效益是其他任何资源无法替代的，是人们生存环境的重要组成部分，是地球上一切生命的基础，是各行各业可持续发展的重要保证。

随着人们生活水平的提高、国民经济和社会的发展，用水量不断增加是必然趋势，不少地区出现了水资源不足的紧张局面，水资源短缺问题已成为当今世界面临的重大难题之一。

（四）利害两重性

由于降雨径流在地区分布上的不平衡和在时间分配上的不均匀，经常在某些地区出现洪涝灾害，而在有些地区出现干旱，这是水资源有害于人类的一面；但水资源为人类提供水源、发电、航运、养殖，以及为工农业生产服务，这是水资源有利于人类的一面。另外，对水资源开发利用不当，也会造成人为灾害，如垮坝事故、土壤次生盐渍化、水体污染、海水入侵和地面沉降等。人类在开发利用水资源和进行生产活动时，常会造成水土流失、水体污染等。可见，水资源可以被开发利用，给人类带来效益的同时还可能带来灾害，说明水资源具有利害两重性，因此，必须尊重自然规律，合理开发利用水资源，才能达到兴利除害的双重目的。

水资源的这些自然属性与地球上其他任何自然资源相比，无论是存在形式、运动形式还是对于自然和人类的重要性，水资源都有其独特性，而且是其他自然资源所无法比拟和替代的。水资源既以其自身形式构成地球的水圈，同时又以气态或液态的方式渗透和存在于大气圈、生物圈和岩石圈，是自然界中唯一一种同时存在于地球四大圈层的物质。对于地球生命系统和人类社会来说，水是赖以存在和发展的最重要的物质因素和环境因素。

二、水资源的社会属性

水资源不仅是一种自然资源，还是一种社会资源，已成为人类社会的一个重要的组成部分。水资源的社会属性主要表现为经济性、伦理性、公平性、垄断性。

（一）经济性

水资源已成为一种经济资源，是国民经济的重要组成部分之一。其经济性表现在：水资源是国民经济持续发展的动力资源之一，它不仅是农业生产的命脉，直接决定着粮食产量的高低；而且是工业生产的血液，维系着工业经济效益的好坏，钢铁工业、印染工业、造纸工业更是用水大户。水资源本身已成为经济资源，而且是"战略性的经济资源"，不仅可直接产生经济效益，而且直接关系着国家的经济安全。

（二）伦理性

人类与自然界的关系体现着伦理道德特征，即人类是以什么样的态度对待水资源的。以往人们认为水资源取之不尽，用之不竭，以一种粗暴的、掠夺性的态度去开发和利用水资源，而自然界则以洪水、水污染等方式对人类进行报复。人类在开发过程中逐步认识到"以道德的方式对待自然界的重要性"，即要实现"人与自然和谐相处"。

（三）公平性

公平是社会问题，在使用水资源面前人人平等，维持基本的生存需要是社会的最根本义务。

维持财富的代际均衡。水资源是人类生存的基础资源，不仅要满足当代人的需要，也要满足后代人的需要，应以道德的理念去对待和开发水资源，保证后代平等的发展权利。

（四）垄断性

2002 年颁布实施的新《中华人民共和国水法》明确规定："水资源属于国家所有。农村集体经济组织所有的水塘和由农村集体经济组织修建管理的水库中的水，归该农村集体经济组织使用"，即行政垄断。

水资源的垄断性有其必然的原因，水资源关系到国计民生，只有国家能从战略和人性的角度对水资源进行有效的规划和分配，任何单位和个人都可能仅考虑某一方面的利益而不顾全大局；即使水资源具有可再生性，但总的来看，水资源是供不应求且日益稀缺的，供需矛盾日益突出，在我国的个别地区已直接影响着人民的生活质量和制约经济社会的健康发展。

第三节　我国的水资源和水能资源概况及其存在的问题

一、我国水资源现状

（一）水资源总量

我国水资源总量由地表水、地下水、湖泊、冰川等几部分组成，其中地表水资源占96％左右，地表水主要是由降水来补给的，2014 年全国各流域水资源总量见表 1-2。

表 1-2　　　　　　　　　2014 年各水资源一级区水资源量　　　　　　　　　　单位：亿 m³

水资源一级区	降水量（mm）	地表水资源量	地下水资源量	地下水与地表水资源不重复量	水资源总量
全国	622.3	26 263.9	7745.0	1003.0	27 266.9
北方 6 区	316.9	3810.8	2302.5	847.7	4658.5
南方 4 区	1205.3	22 453.1	5442.5	155.3	22 608.4
松花江区	511.9	1405.5	486.3	207.9	1613.5
辽河区	425.5	167.0	161.8	72.7	239.7
海河区	427.4	98.0	184.5	118.3	216.2
黄河区	487.4	539.0	378.4	114.7	653.7
淮河区	784.0	510.1	355.9	237.9	748.0

续表

水资源一级区	降水量 （mm）	地表水资源量	地下水资源量	地下水与地表 水资源不重复量	水资源总量
长江区	1100.6	10 020.3	2542.1	130.0	10 150.3
其中：太湖流域	1288.3	204.0	46.4	24.9	228.9
东南诸河区	1779.1	2212.4	520.9	9.8	2222.2
珠江区	1567.1	4770.9	1092.6	15.5	4786.4
西南诸河区	1036.8	5449.5	1286.9	0.0	5449.5
西北诸河区	155.8	1091.1	735.6	96.3	1187.4

1. 降水量

根据 2014 年中国水资源公报统计，2014 年全国平均降水量 622.3mm，与常年值基本持平。从水资源分区看，松花江区、辽河区、海河区、黄河区、淮河区、西北诸河区 6 个水资源一级区（以下简称北方 6 区）平均降水量为 316.9mm，比常年值偏少 3.4%；长江区（含太湖流域）、东南诸河区、珠江区、西南诸河区 4 个水资源一级区（以下简称南方 4 区）平均降水量为 1205.3mm，与常年值基本持平。从行政分区看，东部 11 个省级行政区（以下简称东部地区）平均降水量 1045.8mm，比常年值偏少 5.4%；中部 8 个省级行政区（以下简称中部地区）平均降水量 925.4mm，比常年值偏多 1.1%；西部 12 个省级行政区（以下简称西部地区）平均降水量 501.0mm，与常年值基本持平。

2. 地表水资源量

2014 年全国地表水资源量为 26 263.9 亿 m^3，折合年径流深 277.4mm，比常年值偏少 1.7%。从水资源分区看，北方 6 区地表水资源量为 3810.8 亿 m^3，折合年径流深 62.9mm，比常年值偏少 13.0%；南方 4 区为 22 453.1 亿 m^3，折合年径流深 657.9mm，比常年值偏多 0.6%。从行政分区看，东部地区地表水资源量 5022.9 亿 m^3，折合年径流深 471.3mm，比常年值偏少 3.1%；中部地区地表水资源量 6311.6 亿 m^3，折合年径流深 378.3mm，与常年值基本持平；西部地区地表水资源量 14 929.4 亿 m^3，折合年径流深 221.7mm，比常年值偏少 1.9%。

2014 年，从国境外流入我国境内的水量为 187.0 亿 m^3，从我国流出国境的水量为 5386.9 亿 m^3，流入界河的水量为 1217.8 亿 m^3，全国入海水量为 16 329.7 亿 m^3。

3. 地下水资源量

全国地下水资源计算区的划分，考虑了地下水补、径、排条件，同时便于水资源总量的计算。全国矿化度小于等于 2g/L 地区的地下水资源量为 7745.0 亿 m^3，比常年值偏少 4.0%。其中，平原区地下水资源量为 1616.5 亿 m^3；山丘区浅地下水资源量为 6407.8 亿 m^3；平原区与山丘区之间的地下水资源重复计算量 279.3 亿 m^3。我国北方 6 区平原浅层地下水计算面积占全国平原区面积的 91%，2014 年地下水总补给量为 1370.3 亿 m^3，是北方地区的重要供水水源。在北方 6 区平原地下水总补给量中，降水入渗补给量、地表水体入渗补给量、山前侧渗补给量和井灌回归补给量分别占 50.4%、35.8%、8.1% 和 5.7%。

4. 水资源总量

2014 年全国水资源总量为 27 266.9 亿 m^3，比常年值偏少 1.6%。地下水与地表水资源不重复量为 1003.0 亿 m^3，占地下水资源量的 12.9%（地下水资源量的 87.1% 与地表水资源量重复）。从水资源分区看，北方 6 区水资源总量 4658.5 亿 m^3，比常年值偏少 11.6%，占全国的 17.1%；南方 4 区水资源总量为 22 608.4 亿 m^3，比常年值偏多 0.7%，占全国的 82.9%。从行政分区看，东部地区水资源总量 5332.3 亿 m^3，比常年值偏少 3.5%，占全国的 19.6%；中部地区水资源总量 6768.8 亿 m^3，比常年值偏多 0.5%，占全国的 24.8%；西部地区水资源总量 15 165.8 亿 m^3，比常年值偏少 1.8%，占全国的 55.6%。全国水资源总量占降水总量 45.2%，平均单位面积产水量为 28.8 万 m^3/km^2。

（二）水资源可利用量

受自然、技术、经济条件的限制和生态环境需水量的制约，水资源开发利用要有一定的限度，不可能也不应该全部加以利用。因此，研究水资源的可利用量，比评价出天然水资源量更具有实际的意义。

水资源可利用量是指在可预见的时期内，在统筹考虑生活、生产和生态系统用水的基础上，通过经济合理、技术可行的措施可资一次性利用的最大水量。水资源可利用总量的计算，可采取地表水资源可利用量与浅层地下水资源可开采量相加，再扣除地表水资源可利用量与地下水资源可开采量两者之间重复计算量的方法估算。一个地区或流域估算出的水资源可利用量，可作为研究当地水资源的供水能力、规划跨流域调水工程，以及制定国民经济和社会发展规划的依据。

（三）水资源质量

水资源是水量与水质的高度统一，在特定的区域内，可用水资源的多少并不完全取决于水资源数量，而取决于水资源质量。质量的好坏直接关系到水资源的功能，决定着水资源用途。因此，在研究水资源时，水质是非常重要的，是决不能忽略的，只考虑水量或者水质的做法都是不科学的，必须予以纠正。

根据《地表水环境质量标准》（GB 3838—2002），依据地表水水域环境功能和保护目标，按功能高低依次划分为五类：Ⅰ类主要适用于源头水、国家自然保护区；Ⅱ类主要适用于集中式生活饮用水地表水源地一级保护区、珍稀水生生物栖息地、鱼虾类产卵场、仔稚幼鱼的索饵场等；Ⅲ类主要适用于集中式生活饮用水地表水源地二级保护区、鱼虾类越冬场、洄游通道、水产养殖区等渔业水域及游泳区；Ⅳ类主要适用于一般工业用水区及人体非直接接触的娱乐用水区；Ⅴ类主要适用于农业用水区及一般景观要求水域。

对应地表水上述五类水域功能，将地表水环境质量标准基本项目标准值分为五类，不同功能类别分别执行相应类别的标准值。水域功能类别高的标准值严于水域功能类别低的标准值。同一水域兼有多类使用功能的，执行最高功能类别对应的标准值。实现水域功能与达功能类别标准为同一含义。

目前，我国的水资源质量主要从河流水质、湖泊水质、水库水质、水功能区水质、省界水体水质、地下水水质等几方面进行统计评价。

1. 河流水质

2014 年，对全国 21.6 万 km 的河流水质状况进行了评价。全年Ⅰ类水河长占评价河长的 5.9%，Ⅱ类水河长占 43.5%，Ⅲ类水河长占 23.4%，Ⅳ类水河长占 10.8%，Ⅴ类水河长占 4.7%，劣Ⅴ类水河长占 11.7%，水质状况总体为中。从水资源分区看，西南诸河区、西北诸河区水质为优，珠江区、长江区、东南诸河区水质为良，松花江区、黄河区、辽河区、淮河区水质为中，海河区水质为劣。从行政分区看（不含长江干流、黄河干流），西部地区的河流水质好于中部地区，中部地区好于东部地区，东部地区水质相对较差。

2. 湖泊水质

2014 年，对全国开发利用程度较高和面积较大的 121 个主要湖泊共 2.9 万 km² 水面进行了水质评价。全年总体水质为 Ⅰ～Ⅲ 类的湖泊有 39 个，Ⅳ～Ⅴ 类湖泊有 57 个，劣 Ⅴ 类湖泊有 25 个，分别占评价湖泊总数的 32.2%、47.1% 和 20.7%。对上述湖泊进行营养状态评价，大部分湖泊处于富营养状态。处于中营养状态的湖泊有 28 个，占评价湖泊总数的 23.1%；处于富营养状态的湖泊有 93 个，占评价湖泊总数的 76.9%。国家重点治理的太湖、滇池和巢湖等"三湖"的水质情况如下。

（1）太湖。若总氮不参加评价，全湖总体水质为 Ⅳ 类。其中，东太湖和东部沿岸区水质为 Ⅲ 类，占评价水面面积的 18.9%；五里湖、梅梁湖、贡湖、湖心区、西部沿岸区和南部沿岸区为 Ⅳ 类，占 78.2%；竺山湖为 Ⅴ 类，占 2.9%。若总氮参评，全湖总体水质为 Ⅴ 类。其中，东太湖水质为 Ⅲ 类，占评价水面面积的 7.4%；五里湖、东部沿岸区水质为 Ⅳ 类，占评价水面面积的 11.7%；贡湖、湖心区和南部沿岸区为 Ⅴ 类，占 64.1%；其余湖区均为劣 Ⅴ 类，占 16.8%。太湖处于中度富营养状态。各湖区中，五里湖、东太湖和东部沿岸区处于轻度富营养状态，占湖区评价面积的 19.1%；其余湖区处于中度富营养状态，占 80.9%。

（2）滇池。耗氧有机物及总磷、总氮污染均十分严重。无论总氮是否参加评价，水质均为 Ⅴ 类，处于中度富营养状态。

（3）巢湖。西半湖污染程度重于东半湖。无论总氮是否参加评价，总体水质均为 Ⅴ 类。其中，东半湖水质为 Ⅳ～Ⅴ 类、西半湖为 Ⅴ～劣 Ⅴ 类。湖区整体处于中度富营养状态。

3. 水库水质

2014 年，对全国 247 座大型水库、393 座中型水库及 21 座小型水库，共 661 座主要水库进行了水质评价。全年总体水质为 Ⅰ～Ⅲ 类的水库有 534 座，Ⅳ～Ⅴ 类水库 97 座，劣 Ⅴ 类水库 30 座，分别占评价水库总数的 80.8%、14.7% 和 4.5%。对 635 座水库的营养状态进行评价，处于中营养状态的水库有 398 座，占评价水库总数的 62.7%；处于富营养状态的水库 237 座，占评价水库总数的 37.3%。

4. 水功能区水质达标状况

2014 年全国评价水功能区 5551 个，满足水域功能目标的有 2873 个，占评价水功能区总数的 51.8%。其中，满足水域功能目标的一级水功能区（不包括开发利用区）占 57.5%，二级水功能区占 47.8%。

评价全国重要江河湖泊水功能区 3027 个，符合水功能区限制纳污红线主要控制指标要求的有 2056 个，达标率为 67.9%。其中，一级水功能区（不包括开发利用区）达标率为 72.1%，二级水功能区达标率为 64.8%。

5. 省界水体水质

2014 年，各流域水资源保护机构对全国 527 个重要省界断面进行了监测评价，Ⅰ～Ⅲ 类、Ⅳ～Ⅴ 类、劣 Ⅴ 类水质断面比例分别为 64.9%、16.5% 和 18.6%。各水资源一级区中，西南诸河区、东南诸河区为优，珠江区、松花江区、长江区为良，淮河区为中，辽河区、黄河区为差，海河区为劣。

6. 地下水水质

2014 年，对主要分布在北方 17 省（自治区、直辖市）平原区的 2071 眼水质监测井进行了监测评价，地下水水质总体较差。其中，水质优良的测井占评价监测井总数的 0.5%、水质良好的占 14.7%、水质较差的占 48.9%、水质极差的占 35.9%。

二、水能资源概况

水能资源（hydroenergy resources）指水体的动能、势能和压力能等能量资源，是自由流动的天然河流的出力和能量。广义的水能资源包括河流水能、潮汐水能、波浪能、海流能等能量资源，狭义的水能资源指河流的水能资源。水能是一种可再生能源。

我国是世界上水能资源最多的国家，众多的河流以及地理地形特征形成了丰富的水能资源。全国水能资源理论蕴藏量为 6.88 亿 kW，年发电量为 5.92 万亿 kW·h，技术可开发的水能资源为 4.04 亿 kW，居世界第一。年发电量为 2.47 万亿 kW·h，大约相当于 9 亿 t 标准煤炭的燃烧能量。水能是中国宝贵的重要能源资源。

新中国成立后，我国的水电开发取得了举世瞩目的成就。19 世纪 60 年代初我国自行设计、自行建设成功了第一座大型水电站——新安江水电站。到 1978 年底，全国水电装机容量达到了 1728 万 kW。改革开放以后，我国成功地解决了水电工程的一系列技术难题，在高坝工程技术、泄洪消能技术、地下工程技术、高边坡工程技术、现代施工技术、大型机组制造安装技术、水电站运行管理技术、远距离大容量超高压输电技术等方面取得了创新性的突破，建成了一批大型和世界级特大型水电站。水电装机容量以每 10 年翻一番的速度发展，到 2002 年底装机容量达到 8607.5 万 kW。尽管在发展进程中水利水电工程曾几次遭遇困难和挫折，但是仍然顽强地从弱到强，由小到大地发展起来。从 2004 年起我国水电装机容量就稳居世界第一。截至 2011 年底，我国水电装机容量达到 2.3 亿 kW·h，是 2002 年的 2.7 倍，在总装机容量中占比保持在 22% 左右。

目前我国水电装机容量占可开发容量的比例不足 30%，与水电事业发展较先进的国家相比有相当大的差距，这表明我国水电建设发展潜力很大。2015 年全年水电新增投产 1608 万 kW，截至 2015 年底，我国水电总装机容量已达到 3.19 亿 kW，年发电量 1.11 亿 kW·h，装机容量和发电量均居世界第一。我国水电装机容量还将持续增长，预计 2030 年将突破 4 亿 kW，2040 年将突破 5 亿 kW，我国水电开发程度在 2050 年达到目前先进国家的开发水平，届时，我国将成为名副其实的世界水电大国，水电事业发展有着广阔的前景。

三峡工程是迄今为止世界上规模最大的水利枢纽工程，也是我国水电技术进步的典范。从 2003 年 7 月三峡工程首台 70 万 kW 机组并网发电，到 2012 年 7 月三峡地下电站最后一台机组并网投运，三峡工程总装机容量达到 2250 万 kW。在此期间，我国通过引进、消化、吸收、再创新，拥有了水轮机水力设计、定子绕组绝缘、发电机蒸发冷却等具有自主知识产权的核心技术。哈尔滨机电厂和东方电机厂各自设计制造的三峡右岸 4 台（套）水轮发电机组，运行实践表明，其各项主要指标优于左岸进口机组，实现了国产 70 万 kW 水轮机的突破。

目前经济发达国家的水能资源开发已经基本完毕，如瑞士、法国开发程度达到 97%，西班牙、意大利达到 96%，日本达到 84%，美国达到 73%。我国同其他国家相比还较低，说明我国水电能源的开发还有一定的潜力。

我国水能资源的地区分布极不平衡。从流域来看，以长江流域最为丰富。长江流域理论水能蕴藏量占全国的 39.6%，可开发量占全国的 53.4%。其次是雅鲁藏布江、澜沧江、黄河和珠江。全国水能资源最丰富的河段都在河流的中、上游。从地区来看，主要集中在西部地区，京广铁路以西水能资源占全国的 90% 以上，其中西南地区最多，占全国的 70%；其次为中南及西北地区，分别占 10% 及 13% 左右。

三、水资源开发利用现状及存在问题

据统计，新中国成立 60 多年来，国家先后投入上万亿元资金用于水利建设，水利工程规模和数量跃居世界前列，水利工程体系初步形成，江河治理成效卓著。水利部相关资料显示，目前，长江、黄河干流重点堤防建设基本达标，治淮骨干工程基本完工，太湖防洪工程体系基本形成，其他主要江河干流堤防建设明显加快，近 10 年来全国水利工程投资完成情况如图 1-5 所示。

据全国水利发展统计公报数据显示，2014 年，全社会共落实水利建设投资计划 4345.1 亿元，较上年增加 9.0%。在中央水利建设投资中，水利部门投资 1627.2 亿元、南水北调水利工程建设投资 102.5 亿元，其他部门水利建设投资 76.8 亿元。水利部门投资中，中央预算内固定资产投资 767.18 亿元、水利建设基金 21.40 亿元、财政专项资金 838.57 亿元；按资金投向：防洪工程投资 637.46 亿元，占 39.2%；水资源工程投资 851.53 亿元，占 52.3%；水土保持及生态工程投资 113.05 亿元，占 6.9%；专项工程投资 25.11 亿元，占 1.6%。

在全年完成投资中，防洪工程建设完成投资 1522.6 亿元，水资源工程建设完成投资 1852.2 亿元，水土保持及生态工程完成投资 141.3 亿元，水电、机构能力建设等专项工程完成投资 567.0 亿元。七大江河流域完成投资 3505.6 亿元，东南诸河、西北诸河以及西南诸河等其他流域完成投资 577.5 亿元。东部、东北、中部、西部地区完成投资分别为 1240.1 亿元、355.8 亿元、1127.3 亿元和 1359.9 亿元，占全部完成投资的比例分别为 30.4%、8.7%、27.6% 和 33.3%。

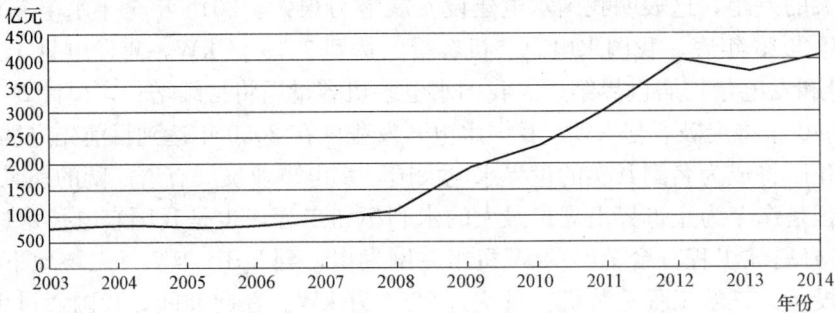

图 1-5　全国水利工程投资完成情况

（一）供水工程及供水能力

供水工程（water supply project）是指为社会和国民经济各部门提供用水量的所有水利工程，按类型可分为蓄水工程、引水工程、提水工程、地下水工程和其他水源工程等。

我国水资源约有 2/3 属于洪水径流，蓄水工程的总库容与多年平均年径流量的比值可反映水利工程对水资源的调蓄控制能力。截至 2014 年底，全国已建成各类水库 97 735 座，水库总库容 8394 亿 m³。其中，大型水库 697 座，总库容 6617 亿 m³，占全部总库容的

78.8%；中型水库3799座，总库容1075亿 m^3 ，占全部总库容的12.8%。

其他水源工程指的是污水处理工程、微咸水利用工程和海水淡化工程等。

跨流域调水工程指调整流域间水资源丰枯的工程，已建成的跨流域调水工程主要有"南水北调"东线工程、"南水北调"中线工程、海河流域"引黄"工程、淮河流域"引江"工程及"引黄"工程、广东"东深引水"、甘肃"引大入秦"、辽宁"引碧入连"、吉林"引松入长"、新疆"引额济克"工程等。

供水能力（water supply capacity）是指水利工程在特定条件下，具有一定供水保证率的供水量，与来水量、工程条件、需水特性和运行调度方式有关。由于供水工程中，有相当数量的工程修建于20世纪五六十年代，其来水条件、工程配套状况、供水对象和需水要求以及调度运行规则都有所变动，水利部对已建工程的供水能力进行了复查。

（二）我国供用水情况

1. 供水量

人类从天然水体中提取、引用的水资源形成供水，并在经济社会系统中进行循环。供水对水循环的影响与其规模密切相关。供水越多对天然水循环的影响越大。供水用供水量指标来表征。

供水量指各种水源为用水户提供的包括输水损失在内的毛水量之和，按受水区分地表水源、地下水源和其他水源统计。地表水源供水量指地表水工程的取水量，按蓄水工程、引水工程、提水工程、调水工程四种形式统计；地下水源供水量指水井工程的开采量，按浅层淡水、深层承压水和微咸水分别统计；其他水源供水量包括污水处理回用、集雨工程、海水淡化等水源工程的供水量。海水直接利用量另行统计，不计入总供水量中。

据中国水资源公报统计显示2014年我国年供水总量为6095亿 m^3 （见表1-3），其中，地表水源供水量4921亿 m^3 ，占总供水量的80.74%；地下水源供水量1117亿 m^3 ，占总供水量的18.32%；其他水源供水量57亿 m^3 ，占总供水量的0.94%。与2010年相比，全国总供水量增加73亿 m^3 ，其中地表水源供水量增加39.4亿 m^3 ，地下水源供水量增加9.7亿 m^3 ，其他水源供水量增加23.9亿 m^3 。

2. 用水量

用水过程各个用水单元、部门或行业经由供水系统获得水源并用于生产、生活的水量转化过程。用水量是指各类用水户取用的包括输水损失在内的毛水量之和，按生活、工业、农业和生态环境四大类用户统计，不包括海水直接利用量。生活用水包括城镇生活水和农村生活用水，其中城镇生活用水由居民用水和公共用水（含第三产业及建筑业等用水）组成；农村生活用水除居民生活用水外，还包括牲畜用水在内。工业用水指工矿企业在生产过程中用于制造、加工、冷却、空调、净化、洗涤等方面的用水，按照新水取用量来计算，不包括企业内部的重复利用水量。农业用水包括农田灌溉和林、果、草地灌溉及鱼塘补水。生态环境补水仅包括人为措施供给的城镇环境用水和部分河湖、湿地补水，而不包括降水、径流自然满足的水量。

2014年全国总用水量6095亿 m^3 （见表1-3）。生活用水767亿 m^3 ，占总用水量的12.58%；工业用水1356亿 m^3 ［其中直流火（核）电用水量为478亿 m^3 ］，占总用水量的22.25%；农业用水3869亿 m^3 ，占总用水量的63.48%；生态环境补水103亿 m^3 （不包括太湖的"引江济太"调水10.6亿 m^3 、浙江的环境配水27.4亿 m^3 和新疆的塔里木河向大西海子以下河道输送生态水、阿勒泰地区向乌伦古湖及科克苏湿地补水共 9.7 亿 m³)，占总用水量的 1.69%。与 2010 年比较，全国总用水量增加 73 亿 m³，其中生活用水增加 1.2 亿 m³，工业用水减少 91.3 亿 m³，农业用水增加 179.9 亿 m³，生态环境补水减少 16.8 亿 m³。

表 1 - 3　　　　　　　　　　　2014 年各水资源一级区供水量和用水量　　　　　　　　单位：亿 m³

水资源一级区	供水量				用水量					
	地表水	地下水	其他	总供水量	生活	工业	其中：直流火（核）电	农业	生态环境	总用水量
全国	4921	1117	57	6095	767	1356	478	3869	103	6095
北方 6 区	1750.5	989.3	40.3	2780.2	259.4	326.8	39.6	2126.9	67.1	2780.2
南方 4 区	3169.9	127.7	17.1	3314.7	507.2	1029.3	438.7	1742.1	36.1	3314.7
松花江区	288.5	218.6	0.9	507.9	29.8	54.7	13.7	414.7	8.8	507.9
辽河区	97.7	103.7	3.4	204.8	30.2	32.6	0.0	135.7	6.3	204.8
海河区	132.9	219.7	17.8	370.4	59.3	54.0	0.1	239.5	17.6	370.4
黄河区	254.6	124.7	8.2	387.5	43.1	58.6	0.0	274.5	11.3	387.5
淮河区	452.6	156.4	8.3	617.4	81.2	105.9	25.8	421.0	9.3	617.4
长江区	1919.7	81.3	11.7	2012.7	282.2	708.2	363.4	1002.6	19.7	2012.7
其中：太湖流域	338.2	0.3	5.0	343.5	52.8	206.6	162.0	81.9	2.3	343.5
东南诸河区	326.9	8.3	1.4	336.5	63.9	115.1	16.5	150.2	7.3	336.6
珠江区	824.6	33.1	3.9	861.6	152.6	196.1	58.8	504.6	8.3	861.6
西南诸河区	98.7	5.0	0.1	103.8	8.6	10.0	0.0	84.6	0.7	103.8
西北诸河区	524.4	166.3	1.6	692.2	15.8	21.0	0.0	641.5	13.8	692.2

注　生态环境用水不包括太湖的引江济太调水 10.6 亿 m³、浙江的环境配水 27.4 亿 m³ 和新疆的塔里木河向大西海子以下河道输送生态水、阿勒泰地区向乌伦古湖及科克苏湿地补水共 9.7 亿 m³。

按水资源分区统计，南方 4 区用水量 3314.7 亿 m³，占全国总用水量的 54.4%，其中生活用水、工业用水、农业用水、生态环境补水分别占全国同类用水的 66.2%、75.9%、45.0%、35.0%；北方 6 区用水量 2780.2 亿 m³，占全国总用水量的 45.6%，其中生活用水、工业用水、农业用水、生态环境补水分别占全国同类用水的 33.8%、24.1%、55.0%、65.0%（见表 1 - 3）。按东、中、西部地区统计，用水量分别为 2194.0 亿 m³、1929.9 亿 m³、1971.0 亿 m³，相应占全国总用水量的 36.0%、31.7%、32.3%。生活用水比重东部高、中部及西部低，工业用水比重东部及中部高、西部低，农业用水比重东部及中部低、西部高，生态环境补水比重基本一致。

3．用水消耗量

2014 年全国用水消耗总量 3222 亿 m³，耗水率（消耗总量占用水总量的百分比）53%。各类用户耗水率差别较大，农业为 65%；工业为 23%；生活为 43%；生态环境补水为 81%。

4．废污水排放量

废污水排放量指工业、第三产业和城镇居民生活等用水户排放的水量，但不包括火电直流冷却水排放量和矿坑排水量。2014年全国废污水排放总量771亿t。

5. 用水指标

2014年，全国人均综合用水量447m³，万元国内生产总值（当年价）用水量96m³。耕地实际灌溉亩均用水量402m³，农田灌溉水有效利用系数0.53，万元工业增加值（当年价）用水量59.5m³，城镇人均生活用水量（含公共用水）213L/d，农村居民人均生活用水量81L/d。

按东、中、西部地区统计分析，人均综合用水量分别为389m³、451m³、537m³；万元国内生产总值用水量差别较大，分别为58m³、115m³、143m³，西部比东部高近1.5倍；耕地实际灌溉亩均用水量分别为363m³、357m³、504m³；万元工业增加值用水量分别41.9m³、64.1m³、47.9m³。

近几年，我国用水结构发生了很大变化，用水效率明显提高，这也说明我国的节水工作取得了一定进展。但是，也可以看出，我国用水浪费比较严重，用水效率还不高。目前，全国平均灌溉渠系水利用系数约为0.53，工业用水重复利用率约为55%，而先进国家的灌溉渠系水利用系数和工业用水重复利用率分别达到0.8和75%~85%，差距十分明显，因此我国用水效率有待进一步提高，仍有很大的节水潜力。

（三）我国近20年用水量变化趋势

根据1997年以来《中国水资源公报》统计，全国总用水量总体呈缓慢上升趋势（见图1-6），其中生活和工业用水呈持续增加态势，而农业用水则受气候和实际灌溉面积的影响呈上下波动、总体为缓慢下降趋势。生活和工业用水占总用水量的比例逐渐增加，农业用水占总用水量的比例则有所减少。按居民生活用水、生产用水、生态环境补水划分，2014年全国城镇和农村居民生活用水占12.58%，生产用水占85.73%，生态环境补水占1.69%。

从全国1997年到2014年的统计资料看（见图1-6），我国年用水总量大致在5320~6183.2多亿m³之间。如按美元计算并和国际水平相比，我国1万美元GDP的用水为4810m³，是世界平均水平的4倍，是先进国家水平的5~10倍。大幅度的提高我国用水的效率既可能又必要，这可以在很大的程度上缓解用水对天然水循环的影响与水资源的压力。

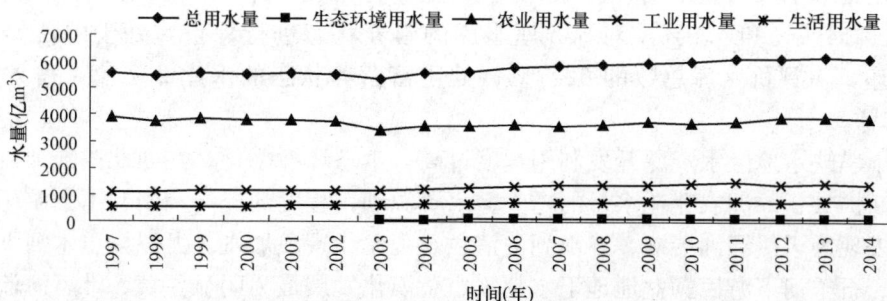

图1-6　全国各部门用水量变化

（四）我国水资源开发利用所面临的问题

（1）开发利用滞后于经济发展。我国现状供水能力6100多亿m³，开发利用程度为26%，总体水平不高。2014年我国蓄水工程总库容为3749.1亿m³，占天然径流量的

13.7％，同一比值，美国为 33.7％、加拿大为 24.7％。河川年径流量调节能力有明显差距。我国农业平均年受旱面积在 3 亿亩以上，据分析，若全国发生中等干旱情况，将缺水 300 亿～400 亿 m³。

（2）北方地区缺水形势加剧。我国北方，尤其是黄淮海流域缺水形势十分严峻。从 20 世纪 80 年代以来，海滦河、黄河、淮河流域先后进入持续干旱枯水期，河川径流量衰减十分明显；海河上游的永定河自 80 年代开始从三家店以下就成为季节性河流，常年河床裸露；另外，地表水源不足，导致平原地区大量开采地下水，海河平原地下水累计超采 600 亿 m³。不少地区地下水位大幅度下降，河湖干涸，生态环境恶化。黄河下游 90 年代以来断流加剧，1997 年断流 226d，1999 年、2000 年加强了水资源管理，黄河没有断流，但仍然岌岌可危。淮河中游 1999 年也出现历史上罕见的断流现象。

（3）城市缺水现象日益突出，挤占生态环境用水和农业用水。随着工业和城市化迅速发展，城镇生活和工业用水也快速增长，大中城市的水资源供需矛盾日显突出。据统计，截至 2014 年，全国 561 个地级以上城市中 400 多个缺水，地下水累计超采约 900 亿 m³，带来地面沉降等系列生态问题，农村饮水被污染情况严重。

（4）用水浪费和缺水现象并存，节水和挖潜还有较大潜力。工农业用水紧张，同时浪费也很严重。全国农业灌溉水的利用系数平均在 0.53 左右，与先进国家的 0.7～0.8 相比，我国灌区用水效率相对落后。2014 年全国万元工业增加值用水量 59.5m³，是发达国家的 2～3 倍；工业用水的重复利用率平均为 55％，而发达国家为 75％～85％，差距十分明显。全国多数城市自来水管网仅跑、冒、滴、漏的损失率至少 20％。节水、污水处理回用及雨水利用还没有广泛推广。此外，由于长期以来工程维修费用不足，供水工程老化失修，严重影响了工程供水效益的发挥。

（5）江河湖库水污染严重。据 2014 年《中国水资源公报》，2014 年全国废污水排放总量 771 亿 t，对全国 21.6 万 km 的河流水质状况进行了评价。全年 I 类水河长占评价河长的 5.9％，II 类水河长占 43.5％，III 类水河长占 23.4％，IV 类水河长占 10.8％，V 类水河长占 4.7％，劣 V 类水河长占 11.7％，水质状况总体为中。对全国 247 座大型水库、393 座中型水库及 21 座小型水库，共 661 座主要水库进行了水质评价。全年总体水质为 I～III 类的水库有 534 座，IV～V 类水库 97 座，劣 V 类水库 30 座，分别占评价水库总数的 80.8％、14.7％和 4.5％。对 635 座水库的营养状态进行评价，处于中营养状态的水库有 398 座，占评价水库总数的 62.7％；处于富营养状态的水库 237 座，占评价水库总数的 37.3％。

（6）干旱缺水地区水资源开发利用程度过高，生态环境恶化。在西北内陆河流域，灌溉农业的不断扩大、绿洲农业耗水量的增大、水资源利用程度的提高，引起了下游生态环境恶化，突出表现为天然绿洲萎缩、终端湖泊消亡、荒漠化现象加剧。尤以塔里木河下游绿色走廊的萎缩、石羊河下游民勤盆地地下水超采、荒漠化发展最为明显。黄、淮、海流域因过量取水，造成河道季节性断流，河口淤积，泄洪能力下降。

（7）地下水开采过量。由于地下水具有水质好、温差小、提取易、费用低等特点，以及用水增加等原因，人们常会超量抽取地下水，以致抽取的水量远远大于其自然补给量，造成地下含水层衰竭、地面沉降以及海水入侵、地下水污染等生态环境问题。如我国苏州市区近 30 年内最大沉降量达到 1.02m，上海、天津等城市也都发生了地面下沉问题。

西安著名的景点大雁塔，由于地下沉陷，大雁塔从 16 世纪初开始就向西北方向发生了倾斜，到 1996 年，大雁塔的倾斜达到了历史的最高值 1010mm，经过各级部门近 10 年的抢救，大雁塔倾斜的势头得到了遏止，但现在的倾斜幅度依然超过了 1m。据了解，大雁塔倾斜的主要原因是地下水超采所引发的地面沉降。地下水过量开采往往形成恶性循环，过度开采破坏地下含水层，使地下含水层供水能力下降，人们为了满足需要还要进一步加大开采量，从而使开采量与可供水量之间的差距进一步加大，破坏进一步加剧，最终引起严重的生态退化。

第四节 水资源规划及利用的发展历程

一、水资源规划及利用的发展历史

水资源规划的历史与人类文明同步，在人类文明产生的同时，就出现了水资源规划。据历史资料显示，古埃及在公元前 3500 年，就有了水资源规划活动。当时，古埃及的工程师最早开始在尼罗河利用水位测量标尺（Nilemeter）来观察河流的水位情况，并记下了详细的流量资料。一旦发现尼罗河水位测量标尺显示出比较危险的水位，工程师就立刻让当时游泳速度最快的人通知人们尽快迁移到水位较低、较为安全的地方。

随着人们在其他知识领域上的进步与发展，水资源规划也日新月异地发展起来，并逐渐走向成熟。流量的测定是水资源规划中最为基础的一步，17 世纪到 18 世纪，专门研究水资源科学和技术的团体开始出现，他们最主要的一个目标就是为水资源规划提供科学依据。18 世纪，数学领域的蓬勃发展对水文有着重要意义，其中伯努利（Bernoulli）方程和欧拉（Euler）方程的出现为系统描述水的运动提供了基本方程。

虽然人类进行水资源规划活动可以追溯到很久以前，但人们在有理论指导下进行水资源规划始于 20 世纪 30 年代。当时美国由于人口增长和经济发展，对水资源需求增长较快，人们开始了对水资源需求增长进行预测，研究地表水与地下水源，考虑工程措施、调水及水处理问题，评价工程实施的经济效益等。

随着水资源涉及的面越来越广，问题的复杂性也越来越大，从 20 世纪 60 至 70 年代起，水资源规划进入了系统分析时代，以水资源系统分析为基础理论的现代水资源规划理论与方法开始形成，目前仍在发展之中。表 1-4 列出了水资源规划历史进程中比较有意义且占有重要地位的事件。

时至今日，随着优化技术和决策理论的发展，水资源规划技术也在不断丰富和发展中，一个重要的趋势就是在规划中加入经济领域的概念和理念，同时还将环境保护与生态平衡考虑在内。现在人们已经承认，地球上的资源总会有枯竭的一天，而人类的行为还在不断地破坏着大自然，这样规划设计者也就不得不把生态环境保护的目标与经济效益优化目标放在同等重要的位置。由于传统的成本效益分析是在一个完美的市场条件假设下进行的，事实上这个完美市场并不存在，而所谓的水资源乃至其他资源的开发，仅以追求经济效益的方式不能创造出一个良好的自然环境，相反，会破坏自然环境。因此，现在的规划者不得不考虑到生态环境保护因素，甚至为此而牺牲一些经济利益，这也是合理的、应该的。

表 1-4　　　　　　　　水资源利用及水资源规划的历史主要事件

时间		事　件
公元前	4000	古埃及和美索不达米亚出现了灌溉工程
	3200	第一个有史料记载的水资源规划工程出现
	3000	尼罗河修建第一座水坝
	2750	印度河中南亚的一条支流附近出现第一次供水和排水工程
	2200	中国的水利工程
	1950	修建连接尼罗河和红海的运河
	1750	巴比伦出现第一部水法
	1700	在开罗出现深达99m的水井
	1050	非洲出现水表
	714	亚美尼亚的坎儿井被破坏
	700	出现供水的地下隧道
	624	总结有关降雨的理论
	312	罗马出现了高架渠
	100	亚里士多德著述有关气象学的书
公元后	12	科学家希罗得到测量截面流量的方法
	1430	中国和朝鲜出现测量雨量的仪器
	1460	总结出水的连续性
	1610	出现下泄量的测量方法
	1630	出现降雨和蒸发的测量方法
	1680	出现河流流量的测量方法
	1750	伯努利方程和压力计出现
	1775	现代水表出现
	1802	美国出现垦殖工程
	1807	第一份水资源规划报告——加勒廷报告
	1871	第一个有过滤功能的供水工程
	1882	第一次出现利用水力发电
	1877	保护和管理沙漠的相关法案
	1879	美国成立地质勘探局
	1891	气象局成立
	1902	颁布开垦法
	1913~1922	迈阿密城提出防洪规划
	1922	美国成立地球物理协会
	1933	美国成立田纳西流域管理局
	1935	美国成立规划协会
	1941	出现降雨频率分析
	1950	成立水资源开发库克委员会
	1958	颁布供水法案
	1959	就水资源问题成立克尔委员会
	1972	颁布控制水污染法案
	1974	颁布安全饮水法案
	1980	中国开展第一次全国水资源评价

时间		事 件
公元后	1986～1990	国家"七五"科技攻关项目"华北地区及山西能源基地水资源研究"
	1991～1995	国家"八五"科技攻关项目,研究了水与国民经济的关系,提出了基于宏观经济的水资源合理配置的理论方法,构建了华北地区宏观经济水资源优化配置模型系统
	1996～2000	"九五"国家重点科技攻关项目"西北地区水资源合理开发利用与生态环境保护研究",出版了一系列专著,主要包括《西北地区水资源合理配置和承载力研究》《新疆经济发展与水资源合理配置及承载力研究》《河西走廊水资源合理利用与生态环境保护》《柴达木盆地水资源合理开发利用与生态环境保护》《关中地区水资源合理开发利用与生态环境保护》《宁夏水资源优化配置与可持续利用战略研究》
	1999	在党中央和国务院的高度重视下,《国家重点基础研究发展规划》"黄河流域水资源演化规律与可再生性维持机理"研究项目(G19990436)开始实施。项目由我国著名水资源专家刘昌明院士主持
	2000	中国工程院重大咨询项目《中国可持续发展水资源战略研究》,研究成果形成了一系列专著,主要有《中国可持续发展水资源战略研究综合报告及各专题报告》《中国水资源现状评价和供需发展趋势分析》《中国防洪减灾对策研究》《中国农业需水与节水高效农业建设》《中国城市水资源可持续开发利用》《中国江河湖海防污减灾对策》《中国生态环境建设与水资源保护利用》《中国北方地区水资源的合理配置和南水北调问题》
	2001	中国开展第二次全国水资源综合规划
	2002	《中华人民共和国水法》已由中华人民共和国第九届全国人民代表大会常务委员会第二十九次会议于2002年8月29日修订通过,自2002年10月1日起施行
	2004	经国务院批准,中国工程院启动重大咨询项目"东北地区水土资源配置、生态与环境保护和可持续发展战略研究",形成一系列成果,主要包括《东北地区有关水土资源配置、生态与环境保护和可持续发展的若干战略问题研究(综合卷)》、《东北地区水资源供需发展趋势与合理配置研究(水资源卷)》、《东北地区自然环境历史演变与人类活动的影响研究(自然历史卷)》、《东北地区水与生态-环境问题及保护对策研究(生态与环境卷)》、《东北地区农业发展战略研究(农业卷)》、《东北地区森林与湿地保育及林业发展战略研究(林业卷)》、《东北地区城镇化与资源环境协调发展研究(城镇卷)》、《东北地区矿产与能源工业用水对策和可持续发展研究(矿产与能源卷)》、《东北地区水污染防治对策研究(水污染防治卷)》、《东北地区水资源开发利用重大工程布局研究(重大工程卷)》
	2005	在中央人口资源环境工作座谈会上,胡锦涛总书记指出"要加强生态保护和建设工作"
	2007	党的十七大把"建设生态文明"列为全面建设小康社会目标之一,作为一项战略任务
	2008	中华人民共和国水污染防治法由中华人民共和国第十届全国人民代表大会常务委员会第三十二次会议于2008年2月28日修订通过,自2008年6月1日起施行

时间		事　　件
公元后	2009	党的十七届四中全会，把"生态文明建设"提升到与经济建设、政治建设、文化建设、社会建设并列的战略高度。报告指出："全面推进社会主义经济建设、政治建设、文化建设、社会建设以及生态文明建设，全面推进党的建设新的伟大工程"
	2010	国务院批复《全国水资源综合规划》
	2011	中央1号文件和中央水利工作会议明确要求实行最严格水资源管理制度
	2012	国务院发布了《关于实行最严格水资源管理制度的意见》
	2013	国务院办公厅发布《实行最严格水资源管理制度考核办法》
	2013	水利部关于加快推进水生态文明建设工作的意见（水资源〔2013〕1号）
	2015	中央政治局常务委员会会议审议通过《水污染防治行动计划》、简称《水十条》，国务院关于印发《水污染防治行动计划》

总的来说，水资源规划未来的发展方向将以维持水量平衡和保护生态环境为重点，这对发展中国家尤为重要。现有良好的水资源配置将在未来依然存在，但大规模的蓄水水库在未来是否存在则是个很大的疑问，虽然水力发电是一项经济利益很高，很吸引人的投资，但是它对环境的影响及其带来的经济损失可能远大于表面看到的经济利益。很显然，随着越来越多的技术工具可供利用，随着人类社会发展和人们价值取向的成熟，水资源规划及利用必将会更具挑战性。

二、我国水资源开发利用及水资源规划发展

我国古代虽长期处在封建制度的统治下，但勤劳伟大的劳动人民对水资源的开发利用却有很多创造与成就，尤其在灌溉规划和水运规划方面更是显著。

早在公元前的周朝，农田灌溉就已经是一个有系统的群众性工程。在当时的田野中分布了由不同等级的渠道所构成的灌溉网，起到了农业增产的作用。直到现在，有一些灌渠仍在被使用。都江堰、郑国渠、芍陂、灵渠等都是世界闻名的水利工程。

我国幅员辽阔，各种水道网密布各地。很早以前，我们的祖先就已经开始制造船只。为了利用水运来进行物资运输和贸易，在地势险峻的黄河上游，还创造了牛皮筏和羊皮筏，使得在急流险滩的河段也能通航。此外我国古代的政治中心和产粮地区的经济中心，往往不在一起，内河航运极为重要。历史上知名的人工开凿的航运河道有很多，例如，吴王夫差在公元前186年为战事需要，开挖了连接长江和淮河的邗沟，它起自江苏的淮阴，经过几个重要城镇，最后汇入长江；建于公元前340年的鸿沟，将淮河上游和黄河沟通，并将黄河的水引入了当时的大梁，也就是现在的开封；修于公元前221年前后的灵渠，接通了湘、漓二水，从而沟通了长江和珠江两大水系的航道；最著名的莫过于修于隋朝的南北大运河，也称为京杭大运河，它加强了当时朝廷对南方的控制，加强了南北的物资交流，特别是把南方的粮食运到北方，满足了当时重要政治与经济中心城市的需要。

到了唐、宋时期，农田水利方面则出现了利用坎儿井灌溉的方法。而在航运渠道方面出现了复闸、澳闸等比单闸优越很多的闸门形式。元、明、清等朝代，水资源规划及利用得到了进一步发展和完善。清朝末年直至新中国成立之前，由于社会大环境的局限，这个时候的水利工程建设没有新的进展，相反那些已有的水利工程日趋荒废。尽管如此，这个时期水资源利用方面仍有一些值得关注的事情发生，最重要的就是在这一时期，我国开始与世界进行交流，开始学习和应用西方近代的水利科学技术，开始结合我国的原有经验进行现代水资源规划及利用的实践。

新中国成立后，水利事业有了崭新的面貌，开始重新蓬勃发展起来，半个多世纪的水利建设，取得了举世瞩目的成就。

三、水资源规划管理的法律法规历史进程

从规划本身来看，它是一个时期较长的综合性治水方略，涉及的内容包括近期规划和远景规划，如不能用法律形式固定下来，纵然有了规划方案，也会像脱缰的野马，没有任何意义可言。

英国在 15 世纪就开始了水的立法，它的第一部水法诞生于 1585 年。以后又颁布了许多专业性的法律。美国虽然没有颁布全国性的综合水法，但自 20 世纪以来，先后颁布了一系列法令，如 1902 年的《垦殖法》，1920 年的《联邦水能法》，1928 年的《防洪法》，1935 年的《水土保持法》，1965 年的《水资源规划法案》以及《水污染控制法》等。这些法案有的又有修正法案。在 1972 年以前，美国并无保护湿地的法律，各部门与湿地相关的法律和政策的态度也不明朗，内容上也往往呈现鼓励保护与鼓励破坏并存的矛盾。这一时期比较重要的法律是《河流与港口法》（1899 年）。该法确定了"可航水体"的概念，但在随后的几十年中，该法并未产生保护湿地的效果。从 20 世纪 50 年代开始，随着对湿地生态价值认识的深化和公众环保意识的增强，美国联邦最高法院在一系列判例中，逐渐利用该法关于"可航水体"和填埋、排水许可等规定来实现湿地保护的目的。尽管如此，由于该法以"可航水体"作为管辖的基础，因此在湿地保护方面受到诸多的限制。这种状况直至 1972 年《清洁水法》出台后才有所改变。根据《清洁水法》，任何个人和团体对未经许可或超出许可范围进行的湿地破坏活动，应承担由此产生的法律责任，这种法律责任一般是民事责任，但如果当事人明知或故意违反《清洁水法》，则可导致刑事控诉，承担监禁或支付罚金的法律后果。70 年代以后，除《清洁水法》之外，其他一些法律和规划也开始涉及和鼓励水资源保护。1972 年《海岸地区管理法》支持各州制订海岸地区保护规则，其中水资源保护具有优先性。《国家洪灾保险规划》通过提供联邦补贴，避免在冲积平原、海岸湿地区进行开发活动。《紧急湿地资源法》（1986 年）要求鱼类和野生动物署每十年更新自己的湿地报告，第一次更新已于 1991 年完成。除此之外，还有许多正在进行的湿地保护规划项目，一些新的法规也在酝酿之中。

我国于 1988 年 1 月颁布了第一部水法，2002 年又颁布了经修订后的水法，进一步明确了水资源开发与利用及其管理的准则。此外，近几十年来，我国陆续颁布了一系列与水法配套的专业法规，正逐渐形成完整的水法规体系。

美国、澳大利亚、加拿大的政体均是联邦制，有关水的一些立法具有许多共同点，三国的宪法均强调保留各州（省）的结构和自主权，这样水资源的所有权归各州（省），其管理原则基本上是谁有谁管，但是联邦政府有权控制和开发国家河流，并在开发中占主导地位。美国联邦政府对水资源的管理是一种分散性的管理，中央一级没有统一的水资源管理机构，国会通过制定各种法案，授权联邦政府参与国家水资源的规划、开发和管理工程。按照联邦或国会授权的职能，对本系统的水利工程从规划、设计、施工到运行管理，自成体系，一管到底。水资源理事会及各河流流域委员会是协调美国各级水资源规划的机构，不承担水利工程的施工与运行管理。澳大利亚水资源理事会是全国水资源管理方面的最高组织，也是国家管理地表水和地下水的主要机构，负责组织、协调全国范围的水资源规划和研究。加拿大环

境部是联邦一级的水资源管理和环境质量保护相结合的部门。

英国的流域水务局除了建设和管理防洪、灌溉以及水资源控制工程外，还负责流域内的工业及城市生活供水、排水和污水处理系统的建设、管理和经营。1989年，英国对流域管理机构进行了改组，新成立了国家流域管理局，把资源管理与保护等政府行政职能与水资源的开发利用分开，解决了水务局既是水污染的控制者，又是排污者的问题。在10个流域区设立河流管理处，负责水污染监测、水资源管理、洪水防御工作，并利用征收的地方税和排污费、取水收费以及政府拨款，进行流域基础设施建设。水务局则实行私有化，提供供水、排水和污水处理服务。

在西班牙，流域管理机构负责由国家或地方政府投资的水资源综合利用工程、水源工程以及跨流域调水，农田灌溉工程则由农业部负责。

法国1964年的《水法》，将全国分为六大流域，建立了六大流域的管理局，它们作为流域内用户、地方政府和中央政府的代表委员会即"水议会"的执行机构，其主要职责就是采集和发布有关水的信息，制定流域规划，进行流域征税，并对流域内水资源开发、利用和保护单位给予财政支持。

日本是以专门职能机构管理水资源的典型代表，防洪与河道治理由建设省管理，发电和工业用水由通商产业省负责，灌溉和农业开发由农林水产省负责，水污染防治由环境厅负责。在这些机构之上，国土厅作为综合协调机构，负责编制全国河川水系综合规划，制定水的中长期供应计划，审议评价各部门的水资源开发计划。建设省除了管理河道外，还负责多目标水坝的建设和管理。法律规定，凡利用水坝进行发电、供水和灌溉的部门，除申请河道取水权外，还必须向建设省申请水坝的使用权，可见日本虽然是按部门职能进行水管理，但水权还是由一家统一管理，以加强河流水系的统一管理与开发，保证流域规划的实现。

墨西哥的水资源政策最初起源于1917年的宪法基本宣言："水是国家所拥有的财产，只有得到有关联邦权力机构的授权才可以使用。"1926年墨西哥创建国家灌溉委员会，并颁布实施国家灌溉法；1946年水管理事务纳入国家水资源部统一集中管理，通过流域委员会进行水资源开发；1975年实施了第一个国家水资源规划；1989年执行新政策的第一步，就是由总统令形式宣布国家水资源委员会作为一个自治机构，隶属于国家农业和水资源部，该机构是处理水管理方面唯一的联邦权力机构；1992年颁布实施国家水法。经过了70年的发展，墨西哥逐步形成一套比较完整的法律制度，规定了所有想使用国家水资源的个人、公共团体和私人企业的权利和义务，以及国家的职责范围。

1992年，都柏林国际与水环境会议上通过的"会议报告"提出对于水资源综合开发和管理中最重要的原则之一，就是要采取综合途径去发展人类社会和经济，保护人类赖以生存的自然生态系统。

可以看到，从个体到社会，从每个国家到全世界，有关水资源规划法律法规的制定与执行过程都得到了相当的重视。

进入21世纪，我国制定和颁布的一系列的相关导则、规程、规范和标准，主要有《饮用净水水质标准》（CJ94—2005）、《饮用水水源保护区划分技术规范》（HJ.T338—2007）、《水资源供需预测分析技术规范》（SL—2008）、《河流水电规划编制规范》（DL/T 5042—2010）、《水功能区划分标准》（GB/T 50594—2010）、《水利水电建设项目水资源论证导则》（SL 525—2011）、《水能资源调查评价导则》（SL 562—2011）、《用水指标评价导则》（SL/Z 552—2012）《水资源保护规划编制规程》（SL 613—2013）、《建设项目水资源论证导则》（SL 322—2013）、《城市供水水源规划导则》（SL 627—2014）、《水资源规划规范》（GB/T 51051—2014）、《江河流域规划编制规程》（SL 201—2015）、《区域供水规划导则》（SL 726—2015）。

有关水资源规划及利用的法律、法规和规章制度都在随着人们对水资源认识的加深在不断地丰富和发展，为人们更合理地开发利用水资源提供法律依据和保障。

第五节 本书的主要内容

一、性质及任务

水资源规划及利用是水文与水资源工程和水利水电工程专业的一门重要的专业课。通过对该课程的学习，使学生了解和掌握水资源规划方面的理论和方法，以及水资源可开发利用方式等方面的知识，要求掌握水资源评价的概念及分类，包括地表水资源量、地下水资源量、区域水资源总量等的计算，以及区域水质分析评价等；掌握水资源需求预测的方法，包括生活、生产、生态需水的预测，掌握水资源供需分析方法，了解水资源优化配置的基本概念及方法，掌握水资源规划的内容及相关程序，了解水环境规划的相关理论和方法，为将来从事水资源、水环境及水利水电工程相关领域的工作奠定基础。

二、主要内容

本课程的主要内容是根据国民经济发展对开发利用水资源提出的实际要求以及水资源本身的特点和客观情况，并根据《中华人民共和国水法》的规定，研究如何经济合理地综合治理河流、综合开发水资源，确定水利水电工程的合理开发方式、开发规模和可以获得的效益，以及拟订水利水电工程的合适运用方式等。

随着生产的发展和国家建设事业的进行，水利电力规划工作愈来愈复杂。这是因为水利水电工程已不是单独地存在着，为单一用途而运行着，而往往是许多工程组合在一起为若干目的而联合运行，而且水电站又是电力系统的组成部分，与其他类型电站组合在一起联合运行。有些地区还要研究地表水资源与地下水资源的统一开发问题。此外，抽水蓄能电站建设、潮汐电站建设也日益提上日程。计算机的普及对一些传统的计算方法也有很大的冲击，这些新的情况对高等学校教材编写提出了值得研究的普遍问题。

本书主要内容有：第一章 绪论、第二章 水资源综合利用、第三章 水资源评价、第四章 水资源规划的系统分析方法、第五章 水资源供需水预测及其平衡分析、第六章 水资源优化配置、第七章 水资源规划的原理方法与工作流程、第八章 水能资源规划、第九章 水库综合利用、第十章 水环境保护规划与管理等内容。

各章节的主要内容见表1-5。

表1-5	各章节主要内容
章节	主 要 内 容
第一章 绪论	概念：水资源、地表水、地下水、土壤水、孔隙水、裂隙水、岩溶水、上层滞水、潜水、承压水、大气水、承压水、供水工程、供水能力、水资源的自然属性、水资源的社会属性、水资源可利用量、水资源质量、水能资源 基本原理与方法：水资源的类型、水资源的自然属性、水资源的社会属性

续表

章节	主 要 内 容
第二章 水资源综合利用	概念：水资源利用、生活用水、农业用水、工业用水、生态用水、防洪工程措施、防洪非工程措施 基本原理与方法：生活用水的途径、农业灌溉水源的分类、灌溉方式、灌溉用水管理、用水途径、工业用水量计算、生态系统与水资源的关系
第三章 水资源评价	概念：水资源评价、水资源数量评价、水面蒸发、陆面蒸发、河川基流、给水度、潜水蒸发、地下水可开采量、水资源总量、水资源质量评价、水资源综合评价 基本原理与方法：水资源评价的内容、水资源评价模式、全国水资源分区、区域水量平衡原理、河流水质评价内容、河流水体水质评价方法
第四章 水资源规划的系统分析方法	概念：系统、水资源系统、工程、水资源系统工程 基本原理与方法：水资源系统工程处理问题的一般步骤、系统工程思考问题的一般方式（系统观点）、系统工程方法论、水资源系统优化方法、遗传算法、水资源系统模拟方法、随机模拟方法、水资源系统评价方法、基于改进层次分析法的模糊综合评价模型、水资源系统决策分析方法、基于投影寻踪的不确定性决策分析方法
第五章 供需水预测及其平衡分析	概念：生活需水、生产需水、生态环境需水、河道内生态需水、河道外生态需水、农业需水量、农田灌溉需水、农作物的需水量、灌溉制度、灌溉定额、灌溉水利用系数、工业需水、重复利用率、排水率、耗水率、工业用水弹性系数、生态流速、生态水力半径、典型年最小月流量法、Q_{95}法、引水工程、蓄水工程、提水工程、水资源供需分析 基本原理与方法：生活需水的分类、生活需水预测的趋势法、灌水方法、灌溉需水量估算方法、工业需水分类、工业需水分析计算的水平衡法、工业需水预测的分行业重复利用率提高法、河流资源利用方式的演变趋势、湿周法、Tennant法、流量历时曲线法、RAV法、生态水力半径法、基于模拟的可供水量计算方法、区域水资源供需分析方法
第六章 水资源优化配置	概念：水资源优化配置、三次水资源供需分析、水资源优化配置的原则、水资源配置技术、压力 - 状态 - 响应模式 基本原理与方法：水资源优化配置的主要研究内容、水资源优化配置的基本模式、基于优化技术的水资源配置模型、水资源优化配置一般模型、基于宏观经济的水资源优化配置、基于生态文明可持续发展的水资源优化配置
第七章 水资源规划的原理方法与工作流程	概念：水资源规划、流域水资源规划、跨流域水资源规划、地区水资源规划、专项水资源规划、水资源综合规划 基本原理与方法：水资源规划的内容、水资源规划的目的、水资源规划的类型、水资源规划方案的优选、水资源规划的基本流程
第八章 水能资源规划	概念：水能、水库特征水位、动能指标、电力系统装机容量、负荷曲线、水电站工作容量、电力系统备用容量、水电站重复容量、抽水蓄能式电站、潮汐式电站、海洋波浪能发电 基本原理与方法：我国水能资源的分布及特点、水力发电优缺点、水力发电原理、水能资源开发方式、水能资源蕴藏量估算、以发电为主的水库特征水位选择方法、水电站最大工作容量选择方法、水电站重复容量的动能经济计算方法

续表

章节	主　要　内　容
第九章 水库综合利用	概念：水库调度、径流补偿、电力补偿、不蓄出力（电能）、水库调度图、保证出力区、降低出力区、加大出力区、水库优化调度 基本原理与方法：水库调度的基本原理及特点、水库调洪计算的基本方程式、水库调度时历列表法、水库群蓄放水次序的判别原理、水库群调度图绘制的基本原理、水库优化调度的基本原理
第十章 水环境保护规划与管理	概念：水环境规划、水功能区划、水环境容量、水功能区纳污能力、水污染总量控制目标、水污染物总量控制、水生态系统、水生态安全、水生态文明、排污许可证制度、海绵城市、低影响开发 基本原理与方法：水环境规划的目的、水环境规划的原则、水环境规划的程序、水功能区划的方法、水功能区划的步骤、水环境容量的分类、污染物总量控制的类型、污染物宏观总量控制模型、污染物总量控制规划的制定步骤、水生态系统的作用、水生态系统的特性、水生态系统的功能、水生态修复的主要技术方法、低影响开发雨水系统构建途径、海绵城市的低影响开发技术

习　题

1.1　水资源的内涵是什么？什么是广义水资源？什么是狭义水资源？
1.2　简述水资源的类型。
1.3　简述水资源的自然属性和社会属性。
1.4　我国水资源的特点有哪些？开发利用水资源时应注意什么？
1.5　如何才能可持续开发利用水资源？

第二章 水 资 源 综 合 利 用

水是一切生命体（包括人体）不可缺少的基础物质。人体新陈代谢、植物、动物生存繁衍都需要水。另外，人类还将水广泛地应用于很多方面，比如日常生活、农业生产、工业生产、生态环境、水力发电、航运、水产养殖等。水资源的多用途和水资源的有限性有可能导致用水地区或部门、不同行业之间的矛盾。特别是在缺水地区，各用水部门间用水竞争和用水冲突更为显著。

本章将介绍水资源综合利用的途径，分析各用水部门之间可能产生的矛盾以及如何协调。

第一节 概 述

水资源是一种特殊的资源，对于人类的生存和发展水资源更是一种不可替代的物质。所以，对水资源的开发利用，一定要注意其综合性和可持续性。

一、水资源综合利用的概念

水资源综合利用（comprehensive utilization of water resources），是指通过各种措施对水资源进行综合治理、开发利用、保护和管理，为各类用户提供符合要求的地表水和地下水可用水源以及各个用户使用水的过程。地表水源包括河流、湖泊、水库等中的水，地下水源包括泉水、潜水、承压水等。

水资源有多种用途和功能，例如水资源可用于灌溉、供水、发电、航运、水产、旅游、保护环境等方面，水资源综合利用具有较丰富的内涵。因此，水资源综合利用应从以下几方面考虑：①要从功能和用途方面考虑综合利用；②单项工程的综合利用，例如，典型水利工程，几乎都是综合利用水利工程，水利工程往往称其为水利枢纽，原因就是水利工程要实现综合利用，必须有不同功能的建筑物，这些建筑物群体就像一个枢纽，故称水利工程为水利枢纽；③从地域上讲，一个流域或按行政区划的一个地区，其水资源的开发利用，也应考虑综合利用；④从重复利用的角度讲，例如，水电站发电以后的水排放到河道可供航运，引到农田可供灌溉，在输水和灌溉过程中不可避免地会有渗漏损失，其补给地下水的那部分水可通过打井抽水再利用，同时还起到降低地下水位，改善农田水环境的作用，体现了一水多用，一项水利措施发挥多种功能的综合利用效果。

关于水资源可持续利用的思想，是 20 世纪 80 年代国际上提出了人类社会经济"可持续发展"的概念以后，才逐渐引起人们的关注。水资源可持续利用的确切含义和相应的对策，还在研究讨论之中。从可持续发展的含义（既要满足当代人的需求又不危及后代人满足需求的发展）出发，则可认为，能够支持人类社会经济可持续发展的水资源开发利用，就叫水资源可持续利用。水资源本身是随着水文循环可再生的，但它也不是取之不尽用之不竭的。为了水资源的可持续利用，做好水资源的供需平衡、水资源的合理配置、节约与保护以及在此基础上的动态平衡是很重要的。

各河流的自然条件千变万化，各地区需水的要求也千差万别，而且各部门间的用水还不可避免地存在一定的矛盾。因此，要做好水资源的综合利用，就必须从当地的客观自然条件和用水部门的实际需要出发，抓住主要矛盾，从国民经济总体综合利益最大的角度来考虑，因时因地制宜地来制定水资源规划。切忌凭主观愿望盲目决定，尤其不应只顾局部利益而使整个国民经济遭受不应有的损失。

水资源综合利用涉及国民经济各部门，按其利用方式可分为河道内用水和河道外用水两类。河道内用水有水力发电、航运、渔业、水上娱乐、生态基流、水生生态等用水；河道外用水如农业、工业、城乡生活和植被生态等用水。此外，根据用水消耗状况可分为消耗性用水和非消耗性用水两类；按用途又可分为生活、农业、工业、水力发电、航运、生态等用水。

二、水资源综合利用的现状

自 1949 年新中国成立以来，我国政府十分重视水利工作，水利事业有了很大发展，这为水资源利用创造了很好的条件。在新中国成立初期，毛泽东、周恩来等老一辈无产阶级革命家都十分重视水利事业，他们曾亲自参加水利建设劳动，新中国第一座大型水库——官厅水库于 1951 年 10 月开工建设，1954 年 5 月竣工，毛泽东主席的亲笔题字"官厅水库"还醒目地刻在官厅大坝上。官厅水库的水一直是北京主要供水水源之一，毛主席提出的"水利是农业命脉"的科学论断，极大地推动了我国水利事业的发展。20 世纪 50～70 年代，我国相继建成了湖北和河南的丹江口水库、北京密云水库、北京十三陵水库、山东峡山水库、浙江新安江水库等一系列水库，其中，坐落于北京昌平区十三陵盆地东南的十三陵水库，因当年毛泽东、周恩来、刘少奇、朱德、邓小平等老一辈革命家和北京市数百万各界群众参加修建而闻名国内外，大坝外侧镶嵌的"十三陵水库"五个大字是毛泽东亲笔书写的。进入 90年代，随着一系列世界级大型水利枢纽工程的兴建，如长江三峡工程、二滩、黄河小浪底工程、隔河岩、万家寨、漫湾等，以及淮河治理工程、太湖治理工程、塔里木河流域生态保护工程等一大批重点水利工程的建设，水利建设的投入不断增加，水利的立法不断完善，人们的水患意识不断增强。这一切都标志着我国水利建设又进入了一个新的阶段，标志着这一时期是中国政府最重视水利的时期，也是水利发展最快的时期。

截至 2014 年，我国共有水库 97 735 座（居世界第一位），水库总库容 8394 亿 m^3。其中：大型水库 697 座，总库容 6617 亿 m^3，占全部总库容的 78.8%；中型水库 3799 座，总库容 1075 亿 m^3，占全部总库容的 12.8%；灌溉面积大于 2000 亩及以上的灌区共 22 448处，耕地灌溉面积 3397.5 万 hm^2。其中：50 万亩以上灌区 176 处，耕地灌溉面积624.1 万 hm^2；30 万～50 万亩大型灌区 280 处，耕地灌溉面积 501 万 hm^2（见图 2-1）；全国已累计建成日取水大于等于 20m^3 的供水机电井或内径大于 200mm 的灌溉机电井共 469.1万眼。全国已建成各类装机流量 1m^3/s 或装机功率 50 kW 以上的泵站 90 982 处，其中：大型泵站 366 处，中型泵站 4139 处；全国水土流失综合治理面积达 111.61 万 km^2，累计封禁治理保有面积达 79 万 km^2，建成生态清洁型小流域 340 条。在 18 个国家级重点治理区、15个国家级重点预防保护区和 1 个生产建设项目集中区开展了水土流失动态监测，完成抽样监测面积约 34 万 km^2。

为了解决缺水问题，国家实施了一系列供水工程项目，如山西万家寨引黄工程、甘肃引大（大通河）入秦（秦王川）工程、辽宁观音阁水库、新疆乌鲁瓦提水利枢纽工程以及举世

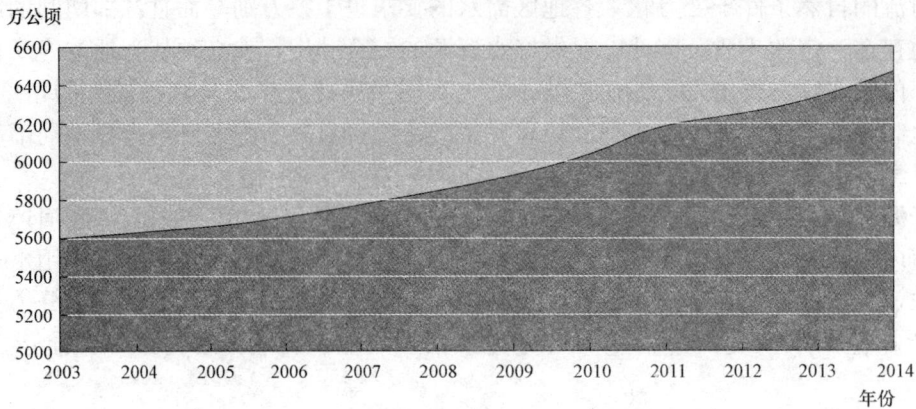

图 2-1 全国耕地灌溉面积情况

瞩目的南水北调跨流域调水工程等一批重点工程，目前已经发挥出巨大的社会经济效益。为了解决洪涝灾害问题，国家投入大量人力、物力进行防洪工程建设，在一定程度上提高了全国主要江河防洪标准，最大限度地减轻了洪涝灾害损失。2004 年国家实施了一系列防洪工程项目，如湖北长江、荆江大堤加固工程、安徽长江无为大堤防洪工程、上海市黄浦江防汛墙加固工程、湖南洞庭湖防洪蓄洪工程等一批重点工程，大大提升了我国主要江河的防洪能力。至 2014 年，全国累计达标堤防长度达 18.87 万 km，堤防达标率为 66.4%，其中一、二级堤防达标长度 3.04 万 km，达标率为 77.5%（见图 2-2）。

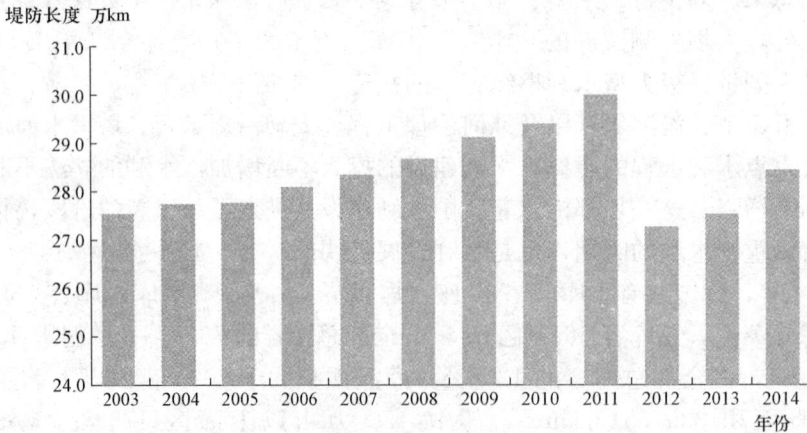

图 2-2 全国历年堤防建设情况

注：2011 年以前各年堤防长度含部分地区五级以下江河堤防。

第二节 生 活 用 水

一、生活用水的概念

生活用水（domestic water use）是人类日常生活及其相关活动用水的总称。生活用水分为城镇生活用水和农村生活用水。现行的城镇生活用水包括居民住宅用水、市政公共用水、环境卫生用水等。农村生活用水包括农村居民用水、牲畜用水。一般情况下，生活用水量按人均日用水量计，单位为 L/（人·d）。

生活用水涉及千家万户，与人民的生活关系最为密切。《中华人民共和国水法》规定，"开发、利用水资源，应当首先满足城乡居民生活用水"。因此，要把保障人民生活用水放在优先位置。这是生活用水的一个显著特征，即生活用水保证率最高，放在所有供水先后顺序中的第一位。也就是说，在供水紧张的情况下优先保证生活用水。

其次，由于生活饮用水直接关系到人们的身体健康，对生活用水的水质要求较高。这是生活用水的另一个显著特征。我国对生活饮用水有强制性标准。1985 年 8 月 16 日，中华人民共和国卫生部发布了《生活饮用水卫生标准》（GB 5749—1985），1986 年 10 月 1 日起施行。2005 年，建设部颁布了《城市供水水质标准》（CJ/T 206—2005），2005 年 6 月 1 日起施行。《城市供水水质标准》对水质提出了更高的要求，与 1985 年颁布的《生活饮用水卫生标准》相比，检测项目由 35 项增加到 93 项，同时对一些原有项目调高了标准。2006 年，中华人民共和国卫生部起草了新的《生活饮用水卫生标准》（GB 5749—2006），2007 年 7 月 1 日实施，新标准规定的水质检测指标数由原来（指 1985 年颁布的《生活饮用水卫生标准》）的 35 项增加至 106 项，对饮用水的水质安全要求更高。限于国内检测手段还不能完全跟上，再加上自来水供水系统设施改造需要一定时间，所以 GB 5749—2006 中有些指标需分段逐步推行实施，规定全部指标在 2012 年 7 月 1 日实施。

二、生活用水途径

整个生活用水途径经历了多个复杂阶段或环节，大致包括从供水水源取水、自来水厂生产（水处理）、管网中途加压、配水管网输水到千家万户、居民自备设备用水等环节（见图 2-3）。

（一）供水水源

由于生活用水对水质要求较高，所以对生活用水水源的选择有一定要求。一般情况下，在一个地区，把水质较好的水源作为生活用水。比如，在地表水已被污染或水质较差的情况下，可以考虑开采地下

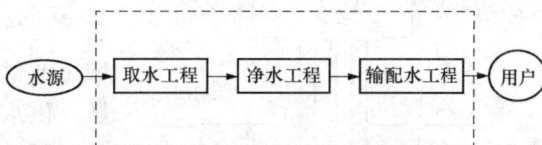

图 2-3　生活用水途径的环节

水；在浅层地下水水质较差或被污染的情况下，可以考虑开采深层承压水。

水源类型包括地表水（水库、河流、湖泊）、地下水、泉水等。地表水作为水源是人类生活用水的最古老方式，也是最常用水源。人们可以直接从河流、水库、湖泊等地表水域取水。取水的方式或类型也多种多样，如自流取水、水泵直接抽水。由水泵提取地表水的结构组成见图 2-4。

以地表水为水源时，生活饮用水处理工艺如图 2-5 所示。

人类利用地下水的历史较为悠久。较早时期，人类利用地下水是通过人工打井取水的方式，通过在地下水埋深较浅的地方开挖浅水井，并使用水桶等器械，从地下水井中取水。随着技术的发展，逐渐可以开凿更大、更深的水井，并采用水泵从地下抽水，如图 2-6 所示。但是，由于地下水流动较慢，恢复能力有限，在不加以限制的情况下，当抽水量超过一定限度后，会导致地下水位缓慢下降，甚至逐渐枯竭，从而引起地面沉降等环境地质问题和地下水污染等水环境问题。

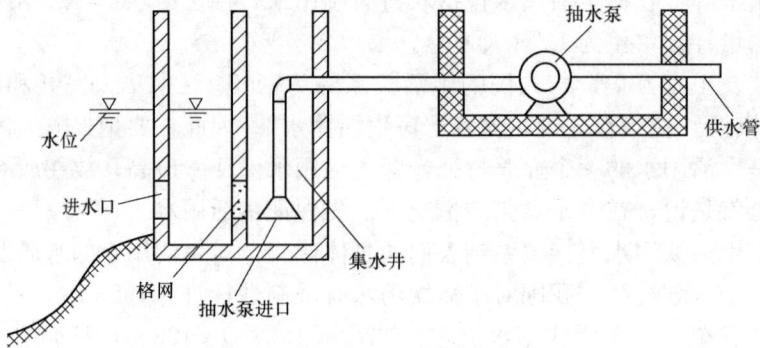

图 2-4　水泵提取地表水示意图

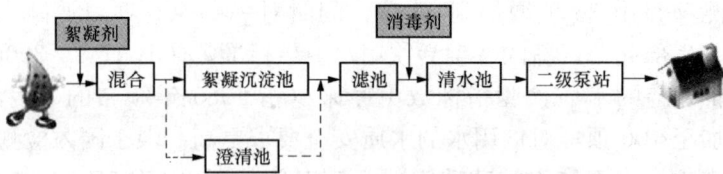

图 2-5　生活饮用水处理净化工艺

有时，在泉水出现的地方，如果水质满足要求同时又具备开发条件，可以把泉水汇集起来，通过引水工程，供人们生活之用。泉水的取水方式与地表水相似。

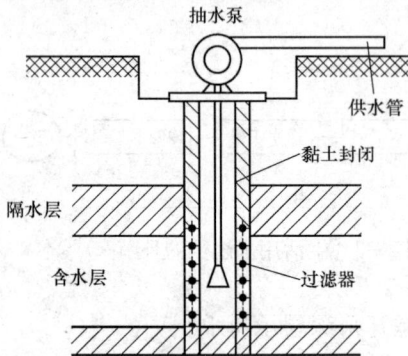

图 2-6　水泵从地下抽水示意图

城市的供水一般较为集中，同时，城市也是人口密度较大的地区，水源一旦出现问题（比如水污染、水质恶化等），就会影响到城市的饮用水安全，所以，城市的供水水源一定要可靠安全。在农村，用水点分散，供水水源常常不集中、不固定，有时水质较差，甚至不符合生活用水标准。因为用水水质好坏直接影响到人们身体健康，为了确保人们生活用水不受影响，必须保护好水源，开发利用符合饮用水要求的水源。《中华人民共和国水法》规定，"国家建立饮用水水源保护区制度。省、自治区、直辖市人民政府应当划定饮用水水源保护区，并采取措施，防止水源枯竭和水体污染，保证城乡居民饮用水安全""禁止在饮用水水源保护区内设置排污口"。

（二）自来水厂

因为生活用水对水质要求较高，一般从水源地引来的水在用作生活饮用之前需要进行一定的处理。这种对从水源地引来的水进行供水前的处理，就是自来水厂的任务。如果从水源地引来的水的水质较好，一般只需简单的过滤或处理后就可以为居民生活供水。如果引来的水的水质较差，则需要经过严格的处理后才能向生活供水。因此，自来水厂在生活供水中具有重要的作用。

下面以北京市为例，介绍自来水厂的供水状况。

北京自来水集团的前身是始建于 1908 年 4 月的京师自来水股份有限公司。1999 年 8 月

26 日，经北京市人民政府批准，北京市自来水集团有限责任公司正式挂牌成立，主要负责北京中心城区（市区），以及门头沟、延庆、密云、怀柔、房山、大兴、通州等郊区县新城的供水业务，还进行再生水、污水处理，供水工程设计、施工、安装，管网抢修，管件器材、水表制造、供水材料贸易等业务。在供水能力、自来水水质、资产规模、技术装备、企业管理和经济技术指标等方面，北京自来水集团均居国内同行业领先水平，是目前我国规模最大、最具影响力的城市供水企业。

北京市自来水集团目前拥有第三水厂、三〇九水厂、第四水厂、第七水厂、第八水厂、第九水厂、田村山净水厂、郭公庄水厂等市区水厂 13 座，分钟寺调蓄水厂 1 座，丰台水厂、郊区水厂 11 座，日供水总能力 415 万 m^3。全市供水管线总长度 12 000 余 km，供水服务面积 1000 多 km^2，供水用户 410 万户。其中，市区日供水能力 370 万 m^3，管网长度 9000 多 km，供水用户 337 万户，供水服务面积 700 多 km^2。市区供水范围东至通州卫星城西部，南至大兴区西红门、旧宫和丰台东高地，西至石景山区鲁谷，北至天通苑。初步形成了以北京城区供水为主，涵盖郊区新城地区的城乡供水一体化经营格局。

供水水源主要有地表水、地下水、南水北调以及河北省外调水。

第三水厂的水源是地表水和地下水，日供水能力 40 万 m^3。309 水厂的水源是南水北调的外调水（地表水），日供水能力 8 万 m^3。第四水厂的水源是地下水，日供水能力 5 万 m^3。第七水厂的水源是地下水，日供水能力 2 万 m^3。丰台水厂的水源是地下水，日供水能力 1.2 万 m^3。第八水厂的水源是平谷应急水源工程（地下水），日供水能力 48 万 m^3。孙河水厂的水源：以顺义牛栏山水源、平谷应急水源、潮白河应急水源、怀柔应急水源、怀柔水务局应急水源五个地下水源为原水（地下水），日供水能力 10 万 m^3。第九水厂的水源：目前以密云水库、河北水库为主要水源，未来将以南水北调水作为主要水源，日供水能力 171 万 m^3。田村山净水厂的水源：地表水，日供水能力 38 万 m^3。郭公庄水厂的水源：南水北调外调水，日供水能力 50 万 m^3。

（三）居民自备用水设备

自来水厂通过管网把自来水输送到千家万户，供人们饮用、做饭、洗菜、洗澡、洗衣、洗尘、冲厕所等。居民自备用水设备比较简单，常用的有水龙头、抽水马桶、洗澡喷头、洗衣机、饮水机等。

三、生活用水量计算

为了维持正常的生活或生存，人和牲畜需要饮用和通过其他途径使用一部分水。这部分水量之和就是生活用水量。关于生活用水量的计算，一般有两种方法：一是直接计算方法，即直接根据生活用水量统计计算得到，特别是城市生活用水一般是通过管道供应，并且安装有一定精度的计量水表，可以直接从计量水表中统计用水量的多少；二是定额估算法，即根据当地统计资料，获得人均日生活用水量的经验数据，再计算实际生活用水量。设人均日生活用水量为 Q_{DW} [L/（人·d）]，人口总数为 P，则年生活用水量 DW 为

$$DW = P \times Q_{DW} \times 365 \qquad (2-1)$$

定额估算法是一种间接计算方法，其关键是要通过统计得到比较准确的人均日生活用水量经验数据，这是准确计算的基础。由于生活水平、节水观念、节水技术以及水资源状况的不同，人均日生活用水量经验数据在不同地区也有较大差异。一般情况下，城镇生活用水受城镇规模、经济水平、气候条件、水资源条件、住房卫生设备、居民用水习惯和收费标准等

因素影响；农村生活用水受农村工业、副业发展水平、经济收入、生活水平和生活习惯以及牲畜饲养量多少的影响。

四、我国生活用水状况

随着人口增长，生活水平提高，供水设施建设增加，用水标准提高，生活用水量在不断增加。我国城镇人均日生活用水量，由1980年的117L提高到2014年的213L，增长了将近一倍，但这一水平与发达国家相比，仍然较低。国外一般大城市人均日生活用水量在250～300L，最高达到600L。我国农村人均日生活用水量比较低，从1980年到2014年，仅有较小幅度的增加，2014年全国农村居民人均日生活用水量为81L。

总体来看，我国生活饮用水安全形势十分严峻，令人担忧。据调查，我国一些地区饮水存在水质严重不达标、供水保证率低、水质性地方病难以根治等问题。据2005年统计，我国农村有3亿多人口饮水不安全，特别是饮水水质不符合卫生要求，相当一部分城市水源污染严重，威胁到人民的生命健康。每年因饮水水质问题造成对人生命的危害实际上要高于洪水造成的伤亡。饮水水质超标导致了近年来比较严重的地方病，且发病率有明显增加的趋势。至2005年，华北、西北、东北和黄淮海平原地区的6300多万人仍在饮用含氟量严重超标的水，并造成驼背、骨质疏松、骨变形，甚至瘫痪、丧失劳动能力。这种状况对民众的生命健康、国民经济的发展带来了严重影响。因此，最近一些年，我国政府把保障饮用水安全、维护人民生命健康作为水利工作的首要任务，已制定周密计划，加大投入，下大力气，解决高氟水、高砷水、苦咸水、污染水等饮用水水质不达标以及局部地区饮用水供应严重不足问题，保障人们喝上安全水和优质水。

我国生活用水短缺，同时却又存在用水浪费的现象。公众节水意识有待提高，节水器具使用率普遍偏低，居民生活用水设备陈旧，管网老化，滴水、漏水现象还十分严重。因此，我国生活用水的节水潜力还比较大，推行节约用水是解决生活用水短缺的重要措施。

五、生活节水

随着人口增加，生活水平提高，生活用水总量不断增加，势必增加原本紧张的供需水矛盾。因此，大力推行生活节水，对于建设节水型社会具有重要意义。

大力推广节水型器具，发展再生水利用，减小输水损失，提高用水效率，是生活节水的重要措施。国家在《中国节水技术政策大纲》（2005）中要求，推广应用节水型水龙头、节水型便器系统、节水型淋浴设施；推广应用城市居住小区再生水利用技术、建筑中水处理回用技术、污水处理和再生利用技术、雨水利用技术、海水淡化技术、苦咸水利用技术，建立和完善城市再生水利用技术体系；积极采用城市供水管网检漏和防渗技术，减少输水损失，保障生活供水安全。

建设部2003年171号文件规定：所有新建、改建、扩建房屋，必须采用节水型生活用水器具。各单位已有房屋使用的不符合节水标准的用水器具，要在2005年以前全部更换为节水型器具。各地积极采取措施，鼓励和引导居民更换不符合节水要求的生活用水器具。缺水城市严禁非节水型生活用水器具的销售。对于新建、改建、扩建工程应选用节水型生产工艺、设备和器具，配套建设相应的节约用水设施，并与主体工程同时设计、同时施工、同时投入使用；一些建设项目竣工后，还要经过节约用水行政主管部门的审查和验收；充分利用中水，营业性洗车场和洗浴场所必须使用节水型器具；对于不能按节水标准完成改造和治理的单位，将限期整改，逾期不进行整改的，将依法进行处罚或关闭。

第三节　生　产　用　水

一、农业用水

（一）农业用水的概念

农业用水（agricultural water use）是农、林、牧、副、渔业等各部门和乡镇、农场企事业单位以及农村居民生产用水的总称。

在农业用水中，农田灌溉用水占主要地位。农作物在生长过程中，需要消耗一部分水分，主要参与体内营养物质的输送和代谢，然后通过茎叶的蒸腾作用散发到大气中。在无人工灌溉的情况下，农作物主要通过吸收土壤中汇集的雨水来维持生长。然而，由于受降水时间和空间分布不均的影响，在作物需要水分的时候可能降水稀少，从而导致干旱，作物无法从土壤中正常获取水分，情况严重时会导致作物减产或绝收。如果能在此时通过人工措施向农田实施灌溉，就能够保证作物用水，保障农业生产。特别是在干旱区，降水十分稀少，农作物仅依靠降水几乎不能生长，在很大程度上要依靠灌溉。灌溉的主要任务，是在干旱缺水地区，或在旱季雨水稀少时，用人工措施向田间补充水分，以满足农作物生长需要。因此，以合理的人工灌溉来满足农作物需水，是保障农业生产的重要措施。

由于土壤中水分不能满足林草的用水需求，依靠人工灌溉等措施补充林草生长所必需的水分称为林牧业用水。

发展渔业也需要消耗一部分水量，主要用于水域（水库、湖泊、河道等）水面蒸发、水体循环、渗漏、维持水体水质和最小水深等。这部分用于渔业的水量就是渔业用水。

在农村，养猪、养鸡、养鸭、食品加工、蔬菜加工等副业以及乡镇、农场、企事业单位在从事生产经营活动时，也会引用一部分水量。

由于降水在时间上和地区上的不均匀性，单靠雨水供给农作物水分，难免会因为某段时间无雨而发生旱灾，导致农业减产。因此，用合理的人工灌溉来补充雨水的不足，是保证农业稳产的首要措施。灌溉措施，即按照作物的需要，通过灌溉系统有计划地将水量输送和分配到田间，以补充农田水分的不足。

（二）灌溉水源

灌溉水源是指天然水资源中可以用于灌溉的水体，有地表水和地下水两种形式，其中地表水是主要形式。

地表水包括河川径流、湖泊径流及在汇流过程中拦蓄起来的地面径流。地下水一般是指潜水和层间水，前者又称浅层地下水，其补给来源主要是大气降水，由于补给容易、埋藏较浅、便于开采，是灌溉水源之一。灌溉回归水和城市污水用于灌溉，是水源的重复利用。海水和高矿化度地下水经淡化处理后也可用于灌溉，但由于费用昂贵，尚少采用。

开发灌区首先要选择好水源。选择水源时，既要考虑水源位置尽可能靠近灌区，又要考虑灌区附近具备引水的地形条件，还应对水源的水量、水质以及水位条件进行分析研究，以便制定利用水源的可行方案。

目前，我国农田灌溉总用水量约占全国各经济部门总用水量的 65% 左右，而我国水资源总量折算成每亩耕地占有水量却又很低，因此，尽量利用各种可利用的水源，减少废弃，提高利用程度，对于灌溉水源的利用来说是十分重要的。首先，要兴建和用好蓄水设施，提高灌溉水源的利用程度。其次，实行区域之间的水量调剂，协调好水资源与土地资源的分布不相协调的问题。最后，实行地表水和地下水的联合运用，特别是在北方水量不足的地区，井灌与渠灌相结合两水并用，可大大提高水资源的利用程度。

1. 以地表水为水源

（1）无坝引水。灌区附近河流水位、流量均能满足灌溉要求时，即可选择适宜的位置作为取水口，修建进水闸，引水自流灌溉，形成无坝引水，如图 2-7 中 A 点所示。无坝引水渠首一般由进水闸、冲沙闸和导流堤三部分组成。进水闸控制入渠流量，冲沙闸冲走淤积在进水闸前的泥沙，而导流堤一般修建在中小河流中，平时发挥导流引水和防沙作用，枯水期可以截断河流，保证引水。渠首工程各部分的位置应相互协调，以有利于防沙取水为原则。

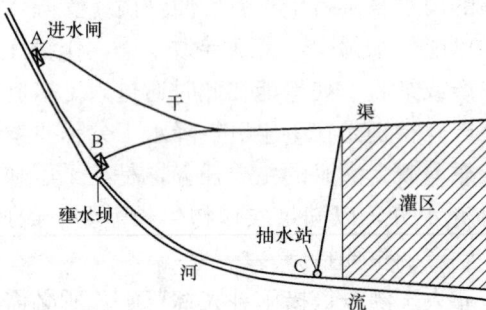

图 2-7 灌溉取水方式示意图

A—无坝取水；B—有坝取水；C—抽水取水

（2）有坝（低坝）引水。当河流水源较丰富，但水位较低时，可在河道上修建壅水建筑物（坝或闸），抬高水位，自流引水灌溉，形成有坝引水的方式，如图 2-7 中 B 点所示。有坝引水枢纽主要由拦河坝（闸）、进水闸、冲沙闸及防洪堤等建筑物组成。拦河坝拦截河道，抬高水位，以满足灌溉引水的要求，汛期则在溢流坝顶溢流，宣泄河道洪水。进水闸用以引水灌溉，冲沙闸是多沙河流低坝引水枢纽中不可缺少的组成部分，而为减少拦河坝上游的淹没损失，在洪水期保护上游城镇、交通的安全，可在拦河坝上游沿河修筑防洪堤。

（3）抽水取水。当河流水量比较丰富，但灌区位置较高，修建其他引水工程困难或不经济时，可就近采取抽水取水方式。这样，干渠工程量小，但增加了机电设备和年管理费用，如图 2-7 中 C 点所示。

（4）水库取水。河流的流量、水位均不能满足灌溉要求时，必须在河流的适当地点修建水库进行径流调节，以解决来水和用水之间的矛盾，并综合利用河流水源。这是河流水源较常见的一种取水方式，采用水库取水，必须修建大坝、溢洪道和进水闸等建筑物，工程较大，且有相应的库区淹没损失，因此，必须认真选择好建库坝址。但水库能综合利用河流水资源，这是水库取水优于其他取水方式之处。

在实际应用中，往往综合使用多种取水方式，引取多种水源，形成蓄、引、提结合的灌溉系统，如图 2-8 所示。即使只是水库取水方式，也可在下游适当地点修建壅水坝，将水库泄入河道的发电尾水位抬高。引入渠道，以充分利用水库水量及水库与壅水坝间的区间径流。

2. 以地下水为水源

由于不同地区地质、地貌和水文地质条件不同，地下水开采利用的方式和取水建筑物的形式也不相同。根据不同的开采条件，大致可分为垂直取水建筑物、水平取水建筑物和双向取水建筑物三大类。

（1）垂直取水建筑物。垂直取水建筑物主要有管井和筒井。管井是在开采利用地下水中

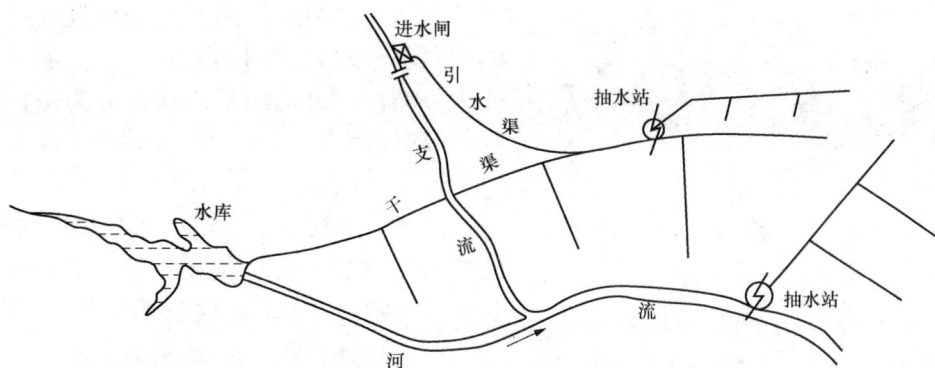

图 2-8　蓄、引、提相结合的灌溉系统

应用最广泛的取水建筑物，由于水井结构主要是由一系列井管组成，故称为管井。管井的主要组成部分有井壁管、滤水管、沉淀管。它不仅适用于开采深层承压水，还是开采浅层水的有效形式。筒井是一种大口径的取水建筑物，由于直径较大（一般为 1～2m），形似圆筒而得名，由井台、井筒和进水部分（水筒）三部分组成。井筒具有结构简单、检修容易、能就地取材等优点，但由于井口过大，井不宜过深，因而，筒井多用于开采浅层地下水。

（2）水平取水建筑物。水平取水建筑物主要有坎儿井、卧管井、截潜流工程。坎儿井主要分布在我国新疆地区山前洪积冲积扇下部和冲积平原的耕地上。高山融雪水通过洪积冲积扇上部的漂砾卵石地带时，大量渗漏变为潜流。当地人民采取开挖廊道的形式，引取地下水，当地称这种引水廊道为坎儿井，如图 2-9 所示。

卧管井即埋设在地下水较低水位以下的水平集水管道。集水管道与提水竖井相通，地下水渗入水平集水管，流到竖井，可用水泵提取灌溉。截潜流工程也称地下拦河坝。在山麓地区，有许多中小河流，由于沙砾、卵石的长期沉积，河床渗漏严重，大部分水量经地下沙石层潜伏流走，在这些河

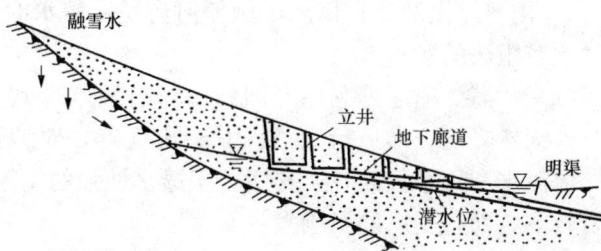

图 2-9　坎儿井示意图

床中筑地下坝（截水墙），拦截地下潜流，即为截潜流工程，如图 2-10 所示。

（3）双向取水建筑物。为了增加地下水的出水量，有时采用水平和垂直两个方向相结合的取水形式，称为双向取水建筑物。

（三）灌溉方法

灌溉方法是灌溉水进入田间并湿润根区土壤的方法与方式。其目的在于将集中的灌溉水流转化为分散的土壤水分，以满足作物对水、肥、气的需要。对灌水方法的要求是多方面的，先进而合理的灌水方法应满足以下几方面的要求：①灌水均匀；②灌溉水的利用率高；③少破坏或者不破坏土壤团粒结构，灌水后能使土壤保持疏松状态，④便于和其他农业措施相结合，要有利于中耕、收获等农业操作，对田间交通的影响少；⑤应有较高的农业生产率；⑥对地形的适应性强；⑦基本建设与管理费用低；⑧田间占地少，有利于提高土地利用率，使得有更多的土地用于作物的栽培。

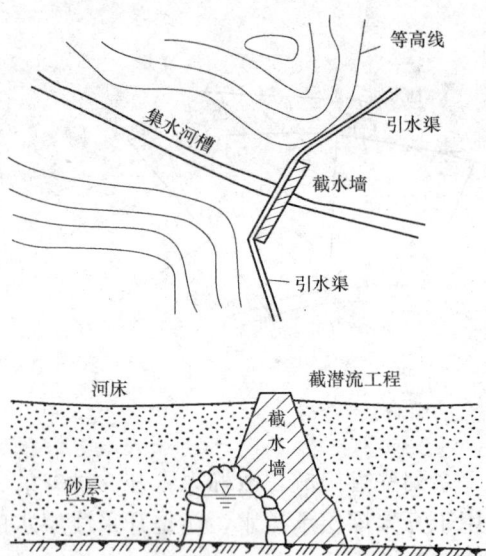

图 2-10　截潜流工程

灌水方法一般按照是否全面湿润整个农田和按照水输送到田间的方式以及湿润土壤的方式来分类，常见的灌水方法可分为全面灌溉与局部灌溉两大类。

1. 全面灌溉

灌溉时湿润整个农田根系活动层内的土壤，传统的常规灌水方法都属于这一类，比较适合于密植作物，主要有地面灌溉和喷灌两类。

（1）地面灌溉。水是从地表面进入田间并借重力和毛细管作用浸润土壤，所以也称重力灌水法。按其湿润土壤方式的不同又可分为畦灌、沟灌、淹灌和漫灌。

1）畦灌。畦灌是用田埂将灌溉土地分隔成一系列小畦，灌水时，将水引入畦田后，在畦田上形成很薄的水层，沿畦长方向流动，在流动过程中主要借重力作用逐渐湿润土壤。

2）沟灌。沟灌是在作物行间开挖灌水沟，水从输水沟进入灌水沟后，在流动过程中主要借毛细管作用湿润土壤。

3）淹灌。淹灌是用田埂将灌溉土地划分成许多格田，灌水时，使格田内保持一定深度的水层，借重力作用逐渐湿润土壤，主要适用于水稻。

4）漫灌。漫灌是在田间不做任何沟埂，灌水时任其在地面漫流，借重力渗入土壤，是一种比较粗放的灌水方法。

（2）喷灌。喷灌是利用专门设备将有压水送到灌溉地段，并喷射到空中散成细小的水滴，像天然降雨一样进行灌溉。其突出优点是对地形的适应性强，机械化程度高，灌水均匀，灌溉水利用系数高，尤其适合于透水性强的土壤，并可调节空气的湿度和温度。但基建投资较高，而且受风的影响大。

2. 局部灌溉

这类灌溉方法的特点是灌溉时只湿润作物周围的土壤，远离作物的行间或棵间的土壤仍保持干燥。主要包括渗灌、滴灌、微喷灌、涌灌、膜上灌和痕量灌溉。

（1）渗灌。渗灌是利用修筑在地下的专门设施（地下管道系统）将灌溉水引入田间耕作层，借毛细管作用自下而上湿润土壤，所以又称地下灌溉。

（2）滴灌。滴灌是由地下灌溉发展而来的，滴灌是指利用一套塑料管道系统将水直接输送到作物的根部，水由每个滴头直接滴在根部上的地表，然后渗入土壤并浸润作物根系最发达的区域。

（3）微喷灌。微喷灌是指用很小的喷头（微喷头）将水喷洒在土壤表面。

（4）涌灌。涌灌又称涌泉灌溉，是指通过作物根部附近埋设开口小管向上涌出的小水流或小涌泉将水灌到根系区域。

（5）膜上灌。膜上灌是近几年我国新疆地区试验研究的灌水方法，是指让灌溉水在地膜表面的凹形沟内借助重力流动，并从膜上的出苗孔流入土壤进行灌溉。

上述灌溉方法各有优缺点和一定的适用范围，选择时主要应考虑到作物、地形、土壤和水源等条件。

(6) 痕量灌溉。痕量是一个化学的量级概念，是微量的 1/1000，这里将痕量的概念引入到灌溉领域，来表明痕量控水头单位时间内出水量的量级是滴灌的 1/1000。

通过创造性的双层结构控水，以任意微小的速率（1～1000mL/h）直接将水或营养液输送到植物根系附近，湿润根层土壤的新型灌溉技术。

常量灌溉（t/h）→微量灌溉（L/h）→痕量灌溉（mL/h）。

痕量灌溉的灌水器称为控水头，是由两层特性相反的透水材料组成的：上面的透水材料（滤膜）通量大而孔径小，起过滤作用；而下面的透水材料（毛细管、纤维束、透水孔道等）通量小孔径大，起控制水的作用（见图 2-11）。下层透水材料的限流作用保证透过上层滤膜的透水流速极小，杂质无法嵌入滤膜孔隙，只是稀松地堆砌在滤膜表面。再有杂质会受到来自管道中动荡水流的扰动，加上膜材料的抗附着特性，杂质无法附着在滤膜上，经过定期开启灌溉系统尾部的阀门，可有效冲刷掉灌溉系统内部的杂质。而小于膜孔的杂质，能顺利地通过下面毛细管束的间隙进入土壤中，也不会造成堵塞。

（四）灌溉制度及灌溉用水量

农作物的灌溉制度是指作物播种前（或水稻插秧前）及全生育期内的灌水次数、每次灌水的日期和灌水定额以及灌溉定额。灌水定额是指一次灌水单位灌溉面积上的灌水量，各次灌水定额之和称为灌溉定额。

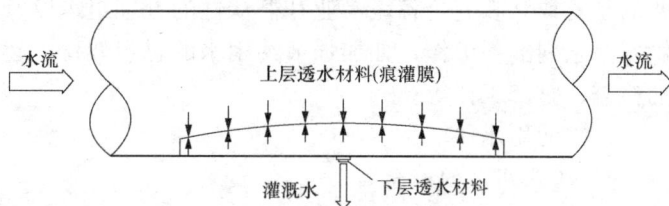

图 2-11 痕量灌溉控水头结构示意图

灌溉用水量是指灌溉土地需从水源取用的水量而言的，根据灌溉面积、作物种植情况、土壤、水文地质和气象条件等因素而定。灌溉用水量的大小直接影响灌溉工程的规模。当已知灌区全年各种农作物的灌溉制度、品种搭配、种植面积后，就可分别算出各种作物的灌溉用水量，即某作物某次净灌溉用水量为

$$W_净 = mA \qquad (2-2)$$

毛灌溉用水量为

$$W_毛 = W_净 + \Delta W = W_净 / \eta \qquad (2-3)$$

毛灌水流量为

$$Q_毛 = \frac{W_毛}{Tt} = \frac{mA}{Tt\eta} \qquad (2-4)$$

式中：m 为该作物某次灌水的灌水定额，$m^3/$亩；A 为该作物的灌溉面积，亩；ΔW 为渠系及田间灌水损失，m^3；η 为灌溉水量利用系数，恒小于 1.0；T，t 分别为该次灌水天数和每天灌水秒数。

每天灌水时间 t 在自流灌溉情况下可采用 86 400s（24h），在提水灌溉情况下则小于该数，因为抽水泵要间歇运行。决定灌水天数 T 时，应考虑使干渠流量比较均衡，全灌区统一调度分片轮灌，以减少工程投资。

（五）灌溉用水管理

灌溉用水管理的主要任务是实行计划用水，计划用水是有计划地进行蓄水、取水（包括

水库供水、引水和提水等）和配水。实行计划用水需要在用水之前，根据作物高产对水分的要求，并考虑水源情况、工程条件以及农业生产的安排等，编制好用水计划。在用水时，视当时的具体情况，特别是当时的气象条件，修改和执行用水计划，进行具体的蓄水、取水和配水工作。

用水计划是灌区（干渠）从水源取水并向各用水单位或各渠道配水的计划，包括水源取水计划和配水计划两部分。

编制水源取水计划首先要进行河流水源情况的分析和预测。渠首可能引取的水量取决于河流水源情况及工程条件。因此，应首先分析灌溉水源。在无坝引水和抽水灌区，需分析和预测水源水位和流量；在低坝引水灌区，一般只分析和预测水源流量；对含沙量较大的水源，还要进行含沙量分析和预测。通过分析和预测，确定渠首可能引取的水量和灌区灌溉需要的水量后，将两者进行平衡分析，最后可确定计划取引水量的过程。编制配水计划，是在全灌区的灌溉面积、取水时间、取水水量和流量已经确定的条件下，拟订每次灌水向配水点分配的水量、配水方式、配水流量（续灌时）或是配水顺序及时间（轮灌时）。

编制用水计划，只是实行计划用水的第一步，更重要的是贯彻、执行用水计划。其中最主要的是要建立和健全各级专业和群众性的管理组织以及渠系工程配套。此外，还要在放水前做好一系列准备工作，如加强节约用水的思想教育，建立各种用水制度，做好渠道和建筑物的检查、整修工作等。

二、工业用水

（一）工业用水的概念

工业用水（industrial water use）是指工矿企业用于制造、加工、冷却、空调、净化、洗涤等方面所需要的水。在工业生产过程中，一般需要有一定量水的参与，如用于冷凝、稀释、溶剂等方面，一方面，在水的利用过程中通过不同途径进行消耗（蒸发、渗漏）；另一方面，以废水的形式排入自然界。

与农业用水相比，工业用水一般对水质有较高要求，对供水的保证率也比农业用水要高，因此，在供水方面，需要有较高保证率的、固定的水源和水厂。

此外，由于工业生产同时排出大量的废物，如果混入水中，就会形成工业废水。有些工业废水中含有大量污染环境、危害生命的污染物质，需要在排入自然界之前进行一定处理。我国对工业废水排放有一定的水质标准要求，要求工业厂矿按照水质标准排放废水，即达标排放。

（二）工业用水途径

1. 供水水源

由于工业用水对水质和供水保证率有较高要求，因此，一般选择来水比较可靠、水质符合要求的水源作为供水水源。水源类型主要包括地表水（水库、河流、湖泊）、地下水和泉水。取水的方式或类型也多种多样，如自流取水、水泵抽水。但是，由于工业用水量大、要求供水水源稳定、水质要求较高且工业废水有一定污染影响，因此在工业规划建设之前必须对水资源的利用途径、水量配置以及对水资源、环境等的影响进行论证。只有在水资源得到满足和可行的情况下，才能规划建厂。

《中华人民共和国水法》（2016 年 7 月修订）规定："在水资源不足的地区，应当对城市规模和建设耗水量大的工业、农业和服务业项目加以限制""工业用水应当采用先进技术、工艺和设备，增加循环用水次数，提高水的重复利用率"。

2．工业供水系统

工业供水系统包括取水工程、输水工程、水处理工程和配水工程四个部分。取用地下水多用管井、大口井、辐射井和渗渠。取用地表水可修建固定式取水建筑物，也可采用活动的浮船式和缆车式取水建筑物。水由取水建筑物经输水管道送入实施水处理的水厂。水处理过程包括澄清、消毒、除臭和除味、除铁、软化等环节。对于工业循环用水常需进行冷却，对于海水和咸水还需淡化或除盐。经过处理后，符合水质标准要求的水经配水管网送往工业用户。

工业供水系统可以是单一的仅供工业使用的供水系统，也可以由混合供水系统分配给工业，形成工业供水分支系统。另外，为了节水，工业供水常采用循环供水方式，循环供水是将使用过的水经适当处理后，重新使用。

3．工业循环水系统

随着经济的发展，工业用水量日益增大。在大量的工业用水中，一部分使用过的水经冷却、适当处理后，又回到供水系统中，再次被利用，这就是工业循环水系统。在用水日益紧张的形势下，使用循环水系统是十分必要的，也是节水型社会建设的需要。

4．工业废水处理系统

在工业生产过程中，一般要排出一定量的废水，包括工艺过程用水、机器设备冷却水、烟气洗涤水、设备和场地清洗水等。这些废水都有一定危害，在一定条件下可能会造成环境污染。

工业废水按所含的主要污染物性质，通常分为有机废水、无机废水、兼含有机物和无机物的混合废水、重金属废水、含放射性物质的废水和仅受热污染的冷却水。按产生废水的工业部门，可分为造纸废水、制革废水、农药废水、电镀废水、电厂废水、矿山废水等。

工业废水的水质因工业部门、生产工艺和生产方式的不同而有很大差别。如电厂、矿山等部门的废水主要含无机污染物；而造纸和食品等工业部门的废水，有机物含量很高；造纸、电镀、冶金废水中常含有大量的重金属。此外，除间接冷却水外，工业废水中都含有多种同原材料有关的物质。因此，工业废水处理显得比较复杂，需要针对具体情况，设计有针对性的废水处理工艺。

（三）工业用水量计算

工业用水量的计算一般有两种途径：一是直接计算方法，即直接根据工业用水量统计计算得到，因为工业用水一般都有比较完善的供水系统，可以控制和核算用水量大小；二是定额估算法，即根据当地统计分析，获得万元工业增加值用水量经验数据，再由当年工业增加值计算工业用水量。设万元工业增加值用水量为 Q_{Ih}（m³/万元），当年工业增加值为 Y_I（万元），则工业用水量 IW 为

$$IW = Q_{Ih} Y_I \qquad (2-5)$$

定额估算方法是一种间接估算法，其关键是要通过统计得到比较准确的"万元工业增加值用水量"数据，这是计算的基础。在目前统计资料不太完善的情况下，使用这种估算方法比较多。由于生产水平、节水技术以及水资源状况的不同，万元工业增加值用水量数据在不同地区也有较大差异。比如，2014 年我国万元工业增加值（当年价）用水量为 59.5m³，而某些发达国家平均已经达到 30m³/万元，当然，在我国国内也有高、有低，有些城市万元工

业增加值用水量已经很小，比如天津市万元工业增加值用水量为 24m³/万元，北京市为 38m³/万元。

（四）我国工业用水状况

随着经济建设的不断推进，全国工业用水量一直在逐年增加。2014 年，全国总用水量 6095 亿 m³，其中工业用水 1353 亿 m³，占 22.2%。但是，工业用水设施总体比较落后，全国工业用水重复利用率只有 55% 左右，而部分发达国家已达到 90%，我国主要工业的行业用水平均明显低于发达国家。因此，我国工业用水还有较大节水潜力，用水水平亟待提高。

此外，我国工业废水处理率和处理程度低，带来的污染危害严重。2014 年全国污水排放总量 771 亿 t，其中工业废水占 2/3。工业废水中又有 30% 以上的废水未经任何处理就直接排入江河，致使我国 1/3 以上的河段受到污染，90% 以上的城市水域污染严重，50% 的城市地下水受到污染。近 50% 的城市供水水源达不到卫生饮用水标准，不少城市河段鱼虾绝迹，部分湖泊的富营养化问题日趋严重。

（五）工业节水

目前，我国工业生产工艺和技术还相对比较落后，用水效率总体水平较低，与世界先进水平相比差距悬殊，节水潜力较大。我国政府十分重视工业节水工作，积极支持和大力推行节水型工艺和先进的节水技术，降低万元产值取水量，提高工业用水重复利用率。

国家在《中国节水技术政策大纲》（2005 年 7 月制订）中要求，大力发展和推广工业用水重复利用技术、冷却节水技术、热力和工艺系统节水技术、洗涤节水技术、工业给水和废水处理节水技术、非常规水资源（海水、苦咸水、矿井水）利用技术、工业输用水管网、设备防漏和快速堵漏修复技术、工业用水计量管理技术、重点节水工艺。

在制定的区域或流域水资源规划或节水规划中，要求合理地编制工业节水规划，制定行业用水定额和节水标准。在用水管理上，对工业企业节水实行目标管理。对于从江河、湖泊、水库或地下取水的新建和改扩建工业项目，必须进行水资源论证。节水指标达不到规定的，一律不予批准，并要求工业节水设备必须与工业主体工程同时设计、同时施工、同时投入运行。

第四节 生态用水

一、生态用水的概念

广义上讲，生态用水（ecological water use）是指"特定区域、特定时段、特定条件下生态系统总利用的水分"，它包括一部分水资源量和一部分常常不被水资源量计算包括在内的水分，如无效蒸发量、植物截留量。狭义上讲，生态用水是指"特定区域、特定时段、特定条件下生态系统总利用的水资源总量"。根据狭义的定义，生态用水应该是水资源总量中的一部分，从便于水资源科学管理、合理配置与利用的角度，采用此定义比较有利。需要指出的是，20 世纪 70 年代末期以来，生态系统的用水问题日渐引起国内外广大学者的关注。但是，由于生态用水本身属于生态学与水文学之间的交叉问题，过去虽然做了大量的研究工作，但在基本概念上仍未统一，许多基本理论仍不成熟，有待进一步研究。

由于自然界中的水资源是有限的，某一方面用水多了，就会挤占其他方面的用水，特别是常常忽视生态用水的要求。在现实生活中，由于主观上对生态用水不够重视，在水资源分配上几乎将百分之百的可利用水资源用于生活、农业和工业，于是就出现了河流缩短、断流、湖泊干涸、湿地萎缩、土壤盐碱化、草场退化、森林破坏、土地荒漠化等生态恶化问题，严重制约着经济社会发展，威胁着人类生存环境。因此，要想从根本上保护或恢复和重建生态系统，确保生态用水是至关重要的一环。因为缺水是很多情况下生态系统遭受威胁的主要因素，合理配置水资源，确保生态用水，对保护生态系统、促进经济社会可持续发展具有重要的意义。

二、生态系统与水资源的关系

水是生态系统不可替代的要素。可以说，哪里有水，哪里就有生命。同时，地球上诸多的自然景观，如奔流不息的江河，碧波荡漾的湖泊，气势磅礴的大海，它们的存在也都离不开水这一最为重要、最为活跃的因子。一个地方具备什么样的水资源条件，就会出现什么样的生态系统，生态系统的盛衰优劣都是水资源分配结果的直接反映。下面将从不同的角度来介绍水资源对生态系统的影响和作用。

1. 水资源是生态系统存在的基础

水是一切细胞和生命组织的主要成分，是构成自然界一切生命的重要物质基础。人体内所发生的一切生物化学反应都是在水体介质中进行的。人的身体 70％ 由水组成，哺乳动物含水 60％～68％，植物含水 75％～90％。没有水，植物就要枯萎，动物就要死亡，人类就不能生存。

无论自然界的环境条件多么恶劣，只要有水资源作为保证，就有生态系统的存在和繁衍。以耐旱植物胡杨为例，在西北干旱地区水资源极度匮乏的情况下，只要能保证地表以下 5m 范围内有地下水存在，胡杨就能顽强地成活下去。因此，水资源不只是针对人类社会，对生态系统同样也是起决定作用的。

2. 人类过度开发利用水资源，使生态系统遭受严重破坏

自 18 世纪中叶的工业革命以来，随着科技和经济的飞速发展，人类征服自然、改造自然的意识逐步增强，对自然界的索取越来越多，由此对自然界造成的破坏程度也越来越深。包括水资源在内的自然资源都遭到了人类的过度开发和掠夺，人类对自然的破坏已超越了自然界自身的恢复能力，因此，地下水超采严重、土地荒漠化、水环境恶化这些专业词汇已成为人们耳熟能详的常用词，生态退化问题也由局部地区扩展到全球范围，由短期效应转变为影响子孙后代的长久危机。

3. 生态系统的恶化又会影响人类的生存和发展

人类在向自然界索取的同时，也受到了自然界对人类的反作用。随着人类对生态系统的破坏越来越严重，一系列的负面效应已经回报到人类身上。目前，我国的河流、湖泊和水库都遭到了不同程度的污染。2014 年，全国 21.6 万 km 的河流水质符合 Ⅰ 类的河长仅占 5.9％，符合 Ⅱ 类水的河长占 43.5％，Ⅲ 类水的河长占 23.4％，Ⅳ 类水的河长占 10.8％，Ⅴ 类水的河长占 4.7％，劣 Ⅴ 类水的河长占 11.7％；中小河流 50％ 不符合渔业水质标准；全国一半以上的人饮用污染超标水；巢湖、滇池、太湖、洪泽湖已发生了严重的富营养化，水体变色发臭，引起湖泊生态系统的改变。20 世纪中后期，我国西北地区部分城市由于只重视经济发展，缺乏对生态系统承受能力和水资源条件的考虑，水资源过度开发导致地下水位迅速下降、耕地荒漠化严重，曾经好转的沙尘暴问题又再次加剧。由此可见，人类在自身发展的同时，必须要考虑自然资源和生态系统的承载能力。否则，过度的开发将会让人类尝

到自己种下的恶果。

4. 对经济社会发展的宏观调控，是实现人与自然和谐共存的途径

人与自然和谐共存是当今社会发展的主流指导思想，也是可持续发展理论的重要体现，对经济社会的宏观调控，是实现这一目标的重要手段。就水资源而言，用"以供定需"替代"以需定供"，通过对水资源的合理分配，使得在保证生态用水的基础上，考虑生活和生产用水，尽最大可能协调人类社会与生态系统之间的用水需求和平衡关系，实现两者共同发展的双赢局面。

三、生态用水量计算

目前，计算生态用水量的方法主要有两大类：一是针对河流、湖泊（水库）、湿地、城市等小尺度提出的计算方法；二是针对完整生态系统区域尺度提出的计算方法。通常按水资源的补给功能将流域划分为河道内和河道外两部分，并以此分别计算各部分的生态用水量。河道内生态用水是维系河流或湖泊、水库等水域生态系统平衡的水量。它主要从实现河流的功能以及考虑不同水体这两个角度出发，包括非汛期河道的基本用水量，汛期河流的输沙用水量，以及防止河道断流、湖泊萎缩等的用水量。河道外生态用水为水循环过程中扣除本地有效降雨后，需要占用一定水资源量以满足植被生存耗水的水量。它主要针对不同的植被类型，分析其生态用水定额，再求出总生态用水量。详细的计算方法见第五章的内容。

第五节 防 洪 与 治 涝

一、防洪

我国洪水有凌汛（北方河流）、春汛、伏汛、秋汛等，但防洪的主要对象是每年的雨洪以及台风暴雨洪水。因为雨洪往往峰高量大，汛期长达数月；而台风暴雨洪水则来势迅猛，历时短而雨量集中，更有狂风助浪，两者均易酿成大灾。但洪水是否成灾，还要看河床及堤防的状况而定，如果河床泄洪能力强，堤防坚固，即使洪水较大，也不会泛滥成灾。反之，若河床浅窄、曲折、泥沙淤积、堤防残破等，使安全泄量（在河水不发生漫溢或堤防不发生溃决的前提下，河床所能安全通过的最大流量）变得较小，则遇到一般洪水也有可能漫溢或决堤。所以，洪水成灾是由于洪峰流量超过河床的安全泄量，而泛滥（或决堤）成灾。由此可见，防洪的主要任务，是按照规定的防洪标准，因地制宜地采用恰当的工程措施，以削减洪峰流量，或者加大河床的过水能力，保证安全度汛。

防洪（flood control）是一项长期艰巨的工作。目前解决洪水问题，一般都趋向于采取综合治理的方针合理安排蓄、泄、滞、分的措施。防洪措施是指防止或减轻洪水灾害损失的各种手段和对策，它包括防洪工程措施和非工程措施。

（一）防洪工程措施

防洪工程措施（structural measure of flood control）是指为控制和抗御洪水以减免洪水灾害损失而修建的各种工程措施，包括修筑堤防、河道整治、开辟分洪道和分蓄洪工程、水库拦洪、水土保持等。

1. 修筑堤防

堤防是古今中外最广泛采用的一种防洪工程措施，这一措施对防御常遇洪水较为经济，容易施行。沿河筑堤，束水行洪，可提高河道宣泄洪水的能力。但是筑堤也会带来一些负面

的影响，筑堤后，可能增加河道泥沙淤积，抬高河床，恶化防洪情势，使洪水位逐年提高，堤防需要经常加高培厚；对于超过堤防防洪标准的洪水而言，还可能造成洪水漫堤和溃决，与未修堤时发生这种超标准的洪水自然泛滥的情形相比，溃堤造成的洪水灾害损失将更大。

2. 河道整治

河道整治是流域综合开发中的一项综合性工程措施。可根据防洪、航运、供水等方面的要求及天然河道的演变规律，合理进行河道的局部整治。从防洪意义上讲，靠河道整治提高全河道（或较长的河段）泄洪能力一般是很不经济的，但对提高局部河道泄洪能力、稳定河势、护滩保堤作用较大。例如，对河流天然弯道裁弯取直，可缩短河线，增大水面比降，提高河道过水能力，并对上游临近河段起降低洪水位的作用；对局部河段采取扩宽或挖深河槽的措施，可扩大河道过水断面，相应地增加其过水能力。

3. 开辟分洪道和分蓄洪工程

在适当地点开辟分洪道行洪，可将超出河道安全泄量的那部分流量绕过重点保护河段后回归原河流或分流入其他河流。分洪道的作用是提高其临近的下游重点保护河段的防洪标准，但应分析研究分洪道对沿程及其承泄区可能产生的不良影响，不能造成将一个地区（河段）的洪水问题转移到另一个地区（河段）的后果。分蓄洪工程则是利用天然洼地、湖泊或沿河地势平缓的洪泛区，加修周边围堤、进洪口门和排洪设施等工程措施而形成分蓄洪区，其防洪功能是分洪削峰，并利用分蓄洪区的容积对所分流的洪量起蓄、滞作用。分蓄洪区只在出现大洪水时才应急使用。对于分洪口门下游临近的重点保护河段而言，启用分蓄洪区可承纳河道的超额洪量，提高该重点保护河段的防洪标准。分蓄洪区内一般土地肥沃，而我国人多地少，许多分蓄洪区已形成区内经济过度开发、人口众多的局面，这将导致分洪后损失增加的严重后果。因此，必须在分蓄洪区内研究采用防洪非工程措施，以确保区内居民可靠避洪或安全撤离，减小分洪损失。

4. 水库拦洪

水库是水资源开发利用的一项重要的综合性工程措施，其防洪作用比较显著。在河流上兴建水库，使进入水库的洪水经水库拦蓄和阻滞作用之后，自水库泄入下游河道的洪水过程大大展平，洪峰被削减，从而达到防止或减轻下游洪水灾害的目的。防洪规划中常利用有利地形合理布置支流水库，共同对洪水起有效的控制作用。

5. 水土保持

水土保持也可归类于防洪工程措施，它有一定的蓄水、拦沙、减轻洪患的作用。其方法除包括一般的植树、种草等水土保持措施外，还包括在小河上修筑挡沙坝、淤地坝、梯级坝等。

综上所述，防洪工程措施通过对洪水的蓄、泄、滞、分，起到防洪减灾的效果。这种减灾效果包括两方面：一方面是提高了江河抗御洪水的能力，减少了洪灾的出现频率；另一方面是出现超防洪标准的大洪水时，虽不能避免产生洪水灾害，但可在一定程度上减轻洪灾损失。必须强调指出，由于受自然、技术、经济等条件的限制，防洪工程措施不能实现对洪水的完全控制，即防洪工程措施只能减轻洪灾损失，而不可能根除洪灾。

（二）防洪非工程措施

防洪非工程措施（non-structural measure of flood control）是指为了减少洪泛区洪水灾害损失，采取法令、政策及防洪工程以外的技术手段等方面的措施，如建立洪水预报系统和洪水警报系统、洪泛区管理、洪水保险、防洪调度等。

1. 建立洪水预报系统和洪水警报系统

建立洪水预报系统和洪水警报系统是防洪减灾的有效技术手段。利用水情自动测报系统自动采集和传输雨情、水情信息，及时做出洪水预报；利用洪水预报的预见期，配合洪水调度及洪水演算，预见将出现的分洪、行洪灾情，在洪水来临之前，及时发出洪水警报，以便分洪区居民安全转移。洪水预报越精确，预报预见期越长，减轻洪灾损失的作用越大。

2. 洪泛区管理

洪泛区管理是减轻洪灾损失的一项重要措施。根据我国的国情，这里所指的洪泛区主要是分蓄洪区（包括滞洪区及为特大洪水防洪预案安排出路涉及的行洪范围），而不是泛指江河的洪泛平原。必须通过政府颁布法令及政策加强对洪泛区的管理，以实现对洪泛区进行有计划的、合理的，而不是盲目的开发利用。我国人多地少，洪泛区已呈现的过度开发的趋势，对这种不合理开发的现状必须通过制定政策及颁布法令予以限制和调整，如有的国家采用调整税率的政策，对不合理开发的区域征收较高的税率。

3. 洪水保险

洪水保险是指洪泛区内的单位和居民必须为洪灾投保，每年支付一定的保险费，若发生洪灾，可用积累的保险费赔偿投保者的洪灾损失。显然，洪水保险对防洪事业有积极意义，其一是它将极不规则的洪灾损失的时序分布，转化为均匀支付的年保险费，从而减小突发性洪灾对国民经济和灾区的严重冲击和不利影响；其二是配合洪泛区管理，对具有不同洪灾风险的区域规定缴纳不同的洪水保险费，借助洪水保险对洪泛区的合理利用起促进作用。此项措施在我国目前还处于研究和准备试行阶段。

4. 防洪调度

防洪系统由堤防、分洪工程、水库等联合组成。在防洪调度时，要充分发挥各项工程的优势，有计划地统一控制调节洪水。这种调度十分复杂，基本原则是：①当洪水发生时，首先充分发挥堤防的作用，尽量利用河道的过水能力宣泄洪水；②当洪水将超过安全泄量时，再运用水库或分洪区蓄洪；③对于同时存在水库及分洪区的防洪系统，考虑到水库蓄洪损失一般比分洪区小，而且运用灵活、容易掌握，宜先使用水库调蓄洪水，如运用水库后仍不能控制洪水时，再启用分洪工程。具体应用时，要根据防洪系统及河流洪水特点，以洪灾总损失最小为原则，确定运用方式及程序。

二、治涝

形成涝灾的因素主要有两点：一是因降水集中，地面径流集聚在盆地、平原或沿江沿湖洼地，积水过多或地下水位过高；二是积水区排水系统不健全，或因外河外湖洪水顶托倒灌，使积水不能及时排出，或者地下水位不能及时降低。

上述两方面合并起来，就会妨碍农作物的正常生长，以致减产或失收，或者使工矿区、城市淹水而妨碍正常生产和人民正常生活，这就成为涝灾。因此，对于容易发生涝灾的区域必须治涝。治涝的任务是尽量阻止易涝地区以外的山洪、坡水等向本区汇集，并防御外河、外湖洪水倒灌；健全排水系统，使能及时排除设计暴雨范围内的雨水，并及时降低地下水位；治涝的工程措施主要有修筑围堤和堵支联圩、开渠撇洪和整修排水系统。

1. 修筑围堤和堵支联圩

修围堤用以防护洼地，以免外水入侵，所圈围的低洼田地称为圩或垸。有些地区，圩、垸划分过小，港汊交错，不利于防汛，排涝能力也分散、薄弱。最好并小圩为大圩，堵塞小沟支汊，整修和加固外围大堤，并整理排水渠系，以加强防汛排涝能力，称为"堵支联圩"。必须指出，有些河湖滩地，在枯水季节或干旱年份，可以耕种一季农作物，但不宜筑围堤防护。若筑围堤，必然妨碍防洪，有可能导致大范围的洪灾损失，因小失大。若已筑有围堤，应按统一规划，从大局出发，"拆堤还滩""废田还湖"。

2. 开渠撇洪

开渠即沿山麓开渠，拦截地面径流，引入外河、外湖或水库，不使向圩区汇集。若与修筑围堤配合，常可收到良好效果。并且，撇洪入水库可以扩大水库水源，有利于提高兴利效益。当条件合适时，还可以和灌溉措施中的长藤结瓜水利系统以及水力发电的集水网道式开发方式结合进行。

3. 整修排水系统

整修排水系统包括整修排水沟渠栅和水闸，必要时还包括排涝泵站。排水干渠可兼作航运水道，排涝泵站有时也可兼作灌溉泵站使用。

治涝标准由国家统一规定，通常表示为不大于某一频率的暴雨时不成涝灾。

第六节　其他部门用水

一、内河水运

内河水运包括航运（客运、货运）与筏运（木、竹浮运），是利用内陆天然水域（河流、湖泊）或人工水域（水库、运河）等作为运输航道，依靠水的浮载能力进行交通运输。它是利用水资源，但不消耗水量的重要部门。河川水资源能够用来进行内河运输的部分，称为水运资源。

（一）水运资源的特点

水运的突出特点是运量大，成本低。一个百吨级的船队，相当于几列火车的运量，水运是消耗能源最少的一种运输方式。据统计，若水运完成每吨千米消耗的燃料为1，则铁路为1.5，公路为4.8，空运为126；水运的投资比铁路省，据美国运输部门研究表明，完成同样的运量，水运成本仅为铁路的1/3～1/5，公路的1/5～1/20。水运还具有污染轻、占用土地少、综合效益高等特点，但是受水域所限，水运货物往往不能直达货物目的地，而且周转速度慢。

（二）航道基本要求

航道设计尺度既是保证船舶安全航运的至关重要的条件，也是进行航道工程建设与治理、开挖人工运河、建造过船设施等所必须达到的标准，主要有以下几方面。

1. 航道水深

航道水深是航道尺度中的重要指标，它决定着船舶的航速和载重量。河流航深不足，阻碍通航，是以工程措施进行治理所要解决的主要问题；而人工运河的航道水深，又是决定工程量大小的关键。

所谓航道水深，是指在通航保证率一定的前提下，航道最低水位时所能达到的通航水深，用公式表示为

$$H = T + \Delta H \tag{2-6}$$

式中：H 为航道水深，m；T 为船舶设计水深，m；ΔH 为富余水深，m。

　　航道设计水位是通过选择某种设计保证率而确定的,为了充分利用水运资源,实际航运中丰水期可以行驶载重量较大的船舶,而枯水期可以考虑船舶的短期减载。分期分载航行更具有经济效益,更适应国民经济建设的需要。

　　2. 航道宽度

　　航道宽度是航道尺度中另一个重要指标。航道中一般禁止并航或超航,但准许双向航行。因此,航道宽度是以保证两个对开船队能够错船为原则（地形特殊的河段,方可考虑单线航道）进行计算。理想的航道宽度可用公式表示为

$$B_L = b_1 + b_2 + c_1 + 2c_2 \qquad\qquad (2-7)$$

式中:B_L为理想的航道宽度,m;b_1、b_2为两个对开船队的各自宽度,m;c_1为船队与船队之间的富余宽度,m;c_2为船队与岸线间的富余宽度,m。

　　3. 航道弯曲半径

　　由于水流流经弯曲航道时,其流向和流速都要发生变化,因而船舶在弯曲航道中行驶,也需要不断地变更航向和航速。变更航向和航速的过程,会使船舶承受侧压力、离心力、水动压力及力矩等的作用,促使船舶偏离航线。对此,在航道规划设计中要充分考虑。

　　4. 航道中的流速与流态

　　航道中的表面流速与局部比降直接影响船舶的正常行驶。表面流速由纵向表面流速和横向表面流速组成,必须予以控制。过大的纵向水流不仅使上行船舶为克服阻力而增加能量消耗,而且使下行船舶舵效难以发挥,造成操作困难;横向水流会使船舶两侧失去平衡,导致推离航道,造成海事。航道中允许的最大表面流速和局部比降,与通过的船型、河道整治的措施等有关,必须进行实船试验,分析比较才能确定。

二、生态与环境保护

　　水资源的开发利用必然对生态与环境产生各种影响。这些影响既有有利的一面,也有不利的一面,必须认真研究水资源开发利用与生态环境的相互关系,权衡兴建工程的利弊,减少和消除不利因素的影响,发挥水利工程在生态环境保护中的作用,显现出水利工程综合利用的巨大效益。

　　水利工程可改善下游水质。一般来说,河流通过水库的径流调节作用,削减了洪峰流量,增加了河流的枯水期流量,稀释自净能力增强,对改善河道下游水质十分有利,水利工程还可防止河流凌汛。凌汛是在特定环境下,河流在一定气温条件下产生的壅水现象,一般发生在封河与开河时期。通过水库的调节作用,合理调度,可部分地改变发生凌汛的因素,从而达到减轻甚至免除凌汛的目的。另外,水利工程在防止血吸虫病、消灭蚊虫杂草等方面也有一定的作用。

　　在水利工程运行中,既要保持一定的经济效益,又要顾及生态环境效益,必要时还需要牺牲局部的经济效益,以满足和照顾生态环境方面的要求。例如:满足河流枯水季节最小生态流量,防止断流;保持河流一定的流速和流量,以输送泥沙,使水体自净能力、河流的行洪能力不致降低等。

三、渔业

　　渔业是国民经济的重要组成部分,是满足人们日常生活需要的物质生产部门。水库渔业产量可观,投资少,收益大,但水库工程运行调度对鱼类的生活规律具有一定的影响,如何降低不利因素的影响,充分利用有利条件发展渔业生产,是综合利用水资源必须研究的

问题。

四、旅游

利用水利工程发展旅游业，保护和改善自然水域的生态环境，是综合开发利用水资源，极大地发挥水利工程效益的一个重要方面。水利工程旅游资源的主体是自然旅游资源，山水秀丽，环境优雅，空气新鲜，气候宜人，是发展旅游的基础。因此，利用水利工程发展旅游业，不需要增加更多的投资便能收到较好的经济效益。

第七节　用水部门间的矛盾与协调

水资源综合利用时，各用水部门之间会存在一些矛盾，首先表现在有限水资源与各用水部门用水要求之间的矛盾。例如：城市及工业供水、灌溉部门从库区取水时，将直接影响水电站的动能效益；水电站引用流量过程与下游灌溉用水季节性变化的要求不相一致；水电站进行日调节对下游航运带来不利影响等。又如：疏浚河道有利于防洪、排涝、航运等，但降低了河流水位，可能不利于自流灌溉引水，若筑堰抬高水位，又可能不利于泄洪、排涝；利用水电站的水库滞洪，有时汛期要求腾空水库，以备拦洪、削减下泄流量，却降低了水头，使所发电能减少；为了发电和灌溉等的需要而拦河筑坝，常会阻碍船、筏、鱼通行。可见，不但水利与除害之间可能存在矛盾，在各兴利部门之间，也常存在矛盾，若不能妥善解决，常会造成不应有的损失。例如：俄罗斯伏尔加河上一系列水库蓄水，虽然取得不少水利综合利用效益，却因上游地下水位的抬高而使大片森林死亡，下游每年流入里海的水量大减而使里海水位逐年下降，沿岸许多码头被迫废弃，海水盐分增浓，鱼类大量死亡，等等。所以，水资源规划及利用中，在研究水资源综合利用的方案和效益时，要重视各水利部门之间可能存在的矛盾，妥善解决。

上述矛盾，有些是可以协调的，应统筹兼顾、"先用后耗"，力争"一水多用、一库多用"，使有限的水资源充分发挥其综合利用效益。例如，水库末端新生的浅滩妨碍航运的矛盾，有时可以通过疏浚航道或者洪水期降低水库水位采用水力冲沙等办法解决。又如，发电与灌溉争水的矛盾，有时可以先取水发电，发过电的下泄水量再用来灌溉。再如，拦河筑坝、筑闸妨碍船、筏、鱼通行的矛盾，可建船闸、筏道、鱼道等。但也有不少矛盾无法完全协调，就需要分清主次、合理安排，保证主要目标、适当兼顾次要目标，或采用其他替代办法来满足一些部门的用水需求。例如：防洪与兴利之间的矛盾，若水电站的水库不足以负担防洪任务，就需要由其他防洪工程去满足防洪要求；反之，若当地防洪比发电更重要，而又没有其他代替措施，则需要汛期降低库水位以备蓄洪滞洪，但是汛期会减少发电。又如，蓄水式水电站虽然能提高水能利用率并使出力更好地符合用电户要求，但若淹没损失太大，可采用径流式，等等。总之，要根据具体情况，拟定几种解决矛盾的方案，从国民经济效益最大的角度来考虑，选择合理的解决办法。

下面通过一个例子来说明各用水部门之间的矛盾及解决措施。

某丘陵地带某河的中下游，两岸有良田约 13.33 万 hm^2，临河并有一工业城市。因工农业生产急需电力，在该工业城市下游约 100km 处修建一坝式（蓄水式）水电站。要求水库回水不淹没该工业城市，并尽量少淹近岸田。因此，只能建成一中低水头的水电站，平均水头为 25m，所形成的水库兴利库容仅约 6 亿 m^3，而多年平均年径流量约达 160 亿 m^3。水库建成前，枯水期最小日平均流量还不足 $30m^3/s$，要求能通过水库调节，将枯水期发电最小日平均流量提高至 $100m^3/s$，以保证水电站最小月平均出力不小于 20MW。同时，还要兼顾上、下游综合利用部门要求，即：①沿河两岸有一定防洪要求，若条件许可，要适当考虑；②两岸农田约 13.33 万 hm^2 是本地区的重要农业基地，灌溉水源不足，并且过去从河中提水灌溉，枯水季节扬程大，成本高，水量得不到保证，希望能改善灌溉条件；③上游工业城市给水的水源要予以解决（按远景要求）；④该河是本地区重要通航河流，河中浅滩、礁石众多，枯水期只能通行 100t 级以下的船舶，根据航运部门的要求，远景要求最好能通行 1000t 级以上的船舶，为此坝下河道中枯水期最小日平均流量不能低于 $80\sim100m^3/s$，以保证必要的枯水航道尺寸；⑤其他方面如渔业、环境保护等均不应忽视。

以上各用水部门之间有不少矛盾，必须妥善解决。例如，水库相对较小，径流调节能力较弱，若从水库中引取过多的灌溉水量，则发电最小日平均流量将不能保证为 $100m^3/s$，也不能保证下游最小日平均通航流量 $80\sim100m^3/s$。经分析研究，本工程应是以发电为主的综合利用工程，首先要满足发电要求。其次，给水也应优先照顾，其重要性不亚于发电。再次，应考虑灌溉、航运要求。至于防洪，因水库太小，只能在条件允许范围内，适当考虑。解决矛盾的措施具体如下。

（1）发电。保证发电最小日平均流量为 $100m^3/s$，使水电站最小月平均出力不小于 20MW。同时，在兼顾其他水利部门的要求之后，发电最大引用流量为 $400m^3/s$，即水电站装机容量可达 85 000 kW，平均每年生产电能约 4 亿 kW·h。显然，若不兼顾其他水利部门的要求，所生产的电能还能增加约 1 亿 kW·h，但为了全局利益，少发这 1 亿 kW·h 电能，还是应该的。

（2）给水。应该保证供水，所耗流量并不大，由水库中汲取，对水电站影响很小。

（3）防洪。防洪分两种情况。一种情况是下游两岸农田、村镇的防洪，因水库太小，无法承担（按设计洪水估算，约需 10 亿 m^3 的防洪库容），只得待以后上游建造的山区大水库去承担，并在下游加固堤防以抗御一般性洪水。另一种情况是上游防洪问题，在建造水库前，上游工业城市及市郊名胜古迹均不受洪水危害，建库后，水库最高水位也以不淹没工业城市及市郊名胜古迹为上限。但洪水期水库回水曲线将延伸到该城附近。若将水库最高水位进一步降低，则发电水头和水库库容都要减小很多，从而过分减小了发电效益；若不降低水库最高水位，则回水曲线将使该城及名胜古迹受洪水威胁。衡量得失，最后采取的措施是：在洪水期初，水库水位不能超过 88m 高程，即比水库最高水位 92m 低 4m，在 4～6 月份（雨季）均以此水位为限，可保该城及市郊不受洪水威胁。在洪水期末 9～10 月（秋雨季节）期间，再将水库蓄至 92m，以保证枯水期供水。这一措施将使水电站平均每年少发电能约 0.45 亿 kW·h，但枯水期出力不受影响，同时还可起到库尾冲沙的作用。

（4）灌溉。约 13.33 万 hm^2 灌溉用水全部取自水库，则 7～8 月旱季取水流量约 $200m^3/s$，而枯水期取水流量约 $50m^3/s$。若只满足灌溉的要求，将使发电要求无法满足，还要影响航运。因此，只能在保证发电用水的同时适当照顾灌溉需要。经估算，只能允许自水库取水灌溉约 1.87 万 hm^2（28 万亩）农田。其中，1.33 万多 hm^2（20 万亩）农田位于坝址上游水库四周，无其他水源可用，必须从水库提水灌溉。建库前，这部分农田系从河中提水灌溉，扬程高，费用大，而且水源不能保证；建库后，虽然仍是提水灌溉，但水源有了保证，而且扬程平均降低 10m 多，农业增产效益显著。另外，0.53 万多 hm^2（8 万亩）农田位于坝址下游，距水库较近，比下游河床高出较多，宜于从水库取水自流灌溉。这部分自水库取水灌溉农田，使水电站平均每年少发约 0.22 亿 kW·h 电能，但由于 1.33 万多 hm² 农田提水扬程降低，并且 0.53 万多 hm² 农田改为自流灌溉，共计平均每年可节约电能 0.13 亿 kW·h，并使农业显著增产，总体上是合算的。其余 11.33 万 hm² 左右农田位于坝址下游，距水库较远，高程较低，应是利用发电下泄的流量引水灌溉为宜。由于水库的调节作用，使枯水流量提高，下游引水灌溉的水源得到解决。

（5）航运。对于库区航运，效益十分显著。从坝址至上游工业城市 100km 间形成了深水航道，淹没了浅滩、礁石数十处。并且，如前所述，洪水期水库降低水位 4m 运行，可免库后形成阻碍航运的新浅滩。为了便于船筏过坝，建有船闸 1 座，可通过 100t 级船舶，初步估算平均耗用流量 10m³/s，相当于水电站每年少发约 0.2 亿 kW·h 电能。至于下游航运，按通行 1000t 级以上船舶计算，最小通航流量需要 80～100m³/s。枯水期水电站及船闸下泄最小日平均流量共 110m³/s。在此期间下游灌溉约需提水 42.5m³/s 的流量。可见下游最小日平均流量不能满足需要，即灌溉与航运之间仍然存在一定矛盾。解决的办法是：①使下游灌溉的提水取水口位置尽量选在距坝址较远处和支流上，以充分利用坝下游的区间流量来补充不足；②使枯水期通航船舶不超过 1000t 级，从而最小通航流量不超过 80m³/s，当坝下游流量增大后再放宽此限制；③配合疏浚工程，清除下游浅滩和礁石，改善航道。这些措施使灌溉与航运之间的矛盾初步得到了解决，基本上满足了航运部门的要求。

（6）渔业。该河原来野生淡水鱼类资源丰富。水库建成后人工养鱼，年产约 100 万 kg，但坝旁未设鱼道等过鱼设备，尽管采取人工捞取亲鱼及鱼苗过坝等措施，仍使野生鱼类产量大减，是其缺陷。

（7）环境保护。未发现水库有严重污染现象。由于洪水期降低水位运行，名胜古迹未遭受损失。水库改善了当地局部气候，增加了工业城市市郊风景点和水上运动场。但由于水库周边地下水位升高，使数千公顷果园减产。

习　题

2.1　什么是水资源的综合利用和可持续利用？

2.2　从我国水资源开发利用现状来分析，该如何做好水资源工作？

2.3　分析生态用水的重要性，论述如何保证生态用水。

2.4　防洪的工程措施和非工程措施有哪些？

2.5　分析各用水部门间可能出现的矛盾，如何解决各部门之间的矛盾？

第三章 水 资 源 评 价

水资源评价（water resources assessment）是对一个国家或地区的水资源数量、质量、时空分布特征和开发利用情况作出的分析和评估。水资源评价是保证水资源可持续利用的前提，是进行与水有关的活动的基础，是为国民经济和社会发展提供供水决策的依据。本章将介绍有关水资源评价方面的知识。

第一节 概   述

一、水资源评价的概念及内容

（一）水资源评价的概念

水是能够支撑人类生存和发展的非常重要的自然资源。随着社会的进步，人口的增加，人民生活和生产水平的提高，人类对水的需求越来越大。尽管水是不断在循环并可以恢复的资源，但是在特定地区，一定时期可供人们使用的水量却是有限的。为合理开发、利用和管理这有限的水资源，为国家在水资源的有关问题的决策方面提供依据，世界各国开始了水资源定量评价，但评价内容各有侧重。由于各国对所评价内容、范畴等不同，有关水资源评价的概念到目前尚未统一。

1988 年，在联合国教科文组织（UNESCO）和世界气象组织（WMO）发布的《水资源评价活动——国家评估手册》中提出，水资源评价的概念是"水资源评价是指对于水资源的源头、数量范围及其可依赖程度、水的质量等方面的确定，并在其基础上评估水资源利用和控制的可能性。"1992 年，上述两个组织对该定义作了简单的修改，将其表述为"为了水的利用和管理，对水资源的来源、范围、可依赖程度和质量进行确定，据此评估水资源利用、控制和长期发展的可能性"。

《中国资源科学百科全书·水资源学》中将水资源评价定义为"按流域或地区对水资源的数量、质量、时空分布特征和开发利用条件做出全面的分析评价，是水资源规划、开发、利用、保护和管理的基础工作，为国民经济和社会发展提供水决策依据"。

基于这样的定义，进行水资源评价活动应当包括对评价范围内全部水资源量及其时空分布特征的变化幅度及特点、可利用水资源量的估计、各类用水的现状及其前景、评价全区及其分区水资源供需状况及预测、可能的解决供需矛盾的途径、为控制自然界水源所采取的工程措施的正负两方面效益评价，以及政策性建议等。

水资源评价通常指水资源的数量、质量、时空分布特征、开发利用条件的分析评定，是水资源的合理开发利用、管理和保护的基础，也是国家或地区水资源有关问题的决策依据。

实际上，水资源评价是进行水资源规划和管理的基础性前期工作，应具有明确的目的性，这种目的应当密切结合评价范围（流域、区域、各级行政区划、国家等）的水资源特点及其面临的问题，为进行水资源的治理、开发、利用、保护的综合规划提供必要的信息和资料，而不是为评价而评价。水资源评价活动应当包括基础评价、水的利用评价、因水引起的灾害评价、水环境评价等。如美国分别于 1965 年和 1978 年进行的两次水资源评价工作，因目的不同，第一次评价的重点在于天然水资源评价，第二次评价的重点在于对可供水量和用水要求的分析上。

（二）水资源评价的内容

1. 国际水资源评价内容

在联合国教科文组织（UNESCO）出版的《水资源评价导则》中，水资源评价的内容包括以下七个方面：①地表水资源管理平衡评价；②地下水资源管理平衡评价；③综合水资源管理平衡；④非点源污染和水资源管理平衡；⑤现状和未来水需求评价；⑥水资源评价的地理信息系统；⑦水资源评价中的经济与环境考虑。

据《水资源评价活动——国家评估手册》，一个国家或地区的水资源评价计划的开展分为三个阶段：①基本的水资源评价；②为满足水资源开发的需要扩大站网和进行比较详细的调查；③提供水资源综合管理所需要的资料和信息。

2. 我国水资源评价的内容

根据《中国水利百科全书》对水资源评价的定义和《水资源评价导则》（SL/T 238—1999）的要求，我国水资源评价应包括以下主要内容。

（1）水资源评价的背景与基础。主要是指评价区域的自然概况、社会经济现状、水利工程及水资源利用现状等。

（2）水资源数量评价。主要对评价区域的水汽输送、降水、蒸发、地表水资源、地下水资源的数量及其水资源总量进行估算和评价，属基础水资源评价。

（3）水资源质量评价。根据用水要求和水的物理、化学和生物性质对水体质量作出评价，我国水资源评价主要应对河流泥沙、天然水化学特征及水资源污染状况等进行调查和评价。

（4）水资源开发利用及其影响评价。通过对社会经济、供水基础设施和供用水现状的调查，对供用水效率、存在问题和水资源开发利用现状对环境的影响进行分析。

（5）水资源综合评价。在上述四部分内容的基础上，采用全面综合和类比的方法，从定性和定量两个角度对水资源时空分布特征、利用状况以及与社会经济发展的协调程度作出综合评价，主要内容包括水资源供需发展趋势分析、水资源条件综合分析和水资源与社会经济协调程度分析等。

（三）我国现行水资源评价模式

我国现行的水资源评价基本沿用了 20 世纪 80 年代第一次全国水资源评价中所确立的评价模式，概括起来主要有以下几种。

1. 以径流性水资源为基本评价口径

尽管我国在第一次水资源评价及相关工作中也进行了水汽输送量和冰川水资源量的相关计算，但依据水资源规划所采用的定义，我国水资源评价对象仅是径流性水资源，包括地表径流和地下径流两部分，而不包括其他形式赋存的水分，如土壤水、大气水和生物水等。

2. 以静态天然水资源量为主要评价目标

我国目前水资源评价目标是天然水资源量，主要途径是通过对水文站的实测径流系列进行"还原"的方法来实现剔除因人类活动引起的耗水量变化，以获取没有人类活动扰动条件下的水资源量。

实际上，现行水资源评价方法中的"还原"，主要是对人工取用水、水库和泄洪等人为增加的耗水量进行还原，对于下垫面变化引起的水资源演变，第一次全国水资源评价中由于当时该方面影响尚不显著，因此并未加以考虑。20 世纪 80 年代以来，我国水资源规划基本都以第一次评价结果为基础。在目前开展的全国水资源综合规划中，为指导未来水资源规划，利用系列一致性处理方法，将天然水资源评价结果统一到现状下垫面条件，从而以现状条件的水资源量去应对未来时期的规划需求。可以看出，在我国水资源评价属于静态评价，即将某一时间断面评价结果作为今后较长一个时期的水资源规划的资源基础。

3. 以分离式评价为基本评价模式

我国现行水资源评价仍然采取分离模式，具体包括水量水质分离评价、地表水和地下水分离评价、水资源及其开发利用分离评价。

（1）水量水质分离评价。水资源基础评价包括"量"和"质"两方面。在我国，尽管在水量评价中也考虑了水质的因素，如各类水质的代表河长占总评价河长的百分比、平原区地下水按照不同矿化度等级进行分类等。但总体来说，现行评价模式中仍采取水量水质分离评价模式，水质水量联合评价尚处于起步探索阶段，多数仅停留在原则性和方向性意见层面，未形成较为固定的评价方法，如《水资源评价导则》中尽管明确提出了"应以水资源质量现状评价结果和同期水资源可供水量为基础，计算并分析评价区内不同质量的地表水、地下水可供水量和适用性"，但未提出任何方法性意见；另外在《全国水资源总体规划技术大纲》关于水质水量联合评价问题也提得非常原则，未述及具体的评价方法。

（2）地表水和地下水分离评价。我国推行水务一体化管理的时间还不长，由于历史原因和评价技术沿革，我国现行的地表水和地下水评价沿用分离评价的模式，一定程度上割裂了地表水地下水频繁的转化和互动关系，各自的评价方法也有较大区别。

（3）水资源及其开发利用分离评价。如前所述，我国现行水资源评价内容包括水资源调查评价（或称为"水资源基础评价"）和水资源开发利用调查评价两部分，其中水资源评价主要针对以"四水"转化为基本特征的天然"坡面—河道"主循环过程，而水资源调查评价主要针对以"供—用—耗—排"为基本结构的人工侧支水循环，前者在评价过程中尽量剔除人类活动影响，"还原"到天然本底状态，而后者评价则主要针对人工水循环过程的通量和质量变化展开。可以看出，在我国现行水资源评价中，采取的是天然主循环和人工侧支循环分别评价。

4. 采取分区集总式评价手段

我国现行的水资源评价采取的是分区集总式评价模式，如 2002 年启动的"全国水资源综合规划"中，全国地表水水量采用统一的三级水资源分区，地表水水质评价及保护以水功能区为基本单元进行，另外为兼顾行政区统计口径，通常采用水资源分区套行政分区的方式，如二级区套省、三级区套地市等。地下水评价主要按水文地质单元进行，所依据的水文地质参数也多为分区集总式参数。

二、水资源评价的发展历程

（一）水资源评价的初期阶段

19 世纪中期开始，一些国家开展了与水资源评价相关的统计和研究工作，例如美国在 1840 年对俄亥俄河和密西西比河进行过河川径流量的统计，以及在 19 世纪末和 20 世纪初编写了《纽约州水资源》《科罗拉多州水资源》《联邦东部地下水》等专著；苏联从 1930 年起编制的《国家水资源编目》等，还有后来编撰的《苏联水册》等，都主要是对河川径流水量的统计，有的也包括了径流化学（水质）成分的资料整理和其他各类水文资料的统计数据。这阶段的相关文献报告都是为水资源开发规划设计准备有关各类水文资料的汇总，包括观测资料系列、统计特征值，也包括各类水文特征值的图表，以及区域水文的研究等。然而，上述工作由于受到认识水平和技术水平的限制，大多局限于对各类水文资料的统计、整理和分析，缺乏在此基础之上的数值计算和量化评价，因此这些只能算是与水资源评价相关的初步实践活动。

（二）水资源评价的发展阶段

从 20 世纪 60 年代以来，由于水资源问题日益突出和大量水资源工程的兴建，开展水资源评价工作的重要性和紧迫性普遍被认可。如 1965 年美国开始进行全国水资源评价工作，并于 1968 年完成了评价报告，这是美国开展的第一次国家级水资源评价活动，报告对美国水资源的现状和未来发展趋势进行了研究分析，讨论了缺水地区的水资源供需情况和问题，划分了美国主要的水资源分区，并预测了 2020 年美国全国的需水状况。1977 年，联合国在阿根廷马德普拉塔（Mar Del Plata）召开的世界水会议的第一项决议中指出：没有对水资源的综合评价，就谈不上对水资源的合理规划与管理。这次会议通过了"马德普拉塔行动纲领"，并提出"对于那些以工业、农业、城市生活供水和水能利用为目的而进行的水资源开发与管理活动，如果不在事先对可供水的量和质进行评价，就不可能合理进行"。为此，世界气象组织（WMO）和联合国教科文组织（UNESCO）在联合国管理协调委员会秘书局水资源组的支持下，组织了这项工作。由于这一行动，全球水资源评价活动大大前进了一步。在 1978 年，美国又开始进行第二次全国水资源评价工作，但这一次研究的内容与第一次评价有较大的差异，不再把对天然水资源状况的评价作为重点，而是把重点放在分析可供水量和用水需求上。在这次评价活动中，对一些与水资源有关的关键性问题进行了研究，如一些地区地表水供水不足、地下水超采、水质污染、饮用水水质超标、洪水灾害、水土流失、河道清淤和清淤物的堆置、海湾和河口沿岸水质变坏等问题，都提出了可能的解决途径。苏联在 1960 年以后，也开始进行《苏联水册》的第二次修订。这次修订按三部分进行：第一部分是水文知识卷，包括整编过的水文站网全部定点观测资料和野外勘察调查资料；第二部分是主要水文特征值卷，包括全部观测期内各站各类水文资料的统计特征值，如均值、C_v 等，这些资料有河、湖水位，流量、冰情和热量变化、输沙及含沙量以及水化学资料等；第三部分为苏联地表水资源卷，这卷是以手册形式编制，内容包括水文图集、不同地理区水文要素情势，以及为水资源工程所需的有关水文要素计算方法的图表和说明等。由于各方面对水资源信息的需要不断增长，苏联开始建立国家水册的新体系，即《苏联水册》的统一自动化信息系统，并建立了地表水、地下水和水资源开发等三个子系统，以及三个相互关联的子系统，包括水文原始观测资料的收集、管理和初步整编的子系统，水文观测资料的存储、整编、检索、样本抽取和按照不同要求进行资料整理的子系统，以及向各类用户提供相应水文资料和情报信息的子系统。这些水文信息自动化系统的建立，大大提高了水文为生产建设服务的效率。1983 年日本完成了 21 世纪用水预测工作，并进行了全国水资源及其开发、保护和利用的现状评价，并在此基础上，制定了水资源规划。1988 年联合国教科文组织和世界气象组织提出了水资源评价定义：水资源评价是指对水资源的源头、数量范围及其可依赖程度、水的质量等方面的确定，并在其基础上评估水资源利用和控制的可能性。

中国从 20 世纪 50 年代开始进行各大河流域规划时，对有关大江大河全流域河川径流量进行过系统统计。中国科学院地理研究所曾在 20 世纪 50 年代提出过我国东部入海大江大河的年径流量统计。但比较全面系统整编全国水文资料，提出统计图表则是由水利水电科学研究院编制并于 1963 年出版的《全国水文图集》，其中对全国的降水、河川径流、蒸散发、水质、侵蚀泥沙等水文要素的天然情况统计特征进行了分析，编制了各种等值线图、分区图表等。这项工作可以看作是中国第一次全国性水资源基础评价的雏形，其特点是只涉及水文要素的天然基本情势，未涉及水的利用和污染问题。在这项工作的带动下，不少省、自治区和直辖市也都编制了本地区的水文图集，推动了这项工作的开展。

1980 年前后，在中国农业区划工作的带动下，全国开展了水资源调查评价和水资源利用的调查分析和评价工作。限于当时的条件，与水有关的各部门如水利电力部、地质矿产部、交通部、水运部门等分别独立地进行了评价工作，并形成了各自研究报告，没有协调一致的成果。在水利电力部门曾分为两个阶段进行，第一阶段内基本确定了水资源评价的内容和方法，并吸收国外经验，把以统计水文资料为主的基础评价与水的利用和供需展望结合进行，提出了全国水资源调查评价初步成果。初步评价阶段因配合农业初步规划的要求，时间较紧，因此在资料的收集和加工方面来不及细致进行，只能提出轮廓性成果。在第二阶段由于时间比较充分，全面收集并加工了现有的水文资料，基础工作比较扎实。在这一阶段由于水利系统内部机构的分工，以水文资料统计为主的基础评价工作和以研究水资源利用和供需问题的评价内容由不同单位进行，在工作过程中尽量协调，但在水资源二级分区等具体技术细节仍有不一致。因此，在第二阶段提出了《中国水资源评价》和《中国水资源利用》两部分。同时，地质矿产部提出了《中国地下水资源评价》，交通部提出了《中国水运资源评价》。因此，严格来讲，虽然这一阶段各有关部门都提出了全国性的评价成果，但终究各部门提出的成果仍然属于部门级的成果，而不是国家级的成果。

为此，在 1985 年国务院批准建立全国水资源协调小组，并由各有关部门领导参加，决定提出各部委认可的全国水资源成果，于 1987 年以协调小组办公室名义，在各部门成果基础上，提出了《中国水资源概况和展望》的成果，内容包括中国水资源量的概况及其特点，水质和泥沙概况，水能、水运、水产资源概况，水资源利用概况及存在问题，水资源开发利用展望及供需分析，分城乡供水、农田水利、内河航运、水能利用、水产养殖、防洪、水土保持和水源污染几个方面，分别进行阐述。报告中还提出了在水资源开发与管理方面的政策性建议。时隔大约 20 年之后的 2002 年，由国家发展改革委员会、水利部会同有关部门联合部署了全国水资源综合规划编制工作，这意味着全国第二次水资源评价工作正式拉开序幕。此次水资源综合规划工作共包含水资源调查评价、水资源开发利用情况调查评价、需水预测、节约用水、水资源保护、供水预测、水资源配置、总体布局与实施方案、规划实施效果评价等九部分内容，水资源评价涉及其中第一、二部分内容，并为后面工作的开展提供支持。2006 年我国的《中国水利百科全书》对水资源评价的定义为：水资源评价是对某一地区或流域水资源数量、质量、时空分布特征、开发利用条件、开发利用现状和供需发展趋势做出的分析评价。它是合理开发利用和保护管理水资源的基础工作，为水利规划提供依据。

从国内外有关水资源评价工作的发展进程可以看出，水资源评价的内容正随时代的前进而不断增加和完善。从早期只统计天然情况下河川径流量及其时空分布特征开始，继而增加了水资源工程规划设计所需要的水文特征值计算方法及参数分析，然后又增加了水资源工程管理及水源保护的内容，特别是对水资源供需情况的分析和展望，以及在此基础上的水资源开发前景展望逐渐成为主要的内容。此外，对水资源开发利用措施的生态与环境影响评价，也正在成为人们关注的新焦点。

三、水资源评价的基本要求

1. 技术规范要求

按照中华人民共和国行业标准《水资源评价导则》（SL/T 238—1999），水资源评价应包括水资源数量评价、水资源质量评价、水资源开发利用及其影响评价三部分内容。

水资源评价工作要求客观、科学、系统、实用，并遵循以下技术原则：①地表水与地下水统一评价；②水量水质并重；③水资源可持续利用与经济社会发展和生态系统保护相协调；④全面评价与重点区域评价相结合。

2. 一般要求

（1）水资源评价是水资源规划的一项基础工作。首先应该调查、搜集、整理、分析利用已有资料，在必要时再辅以观测和试验工作。水资源评价使用的各项基础资料应具有可靠性、合理性与一致性。

（2）水资源评价应分区进行。为准确掌握不同区域水资源的数量和质量以及水量转换关系，区分水资源要素在地区间的差异，揭示各区域水资源供需特点和矛盾，水资源评价应分区进行。其目的是把区内错综复杂的自然条件和社会经济条件，根据不同的分析要求，选用相应的特征指标，进行分区概化，使分区单元的自然地理、气候、水文和社会经济、水利设施等各方面条件基本一致，便于因地制宜有针对性地进行开发利用。水资源评价分区的主要原则包括：①尽可能按流域水系划分，保持大江大河干支流的完整性，对自然条件差异显著的干流和较大支流可分段划区。山区和平原区要根据地下水补给和排泄特点加以区分；②分区基本上能反映水资源条件在地区上的差别，自然地理条件和水资源开发利用条件基本相同或相似的区域划归同一分区，同一供水系统划归同一分区；③边界条件清楚，区域基本封闭，尽量照顾行政区划的完整性，以便于资料收集和整理，且可以与水资源开发利用与管理相结合；④各级别的水资源评价分区应统一，上下级别的分区相一致，下一级别的分区应参考上一级别的分区结果。

全国性水资源评价要求进行一级流域分区和二级流域分区；区域性水资源评价可在二级流域分区的基础上，进一步分出三级流域分区和四级流域分区。另外，水资源评价还应按行政区划进行行政分区。全国性水资源评价的行政分区要求按省（自治区、直辖市）和地区（市、自治州、盟）两级划分；区域性水资源评价的行政分区可按省（自治区、直辖市）、地区（市、自治州、盟）和县（市、自治县、旗、区）三级划分。

在2002年开始的全国水资源综合规划工作中，按流域水系共划分了10个水资源一级区，各一级区划分的二级区、三级区个数及基本信息见表3-1。

（3）全国及区域水资源评价应采用日历年，专项工作中的水资源评价可根据需要采用水文年。计算时段应根据评价目的和要求选取。

（4）应根据经济社会发展需要及环境变化情况，每隔一定时期对前次水资源评价成果进行全面补充修订或再评价。

表 3 - 1 全国水资源分区表

一级区	二级区	三级区
松花江 （A000000）	8个分区（A010000～A080000），分别为额尔古纳河、嫩江、第二松花江、松花江（三岔河口以下）、黑龙江干流、乌苏里江、绥芬河、图们江	18
辽河 （B000000）	6个分区（B010000～B060000），分别为西辽河、东辽河、辽河干流、浑太河、鸭绿江、东北沿黄渤海诸河	12
海河 （C000000）	4个分区（C010000～C040000），分别为滦河及冀东沿海、海河北系、海河南系、徒骇马颊河	15
黄河 （D000000）	8个分区（D010000～D080000），分别为龙羊峡以上、龙羊峡至兰州、兰州至河口镇、河口镇至龙门、龙门至三门峡、三门峡至花园口、花园口以下、内流区	29
淮河 （E000000）	5个分区（E010000～E050000），分别为淮河上游（王家坝以上）、淮河中游（王家坝至洪泽湖出口）、淮河下游（洪泽湖出口以下）、沂沭泗河、山东半岛沿海诸河	14
长江 （F000000）	12个分区（F010000～F120000），分别为金沙江石鼓以上、金沙江石鼓以下、岷沱江、嘉陵江、乌江、宜宾至宜昌、洞庭湖水系、汉江、鄱阳湖水系、宜昌至湖口、湖口以下干流、太湖水系	45
东南诸河 （G000000）	7个分区（G010000～G070000），分别为钱塘江、浙东诸河、浙南诸河、闽东诸河、闽江、闽南诸河、台澎金马诸河	11
珠江 （H000000）	10个分区（H010000～H100000），分别为南北盘江、红柳河、郁江、西江、北江、东江、珠江三角洲、韩江及粤东诸河、粤西桂南沿海诸河、海南岛及南海各岛诸河	22
西南诸河 （J000000）	6个分区（J010000～J060000），分别为红河、澜沧江、怒江及伊洛瓦底江、雅鲁藏布江、藏南诸河、藏西诸河	14
西北诸河 （K000000）	14个分区（K010000～K140000），分别为内蒙古内陆河、河西内陆河、青海湖水系、柴达木盆地、吐哈盆地小河、阿尔泰山南麓诸河、中亚西亚内陆河区、古尔班通古特沙漠区、天山北麓诸河、塔里木河源、昆仑山北麓小河、塔里木河干流、塔里木盆地荒漠区、羌塘高原内陆区	33
合计	80	213

注 1. 松花江区包括松花江流域及额尔古纳河、黑龙江干流、乌苏里江、图们江、绥芬河等国际河流中国境内部分。

2. 分区名称中出现"以上"或"以下"，统一定义"以上"为包含，"以下"为不包括。如"尼尔基以上"为包含尼尔基。

3. 辽河区包括辽河流域、辽宁沿海诸河以及鸭绿江中国境内部分。

4. 西北诸河区包括塔里木河等西北内陆河及额尔齐斯河、伊犁河等国际河流中国境内部分。

四、水资源评价的目的及原则

（一）水资源评价的目的

水资源评价的目的是查清流域或区域水资源数量、质量和可利用量等基础资料，分析和评价水资源承载能力，通过水资源及其开发利用情况调查评价，摸清水资源及其开发利用现状并预测未来的可能变化趋势，为需水预测、供水预测、水资源配置、节约用水、水资源保护等工作提供分析成果，为制定水资源规划方案及水资源管理措施奠定基础。

（二）水资源评价的原则

由于评价过程中的侧重点不同，地表水和地下水的评价原则略有不同。

1. 地表水评价原则

地表水评价过程中一般遵循一致性、代表性、不重复性和合理性原则。

（1）一致性原则。水资源基础评价使用的水文要素系列，一般情况下，年限越长越好，但当水文要素系列参差不齐时，宜用相同长度的同步系列。如我国第一次全国水资源评价时，规定系列为1956~1979年共24年同步资料，2002年全国水资源综合规划水资源评价用的是1956~2000年和1980~2000年两个系列，一个为45年，一个为21年，这样有利于进行横向比较。

（2）代表性原则。水资源基础评价资料的代表性原则也就是资料系列的时间代表性和空间代表性。

（3）不重复性原则。水资源基础评价时，由于分区、分类、汇总的需要，要将各项数据单列，如某区域的地表水资源量、还原水量、地下水资源量、重复计算量、水资源总量、入境水量、出境水量等。一般不把入境水量列入本区域的水资源总量中，即算清楚当地产水量。

（4）合理性原则。水资源基础评价应强调其合理性，尤其是水量平衡原理。

2. 地下水评价原则

地下水资源评价时，除了遵循地表水评价的基本原则之外，还要遵循如下基本原则。

（1）空间原则。局部水源地应以区域或流域地下水资源评价为前提。局部水源地是区域或流域水文地质的组成部分。局部水源地地下水资源，同区域地下水资源是有密切联系的。应在对整个地下水流域作粗略评价的基础上，再对局部水源地作出评价。

（2）时间原则。地下水资源评价应建立在地下水随时间变化的基础上。地下水的补给量、排泄量以及储存量均随时间变化。地下水资源的各种量属于随机变量。因此，在进行地下水资源评价时，应当强调是何种典型年份的地下水资源量。一般说丰、平、枯水年份分别以保证率20%、50%和80%为代表。

（3）总体原则。地下水资源评价应以当地水资源总量的分析为基础。流域的地下水是流域内水资源总量中的一部分。搞清楚当地总水资源的基本结构关系，合理地计算地下水补给量、排泄量、储存量，从而算出比较符合实际的地下水可开采量。另外，地下水和地表水是互相转化的，应考虑这两者的重复计算部分。

第二节　水资源数量评价

水资源的数量评价，主要包括地表水资源量计算、地下水资源量计算以及水资源总量计算。在进行水资源量计算时，在有条件的地区，还应进行相关数据的收集与计算，如降水量、蒸发量的分析计算。

一、地表水资源量计算

地表水资源量一般通过河川径流量的分析计算来表示。

河川径流量是一段时间内河流某一过水断面的过水量，它包括地表产水量和部分或全部地下产水量，是水资源总量的主体。有的国家就将河川径流量视为水资源总量。

在多年平均情况下，一个封闭流域的河川年径流量是区域年降水量扣除区域年总蒸散发量后的产水量，因此河川径流量的分析计算，必然涉及降水量和蒸发量。在无实测径流资料的地区，降水量和蒸发量是间接估算水资源量的依据。水资源的时空分布特点尚可通过降水、蒸发等水量平衡要素的时空分布来反映。因此水资源计算与评价的主要内容就是对水量平衡的各个要素进行定量分析，研究它们的时程变化和地区分布。

（一）降水量

根据水资源评价工作的要求，降水量的分析与计算通常要确定区域年降水量的特征值，研究年降水量的地区分布、年内分配和年际变化等规律，为水资源供需分析提供区域不同频率代表年的年降水量。具体内容如下。

（1）绘制多年平均年降水量 $\bar{P}$ 及年降水量变差系数 C_v 等值线图。

（2）研究降水量的年际变化，推求区域不同频率代表年的年降水量。

（3）研究降水量的年内变化，推求其多年平均及不同频率代表年的年内分配过程。

1. 资料收集与分析

在进行资料分析时，首先要进行资料收集，主要包括以下资料。

（1）了解并收集研究区域内水文站、雨量站、气象站（台）的降雨资料。

（2）收集部分系列较长的外围站的记录，了解研究区域外围降雨量分布情况，以正确绘制边界地区的等值线图，并为地区拼接协调创造条件。

（3）摘录的资料应认真核对，并对资料来源和质量予以注明，如站址的迁移、两站的合并以及审查意见等。

（4）选择适当比例尺地形图作为工作底图，要求准确、清晰、有经纬度，并能反映地形地貌的特征，以便勾绘等值线时考虑地形对降水及其他水量平衡要素的影响。

（5）收集以往有关分析研究成果，如水文手册、图集、特征值统计和有关部门编写的水文、气象分析研究文献，作为统计分析、编制和审查等值线图等的重要参考资料。

对收集的资料要予以审查。资料审查一般包括可靠性审查、一致性审查和代表性分析三个方面。资料可靠性审查的重点如下。

（1）为保证成果质量，对选用资料应进行以特大数值、特小数值和新中国成立前的资料为重点的审查。对于特大、特小等极值要注意分析原因，视其是否在合理的范围内，对突出的数值，往往要深入对照其汛期、非汛期、日、月的有关数值；在山丘区，发现问题要分析测站位置和地形的影响。通常可通过单站历年和多站同步资料的对照分析，研究其有无规律可循。

（2）对采取的以往整编资料中的数据，也要进行必要的审查。

（3）资料的审查和合理性检查必须贯穿于工作的各个环节，如资料的抄录、插补延长、分析计算和绘制等值线图等。

系列代表性分析主要是为了分析不同长度系列的统计参数（均值、C_v）的稳定性和了解多年系列丰、枯周期的变化情况。一般可选 40 年以上的长系列作为分析依据。向前计算不同时段（$n=15$，20，24，30，40，…）系列的均值及 C_v 值，并与长系列计算值比较，分析其稳定性。还可以绘制长系列年降雨量过程线、差积曲线和 5 年滑动平均过程线，分析丰、枯交替变化的规律，评定其代表性。

由于我国部分水文站实测资料年限较短，为了减少抽样误差，提高统计参数的精度，应根据各地具体情况进行适当的插补延长，以保证成果的可靠性。在插补延长资料时，必须要保证精度。相关关系较好，相关曲线外延部分一般不超过相关曲线实测点据变幅的50%，展延资料的年数不宜过长，最多不超过实测年数。

可以根据具体情况采取不同方法插补延长。在气候、地形条件一致时，可移用邻站同期降雨量资料或采用附近各站同期降雨量的均值；非汛期降雨量较少，各年变化不大，可用同月降雨量各年平均值插补缺测月份；在年降雨量缺测时，可用该年的降雨量等值线图内插，可用相关法插补延长。在相关分析时，必须选用资料系列较长、资料较好、气候条件与缺测站相一致的参证站。

2. 降水量参数等值线的绘制

（1）分析代表站的选择。降水量分析一般选择资料质量好、实测年限较长、面上分布均匀和不同高程的测站作为代表站。站网密度较大的区域，要优先选择实测年限较长并有代表性的测站，实测年限较短的站点只能作为补充或参考。在我国东部平原地区，降水量梯度较小，着重按分布均匀作为选站的原则。在山区，设站年限一般较短，可根据实际情况降低要求，在个别地区，只有几年观测资料，即使系列很短，也极其宝贵，需用作勾绘多年平均年降水量等值线的参考。在选站时可参考以往分析成果，根据降雨量地区分布规律和年降雨量估算精度的要求选取。

分析代表站选定后，尽可能多地搜集分析代表站的降水量资料。降水资料的来源主要有《水文年鉴》《水文图集》《水文资料》《水文特征值统计》以及有关部门编写的水文、气象分析研究报告。有些资料则需到水文、气象等部门摘抄。有了充分的资料，才能比较全面客观地描述降水量的统计规律，以保证所绘出的统计参数等值线图可靠合理。

（2）年降水量统计参数的分析计算。年降水量统计参数有多年平均年降水量 $\overline{P}$、年降水量变差系数 C_v 及年降水量偏态系数 C_s。我国普遍采用确定统计参数的方法是图解适线法，采用的理论频率曲线为 $P-\mathrm{III}$ 型曲线。计算时注意，由于同步系列不长，对于特丰年、特枯年年降水量的经验频率，最好由邻近的长系列参证站论证确定或由旱涝历史资料分析来确定，以避免偶然性。

（3）降水量参数（$\overline{P}$、C_v）等值线图的绘制。

1）绘图前，要了解本地区降水成因、水汽来源、不同类型降水的盛行风向，本地区地形特点及其对成雨条件的影响等。还应搜集以往《水文手册》《水文图集》等分析成果。弄清降水分布趋势及其量级变化，为勾绘等值线图提供依据。

2）将分析计算的各站年降水量统计参数 $\overline{P}$ 和 C_v 值，分别标注在带有地形等高线的工作底图的站址处。根据各站实测系列长短、资料可靠程度等因素，将分析代表站划分为主要站、一般站和参考站，绘制等值线图以主要站数据作为控制。

3）勾绘等值线。按"主要站为控制，一般站为依据，参考站做参考"的原则勾绘等值线。勾绘时要重视数据，但不拘泥于个别点据；要充分考虑气候和下垫面条件，参考以往分析成果。绘制山区降水量等值线时，应当注意地形、高程、坡向对降水量的影响。一般来说，随着高程的增加，降水量逐渐增大但达到某一高程后不再加大，有时反而随高程的增加而减小。从我国部分地区年降水量与高程的关系可以看出这一点。因此，应根据山区不同高程、不同位置的雨量站实测降水量资料，建立降水量与高程的相关图或沿某一地势剖面的降水量分布图，分析降水量随高程的变化。在地形变化较大的地区，可选择若干站点较多的年份，绘制短期（3～5 年）平均年降水量等值线图，作为勾绘多年平均年降水量等值线图的参考依据。通常，山区降水量等值线与大尺度地形走向一致，要避免出现降水量等值线横穿山脉的不合理现象。

年降水量变差系数 C_v 值，一般在地区分布上变化不大。通常，由于可作依据的长系列实测资料的站点不多，多数站点经插补展延后系列参差不齐，算出的 C_v 值仅可供参考。C_v 值是由适线最佳而确定的，有一定的变化幅度，对突出点据，要分析其代表性，是否包括丰、枯年的资料，并要与邻站资料进行对比协调。有的区域变化幅度较大，难以绘制 C_v 等值线图，有人建议采用分区综合法确定各分区的 C_v 值作为该分区的代表值，不绘制等值线图。

年降水量等值线图线距：降水量大于 2000mm 时，线距为 1000mm；降水量为 800～2000mm 时，线距为 200mm；降水量为 100～800mm 时，线距为 100mm；降水量为 50～100mm 时，线距为 50mm；降水量小于 50mm 时，线距为 25mm。

C_v 等值线图线距：C_v 大于 0.3 时，线距为 0.1；C_v 小于 0.3 时，线距为 0.05。

（4）等值线图的合理性分析。对绘制的多年平均年降水量及年降水量变差系数等值线图进行合理性分析主要从以下几个方面进行。

1）检查绘制的等值线图是否符合自然地理因素对降水量影响的一般规律。其规律是：靠近水汽来源的地区年降水量大于远离水汽来源的地区；山区降水量大于平原区；迎风坡降水量大于背风坡；高山背后的平原、谷地的降水量一般较小；降水量大的地区 C_v 值相对较小。如经检查，等值线图不符合这些规律的，应进行分析修正。

2）检查绘制的等值线与邻近地区的等值线是否衔接；与以往绘制的相应等值线有无明显的差异。发现问题应进一步分析论证。

3）检查绘制的等值线图与陆面蒸发量、年径流深等等值线图之间是否符合水量平衡原则。如发现问题应按水量平衡原则进行协调修正。

3. 区域多年平均及不同频率年降水量计算

根据区域内实测降水量资料情况，区域多年平均及不同频率年降水量的计算有以下两种途径。

（1）区域年降水量系列直接计算法。当区域内雨量站实测年降水量资料充分时，可用区域实测的年降水量资料系列直接计算。其计算步骤为：根据区域内各雨量站实测年降水量，用算术平均法或面积加权平均法，算出逐年的区域平均年降水量，得到历年区域年降水量系列。对区域年降水量系列进行频率计算，即可求得区域多年平均的年降水量及不同频率的区域年降水量。

（2）降水量等值线图法。对实测降水量资料短缺的较小区域，可用降水量等值线图间接计算。其计算过程如下。

第一步，区域降水量等值线图的转绘与补充。为了反映区域内各计算单元降水量的差别，将大面积多年平均年降水量和 C_v 值等值线图转绘到指定区域较大比例尺的地形图上。如本区再无新资料补充，且认为大面积等值线图能够反映本区降水量的变化情况时，则可按原等值线的梯度变化适当加密线距，作为本区多年平均年降水量计算的依据。如本区有补充资料或大面积的等值线图与本区实际情况出入较大时，对原等值线则要加以调整和补充。这时，应充分搜集本区域原勾绘等值线未入选的、近年增加的（包括新设站）实测降水量资料，补充进行单站年降水量特征值的计算，加密工作底图上的点据。然后根据补充资料及原有资料的可靠性、代表性等，考虑地形、地貌、气候等因素对年降水量的影响，综合分析等值线图的合理性，绘制本区域站点数据更多、比例尺更大、等值线间距更小的年降水等值线图。

第二步，区域多年平均年降水量的计算。在转绘、加密的多年平均年降水量等值线图上划出本区域范围，量算等值线间的面积，采用面积加权法求得本区域多年平均年降水量。

$$\bar{P}_P = \sum \frac{\bar{P}_i + \bar{P}_{i-1}}{2} \cdot \frac{f_i}{F} \qquad (3-1)$$

式中：$\bar{P}_P$ 为区域多年平均年降水量，mm；$\bar{P}_i$、$\bar{P}_{i-1}$ 为年降水量等值线图上相邻两等值线的年降水量，mm；f_i 为 $\bar{P}_i$ 和 $\bar{P}_{i-1}$ 相邻两等值线间的面积，km²；F 为区域总面积，km²。

第三步，区域不同频率的年降水量计算。当区域面积不大时，区域年降水量的变差系数 C_v 可按区域形心在 C_v 等值线图上查得，或取地区综合的 C_v 值。C_s/C_v 值可取为固定值，查 P－Ⅲ型理论频率曲线模比系数 K_P 值表，可查得不同频率的 K_P 值，进而计算出不同频率的年降水量。

$$P_{FP} = K_P \cdot \bar{P}_F \qquad (3-2)$$

式中：P_{FP} 为频率为 P 的区域年降水量，mm；K_P 为频率 P 相应的模比系数；$\bar{P}_F$ 为区域多年平均年降水量，mm。

当区域面积较大时，上述两种方法的计算成果将有明显的差别。因为区域面积加大后使区域平均年降水量的年际变化匀化，即区域年降水量的变差系数随区域面积加大而减小，与单站点年降水量的变差系数有较大差别。因此，当区域面积较大时，尽量采用区域年降水量系列直接频率计算。

4. 降水量的时程变化

降水量的时程变化是指降水量在时间上的分配，一般包括年内分配和年际变化两个方面。

（1）降水量的年内分配。年内分配系指年降水量在年内的季节变化，受气候条件影响比较明显。按照《水资源评价导则》（SL/T 238—1999），要求分析计算多年平均连续最大 4 个月降水量占全年降水量的百分数及其发生月份，并统计不同频率典型年的降水月分配。一般按照以下两个步骤来分析。

1）用多年平均连续最大 4 个月降水量占全年降水量的百分数和相应的发生月份，粗略地反映年内降水量分布的集中程度和发生季节。

2）在上述分析的基础上，按不同降水类型划分区域，并在各个区域中选择代表站，统计分析不同频率（按适线的频率）典型年和多年平均降水量月分配。典型年的选择，除要求年降水量接近某一保证率的年降水量外，同时要求其月分配对农业需水和径流调节等较为不利。因此，可先根据某一保证率的年降水量，挑选若干个年降水量较接近的实测年份，然后分析比较其年内月分配，从中挑选资料较好、月分配较不利的典型年为代表年。为便于实际应用，典型年的月分配也可直接采用实测月、年资料的比值作为月分配的百分比。

（2）降水量的年际变化。

1）多年变化幅度分析。除用变差系数反映年降水量的年际变化幅度外，通常在水资源评价中还用极值比法、距平法和趋势法。

①极值比法。

$$K_m = \frac{P_{\max}}{P_{\min}} \qquad (3-3)$$

式中：K_m 为极值比；$P_{\max}$ 为降水量系列中的最大值，mm；$P_{\min}$ 为降水量系列中的最小值，mm。

K_m 值受分析系列的长短影响很大，在进行地区比较时，应注意比较系列的同步性。

②距平法。

$$\Delta P_i = P_i - \bar{P} \qquad (3-4)$$

式中：ΔP_i 为某年降水量的距平值，mm；其他符号意义同前。

为了减少变化幅度也可用距平百分数表示。

③趋势法。趋势法是通过建立年降水量距平值与年份（序号）之间的直线相关方程，根据斜率判断降水量变化趋势的一种方法。如直线斜率为正，就表示降水量有增加趋势；反之，如直线斜率为负，就表示降水量有减少趋势。

2）多年变化的丰枯阶段分析。降水量多年变化的丰、枯阶段分析可以用差积曲线和滑动平均过程线进行，但是它们只能反映大的丰枯变化趋势，不能确切地反映连丰、连枯的程度，而连丰或连枯程度对水资源多年调节和供水规划有着很重要的意义，下面就常用的游程理论分析方法作一简单介绍。

游程理论是指持续出现的同类事件，在它的前后是另外的事件。设年降水量为离散序列，选定标准量 $P' = \bar{P} + 0.33\delta$ 和 $P'' = \bar{P} - 0.33\delta$（$\delta$ 为年降水量的均方差），凡 $P_i - P' > 0$ 者，具有正变差，凡 $P_i - P'' < 0$ 者，具有负变差。如果由某个负变差居先，后跟连续 K 个正变差项，即表示有一个长度为 K 的正游程，反之为负游程。正游程表示连续丰水的年数，负游程表示连续枯水的年数，连丰、连枯年段发生的概率用式（3-5）计算

$$p = q^{K-1}(1-q) \quad (0 < q < 1) \qquad (3-5)$$
$$q = (S - S_1)/S \qquad (3-6)$$

式中：p 为连续 K 年丰水（或枯水）的概率；q 为模型分布参数，指在前一年为丰水（或枯水）条件下继续出现丰水年或枯水年的条件概率，它可由长系列观测资料求得；S 为统计系列中丰水年（或枯水年）的总数；S_1 为包括 $K=1$ 在内的各种长度连丰（或连枯）年发生频次的累积值。

（二）蒸发量

蒸发量（evaporation）是水量平衡要素之一，它是特定地区水量支出的主要项目。分析计算时要研究的内容包括水面蒸发和陆面蒸发两个方面。

1．水面蒸发

水面蒸发（water surface evaporation）是反映蒸发能力的一个指标，它的分析计算对于探讨陆面蒸发量时空变化规律、水量平衡要素分析及水资源总量的计算都具有重要作用。在水资源评价工作中，对水面蒸发计算的要求是研究水面蒸发器折算系数，绘制年平均水面蒸发量等值线图。

（1）水面蒸发器折算系数。水面蒸发器折算系数是指天然大水面蒸发量与某种型号水面蒸发器同期蒸发量的比值。我国水利部门用于水面蒸发观测的仪器型号不一，主要有 20cm

蒸发皿、80cm蒸发器、E_{601}型蒸发器（或其改进型）等。各种蒸发器性能不同，测得的水面蒸发量也不相同。因为水面蒸发量的大小除受温度、湿度和风速等因素影响外，还受蒸发器形式、尺寸、结构和制作材料及周围地形等因素的影响。因此，虽然水面蒸发折算系数的研究成果很多，但相互对比往往有较大的差别。不同型号的蒸发折算系数相差很大，同型号的蒸发折算系数也随时间、空间而变化。

水面蒸发器折算系数的时空变化，一般取决于天然大水体蒸发量和蒸发器蒸发量的影响因素的地区差别，分析结果表明：

1）折算系数随时间而变。年际间折算系数不同。年内有季节性变化。一般呈秋高春低型，南方有的地区呈冬高春低型。晴天、雨天、白天、夜间折算系数也有差别，其差别随蒸发器水面面积的增大而减小。

2）折算系数有一定的地区分布。我国的水面蒸发折算系数存在从东南沿海向内陆逐渐递减的趋势。为了反映折算系数的地区分布规律，可在一定的区域内绘制不同型号蒸发器水面蒸发折算系数等值线图。当水面蒸发站点较少或资料比较缺乏时，也可表示为折算系数分区图。

（2）多年平均年水面蒸发量等值线图的绘制。

1）分析代表站的选择。尽量选择实测年限较长、精度较高、面上分布均匀、蒸发器型号为E_{601}或ϕ80cm的站点为分析代表站。有的地区观测站点稀少，也可选用ϕ20cm蒸发器的观测站点资料。由于水面蒸发量的时空变化相对较小（据统计，水面蒸发量的C_v值一般小于0.15），故一般具有10年以上的资料即可满足分析多年平均年水面蒸发量的要求。在资料缺乏地区，5年以上的资料也可作勾绘等值线的参考依据。

2）水面蒸发量资料的统一。根据本地区或邻近地区水面蒸发器折算系数的分析研究结果，将所选分析代表站型号不一的年水面蒸发量均折算为同一型号水面蒸发器的年水面蒸发量。一般折算为E_{601}型水面蒸发器年水面蒸发量。即绘制E_{601}型水面蒸发器多年平均年水面蒸发量等值线图。

3）等值线图的勾绘及合理性分析。将各站统一的E_{601}型水面蒸发器多年平均年水面蒸发量标注在工作底图的站址处。分析气温、湿度、风速和日照等气候因素及地形等下垫面因素对水面蒸发量的影响。一般情况下，气温随着高程的增加而降低，风速和日照则随高程的增加而减小，综合影响的结果是水面蒸发量随着高程的增加而减小。此外，平原地区蒸发量一般要大于山区；水土流失严重、植被稀疏的干旱高温地区蒸发量要大于植被良好、湿度较大的地区。对于个别数据过于突出的站点，还要分析蒸发器的制作、安装是否符合规范，局部环境是否有突出影响等。多年平均年水面蒸发量的地带性变化较平缓，勾绘的等值线较稀疏，重点为等值线图整体变化趋势和走向的合理性分析。

2. 陆面蒸发

陆面蒸发（land evaporation）指特定区域天然情况下的实际总蒸散发量，又称流域蒸发。它等于地表水体蒸发、土壤蒸发与植物散发量的总和。陆面蒸发量的大小受陆面蒸发能力和陆面供水条件的制约。陆面蒸发能力可近似地由实测水面蒸发量综合反映。而陆面供水条件则与降水量大小及其分配是否均匀有关。一般说来，降水量年内分配比较均匀的湿润地区，陆面蒸发量与陆面蒸发能力相差不大；但在干旱地区，陆面蒸发量则远小于陆面蒸发能力，其陆面蒸发量的大小主要取决于供水条件。

（1）陆面蒸发量的估算。陆面蒸发量因流域下垫面情况复杂而无法实测，通常只能间接估算求得。现行估算陆面蒸发量的方法有以下两类。

1）流域水量平衡方程式间接估算法。在闭合流域内由多年平均水量平衡方程可间接求得流域多年平均年陆面蒸发量。

$$\overline{E} = \overline{P} - \overline{R} \tag{3-7}$$

式中：$\overline{E}$ 为多年平均年陆面蒸发量；$\overline{P}$ 为多年平均年降水量；$\overline{R}$ 为多年平均年径流量；以上各项以水深 mm 计。

2）基于水热平衡原理的经验公式法。通过对实测气象要素的分析，建立地区经验公式计算陆地蒸发量。但由于流域下垫面情况复杂，影响陆面蒸发的因素多，经验公式参数的率定难度很大，此法估算的陆面蒸发量一般只能作为参考。

（2）多年平均年陆面蒸发量等值线图的绘制。第一步，资料的选用。在一个区域内，选择足够数量的代表性流域。分别用其多年平均年降水量减去多年平均年径流量求得各流域形心处的单站多年平均年陆面蒸发量，并点在工作底图的流域形心处。由于它是以实测年降水、年径流资料作为依据的，成果精度较为可靠，故可作为勾绘等值线图的主要依据。

将一定区域的多年平均年降水量和年径流量等值线图相重叠，两等值线交叉点上降水量和径流量的差值即为该点的多年平均年陆面蒸发量。这种数值是将年降水、年径流等值线均化的结果，精度相对较差，可作为绘制等值线图的辅助点据。

平原水网区水文站稀少，实测径流资料短缺，难以用水量平衡原理估算当地的陆面蒸发量。当水网区供水条件充分时，陆面蒸发量接近于蒸发能力（近似于 E_{601} 型水面蒸发器），这一点可作为勾绘等值线图的一个控制条件。如果平原水网区供水条件不充分，可应用基于水热平衡原理的经验公式，由气象要素的实测值计算陆面蒸发量，补充部分点据，作为勾绘等值线图的参考。

第二步，分析多年平均年陆面蒸发量地区分布规律。由于陆面蒸发量为降水量与径流量的差值，因此，多年平均年陆面蒸发量的地区分布与多年平均年降水量、多年平均年径流量的地区分布密切相关。一般说来，供水条件较好的南方湿润地区，蒸发能力为影响陆面蒸发量的主导因素。因此，多年平均年陆面蒸发量等值线与多年平均年水面蒸发量等值线有相近的分布趋势。供水条件差的北方干旱区，供水条件为影响陆面蒸发量的主导因素。因此，多年平均年陆面蒸发量的地区分布与多年平均年降水量的地区分布相近。

第三步，勾绘等值线图。绘图时，以代表性流域水量平衡求得的点据为控制，以交叉点基于水热平衡原理经验公式得出的点据为参考，参照多年平均年水面蒸发量等值线图、多年平均年降水量等值线图及多年平均年径流深等值线图，并参照影响陆地蒸发量的主要自然地理因素，如地形、土壤、植被，明确整体走势，勾绘多年平均年陆面蒸发量等值线图，并在与降水和径流等值线图协调的原则下，反复修改完善。

（三）河川径流量

根据水资源评价要求，河川径流量的分析与计算主要是分析研究区域的河川径流量及其时空变化规律，绘制多年平均年径流深 $\overline{R}$ 和变差系数 C_v 的等值线图，阐明径流年内变化和年际变化的特点，推求区域不同频率代表年的年径流量及其年内时程分配。

1．径流资料的统计处理

为达到上述计算目的，最重要的是资料完备程度、长度和精度。因此，首先要对径流资料进行统计处理、分析论证。

（1）资料的收集。应着重收集以下 5 个方面的资料。

1）收集研究区域内及其外围有关水文站历年月、年流量资料，并注意收集以往的有关整编、分析计算结果。

2）收集流域自然地理资料，如土壤、地质、植被、气候等。并收集流域的工程建设情况、规划资料等。

3）收集大中型水库的有关资料，如水位～库容、水位～面积关系曲线，进出水库流量资料，蒸发、渗漏等资料。

4）调查工业用水、农业用水，并了解灌区的基本情况。

5）水文站考证资料，包括测站沿革、迁移、变更、撤销、断面控制条件和测验方法、精度、浮标系数。测站集水面积来源情况。

资料收集后，要对资料进行审查。审查方法有上下游或相邻流域过程线对比、水量平衡、降雨径流关系等方法，可根据实际情况选择应用。审查工作应贯穿于资料统计、插补延长、等值线图绘制等各个环节中，发现问题应随时研究解决。

（2）资料的插补延长。在观测资料缺失情形下，要对资料进行插补延长。月径流资料的插补延长，根据不同情况可采用以下方法。

1）对于有水位资料而无径流资料的月份，可以借用相近年份的水位流量关系推求流量，但要分析水位流量关系的稳定性及外延精度。

2）对于枯季缺月资料插补可用历年均值法、趋势法、上下游月流量相关法推求。

3）汛期缺月资料插补采用上下游站或相邻流域月径流量相关法、月降雨量—月径流量相关法推求。

年径流资料的插补延长一般可采用上下游站的年径流相关、与邻近流域站的年径流相关、流域平均年降水量与年径流相关、汛期流量与年径流相关等方法推求。

（3）资料的还原。水资源评价要计算的是天然状态下的年径流量，它是指流域集水面积范围内，人类活动影响较小，径流的产生、汇集基本上在天然状态下进行时，河流控制测流断面处全年的径流总量。由于人类活动的影响，使流域自然地理条件发生变化，影响地表水的产流、汇流过程，从而影响径流在时间、空间和总量上的变化，使河流（河道）测流断面的实测径流量不能代表天然径流量。如跨流域引水，修水库、塘堰等水利工程，旱地改水田，植树造林等措施，将使年径流量变化。因此需对实测资料进行还原计算，得到天然径流量。

将受人类活动调蓄和消耗的这部分径流量回加到实测值中，称为年径流的还原计算。还原计算应采用调查和分析相结合的办法，并要加强调查。凡有观测资料的，应采用观测资料计算还原水量，如无观测资料可通过调查分析进行估算。尽可能收集历年逐月用水资料，如果确有困难，可按用水的不同发展阶段选择丰水、平水、枯水典型年份，调查其年用水量及年内分配情况，推算其他年份还原水量。

还原计算时，尽可能按资料系列逐月、逐年还原。还原计算应按河系自上而下，按水文站控制断面分段进行，然后累积计算。引用河水和地下水应分开，还原时只计算河川径流部分。由于大量开采地下水，对河川径流量有明显影响的地区，应加以说明。

还原水量的合理性检查主要包括三个方面：工业、农业等用水合理性检查；对还原后的年径流量进行上下游、干支流和地区间的综合平衡，分析其合理性；对还原计算前后的降雨径流关系，进行对比分析，看还原后的关系是否改善了。

2. 多年平均年径流深及年径流变差系数等值线图的绘制

（1）代表站的选择。绘制的水文特征值等值线图应反映该水文特征值的地带性变化，这种地带性变化是气候因素和下垫面因素综合作用的结果，等值线图应具有可移用性。因此，绘制 $\bar{R}$ 和 C_v 等值线图应选用具有地理代表性的中等流域面积水文站的计算值为主要依据，其集水面积一般为 $300\sim5000\mathrm{km}^2$。流域面积过小的水文站，其年径流统计特征值由于受局部下垫面因素影响较强而对邻近地区代表性不足；流域面积过大的水文站其年径流统计特征值由于受到径流变化匀化的影响而对邻近地区失去代表性。在站网稀少的地区，选站条件可以适当放宽。代表站选定后，根据各站实测径流资料的可靠性和径流还原计算的精度，将代表站划分为主要站、一般站、参考站三类。

对于大江大河较大流域面积的水文站，用上下游站相减的方法得到区间流域的年径流量，除以区间面积得区间流域的年径流深，计算其统计特征值，可作为勾绘年径流深 $\bar{R}$ 及变差系数 C_v 等值线图的参考。

（2）统计参数的计算与点绘。各代表站按同步年径流系列计算其统计参数 $\bar{R}$、C_v，分别点绘在代表站流域径流分布形心处。当流域的自然地理条件比较一致、高程变化不大时，以流域形心作为径流分布的形心。

（3）$\bar{R}$、C_v 等值线图的勾绘和合理性检查。将各代表站的 $\bar{R}$、C_v 值点注完毕，即可着手勾绘等值线。在有充分实测径流资料的情况下，基本上可依据各点所标数值进行勾绘。首先勾绘出主要的等值线，以确定等值线分布和走向的大致趋势，然后再进行加密，对勾绘的等值线要进行检查。

3. 河川径流量的分析计算

根据研究区域的气象及下垫面条件，综合考虑气象、水文站点的分布、实测资料年限与质量等情况，河川径流量的计算可采用代表站法、等值线图法、年降雨径流相关法、水热平衡法、水文模型法等。

（1）代表站法。代表站法的基本思路是在研究区域内，选择一个或几个位置适中、实测径流资料系列较长并具有足够精度、产汇流条件有代表性的站作为代表站。计算代表站逐年及多年平均年径流量和不同频率的年径流量。然后根据径流形成条件的相似性，把代表站的计算成果按面积比或综合修正的办法推广到整个研究范围，从而推算区域多年平均及不同频率的年径流量。

1）当研究区域与代表站所控制的面积相差不大，自然地理条件也相近时，可用式（3-8）计算研究区域逐年或多年平均年径流量：

$$W_{区} = \frac{F_{区}}{F_{代}} W_{代} \qquad (3-8)$$

式中：$W_{区}$ 为研究区域年径流量或多年平均年径流量，m^3；$W_{代}$ 为代表站控制范围的年径流量或多年平均年径流量，m^3；$F_{区}$、$F_{代}$ 分别表示研究区域和代表站的面积，km^2。

2）若研究区域内有两个或两个以上代表站，则将全区域划分为两个或两个以上部分。每部分有一个代表站。其各部分的计算同上。全区的年与多年平均径流以两个或两个以上分区的面积为权重计算之。

3）当代表站的代表性不理想时，例如自然地理条件相差较大，此时不能采用简单的面积比法计算全区逐年及多年平均年径流量，而应当选择一些对产水量有影响的指标，对全区逐年及多年平均年径流量进行修正。修正的方法主要有：①可用多年平均降水量进行修正。在以面积为权重的计算基础上，考虑代表站和研究区域降水条件的差异，进行修正；②用多年平均年径流深修正。该法不仅考虑代表站和研究区城降水量的差异，也考虑下垫面对产水量的综合影响。因此引入多年平均年径流深进行修正；③用年降水量或年径流量修正。当研究区域和代表站有足够的实测降水和径流资料时可用此法。

用以上方法求得研究区域逐年径流量，构成了该区域的年径流系列。在此基础上进行频率计算即可推求研究区域不同频率的年径流量。

（2）等值线图法。当区域面积不大并且缺乏实测径流资料时，可由多年平均年径流深和年径流变差系数 C_v 等值线图量算和查图读出本区域多年平均的年径流量和变差系数 C_v 值，由此求得不同频率代表年的年径流量。步骤如下：

第一步，多年平均年径流深与年径流变差系数 C_v 等值线图的转绘和加密。

径流等值线图是根据大范围中等流域资料绘制的，往往难以反映区域内局部因素对径流的影响，也不能满足区域内各计算单元径流量估算的需要。因此，可将大范围绘制的等值线及所依据的资料点据转绘到本区域较大比例尺的地形图上。充分利用本区城内各雨量站实测降水量资料、短系列实测径流资料、区域的年降水径流关系等资料，补充部分点据，加密本区域的等值线图。

第二步，计算区域多年平均及不同频率的年径流量。

根据转绘加密后的等值线图，在区域范围内，量算相邻两等值线之间的面积（为简便起见，也可以求积仪读数来表示）。采用面积加权法推求区域多年平均的年径流量。

$$\bar{R}_区 = \frac{\bar{R}_1 f_1 + \bar{R}_2 f_2 + \cdots + \bar{R}_n f_n}{f_1 + f_2 + \cdots + f_n} = \frac{1}{F_区} \sum \bar{R}_i f_i \qquad (3-9)$$

$$\bar{W}_区 = \bar{R}_区 F_区 \qquad (3-10)$$

式中：$\bar{R}_区$ 为区域多年平均年径流深，m；$\bar{R}_i$ 为相应于面积 f_i 上的多年平均年径流深，一般取相邻两等值线径流深的平均值，m；$F_区$ 为区域总面积，m^2；$\bar{W}_区$ 为区域多年平均年径流量，m^3。

当区域面积较小，在中等流域面积范围内时，区域年径流 C_v 值可利用区域形心查 C_v 等值线图得出。如果区域面积超出中等流域面积范围较多，由等值线图查出的 C_v 值应加以修正，修正方法可借助于年径流 C_v 值与流域面积 F 的经验公式。

$$C_{v,R} = \frac{\gamma \cdot C_{v,P}}{a^n + m \lg F} \qquad (3-11)$$

式中：$C_{v,R}$ 为年径流变差系数；$C_{v,P}$ 为年降水量变差系数；a 为年径流系数；F 为流域面积，km^2。

求得区域年径流变差系数 C_v 值，再根据前面求得的多年平均年径流量，即可求出区域不同频率的年径流量。

（3）年降雨径流关系法。在研究区域上，选择具有实测降水径流资料的代表站，逐年统计代表站流域平均年降水量和年径流量，建立年降水径流相关图。如本区域气候、下垫面情况与代表站流域相似，则可由区域逐年实测的平均年降水量在代表站年降水径流关系图上查得区域逐年平均的年径流量。进行频率计算，即可得到不同频率的区域年径流量。

（4）水文模型法。在研究区域上，选择具有实测降水径流资料的代表站，建立降雨径流模型，用于研究区域的水资源评价。

流域水文模型是开展流域水资源评价的基础工具，采用模型工具的先进程度对水资源评价研究起着至关重要的作用。在以往的水资源评价中，采用的模型各式各样，有统计模型、概念模型和分布式模型。在我国2002年第二次全国水资源评价中，主要采用统计模型和水量平衡计算方法作为评价的手段，而且对地表水和地下水评价采用分离的模型工具。目前水资源评价所采用的评价手段，严重制约了我国水资源评价工作的开展。

水文模型的发展，大致经历了黑箱模型（统计模型）、灰箱模型（概念性模型）、白箱模型（数值物理模型）和二元模型四个阶段。

1）黑箱模型。20世纪初至20世纪60年代，世界范围的大规模工程建设促进了工程水文学的发展与成熟，观测水文学、统计水文学以及降雨径流模拟技术等日臻完善。这一时期的降雨径流模拟技术，如Sherman（1932）的单位线法和Nash（1957）的瞬时单位线和线性水库法等，大都采用降雨径流关系即经验性的"黑箱"模型的分析方法。

2）灰箱模型。20世纪60～80年代，随着科学技术的进步，流域水文模型进入集总式概念模型即"灰箱"模型的开发阶段，代表性模型有美国的Stanford模型（Crawford&Linsley，1966）和HEC-1模型（U. S. Army Corps of Engineers，1968）、20世纪60年代后期日本开发的TANK模型（Sugawara，1995）、20世纪70年代我国开发的新安江蓄满产流模型（Zhao & Liu，1995）和陕北超渗产流模型等。这些流域水文模型是将整个流域作为研究单元，考虑流域蓄满产流、超渗产流及汇流等概念，并根据河川观测流量率定模型参数、模拟流域产汇流过程。"灰箱"模型虽然比经验性的"黑箱"模型前进了一大步，但无法给出水文变量在流域内的分布，仍然满足不了规划管理实践中对流域内不同位置的水位水量情报的需要。

3）白箱模型。20世纪80年代中期以来，随着计算机技术、地理信息系统和遥感技术的发展，考虑水文变量空间变异性的分布式流域水文模型的研究受到重视，世界各地的水文学家开发了许多分布式或半分布式流域水文模型。Singh&Woolhiser（2002）曾列举出88个模型，在美国及加拿大常用的有HSPF模型（Bicknell等，1993）、HEC-HMS模型（U. S. Army Corps of Engineers，2000）、SWMM模型（Huber a Dicknson，1988）、USGS-MMS模型（Leavesley等，2002）和UBC模型（Quick，1995）等，在欧洲国家比较知名的有SHE/MIKESHE模型（Abbott等，1986；Refsgaard&Storm，1995）、TOPMOD-EL模型（Beven等，1995）、HBV模型（Bergstrom，1995）和IHDM模型（Beven等，1987）等。立川（2002）曾列举出在日本有广泛影响的许多模型，如小尻模型（小尻利治等，1988）、OHyMoS模型（高木桌琢马等，1995）、IISDHM模型（Herath等，1997）、WEP模型（Jia等，2001）等。特别是以SHE模型为代表的基于物理机制的分布式流域水文模型或称分布式物理模型（Physically-based distributed models）的研究、开发及应用受到水文水资源界的特别关注。这类模型从水循环过程的物理机制入手，将产汇流、土壤水运动、地下水运动及蒸发过程等联系起来一起研究并考虑水文变量的空间变异性问题，通常称"白箱"模型。

流域分布式水文模型是近30年来水文学科研究中的热门方向，但目前提出的模型还存在不少有待研究的地方。除了空间尺度与水文变量及参数的空间变异性问题、时间尺度与水循环的动力学机制的描述问题、参数估计与模型校验问题、不确定性问题、数据不足问题以外，还有一个关键的问题就是对人工社会水循环过程研究不足。现代变化环境下，人类活动对流域水循环的干扰无处不在，受人类活动强烈扰动的流域比比皆是，现有的大部分流域分布式模型在这些流域中不能适用。

4）二元模型。为了模拟受人类活动干扰较大的流域，在一些模型中，包含对部分人类活动的描述。如 SWAT 模型中，开发了农业灌溉和水库调度模块，能对农业灌溉的"取—用—耗—排"过程以及水库调度过程进行描述，但是经典的 SWAT 模型对人工社会水循环模拟相对比较简单，加上模型本身对自然水循环描述存在一定的缺陷，在使用上具有一定的局限性。

为了克服传统水文模型在人工社会水循环模拟方面的缺陷，一些学者在二元水循环理论的指导下，针对高强度人类活动影响下流域/区域特点，研究构建了"自然—人工"二元水循环模型。

贾仰文等人依据二元水循环理论，在黄河流域构建了二元水资源演化模型，该模型在模拟自然水循环的同时，耦合模拟了农业、工业、生活用水的"取水—输水—用水—耗水—排水"过程，模拟效果较好。

针对受人类活动强烈干扰的海河流域，贾仰文等人将多目标决策分析模型、水资源配置模拟模型和分布式流域水循环模型耦合起来，对海河流域"自然—人工"二元水循环过程进行耦合模拟，该模型系统不仅能描述人工水循环对自然水循环的干扰作用，还能描述自然水循环（水资源条件）对人工水循环（水资源配置）的制约作用。

针对平原区河网密布、地表地下水转换复杂、水资源开发强度大的特点，桑学锋等人将改进的 SWAT 模型、MODFLOW 模型与 AWB 模型（人工水平衡模型）耦合起来，构建了天津市地表和地下水耦合模拟、自然水循环和人工水循环耦合模拟的模型系统，取得了较好的效果。

4. 河川径流量的年内分配

受气候和下垫面因素的综合影响，河川径流的年内分配情势常常是很不相同的。即使年径流量相差不大，其年内分配也常常有所区别。这对水资源开发工程规模的选定、工农业和城市生活用水等也会带来很大的影响。因此，需要研究河川径流量的年内分配。提出正常年或丰、平、枯等不同典型年的逐月河川径流量，为水资源的开发利用提供必要的依据。在一般情况下，河川径流量年内分配的计算时段、项目和方法，应依据国民经济部门对水资源开发的不同要求、实测资料情况、区域面积大小和河川径流量变化的幅度来确定。

（1）多年平均年径流的年内分配。常用多年平均的月径流过程、多年平均的连续最大 4 个月径流百分率和枯水期径流百分率表示多年平均年径流的年内分配。

多年平均的月径流过程，常用月径流量多年平均值与年径流量多年平均值比值的柱状图或过程线表示。

多年平均连续最大 4 个月径流百分率，指最大 4 个月的径流总量占多年平均年径流量的百分数。可以绘制百分率的等值线图，就是将各代表站流域的百分率及出现月份标在流域形心处，绘制等值线而成。也可按出现月份进行分区，一般在同一分区内，要求出现月份相同、径流补给来源一致、天然流域应当完整。

枯水期径流百分率，指枯水期径流量与年径流量比值的百分数。根据灌溉、养鱼、发

电、航运等用水部门的不同要求，枯水期可分别选为 5～6 月、9～10 月或 11 月至翌年 4
月，也可绘制枯水期径流百分率等值线图。

（2）不同频率年径流的年内分配。一般采用典型年法，即从实测资料中选出某一年作为
典型年，以其年内分配形式作为设计年的年内分配形式。典型年的选择原则是使典型年某时
段径流量接近于某一统计频率相应时段的径流量，且其月分配形式不利于用水部门的要求和
径流调节。选出典型年后对其进行同倍比缩放，求出设计年相应频率的径流年内分配过程。

（四）山丘区地表水资源量计算方法

有水文站控制的河流，按实测径流还原后的同步系列资料推求多年平均年径流量，再加
上或减去水文站至出山口由等值线图或水文比拟法计算出的产水量，即为河流出山口多年平
均年径流量。

没有水文站控制的河流，包括季节性河流和山洪沟，只要有山丘区集水面积的，可用等
值线图或水文比拟法估算出年径流量。

将评价区内有水文站控制的河流的天然年径流量和没有水文站控制的河流用等值线图或
水文比拟法估算的年径流量相加即为评价区内的河流总径流量。若评价区界限与流域天然界
线一致，评价区河流径流量即为评价区内降水形成的地表水径流量。若评价区界线与流域天
然界线不一致，当出山口河流径流量包含评价区外产流流入本区的水量时，评价区地表水资
源量应从出山口河流总径流量中扣除区外来水量；当评价区内河流有水量在出山口前流出境
外时，则评价区地表水资源量应为出山口水资源量加未控制的出境水量。

（五）平原区地表水资源量计算方法

在分析计算条件许可的情况下，平原地区水资源量计算可仿照上述山丘区方法进行。但
对平原水网地区，由于人类活动和城市化进程加快使流域下垫面发生较大改变，流域的产流
机制和水资源情势也发生了相应的变化；流域经济发展程度较高，用水量和重复利用率增
加，工程调蓄作用明显。从而，河川径流的还原计算难度增加。在水资源评价时，可建立平
原地区水文模型，利用模型进行计算。

二、地下水资源量计算

地下水资源是水资源总量的重要组成部分。区域地下水资源是指区域浅层地下水体在当
地降水补给条件下，经水循环后的产水量。在区域水资源分析计算中，要求查清本区域地下
水资源的水量、水质及其时空分布特点，分析地下水资源的循环补给规律。了解地下水与地
表水之间的相互转化关系，推求多年平均和不同代表年的地下水资源量，为工农业生产和水
资源规划及水利工程规划提供科学依据。

为正确计算和评价地下水资源量，通常按地形地貌特征、地下水类型和水文地质条件，
将区域划分为若干不同类型的计算分区。各计算分区采用不同的方法计算地下水资源量，计
算成果按流域和行政区划进行汇总。总的说来，按地下水资源计算的项量、方法不同，主要
分为山丘区和平原区两大类型。一般山丘区、岩溶区及黄土高原丘陵沟壑区地下水资源的计
算项量、方法大体相同，统称为山丘区；平原区、山间盆地平原区、黄土高原塬台阶地区、
沙漠区及内陆闭合盆地平原区地下水资源的计算项量、方法相近或类同，统称为平原区。

地下水资源评价常用的方法为水均衡法、地下水动力学法等。

（一）山丘区地下水资源量的计算

目前，直接计算山丘区地下水补给量的资料尚不充分，故可根据水均衡法的原理用地下

水的排泄量近似作为补给量。计算公式为

$$\overline{W}_{g山} = \overline{R}_{g山} + \overline{C}_{潜} + \overline{C}_{侧山} + \overline{C}_{泉} + \overline{E}_{g山} + \overline{g}_{山} \qquad (3-12)$$

式中：$\overline{W}_{g山}$ 为山丘区地下水的总排泄量；$\overline{R}_{g山}$ 为河川基流量；$\overline{C}_{潜}$ 为河床潜流量；$\overline{C}_{侧山}$ 为山前侧向流出量；$\overline{C}_{泉}$ 为未计入河川径流的山前泉水出露量；$\overline{E}_{g山}$ 为山间盆地潜水蒸发量；$\overline{g}_{山}$ 为浅层地下水开采的净消耗量。式中各项均为多年平均值，计算单位为 m³ 或万 m³。

式（3-12）各项排泄量中，以河川基流量为主要部分，也是分析计算的主要内容。对于我国南方降水量较大的山丘区，其他各项排泄量相对较小，一般可忽略不计。

1. 河川基流量的计算

河川基流量为地下水对河道的排泄量。山丘区河流坡度陡，河床切割较深，水文站实测的逐日平均流量过程线既包括来自地表的地表径流，又包括来自地下水的河川基流量。

河川基流量可通过分割实测流量过程线的方法近似求得。

（1）分析代表站的选择。区域河川基流量由分割区域内代表站的实测流量过程线求得。分析代表站的选择应满足下列条件：

1）代表站流域应为闭合流域，即地表、地下分水线基本一致。

2）代表站流域的地形、地貌、植被和水文地质条件对本区域有足够的代表性。

3）代表站流域面积一般为 200～5000km²。水文站稀少的区域，可以适当放宽面积界限。所选站点应力求面上分布均匀。

4）代表站实测流量资料系列较长。至少应包括丰水、平水、枯水年内的 10 年以上实测流量资料。

5）代表站流域受人类活动的影响较小。

（2）常用的几种分割法。

1）直线平割法。将枯季无降水时期的某一特征最小流量作为河川基流量，水平直线分割日流量过程线。直线以上部分为地表径流量，直线以下部分即为河川基流量。直线平割法方法简单，工作量小。

2）直线斜割法。在平均流量过程线上，自起涨点至峰后无雨情况下退水段的转折点（拐点），用直线相连，直线以下部分即为河川基流量。直线斜割法为分割基流的基本方法，关键是退水拐点的确定。常用的方法有以下四种。

①综合退水曲线法。在历年日平均流量过程线上，选择峰后无雨、退水较匀称的退水段过程线若干条，将各条退水段过程线用相同的坐标比例绘出，在水平方向上移动，使其尾部重合，绘出外包线，即为综合退水曲线，或称标准退水曲线。把综合退水曲线绘在透明纸上，再在欲分割的流量过程线上水平移动使其与实测流量过程线退水段尾部相重叠，两条曲线的分叉处即为退水拐点。如不同季节的退水规律不同，也可分季节选定不同的综合退水曲线。

②消退流量比值法。一般较为简单的退水曲线方程可以表示为

$$Q_t = Q_0 e^{-\beta t} \qquad (3-13)$$

式中：Q_t 为退水开始后 t 天的流量，m³/s；Q_0 为退水开始时的流量，m³/s；e 为自然对数的底；β 为消退系数，d⁻¹；t 为时间，d。

根据式（3-13）分别计算各时段末与时段初流量比，即

$$\frac{Q_1}{Q_0} = e^{-\beta_1(t_1-t_0)}$$

$$\frac{Q_2}{Q_1} = e^{-\beta_2(t_2-t_1)}$$

$$\frac{Q_n}{Q_{n-1}} = e^{-\beta_n(t_n-t_{n-1})} = e^{-\beta_n\Delta t} \tag{3-14}$$

取 $\Delta t = t_n - t_{n-1}$ 为定值，并当 $\beta_1 = \beta_2 = \cdots \beta_n = \beta$ 时，则 $e^{-\beta\Delta t}$ 为常数。自退水开始，逐时段计算时段末与时段初的流量比，其值由小变大，并且逐渐趋于稳定。如发现相邻几个时段的比值都接近常数，则认为接近常数的开始时间即为退水转折点。

③消退系数比较法。对退水曲线方程取对数得

$$\lg Q_t = \lg Q_0 - \beta t \tag{3-15}$$

式（3-15）说明 $\lg Q \sim t$ 的关系为坡度"$-\beta$"的直线。因此可将退水曲线日流量过程线点绘在半对数纸上。由于地表径流消退快，β 值大，地下径流消退缓慢，β 值小。绘在半对数纸上的退水过程线呈现出两段坡度不同的直线。其转折点即为所求的退水拐点（见图3-1）。

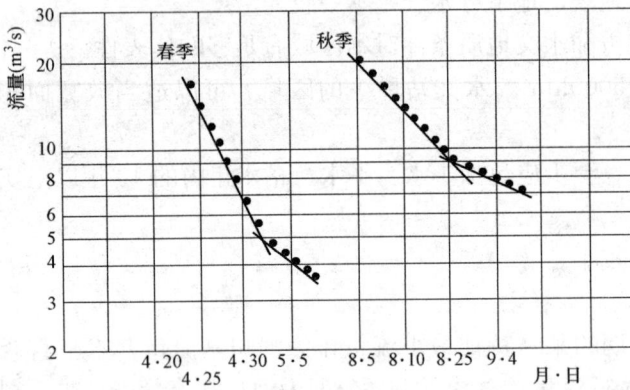

图3-1　某站退水转折点分析示意图

④经验关系法。南方湿润地区出水量和降水日数较多，峰后无降水的时段不长，流量过程线多呈复式峰，在这种情况下，可用经验公式确定退水转折点。如

美国　　　$N = A^{0.2}$

山东北部　$T = F^{0.23}$

江西葫芦　$Q_{基} = F^{0.7}$

式中：N 为洪峰至退水转折点的天数，d；A 为集水面积，mile^2，$1\text{mile}^2 = 2.59\text{km}^2$；$T$ 为洪峰起涨点至退水转折点的天数，d；F 为集水面积，km^2；$Q_{基}$ 为退水转折点处流量，m^3/s。

（3）多年平均河川基流量的计算。

1）长系列法。点绘历年日流量过程线，分割基流，求得各年河川基流量，其算术平均值即为多年平均年河川基流量。

2）典型年法。点绘典型年日流量过程线，分割基流。求得各典型年河川基流量，并按各典型年河川基流量占总径流量比例的均值计算多年平均的河川基流量。

3）代表年径流量与河川基流相关法。选择8~10年代表性年份，分割基流，求得各代表年的年河川基流量。根据逐年年径流量，查相关图得未分割基流年份的年河川基流量，并计算其多年平均年河川基流量。

（4）不同频率的年河川基流量。根据历年的年河川基流量系列，用频率计算方法求得不同频率的年河川基流量。有的代表站受水文地质条件的限制，河川基流量经验频率曲线有时呈上凸形状，其 C_v 为负值。这时，为直接应用现行的 $P-\mathrm{III}$ 型理论频率曲线计算不同频率河川基流量，需将上凸的经验频率曲线转换为下凹的经验频率曲线。

（5）区域河川基流量的计算。

1) 采用模数分区法步骤如下。

①分别计算区域内各代表站的多年平均年河川基流模数

$$M_{基} = \frac{W_{基}}{f} \qquad (3-16)$$

式中：$M_{基}$为代表站多年平均年河川基流模数，m^3/km^2；$W_{基}$为代表站多年平均年河川基流量，m^3；f为代表站流域面积，km^2。

②按区域植被、岩性及地质构造等分布特征将区域划分为若干均衡计算区，每个计算区包括一个或几个分割基流的代表站。

③计算各均衡区的平均基流模数。可用各区代表站基流模数按代表面积加权平均求得。

$$\overline{M} = \frac{1}{\sum f_i} \sum M_{基i} f_i \qquad (3-17)$$

式中：$\overline{M}$为计算区平均基流模数，m^3/km^2；f_i为均衡计算区各站代表面积，km^2；$M_{基i}$为均衡计算区各站基流模数，m^3/km^2。

④计算区域河川基流量，计算公式为

$$\overline{R}_g = \sum \overline{M}_i F_i \qquad (3-18)$$

式中：$\overline{R}_g$为区域河川基流量，m^3；$\overline{M}_i$为各均衡计算区平均基流模数，m^3/km^2；F_i为各均衡计算区的面积，km^2。

2) 在水文地质条件比较单一的区域，可以用等值线图法计算区域河川基流量。其步骤如下：

①将各代表站的多年平均年河川基流深点绘在地形图上各站流域面积形心处。②参照地形、地貌和水文地质图勾绘多年平均年基流深等值线图。③用面积加权平均法计算区域多年平均年河川基流量，即

$$\overline{R}_g = \sum f_i R_i \qquad (3-19)$$

式中：$\overline{R}_g$为区域多年平均年河川基流量，m^3；f_i为任意两条等值线间的面积，km^2；R_i为相邻两条等值线基流深的算术平均值，m。

2. 其他排泄量的计算

(1) 河床潜流量。流经河床松散沉积物中未被水文站测得的径流量称为河床潜流量

$$U_{潜} = KIAt \qquad (3-20)$$

式中：$U_{潜}$为河床潜流量，m^3；K为渗透系数；I为水力坡度；A为垂直于地下水流向的河床潜流过水断面面积，m^3；t为潜流历时，s。

若河床松散沉积物很薄，则$U_{潜}$可不计。

(2) 山前侧向流出量。经由山丘区和平原区地下界面的流出水量，就称为山前侧向流出量。可由达西公式分段计算，然后进行累加求得。如山丘区与平原区交界处水力坡降甚小（小于1/5000），则山前侧向流出量可忽略不计。

(3) 山前泉水出露量。地下水丰富的山丘区，尤其是岩溶区，地下水常以泉水的形式在山前排泄出来，未包括在河川径流量中，通常根据调查分析求得。

(4) 山间盆地的潜水蒸发量。计算方法与平原区潜水蒸发量相同。

（5）浅层地下水实际开采的净消耗量。计算公式为

$$\bar{g}_{山} = \bar{Q}_{农}(1-\beta_{农})+\bar{Q}_l(1-\beta_l) \qquad (3-21)$$

式中：$\bar{g}_{山}$ 为浅层地下水实际开采的净消耗量，m^3；$\bar{Q}_{农}$、$\bar{Q}_l$ 为用于农田灌溉、工业及城市生活的浅层地下水实际开采量，m^3；$\beta_{农}$、β_l 为井灌回归系数、工业及城市用水回归系数。

（二）平原区地下水资源量的计算

一般平原区地下水及气象等资料较山丘区丰富，因此可以直接计算各项补给量作为地下水资源量。有条件的地区，可同时计算总排泄量进行校核。地下水开发程度较高的平原区，一般尚需计算可开采量，以便为水资源供需分析提供依据。

1. 以补给量估算

平原区补给量是指天然或人工开采条件下，由大气降水及地表水体渗入、山前侧向径流及人工补给等流入含水层的水量，计算公式为

$$W_{g平} = \bar{U}_p + \bar{U}_s + \bar{U}_{侧山} + \bar{U}_{越补} \qquad (3-22)$$

式中：$W_{g平}$ 为平原区地下水补给量；$\bar{U}_p$ 为降水入渗补给量；$\bar{U}_s$ 为地表水体对地下水的入渗补给量；$\bar{U}_{侧山}$ 为山前侧向流入补给量；$\bar{U}_{越补}$ 为越流补给量。式中各项为多年平均值，单位均为 m^3。

（1）降水入渗补给量。降水入渗补给量是指降水入渗到包气带后，在重力作用下渗透补给潜水的水量，它是浅层地下水重要的补给来源，其计算公式为

$$\bar{U}_p = \bar{\alpha}PF \qquad (3-23)$$

式中：$\bar{U}_p$ 为降水入渗补给量，m^3；$\bar{\alpha}$ 为年降水入渗补给系数；$\bar{P}$ 为年降水量，mm，F 为计算区面积，m^2。

降水入渗补给系数的大小与地下水埋深、包气带岩性、降水量大小等有关，年降水入渗补给系数常用地下水动态资料计算确定。在地下侧向径流较弱、地下水埋深较浅的平原区，可按式（3-24）计算年降水入渗补给系数

$$\alpha_{年} = \frac{\mu \sum h_i}{P} \qquad (3-24)$$

式中：$\alpha_{年}$ 为年降水入渗补给系数；μ 为给水度；$\sum h_i$ 为年内各次降水入渗补给形成的地下水位升幅之和，mm；P 为年降水量，mm。

将给水度、地下水位升幅年总和及降水量代入式（3-24），即可计算出年降水入渗补给系数，进而可计算多年平均的年降水入渗补给系数。当地下水动态观测资料短缺时，可采用接近多年平均年降水量年份的相应量作为多年平均值。

给水度 μ 值是在重力作用下，饱和岩体排出的水体积与饱和岩体体积的比值。它的大小主要受地下水变幅带岩性及地下水埋深等因素的影响。确定 μ 值较常用的方法是实际开采量法和地下水动态资料分析法。

1）实际开采量法。在地下水埋深较大、灌溉入渗、侧向径流、河道补排影响微弱的井灌区，可选取无降水的一段集中开采期，由地下水实际开采量及相应的地下水位变幅计算给水度 μ 值：

$$\mu = \frac{W_{开}}{F \cdot \Delta h} \qquad (3-25)$$

式中：μ 为地下水变幅带的给水度；$W_{开}$ 为时间段内典型区地下水实际开采量，m^3；F 为典

型区面积，m²；Δh 为时段内典型区地下水位平均变幅，m。

2）地下水动态资料分析法。地下水埋深较浅、侧向径流较弱的平原区，无地表水渗漏、无地下水开采的时段，潜水蒸发几乎是地下水消退的唯一因素，此时可借助于潜水蒸发量的经验公式计算出地下水位降幅内的给水度 μ 值。

常用的潜水蒸发量经验公式为

$$E_R = E_0 \left(1 - \frac{\Delta}{\Delta_0}\right)^n \qquad (3-26)$$

式中：E_R 为潜水蒸发量，mm；E_0 为同期地表土壤饱和时的蒸发量，一般用 E_{601} 型蒸发器的水面蒸发量代替，mm；Δ 为地下水时段平均埋深，m；Δ_0 为临界地下水埋深，即潜水蒸发量为零时的地下水埋深，m；n 为与气候和土质有关的指数（一般取 1～3）。

当无降水、无地表水渗漏、无地下水开采，侧向径流微弱时，可写成

$$\mu = \frac{1}{\Delta h/E_0} \left(1 - \frac{\Delta}{\Delta_0}\right)^n \qquad (3-27)$$

当 $\Delta = 0$ 时，$\mu = \frac{1}{\Delta h/E_0}$ 即可根据地下水动态观测资料，建立 $\Delta h/E_0 \sim \Delta$ 的相关关系，计算出给水度 μ。

（2）河道渗漏补给量。当江河水位高于两岸地下水位时，河水渗入补给地下水的水量称为河道渗漏补给量。分析河道水位和两岸地下水位的变化特性，确定需计算河道渗漏补给量的河段。对于年汛期河水补给地下水、汛后地下水向河道排泄的河段，则分别计算补给量和排泄量，两者差值作为河道渗漏补给量。河道渗漏补给量可以通过水文分析法直接确定，也可以用地下水动力学法计算。

1）水文分析法。此法适用于河道附近缺乏地下水观测资料、河段上下游有水文站的河段。利用上下游水文站实测径流资料估算河道渗漏补给量，计算公式为

$$U_{河渗} = (R_上 - R_下) \cdot (1 - \lambda)\frac{L}{L'} \qquad (3-28)$$

式中：$U_{河渗}$ 为河道渗漏补给量，mm；$R_上$、$R_下$ 分别为上、下游水文站实测年径流量，mm；L' 为上、下游水文站间的距离，km；L 为计算河段长度，km；λ 为上、下游水文站间水面及两岸浸润带蒸发量之和与（$R_上 - R_下$）之比值，由观测、试验资料确定。

2）地下水动力学法。当河段两岸有钻孔资料时，可沿岸切割渗流剖面，根据河水位与钻孔地下水位确定水力坡度，利用达西公式估算河道渗漏补给量。

（3）渠系渗漏补给量。灌溉渠道水位一般高于地下水位，各级渠道在输水过程中渗漏补给地下水的水量，称为渠系渗漏补给量。

补给系数法常用的计算公式为

$$U_{渠道} = m \cdot \overline{W}_{渠首} \qquad (3-29)$$

式中：$U_{渠道}$ 为渠系渗漏补给量，m³；$\overline{W}_{渠首}$ 为渠首引水量，当缺乏实测资料时，可由毛灌溉定额乘以灌溉面积得出，m³；m 为渠系渗漏系数。

$$m = \gamma(1 - \eta)$$

式中：η 为渠系有效利用系数；γ 为修正系数。资料许可条件下，也可按达西公式计算。

（4）渠灌田间渗漏补给量。灌溉水进入田间后，经过包气带渗漏补给地下水的水量称为渠灌田间渗漏补给量，计算公式为

$$U_{渠灌} = \beta_{渠} \cdot W_{渠灌} \qquad (3-30)$$

式中：$U_{渠灌}$ 为灌溉田间入渗补给量，m^3；$\beta_{渠}$ 为渠灌田间入渗系数；$W_{渠灌}$ 为渠灌进入田间的水量，可由渠首引水量乘以渠系有效利用系数 η 得出，m^3。

（5）水库（湖泊、闸坝）蓄水体渗漏补给量。水库、湖泊、闸坝等蓄水体的水位高于周边地下水位时，渗漏补给地下水的水量称为蓄水体入渗补给量。可用出入库水量平衡法进行估算，计算公式为

$$U_{库渗} = P_{库} + W_{入} - E_0 - W_{出} \qquad (3-31)$$

式中：$U_{库渗}$ 为水库（湖泊、闸坝）渗漏补给量，mm；$P_{库}$ 为水库（湖泊、闸坝）水面上的降水量，mm；$W_{入}$ 为入库（湖泊、闸坝）水量，mm；E_0 为水库（湖泊、闸坝）的水面蒸发量，可用 E_{601} 型蒸发器观测值代替，mm；$W_{出}$ 为出库（湖泊、闸坝）水量，mm。

（6）山前侧向流入补给量。山前侧向流入补给量，指山丘区山前地下径流补给平原区浅层地下水的水量，估算方法见山丘区山前侧向流出量计算方法。

（7）越流补给量。两个相邻的含水层间的间隙层为弱透水层，且两含水层水位不同时，则高水位含水层中的地下水可透过间隙层补给低水位含水层，这种现象称为越流补给量。越流补给量的多少，主要取决于两含水层间的地下水位差和弱透水层的透水性，与间隔层所处空间位置的高低无关。

地下水越流补给是指在深层承压含水层中，由于天然含水层的水头差和由于人工开采地下水形成水位降低造成的与相邻上、下含水层的水头差，使相邻含水层中的水通过非含水层向取水含水层补给。

越流补给量相对数量较小，一般情况下忽略不计。如数量较大不能忽略，可按达西公式计算。

（8）人工回灌补给量。人工回灌补给量按实际回灌量计算。

2. 以排泄量估算

平原区地下水的排泄量主要包括潜水蒸发量、河道排泄量、侧向流出量、越流排泄量、人工开采净消耗量等。计算公式为

$$W_{g平} = \overline{E}_R + \overline{U}_{g平} + \overline{U}_{侧平} + \overline{U}_{越排} \qquad (3-32)$$

式中各项均为多年平均值，其符号意义如上。

（1）潜水蒸发量。潜水蒸发量是指浅层地下水在毛细管引力作用下，向上运动形成的蒸发量。它是浅层地下水消耗的重要途径。其大小主要取决于气候条件、潜水埋深、包气带岩性及有无作物生长等。常用的计算方法如下。

1）地中渗透仪实测法。移用条件相似的均衡试验场地中渗透仪的实测潜水蒸发量作为估算依据。但由于地中渗透仪站点少，影响观测精度的因素较多，代表性论证困难，因此本法采用情况不多。

2）经验公式法。常用的潜水蒸发量见式（3-26），根据地下水动态观测资料分析得出 n、Δh 值，由 E_{601} 型蒸发器实测水面蒸发量 E_0 及时段平均地下水埋深，估算时段潜水蒸发量。

3）潜水蒸发系数法。潜水蒸发量与水面蒸发量的比值称为潜水蒸发系数。

$$E_R = c \cdot E_0 \cdot F \qquad (3-33)$$

式中：E_R 为潜水蒸发量，m^3；E_0 为年水面蒸发量，m；c 为潜水蒸发系数；F 为计算区面

积，m^2。

潜水蒸发系数主要受潜水埋深、包气带岩性、气候及植被等因素的影响。有试验资料时直接由均衡试验场地中渗透仪观测的潜水蒸发计算。无潜水蒸发量实测资料的地区可用经验公式分析计算。具体确定方法与用动态资料分析确定给水度的方法相同。也可移用同类地区潜水蒸发系数经验值，但必须进行充分的论证。

（2）河道排泄量。当河道水位低于两岸地下水位时，地下水向河道排泄的水量称为河道排泄量。其计算方法为河道渗漏补给量的反运算。平原区地下水河道排泄量相当于河川基流量。如河段上下游有水文站实测径流资料，可分别绘制上、下游站平水年日流量过程线，分割基流，求出上、下游站的河川基流，两者之差可作为两站间平原区的地下水河道排泄量。

（3）其他排泄量。

1）侧向流出量。当区外地下水位低于区内地下水位时，通过区域周边流出的地下水量称为侧向流出量，具体计算方法同山丘区山前侧向流出量。

2）越流排泄量。它是指浅层地下水越层排入深层地下水的水量。计算方法同越流补给量。若排泄量较小且资料不齐全时，也可忽略不计。

3）人工开采净消耗量。其按实际用水情况和回归情况进行计算。

（三）地下水可开采量

地下水可开采量是指在经济合理、技术可行和不造成地下水位持续下降、水质恶化及其他不良后果条件下可供开采的浅层地下水量。它是在一定期限内既有补给保证，又能从含水层中取出的稳定开采量。估算方法有以下几种。

1. 实际开采量调查法

对于浅层地下水开发利用程度较高、开采量调查资料比较准确、潜水埋深大而潜水蒸发量小的地区，当平水年年初、年末的浅层地下水位基本相等时，则将年浅层地下水的实际开采量近似地作为浅层地下水多年平均年可开采量。

2. 可开采系数法

地下水可开采量与地下水总补给量之比称为可开采系数，用 ρ 表示。对浅层地下水有一定开发利用水平并积累有较长系列的开采量调查统计数据及地下水动态观测资料的地区，通过对多年平均年实际开采量、水位动态特征、现状条件下总补给量的综合分析，确定出合理的可开采系数 ρ 值。则多年平均开采量等于可开采系数 ρ 与多年平均条件下地下水总补给量的乘积。

可开采系数 ρ 值的确定，主要考虑浅层地下水含水层岩性及厚度、单井单位降深出水量、平水年地下水埋深、年变幅、实际开采程度等因素。对含水层富水性好、厚度大、地下水埋深较小的地区，选用较大的可开采系数；反之，则选用较小的可开采系数。

3. 多年调节计算法

当计算区具有较多年份不同岩性、不同地下水埋深的水文地质参数资料、井灌区作物组成及灌溉用水量资料、连续多年降水量及地下水动态观测资料时，可根据多年条件下总补给量等于总排泄量的原理，依照地面水库的调节计算方法对地下水进行多年调节计算。按时间顺序逐年进行补给量和消耗量的平衡计算，并与实测地下水位相对照。调节计算期间的总补给量与总废弃水量（消耗于潜水蒸发和侧向排泄的水量）之差，即为调节计算期的地下水可开采量。

（四）不同频率代表年的地下水资源量

1. 山丘区不同代表年的地下水资源量

如前所述，山丘区以地下水总排泄量估算地下水资源量。而总排泄量中以河川基流量为主体。因此，计算一些代表年（8～10 年）的河川基流量和地下水资源量，建立两者相关关系，由不同频率的年河川基流量查相关图求得不同频率代表年的地下水资源量。有的山丘区，河川基流量之外的其他排泄量可以忽略不计，则不同频率的年河川基流量即代表不同频率的山丘区地下水资源量。

2. 平原区不同代表年的地下水资源量

平原区地下水资源量通常由地下水总补给量估算。总补给量的主体为降水入渗补给量。因此可计算一些代表年（8～10 年）的降水入渗补给量与地下水资源量，建立两者之间的相关关系。利用地区综合的降水入渗补给系数与年降水量的相关图，即可根据年降水量系列的频率分析求得不同频率的降水入渗补给量；再由降水入渗补给量与地下水资源量相关图，推求得出不同频率代表年的平原区地下水资源量。

三、水资源总量

（一）水资源总量的概念

地表水、土壤水和地下水是陆面上普遍存在的三种水体，大气降水是其主要补给来源，自然条件下这四种水体之间转化关系可用区域水循环概念模型表示，如图 3-3 所示。

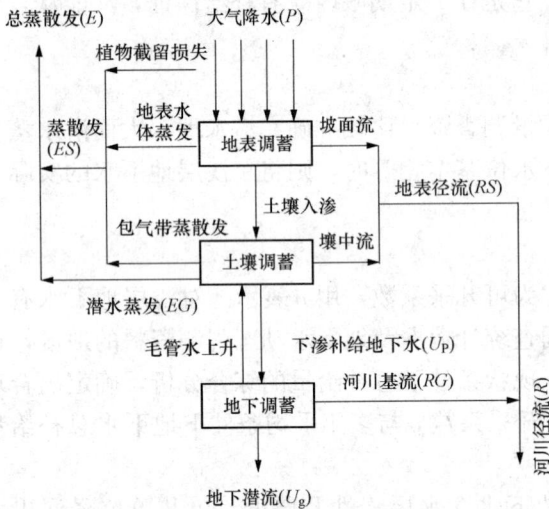

图 3-2　区域水循环概念模型

在一个区域内，如果把地表水、土壤水和地下水作为一个系统，则天然条件下的总补给量为降水量，总排泄量为河川径流量、总蒸散发量和地下潜流量之和。根据水量平衡原理，总补给量和总排泄量之差为区域内地表水、土壤水和地下水的蓄水变量，某时段内的区域水量平衡方程为

$$P = R + E + U_g \pm \Delta V \quad (3-34)$$

式中：P 为降水量；R 为河川径流量；E 为总蒸散发量；U_g 为地下潜流量；ΔV 为地表水、土壤水和地下水的蓄水变量。式中各量的单位均为万 m^3 或亿 m^3。

在多年平均情况下，蓄水变量可忽略不计，则式（3-34）变为

$$P = R + E + U_g \quad (3-35)$$

如图 3-2 所示，可将河川径流量 R 划分为地表径流量 RS（包括坡面流和壤中流）和河川基流量 RG，将总蒸散发量 E 划分为地表蒸散发量 ES（包括植物截留损失量、地表水体蒸发量和包气带蒸散发量）和潜水蒸发量 EG，相应地式（3-35）可写成

$$P = (RS + RG) + (ES + EG) + U_g \quad (3-36)$$

根据地下水多年平均补给量和多年平均排泄量相等的原理，在没有外区域来水的情况下，区域内地下水的降水入渗补给量 U_P，应等于河川基流量、潜水蒸发量和地下水潜流量之和，即

$$U_P = RG + EG + U_g \tag{3-37}$$

将式（3-37）代入式（3-36），则得区域内降水量与地表径流量、地下径流量（包括垂向运动）、地表蒸散发量的平衡关系，即

$$P = RS + ES + U_P \tag{3-38}$$

将区域内水资源总量 W 定义为当地降水形成的地表和地下的产水量，则有

$$W = RS + U_P = P - ES \tag{3-39}$$

或

$$W = R + U_g + EG \tag{3-40}$$

式（3-39）和式（3-40）是将地表水和地下水统一考虑时区域水资源总量计算的两种公式。式（3-39）把河川基流量归并在地下水补给量中，式（3-40）把河川基流量归并在河川径流量中，这样可以避免重复水量的计算。潜水蒸发量可以转化为地下水开采量，故把它作为水资源的组成部分。

（二）水资源总量计算

根据目前水资源评价工作的实际情况，在水量评价中，将河川径流量作为地表水资源量，将地下水补给作为地下水资源量分别进行评价，再根据转化关系，扣除互相转化的重复水量，计算出各水资源评价区的水资源总量，即

$$W = R + Q - D \tag{3-41}$$

式中：W 为水资源总量；R 为地表水资源量；Q 为地下水资源量；D 为地表水和地下水互相转化的重复水量。式中各量的单位均为万 m^3 或亿 m^3。

根据不同地貌类型，计算水资源总量中重复水量的方法也有差异，则水资源总量计算方法也有所区别。一般可分为单一山丘区、单一平原区和山丘与平原混合区水资源总量 3 种类型。

1. 单一山丘区水资源总量

这种类型的地区一般包括一般山丘区、岩溶山区、黄土高原丘陵沟壑区。地表水资源量为当地河川径流量，地下水资源量按排泄量计算，相当于当地降水入渗补给量，地表水和地下水相互转化的重复水量为河川基流量。山丘区水资源总量计算公式为

$$W_m = R_m + Q_m - R_{gm} \tag{3-42}$$

式中：W_m 为山丘区水资源总量；R_m 为山丘区河川径流量；Q_m 为山丘区地下水资源量，即河川基流量和山前侧向流出量；R_{gm} 为山丘区河川基流量。式中各量的单位均为万 m^3 或亿 m^3。

2. 单一平原区水资源总量

这种类型区包括北方一般平原区、沙漠区、内陆闭合盆地平原区、山间盆地平原区、山间河谷平原区、黄土高原台源阶地区。地表水资源量为当地平原河川径流量。地下水除由当地降水入渗补给外，一般还有地表水体补给（包括河道、湖泊、水库、闸坝等地表蓄水体）和上游山丘区或相邻地区侧向渗入。平原区计算公式为

$$W_P = R_P + Q_P - D_{rgP} \tag{3-43}$$

式中：W_P 为水资源总量；R_P 为河川径流量；Q_P 为地下水资源量；D_{rgP} 为重复计算量。式中各量的单位均为万 m^3 或亿 m^3。

在开发利用地下水较少的地区（特别是我国南方地区），降水入渗补给中有一部分要排入河道，成为平原区河川基流，即成为平原区河川径流的重复量，此部分水量估算公式为

$$R_{gP} = Q_{SP} \times \frac{R_{gm}}{Q_P} = \theta_1 Q_{SP} \qquad (3-44)$$

式中：R_{gP} 为降水入渗补给中排入河道的水量；Q_{SP} 为降水入渗补给量；Q_P 为平原区地下水资源量；θ_1 为平原区河川基流占平原区总补给量的比值；R_{gm} 为平原河道的基流量，可通过分割基流或由总补给量减去潜水蒸发求得。式中除 θ_1 外，其他各量的单位均为万 m^3 或亿 m^3。

平原区地下水中的地表水体补给量来自两部分，一部分来自上游山丘区，另一部分来自平原区的河川径流，这两部分的计算公式为

$$Q_{BBP} = \theta_2 Q_{BB} \qquad (3-45)$$

$$Q_{BBm} = (1-\theta_2) Q_{BB} \qquad (3-46)$$

式中：Q_{BB} 为平原区地下水的地表水体补给量，万 m^3 或亿 m^3；Q_{BBP} 为地表水体补给量中来自平原区河川径流的补给量，万 m^3 或亿 m^3；Q_{BBm} 为地表水体补给量中来自上游山丘区的补给量，万 m^3 或亿 m^3；θ_2 为 Q_{BBP} 占 Q_{BB} 的比例，可通过调查确定。

平原区地表水和地下水相互转化的重复水量有地表水体渗漏补给量和降水形成的河川基流量，即

$$D_{rgP} = R_{gP} + Q_{BBP} = \theta_1 Q_{SP} + \theta_2 Q_{BB} \qquad (3-47)$$

3. 山丘与平原混合区水资源总量

这种类型的评价区域，一般上游区为山丘，而下游区为平原，在评价时首先分别对山丘区和平原区计算各自地表水资源量和地下水资源量。然后扣除山丘区与平原区地下水资源量的重复计算量（即山前侧流量和山丘区基流对平原区地下水的补给量），得到全区的地下水资源总量。最后从全区地表水资源和地下水资源总量中扣除重复计算量就得全区水资源总量，重复计算量包括山丘区河川基流量、平原区降水形成的河川基流量和平原区地表水体渗漏补给量。

四、水资源量的评价

根据以上计算的地表水资源量、地下水资源量和水资源总量，另外通过社会人口的统计，计算出人均水资源量占有量，依据国际上通用的水资源紧缺指标（见表 3-2），来对水资源量进行定量评价。

表 3-2 水资源紧缺指标

紧缺性	人均水资源量（m^3）	主要问题
轻度缺水	1700~3000	局部地区、个别时段出现水问题
中度缺水	1000~1700	将出现周期性和规律性用水紧张
重度缺水	500~1000	将经受持续性缺水，经济发展受到损失，人体健康受影响
极度缺水	<500	将经受极其严重的缺水，需要调水

第三节 水资源质量评价

一、水资源质量评价的概念

水资源质量评价一般是针对天然水（地表水、地下水）进行的，是水资源数量评价前开展的一项基础性工作。质量不符合标准的水，不但失去了资源的价值，而且会酿成公害，影

响经济发展，危害人民健康。为保障生活和生产的安全用水，必须及时掌握水质变化情况，了解水中物质来源、迁移过程、危害程度及其分布规律，找出影响水质的原因，预测水体水质的发展趋势，采取必要的水源保护和水污染防治的措施。

水质是指水体物理、化学、生物学特征和性质，通过测定各种成分浓度及物质存在所起作用或性质而确定的。衡量水环境质量标志尺度有 4 种：水的资源质量、生存质量、人体健康质量和经济损益分析。

地表水水资源质量评价规范中对地表水资源质量评价是这样概括的："以地表水资源保护和管理为目标，根据地表水资源开发利用和保护要求，参考国家和有关用水部门制订的各类用水水质标准，对地表水水质状况进行的评价。"

水资源质量评价，就是根据评价目的、水体用途、水质特性，选用相关参数和相应的国家、行业或地方水质标准对水资源质量进行评价。

水资源质量评价是水环境质量评价的简称，是环境质量评价体系中一种单要素评价，是根据水的用途，按一定评价参数、质量标准、评价方法对水域的水质或综合体质量进行定性、定量评定。选用参数分为单项参数或多项参数评价，按评价水体可分为河流、湖（库）地表水、地下水等评价，按评价水体用途可分为饮用水评价、渔业用水评价、游览娱乐用水评价、农业（灌溉）用水评价；按评价阶段可分为回顾评价、预断评价和现状评价。

全球最早应用水资源及水资源质量概念是美国国家地质调查局（USGS）1894 年在全世界第一个设立水资源处，作为水资源及水资源质量技术性工作在全球开展的开端。随后，水资源有关研究生产技术及其在世界范围内的质量管理、规划、评价、保护、开发利用等工作蓬勃开展起来。

20 世纪中叶，全球在水资源及开发利用过程中，出现了水短缺、水污染和水环境及生态恶化的新问题。水资源数量和质量保护被提上议事日程，其保护的重要性为全球共识。

水资源质量现状评价是根据水质监测资料对某个水体现状进行评价，是水资源综合评价重要环节，是确定水体水质价值，揭示现状水质与功能对水质需求之间的差距，为水资源管理、规划、监测、保护、可持续利用提供科学依据。

二、水资源质量评价的内容

水资源质量评价内容按评价水体可分为天然水化学特征、河流、湖（库）、地表水、地下水、饮用水、渔业用水、游览娱乐用水评价、农业灌溉用水评价及阶段性的回顾、预测和现状评价。

1. 天然水化学特征

评价内容包括矿化度、总硬度、钾、钠、镁、钙、重碳酸盐、氯化物、硫酸盐、碳酸盐等。

2. 地表水河流现状水质评价

评价内容（必评）包括溶解氧、高锰酸盐指数、化学需氧量、氨氮、挥发酚、砷。评价内容（选评）：5d 生化需氧量、氟化物、氰化物、汞、铜、锌、镉、六价铬、总磷、石油类等。评价内容（参考）：pH 值、水温、总硬度。

3. 湖泊（水库）水质现状评价

评价内容同河流现状水质评价。

4. 湖泊（水库）营养状态评价

评价内容包括总磷、总氮、叶绿素（a）、高锰酸盐指数和透明度5项。

5. 水质变化趋势分析

趋势分析的内容包括总硬度、高锰酸盐指数、5d生化需氧量、氨氮、溶解氧、挥发酚、镉、总磷（湖、库）、总氮（湖、库）、入海河口增加氯化物，内陆河增加硫酸盐。

6. 地下水资源质量评价

评价内容（必评）包括pH值、矿化度、总硬度、氨氮、挥发酚、高锰酸盐指数、总大肠菌群。（选评）：氟化物、氯化物、氰化物、碘化物、砷、硝酸盐、亚硝酸盐、六价铬、汞、铅、锰、铁、镉、化学需氧量、有毒有机物、重金属等。

三、天然水化学特征评价

天然水质的本底值也称天然水化学成分含量，是指在天然状态下，不包括人的干扰因素在内，由于水在水文循环运动中降水和径流不断溶解大气中、地表面及地表层中各种成分而形成天然水的矿化，其成分主要有重碳酸根、硫酸根和氯化物以及钙、镁、钠、钾离子，这些共占天然水中离子总量的95%～99%，也包括少量铜、锰、铅、汞、铁等微量元素，也有少量硝酸盐类、有机物和与水中生命活动有关的物质。因此，在评价天然水本底值时主要以前者为依据。常用的水质标准分类方法，是以三种常见的阴离子（酸根）作为分类的标准，以金属阳离子为分组的依据。天然水的化学分类通常分为重碳酸水、硫酸水和氯化水，分组则有钙组、镁组和钠组，分型则有Ⅰ、Ⅱ、Ⅲ型。

Ⅰ型水是指水中的钙、镁离子（Ca^{2+}、Mg^{2+}）之和小于水中的碳酸氢根离子，即$(Ca^{2+}+Mg^{2+})<HCO_3^-$，有时$Ca^{2+}$也可交换土壤或岩石中的$Na^+$，其特征是矿化度较低，而单位水体中含有的钙、镁离子总量代表水的总硬度。

Ⅱ型水是指水中钙、镁离子和虽大于碳酸氢根离子，却小于水中碳酸氢根离子与硫酸根离子之和，即$HCO_3^-<(Ca^{2+}+Mg^{2+})<(HCO_3^-+SO_4^{2-})$。Ⅱ型水较Ⅰ型水总硬度变大，且出现永久硬度水。

Ⅲ型水是指水中钙、镁离子之和大于水中碳酸氢根离子与硫酸根离子之和，即$(HCO_3^-+SO_4^{2-})<(Ca^{2+}+Mg^{2+})$，或水中钠离子小于氯离子，即$Na^+<Cl^-$。这种水主要存在于海洋中，或是强烈的矿化地下水，其总硬度和永久硬度均大于Ⅱ型水。

以上三种类型的水是天然水中常见的。在自然界也存在少量天然水中没有碳酸氢根，即$HCO_3^-=0$的现象。这类水呈弱酸性，可见于火山水中。

水化学类型在地区上的变化可以用分区图的形式表达。

对于河川径流中的化学成分，在水质评价中尚需统计河流的离子径流量及其模数。离子年径流量是河川年径流与河水年平均矿化度的乘积，常以每年吨（t/a）计。河流年离子径流模数是单位面积上的年离子径流量，其地区分布趋势是湿润地区大，干旱地区小，和年径流深的地区分布趋势相似。河流水化学成分也呈年内和年际的变化。汛期因河川流量大，河水的矿化度和总硬度也相对较低，枯水季则较高。河水矿化度及总硬度的年际变化小于河川径流的变化。

和河川径流相比，地下水因不断和岩石、土壤接触，其中含有的化学元素较多，有时还含有放射性元素如镭、铀等。

河川水流挟带的泥沙是天然水质的又一个方面。河流泥沙的来源是暴雨对地表的冲刷侵蚀，以及河岸受水流冲蚀崩塌使泥沙进入河中水流。河流泥沙分推移质及悬移质两类，是河床造床运动的基本要素。泥沙受河道中水流的流量和河势变化的影响，在河道中冲刷淤积，造成河床的不断变动，并在河流下游形成冲积平原。泥沙对水资源开发利用的关系很大，在水资源开发利用过程中，水库和渠道的淤积，水库下游河道的冲刷及河势变化，水工建筑及金属构件的磨损、水轮机叶片的磨蚀，都向人们提出一系列需要研究解决的问题。因此，多沙河流与非多沙河流的开发利用，有着本质的区别，必须十分谨慎，区别对待。泥沙又是污染物的载体，对污染物的输移和转化也有很大影响。因此，在水资源评价中，必须对河流泥沙情况进行分析。

河流泥沙的观测资料在一些指定的水文站上进行。多数测站只能测到悬移质资料，并和流量建立关系，以求得逐日、月、年的输沙量资料。对推移质的测验通常只在部分站上进行。泥沙的统计指标有多年平均含沙量、多年平均年、月输沙量及其模数，以及含沙量和输沙量的历年最大、最小值等，并可绘成悬移质含沙量地区分布图、分区地面侵蚀模数图等。在泥沙分析中还有两个重要指标，一是河流泥沙的颗粒组成，即各种粒径泥沙的比例；二是对河流上不同地点的泥沙输移比，即流域面上的侵蚀量与不同地点河流断面处输沙量之比。这些泥沙特性对研究水库和河道的淤积问题十分重要。

河流泥沙也呈季节变化和年际变化，其变化过程大致与河川径流的变化相应。以暴雨洪水为主的地区，汛期地表受到暴雨的冲刷，形成的洪水中含沙量加大，枯季时河水中含沙量则减小，输沙量在一年内的集中程度比径流更为严重，输沙量的年际变化幅度也大于径流。

人们习惯于把水在自然界中由于自然过程搀进水中杂质的现象作为水质的天然本底值，而对于由于人类活动把一些本来不该搀进天然水中的有害物质排入水中的现象，称为水污染。由于人类社会和经济的不断发展，同时人类在生产和生活过程中制造了大量废水、废渣和污染物并排入水体，其中也包括了野生生物的排泄物和尸体、腐殖物等分解物，造成水污染的来源。污染源分为点污染源和面污染源，其中点污染源包括城镇、工矿等集中产生污染物的来源，而面污染源，即广大农田上因使用农药、化肥等物质，被雨水或灌溉回归水挟带进入水体的污染源，以及一切野生动植物造成的污染物被雨水带入水体的污染源等。对河川径流及地下水受到污染情况的了解，一般是通过水质站定点定期取水样化验后得到水污染资料，以及通过对重点河段、测井、污水排放口等地点的巡测、检测及抽样调查进行。

水污染物按大类可分为无机污染物和有机污染物，又可分为无毒污染物和有毒污染物。无机污染物指各种金属以及酸、碱、无机盐类等，其中重金属如汞、镉、铅、铜、铬等是具有潜在危害的污染物，砷虽是非金属，但其毒性及某些性质类似重金属。汞虽然在自然界中也有产生，如来自风暴和火山爆发等，但在水污染中的汞的主要来源是工业废水，以及燃烧煤和石油产生的废气。镉污染源是来自采矿、冶炼、电镀等工业行业，可导致"骨痛病"的产生。铅污染主要来自冶金、农药、蓄电池制造，以及汽油中使用的抗震剂。铬污染主要来源于冶金、机械、汽车、船舶、油漆、印刷等行业，有致癌作用。砷污染主要来自燃煤及含砷农药等。砷的三价和五价化合物有致命的剧毒。水体中的酸主要来源于矿山排水及工业废水，碱则主要来自一些轻工业废水。有机污染物又可分为耗氧有机物和有毒有机物。耗氧有机物如碳水化合物、脂肪、蛋白质等，它们很容易在水中分解并消耗水中大量溶解氧，以致影响水生生物的生长；植物营养素如氮化物、磷化物等，主要来自农田排水、生活污水及某些工业的废水，可导致水体的富营养化而使水中浮游植物藻类的猛长而造成污染。有毒有机污染物指酚、多环芳烃和各种人工合成的并具有积累性生物毒性的物质，如多氯农药、有机氯化物如 DDT 等持久性有机毒物，以及石油类污染物质等。随着工业的不断增长，这些污染物给环境带来的影响正不断加剧，成为世界范围的大问题。

另一方面，由于水分在大气、河流、湖泊、土壤和海洋中不断地运动，并在运动过程中不断产生各种物理的、化学的、生化的和微生物的反应和相互作用，使污染物发生分解、降解、挥发或沉淀现象，而使其存在形态和化学构成等发生变化，从而可改变水中污染物在水体中的组成和浓度，称为水体的自净作用。不少国家在研究如何充分利用水体的自净能力，以及把人工措施与水体自净能力相结合等方面，已经做了许多工作，如建设氧化塘来处理污水，利用土地处理系统处理污水，以及结合筑堤、建库等水利工程措施来提高河流自净能力等。

四、地表水水资源质量现状评价

地表水水质评价包括河流水质评价和湖泊水体水质评价等两种类型。由于水体质量在各种因素综合影响下不断地变化，所以现行的水质评价是指现状评价。水质的变化可通过水质预测去判别，称为预断性评价。

（一）河流水质评价

1. 河流水质评价程序和内容

河流水质评价大体按以下次序进行。

（1）河流水环境背景特征评价。水环境背景值是水环境研究的一项基础工作，对于研究水环境中污染物的变化规律，评价水体环境质量，进行河流水体污染趋势的预报，以及制定地面水标准，合理布局工农业生产等是不可缺少的基础资料。

（2）污染源调查与评价。通过对污染全面、周密、详细地调查、监测与研究，可以找出主要污染源和污染物，并研究它们的特点、途径、变化规律，提出防治措施。

（3）河流污染现状评价。河流污染现状评价在于弄清河流污染现状、污染物种类、浓度和时空变化规律，以确定污染程度，查明污染危害及对环境的影响。

（4）河流水体自净能力评价。研究主要污染物进入河流的污染状态（分布、浓度和变化）、自净率和残留率，主要污染物的形态、转化和容量等，找出它们的变化规律，建立水体自净模式。

（5）河流预断评价。在现状及自净能力评价的基础上，根据河流的资源量及国民经济各用水部门的要求，进行河流水体的预断评价。

（6）河流综合防治评价。根据现状和预断评价中发现的主要问题，提出河流的近期治理方案和长远规划。

2. 评价因子的选择

河流水体污染的因素很多，进行河流水体水质评价时，不可能也没有必要对所有的因素（或称因子）进行评价，可按照评价的目的和要求选择合适的因子。

（1）评价因子的选择方法。可根据河流水体质量评价的目的和要求进行选择，或根据污染源评价结论（主要污染物及其特点等）进行选择，也可根据现有分析评价的试验条件进行选择。

（2）河流评价的因素。河流水体质量评价的因素主要有河流水质、底质和水生物。一般应选择在河流水体中起主导作用，对环境、生物、人体及社会经济危害大的因素作为主要评价因素。

主要因素有：①感官性因素，指味、嗅、颜色、透明度、浑浊度、悬浮物、总固体等；②氧平衡因素，指溶解氧（DO）、化学耗氧量（COD）、生物需氧量（BOD）、有机碳总量（TOC）、氧总消耗量（TOD）等；③营养盐类因素，指硝酸盐、氨盐、磷酸盐等；④毒物因素，指酚、氰、汞、铬、砷、银、铅、有机氮等；⑤微生物因素，指大肠杆菌群。

也有根据污染物的化学性质，把评价因素分为三类：①无机物，指硝酸盐类、氨态氮、磷酸盐、氯化盐、总固体等；②有机物，指 BOD、COD、酚、氰、碳、氯仿提取物（CCE）、洗涤剂等；③重金属，指汞、铬、铅、铜、砷等。

综上所述，河流水质评价的因素，一般可选用水温、电导率、pH 值、COD、BOD、DO、悬浮性固体、酚、氰、汞、铬、大肠杆菌等。

3. 河流水体水质评价方法

在进行水质评价前，首先应根据评价的目的和水体功能要求，选择合适的评价标准。

河流水质评价方法很多，实际工作中可根据需要选定适宜的方法。这里仅介绍水体污染指数法。污染指数是表征水体环境质量的一种数量指标。以原始监测数据的统计值为输入数据，以选定的评价标准为依据，通过拟定的数学指数公式，获得一个无量纲系数。

（1）常用的污染指数法为直接评分法。根据污染物的监测值及其对环境的影响，进行评分或根据污染情况分级给分。以分值表示污染指数的方法，即评分法。一般评分法用百分制，分数越高，说明水质越好。各参数评分后，计算总分的公式为

$$f_{\sum} = \sum_{i=1}^{n} A_i \tag{3-48}$$

式中：$f_{\sum}$ 为总分；A_i 为第 i 个参数的评分值，$i=1, 2, \cdots, n$。

（2）污染源排放评价的等标污染负荷法。等标污染负荷法是考虑污染物排放量及排放浓度的不同对受纳水体的水质影响也不相同，而通过计算评价水域接纳的各污染源及其各种污染物分别占评价水域总污染水平的比重（对评价水域的污染贡献），以更明确地确定评价水域的主要污染源和污染物。

$$\left.\begin{array}{l} P_i = \dfrac{C_i}{|C_{0i}|} \times Q \times 10^{-6} \\[2mm] P_n = \sum_{i=1}^{n} P_i \\[2mm] P_m = \sum_{n=1}^{m} P_n \\[2mm] K_i = \dfrac{P_i}{P_m} \times 100\% \\[2mm] K_n = \dfrac{P_n}{P_m} \times 100\% \end{array}\right\} \tag{3-49}$$

式中：K_i 为某污染物等标污染负荷占评价区域等标污染负荷之比，%；K_n 为某污染源等标污染负荷占评价区域等标污染负荷之比，%；P_i、P_n、P_m 分别为某污染物、某污染源、评价区域等标污染负荷，t/a；C_i 为某污染物实测浓度，mg/L；$|C_{0i}|$ 为某污染物的排放标准，mg/L；Q 为某污染物的废水排放量，t/a。

（二）湖泊和水库水质评价

湖泊是陆地上较大的蓄水洼地，水库是人工建造的地面蓄水容器（以下把湖泊、水库简

称为湖泊）。上游和湖区的入湖河道及沟渠可将其流经地区的各种工业污水、生活污水带入湖泊，湖区周围的农用化肥、农药残留和其他污染物质可随农业回归水和降雨径流进入湖泊，常造成污染物来源多、种类复杂的特点。

湖泊水体水质评价的目的是找出湖泊污染的主要来源，阐明污染在湖泊环境内（水质、生物、底质）含量的时空分布，评价其环境质量对国民经济各部门影响情况。

1. 评价程序和内容

在污染源的调查和评价的基础上，开展湖泊污染及环境的检测，根据实测资料进行污染评价，作出湖泊环境的综合评价。以水质综合评价为例，其评价程序如下。

(1) 选择合适的评价因素（或称为因子）。

(2) 若水库主要作为城市供水水源，可以按照生活饮用水卫生标准作为评价依据。

(3) 选择计算指数的监测资料系统。

(4) 选择水质评价方法。

(5) 计算各因素各指数的污染指数。

(6) 确定各参数的污染程度分级。

(7) 计算水质污染的综合指数。

(8) 进行水质污染程度的综合分级。

(9) 绘制水质污染综合分区图。

(10) 编制水质评价报告，提出对策和水源水质保护方案。

2. 水质监测与评价方法

(1) 水质监测。为了弄清湖水中污染物质的来量、去量及其在湖内的分布，应布设必要的监测点，根据目的要求确定监测参数和确定采样时间及采样次数。

(2) 水质评价方法。水质评价方法有分段叠加法、聚类分析法和污染指数法等，各种方法在实际应用中发现其评价结果基本相近。而指数法较其他方法具有概念清楚、计算简便和可比性强等一系列优点，因此在湖泊水质评价中经常被采用。

3. 水生生物评价方法

(1) 对比法。根据水质调查的水生生物之区系组成种类、数量，生态分布和资源情况等，与区内的同类水体或同一水体的历史资料进行对比，提出湖泊环境质量现状评价。这是一种常用的方法，但需要积累长期而可靠的资料，分析人员要有丰富的经验，因此其任意性常常很大，且因人而异。

(2) 指示生物法。根据对环境的有机污染或某种特定污染物质敏感的或有较高耐量的生物种类的存在或缺失量，来指示所在水体的有机物（或特定污染物）的多少或分布程度，即称为指示生物法。指示生物可根据要求和具体情况选择。选择生命长而且比较固定生活于某处的生物为好。例如静水中主要选用底栖动物或浮游生物，在流水中选择底栖生物或着生生物。

(3) 生物指数。生物指数主要是依据不利的环境因素，用数学形式表现群落结构和环境质量状况（包括污染在内的水质变化对生物群落的生态学效应）。某些对污染有指示价值的生物种类，因某种污染物出现，导致群落结构种类组成的比例变化，自养异养程度上的变化，生产力的变化等方面。每种生物指数一般仅能反映上述中的某几项的性质。因此，最好用几种不同的生物指数进行综合评价。

（4）种类的多样性指标。一个群落中的种类多样性，是群落生态水平的独特的生物学特性，它反映了群落功能的组织特征。用群落中的种类数和涉及群落中各种种类个体数分布，这两种成分表述群落的多样性。它们可以单独用或结合起来用。标准的自然生物群落的特征往往用少数具有许多个体的种类和多数具有少数个体的种类表示。环境污染，会造成群落结构的显而易见的变化，导致被污染的水体中生物群落内总的生物种类数下降，而那些能忍受污染环境的生物种类继续生存下去，由于减少了其掠食的及生存的生物种类个体数，于是被保留下来的少数种类的个体数往往增加了。多样性指数概括了群落结构的大量信息，可用来比较两个生物群落的结构。

另外，还有表述生物种群或群落在一个生态系统内物质转移及能量流指标，即生产力，生物个体或群体的某种化合物或元素的残留量，即残留量指数和酶活性等的评价方法。

4. 底质评价

用污染指数评价底质污染状况时，由于缺乏底质评价标准，一般是在对湖区土壤中有害物质自然含量调查基础上，可用底质 i 污染的实测值（ρ_i）除以湖区土壤中 i 污染物的自然含量（ρ_i'）之比值（ρ_i/ρ_i'）计算污染指数（PI_i）。当计算出各参数的污染指数后，可按（$PI_{i\max}-PI_{i\min}$）/2 式计算各参数共同作用下的底质综合污染指数（PI），以进行底质污染状况的分级。$PI=1\sim2$ 为轻污染，$PI=2$ 为污染。根据各采样点各有害物质的污染分级作出湖泊底质中相应有害物质污染分区图，并以面积为权重求出全湖平均底质污染分级。

5. 湖泊环境质量综合评价

作出湖泊水质、生物、底质的综合污染分区图后，根据三者资料代表性的好坏或各种用途的重要性，用算术平均法、最大值法、加权平均法求出综合指标，求得湖泊环境质量的分级值。各环境要素（水、生物、底质）综合的污染分级值（清洁为 1，轻污染为 2，污染为 3，重污染为 4，严重污染为 5）及各环境要素在综合评价的权重确定后，用加权平均法可求得湖泊环境质量分组值。逐点计算出采样点的环境质量分级值，绘制其等值线图即湖泊环境质量综合分区图，以面积为权重，求出湖泊的环境质量的平均分级值。

五、地下水资源质量现状评价

地下水水资源质量现状评价是环境质量评价的重要组成部分，是研究和认识由于地下水开发利用引起的水质变化规律，为保护地下水资源、控制地下水污染、制定合理开发利用地下水方案提供科学依据。

（一）评价因子的选择

评价因子可选择一般理化指标、金属和非金属物质、有机有害物质和细菌四类。

1. 一般理化指标

包括 K^+、Na^+、Ca^{2+}、Mg^{2+}、SO_4^{2-}、Cl^-、HCO_3^-、NH_4^+、NO_2^-、NO_3^-、pH、矿化度、总硬度、溶解氧、耗氧量等，这是构成地下水化学类型和反映地下水性质的常规化学成分。

2. 金属和非金属物质

包括 Hg、Cr、Ca、Pb、As、F 等。

3. 有机有害物质

如酚、CN、有机氯、有机磷，以及工农业排放的其他有机有害物质。

4．细菌

如病虫卵、病毒等。

（二）评价的本底值

有人把评价区本底值视为评价的标准，认为该标准是进行地下水水质比较和评价的前提，也有人常用国家饮用水水质标准作为评价标准。

地下水污染过程是一个从量变到质变的过程，这一过程由于地下水存在的特殊环境及其自身的运动、变化的特点，难以发觉。但是一经发现污染，常常已经很严重，也难以治理。由此可见，企图提出地下水污染的起始值即本底值作为评价的标准是十分困难的。当然，在环境水文地质调查中，进行区域岩石、土壤、地表水与地下水化学元素含量值的样品检测，污染源与污染因素调查，水环境质量的统计分析，按自然单元、水系、水体或含水岩组确定对照区或对照点，或直接测定未受污染影响地区的各种化学元素含量浓度，近似作为背景值或本底值，也还是比较现实的。一个地区地下水水质评价的本底值，多数还是可以近似确定的，并通过地下水环境质量因子的长期监测掌握其变化规律。

（三）地下水水质评价方法

1．单项污染指数法

$$PI_i = \rho_i / \rho_{iB} \tag{3-50}$$

式中：PI_i 为污染物 i 的单项污染指数；ρ_i 污染物 i 的检测浓度值；ρ_{iB} 为污染物 i 的标准浓度值；$i = 1, 2, \cdots, n$。

2．综合污染指数法

$$PI = \sum_{i=1}^{n} \left(\frac{\rho_i}{\rho_{0i}} \right) \tag{3-51}$$

当 $\frac{\rho_i}{\rho_{0i}} < 1$ 时，$\frac{\rho_i}{\rho_{0i}} = 0$。

式中：PI 为综合污染指数；ρ_i 为某组分 i 在地下水中的实测含量；ρ_{0i} 为某水文地质单元某组分 i 的本底值或背景对照值；n 为参加评价的组分数；$i = 1, 2, \cdots, n$。

根据综合污染指数 PI 值的大小，可将地下水水环境划分为未受污染（$PI = 0$）、轻污染（$1 \leqslant PI \leqslant 5$）、重污染（$5 \leqslant PI \leqslant 10$）、严重污染（$PI > 10$）四级。

3．综合水质指数法

$$PI_B = \sum_{i=1}^{n} \left(\frac{\rho_i}{\rho_{0B}} \right) \tag{3-52}$$

式中：PI_B 为综合水质指数；ρ_i 为地下水中某组分的实测含量；ρ_{iB} 为地下水中某组分对应的饮用水水质标准；n 为参加评价的组分数；$i = 1, 2, \cdots, n$。

根据综合水质指数 PI_B 值的大小，按优劣值法，将地下水水质划分为：优良水质（$PI_B < 2$）、良好水质（$2 \leqslant PI_B < 3$）、中等水质（$3 \leqslant PI_B < 5$）、差等水质（$5 \leqslant PI_B < 10$）、劣等水质（$PI_B > 10$）五等。

第四节　水资源开发利用及其影响评价

水资源开发利用及其影响评价是对水资源开发利用现状以及存在问题的调查分析，是水资源评价工作的重要组成部分，是开展水资源保护、规划和管理的基础性前期工作。其目的是通过对评价区社会经济现状调查、供水与用水现状调查、水资源开发利用对环境影响评价以及区域水资源综合分析，对全区的水资源开发利用状况以及对社会、经济、环境等各方面带来的影响进行全面、系统的评价，为区域水资源规划和管理工作的顺利开展提供技术支持。

一、社会经济发展现状调查分析

水资源是经济社会发展不可缺少的一种宝贵资源。在水资源比较短缺的地区，水资源成为制约经济社会发展的主要因素。同时，经济社会发展对水资源既有积极的作用（如增加对水资源保护的投入），也有不利的影响（如用水量增加、水污染加剧）。总之，两者相互联系、相互制约、相互影响。

在开展水资源开发利用影响评价时，首先要调查评价区的经济社会发展状况，因为水资源规划和管理中的许多指标都涉及经济社会的某个方面，如万元产值用水量、灌溉用水定额等。经济社会发展现状调查包括社会发展现状调查、经济发展现状调查、自然资源开发现状调查三部分内容。社会发展现状调查着重分析评价区的人口分布状况、城镇及乡村发展情况等，一些常用指标如人口总数、人口密度、城市人口总数、城市人均住宅面积、农村人均基础设施支出等。经济发展现状调查从工农业和城乡两方面入手，着重分析产业布局及发展状况，分析各行业产值、产量情况，一些常用指标包括人均国内生产总值（用 GDP 表示）、GDP 增长率、人均粮食产量、工业总产值占 GDP 比重等。自然资源开发现状调查主要包括可用于农牧业的土地、可开发利用的矿产、可利用的草场、林区等自然资源的现状分布、数量、开发利用状况、程度及存在的主要问题等方面的调查分析。

二、供水用水现状调查分析

（一）供水现状调查分析

供水现状调查主要考虑当地地表水、地下水、过境水、外流域调水、微咸水、海水淡化、中水回用等多种水源，并按蓄、引、提、调四类工程措施来进行统计。要分析各种供水方式的实际供水量占总供水量的百分比，并分析各供水方式的调整变化趋势。分区统计的各项供水量均为包括输水损失在内的毛供水量。

在供水现状调查的同时，还应对评价区的水资源开发程度进行调查分析。水资源开发程度调查是指对评价区内已有的各类水利工程及措施情况进行调查了解，包括各种类型及功能的水库、塘坝、引水渠首及渠系、水泵站、水厂、水井的数量和分布。对水库要调查其设立的防洪库容、兴利库容、泄洪能力、设计年供水能力及正常或不能正常运行情况；对各类供水工程措施要了解其设计供水能力和有效供水能力；对于有调节能力的蓄水工程，应调查其对天然河川径流经调节后的改变情况。有效供水能力是指当天然来水条件不能适应工程设计要求时实际供水量比设计条件有所降低的实际运行情况，也包括因地下水位下降而导致水井出水能力降低的情况。

（二）用水现状调查分析

1. 用水现状调查内容和目的

用水现状调查可选择资料条件较充分的最近一年作为基准年（并不一定是现状年），调查统计分析该年以及近几年的用水情况。在用水的大分类中，一般分为工业用水、农业用水、生活用水、生态用水等几个方面。在工业用水中一个较大的门类是火电厂用水，包括锅炉用水和冷却水。其他工业部门分类很多，只能选择有代表性的行业，如重工业、轻工业，或分为耗水工业和非耗水工业等。农业用水包括农、林、牧、渔业等各部门用水。生活用水包括城镇生活用水和农村生活用水，其中城镇生活用水又包括居民住宅用水、市政公共用水、环境卫生用水等。生态用水包括河流、湖泊、湿地、植被等不同生态系统用水。

用水调查可从两方面入手：一是针对代表性用水单位作典型调查，经分析后推算到群体；二是从供水水源的供水量上进行汇总统计。前者的工作量较大，且由点推面的估计有时会因所选择典型的代表性不全面而导致计算的总用水量有偏差。后者的困难在于供水水源比较分散，集中供水工程措施的供水量比较好统计，但分散的、自备的供水水源则不好统计。

通常，工业用水量随工业规模的变化或结构的调整而变化；生活用水量主要随城区建设规模的发展和城乡人口的迁移而变化；农业用水量年际变化较大，除了有工程供水能力变化的原因外，还与各年农作期间降水的多少及其分布有密切关系，因此需分析不同保证率降水情况下的农业用水指标，或简单用丰水年、平水年和枯水年情况下的农业用水指标分别进行统计。通常对农业灌溉用水以每单位面积耕地年用水量作为指标，而工业用水则在分门别类统计后以代表性行业或全体行业的万元产值用水量作为指标，生活用水则常以每人每日（或每人每年）用水量作为指标。

在以上各类用水调查基础上，可根据用水地点的不同，分为河道内用水和河道外用水两类进行统计，前者如水力发电用水、内河航运用水、河道内生态用水、渔业用水等，后者指把水引出到河道以外去利用，如农田灌溉用水、生活用水、工业用水、河道外生态用水等。

用水调查的目的主要包括以下两个方面：一是为了还原水文观测系列资料到天然来水情况。这种调查需要按测站与测站的区间，并按与各年观测资料相应的历史年、月去调查各自的用水情况。通常，对于用水比重占该河年径流较小的情况，用水调查资料的误差对整个还原后观测系列的影响较小，尚不至影响资料的统计效果。但对于用水比重较大的河流，这种做法就很可能影响还原后资料系列的质量。二是为了了解当前各行业的用水情况，以作为今后发展需水预测的依据。这种调查可根据典型调查推算的面上用水量和相应的供水量相互检验，这样可以取得较为可信的用水数据。

2. 现状用水效率分析

在用水调查的基础上，还要根据统计整理的资料来分析现状用水效率，进而更好地了解评价区的节水潜力。现状用水效率分析的内容包括以下几方面。

（1）应根据典型调查资料或分区水量平衡法，分析各项用水的消耗系数和回归系数，估算耗水量、排污量和灌溉回归量，对水资源有效利用率作出评价；

（2）分析近几年万元工业产值用水定额和重复利用率的变化，并通过对比分析，对工业节水潜力作出评价；

（3）分析近几年的城镇生活用水定额，并通过对比分析，对生活用水节水潜力作出评价；

（4）分析各项农业节水措施的发展情况及其节水量，并通过对比分析，对农业节水潜力作出评价；

（5）分析城镇工业废水量、生活污水量和污废水处理、回用状况，对近几年的发展趋势进行评价；

（6）有条件的地区，可分析海水和微咸水利用及其替代淡水量，对近几年发展趋势进行评价。

（三）现状供用水存在问题分析

在供用水现状调查基础上，还要进一步分析评价区的水资源供需平衡状况，具体要求如下。

（1）以基准年经济社会指标和现有水利工程条件为依据；

（2）根据供水保证率对基准年供水量作必要修正，包括扣除地下水超采量和未经处理污水利用量；

（3）以基准年实际用水量为基础，对不合理的用水定额作必要的调整，重新估算基准年的合理需水量；

（4）按流域自上而下、先支流后干流的方式分区进行供需分析，对各分区和全流域的余缺水量作出评价；对当地地表水、地下水开发利用程度进行分析，并结合现有的供水工程分布和控制状况，对当地水资源的进一步开发潜力作出分析评价。

通过供需现状分析，目的是为了了解在当前条件下水资源的盈缺状况以及水资源的供水潜力。在分析水的供需现状时，应注意水的重复利用，包括在同一用户内部的循环用水以及不同用户间的重复使用，如上游用水户的排水经过处理或未经过处理，又供下游用水户使用，以及企业内部循环水的再次利用等。

此外，还要分析近几年因供水不足造成的影响，并估算其造成的直接和间接经济损失。出现供水缺口一般有两种情况，一种是工程型缺水，工程设备供水能力不能适应用水增长的要求，出现供不应求；另一种情况是资源型缺水，即水资源短缺，当地用水要求已超过某些年份的实际水资源可利用量，也会出现供不应求。

三、水资源开发利用对环境的影响评价

水资源开发利用所造成的环境问题主要表现在以下几个方面：①水体污染；②河道退化、断流，湖泊、水库萎缩消亡；③次生盐碱化和沼泽化；④地面沉降、岩溶塌陷、海水入侵、咸水入侵；⑤沙漠化。

针对上述环境问题，应开展如下评价工作：①分析环境问题的性质及其成因；②调查统计环境问题的形成过程、空间分布特征和已造成的正面和负面影响；③分析环境问题的发展趋势；④提出防治、改善措施。

此外，针对上述环境问题，还要进一步考虑以下因素：①对于河道退化和湖泊、水库萎缩问题，还要评价河床变化和湖泊、水库蓄水量及水面面积减少等定量指标；对于河道断流问题，还要评价河道断流发生的地段及起讫时间；②对于次生盐碱化和沼泽化问题，还要评价发生次生盐碱化和沼泽化地区的面积、地下水埋深、地下水水质、土壤质地和土壤含盐量等定量指标；③对于地面沉降问题，还要评价开采含水层及其顶部弱透水层的岩性组成、厚度，年地下水开采量、开采模数、地下水埋深、地下水位年下降速率，地下水位降落漏斗面积、漏斗中心地下水位及年下降速率，地面沉降量及年地面沉降速率；④对于海水入侵和咸水入侵问题，还要评价开采含水层岩性组成、厚度、层位，开采量及地下水位，水化学特征，包括地下水矿化度或氯离子含量；⑤对于沙漠化问题，还要评价地下水埋深及植物生长、生态系统的变化。

上述问题都要针对具体情况来进行分析评价，并分别按照对环境质量的影响范围及其深度予以说明。在对规划水利工程进行环境影响评价时，应注意水利工程的兴建是否会出现给水环境带来无法接受的不利影响的情况，并进行不同方案比较以权衡有利和不利后果的影响程度，同时提出如何有针对性地保护生态与环境，不向或少向不利于人类生存环境的方向发展而应增加的工程和非工程措施建议。

第五节　水资源综合评价

一、概述

（一）水资源综合评价的概念

水资源综合评价（comprehensive water resources assessment）是在水资源数量、质量和开发利用现状评价以及对环境影响评价的基础上，遵循生态系统良性循环、水资源永续利用、经济社会可持续发展的原则，对水资源的时空分布特征、利用状况及与经济社会发展的协调程度所作的综合评价。

（二）水资源综合评价的内容

水资源综合评价的内容应该包括三方面：①水资源供需发展趋势分析；②评价区水资源条件综合分析；③分区水资源与经济社会的协调程度分析。

（1）水资源供需发展趋势分析。应该满足如下两点要求：①不同水平年的选取应与国民经济和社会发展五年计划及远景规划目标协调一致；②应以现状供用水水平和不同水平年经济、社会、环境发展目标以及可能的开发利用方案为依据，分区分析不同水平年水资源供需发展趋势及其可能产生的各种问题，其中包括河道内用水和河道外用水的平衡协调问题。

（2）评价区水资源条件综合分析。对评价区水资源状况及开发利用程度的整体性评价，通常要从不同方面、不同角度选取有关社会、经济、资源、环境等各方面的指标，并选用适当的评价方法对评价区进行全面综合的评价，最终给出一个定性或定量的综合性结论。

（3）分区水资源与经济社会的协调程度分析。主要是通过建立评价指标体系来定量表达分区水资源与经济社会的协调程度，由此实现对评价区内各计算分区的分类排序。

二、水资源综合评价的过程

（一）评价指标体系的构建

1. 评价指标选取的原则

水资源综合评价指标体系不仅要体现该区域水资源本身的特征、开发、利用、管理状况即水资源系统的发展水平，与水相关的社会系统、经济系统、环境系统的发展水平，还要反映水资源系统与社会系统、经济系统、环境系统的协调发展状况和协调程度，以及复合系统的可持续发展能力。基于这种思想，在选择指标构建指标体系时，必须遵循如下原则：

（1）系统性与层次性相结合。区域以水资源为主导因素的资源—社会—经济—环境这一复合系统的内部非常复杂，各个子系统之间相互影响，相互制约。因此，要求建立的指标体系层次分明，不仅要反映各子系统各自的特征，更要体现水资源系统与其他系统之间的相互关系。

（2）全面性与概括性相结合。所选择的指标既要尽量全面地反映区域水资源可持续利用这一复合系统的各个方面，又要精炼，避免信息重复，从而影响评价结果的精度。

（3）可行性与可操作性相结合。建立的指标体系往往在理论上反映较好，但实践性不强。因此，在选指标时，不能脱离指标相关资料信息条件的实际，尽量选择那些关键性的具有综合性的指标，使得建立的指标体系简洁明确，易于计算和分析。

（4）动态性与静态性相结合。作为一个系统，水资源系统可持续发展是不断变化的，是动态与静态的统一。因此，可持续发展测度指标体系也应该是动态与静态的统一，既要有静态指标，也要有动态指标。

2. 评价指标的构成

评价指标应能反映分区水资源对经济社会可持续发展的影响程度、水资源问题的类型以及解决水资源问题的难易程度，常用评价指标有：①描述人口、耕地、产值等经济社会状况的指标；②描述用水现状及需水情况的指标；③描述水资源数量、质量的指标；④描述现状供水及规划供水工程情况的指标；⑤描述评价区环境状况的相关指标等。

进行评价时，要对所选指标进行筛选和关联分析，确定重要程度。在确定了评价指标后，采用适当的技术与方法，建立数学模型对评价分区水资源与经济社会协调发展情况进行综合评判。评价内容包括：①按水资源与经济社会发展严重不协调区、不协调区、基本协调区、协调区对各评价分区进行分类；②按水资源与经济社会发展不协调的原因，将不协调分区划分为资源型缺水、工程型缺水、水质型缺水等类型；③按水资源与经济社会发展不协调的程度和解决的难易程度，对各评价分区进行分析和排序。

评价过程中，各评价指标的重要程度以及评判标准，应充分征求决策者和专家意见。有条件时应使用交互式技术，让决策者与专家参与排序工作全过程。

（1）气候特征评价指标。

①多年平均降水量（P）：以 mm 计。年降水量的大小反映气候湿润和干旱程度。

②多年平均蒸发能力（E_0）：可用 E_{601} 型蒸发器蒸发值表示，以 mm 计，蒸发能力大小与大气中相对湿度等有关，是反应气候干湿状况的重要指标。

③干旱指数（r）：反映气候干湿程度的综合指标，采用年水面蒸发量和年降水量的比值来表示。当干旱指数大于 1 时，说明蒸发能力大于降水量，气候偏向于干旱，越大越干燥；反之，当干旱指数小于 1 时，说明降水量超过蒸发能力，气候偏向于湿润，越小越湿润。

（2）水资源构成评价指标。

①地表水资源量：指当地河流、湖泊、水库等地表水体的动态水量，其定量特征用河川年径流量表示，但不包含区外流入本区的径流量，以亿 m^3 计。

②地下水资源量：主要是指与大气降水、地表水体有直接补给或排泄关系的动态地下水量，即参与现代水循环而且可以不断更新的地下水量。重点评价矿化度小于 1g/L 的地下淡水资源量。

③山丘区地下水资源量：包括河川基流量、河床潜流量、山前泉水流量、山前侧向排泄量（侧渗量）等。由于山丘区地下水大部分已转化为河川径流量，因此，具有实际开采价值的是平原区地下水资源量。

④水资源总量：指当地降水形成的地表和地下产水量，可用当地表水资源量与不重复的地下水资源量之和表示。

⑤多年平均客水资源量：指评价区域外产流流入本区的多年平均地表水年径流量。

（3）时空分布评价指标。用年内集中度（多年平均连续最大 4 个月径流量与多年平均年径流量之比值）以及季节和月分配来分析水文要素年内变化特征。

用变差系数 C_v 值和极值比来分析水文要素多年变化。

（4）转化规律评价指标。

①径流系数：指多年平均河川径流量与多年平均降水量之比值，反映流域降水产生河川径流量的能力。②产水系数：指多年平均水资源总量与多年平均年降水量之比值，反映评价区域内降水产生地表水和地下水的能力。③产水模数：指单位面积上产水量，可用水资源总量与面积的比值来表示。④降水入渗补给系数：指降水入渗补给量与降水量的比值，是计算地下水资源量中降水入渗补给量的重要指标。影响它的主要因素有降水特性、包气带岩性、地下水埋深、前期土壤含水量。⑤河流渗漏补给系数：为河流渗漏补给地下水量与河流径流量之比值。⑥渠系渗漏补给系数：为渠系渗漏补给地下水量与渠首引水量之比值。⑦渠灌田间入渗补给系数：为渠灌区田间海水入渗补给地下水量与田间灌溉水量的比值。⑧井灌回归补给系数：为井灌区灌水回归补给地下水量与井灌水量的比值。⑨潜水蒸发系数：为潜水蒸发量与水面蒸发量之比值。

（5）水质状况评价指标。

①地下淡水：指矿化度小于1g/L的地下水。②微咸水：指矿化度大于1g/L而小于3g/L的地下水。③半咸水：指矿化度大于3g/L而小于5g/L的地下水。④咸水：指矿化度大于5g/L的地下水。⑤河流水质级别：用各水质参数评价代表值比照该参数水质评价标准值或背景值，确定各参数的水质级别，然后用各项参数评价结果的最差水质级别作为该流域或评价区域的地表水水质级别。

（二）评价标准

水资源质量评价标准是随着水污染问题的出现而产生的，国家为保护人群健康和生存环境，对污染物和其他物质最大允许含量浓度，需要制定强制性技术法规。水资源质量评价标准体现国家政策和要求，是衡量水体是否受污染的尺度，是在一定时期内要求保持或达到的水环境目标，是水资源水环境管理的执法依据，因此，也是水资源质量评价的基础和依据。

一般认为，水质标准是国家制定技术法规中各项水质参数标准允许含量浓度值（如mg/L），水质评价标准是作为水质评价中国家制定水资源质量标准的法规文件如国标GB 3838—2002等，表示某一种水质参数成分的浓度水平对环境影响的程度。

从20世纪40年代以来，随着水环境、水污染日趋严重化，各发达国家陆续立法，相继制定了相应环境标准，我国环境标准制定始于20世纪50年代，历经多年正在逐步完善，如我国地表水环境质量标准1983年GB 3838—1983，到1988年GB 3838—1988，到2002年GB 3838—2002，为保护和改善水环境质量起到了很好作用（由标准分级进步到标准功能分类）。

1. 标准类型

按水资源用途可分为生活饮用水水质标准，渔业用水水质标准，农业用水水质标准，娱乐用水水质标准，农田灌溉用水水质标准等。

2. 标准制定的原则

标准制定应考虑严格的时空范围，在社会政治、技术和经济等因素方面切实可行。国家水质标准应包括两个因素：① 基准，属自然科学领域，即保障人体健康和维护水生态平衡污染物质的允许浓度；② 经济状况和国情，属社会因素，包括社会科学和自然科学的结合产物。

标准在参数选择和目标值确定上，应对各类保护对象有明确的针对性，对不同功能水域执行不同标准值，使水质得到保护和改善。

标准应对人体健康、维护生态平衡，保护水资源，控制水污染，促进经济建设和社会可持续发展起到良好作用。

3. 标准制定的内容

为适应我国江、河、湖、库针对使用功能的地表水、地下水水域，为水环境功能区划的管理评价以及制定污染物排放标准，标准制定应包含专题内容，适用范围、引用标准、水域功能分类标准值、水质评价、标准实施与监督，水质监测等部分。

4. 我国已制订颁布的水资源质量评价标准

目前，我国已经制订并颁布实施的水资源质量评价标准主要有《地表水环境质量标准》（GB 3838—2002）、《地下水质量标准》（GB/T 14848—1993）、《生活饮用水卫生标准》（GB 5749—1985）、《农田灌溉水质标准》（GB 5084—1992）、《渔业水质标准》（GB 11607—1989）、《景观娱乐用水水质标准》（GB 12941—1991）、《污水综合排放标准》（GB 8978—1996）、《土壤环境质量标准》（GB 15618—1995）（因 2000 年全国水资源质量评价中底质评价需要而列入）、《地表水水资源质量标准》（SL 63—1994 行业标准）、《湖泊（水库）营养状态评价标准》[《全国水资源综合规划技术工作组》2003 年，针对全国湖（库）营养状态评价而制订]，作为 2002 年度全国水资源水质评价使用标准。

三、评价方法及实例

随着科学技术的不断进步，基于指标体系的水资源综合评价方法不断推陈出新，这里着重介绍属性识别方法、主成分分析法、改进的灰色关联法、物元分析法、模糊综合评判法、信息熵法 6 种方法，并给出实例，说明各方法的操作过程。

（一）属性识别方法

1. 属性识别模型的构建

（1）属性识别模型。在研究对象空间 X 中取 n 个样品 x_1，x_2，$\cdots$，x_n，对每个样品要测量 m 个指标 I_1，I_2，$\cdots$，I_m。第 i 个样品 x_i 的第 j 个指标 I_j 的测量值为 x_{ij}，因此，第 i 个样品 x_i 可以表示为一个向量 $x_i = (x_{i1}$，x_{i2}，$\cdots x_{im})$，$1 \leqslant i \leqslant n$。

设 F 为 X 上某类属性空间，$(C_1$，C_2，$\cdots$，$C_K)$ 为属性空间 F 的有序分割类，且满足 $C_1 > C_2 > \cdots > C_K$。每个指标的分类标准已知，写成分类标准矩阵为

$$
\begin{array}{c}
\begin{array}{cccc} C_1 & C_2 & \cdots & C_K \end{array} \\
\begin{array}{c} I_1 \\ I_2 \\ \vdots \\ I_m \end{array}
\begin{bmatrix}
a_{11} & a_{12} & \cdots & a_{1K} \\
a_{21} & a_{22} & \cdots & a_{2K} \\
\vdots & \vdots & & \vdots \\
a_{m1} & a_{m2} & \cdots & a_{mK}
\end{bmatrix}
\end{array}
\qquad (3-53)
$$

其中，a_{jk} 满足 $a_{j1} < a_{j2} < \cdots < a_{jK}$ 或 $a_{j1} > a_{j2} > \cdots > a_{jK}$。

（2）样品属性测度的计算。首先来计算第 i 个样品第 j 个指标值 x_{ij} 具有属性 C_k 的属性测度 $\mu_{ijk} = \mu(x_{ij} \in C_k)$。不妨假定 $a_{j1} < a_{j2} < \cdots < a_{jK}$。

当 $x_{ij} \leqslant a_{j1}$ 时，取 $\mu_{ij1} = 1$，$\mu_{ij2} = \cdots = \mu_{ijK} = 0$。

当 $x_{ij} \geqslant a_{jK}$ 时，取 $\mu_{ijk} = 1$，$\mu_{ij1} = \cdots = \mu_{ijK-1} = 0$。

当 $a_{jl} \leqslant x_{ij} \leqslant a_{jl+1}$ 时，取 $\mu_{ijl} = \dfrac{|x_{ij} - a_{jl+1}|}{|a_{jl} - a_{jl+1}|}$，$\mu_{ijl+1} = \dfrac{|x_{ij} - a_{jl}|}{|a_{jl} - a_{jl+1}|}$，$\mu_{ijk} = 0$，$k < l$ 或 $k > l+1$。

在知道第 i 个样品的各指标测量值的属性测度之后，再计算第 i 个样品 x_i 的属性测度 $\mu_{ik} = \mu(x_i \in C_k)$。指标共有 m 个，每个指标的重要性可能相同、也可能不相同。因此，要考虑指标权重 $(\omega_1, \omega_2, \cdots, \omega_m)$，$\omega_j \geqslant 0$，$\sum_{j=1}^{m} \omega_j = 1$。由指标权重可得到属性测度

$$\mu_{ik} = \mu(x_i \in C_k) = \sum_{j=1}^{m} \omega_j \mu_{ijk}, \quad 1 \leqslant i \leqslant n, \quad 1 \leqslant k \leqslant K \tag{3-54}$$

（3）比较与评价。有了属性测度，就可以进行样品的属性识别和比较分析了。按照置信度准则，对置信度 λ，计算

$$k_i = \min \left\{ k : \sum_{l=1}^{k} \mu_{x_i}(C_l) \geqslant \lambda, \quad 1 \leqslant k \leqslant K \right\} \tag{3-55}$$

则认为 x_i 属于 C_{k_i} 类。

按照评分准则，计算

$$q_{x_i} = \sum_{l=1}^{K} n_l \mu_{x_i}(C_l) \tag{3-56}$$

则可根据 q_{x_i} 的大小对 x_i 进行比较和排序。

2. 属性识别方法的应用实例

（1）评价指标的确定。综合评价指标的选取要求能够从不同方面、不同角度客观反映水资源供需关系以及开发利用状况。选取了 10 个相对性评价指标：①水资源利用率 I_1。现状水平年 75％频率的供水量与可利用的水资源总量之比，％；②灌溉率 I_2。灌溉面积与土地面积之比，％；③地表水控制率 I_3。当地地表水蓄水工程年入库水量与当地地表水资源量之比，％；④重复利用率 I_4。重复用水量在总用水量中所占的比重，％；⑤人均占有水量 I_5。当地水资源量与总人口之比，m^3/人；⑥人均供水量 I_6。现状水平年 75％频率的供水量与总人口之比，m^3/人；⑦渠系水利用系数 I_7。渠系水利用量与渠首引水量之比；⑧客水利用率 I_8。客水利用量与客水总量之比，％；⑨供水量模数 I_9。供水量与土地面积之比，$10^4 m^3$/km^2；⑩水利工程投资比重 I_{10}。水利工程投资与水资源开发总投资之比，％。

给定 10 个指标的 3 级指标标准值见表 3-3，Ⅰ～Ⅲ级表示水资源开发利用的三个不同阶段，Ⅰ级表示水资源开发尚处于初始阶段；Ⅱ级表示水资源开发利用处于发展阶段；Ⅲ级水资源开发利用处于饱和阶段。

表 3-3　　　　　　　　　　　　综合评价指标的分级值

评价指标	I_1	I_2	I_3	I_4	I_5	I_6	I_7	I_8	I_9	I_{10}
Ⅰ级	50	15	5	50	345	345	0.55	0.2	10	0.1
Ⅱ级	62.5	32.5	15	65	322.5	297.5	0.64	0.6	12.5	0.8
Ⅲ级	75	50	25	80	300	250	0.73	1	15	1.5

（2）水资源开发利用程度的属性识别模型。以西安市为例，利用上面所介绍的属性识别方法来对该地区水资源开发利用程度进行综合评价，西安市及各分区水资源的指标特征值见表 3-4。

表3-4　　　　　　　　　　　西安市及各分区评价因素的指标数值

评价指标	西安市	西安市区	长安	户县	周至	高陵	临潼	蓝田
I_1	64.29	84.60	47.79	68.33	51.80	39.16	68.55	83.33
I_2	23.52	44.75	24.07	30.08	13.10	65.14	43.72	7.89
I_3	7.30	11.56	6.42	1.41	1.83	0	52.21	5.25
I_4	44.4	58.3	48.6	52.7	35.4	37.1	38.2	40.5
I_5	411.29	145.84	520.8	640.18	783.43	1169.4	390	753.59
I_6	264.42	123.38	248.88	412.83	405.85	457.98	267.34	628.00
I_7	0.54	0.60	0.55	0.52	0.54	0.50	0.54	0.55
I_8	2.02	1.98	2.05	2.05	2.01	2.08	2.00	0.00
I_9	17.169 2	34.521 6	13.645 0	19.208 6	8.254 4	35.517 2	18.931 0	19.221 0
I_{10}	0.48	0.45	1.82	0.17	0.12	0.17	1.32	0.01

由于 10 个评价指标哪个更重要，事实并不清楚，一般由专家组根据经验，按一定规则，用"打分"统计的方法确定。本文首先假定各评价指标等权重，然后采用一种方法来检验这种假设是否成立。

根据上面的计算方法，得到属性测度分布矩阵为

$$\begin{bmatrix} 0.474 & 0.242\ 1 & 0.283\ 9 \\ 0.173\ 5 & 0.256\ 5 & 0.57 \\ 0.534 & 0.120\ 2 & 0.345\ 8 \\ 0.585\ 8 & 0.167\ 6 & 0.246\ 6 \\ 0.882\ 7 & 0.017\ 3 & 0.1 \\ 0.69 & 0.01 & 0.3 \\ 0.351\ 6 & 0.146\ 5 & 0.501\ 9 \\ 0.797\ 5 & 0.002\ 5 & 0.2 \end{bmatrix} \qquad (3\text{-}57)$$

（3）等权重假设检验。文中关于评价西安市及各分区水资源开发利用程度的 10 个指标（$I_1 \sim I_{10}$）究竟哪一个重要，重要程度如何确实是不清楚的，通常由专家估计确定。

可采用下面的方法来估计。

先设 $\omega_j = \dfrac{1}{10} = 0.1 \ (j = 1, 2, \cdots, 10)$，由 $\mu_{ik} = \sum\limits_{j=1}^{10} \omega_j \mu_{ijk} \ (i = 1, 2, \cdots, 8; k = 1, 2, 3)$

求出综合测度评价向量：$(\mu_{i1}, \mu_{i2}, \mu_{i3}) \ (i = 1, 2, \cdots, 8)$

则指标 I_j 的重要性强度可由综合测度评价矩阵与单指标测度评价向量 $(\mu_{ij1}, \mu_{ij2}, \mu_{ij3})$ $(i = 1, 2, \cdots, 8)$ 的相近程度体现出来。相近的程度越大，说明指标 I_j 越能反映总体情况，I_j 的权重就越大。描写两个向量的"相近"程度有多种方法，在此用向量内积。令

$$r_j = \sum_{i=1}^{8} (\mu_{i1}, \mu_{i2}, \mu_{i3})(\mu_{ij1}, \mu_{ij2}\mu_{ij3})^{\mathrm{T}} = \sum_{i=1}^{8} \sum_{k=1}^{3} \mu_{ijk}\mu_{ik}$$

称 r_j 为相似系数。令 $\omega_j = r_j \Big/ \sum\limits_{j=1}^{10} r_j \ (j = 1, 2, \cdots, 10)$

得 $\omega = (\omega_1, \omega_2, \cdots \omega_{10}) = \begin{pmatrix} 0.086\ 1, & 0.081\ 5, & 0.109\ 7, & 0.120\ 9, & 0.123\ 2, \\ 0.098\ 2, & 0.123\ 1, & 0.081\ 0, & 0.077\ 9, & 0.098\ 4 \end{pmatrix}$

由于 ω_j 之间相差不太大，说明开始假定等权重是可行的。利用新的权重可以得到样品的测度矩阵为

$$\begin{bmatrix} 0.538\ 5 & 0.222\ 0 & 0.239\ 5 \\ 0.195\ 7 & 0.281\ 0 & 0.523\ 4 \\ 0.586\ 7 & 0.100\ 0 & 0.313\ 3 \\ 0.653\ 3 & 0.147\ 8 & 0.198\ 9 \\ 0.903\ 8 & 0.015\ 2 & 0.081\ 0 \\ 0.749\ 9 & 0.009\ 8 & 0.240\ 3 \\ 0.411\ 6 & 0.132\ 1 & 0.456\ 3 \\ 0.833\ 3 & 0.002\ 7 & 0.163\ 9 \end{bmatrix} \qquad (3-58)$$

取置信度 $\lambda = 0.6$，根据式（3-59）可得各地的评价等级（见表3-5）。应用评分准则，取 $n_i = 4 - i$，$1 \leqslant i \leqslant 3$，计算公式为

$$q_{x_i} = \sum_{l=1}^{3} (4-i)\mu_{x_i}(C_l) \qquad (3-59)$$

计算各地的分数及评价结果见表3-5。

表 3-5　　　　　　　　　　区域水资源开发利用程度的评价结果

西安市	西安市区	长安	户县	周至	高陵	临潼	蓝田	评价方法
2.299 0	1.672 3	2.273 4	2.454 3	2.822 8	2.509 6	1.955 3	2.669 4	
⑤	⑧	⑥	④	①	③	⑦	②	属性识别法
Ⅱ	Ⅲ	Ⅱ	Ⅰ	Ⅰ	Ⅰ	Ⅲ	Ⅰ	
⑤	⑧	⑥	④	③	①	⑦	②	模糊评判法

从表3-5可以看出，户县、周至、高陵和蓝田处于水资源开发利用的初始阶段，水资源开发潜力巨大；西安市和长安处于水资源开发利用的发展阶段，水资源的开发利用已具有一定的规模；西安市区和临潼处于水资源开发利用的饱和阶段，水资源开发利用已接近极限，进一步开发潜力较小，应发展节水型为主。

（二）主成分分析法

近年来，随着多元统计方法的普及与应用，主成分分析法也成为一种较新的评估方法，它有着不同的原理和特性，其本质目的是对高维变量系统进行最佳综合与简化，同时也客观地确定各个指标的权重，避免主观随意性，而综合评价的焦点正是如何科学、客观地将一个多目标问题综合成一个单指标形式，因此主成分分析法不失为一种较好的评价方法。

1. 主成分分析法的构建

主成分分析法的工作目标，就是要在保证数据信息丢失最小的原则下，对高维变量空间进行降维处理；即在保证数据信息损失最小的前提下，经线性变换和舍弃一小部分信息，以少数的综合变量取代原始采用的多维变量。

设原变量为 x_1，x_2，…，x_J，主成分分析后得到的新变量为 z_1，z_2，…，z_m，均是 x_1，x_2，…，x_J 的线性组合 $m < J$。变量 z_1，z_2，…，z_m 构成的坐标系是在原坐标系经平移和正交旋转后得到的，称 z_1，z_2，…，z_m 张成的空间为 m 维主超平面。在主超平面上，第一

主分量 z_1 对应于数据变异最大的方向，对于 z_2，z_3，…，z_m，依次有 $V(z_2) \geqslant V(z_3) \geqslant \cdots \geqslant V(z_m)$，因此，$z_1$ 是携带原数据信息最多的一维变量；而 m 维主超平面是保留原始数据信息量最大的 m 维子空间。

2. 主成分分析法的应用实例

(1) 评价指标体系的建立。根据评价指标的原则选取了充分反映我国北方地区的水资源总量 I_1，亿 m^3、年降水量 I_2，mm、大中型水库蓄水量 I_3，亿 m^3、供水总量 I_4，亿 m^3、耗水总量 I_5，亿 m^3、人均用水总量 I_6，m^3/人、单位 GDP（国内生产总值）用水量 I_7，亿 m^3/万元、实际灌溉面积 I_8，万亩和水质 I_9（等级）等 9 项指标作为评价指标（见表 3-6），对我国北方 17 个省、市、自治区的水资源持续发展状况进行评价。

表 3-6　　　　　　　　　我国北方地区水资源可持续发展评价指标值

序号	地区	I_1	I_2	I_3	I_4	I_5	I_6	I_7	I_8	I_9
1	北 京	43.3	656	38.03	43.21	343	22.29	267	474.5	1
2	天 津	22.5	596	10.54	23.36	246	13.00	212	571.0	4
3	河 北	311.7	601	61.32	207.13	319	159.46	600	6372.2	2
4	山 西	152.8	576	8.60	57.66	184	40.17	437	1629.0	4
5	内蒙古	638.9	296	23.35	152.60	661	98.24	1550	2560.4	3
6	辽 宁	416.0	704	49.84	143.40	348	79.26	454	1842.0	2
7	吉 林	366.9	552	171.34	101.47	389	54.66	759	1051.3	1
8	黑龙江	698.0	490	30.88	268.04	719	160.82	1116	2254.6	2
9	江 苏	428.3	1059	57.28	289.25	547	190.06	648	4907.5	2
10	安 徽	991.9	1415	24.82	192.32	317	116.27	822	4537.0	2
11	山 东	271.1	661	41.85	261.21	294	116.08	431	6795.9	1
12	河 南	525.3	865	39.41	241.85	264	133.78	657	6337.0	2
13	陕 西	343.1	629	28.43	81.72	230	56.38	694	1931.1	2
14	甘 肃	191.9	270	40.33	120.91	490	70.17	1693	1335.0	3
15	青 海	562.0	247	85.51	27.08	555	17.22	1475	307.5	2
16	宁 夏	13.3	325	0.59	91.85	1728	32.99	4649	486.2	1
17	新 疆	893.4	212	11.33	437.16	2588	324.87	4793	4374.9	4

(2) 主成分分析法的计算步骤。

1) 数据的标准化处理。

$$y_{ij} = \frac{x_{ij} - x_j}{S_j} \quad i=1,2,\cdots,I; \quad j=1,2,\cdots,J \qquad (3-60)$$

式中：x_{ij} 为第 i 个分区第 j 个指标的值，x_j，S_j 为第 j 个指标的样本均值和样本标准差。

2) 计算数据表 $(y_{ij})_{I \times J}$ 的相关矩阵 R。

3) 求 R 的 J 个特征值：$\lambda_1 \geqslant \lambda_2 \geqslant \cdots \geqslant \lambda_J$，以及对应的特征向量 u_1，u_2，…，u_J，它们标准正交，u_1，u_2，…，u_J 称为主轴。

4) 求主成分：　　$z_k = \sum_{j=1}^{J} u_j x_j \quad j=1,2,\cdots,J; \quad k=1,2,\cdots,J \qquad (3-61)$

5）精度分析。

一个 m 维主超平面究竟以多大的精度来近似替代原变量系统以确保尽可能多的数据信息？我们可以通过求累计贡献率 E 来判断 $E = \dfrac{\sum\limits_{k=J}^{m} \lambda_k}{\sum\limits_{j=1}^{J} \lambda_j}$，如取 $E > 80\%$ 的最小 m，则可得主超平面的维数 m。

6）主成分权重。

根据上面确定的主超平面的维数 m，求出 m 个主成分的权重 w_k，$k = 1, 2, \cdots, m$。

$$w_k = \frac{\lambda_k}{\sum\limits_{j=1}^{J} \lambda_j}, k = 1, 2, \cdots, m; j = 1, 2, \cdots, J \qquad (3\text{-}62)$$

7）综合评价值 z^*。

$$z^* = \sum_{k=1}^{m} w_k z_k \qquad (3\text{-}63)$$

根据综合评价值 z^* 的大小，就可以对我国北方各个城市的水资源可持续利用程度进行评价。

（3）结果与分析。

根据主成分分析的步骤计算，当 $m = 4$ 时，$E = 88.82\% > 80\%$，此时 4 个特征值分别为 $\lambda_1 = 3.670\,2$，$\lambda_2 = 2.493\,7$，$\lambda_3 = 0.994\,9$，$\lambda_4 = 0.835\,0$。计算所得的综合评价值见表 3-7。

表 3-7　　　　　　　　　各地市水资源可持续利用综合评价结果

序号	地区	z_1	z_2	z_3	z_4	z^*	排序
1	北京	351.4	−377.4	127.4	316.9	82.2	16
2	天津	306.6	−427.9	170.2	264.3	49.8	17
3	河北	2250.4	−3078.9	789.4	611.2	208.6	9
4	山西	712.5	−883.2	263.8	358.3	108.2	15
5	内蒙古	1789.0	−721.6	54.8	879.1	617.2	3
6	辽宁	974.3	−1082.1	201.9	390.6	156.1	13
7	吉林	830.5	−497.2	−65.3	476.9	237.9	7
8	黑龙江	1672.5	−884.7	60.5	714.3	509.9	6
9	江苏	2033.6	−2600.8	650.8	689.7	244.6	8
10	安徽	1988.9	−2720.1	596.1	655.2	184.1	12
11	山东	2283.5	−3372.9	904.4	571.7	149.7	14
12	河南	2298.3	−3249.2	818.4	628.8	185.8	11
13	陕西	975.9	−991.3	228.2	465.5	191.7	10
14	甘肃	1264.7	−28.5	−17.6	909.9	590.3	4
15	青海	993.7	331.9	−275.9	735.8	535	5
16	宁夏	2469.1	1956.0	−375.2	2541.9	1743.2	2
17	新疆	4504.7	224.9	−215.9	2819.0	2137	1

将综合评价值 z^* 绘制散点图（见图 3 - 3）。

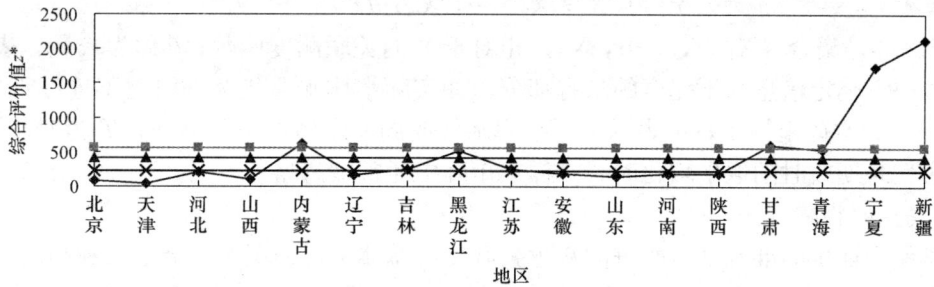

图 3 - 3 综合评价值散点图

表 3 - 8 分 级 标 准

主分量	水资源可持续利用程度分级			
	Ⅰ	Ⅱ	Ⅲ	Ⅳ
z_1	＞1882.3	1311.9～1882.3	710.2～1311.9	＜710.2
z_2	＜−1163.9	−1163.9～−687.8	−687.8～−362.2	＞−362.2
z_3	＞189.7	88.0～189.7	42.8～88.0	＜42.8
z_4	＞996.8	656.8～996.8	317.1～656.8	＜317.1
z^*	＞558.55	415.09～558.55	223.42～415.09	＜223.42

由图 3 - 3 及表 3 - 8，将 17 个城市地区的水资源可持续利用程度划分为Ⅰ、Ⅱ、Ⅲ、Ⅳ 4 个等级。其中Ⅰ级表示该区域水资源开发处于初始阶段，该阶段水资源开发程度低，利用率低，水资源可持续利用潜力巨大，这样的城市有 2 个，分别为图 3 - 3 中的宁夏和新疆；Ⅱ级表示该区域水资源开发利用处于起步阶段，但该阶段的水资源开发利用程度仍然较低，有较大的发展潜力，这样的城市有 4 个，分别为青海、甘肃、黑龙江、内蒙古；Ⅲ级表示水资源开发利用程度已相当高，可持续发展潜力较低，但还有一定的发展潜力，分别为江苏、吉林；Ⅳ级表示水资源开发利用已经达到饱和状态，水资源系统可持续发展潜力极低，应该考虑较小区域调水，并且以节水型为主，这样的城市为北京、天津、河北、山西、辽宁、安徽、山东、河南、陕西。这一评价结果同水资源紧缺程度的评价结果基本一致。

采用主成分分析的方法对北方 17 个城市及地区的水资源可持续利用程度进行了综合评价，评价结果与紧缺指标的评价结果基本一致。主成分分析的方法可以将 9 个评价指标综合成 4 个主成分，根据评价指标的数据本身的信息得到主成分的权重，进而得到综合评价值。避免了专家打分的人为任意性，同时该方法具有直观和可操作性等优点。

（三）改进的灰关联分析法

分析所需评价水质所在地区的水文水质资料，选择有代表性的断面并注意合理安排时间（尤其洪水期和枯水期）进行水质监测，对于监测结果挑选有代表性的指标作为评价依据。

水质综合评价中，水体质量是通过诸多评价指标综合反映的，因此，水体质量与评价因子之间存在一定的关联关系。

从数学上描述，水体质量定义为 Y，相应的 m 个评价因子记为 X_i，则 X_i 与 Y 的关联关

系可表示为

$$Y = f\{X_1, X_2, \cdots, X_m; \theta, T, S\} \tag{3-64}$$

式中: $f\{\ \}$ 是集合 $\{X_1, X_2, \cdots, X_m\}$ 相对于 Y 的关联测度函数; θ 称为灰量, 表示这种关联函数中不确定信息或不完全的缺省部分, 如实际水体水质指标的时空不连续性等; $S = (x, y, z)$ 为空间坐标量, 可表示不同空间水体或同一水体的不同断面; T 为时间坐标量, 当取代表性时期或时间取平均化时, 在样本矩阵中通常被忽略。

1. 模型的构建

为了保证评价的准确度, 改进的灰色关联度法总体上可分层次 (低层次和高层次) 进行评价。

(1) 污染指标低层次子集划分。如果所选择的各断面污染评价指标较多, 通常应将其按污染性质先划分成以下几个低层次子集: ①有机物——溶解氧、化学耗氧量; ②有毒有害物——氟化物、氰化物、酚、As; ③重金属——Cr^{6+}、总汞; ④水的一般性质——氯化物、pH; ⑤病原菌污染。

(2) 低层次子集样本矩阵的建立。

定义: $X(T)$ 为水体质量对应于低层次子集 m 个评价因子与 n 个空间点 (或断面) 的样本矩阵, 则

$$X_{n \times m} = \begin{bmatrix} X_{11}(T) & \cdots & X_{1m}(T) \\ \vdots & \vdots & \vdots \\ X_{n1}(T) & \cdots & X_{nm}(T) \end{bmatrix} = (X_{ji})_{n \times m} \tag{3-65}$$

(3) 水体质量标准矩阵的建立。选择相应的水体质量标准集, 如地面水环境质量标准 (GB 3838—2002), 建立水体质量标准矩阵。设相应的水体质量标准分为 1 级、2 级、$\cdots$、c 级。

$$S_{c \times m} = \begin{bmatrix} S_1(1) & \cdots & S_1(m) \\ \vdots & \vdots & \vdots \\ S_c(1) & \cdots & S_c(m) \end{bmatrix} = (S_{ti})_{c \times m} \tag{3-66}$$

(4) 矩阵元素归一化。为消除由水质指标物理量量纲不同带来的影响, 评价之前需将样本矩阵和标准矩阵中各指标元素归一化。约定: 1 级水水质标准浓度对应元素为 1, c 级 (最差级别) 水质标准浓度对应元素为 0, 1 级与 c 级间元素的变换可依据下列原则进行。

1) 对于数值越大表示污染越严重的指标, 如 BOD、COD 等, 可按式 (3-67) 和式 (3-68) 分别变换 X, S 矩阵。

$$a_{ji} = \begin{cases} 1, & x_{ji} \leqslant s_{1i} \\ (s_{ci} - x_{ji})/(s_{ci} - s_{1i}), & s_{1i} < x_{ji} < s_{ci} \\ 0, & x_{ji} \geqslant s_{ci} \end{cases} \tag{3-67}$$

$$b_{ti} = (s_{ci} - s_{ti})/(s_{ci} - s_{1i}) \tag{3-68}$$

2) 对于 DO 等指标, 数值越大表示水质越好, 可按下列形式分别变换 X, S 矩阵。

$$a_{ji} = \begin{cases} 1, & x_{ji} \geqslant s_{1i} \\ (x_{ji} - s_{ci})/(s_{1i} - s_{ci}), & s_{1i} > x_{ji} > s_{ci} \\ 0, & x_{ji} \leqslant s_{ci} \end{cases} \tag{3-69}$$

$$b_{ti} = (s_{ti} - s_{ci})/(s_{1i} - s_{ci}) \tag{3-70}$$

样本矩阵 $X_{n\times m}$、标准矩阵 $S_{n\times m}$ 规格化后分别记为：$A_{n\times m}=(a_{ji})_{n\times m}$，$B_{c\times n}=(b_{ti})_{c\times m}$（$i=1,2,\cdots,m$；$j=1,2,\cdots,n$；$t=1,2,\cdots,c$）。

（5）低层次子集矩阵中各指标的关联系数。将第 j 个空间点水体监测样本向量 $a_j=(a_{j1},a_{j2},\cdots,a_{jm})$ 取为参考序列，即为母序列；对固定的 j，将 c 级水质分级标准向量 $b_t=(b_{t1},b_{t2},\cdots,b_{tn})$ 分别组成被比较序列，即子序列，则 a_j 第 i 个指标与 b_t 的关联系数为

$$\xi_{jt}(i)=\frac{\Delta_{\min}+\rho\cdot\Delta_{\max}}{\Delta_{jt}(i)+\rho\cdot\Delta_{\max}} \tag{3-71}$$

式中：$\Delta_{\min}$ 和 $\Delta_{\max}$ 分别为 $\Delta_{jt}(i)=a_{ji}-b_{ti}$（$a_j$ 与 b_t 第 i 个指标的绝对差）的最小值和最大值；ρ 为分辨系数，一般取 0.5。

由于绝对值最大值 $\Delta_{\max}$ 的存在，$\xi_{jt}(i)$ 的值不仅取决于参考数列 a_j 和比较数列 b_t，而且间接地取决于所有其他比较数列 b_f（$f=1,2,\cdots,c,f\neq t$）；因此最大值使关联度间接体现了系统的整体性。而 ρ 是最大值的系数或权重，其值大小，在主观上体现了对最大值的重视程度，在客观上反映了系统的各个因子对关联度的间接影响程度。因此，ρ 的取值应遵循下述原则：①充分体现关联度的整体性，即关联度 r_t 不仅与 a_j、b_t 有关，而且与所有其他因子 b_f（$f=1,2,\cdots,c$）有关；②具有抗干扰作用。当系统因子的观测序列出现异常值时，能够抑制、削弱它对关联空间的影响。

确定分辨系数 ρ 的取值规则如下。记 Δ_v 为所有差值绝对值的均值

$$\Delta_v=\frac{1}{m\cdot c}\sum_{t=1}^{c}\sum_{i=1}^{m}|a_{ji}-b_{ti}| \tag{3-72}$$

并记 $\varepsilon_\Delta=\Delta_v/\Delta_{\max}$，则 ρ 的取值为 $\varepsilon_\Delta\leqslant\rho\leqslant 2\varepsilon_\Delta$，且应满足

$$\Delta_{\max}>3\Delta_v \text{ 时，} \varepsilon_\Delta\leqslant\rho\leqslant 1.5\varepsilon_\Delta \tag{3-73}$$

$$\Delta_{\max}\leqslant 3\Delta_v \text{ 时，} 1.5\varepsilon_\Delta<\rho\leqslant 2\varepsilon_\Delta \tag{3-74}$$

（6）各低层次子集灰关联度。就某一污染物属性而言，以 $r_{jt低}$ 作为各断面河流水质的评价级别。

$$r_{jt低}=\sum_{i=1}^{m}w_{ji}\xi_{jt}(i) \tag{3-75}$$

式中：w_{ji} 为低层次子集中各单指标所占的权重。

$$w_{ji}=\frac{a_{ji}}{\sum\limits_{i=1}^{m}a_{ji}} \tag{3-76}$$

由式（3-76）很容易看出各个断面河流水质主要的污染物属性，即该断面属于哪类污染。

（7）较高层次的关联度。求出各低层次子集的灰关联度 $r_{jt低}$ 后，再求出其在较高层次内相应的权重，以 r_{jt} 综合评价河流水质。

$$r_{jt}=\sum_{b=1}^{q}w_{jb}r_{jt低} \tag{3-77}$$

式中：w_{jb} 为各低层次子集（即各污染物属性）的权重；q 为低层次子集数。

$$w_{jb}=\frac{\sum\limits_{i=1}^{m}a_{ji}}{\sum\limits_{b=1}^{q}\sum\limits_{i=1}^{m}a_{ji}} \quad (b=1,2,\cdots,q) \tag{3-78}$$

求出 r_{jt} 后，由关联度最大原则可得各个断面水质的级别。

（8）综合评价的关联系数矩阵。将上述所求得的各断面监测样本与各标准级别的关联度，列成如下综合判断矩阵。

$$R_{c \times n} = \begin{bmatrix} r_{11} & \cdots & r_{1n} \\ \vdots & \vdots & \vdots \\ r_{c1} & \cdots & r_{cn} \end{bmatrix} \tag{3-79}$$

不难看出，综合判断矩阵是一种实测序列与水质标准序列（分级）间距离的量度。两者接近度越大，则隶属性就越大。

从式（3-79）中可容易地看出各断面水质属于哪个级别。

2. 改进灰色关联法的应用实例

对卫河王庄站附近进行水质评价，另外在其上下游一定距离各取一断面，共3个断面同时分析，监测数据见表3-9。

表3-9   卫河王庄站附近相邻3断面水质监测数据   mg/L

地点	溶解氧	化学耗氧量	氰化物	As	总汞	挥发酚	Cr^{6+}	氟化物
上游	7.8	10.0	0.002	0.004	0.006	0.007	0.01	8.7
王庄站	7.3	10.35	0.005	0.002	0.003	0.003	0.02	9.6
下游	7.0	10.6	0.004	0.005	0.007	0.005	0.03	8.5

将上述单项指标归为3类污染物类型，并作为较低层次子集：①有机物——溶解氧、化学耗氧量；②有毒有害物——氟化物、氰化物、酚、As；③重金属——Cr^{6+}、总汞。

（1）低层次水质评价。

首先分析有机物属性子集（溶解氧、化学好氧量）监测值、标准值（参照 GB 3838—2002），将其归一化，结果如下。

$$\text{监测值归一化} \qquad\qquad \text{标准值归一化}$$

$$\begin{bmatrix} 0.24 & 1 \\ 0.17 & 1 \\ 0.29 & 1 \end{bmatrix} \qquad\qquad \begin{bmatrix} 0 & 1 \\ 0.43 & 1 \\ 0.57 & 1 \\ 0.86 & 0.5 \\ 1 & 0 \end{bmatrix}$$

上游、王庄站、下游3断面有机物属性子集各指标绝对差依次如下。

$$\begin{array}{ccc} \text{上游} & \text{王庄站} & \text{下游} \end{array}$$

$$\begin{bmatrix} 0.24 & 0 \\ 0.19 & 0 \\ 0.33 & 0 \\ 0.62 & 0.5 \\ 0.76 & 1 \end{bmatrix} \begin{bmatrix} 0.17 & 0 \\ 0.26 & 0 \\ 0.40 & 0 \\ 0.69 & 0.5 \\ 0.83 & 1 \end{bmatrix} \begin{bmatrix} 0.29 & 0 \\ 0.14 & 0 \\ 0.28 & 0 \\ 0.57 & 0.5 \\ 0.81 & 1 \end{bmatrix}$$

由上述各矩阵内元素可容易地看出 Δ_{max} 均为1。由式（3-72）得 Δ_v 依次为 0.364、0.385、0.309。由于 $\Delta_{max} \leqslant 3\Delta_v$，由式（3-74）得 $\rho = 2\varepsilon_\Delta$，依次为 0.728、0.77、0.718。由此得到3断面的各指标与各级水体质量标准关联系数为

$$
\begin{array}{ccc}
\text{上游} & \text{王庄站} & \text{下游} \\
\begin{bmatrix}
0.752 & 0 \\
0.793 & 0 \\
0.688 & 0 \\
0.540 & 0.593 \\
0.489 & 0.421
\end{bmatrix} &
\begin{bmatrix}
0.819 & 1 \\
0.748 & 1 \\
0.658 & 1 \\
0.527 & 0.606 \\
0.481 & 0.435
\end{bmatrix} &
\begin{bmatrix}
0.712 & 1 \\
0.837 & 1 \\
0.719 & 1 \\
0.557 & 0.589 \\
0.470 & 0.418
\end{bmatrix}
\end{array}
$$

然后求出各断面指标权重，得出各断面有机物低层次子集与各级水体质量标准关联度。

$$
\begin{array}{ccc}
\text{上游} & \text{王庄站} & \text{下游} \\
\multicolumn{3}{c}{
\begin{bmatrix}
0.752 & 0.973 & 0.935 \\
0.960 & 0.963 & 0.963 \\
0.940 & 0.950 & 0.937 \\
0.583 & 0.594 & 0.513 \\
0.434 & 0.442 & 0.430
\end{bmatrix}}
\end{array}
$$

由关联矩阵可看出，仅考虑有机物污染，上游属Ⅱ类水，王庄站属Ⅰ类水质，下游属Ⅱ类水。

（2）较高层次水质评价。根据上述方法可得出其他低层次子集水质评价结果。在计算出各低层次子集所占权重后得出各断面较高层次综合水质评价结果为

$$
\begin{array}{cccc}
\text{上游} & \text{王庄站} & \text{下游} & \\
\begin{bmatrix}
0.901 & 0.983 & 0.948 \\
0.889 & 0.903 & 0.919 \\
0.862 & 0.833 & 0.847 \\
0.649 & 0.639 & 0.648 \\
0.475 & 0.479 & 0.480
\end{bmatrix} & & &
\begin{matrix}
1 \\ 2 \\ 3 \\ 4 \\ 5
\end{matrix}
\end{array}
$$

由此可以看出，卫河王庄站附近水质较好，综合评价结果为 3 断面水质均属于Ⅰ类水。

（四）物元分析法

物元分析（Matter Element Analysis）是研究解决矛盾问题规律的方法，是系统科学、思维科学、数学交叉的边缘学科，是贯穿自然科学和社会科学而应用较广的横断学科。它可以将复杂问题抽象为形象化的模型，并应用这些模型研究基本理论，提出相应的应用方法。利用物元分析方法可以建立事物多指标性能参数的质量评定模型，并能以定量的数值表示评定结果，从而能够较完整地反映事物质量的综合水平，并易于用计算机进行编程处理。

1. 物元模型的构建

（1）物元的经典域和节域。给定事物的名称 N，它关于特征 C 的量值为 V，以有序 3 元 $R=(N, C, V)$ 组作为描述事物的基本元，简称物元。若事物 N 有多个特征，并以 n 个特征 $c_1, c_2, \cdots, c_n$ 和相应的量值 $v_1, v_2, \cdots, v_n$ 来描述，则可以表示为

$$
R(t) = \begin{bmatrix}
N, & c_1, & v_1 \\
 & c_2, & v_2 \\
 & \vdots & \vdots \\
 & c_n, & v_n
\end{bmatrix} = \begin{bmatrix}
N(t), & c_1(t), & \langle a_1(t), b_1(t) \rangle \\
 & c_2(t), & \langle a_2(t), b_2(t) \rangle \\
 & \vdots & \vdots \\
 & c_n(t), & \langle a_n(t), b_n(t) \rangle
\end{bmatrix} \tag{3-80}
$$

称 R 为 n 维物元。

设有 m 评价等级 N_1，N_2，$\cdots$，N_m 建立相应的物元

$$R_i = \begin{bmatrix} N_i, & c_1, & X_{i1} \\ & c_2, & X_{i2} \\ & \vdots & \vdots \\ & c_n, & X_{in} \end{bmatrix} = \begin{bmatrix} N_i, & c_1, & \langle a_{i1}, b_{i1} \rangle \\ & c_2, & \langle a_{i2}, b_{i2} \rangle \\ & \vdots & \vdots \\ & c_n, & \langle a_{in}, b_{in} \rangle \end{bmatrix} \qquad (3\text{-}81)$$

$$i = 1, 2, \cdots, m$$

其中，$X_{ij}(j=1, 2, \cdots, n)$ 是评价等级 $N_i(i=1, 2, \cdots, m)$ 关于评价参数 $c_j(j=1, 2, \cdots, n)$ 的量值域，称为经典域。

对于经典域，构造其节域：建立物元，R_P 取 $R_P \supset R_i$

$$R_P = \begin{bmatrix} N_P, & c_1, & X_{P1} \\ & c_2, & X_{P2} \\ & \vdots & \vdots \\ & c_n, & X_{Pn} \end{bmatrix} = \begin{bmatrix} N_i, & c_1, & \langle a_{P1}, b_{P1} \rangle \\ & c_2, & \langle a_{P2}, b_{P2} \rangle \\ & \vdots & \vdots \\ & c_n, & \langle a_{Pn}, b_{Pn} \rangle \end{bmatrix} \qquad (3\text{-}82)$$

称 $X_{Pj} = \langle a_{Pj}, b_{Pj} \rangle$ $(j=1, 2, \cdots, n)$ 为 N_P 关于 $c_j(j=1, 2, \cdots, n)$ 的节域。显然有 $X_{ij} \subset X_{Pi}(i=1, 2, \cdots, m; j=1, 2, \cdots, n)$，对于要评价的对象 P，已知其量监测结果为

$$R_0 = \begin{bmatrix} P, & c_1, & x_1 \\ & c_2, & x_2 \\ & \vdots & \vdots \\ & c_n, & x_n \end{bmatrix} \qquad (3\text{-}83)$$

（2）距的计算。

$$\rho(x_j, X_{ij}) = |x_j - \frac{1}{2}(a_{ij} + b_{ij})| - \frac{1}{2}(b_{ij} - a_{ij})$$

$$\rho(x_j, X_{Pj}) = |x_j - \frac{1}{2}(a_{Pj} + b_{Pj}) - \frac{1}{2}(b_{Pj} - a_{Pj}) \qquad (3\text{-}84)$$

$$i = 1, 2, \cdots, m; j = 1, 2, \cdots, n$$

（3）关联函数。

$$K_i(x_j) = \begin{cases} \dfrac{-\rho(x_j, X_{ij})}{|X_{ij}|}, & x_j \in X_{ij} \\[2mm] \dfrac{\rho(x_j, X_{ij})}{\rho(x_j, X_{Pi}) - \rho(x_j, X_{ij})}, & x_j \notin X_{ij} \end{cases} \qquad (3\text{-}85)$$

$$i = 1, 2, \cdots, m; j = 1, 2, \cdots, n$$

（4）权重系数。

对于评价等级 $N_i(i=1, 2, \cdots, m)$ 的门限值 $x_{ji}(j=1, 2, \cdots, n)$ 列于表 3-10。权系数为

$$a_{ij} = x_{ij} / \sum_{i=1}^{n} x_{ij} \quad i = 1, 2, \cdots, m; j = 1, 2, \cdots, n \qquad (3\text{-}86)$$

表 3 - 10 权 系 数 计 算 表

x_{ij}	N_1	N_2	...	N_m
c_1	x_{11}	x_{12}	...	x_{1m}
c_2	x_{21}	x_{22}	...	x_{2m}
⋮	⋮	⋮	⋮	...	⋮
c_n	x_{n1}	x_{n2}	...	x_{nm}
$\sum$	$\sum_{i=1}^{n} x_{i1}$	$\sum_{i=1}^{n} x_{i2}$	...	$\sum_{i=1}^{n} x_{im}$

（5）关联度及评定等级。关联函数 $K(x)$ 的数值表示评价单元符合某标准范围的隶属程度。当 $K(x) \geqslant 1.0$ 时，表示被评价对象超过标准对象上限，数值越大，开发潜力越大；当 $0 \leqslant K(x) \leqslant 1.0$ 时，表示被评价对象符合标准对象要求的程度，数值越大，越接近标准上限；当 $-1.0 \leqslant K(x) \leqslant 0$ 时，表示被评价对象不符合标准对象要求，但具备转化为标准对象的条件，数值越大，越容易转化；当 $K(x) \leqslant -1.0$ 时，表示被评价对象不符合标准对象要求，且又不具备转化为标准对象的条件。令 $K_j(P) = \sum_{i=1}^{n} a_{ij} K_j(x_i)$，$(j=1, 2, \cdots, m)$，称 $K_j(P)$ 为待评价对象 P 关于等级 j 的关联度。若 $K_{j0} = \max \{K_j(P)\}$，$j \in \{1, 2, \cdots, m\}$，则评定 P 属于等级 j_0。

2. 物元模型的应用实例

以邛海的富营养化状况的评价为例，说明物元模型在湖泊（或水库）富营养化评价中的应用。

（1）评价参数与标准。根据国内外大多数湖泊富营养化评价的经验，选择透明度（SD）、化学需氧量（COD）、总氮（TN）、总磷（TP）、叶绿素 a（Chla）和浮游植物生物量（BM）6 个与湖泊富营养化状况密切相关的因子作为邛海富营养化的评价参数。

目前国内尚无统一的富营养化评价标准，本例采用的评价标准见表 3 - 11，待评价的实测数据见表 3 - 12。

表 3 - 11 邛海富营养化评价分级标准

营养类型	营养级别	SD (m)	COD (mg/L)	TN (mg/L)	TP (mg/L)	Chla (mg/m³)	BM (10^4个/L)
极贫营养	1	27	0.12	0.02	0.000 9	0.26	5
贫营养	2	15	0.24	0.04	0.002	0.66	10
贫中营养	3	8	0.48	0.08	0.004 6	1.60	20
中贫营养	4	4.4	0.96	0.16	0.010	4.10	40
中营养	5	2.4	1.80	0.31	0.023	10.0	60
中—富营养	6	1.3	3.60	0.65	0.050	26.0	100
富营养	7	0.73	7.10	1.20	0.11	64.0	200
重富营养	8	0.40	14.0	2.30	0.25	160.0	500
极重富营养	9	0.22	27.0	4.60	0.56	400.0	1000

表 3 - 12　　　　　　　　　　各断面的各项评价指标的观测值

断面	SD（m）	COD（mg/L）	TN（mg/L）	TP（mg/L）	Chla（mg/m³）	BM（10⁴个/L）
Ⅰ	2.33	1.5	1.22	0.172	0.59	21.1
Ⅱ	1.83	1.5	1.41	0.144	0.82	44.5
Ⅲ	1.95	1.5	1.26	0.133	0.50	6.4
Ⅳ	2.23	1.5	0.88	0.129	1.31	10.9
Ⅴ	2.33	1.5	1.40	0.13	0.33	17.5
Ⅵ	2.18	1.5	1.09	0.13	0.004	3.5
Ⅶ	2.13	1.4	1.15	0.131	0.66	5.3
Ⅷ	2.03	1.5	1.32	0.133	0.33	6.3

注　Chla 和生物量两参数用夏季值，其他指标用 14 个月平均值。

（2）数据处理。由于各评价指标的量化值所在的区间不完全相同，有的评价指标是以数值越小级别越高（如 COD、TN 等），而有的则相反（如 SD），故对各评价指标和评价标准进行归一化处理。

对于 COD 等：$d_i=1.0-(x_9-x_i)/x_9$；对于 SD 等：$d_i=1.0-(x_i-x_9)/x_1$

式中：d_i，x_i，x_1，x_9 分别为归一化后的标准值、未归一化的富营养化标准值、1 级和 9 级富营养化标准值。

归一化后的评价标准见表 3 - 13，归一化后的邛海各断面的富营养化的观测值见表3 - 14。

表 3 - 13　　　　　　　　　　归一化后的邛海富营养化评价分级标准

营养类型	营养级别	SD（m）	COD（mg/L）	TN（mg/L）	TP（mg/L）	Chla（mg/m³）	BM（10⁴个/L）
极贫营养	1	0.008 1	0.004 4	0.004 3	0.001 6	0.000 6	0.005 0
贫营养	2	0.452 6	0.008 9	0.008 7	0.003 6	0.001 7	0.010 0
贫中营养	3	0.711 9	0.017 8	0.017 4	0.008 2	0.004 0	0.020 0
中贫营养	4	0.845 2	0.035 6	0.034 8	0.017 9	0.010 3	0.040 0
中营养	5	0.919 3	0.066 7	0.067 4	0.041 1	0.025 0	0.060 0
中-富营养	6	0.960 0	0.133 3	0.141 3	0.089 3	0.065 0	0.100 0
富营养	7	0.981 1	0.263 0	0.260 9	0.196 4	0.160 0	0.200 0
重富营养	8	0.993 3	0.518 5	0.500 0	0.446 4	0.400 0	0.500 0
极重富营养	9	1.000 0	1.000 0	1.000 0	1.000 0	1.000 0	1.000 0

表 3 - 14 归一化后的各断面的评价指标观测值

断面	SD (m)	COD (mg/L)	TN (mg/L)	TP (mg/L)	Chla (mg/m³)	BM (10⁴个/L)
I	0.921 9	0.055 6	0.265 2	0.307 1	0.001 5	0.021 1
II	0.940 4	0.055 6	0.306 5	0.257 1	0.002 05	0.044 5
III	0.935 9	0.055 6	0.273 9	0.237 5	0.001 25	0.006 4
IV	0.925 6	0.055 6	0.191 3	0.230 4	0.003 3	0.010 9
V	0.921 9	0.055 6	0.304 3	0.232 1	0.000 8	0.017 5
VI	0.927 4	0.055 6	0.237 0	0.232 1	0.000 1	0.003 5
VII	0.929 3	0.051 9	0.250 0	0.233 9	0.001 65	0.005 3
VIII	0.933 0	0.055 6	0.287 0	0.237 5	0.000 8	0.006 3

（3）湖泊富营养化物元模型的建立。

1）经典域及节域。

根据表 3 - 13，取归一化后的 1~9 级富营养化标准对应的取值范围作为经典域。

$$R_{01} = \begin{bmatrix} 1级 & SD & \langle 0,0.008\ 1 \rangle \\ & COD & \langle 0,0.004\ 4 \rangle \\ & TN & \langle 0,0.004\ 3 \rangle \\ & TP & \langle 0,0.001\ 6 \rangle \\ & Chla & \langle 0,0.000\ 6 \rangle \\ & BM & \langle 0,0.005\ 0 \rangle \end{bmatrix} \quad R_{02} = \begin{bmatrix} 2级 & SD & \langle 0.008\ 1,0.452\ 6 \rangle \\ & COD & \langle 0.004\ 4,0.008\ 9 \rangle \\ & TN & \langle 0.004\ 3,0.008\ 7 \rangle \\ & TP & \langle 0.001\ 6,0.003\ 6 \rangle \\ & Chla & \langle 0.000\ 6,0.001\ 7 \rangle \\ & BM & \langle 0.005\ 0,0.010\ 0 \rangle \end{bmatrix} \cdots\cdots$$

$$R_{08} = \begin{bmatrix} 8级 & SD & \langle 0.981\ 1,0.993\ 3 \rangle \\ & COD & \langle 0.263\ 0,0.518\ 5 \rangle \\ & TN & \langle 0.260\ 9,0.500\ 0 \rangle \\ & TP & \langle 0.196\ 4,0.446\ 4 \rangle \\ & Chla & \langle 0.160\ 0,0.400\ 0 \rangle \\ & BM & \langle 0.200\ 0,0.500\ 0 \rangle \end{bmatrix} \quad R_{09} = \begin{bmatrix} 9级 & SD & \langle 0.993\ 3,1.0 \rangle \\ & COD & \langle 0.518\ 5,1.0 \rangle \\ & TN & \langle 0.500\ 0,1.0 \rangle \\ & TP & \langle 0.446\ 4,1.0 \rangle \\ & Chla & \langle 0.400\ 0,1.0 \rangle \\ & BM & \langle 0.500\ 0,1.0 \rangle \end{bmatrix}$$

根据各富营养化参数的取值范围来确定节域。

$$R_{P} = \begin{bmatrix} 1~9级 & SD & \langle 0,1.0 \rangle \\ & COD & \langle 0,1.0 \rangle \\ & TN & \langle 0,1.0 \rangle \\ & TP & \langle 0,1.0 \rangle \\ & Chla & \langle 0,1.0 \rangle \\ & BM & \langle 0,1.0 \rangle \end{bmatrix}$$

2）计算权系数及关联度。

根据公式（3 - 86）计算权重系数，见表 3 - 15。

表 3 - 15　　　　　　　　　　　　　　　权 重 系 数 表

	a_{i1}	a_{i2}	a_{i3}	a_{i4}	a_{i5}	a_{i6}	a_{i7}	a_{i8}	a_{i9}
a_{1j}	0.337 5	0.932 2	0.913 5	0.859 1	0.779 4	0.644 8	0.475 9	0.295 8	0.166 7
a_{2j}	0.183 3	0.018 3	0.022 8	0.036 2	0.056 5	0.089 5	0.127 6	0.154 4	0.166 7
a_{3j}	0.179 2	0.017 9	0.022 3	0.035 4	0.057 1	0.094 9	0.126 6	0.148 9	0.166 7
a_{4j}	0.066 7	0.007 4	0.010 5	0.018 2	0.034 8	0.060 0	0.095 3	0.132 9	0.166 7
a_{5j}	0.025 0	0.003 5	0.005 1	0.010 5	0.021 2	0.043 7	0.077 6	0.119 1	0.166 7
a_{6j}	0.208 3	0.020 6	0.025 7	0.040 7	0.050 9	0.067 2	0.097 0	0.148 9	0.166 7

利用公式（3 - 84）、式（3 - 85）计算各采样点断面的综合关联度如表 3 - 16 所示。

表 3 - 16　　　　　　　　　　邛海各断面综合关联度及评价成果

| 断面 | 极贫营养 | 重贫营养 | 贫营养 | 贫 - 中营养 | 中营养 | 中 - 富营养 | 富营养 | 重富营养 | 极重富营养化 | 所属营养类型 |
	1 级	2 级	3 级	4 级	5 级	6 级	7 级	8 级	9 级	
Ⅰ	−0.620 5	−0.826 6	−0.693 0	−0.464 8	**−0.087 7**	−0.113 4	−0.410 1	−0.438 9	−0.684 3	中营养
Ⅱ	−0.635 6	−0.861 1	−0.758 1	−0.572 1	−0.230 1	**0.181 3**	−0.355 8	−0.414 5	−0.680 0	中 - 富营养
Ⅲ	−0.571 6	−0.836 7	−0.746 1	−0.573 0	−0.241 8	0.092 6	**0.391 1**	−0.476 4	−0.711 6	富营养
Ⅳ	−0.606 3	−0.829 0	−0.698 8	−0.500 8	−0.130 3	**−0.050 4**	−0.344 3	−0.527 2	−0.740 1	中 - 富营养
Ⅴ	−0.612 6	−0.825 6	−0.687 4	−0.474 1	**−0.093 8**	−0.119 5	−0.415 6	−0.457 7	−0.700 8	中营养
Ⅵ	−0.456 0	−0.838 5	−0.730 0	−0.534 5	−0.165 0	**−0.043 4**	−0.380 4	−0.507 5	−0.727 9	中 - 富营养
Ⅶ	−0.544 0	−0.831 2	−0.726 5	−0.536 5	−0.171 5	**−0.015 1**	−0.391 2	−0.498 1	−0.722 7	中 - 富营养
Ⅷ	−0.565 4	−0.833 0	−0.738 5	−0.558 4	−0.215 1	**0.044 8**	−0.403 3	−0.470 0	−0.707 6	中 - 富营养

　　从表 3 - 16 中可知，邛海已处于富营养化状况，应在邛海中投放一些滤食性鱼类来抑制藻类的生长，同时使叶绿素 a 的含量降低，这样可以维持邛海目前的中－富营养水平。

　　在运用物元理论进行湖泊水体富营养化评价过程中，计算方法简便，并且容易进行计算机编程。由于评价参数的量纲不同、数量级不同，在确定经典域和节域时，对原始数据进行了归一化处理，效果较好。评价结果符合实际情况，为采取湖泊富营养化的防治措施提供了的科学依据。

　　（五）模糊综合评判法

　　模糊综合评判是利用模糊运算法则和最大隶属度原则来考虑与被评价事物相关的主要因子，并对其做出综合评价。

　　1. 模型的构建

　　模糊综合评判模型主要包括单因素指标的权重系数的确定、单因素评价指标隶属度的确定，以及综合隶属度的计算等三方面内容。

　　（1）单因素指标的权重系数的确定。权重是以某种数量形式对比、权衡被评价事物总体中诸因素相对重要程度的量值。它既是决策者的主观评价，又是指标本身物理属性的客观反映，是主客观综合度量的结果。权重主要取决于两个方面：①指标本身在决策中的作用和指标价值的可靠程度；②决策者对该指标的重视程度。指标权重的合理与否在很大程度上影响综合评价的正确性和科学性。

目前，在实践中确定权重的方法主要有主观赋权和客观赋权。主观赋权法多是采用综合咨询评分的定性方法确定权重，然后对标准化后的数据进行综合。这种方法是基于评价者的主观偏好信息，可以反映评价者的经验和直觉，但是容易受人为主观因素的影响，夸大或降低某些指标的作用，使评价结果可能产生较大的主观随意性，不能完全真实地反映客观事物之间的现实关系。客观赋权法可以克服主观因素的不利影响，但是这样的权重多属于信息量权重，没有充分考虑指标本身的相对重要程度，更容易忽视评价者的主观信息。因此其数学理论如何完善，对于有大量人为因素存在的复杂系统评价，客观赋权法同样有其缺陷。

近年来，用层次分析法（AHP）确定权重越来越受到研究人员的重视，并在许多方面得到应用，这种多层次分别赋权法可避免大量指标同时赋权的混乱与失误，从而提高赋权的简便性和准确性。在此，根据本研究问题属于多目标决策问题的特点以及所建立的层次分析指标体系，将采用层次分析法确定各指标的权重。具体方法如下。

1）构造判断矩阵。根据层次分析指标体系确定的上下层次指标间的隶属关系，对同一层次的指标，进行两两比较，其比较结果以 T. L. Saaty 的 1～9 标度法表示（表 3 - 17）。

表 3 - 17   1～9 标 度 的 含 义

标度值	含义	标度值	含义
1	表示两个指标相比，具有同样的重要性	7	表示两个指标相比，一个指标比另一个指标强烈重要
3	表示两个指标相比，一个指标比另一个指标稍微重要	9	表示两个指标相比，一个指标比另一个指标极端重要
5	表示两个指标相比，一个指标比另一个指标明显重要	2、4、6、8	上述相邻判断的中值，需要折中时采用

这样，对于同一层次的几个评价指标可以得到两两比较判断矩阵 A：

$$A = (a_{ij})_{n \times n} \tag{3-87}$$

判断矩阵 A 具有以下性质：①$a_{ij} > 0$；②$a_{ij} = 1/a_{ji}$；③$a_{ii} = 1$。

2）采用和积法计算各评价指标的相对权重。

将判断矩阵每一列归一化：

$$\bar{u}_{ij} = \frac{u_{ij}}{\sum_{k=1}^{n} u_{kj}} \quad (i,j = 1,2,\cdots,n) \tag{3-88}$$

每一列经正规化后的判断矩阵按行相加：

$$\bar{\omega}_i = \sum_{j=1}^{n} \bar{u}_{ij} \quad (i = 1,2,\cdots,n) \tag{3-89}$$

对向量 $\bar{\omega} = (\bar{\omega}_1, \bar{\omega}_2, \cdots, \bar{\omega}_n)$ 作归一化处理：

$$\omega_i = \frac{\bar{\omega}_i}{\sum_{j=1}^{n} \bar{\omega}_j} \quad (i = 1,2,\cdots,n) \tag{3-90}$$

所得 $\omega = (\omega_1, \omega_2, \cdots, \omega_n)$ 即为所求权向量。

计算最大特征值 $\lambda_{\max}$:

$$\lambda_{\max} = \frac{1}{n} \sum_{i=1}^{n} \frac{(P\omega^T)_i}{\omega_i} \qquad (3-91)$$

3) 一致性检验。

以上得到的单位特征向量即为所求权向量，那么权重的分配是否合理？这需要对判断矩阵进行一致性检验，采用式（3-92）进行判断。

$$CR = \frac{CI}{RI} \qquad (3-92)$$

式中：CR 为判断矩阵的随机一致性比率；CI 为判断矩阵的一般一致性指标，由式 $CI = \frac{1}{n-1}(\lambda_{\max} - n)$ 算出；RI 为判断矩阵的平均随机一致性指标，对于 $1 \sim 10$ 阶判断矩阵，RI 的值对应见表 3-18。

表 3-18　　　　　　　　　　　随机一致性指标 RI 值表

矩阵阶数 n	1	2	3	4	5	6	7	8	9	10
RI	0	0	0.58	0.9	1.12	1.24	1.32	1.41	1.45	1.49

当 $CR < 0.1$ 时，即认为判断矩阵具有满意的一致性，说明权重分配是合理的；否则，就需要调整判断矩阵，直到具有满意的一致性为止。

（2）评价指标隶属度的确定。指标隶属度是表征评价指标隶属于水资源可持续利用的程度，为此将指标特征值矩阵转换为模糊矩阵。对于定性指标通过请专家按五级打分，再分别进行赋值；对于定量指标假定可持续的影响呈 S 形，并把曲线转化为折线函数进行计算，借鉴国内外相关研究，确定 S 型隶属度曲线转折点取值，以此为依据对定量指标进行标准化。

指标值越大与隶属度值越大，可以采用下式进行计算：

$$f(x) = \begin{cases} 1.0, & x \geqslant x_2 \\ 0.9(x - x_1)/x_2 - x_1 + 0.1, & x_1 \leqslant x < x_2 \\ 0.1, & x < x_1 \end{cases} \qquad (3-93)$$

式中：x_1、x_2 为 S 曲线转折点的取值。

（3）综合模糊评价模型的确定。水资源可持续利用评价采用模糊数学中多因子 2 级评判法，第 1 级对所有指标进行综合评价，第 2 级对准则层分别进行评价。

综合评定向量 B 表示评价点对评价等级的隶属度

$$B = A \cdot R = (a_1, a_2, \cdots, a_m) \cdot \begin{bmatrix} r_{11} & r_{12} & \cdots & r_{1n} \\ r_{21} & r_{22} & \cdots & r_{2n} \\ \vdots & \vdots & \vdots & \vdots \\ r_{m1} & r_{m2} & \cdots & r_{mn} \end{bmatrix} \qquad (3-94)$$

式中：A 为由各评价因子的权重分配构成的权向量，即因子权重模糊矩阵，R 为各评价因子对评价等级的隶属度，即模糊关系矩阵 $R = (r_{ij})_{m \times n}$。

2. 模糊综合评判法的应用实例

以石羊河流域水资源可持续利用评价为例，说明模糊综合评判法的应用过程。

石羊河流域是甘肃省河西走廊三大内陆河流域之一，位于河西地区东部，乌鞘岭以西，祁连山北麓，东南与白银、兰州两市相连，西南紧靠青海省，西北与张掖市毗邻，东北与内蒙古自治区接壤，总面积 $4.16×10^4 hm^2$，占甘肃省内陆河流域总面积的 15.4%。石羊河流域灌溉农业发展已有悠久的历史，目前是我国内陆河流域中人口密度最大、人均国内生产总值较高、人均水资源占有量最少、中下游水资源供需矛盾最突出、生态环境恶化程度最严重的地区。石羊河流域的健康状况不仅关系着流域的生存空间和经济发展，同时对保障流域经济社会和生态环境的协调发展，具有十分重要的意义。

通过结合石羊河流域的实际情况，利用 AHP 理论与 Delphi 方法建立了适合该区域水资源可持续利用的指标体系，并运用模糊综合评判法对水资源的可持续利用做出了定量的分析和评价，通过研究可以合理评价石羊河流域水资源系统各要素与生产系统各要素的协调程度，为水资源的可持续利用提供科学依据和决策支持。

（1）指标体系的构建。根据石羊河流域水资源发展特点，建立三层递阶结构体系：目标层、准则层和指标层。目标层为单一指标，有 4 个准则，具体指标有 14 个，分层结构见表 3-19。

表 3-19 水资源可持续利用层次结构

目标层	准则层	指标层
水资源可持续利用评价 A	资源子系统 B_1	水资源开发利用率 C_1，%
		蓄水供水量占地表供水量比重 C_2，%
		产水模数 C_3，$10^4 m^3/hm^2$
		水资源负载指数 C_4
	人口子系统 B_2	人均供水量 C_5，m^3/人
		人均耗水量 C_6，m^3/人
		节水意识 C_7
	经济子系统 B_3	耕地灌溉率 C_8，%
		单方水 GDP C_9，m^3/元
		污水回收率 C_{10}，%
		农田综合灌水定额 C_{11}，m^3/hm^2
		农业供水单方产值 C_{12}，m^3/元
	生态环境子系统 B_4	污水处理能力 C_{13}
		生态环境用水率 C_{14}，%

目标层 A 表示所需达到的目标，综合反映区域水资源复合系统中社会、经济、生态环境及水资源等子系统之间协调发展状况，用来衡量石羊河水资源可持续利用的状态。准则层 B 进一步反映了系统发展水平和系统发展的协调性，由资源子系统（B_1）、人口子系统（B_2）、经济子系统（B_3）和生态子系统（B_4）组成。指标层 C 结合该区域实际情况共选取了 14 个反映水资源、社会、经济和生态环境 4 个子系统状况的指标。

（2）指标权重的确定。

1）单层次排序结果。

A-B 层判断矩阵为

$$A=\begin{bmatrix} 1 & 3 & 5 & 3 \\ 1/3 & 1 & 2 & 1/3 \\ 1/5 & 1/2 & 1 & 1/2 \\ 1/3 & 3 & 2 & 1 \end{bmatrix}$$

$$\omega=[0.472\,6,\ 0.155\,5,\ 0.130\,4,\ 0.241\,5]^{\mathrm{T}}$$

$$\lambda_{\max}=4.158\,7$$

$$CI=\frac{1}{n-1}(\lambda_{\max}-n)=\frac{4.158\,7-4}{4-1}=0.052\,9$$

$$CR=\frac{CI}{RI}=\frac{0.052\,9}{0.89}=0.059\,4<0.1,\ \text{满足一致性要求。}$$

同理可以得到其他各层权重向量，计算结果见表 3 - 20。

表 3 - 20　　　　　　　　　　　　　水资源可持续利用层次结构

层次	权重名	权重向量	CI	RI	CR	检验
A - B	ω	$[0.472\,6,\ 0.155\,5,\ 0.130\,4,\ 0.241\,5]^{\mathrm{T}}$	0.052 9	0.89	0.059 4	一致
B_1 - C	ω_{B_1}	$[0.359\,5,\ 0.129\,0,\ 0.233\,1,\ 0.278\,4]^{\mathrm{T}}$	0.026 3	0.89	0.029 6	一致
B_2 - C	ω_{B_2}	$[0.291\,5,\ 0.103\,1,\ 0.605\,4]^{\mathrm{T}}$	0.027 7	0.52	0.053 2	一致
B_3 - C	ω_{B_3}	$[0.310\,9,\ 0.114\,0,\ 0.279\,8,\ 0.093\,3,\ 0.202\,1]^{\mathrm{T}}$	0.036 6	1.12	0.032 7	一致
B_4 - C	ω_{B_4}	$[0.750\,0,\ 0.250\,0]^{\mathrm{T}}$		0		一致

2）层次总排序结果。

在已知各层权重的基础上，可以求出 14 个指标的总排序。计算方法就是用 A～B 层 $\omega=[0.472\,6,\ 0.155\,5,\ 0.130\,4,\ 0.241\,5]^{\mathrm{T}}$ 中的元素，分别与 ω_{B_1} 相乘，即得到总排序，见表 3 - 21。

表 3 - 21　　　　　　　　　　　　　　层 次 总 排 序

层次 C	C_1	C_2	C_3	C_4	C_5	C_6	C_7
权重	0.167 0	0.061 0	0.110 2	0.131 6	0.045 3	0.016 0	0.094 1
层次 C	C_8	C_9	C_{10}	C_{11}	C_{12}	C_{13}	C_{14}
权重	0.040 5	0.014 9	0.036 5	0.012 2	0.026 4	0.181 1	0.060 4

（3）模糊评价结果。石羊河流域水资源可持续利用评价指标值见表 3 - 22，定量指标（除 C_7 和 C_{13}）按 S 型隶属度计算公式进行标准化，指标隶属度计算结果如表 3 - 23。定性指标分五级是 1、2、3、4、5，分别赋值为 0.2、0.4、0.6、0.8、1.0。

表 3 - 22　　　　　　　　　　石羊河流域水资源可持续利用评价指标值

指标	C_1	C_2	C_3	C_4	C_5	C_6	C_7
石羊河流域	17.69	62.50	36.51	18.53	118.83	82.73	4.00
指标	C_8	C_9	C_{10}	C_{11}	C_{12}	C_{13}	C_{14}
石羊河流域	56.70	14.42	0.03	365.00	3.96	3.00	0.02

表 3 - 23 指 标 隶 属 度 值

指标	C_1	C_2	C_3	C_4	C_5	C_6	C_7
石羊河流域	0.176 9	0.325 0	0.504 7	0.169 6	0.142 4	1.0	0.8
指标	C_8	C_9	C_{10}	C_{11}	C_{12}	C_{13}	C_{14}
石羊河流域	0.399 3	0.166 3	0.102 5	0.403 8	1.0	0.6	0.103 6

根据各项指标的隶属度和权重，可以计算出石羊河流域水资源可持续利用综合隶属度，经计算得到石羊河流域水资源可持续利用程度为 0.393 7，表明石羊河流域水资源可持续利用程度低，严重制约区域经济社会快速、健康发展。

通过石羊河流域水资源可持续利用的评价研究，可以正确处理流域治理、开发与保护之间的矛盾与冲突，平衡水资源可持续利用与生态环境保护之间的利益冲突，进而为水资源的可持续利用提供了科学依据和决策支持，以期能更好地促进石羊河流域的可持续发展，全面提高流域水资源的利用效率和效益，最终实现生态好转、经济发展、产业升级、社会和谐稳定的目标。

（六）信息熵法

"熵"是建立在热力学第二定律基础之上用以描述自发过程不可逆性的状态函数。最初熵的概念是借助于物体间的热量传递来定义的，但这一定义仅能描述宏观过程的不可逆性，却不能反映体系内部的结构变化特征。1948 年，Shannon 将熵的概念引入了信息论，用以描述系统的不确定性、稳定程度和信息量。信息是系统有序程度的一个度量，而熵是系统无序程度的一个度量，两者绝对值相等，符号相反。

1. 模型的构建

（1）数据处理。设多属性决策问题的方案集为 $A = \{A_1, A_2, \cdots, A_n\}$，属性集为 $R = \{R_1, R_2, \cdots, R_m\}$，方案 A_i 相对于属性 R_j 的属性值用矩阵 $Y = (y_{ij})_{n \times m}$ 表示。通常属性有"效益型""成本型""固定型"和"区间型"几种类型。所谓效益型指标是指属性值愈大愈好的指标；所谓成本型指标是指属性值愈小愈好的指标；所谓固定型指标是指属性值既不能太大又不能太小，而以稳定在某个固定值为最佳的一类指标；所谓区间型指标是指属性值以落在某个固定区间内为最佳的一类指标。为了消除不同物理量纲对决策结果的影响，决策时可按以下公式对决策矩阵进行规范化处理。

对于效益型和成本型指标，一般可分别令

$$z_{ij} = \frac{y_{ij}}{\max_i(y_{ij})} \quad (i=1,2,\cdots,n; j=1,2,\cdots,m) \qquad (3-95)$$

$$z_{ij} = \frac{\min_i(y_{ij})}{y_{ij}} \quad (i=1,2,\cdots,n; j=1,2,\cdots,m) \qquad (3-96)$$

由于固定型指标集和区间型指标集在应用中不太常见，故不予讨论。记无量纲化处理后的决策矩阵为 $Z = (z_{ij})_{n \times m}$。显然，$z_{ij}$ 总是越大越好，设规范化决策矩阵 $Z = (z_{ij})_{n \times s}$ 的正、负理想方案的属性值分别为 $U = (u_1, u_2, \cdots, u_m)$ 和 $V = (v_1, v_2, \cdots, v_m)$，其中

$$u_j = \max_{1 \leqslant i \leqslant n} z_{ij}, \quad v_j = \min_{1 \leqslant i \leqslant n} z_{ij} \quad (j=1,2,\cdots,m) \qquad (3-97)$$

（2）信息熵权的计算。若设评价指标间的加权向量为 $W = (w_1, w_2, \cdots, w_m)^{\mathrm{T}}$。目前，

大多采用专家权重法确定评价指标的权重，为了克服专家权重法因各个专家经验和审查问题角度不同而造成权重的不确定性，采用熵权法来确定权重向量。由熵理论可知属性 R_j 输出的信息熵为

$$H_j = -\frac{1}{\ln n}\sum_{i=1}^{n}f_{ij}\ln f_{ij} \quad (j=1,2,\cdots,m) \tag{3-98}$$

式中：$f_{ij} = \dfrac{z_{ij}}{\sum\limits_{i=1}^{n}z_{ij}}(i=1,2,\cdots,n;j=1,2,\cdots,m)$，进而，第 j 个评价指标的熵权 w_j 定义为

$$w_{ij} = \frac{1-H_j}{\sum\limits_{k=1}^{n}(1-H_k)} \tag{3-99}$$

如果将每个决策方案看成一个行向量，则每个决策方案 A_i 与正、负理想方案的 U、V 之间的加权锡尔（Theil）不等系数可分别由式（3-100）、式（3-101）来确定：

$$\theta_U(i) = \frac{\sqrt{\sum\limits_{j=1}^{m}(z_{ij}-u_j)^2 w_j}}{\sqrt{\sum\limits_{j=1}^{m}z_{ij}^2} + \sqrt{\sum\limits_{j=1}^{m}u_j^2}} \quad (i=1,2,\cdots,n) \tag{3-100}$$

$$\theta_V(i) = \frac{\sqrt{\sum\limits_{j=1}^{m}(z_{ij}-v_j)^2 w_j}}{\sqrt{\sum\limits_{j=1}^{m}z_{ij}^2} + \sqrt{\sum\limits_{j=1}^{m}v_j^2}} \quad (i=1,2,\cdots,n) \tag{3-101}$$

显然 $\theta_U(i)\geqslant 0$，$\theta_V(i)\geqslant 0$，且加权锡尔不等系数 $\theta_U(i)$ 愈小，方案 A_i 越接近正理想方案的 U，即方案 A_i 越好；同理加权锡尔不等系数 $\theta_V(i)$ 愈小，方案 A_i 越接近负理想方案的 V，也即方案 A_i 越差。因此，可以通过比较各个方案之间的加权锡尔不等系数的大小对方案进行排序。为了综合考虑方案 A_i 与正、负理想方案的 U、V 加权锡尔不等系数的大小，可以采用每个方案与理想方案的相对贴近度的大小来对方案进行排序，其计算公式为

$$D_i = \frac{\theta_V(i)}{\theta_U(i)+\theta_V(i)} \quad (i=1,2,\cdots,n) \tag{3-102}$$

则 $D_i^* = \max\limits_{i}\{D_i\}$ 所对应的方案即为最优方案。

2. 信息熵法的应用实例

以黄河流域 9 个行政分区的水资源可再生能力评价为例，来说明信息熵法的应用过程。

（1）评价指标的选取。评价指标是综合评价的基础，指标选取的合理与否，直接关系评价结果的合理与否，因此，建立了黄河流域水资源可再生能力的评价指标，主要包括：单位面积的水资源量 U_1，$\mathrm{m^3 \cdot m^{-2} \cdot a^{-1}}$；单位面积地表水资源量 U_2，$\mathrm{m^3 \cdot m^{-2} \cdot a^{-1}}$；单位面积地下水资源量 U_3，$\mathrm{m^3 \cdot m^{-2} \cdot a^{-1}}$；丰水年单位面积水资源量 U_4，$\mathrm{m^3 \cdot m^{-2} \cdot a^{-1}}$；枯水年单位面积水资源量 U_5，$\mathrm{m^3 \cdot m^{-2} \cdot a^{-1}}$；干旱指数 U_6（倍比）；降水量 U_7，mm；GDP 年增长率 U_8，%；农业总产值增长率 U_9，%；万元产值农业耗水率 U_{10}，$\mathrm{m^3 \cdot 万元^{-1}}$；牲畜用水定额 U_{11}，$\mathrm{m^3 \cdot 头^{-1}}$，具体数据见表 3-24。

表 3-24		黄河流域水资源科再生能力评价指标			
行政区	U_1	U_2	U_3	U_4	U_5	U_6
青 海	0.137	0.137	0.061	0.158	0.117	2.3
四 川	0.278	0.278	0.127	0.323	0.239	0.5
甘 肃	0.091	0.091	0.036	0.111	0.071	2.1
宁 夏	0.019	0.017	0.032	0.024	0.015	5.0
内蒙古	0.034	0.015	0.032	0.037	0.029	7.0
山 西	0.085	0.069	0.054	0.103	0.067	1.9
陕 西	0.096	0.080	0.056	0.114	0.078	1.9
河 南	0.168	0.132	0.095	0.210	0.125	2.0
山 东	0.185	0.172	0.061	0.193	0.177	1.8
行政区	U_7	U_8	U_9	U_{10}	U_{11}	
青 海	443.3	8.3	3.98	1906	4.90	
四 川	712.6	8.0	6.75	154	3.94	
甘 肃	496.7	8.1	6.75	904	4.33	
宁 夏	313.2	7.9	6.75	5499	4.98	
内蒙古	286.9	6.5	10.13	4341	4.9	
山 西	549.0	7.3	3.88	943	6.09	
陕 西	549.9	7.4	6.75	1007	7.22	
河 南	660.5	6.8	6.75	1341	7.24	
山 东	714.7	7.4	10.72	404	5.77	

（2）评价过程及结果分析。以全国水资源可再生能力数据为评价标准，可知 U_1，U_2，U_3，U_4，U_5，U_7，U_8，U_9 可按效益型指标的原则无量纲化；U_6，U_{10}，U_{11} 3 个评定指标按成本型指标的原则无量纲化。由式（3-95）、式（3-96）和表 3-24 的数据，计算可得规范化决策矩阵 $\boldsymbol{Z}$。

由式（3-97）可得正、负理想方案的属性值分别为

$U=(1,1,1,1,1,1,1,1,1,1,1)$

$V=(0.068\ 3,0.054\ 0,0.252\ 0,0.074\ 3,0.062\ 8,0.071\ 4,0.401\ 4,0.783\ 1,0.361\ 9,0.028\ 0,0.544\ 2)$

$$\boldsymbol{Z}=\begin{bmatrix} 0.492\ 8 & 0.492\ 8 & 0.480\ 3 & 0.489\ 2 & 0.489\ 5 & 0.217\ 4 & 0.620\ 3 & 1.000\ 0 & 0.371\ 3 & 0.080\ 8 & 0.804\ 1 \\ 1.000\ 0 & 1.000\ 0 & 1.000\ 0 & 1.000\ 0 & 1.000\ 0 & 1.000\ 0 & 0.997\ 1 & 0.963\ 9 & 0.629\ 7 & 1.000\ 0 & 1.000\ 0 \\ 0.327\ 3 & 0.327\ 3 & 0.283\ 5 & 0.343\ 7 & 0.297\ 1 & 0.238\ 1 & 0.695\ 0 & 0.975\ 9 & 0.629\ 7 & 0.170\ 4 & 0.909\ 9 \\ 0.068\ 3 & 0.061\ 2 & 0.252\ 0 & 0.074\ 3 & 0.062\ 8 & 0.100\ 0 & 0.438\ 2 & 0.951\ 8 & 0.629\ 7 & 0.028\ 0 & 0.791\ 2 \\ 0.122\ 3 & 0.054\ 0 & 0.252\ 0 & 0.114\ 6 & 0.121\ 3 & 0.071\ 4 & 0.401\ 4 & 0.783\ 1 & 0.945\ 0 & 0.035\ 5 & 0.804\ 1 \\ 0.305\ 8 & 0.248\ 2 & 0.425\ 2 & 0.318\ 9 & 0.280\ 3 & 0.263\ 2 & 0.768\ 2 & 0.879\ 5 & 0.361\ 9 & 0.163\ 3 & 0.647\ 0 \\ 0.345\ 3 & 0.287\ 8 & 0.440\ 9 & 0.352\ 9 & 0.326\ 4 & 0.263\ 2 & 0.769\ 4 & 0.891\ 6 & 0.629\ 7 & 0.152\ 9 & 0.545\ 7 \\ 0.604\ 3 & 0.474\ 8 & 0.748\ 0 & 0.650\ 2 & 0.523\ 0 & 0.250\ 0 & 0.924\ 0 & 0.819\ 3 & 0.629\ 7 & 0.114\ 2 & 0.544\ 2 \\ 0.665\ 5 & 0.618\ 7 & 0.480\ 3 & 0.597\ 5 & 0.740\ 6 & 0.277\ 8 & 1.000\ 0 & 0.891\ 6 & 1.000\ 0 & 0.381\ 2 & 0.682\ 8 \end{bmatrix}$$

由式（3-98）和规范化决策矩阵 $\boldsymbol{Z}$，可计算出信息熵为

$$H = (0.9179, 0.8971, 0.9573, 0.9198, 0.9110, 0.8876, 0.9830, 0.9988, 0.9806, 0.7673, 0.9923)$$

再由 H_i 和式（3-99）可得指标属性的熵权为

$$W = (0.1043, 0.1307, 0.0542, 0.1019, 0.1130, 0.1428, 0.0216, 0.0015, 0.0246, 0.2955, 0.0098)^T$$

最后由式（3-100）～式（3-102）计算可得加权锡尔不等系数值，见表3-25。

表 3-25   **锡尔不等系数值和水资源可再生能力排序**

行政区	θ_U	θ_V	D	水资源科再生能力排序
青 海	0.122 4	0.075 3	0.380 9	4
四 川	0.008 8	0.186 9	0.954 8	1
甘 肃	0.129 6	0.054 3	0.296 3	6
宁 夏	0.175 8	0.014 4	0.075 9	9
内蒙古	0.170 8	0.027 9	0.140 4	8
山 西	0.134 8	0.051 0	0.274 4	7
陕 西	0.129 6	0.056 1	0.302 1	5
河 南	0.110 2	0.089 7	0.448 9	3
山 东	0.084 3	0.108 4	0.562 4	2

由表3-25可见，在黄河流域9个地区中，四川省的水资源可再生能力排第1位，因此，该地区的水资源可再生能力是最强的。这是因为该地区除了农业总产值增长率这项指标外，其他各项指标都高于其他地区，山东省和河南省次之，内蒙古和宁夏地区的水资源可再生能力较弱，这与该地区的自然环境、社会环境和经济环境有关。

习　题

3.1　简要概述水资源评价的发展历程。

3.2　归纳水资源评价的概念。

3.3　如何理解水资源评价的内容？

3.4　你对我国目前水资源评价的模式有什么认识？

3.5　什么是水资源数量评价？

3.6　简要阐述水资源数量评价的程序。

3.7　地表水资源量如何计算？

3.8　水资源数量评价的目的是什么？

3.9　简述水资源数量评价的内容。

3.10　目前这种地表水与地下水资源数量分离评价的方法有什么缺点？是否有更好的方法来对水资源数量进行评价？

3.11　什么是水资源质量评价？

3.12　水资源质量评价的内容是什么？

3.13　地表水资源与地下水资源评价有什么区别和联系？

3.14　为什么要进行水资源质量评价？

3.15　供水现状调查的内容包括哪些？

3.16 用水现状调查的目的是什么？简述调查的内容。

3.17 水资源开发利用主要对环境造成怎样的影响？

3.18 以一个实际的水利工程为例，通过查阅资料，分析阐述水资源开发利用对环境的影响。

3.19 简述水资源综合评价指标体系建立的原则。

3.20 简述水资源综合评价的概念。

3.21 简述水资源综合评价的主要内容。

3.22 按照水资源用途来划分，目前水资源评价的标准主要有哪些？

3.23 采用属性识别方法对汾河的水资源质量进行综合评价。评价指标选择 7 个，分别为：溶解氧 DO、生物需氧量 BOD_5、酚、氰化物、汞、砷、六价铬，水质标准见题表 3-1，汾河的水质监测断面有 3 个，分别为兰村、石滩和河津，水质监测数据见题表 3-2。

题表 3-1　　　　　　　　　　水质评价指标及标准分级　　　　　　　　　　mg/L

指标	DO	BOD_5	酚	氰化物	汞	砷	铬
Ⅰ	9.0	1.0	0.001	0.01	0.000 1	0.01	0.01
Ⅱ	6.0	3.0	0.005	0.05	0.000 5	0.04	0.02
Ⅲ	4.0	5.0	0.010	0.10	0.001 0	0.08	0.05

题表 3-2　　　　　　　　　　水 质 的 实 测 值　　　　　　　　　　mg/L

断面	DO	BOD_5	酚	氰化物	汞	砷	铬
兰村	9.3	1.2	0.001 0	0.001 0	0.000 8	0.003	0.006 0
石滩	8.6	4.2	0.007 0	0.003 0	0.000 6	0.072	0.014 0
河津	6.6	7.2	0.011 4	0.008 7	0.000 5	0.004	0.000 7

3.24 采用主成分分析法对北京市 2000～2005 年间水环境承载力进行评价。根据北京市的具体情况，选取了城市水资源总量/用水总量 I_1、人均地区生产总值（GDP），元·人$^{-1}$、单位地区生产总值（GDP）水耗，m^3·万元$^{-1}$、工业万元增加值废水排放量，t·万元$^{-1}$、工业万元增加值 COD 排放量，kg·万元$^{-1}$、工业废水重复利用率，%、污水处理率，%、工业废水排放达标率，%、人均日生活用水量，L·人$^{-1}$·d^{-1} 9 个指标，各指标的数值见题表 3-3。

题表 3-3　　　　　　　2000～2005 年北京市水环境承载力评价指标值

年份	城市水资源总量/用水总量	人均地区生产总值（GDP）/（元·人$^{-1}$）	单位地区生产总值（GDP）水耗/（m^3·万元$^{-1}$）	工业万元增加值废水排放量/（t·万元$^{-1}$）	工业万元增加值COD排放量/（kg·万元$^{-1}$）	工业废水重复利用率（%）	污水处理率（%）	工业废水排放达标率（%）	人均日生活用水量/（L·人$^{-1}$·d^{-1}）
2000	0.42	24 122	127.81	27.49	2.55	88.2	40.6	92.6	248.8
2001	0.49	26 186	104.92	22.58	1.93	89.2	42.2	97.2	260.0
2002	0.47	31 405	78.51	17.31	1.37	91.1	45.0	98.3	237.0
2003	0.51	34 822	71.40	10.72	0.85	92.9	50.1	99.3	248.0

年份	城市水资源总量/用水总量	人均地区生产总值(GDP)/(元·人$^{-1}$)	单位地区生产总值(GDP)水耗/(m³·万元$^{-1}$)	工业万元增加值废水排放量/(t·万元$^{-1}$)	工业万元增加值COD排放量/(kg·万元$^{-1}$)	工业废水重复利用率(%)	污水处理率(%)	工业废水排放达标率(%)	人均日生活用水量/(L·人$^{-1}$·d^{-1})
2004	0.62	40 612	57.69	8.20	0.74	93.0	53.9	98.6	226.8
2005	0.52	44 772	50.85	7.61	0.65	93.0	62.4	99.4	225.0

3.25 采用物元分析法对重庆市凤嘴江的水资源质量进行综合评价。评价因子选择 8 个，分别为溶解氧 A_1，mg/L、BOD_5 A_2，mg/L、COD_{Mn} A_3，mg/L、非离子氨 A_4，mg/L、大肠菌群 A_5，mg/L、挥发酚 A_6，mg/L、氟化物 A_7，mg/L、铬（六价）A_8，mg/L。水质标准见题表 3-4，实测水质数据见题表 3-5。

题表 3-4　　　　　　　　　水质评价指标及标准分级

指标	Ⅰ级	Ⅱ级	Ⅲ级	Ⅳ级	Ⅴ级
A_1	8	6	5	3	2
A_2	3	3	4	6	10
A_3	2	4	6	8	10
A_4	0.02	0.02	0.02	0.2	0.2
A_5	100	500	10 000	50 000	100 000
A_6	0.002	0.002	0.005	0.01	0.1
A_7	1.0	1.0	1.0	1.5	1.5
A_8	0.01	0.05	0.05	0.05	0.1

题表 3-5　　　　　　　　　水 质 实 测 数 据

实测点	1	2	3	4
A_1	8.9	5.0	3.5	6.2
A_2	0.6	2.8	6.0	4.4
A_3	1.2	4.6	8.1	5.4
A_4	0.013 2	0.023	0.05	0.188
A_5	2390	12 000	5000	3000
A_6	0.001	0.001	0.005	0.003
A_7	0.138	4.399	1.0	0.979
A_8	0.002	0.002	0.002	0.002

3.26 采用信息熵法对汉中盆地平坝区水资源可持续发展程度进行综合评价。根据平坝区的实际情况，选取了以下 7 个相对性评价指标：①灌溉率 I_1：灌溉面积/土地面积，%；②水资源利用率 I_2：采用 75% 代表年的水资源利用率，%；③水资源开发程度 I_3：采用 75% 代表年的水资源开发程度，%；④需水模数 I_4：需水量/土地面积，10^4 m³/km²；⑤供水模数 I_5：75% 水平年的供给量/土地面积，10^4 m³/km²；⑥人均供水量 I_6：75% 水平年的供给量/

总人口，m^3/人；⑦生态环境用水率 I_7：生态环境用水量/总水量，％。

　　给定 7 个指标的 4 级指标标准值见题表 3-6。按以上指标对水资源系统可持续发展的影响程度，将水资源系统可持续发展程度划分为Ⅰ、Ⅱ、Ⅲ和Ⅳ 4 个等级。其中Ⅰ级表示该区域水资源开发尚处于初始阶段，该阶段水资源开发程度低，利用率低，水资源系统可持续发展潜力巨大；Ⅱ级表示该区域水资源开发利用处于起步阶段，但该阶段的水资源开发利用程度仍然较低，有较大的发展潜力；Ⅲ级表示水资源开发利用程度已经相当高，可持续发展潜力较低，但还有一定的发展潜力；Ⅳ级表示水资源开发利用已经达到饱和状态，水资源系统可持续发展潜力极低，应该考虑较小区域调水，并且以节水型为主。平坝区及各分区水资源的指标特征值见题表 3-7。

题表 3-6　　　　　　　　　　　　综合评价指标的分级值

评价指标	Ⅰ级	Ⅱ级	Ⅲ级	Ⅳ级
I_1（％）	60	45	35	20
I_2（％）	60	45	35	20
I_3（％）	70	55	45	30
I_4/（$10^4 m^3 km^{-2}$）	100	80	60	40
I_5/（$10^4 m^3 km^{-2}$）	100	80	60	40
I_6（m^3人$^{-1}$）	1000	1750	2250	3000
I_7（％）	2	3	4	5

题表 3-7　　　　　　　　　　平坝区及各分区评价因素的指标数值

评价指标	勉县	汉中	南郑	城固	洋县	平坝区
I_1（％）	39.1	37.6	40.3	31.3	32.7	35.8
I_2（％）	22.5	26.7	25.6	25.8	28.9	25.7
I_3（％）	43.5	50.3	49.5	48.4	53.0	48.7
I_4/（$10^4 m^3 km^{-2}$）	95.5	98.4	106.8	76.5	95.2	92.7
I_5/（$10^4 m^3 km^{-2}$）	46.0	50.7	53.9	36.7	37.7	44.6
I_6/（m^3人$^{-1}$）	1006.6	885.2	1225.8	1102.6	1032.7	1041.4
I_7（％）	2	2	2	2	2	2

第四章　水资源规划的系统分析方法

第一节　概　　述

一、水资源系统的概念

"系统"（system）最早源于古希腊语，其含义是指由部分组成整体。从系统的组成角度看，系统是指由两个或两个以上相互联系的要素组成的、具有整体功能和综合行为的集合。系统是由组成要素集和要素集上的关系集共同决定的，其中关系集是系统工程的工作重点。任意一个系统，必须满足三个条件：①组成系统的要素必须两个或两个以上，它反映了系统的载体基础和多样性、差异性，是系统不断演化的重要机制；②各要素之间必须具有关联性，系统中不存在与其他要素无关的孤立要素，它反映了系统各要素相互作用、相互激励、相互依存、相互制约、相互补充、相互转化的内在相关性，也是系统不断向一定结构或秩序演化的重要机制；③系统的整体功能和综合行为必须不是系统各单个要素或这些要素之和所具有的，而是由各要素通过相互作用而涌现（emerge，即某种非加和的整体性突然出现）出来的。与系统要素相关联的其他外部要素（物质、能量或信息）构成的集合称为系统的环境，它是研究对象全空间 R 中系统集合 S 与非系统集合 F 的过渡集合 E，它们之间存在如下关系：$R=S\cup E\cup F$，$S\cap F=\Phi$（空集）。系统的边界把系统与系统的环境区分开来，环境的边界把系统的环境与非系统集合区分开来。系统的边界和环境的边境具有弹性和动态性，在不同目标、不同条件、不同时期内可能会发生变化的，反映了研究系统的不同要求、不同条件和不同时间，由此决定了系统的层次性，即一个系统既可以向下分解为一系列子系统，又可以向上隶属于更大的系统。

从系统与系统环境的相互作用的角度看，系统是由系统输入、系统转换和系统输出组成的集合。系统输入是环境对系统的作用或激励，系统输出是系统对环境的作用或响应，系统转换是以系统输入为定义域、系统输出为值域的映射。系统输入可以是物质变量、能量变量或者信息变量，相应的系统输出也可以是这三类变量。例如：可以把到达流域地面的降雨作为系统输入，把流域下垫面对降雨的作用作为系统转换，把水向大气中蒸发、水向深层地下水渗透、水进入河网作为系统输出，这三者组成流域产流系统，而把水在大气中的运动、在深层地下水的运动和在河网中的运动视作流域产流系统的环境；可以把降雨经过流域下垫面的截留、填洼、下渗和蒸发等损耗后所剩余的"净雨过程"作为系统输入，在流域出口断面的流量过程作为系统输出，把由净雨过程到流量过程的转换过程作为系统转换，这三者组成流域汇流系统，而把水在流域下垫面上的截留、填洼、下渗和蒸发过程等视作流域汇流系统的环境。根据系统与系统环境的相互作用，运用系统输入—系统输出不同的关系分析、系统要素集上的关系集分析，形成了系统优化、系统建模、系统模拟、系统预测、系统评价、系统决策分析、系统调控等一系列处理系统问题的一般方法。

系统概念的几个重要内涵如下。

（1）系统的结构与功能。任何系统都具有一定的结构，系统的结构就是组成系统的诸要素之间相对稳定的关联方式，也就是系统内部诸要素之间的联系。例如一个家庭系统的人员结构，一个科研项目组系统的人员结构。任何系统都有一定的目的，也就是都有特定的功能，系统的功能是指系统与外部环境相互联系和相互作用中所表现出来的性质、能力和行为，也就是系统与外部环境之间的外部联系，系统的功能包括接受系统输入、把系统输入转换为系统输出的系统转换、向环境进行系统输出、反馈等。例如本科高校系统的一个功能就是把高中生培养成为大学毕业生；信息系统的功能是进行信息的收集、传递、储存、加工、维护和使用。系统的结构是系统的内在根据，系统的功能是系统要素和结构的外在表现，一定的结构总是表现为一定的功能，一定的功能总是由具有一定结构的系统实现的。要素间协调联系程度高，则系统功能良好程度高，反之系统功能良好程度低。系统的结构与功能具有相互作用性，以适应系统和环境变化的需要。系统发展的驱动力就是系统内部诸要素之间及系统与外部环境之间的相互作用。

（2）系统的整体性与综合行为。系统的整体性是指系统要素间的相互依赖性和关联性。系统是由两个以上相互联系的要素组成的整体，要素之间的相互作用产生系统的功能，而系统的功能不是各单个要素所具有的。系统各要素和的贡献大于各要素贡献的和，即系统整体功能大于各要素功能之和（$1+1>2$），这种非加和性就是整体涌现性，即整体具有但还原为部分便不存在的特性，或把部分特性加和起来无法得到的特性。系统性是加和性与非加和性的统一。系统的综合行为是指从系统环境探知的系统状态的变化，是环境与系统的相互作用或影响，主要有系统输入（环境对系统的作用）、系统输出（系统对环境的作用）、系统反馈（系统输出反作用于系统输出）的变化，以及系统对环境的适应性变化。

（3）系统的不确定性与适应性。系统的不确定性主要反映在影响系统及其环境变化的随机性、模糊性、未确知性等不确定性和多重不确定性因素，主要表现在系统输入、系统转换、系统输出往往含有不确定性。系统的适应性是指系统的结构随环境的变化而变化，以适应环境的变化。

水资源系统（water resources system）是指在一定区域内由在水文、水力和水力上相互联系的、可为人类利用的各种形态的水体及其有关的水利工程所构成的综合体。综合体中的各类水体相互联系并依一定规律相互转化，体现出明显的整体功能、层次结构和特定行为。统一体内部具有协同性和有序性，与外部进行物质和能量的交换。水资源系统中的主要水体有大气水、地表水、土壤水和地下水，以及经处理后的污水和从系统外调入的水。各类水体间具有联系，并在一定条件下相互转化。如降雨入渗和灌溉可以补充土壤水，土壤水饱和后继续下渗形成地下水，地下水由于土壤毛细管作用形成潜水蒸发补充大气水，还可通过侧渗流入河流、湖泊而补充地表水。地表水一方面通过蒸发补充大气水，而另一方面通过河湖入渗补充土壤水和地下水。可见，不同的水资源利用方式会影响到水资源系统内各类水体的构成比例、地域分布和转化特性。

水资源系统是一空间上分布的系统。根据水循环、水资源形成和转化规律，一个水资源系统可以包含一个或若干个流域、水系、河流或河段。地下水资源的分区通常与地表水资源分区一致。一个水资源系统内还可进一步划分成若干子系统，同时，其本身又是更大的水资源系统的子系统。所以，水资源系统具有明显的层次结构。

水资源系统具有若干整体功能。水本身不仅为各类生物的生存所必需，而且一定质与量的供水，又是国民经济发展的重要物质基础。利用大坝和水轮机可以把天然径流中蕴藏的巨大势能积累起来并转化为电能；通过水库一方面可以拦蓄洪水减轻灾害，又可以发展灌溉；河流又兴舟楫之利，湖泊可以发展水产养殖和旅游业。在生态环境方面，水可以调节气候，保持森林、草原的生态稳定以及湿地的生物多样性。

水资源系统具有如下主要特点。

①水资源的内涵具有层次性。与人类社会经济和生态环境的生存与发展密切相关的所有淡水（例如大气降水、地表水、地下水、土壤水等），称为广义水资源；人类社会只有通过对广义水资源的开发利用才能实现从自然资源向实物资源的转变的那部分广义水资源（例如径流性水资源），称为狭义水资源；根据水资源可持续利用观点，可对狭义水资源进一步划分为生态需水量和国民经济可利用水资源。随着水资源科学的理论与实践的不断发展，水资源的内涵也必将进一步展开为自然资源、社会资源与虚拟资源三种形式。可见，水资源系统是自然系统、生态系统和社会系统相复合的复杂大系统。

②水资源的不可替代性与可再生性。水资源对于饮用、卫生、农业、林业、畜牧业、渔业、工业、水力发电、航运、娱乐和许多其他人类活动，以及对于人类社会赖以生存和发展的大自然环境的正常运行而言，都是不可替代的。同时，水资源通过各种水分循环的形式来反映其可再生性。

③水资源承载力的多样性、有限性与时空分布的不均衡性。

④水资源工程系统建设和管理的前期性与长期性。随着社会经济的发展和人民生活水平的不断提高，对狭义水资源的数量需求和质量需求也在不断提高，相应的水资源工程系统的建设和管理的前期性与长期性也日益明显。

⑤水资源系统组成要素的层次性和大规模性。水资源复杂系统一般是由天、地、人三大子系统组成，而每个子系统又包括各自的子系统。如此逐层分解，形成了庞大的层次结构，具有很高的维数，系统所覆盖的时间和空间范围大（长期、中期、短期，全球、国家、流域、省市、地县、镇村，大气水、地面水、地下水、泉水和土壤水、生物水），造成计算机的沉重时空负荷，而且难以满足系统在线实时控制的需要。在不同层次上研究所关心的问题是不同的，系统的运行方式和机制也存在着很大差异。实际常遇到的水资源系统，例如河流综合利用系统、大型灌区水资源开发利用系统、城市供水系统、城市下水道系统、农田灌溉系统、防洪工程系统、水旱灾害监测评估系统、水运系统、水污染控制系统、水/火电站群联合优化调度运行系统以及中国西部水资源优化配置与可持续开发利用系统等，都是由天文、气象、下垫面、生态、人文等地球表层众多要素组成的复杂系统。

⑥水资源系统各要素之间或各子系统之间的关联形式多种多样，这些关联的复杂性表现在结构上是各种各样的非线性关系，表现在内容上可以是物质、能量或信息的关联。

⑦水资源系统的演化特性以适应环境的不断变化。作为开放的系统，水资源系统不断地与其所在的自然环境和人文环境发生着物质、能量和信息方面的交换和作用，由于这些环境的变化和不确定性，引起了水资源系统的输入输出强度与性质不断地变化，并进一步引起水资源系统的结构、功能和目的的变化，从而使水资源系统呈现出显著的演化特性。这种演化，一方面表现为系统趋近并达到均衡（相对平衡状态）并从一个均衡向另一个均衡转移的非均衡过程，另一方面表现为整个系统的结构、功能的变动，以及由此引发的系统均衡格局的变迁。这种演化的行为方式主要有多重均衡（演化问题可能同时存在多个最优解）、路径相依（演化过程与系统的初始状态有关）、分岔、突变、锁定（当系统进入一个均衡态后，

若无足够的外界扰动等条件，系统将只能在该均衡态附近波动而无法转移至其他的均衡态)、复杂周期等。例如都江堰水利工程系统中飞沙堰子系统就能根据系统环境中洪水大小变化和泥沙多少变化进行相应的分洪排沙，以保证整个系统能长期安全运行。

⑧水资源系统的空间结构特征。受水分循环规律的支配，降水量具有明显的地域分布特征（中国降水量呈由东到西递减的趋势），从而确定了水资源系统空间结构的主要特征；另外，地势、土壤、植被的不同分布和人类活动也在一定程度上影响水资源的空间格局。所有这些因素决定了水资源系统的空间结构经纬交叉、错综复杂。目前研究水资源可持续利用与管理，已从单一河段、单一河流的开发利用研究，转移到全流域、跨流域的水资源统一调配研究，地表水与地下水统一开发利用研究，水资源系统的空间结构特征更为令人关注。

⑨水资源系统的社会政治特征。一方面，水是万物生命之源，一个国家或地区经济发展和社会发展越来越受该国家或该地区水资源系统运行状况的约束，水资源短缺危机在世界各地日益暴露，危机程度也在日益加深，导致许多地区冲突；另一方面，水量过多将产生水灾，水量过少又会引起旱灾，水质受到污染还会导致重大环境问题。可见水资源系统问题已成为国家或地区社会经济可持续发展的瓶颈，已成为重大战略性问题。

⑩前面 9 个方面的复杂性往往是相互联系、交织在一起的，水资源系统是自然系统与社会系统相复合的典型开放系统，随着水资源系统工程理论和实践在深度和广度方面的展开，这些复杂性的程度将越来越高。

二、水资源系统工程的概念

"工程"的本义是指服务于特定目的的各种工作程序。系统工程（systems engineering）就是以系统为研究对象，为达到系统功能最优而服务于一般系统的开发设计、组织建立或者运行管理的工作程序的一门工程技术学科。它包括运筹学、系统分析、系统研究、费用效果分析、计算智能和管理科学等中可用于工程实践的各种定量方法和定性定量集成方法。系统工程一旦取得了数学表达形式和计算工具，就从一种哲学思维发展成为专门的工程技术学科。任一物质系统、概念系统、物质系统与概念系统相复合的系统，都可以作为系统工程的研究对象，例如自然系统、工程技术系统、社会经济系统、管理系统、军事指挥系统等。系统工程的研究对象并不限于某种特定的系统，也不重复其他学科的研究，而是研究各种系统的普遍属性和共同规律，研究各种系统如何有效组织、有效管理的问题。在现代科学技术的四层次体系结构中，系统工程属于工程技术层次，系统工程的技术科学（为工程技术直接提供理论基础）是运筹学、一般系统论、信息论、控制论等，它的基础科学（在技术科学基础上进一步抽象概括成为认识、揭示客观事物规律的基本理论）是尚在建设中的系统学，它的科学哲学是辩证唯物主义和历史唯物主义。

系统工程和水利工程、电子工程、机械工程等传统工程技术一样，都是从实际问题和条件出发，运用相应的基础科学和技术科学的基本理论和方法，以改造客观世界使其符合人类需要为目的的，但两者有很大的不同，主要表现在：①"工程"的内涵不同。传统工程技术的"工程"是指应用自然科学原理和方法于实践，设计和生产出诸如水库、大桥、铁路、建筑物等有形实体（"硬件"）的技术过程。而系统工程中的"工程"概念既包括上述"硬件"的设计与建造，又包括与这些"硬件"紧密相关的概念、思想、规划、计划、方案、程序等（"软件"）活动过程，即为硬件与软件的复合工程，延拓了传统工程技术的"工程"的含义。②研究对象不同。传统工程技术的研究对象是各自特定领域内的工程实体对象，着眼于物质运动和能量转换。而系统工程的研究对象是一般系统，既包括各种传统工程技术中的实体对象系统，也包括生态、环境、社会、经济、管理等非实体即概念对象系统，还包括实体对象系统与概念对象系统相结合的复合系统，着眼于研究对象的信息流动。在实际运用系统工程时都把所研究的问题看作一个系统进行研究。这些系统中的各种信息是系统工程的主要研究对象。因此，系统工程不是研究某一类系统的工程技术，而是研究各种系统普遍适用的一门综合性工程技术。在运用系统工程解决实际问题时，系统工程必须与所研究的系统本身所在的学科相结合，从而形成不同的应用系统工程学科，例如水资源系统工程、环境系统工程、资源系统工程、农业系统工程、管理系统工程、军事系统工程和社会系统工程等。③学科的任务不同。传统工程技术是着眼于技术的合理性、用来解决某个特定领域中的具体技术问题。而系统工程的任务是解决实际系统内部各要素之间、各要素与各子系统之间、各子系统之间、系统与环境之间的协调问题，使系统整体最优化和整体协调化。④研究的方法和成果不同。传统工程技术所使用的方法是在明确目标后根据条件，采用可能实现目标的方法，提出不同方案进行设计、试制出原型，经试验后最终达到生产和建设的目的，它所使用的方法明显体现出"物理"特征，它所提供的是处理问题的答案。而系统工程的研究方法和结果对传统工程技术而言具有方法论性质，如系统、信息、结构、功能、控制、反馈等范畴，系统观点，以及优化、协调、建模、预测、模拟、评价、决策等各种系统工程方法等，可适用于各种传统工程技术领域，它所使用的方法明显体现出"事理"和"人理"特征，它所提供的是处理问题的过程（行动策略）。⑤系统工程具有多学科综合性的特点，它是综合应用系统科学、自然科学、数学、计算机科学和计算机技术、传统工程技术、管理科学、经济学、社会科学等各种学科知识、组织管理各种复杂系统、横跨众多学科的工程技术学科，只有应用各种学科的广泛知识，才有可能有效地规划设计、管理控制一个复杂系统。

水资源系统工程（water resource systems engineering）是应用系统工程方法对水资源系统进行综合考察和分析，并优化水资源系统规划设计和运行管理的工程技术。从基于研究对象的水资源系统问题分类角度，水资源系统工程的主要研究内容包括河流水资源综合开发利用规划与管理、流域水资源综合开发利用规划与管理、地下水资源综合开发利用规划与管理、农田灌溉系统规划与管理、城市供水系统规划与管理、水力发电工程系统规划与管理、防洪工程系统规划与管理、抗旱系统规划与管理、航道工程系统规划与管理、水污染控制系统规划与管理、水资源可持续利用与管理等内容。从基于研究过程的处理水资源系统问题的方法论角度，水资源系统工程的主要研究内容包括：根据所研究的水资源问题确定水资源系统的目标、功能和边界，从水资源系统整体协调出发，按照系统本身所特有的性质与功能，研究系统与环境之间、系统与各子系统之间、子系统与子系统之间、子系统与各要素之间、各要素之间的相互作用与相互依赖的关系，建立相应的数学模型，并应用系统优化方法、系统建模方法、系统预测方法、系统模拟方法、系统评价方法、决策分析方法、调控方法以及结合从定性到定量综合集成方法等，定量地或半定量地求解水资源系统规划与管理的优化方案。

水资源系统工程处理问题的一般步骤是：①根据所研究的水资源问题的性质、目的，研究问题所包含的要素、要素之间的联系和要素与研究问题外部的联系，确定研究问题的范围，并定义为水资源系统。②选择评价系统功能的目标、准则和指标集，建立水资源系统的评价指标体系。目的可用定性方式描述，而目标、指标则一般都需要尽可能用定量方式描述。③根据所确定的评价指标体系，通过实验、调查、观察、记录以及引用文献等形式收集有关资料，对照系统目标整理资料，找出影响系统目标和功能的因素集，然后提出实现系统目标的各种替代方案。④确定影响系统目标和功能的主要因素及其相互关系，定义系统输入、系统转换、系统输出、系统目标函数和系统约束条件形式，建立系统模型。利用系统模型可以分析影响系统目标和功能的主要因素及其影响程度，确定这些因素的关联程度、总目标和各分目标的实现途径及其约束条件。⑤利用已建立的各种模型对各种替代方案可能产生的结果进行计算、模拟和预测，分析各种指标达到的程度。⑥在上述分析的基础上，再结合各种定性因素，通过相应的系统评价方法，把各种替代方案各指标值综合成单一指标值的形式，以表示各方案达到系统总目标的程度，据此确定各方案的优先顺序，供决策者参考。⑦当研究问题十分复杂、步骤⑥仍未能确定处理所研究问题的最优方案时，需进一步确定反映决策者对研究问题的主观意图和倾向的决策准则，分析各替代方案在未来各种自然状态下的益损值矩阵，通过相应的系统决策分析方法，来求解以替代方案为优化变量、以自然状态为约束条件、以反映决策准则的益损值矩阵的函数为目标函数的特殊的优化问题，最终选择和决定最佳方案。从工程技术角度分析水资源系统工程处理问题的上述步骤，水资源系统工程也可以认为就是由一系列系统优化方法、系统建模方法、系统预测方法、系统模拟方法、系统评价方法、系统决策分析方法组成的方法集，用以最佳地处理所研究的水资源系统问题。其中，水资源系统优化方法是应用其他水资源系统工程方法的基础。水资源系统工程的主要特征是整体性、关联性、协调性、系统化、模型化、最优化和实践性。

21世纪中国水利的发展战略将从工程水利向水资源可持续利用方向进行重大转移，研究水资源系统已不能就水论水、就河论河、就工程论工程，而必须把水资源与生态环境、经济结构、人口结构、社会结构组织在同一个复杂大系统（社会经济资源与环境可持续发展系统）下进行综合研究，这给水资源系统工程的理论与实践的快速发展带来了难得的机遇和挑战。针对这样的复杂系统，目前普遍认为，采用常规的机理描述和推理难以建立完整的模型。这是因为复杂系统的行为本质既包含"高维性"又包含"混杂性"。所谓"高维性"是指复杂系统要素繁多，往往需要做"多目标—多要素—多层次分析"；所谓"混杂性"是指确定性与不确定性、正态与非正态、定性与定量、静态与动态、宏观与微观、平衡与非平衡等特征的混杂。水资源系统工程的大量实践证明，随着水资源工程实践中所遇到的水资源系统日益大型化、综合化和智能化，研究水资源系统问题已避不开它的复杂性，常规的系统工程方法和手段已难以胜任水资源复杂系统中涉及多因子、多层次的综合分析，只有打破学科、部门、行业界线，把系统科学的其他理论和方法以及计算机、人工智能等现代科学与技术中的最新成果进一步引入水资源系统工程的研究中并进行相应创新，采用多学科交叉渗透和综合集成的研究方法，才能系统地探讨和研究水资源复杂系统的预测、评估与决策等综合性复杂问题，才能为实现人类对水资源复杂系统的有效调控和科学管理提供重要依据。

常规的水资源系统工程各种方法在上述水资源系统的复杂性面前遇到了不同程度的挑战。例如，在水资源系统建模方法方面的挑战主要表现在：①系统模型结构的不确定性。在客观上，水资源系统要素一般十分庞大而复杂，系统状态具有某种程度的不确定性，受当前科技水平和条件的限制，往往难以用合适结构的数学模型来精确描述；为适应系统环境的不断变化，系统结构和功能也在不断调整、变化。而在主观上，为掌握系统的状态，必要的观测量会很大，同时在高精度下观测又很困难，受建模者的知识、经验和能力的限制，为便于模型求解，提出的模型结构不得不建立在许多假设条件和经验公式之上。②系统模型的数值求解的不确定性。由于水资源系统模型具有高维高度非线性，常规方法处理线性、低维模型较为成熟，而对大多数高维高度非线性水资源系统模型往往不能取得满意的结果。③系统模型中庞杂信息类型所产生的不确定性。同一水资源系统中往往既含有大量时间、空间和统计等方面的确定性信息，又有众多不确定性信息，如随机性信息、模糊性信息、灰色性信息、混沌性信息、错误信息和主观信息，后者如在水资源缺乏或人类活动影响强烈的地区以及在水资源评价和开发利用、水资源工程经济运行和日常管理中，往往遇到难以用精确数值表示的信息，它们常以经验性语言、知识或规则的形式出现。常规方法已无法妥善求解混杂这些信息类型的系统模型。完全掌握系统模型的这些信息，由于系统的复杂而变得不可能，同时因获得这些信息需要很大成本而变得不可行。所有这些不完备信息和不确定信息将导致系统模型结果的不确定性。④系统模型的多目标性。水资源模型的目标既有兴利目标，又有除害目标。前者如农业用水、工业用水、旅游业用水和生活用水等目标，后者如水旱灾害、环境问题和生态问题等目标，这些目标还可向下展开许多子目标，其中有些目标是可定量的，有些是不可定量的，这些目标在系统模型中如何协调、平衡以达到综合最优将会导致模型结果的不确定性。⑤系统模型中自然要素与社会要素的相互关联和相互作用所产生的不确定性。

第二节　水资源系统工程方法论

从工程技术层次看，方法论的内涵就是处理某类问题的一般方法，它通常以框架形式把一般方法展开为处理某类问题的一般步骤序列。在实际应用方法论时对其中的任一步骤都可以进行具体化、改造甚至创新。方法论的外延既包括处理某类问题的所有具体方法，也包括能适用于多种问题的某具体方法。从方法论到具体方法的展开过程称为方法的模型化过程，从具体方法到方法论的抽象过程称为方法的框架化过程。方法论的主要特点就是它的通用性。方法的模型化过程和框架化过程在协调系统工程应用研究与理论研究中具有重要作用，并随应用研究与理论研究的不断深入而逐步深化。例如，遗传算法就是处理优化问题的一般方法，它的一般步骤由解的编码、群体的初始化、群体的适应度评价、个体的选择操作、个体的杂交操作、个体的变异操作和群体更新迭代共 7 个步骤组成，因此遗传算法就是一种处理优化问题的方法论，它包括一类新的优化方法。实际上遗传算法已发展为智能科学领域最具活力的分支学科之一。

系统工程就是介于哲学方法论和专门科学方法论之间的一般科学方法论，它一端与哲学方法相连接，另一端又与其他专门科学方法紧密结合，沟通了哲学与各专门科学，推动了科学方法论向整体性、深刻性和普适性方向不断发展。

系统工程思考问题的一般方式（系统观点）就是，任何研究问题都可作为由有关研究对象组成的一个系统，研究系统必须从时间上动态长期的、空间上普遍联系的和属性上整体协调的观点来最佳地分析、设计、组织、管理该系统。这种系统观点可以用"白日依山尽（青山依旧在，几度夕阳红：时间上动态长期的），黄河入海流（黄河之水天上来，奔腾到海还复来：空间上普遍联系的），更上一层楼（登高望远：属性上整体协调的），欲穷千里目（把问题看清楚：目标上最佳地处理问题）"来简单概括。凡是用系统观点来认识和处理问题的方法，也即把研究对象当作系统来认识和处理的方法，不管是理论的或经验的，定性的或定量的，数学的或非数学的，精确的或近似的，都是系统工程方法。

系统工程方法论就是系统工程处理问题的一般方法，目前最有代表性的有两类方法论：一类是以"最优化"为核心的霍尔（A. Hall）系统工程方法论，按照"明确问题→目标选取→方案设计→建立数学模型→最优化计算→决策分析→决策实施"的方式展开，主要适用于各种复杂工程技术系统；另一类是以"比较学习"为核心的切克兰德系统工程方法论，按照"说明问题现状→确定与改善现状有关的因素→建立描述问题现状的概念模型→改善概念模型→模型和现状的比较→决策实施"的方式展开，主要适用于各种复杂经济社会系统和复杂工程技术系统与经济社会系统的复合大系统。这些方法论又可细分为系统优化方法、建模方法、预测方法、模拟方法、评价方法、决策分析方法和调控方法等抽象层次较低的方法论。其中系统优化方法、建模方法、预测方法、模拟方法、评价方法统称为系统分析方法。

第三节　水资源系统优化方法

一、水资源系统优化方法的概念

系统优化问题，就是如何寻找影响系统目标的优化变量各分量的某种取值组合，使得系统目标函数在给定约束条件下达到最优或近似最优这样一类问题，解决这类问题的方法称为系统优化方法。系统目标、约束条件和优化变量是构成系统优化问题的三要素。水资源系统优化就是各种优化方法在水资源系统中的应用过程，它要求在有限的水资源条件下，通过系统内部各变量之间、各变量与各子系统之间、各子系统之间、系统与环境之间的组合和协调，最大限度地满足生产、生活、生态等各用水部门的可持续利用要求，使水资源系统具有最好的政治社会经济效益和生态环境效益。

从系统目标、约束条件和优化变量等不同角度，可对现有的水资源系统优化方法进行不同的分类。如根据系统目标的特征，可把系统优化方法分为三大类：第一类是单层单目标最优化方法，又称标量最优化方法，它是用一个实数变量来表示系统目标的最优化方法。水资源系统的各种功能如防洪、灌溉、发电、航运、旅游、水产养殖等，如果能用可以公度的货币进行统一测度，就成为一个单层单目标优化问题，目前这类方法包括：①无约束优化方法、约束优化方法；②确定性优化方法、随机性优化方法、模糊性优化方法、灰色性优化方法、混沌性优化方法；③线性优化方法和非线性优化方法；④静态优化方法和动态优化方法；⑤连续变量优化方法、离散变量优化方法和混合变量优化方法等。第二类是单层多目标最优化方法，又称向量最优化方法，它是用两个或两个以上实数变量来表示多个系统目标的最优化方法。例如在流域水资源规划与管理大系统中，所追求的系统目标有政治效益、社会效益、经济效益、生态环境效益等多个目标。目前，单层多目标优化方法的出发点或者是把它转换成标量最优化问题，或者引入决策者的价值判断于优化过程。前者如加权法、约束法，后者如目的法、代用价值权衡法等。第三类是多层多目标最优化方法，又称大系统最优化方法。很多实际水资源复杂系统如中国西北水资源承载力系统、南水北调系统，是由两个或两个以上具有层次性的目标组成的，同一层次的目标之间具有相对独立性，它们都服务于上层目标。在这类复杂系统中如何协调各种目标的取值，以求得整个系统的满意解，是水资源大系统最优化方法研究的主要内容，这类研究目前仍处于初步阶段，主要有大系统分解协调方法。

对于不同的水资源系统优化问题，水资源系统优化方法的求解过程一般也会不同。从方法论的角度看，水资源系统优化方法的一般步骤可包括 7 步：①确定系统优化的目标体系，并用经济、时间、精度、实物等性能指标表示。②选择影响系统目标的独立的优化变量集。③用等式、不等式、集合、显式、隐式等形式确定各优化变量的约束条件。④确定系统优化模型的结构形式，即用目标函数和约束条件来描述各优化变量之间、各优化变量与各性能指标之间的关系式。⑤针对该结构形式，运用相应的解析方法、数值方法和人机对话方法等进行最终求解。⑥对所得优化结果的合理性、计算精度和敏感性等进行分析和验证，必要时可对优化结果进行协调、修正、评定，确定最终的系统优化结果，作为决策依据。⑦根据实际应用效果，可对以上各步骤进行不断修改和完善。

二、基于遗传算法的水资源系统优化方法

遗传算法是一类通用的优化方法，它只要求优化问题是可计算的，对复杂优化问题的适用性强，不失一般性。现以模型的参数优化问题为例，阐述加速遗传算法（Accelerating Genetic Algorithm，AGA）的完整步骤：

$$\min f = \sum_{i=1}^{m} \parallel F(C, X_i) - Y_i \parallel^q \tag{4-1}$$

$$\text{s. t. } a_j \leqslant c_j \leqslant b_j \quad (j = 1, 2, \cdots, p)$$

式中：$C = \{c_j\}$ 为模型 p 个待优化参数（优化变量）；$[a_j, b_j]$ 为 c_j 的初始变化区间（搜索区间）；X 为模型 N 维输入向量；Y 为模型 M 维输出向量；F 为一般非线性模型，即 $F: R^N \rightarrow R^M$；$\{(X_i, Y_i) \mid i = 1, 2, \cdots, m\}$ 为模型输入、输出 m 对观测数据；$\parallel \parallel$ 为取范数；q 为实常数，如当 q 为 1 时为最小一乘准则，为 2 时为最小二乘准则，等等，可视实际建模要求而定；f 为优化准则函数。加速遗传算法包括如下 8 个步骤。

步骤 1：变量初始变化空间的离散和二进制编码。研究表明，采用二进制编码时，杂交操作的搜索能力比十进制编码时的搜索能力强，而且随着群体规模的扩大，这种差别就越明显，因此，这里决定采用二进制编码。设编码长度为 e，把每个变量的初始变化区间 $[a_j, b_j]$ 等分成 $2^e - 1$ 个子区间，则

$$c_j = a_j + I_j \cdot d_j \quad (j = 1, 2, \cdots, p) \tag{4-2}$$

式中：子区间长度 $d_j = (b_j - a_j)/(2^e - 1)$ 是常数，它决定了 GA 的解的精度；搜索步数 I_j 为小于 2^e 的任意十进制非负整数，是变数。

经过编码，变量的搜索空间离散成 $(2^e)^p$ 个网格点。GA 中称每个网格点为个体，它对应 p 个变量的一种可能取值状态，并用 p 个 e 位二进制数 $\{ia(j, k) \mid j = 1, 2, \cdots, p; k = 1, 2, \cdots, e\}$ 表示：

$$I_j = \sum_{k=1}^{e} ia(j, k) \cdot 2^{k-1} \quad (j = 1, 2, \cdots, p) \tag{4-3}$$

这样，通过式（4-2）、式（4-3）的编码，p 个变量 c_j 的取值状态、网格点、个体、p 个二进制数 $\{ia(j, k)\}$ 之间建立了一一对应的关系。可见，优化变量的变化区间及编码长度决定了模型参数实际搜索空间的大小。GA 的直接操作对象是这些二进制数。

步骤 2：初始父代群体的随机生成。设群体规模大小为 n。从上述 $(2^e)^p$ 个网格点中均匀随机选取 n 个点作为初始父代群体。也即，生成 n 组 $[0, 1]$ 区间上的均匀随机数（以下简称随机数），每组有 p 个，即 $\{u(j, i) \mid j = 1, 2, \cdots, p; i = 1, 2, \cdots, n\}$，这些随机数经下式转换得到相应的随机搜索步数

$$I_j(i)=\text{INT}(u(j,i)\cdot 2^e)\quad(j=1,2,\cdots,p;i=1,2,\cdots,n)\qquad(4-4)$$

式中：INT（·）为取整函数，显然有 $I_j(i)<2^e$。这些随机搜索步数 $\{I_j(i)\}$ 由式（4-3）对应二进制数 $\{ia(j,k,i)\mid j=1,2,\cdots,p;k=1,2,\cdots,e;i=1,2,\cdots,n\}$，又由式（4-2）与 n 组优化变量 $\{c_j(i)\mid j=1,2,\cdots,p;i=1,2,\cdots,n\}$ 一一对应，并把它们作为初始父代个体。换言之，优化变量 $\{c_j(i)\}$ 与二进制数 $\{ia(j,k,i)\}$ 之间的对应关系，是通过整数 $\{I_j(i)\}$ 这一中介实现的：$\{c_j(i)\}\sim\{I_j(i)\}\sim\{ia(j,k,i)\}$。

步骤 3：二进制数的解码和父代个体适应度的评价。把父代个体编码串 $ia(j,k,i)$ 经式（4-3）和式（4-2）解码成优化变量 $c_j(i)$，把后者代入式（4-1）得到相应的优化准则函数值 f_i。f_i 值越小表示该个体的适应度值越高，反之亦然。把 $\{f_i\mid i=1,2,\cdots,n\}$ 按从小到大排序，对应的变量 $\{c_j(i)\}$ 和二进制数 $\{ia(j,k,i)\}$ 也跟着排序，为简便，这些记号仍沿用。称排序后最前面几个个体为优秀个体。定义排序后的第 i 个父代个体的适应度函数值为

$$F_i=\frac{1}{f_i^2+0.001}\quad(i=1,2,\cdots,n)\qquad(4-5)$$

式中：分母中"0.001"是经验设置的，以避免 f_i 为 0 的情况；f_i^2 是为了增强各个体适应度值的差异。

步骤 4：父代个体的概率选择。取比例选择方式，则个体 i 的选择概率为

$$p_i'=\frac{F_i}{\sum_{i=1}^{n}F_i}=\frac{\dfrac{1}{f_i^2+0.001}}{\sum_{i=1}^{n}\dfrac{1}{f_i^2+0.001}}\quad(i=1,2,\cdots,n)\qquad(4-6)$$

令 $p_i=\sum_{k=1}^{i}p_k'(i=1,2,\cdots,n)$，则序列 $\{p_i\mid i=1,2,\cdots,n\}$ 把 $[0,1]$ 区间分成 n 个子区间，并与 n 个父代个体一一对应。

生成 n 个随机数 $\{u(k)\mid k=1,2,\cdots,n\}$。若 $u(k)\in(p_{i-1},p_i]$，则第 i 个个体被选中，其二进制数记为 $ia1(j,k,i)$。同理可得另外的 n 个父代个体 $\{ia2(j,k,i)\}$。这样从原父代群体中以概率 p_i' 选择第 i 个个体，共选择两组各 n 个个体。

步骤 5：父代个体的杂交。由于杂交概率 p_c 控制杂交算子应用的频率，在每代新群体中，有 np_c 对串进行杂交，p_c 越高，群体中串的更新就越快，GA 搜索新区域的机会就越大，因此这里 p_c 取定为 1.0。目前普遍认为两点杂交方式优于单点杂交方式，因此这里决定采用两点杂交。由步骤 4 得到的两组父代个体随机两两配对，成为 n 对双亲。先生成 2 个随机数 U_1 和 U_2，再转成十进制整数：$IU_1=\text{INT}(1+U_1\cdot e)$，$IU_2=\text{INT}(1+U_2\cdot e)$。设 $IU_1\leqslant IU_2$，否则交换其值。第 i 对双亲 $ia1(j,k,i)$ 和 $ia2(j,k,i)$ 的两点杂交，是指将它们的二进制数串中第 IU_1 位至第 IU_2 位的数字段相互交换，生成两个子代个体：

$$i'a1(j,k,i)=\begin{cases}ia2(j,k,i),&\text{当}k\in[IU_1,IU_2]\\ia1(j,k,i),&\text{当}k\notin[IU_1,IU_2]\end{cases}\qquad(4-7)$$

$$i'a2(j,k,i)=\begin{cases}ia1(j,k,i),&\text{当}k\in[IU_1,IU_2]\\ia2(j,k,i),&\text{当}k\notin[IU_1,IU_2]\end{cases}\qquad(4-8)$$

$$(j=1,2,\cdots,p;k=1,2,\cdots,e;i=1,2,\cdots,n)$$

步骤 6：子代个体的变异。这里采用两点变异，因为它与单点变异相比更有助于增强群

体的多样性。生成 4 个随机数 $U_1 \sim U_4$。若 $U_1 \leqslant 0.5$ 时子代取式（4-7），否则取式（4-8），得到 n 个子代，记其二进制数为 $\{ia(j,k,i)\}$。把 U_2、U_3 转化成不大于 e 的整数：

$$IU_1 = INT(1 + U_2 \cdot e) \tag{4-9}$$

$$IU_2 = INT(1 + U_3 \cdot e) \tag{4-10}$$

变异率 p_m 为子代个体发生变异的概率。子代个体 $ia(j,k,i)$ 的两点变异，即如下变换

$$ia(j,k,i) = \begin{cases} 当 U_4 \leqslant p_m \text{ 且 } k \in \{IU_1, IU_2\} \text{ 时，原 } k \text{ 位值为 } 1 \text{ 时变为 } 0 \\ 原 k \text{ 位值为 } 0 \text{ 时变为 } 1 \\ 其他情况值不变 \end{cases} \tag{4-11}$$

步骤 6 中：利用随机数 U_1 以 0.5 的概率选取杂交后生成的两个子代个体的任一个，利用 U_2 和 U_3 来随机选取子代个体串中将发生变异的两个位置，利用 U_4 来控制子代个体发生变异的可能性。

步骤 7：进化迭代。由步骤 6 得到的 n 个子代个体作为新的父代，算法转入步骤 3，进入下一次进化过程，如此循环往复，优秀个体将逼近最优点。

以上 7 个步骤构成标准遗传算法（Standard Genetic Algorithm，SGA）。

步骤 8：加速循环。根据标准遗传算法 SGA 各算子的寻优性能和大量的数值实验与实际应用，可用第一次、第二次进化迭代所产生的优秀个体的变量变化空间，作为变量新的初始变化区间，算法转入步骤 1，重新运行 SGA，如此加速循环，直到最优个体的优化准则函数值小于某一设定值或算法运行达到预定加速循环次数，结束整个算法的运行。此时就把当前群体中最佳个体或某个优秀个体指定为 AGA 的结果。以上 8 步构成 AGA。

设计 AGA 是基于这样的认识：标准遗传算法 SGA 的大量应用经验表明，在 SGA 演化过程中出现对群体选择向某些高适应度值（称为优秀个体）所在区域集中的趋势，这些优秀个体所包含的适应度值信息，可以大体上反映适应度函数在最优点附近优化变量各分量方向的变化特性，由这些优秀个体所围成的区域很可能是最优点存在的区域。因此，可以把由这些优秀个体所围成的区域作为以后 SGA 演化的新的搜索空间。如此反复进行，这样随着算法的运行，SGA 的搜索空间被逐步调整、压缩，大大减少了算法的计算量，提高了 SGA 的搜索效率。

在 AGA 中，把 SGA 的杂交算子和变异算子作为探测工具，以基于目标函数值的概率选择作为指导原则，通过基于优秀个体子群体的搜索空间的逐步调整、压缩来实现算法的收敛，AGA 正是通过这 3 个过程的协同工作和相互平衡来进行全局优化搜索的。

为增强 AGA 的全局优化能力、突破以往对 SGA 控制参数的设置经验，通过数值试验研究，基本上得到了 AGA 控制参数的简便设置规律：二进制编码长度 e、杂交概率 p_c 和变异率 p_m 分别固定设置为 10，1.0 和 1.0；群体规模 n 与优秀个体数目 s 存在经验关系式

$$s/n > n/(e \cdot 2^e) \tag{4-12}$$

并且建议 n 取 300 以上，s 相应取 10 以上；每次加速循环中 AGA 只进行两次进化迭代。

三、实例

【例 4-1】 被广泛用于城市排水设计与管理中的单一重现期的暴雨强度公式，是一常用的水资源系统模型

$$i = A/(t + B)^n \tag{4-13}$$

式中：i 为暴雨强度（mm/s）；t 为降雨历时（min）；A、B 和 n 为模型参数。

由于该公式是超定非线性方程，该公式的参数优化问题实际上是一个非线性优化问题。传统的非线性优化方法不仅计算复杂、通用性差，求得的往往不是全局最优解，而且也无法考虑实际优化计算中一些特殊要求。现根据表 4-1 中不同重现期暴雨强度与降雨历时的数据 $\{(t_i, i_i)\}$，用 AGA 来优化式（4-13）中的模型参数 A、B 和 n，使如下优化准则函数极小化

$$\min Q = \sum_{i=1}^{m} \left[A/(t_i + B)^n - i_i \right]^2 \tag{4-14}$$

并与传统回归法（简称传统法）、优选回归法（简称优选法）的计算结果相比较，见表4-1、表4-2。可见，AGA 的结果普遍好于传统法和优选法的结果，应用 AGA 是成功的。

表 4-1　　　　各估计方法的暴雨强度拟合效果的比较（重现期为 100a）

降雨历时（min）	暴雨强度				暴雨强度的计算误差		
	原始值	AGA	传统法	优选法	AGA	传统法	优选法
5	3.57	3.519	3.477	3.550	−0.051	−0.093	−0.020
10	2.78	2.909	2.925	2.945	0.129	0.145	0.165
15	2.51	2.527	2.557	2.561	0.017	0.047	0.051
20	2.33	2.260	2.292	2.290	−0.070	−0.038	−0.040
30	1.89	1.903	1.928	1.926	0.013	0.038	0.036
45	1.68	1.581	1.592	1.596	−0.099	−0.088	−0.084
60	1.43	1.377	1.377	1.387	−0.053	−0.053	−0.043
90	1.10	1.126	1.112	1.129	0.026	0.012	0.029
120	0.92	0.972	0.949	0.972	0.052	0.029	0.052
平均绝对值误差					0.056 67	0.060 34	0.057 80

表 4-2　　　　用 AGA 优化暴雨强度公式的参数（重现期为 100a）

加速次数	优秀个体各参数的变化区间			最优化准则函数值
	A	B	n	
1	[0.000 0, 30.000 0]	[0.000 0, 100.000 0]	[0.000 0, 2.000 0]	0.303 79
5	[7.454 4, 23.256 8]	[2.516 8, 26.906 6]	[0.377 1, 0.616 5]	0.040 59
AGA 估计	13.556	6.928	0.544	0.040 59
传统法	17.700	10.000	0.601	0.046 24
优选法	14.690	7.630	0.560	0.045 61

第四节　水资源系统模拟方法

一、水资源系统模拟方法的概念

系统模拟就是用模型系统来模仿和仿效所研究的实际系统。系统模拟大致可分为如下 4 类：一是直观模拟，主要是模仿自然物（原型）的外形以及由内外形产生的某些功能，以便把原型的功能移植到所设计的工具或仪器上。二是模型模拟，就是用物理模型、数学模型等来模仿和研究原型系统，以便设计和建立与原型系统相似的系统。其中，物理模型模拟是以几何相似或物理相似为基础进行模拟，数学模型模拟是以数学形式相似为基础进行模拟。三是功能模拟，就是以不同系统的功能相似和行为相似为基础进行模拟，如利用人工神经网络系统模拟人脑神经系统、用遗传算法模拟生物进化过程等。四是计算机模拟，即用计算机技术实现以上 3 类模拟，它既可以模拟人体机能，又可以模拟人脑思维功能，已成为当前系统模拟的研究前沿和主要形式。在今日系统工程界，数学模型模拟、功能模拟和计算机模拟之间已日益相互渗透、交叉和同化，以致很难相互区分，因此，系统模拟通常是对数学模型模拟、功能模拟和计算机模拟的总称。

系统工程中的系统模拟，一般是指建立实际系统的数学模型，并利用系统模型的数值求解对系统进行试验和定量分析，检验系统模型的有效性、推断系统的结构特征和行为特征，或用以解决特定问题（如系统预测和决策问题）这样一类在计算机上通过用系统模型做计算实验的方法，它不包括物理模型模拟。例如，蒙特卡洛（Monte-Carlo）法、系统动力学方法。实际系统、系统模型和计算技术是系统模拟的 3 要素，其中实际系统与系统模型之间的关系是系统建模所主要研究的问题，系统模型与计算技术之间的关系是系统模拟所主要研究的问题。根据系统模型的特征，可把系统模拟方法归纳为确定型模拟（系统模型的输入、输出和转换都是确定性的）、随机模拟（系统模型的输入、输出和转换中至少有一个是随机性的）和对策模拟（对相互竞争性的模拟）三大类。在系统模拟前必须阐明模拟系统的研究主题，若属确定型模拟，则需搜集各种历史资料数据，以了解模拟系统的物理成因过程是如何实现和反映的，若属随机模拟，则需根据模拟系统的随机变量的取值状况决定产生随机序列的方式，若属对策模拟，则可用逻辑关系"如果—则"来表示模拟系统各要素之间的逻辑关系和各竞争对象所考虑的各种可能性所对应的相应决策。当前系统模拟研究的主要趋势，一是在深度上主要向智能化模拟方面发展，二是在广度上主要向更大规模复杂系统模拟方面发展，三是模拟方法日趋多样化。复杂系统的模拟通常是根据系统的数学模型编制相应的计算机程序，并在计算机上做数值实验来进行的，这些模拟往往具有强烈的挑战性，并能推动相关学科之间的渗透和发展。

由于对各种实际水资源系统进行真实的物理实验，在政治性、社会性、经济性、技术性、时间性、风险性和可行性等方面存在诸多困难，系统模拟已成为水资源工程研究和水资源工程实践中十分重要和不可或缺的重要技术手段。系统模拟水资源复杂系统的重要意义在于：①系统越复杂，解析方法就越难处理，就越需要模拟方法。现实世界中很多复杂系统，不可能用解析方法准确求解的数学模型来描述，因此模拟经常是唯一可行的一种研究方法，尤其是包含社会要素的复杂系统更是如此。②模拟允许人们在一组可人为控制的运用条件下估计复杂系统的行为特征，比实际系统本身做实验能更好地控制实验条件，能使人们在压缩或扩展的时间范围内研究长时间或短时间范围的系统的详细运行情况。③系统模拟，在水资源系统开发之前可用于规划、评价和研究，在水资源系统开发过程中可用于优化设计和精密分析，在水资源系统运行管理中可用于检验设计、训练管理人员和进行优化管理。④系统模拟在水资源系统决策分析和政策分析中具有独特作用：通过系统模拟，可得到各个行动方案可能产生的后果或同一方案在不同外部环境影响下产生的后果，据此进行方案评价和优选；水资源系统大多是无法进行真实物理实验的系统，要想了解这类系统各组成部分间的相互关系，预测这类系统在新的运行政策下的行为，目前唯一可行的方法就是模拟。通过模拟，可以比较、检验和优选系统的各种设计或假设，可以对各种复杂系统获得深刻的认识。总之，对水资源复杂系统的模拟直接影响到水资源学科理论转化为生产力这一隐形价值的实现及其实现程度，同时也将关系到进一步推动水资源学科理论的深入发展。系统模拟实际上已成为认识、设计和管理复杂系统的主要方式之一，是复杂性科学走向工程实践的一条主要途径，在各国科学技术研究规划中具有重要的战略意义，因而最近十多年来重新成为国内外的研究热点和难点之一。

作为解决水资源系统问题的一种方法论和应用技术，水资源系统模拟可包括如下一般步骤：①在深入了解水资源系统各要素及其关系、系统与环境间的关系基础上，对研究问题进行定义和描述。②确定模拟目标和系统状态变量，用能反映水资源问题和过程主要方面的差分方程、微分方程或状态方程等来建立模拟模型。③求解模拟模型的参数和模拟变量的统计特征，收集模拟输入数据和模拟初始条件数据等。④设计模拟模型的计算方法，编制实现模拟模型的计算机编程，设计模拟试验方案，包括选用计算机编程语言（如 FORTRAN 编程）或仿真语言（如 DYNAMO 仿真语言），确定模拟时间步长、计算精度、输入输出形式、控制参数及其变化范围等，模拟程序与模拟模型在内部逻辑关系和数学关系方面应保持高度的一致性。⑤模拟模型的运行、验证和模拟结果分析。通过模拟模型的运行（进行模型试验），可得到一系列的模型输出值和系统性能参数的均值、标准差、相关系数、最大/最小值等，在此基础上推断系统的行为特征和结构特征，验证和修改模拟模型，最后用模拟结果来解决所研究的问题。显然，这是一个多次迭代的过程。

综上所述，水资源系统模拟涉及的内容十分广泛而复杂，对模拟者的知识、经验和能力等在深度和广度方面都具有较高要求。可以说，没有实际应用系统模拟的感性认识和具体经验，就很难真正理解系统模拟方法的实质，掌握系统模拟方法的最好方法是在具体实践问题中多应用和及时归纳总结。水资源系统模拟研究仍是目前水资源系统工程界的热点和难点。

二、城市防洪工程经济风险分析的随机模拟方法

风险（Risk）的概念于 19 世纪末最早出现在西方经济领域中，目前已广泛应用于经济学、社会学、工程科学、环境科学和灾害学等众多领域中。一般认为，风险是指不利事件发生的可能性，据此，城市防洪工程经济风险可定义为，在工程运行期内城市防洪工程净经济效益现值小于零的概率。设某城市防洪工程项目费用效益的现金流程为 a_1、a_2、$\cdots$、a_n，其中：a_i 为第 i 年年末的现金流程，投资和费用取负值，效益取正值；$i=1,2,\cdots,n$；n 为防洪工程运行年限（a）。取折算基准年为工程建成后第一年年初，按现值公式，该工程项目净经济效益现值为

$$z = \sum_{i=1}^{n} a_i (1+i_s)^{-i} \qquad (4-15)$$

式中：i_s 为社会折现率，z 为城市防洪工程净经济效益现值。影响 z 值的不确定因素很多，可将 z 作为随机变量考虑，因此，城市防洪工程经济风险可用如下指标表示

$$R_z = P(z < 0) \tag{4-16}$$

式中：R_z 为城市防洪工程净经济效益的风险率，$P()$ 为 "$z < 0$" 的概率函数。

在对不同城市防洪工程规划方案做经济评价，或为了进行简单的描述，或 z 的分布函数 $F(z) = P(Z \geqslant z)$ 难以获取时，在实际应用中也常常用工程项目净经济效益现值的样本均值 Ez、样本标准差 Sz 或风险度 F_z 等统计特征值来描述风险。其中，$F_z = Sz / Ez$。风险度越大，就表示对城市防洪工程净经济效益现值变量的取值越没有把握，风险也就越大。

由于分布函数 $F(z)$ 的复杂性，直接根据式（4-16）用解析方法推求风险率和风险度等风险指标值是十分困难的，实际计算时常常进行一定的简化处理，降低了计算结果的精度。而从理论上讲，只要用任意一个连续分布的随机数，就可以通过适当方法随机模拟其他任意分布的随机变量，这就是蒙特卡洛方法（也称统计试验方法）的基本思想。蒙特卡洛方法的具体实施方案，就是通过计算机程序先产生 $[0, 1]$ 区间上的一系列均匀分布随机数 u_1、u_2、$\cdots$、u_m，将这些均匀分布随机数输入所研究的随机变量 z 的模拟模型

$$z_j = F^{-1}(u_j) \quad (j = 1, 2, \cdots, m) \tag{4-17}$$

从而得到随机变量 z 的大量模拟样本系列。式（4-17）中，m 为试验次数，$F^{-1}()$ 为 z 的分布函数 $F(z)$ 的逆函数，或根据随机过程理论分析建立的随机模型。实践表明，试验次数越多，z 的频率分布越接近于其真实的概率分布，在实用上 m 一般取频率分布收敛时所对应的试验次数。于是可得城市防洪工程经济风险率的估计值为 m_z/m，其中 m_z 为城市防洪工程净经济效益现值模拟系列 $\{z_j\}$ 中小于零的数目。也可得城市防洪工程净经济效益现值的样本均值 E_z、样本标准差 S_z 和风险度 F_z 的估计值。

可见，蒙特卡洛方法的关键问题就是建立如式（4-17）所示的均匀分布随机数 u 与所研究的随机变量 z 之间的关系式，根据这一关系将模拟的均匀分布随机数系列转换为所研究的随机变量的模拟系列。这种关系式，可能是显式函数，如用变换法模拟正态分布的随机变量，也可能是隐式函数，如用舍选法模拟 $P-\mathrm{III}$ 型分布的随机变量，但它们都可用一简短的计算机程序来表示这种关系式，因此应用十分方便。

目前模拟均匀随机数序列最通用的方法是乘同余法，其方法为：选定乘数 A、除数 M 和初始值 $x(0)$；用递推公式

$$x(t) = \mathrm{mod}[Ax(t-1), M] \quad (t = 0, 1, 2, \cdots) \tag{4-18}$$

得到随机数序列 $x(t)$，$\mathrm{mod}()$ 为取余函数，$\mathrm{mod}[Ax(t-1), M]$ 意为用 M 除 $Ax(t-1)$ 后得到的余数为 $x(t)$；将 $x(t)$ 序列转换成 $[0, 1]$ 区间上的均匀随机数序列 $u(t) = x(t)/M$，$t = 0, 1, 2, \cdots$。由乘同余法得到的均匀随机数序列的质量决定于乘数 A、除数 M 和初始值 $x(0)$ 的取值。例如，A、M 和 $x(0)$ 分别取 7、5 和 3，则得到的均匀随机数序列为 $u(1) = 1/5$，$u(2) = 2/5$，$u(3) = 4/5$，$u(4) = 3/5$，$u(5) = 1/5$，$u(6) = 2/5$，$\cdots$，从第 5 个均匀随机数序列值开始产生循环，发生循环后的序列 $u(t)$ 显然不能作为随机数。乘同余法产生的均匀随机数序列存在不超过 M 的周期 L，L 个数值之后就产生循环，所以它是一种伪随机数，而不是真正的均匀随机数。在实际工程应用中，乘数 A、除数 M 和初始值 $x(0)$ 必须选取适当，以使由乘同余法产生的伪随机数序列的周期 L 对实际工程应用而言足够大，并且在同一周期内的伪随机数序列能通过均匀随机数序列的参数检验、独立性检

验和均匀性检验。即使目前计算机上一般都装有产生 [0，1] 区间上的均匀随机数序列的标准函数，在实际水资源时间序列模拟前仍应对其产生的随机数序列进行检验，检验通过后方可使用。经多年的随机模拟经验表明，在实际水资源时间序列模拟中最好应用产生 [0，1] 区间上均匀随机数序列的自编程序。图 4-1 就是用 FORTRAN 语言编制的自编源程序，取乘数 $A=30\,517\,578\,125$，除数 $M=8\,589\,934\,592$，初始值 $x(0)=3$，这样所产生的 [0，1] 区间上 100 000 个均匀随机数序列，它的均值为 0.500 021，标准差为 0.288 656，前 100 阶自相关系数的绝对值均小于 0.005 5，该序列落在子区间 [0，0.1)、[0.1，0.2)、[0.2，0.3)、[0.3，0.4)、[0.4，0.5)、[0.5，0.6)、[0.6，0.7)、[0.7，0.8)、[0.8，0.9)、[0.9，1.0] 的频率分别为 0.100 0、0.099 9、0.100 0、0.100 0、0.100 2、0.100 1、0.099 9、0.099 9、0.100 0、0.100 1，而真正的均匀随机数序列的均值为 0.500 000，标准差为 0.288 675，前 100 阶自相关系数均为 0.000 0，落在这些子区间的频率均为 0.100 0。这说明，该程序所产生的均匀随机数的精度可满足实际工程计算的要求。该程序也经过了大量实际水资源时间序列模拟应用的检验。

三、实例

【例 4-2】　某城市防洪工程经济效益，因受多种变化因素的影响，很难估计其客观概率分布。根据所掌握的资料情况、因素特征和工程经验，对该工程的效益、投资和运行费进行主观预测，结果是：效益现值取 37 947、45 536 万元和 30 358 万元的概率分别为 0.6、0.2 和 0.2，投资现值取 16 063、19 276 万元和 12 850 万元的概率分别为 0.5、0.4 和 0.1，运行费现值取 13 522、16 226 万元和 10 818万元的概率分别为 0.5、0.4 和 0.1，近似认为效益、投资和运行费相互独立。现用蒙特卡洛方法试进行该城市防洪工程经济风险分析。

```
function ranu(x)
double precision x1,c
data x1/3.d0/
5  c=30 517 578 125.d0*x1
x1=dmod(c,8 589 934 592.d0)
if(x1.ge.1.d0)goto 6
x1=1.d0
goto 5
6  ranu=x1/8 589 934 592.0
return
end
```

图 4-1　产生 [0，1] 区间上的均匀随机数序列的 FORTRAN 源程序

该城市防洪工程净经济效益现值的模拟模型为

$$z_j = a_j - b_j - c_j \quad (j=1,\ 2,\ \cdots) \tag{4-19}$$

式中：j 为试验序号，a_j、b_j、c_j 和 z_j 分别为第 j 次试验的效益现值、投资现值、运行费现值和净经济效益现值。它们的模拟过程是：对 j 次试验，模拟 3 个均匀分布随机数 u_1、u_2 和 u_3，当 u_1 小于等于 0.6 时取 $a_j=37\,947$，当 u_1 大于 0.6 且小于等于 0.8 时取 $a_j=45\,536$，当 u_1 大于 0.8 时取 $a_j=30\,358$，当 u_2 小于等于 0.5 时取 $b_j=16\,063$，当 u_2 大于 0.5 且小于等于 0.9 时取 $b_j=19\,276$，当 u_2 大于 0.9 时取 $b_j=12\,850$，当 u_3 小于等于 0.5 时取 $c_j=13\,522$，当 u_2 大于 0.5 且小于等于 0.9 时取 $c_j=16\,226$，当 u_3 大于 0.9 时取 $c_j=10\,818$，把所得 a_j、b_j 和 c_j 代入式（4-19）即得 z_j 的模拟值，如此反复试验，可得该城市防洪工程净经济效益现值的模拟系列 $\{z_j \mid j=1,\ 2,\ \cdots\}$，据此即可求得风险率等风险指标，见表 4-3，该表中同时列出了组合频率分析法的相应结果。

表 4-3　　　　用蒙特卡洛方法分析城市防洪工程经济风险的计算结果

实验次数	城市防洪工程净经济效益现值		风险度	风险率（%）
	均值/万元	标准差/万元		
100	7441.017	4935.737	0.663	8.0
1000	6500.062	5714.690	0.879	13.1

实验次数	城市防洪工程净经济效益现值		风险度	风险率（%）
	均值/万元	标准差/万元		
20 000	6642.102	5524.212	0.832	11.2
40 000	6584.363	5499.462	0.835	11.2
60 000	6574.216	5508.758	0.838	11.3
80 000	6579.299	5501.387	0.836	11.2
90 000	6592.382	5505.246	0.835	11.2
100 000	6591.091	5501.606	0.835	11.2
组合频率分析法	6589			12

表 4-3 说明：①试验 10^5 次时各风险指标值已收敛；②该城市防洪工程净经济效益的期望值为 6591 万元，远大于零，标准差为 5501 万元，风险度为 83.5%，风险率为 11.2%，这表明该工程项目具有一定的抵抗风险的能力。③蒙特卡洛方法的计算结果与组合频率分析法的相近，但前者的样本容量远大于后者，因此前者可提供有关城市防洪工程净经济效益风险状况更丰富的直观信息，风险率等风险指标的计算精度高于后者。

【例 4-3】 江淮之间某城市现状防洪能力为 20 年一遇，现规划投资 $M=52\ 400$ 万元修建城市防洪工程，将该市防洪能力提高到 100 年一遇。该城市防洪工程经济效益现值的模拟模型为

$$z = \sum_{i=1}^{n} \left[Ex + Sx \cdot \Phi(Cs) + Sy \cdot \varepsilon \right] (1+i_f)^i / (1+i_s)^i \qquad (4-20)$$

式中：n 为防洪工程运行年限（a），Ex、Sx 和 Cs 分别为工程年防洪效益的均值（在本例中取 3520 万元）、标准差（在本例中取 625 万元）和偏态系数（在本例中取 0.384 6），$\Phi(C_s)$ 为标准 $P-\mathrm{III}$ 型分布的随机变量，S_y 为洪水灾害损失指标偏差等因素所影响年防洪效益的误差随机变量的标准差（在本例中取 350 万元），ε 为标准正态分布的随机变量，i_f 和 i_s 分别为年防洪效益的增长率（在本例中取 6%）和社会折现率（在本例中取 12%），i 为年序号，z 为城市防洪工程经济效益的现值（万元）。采用变换法可将模拟的均匀分布随机数系列转换为标准正态分布随机变量的模拟系列，采用舍选法可将模拟的均匀分布随机数系列转换为标准皮尔逊 III 型分布随机变量的模拟系列，再根据式（4-20）即可得到该城市防洪工程经济效益现值的模拟系列 $\{ z_j \mid j=1, 2, \cdots \}$，对应的城市防洪工程净经济效益的现值为 $z_j - M$，据此即可求得风险率等风险指标，见表 4-4，该表中同时列出了 $P-\mathrm{III}$ 型分布频率曲线分析法的相应计算结果。

表 4-4   用蒙特卡洛方法分析城市防洪工程经济风险的计算结果

实验次数	城市防洪工程净经济效益现值		风险度	C_s	风险率（%）
	均值/万元	标准差/万元			
100	53 579.730	2040.168	0.038	0.142	28.0
1000	53 791.300	2089.587	0.039	0.077	25.7

实验次数	城市防洪工程净经济效益现值		风险度	C_s	风险率（％）
	均值/万元	标准差/万元			
10 000	53 762.780	2121.539	0.039	0.103	26.5
30 000	53 766.840	2123.887	0.040	0.101	26.6
40 000	53 766.060	2124.006	0.040	0.103	26.6
50 000	53 765.900	2123.658	0.039	0.100	26.6
频率曲线分析法	57 233	3033	0.053	0.106	5

表4-4说明：①试验50 000次时各风险指标值已收敛；②该城市防洪工程经济效益的期望值为53 766万元，大于投资52 400万元，标准差为2124万元，风险度为3.9％，偏态系数为0.100，风险率为26.6％，这表明该工程项目具有一定的抵抗风险的能力，这些风险指标值与频率曲线分析法的相应结果比较，有一定的差别。由于频率曲线分析法在计算中作了简化，降低了计算精度，在本例中用频率曲线分析法求得的城市防洪工程经济效益的期望值、标准差偏大，而估计的风险率明显偏小，因此在重要城市防洪工程经济风险分析时似应慎重应用频率曲线分析法。

第五节　水资源系统评价方法

一、水资源系统评价方法的概念

水资源系统评价问题，就是对所研究的水资源系统各要素（评价对象，如水资源开发利用工程的行动方案、水体质量、地区水资源可持续利用程度）在总体上进行分类排序。根据有无评价标准，水资源系统评价可分为两类，一类是在没有水资源系统评价标准下的评价，可称为聚类评价，另一类是在给定水资源系统评价标准下的评价，可称为等级评价。水资源系统评价的一般步骤包括：①确定评价目标和评价对象系统。②建立评价指标体系，对复杂评价系统的评价指标体系，一般需要建立评价指标的层次结构模型。③评价指标的定量化。④评价指标的无量纲化（标准化）。⑤建立评价模型（评价函数），把一个多指标问题综合成一个单指标的形式，包括确定各评价指标的权重和各无量纲化评价指标及其权重的组合形式。⑥把评价对象的评价指标值代入评价模型，得到各评价对象的综合评价指标值，据此对各评价对象在总体上进行分类排序。⑦反馈与控制，即根据评价结果，有时需要对以上有关步骤进行相应的调整、修正和多次迭代过程。其中，评价模型的建立是水资源系统评价的核心工作。从数学变换的角度看，各评价对象是由评价对象各指标所组成的高维空间的一些点，水资源系统评价模型就是一种从高维空间到低维空间的映射，要求这种映射能保持评价对象样本在原高维空间的某种"结构"，其中最重要的是与分类排序有关的结构。

二、基于改进层次分析法的模糊综合评价模型

作为定性分析和定量分析综合集成的一种常用方法，模糊综合评价（Fuzzy Comprehensive Evaluation，FCE）已在工程技术、经济管理和社会生活中得到广泛应用。层次分析法（Analytic Hierarchy Process，AHP），是从定性分析到定量分析综合集成的一种典型的系统工程方法，也是目前一种被广泛应用的确定权重的方法。这里给出根据模糊评价矩阵构造用

于确定各评价指标权重的判断矩阵的新思路,用加速遗传算法(AGA)检验、修正判断矩阵的一致性和计算 AHP 中各要素的权重的模糊综合评价模型(AHP - FCE)。AHP - FCE的建模过程包括如下 4 个步骤。

步骤 1 根据所研究评价系统的实际情况,从代表性、系统性和适用性等角度,建立模糊综合评价的评价指标体系,由各评价指标的样本数据建立单评价指标的相对隶属度的模糊评价矩阵。模糊综合评价的最终目的就是在论域中 m 个方案之间作优劣的相对比较,从中选择相对最优的方案,这种优选与论域以外的方案无关,根据这一优化的相对性可以确定各评价指标值的相对隶属度和论域中相对优等方案与相对次等方案。不失一般性,设有 n 个评价指标组成对全体 m 个方案的评价指标集样本数据为 $\{x(i,j) \mid i=1\sim n, j=1\sim m\}$,各指标值 $x(i,j)$ 均为非负值。为确定单个评价指标的相对隶属度的模糊评价矩阵,消除各评价指标的量纲效应,使建模具有通用性,需对样本数据集 $\{x(i,j)\}$ 进行标准化值处理。为了尽可能保持各评价指标值的变化信息,对越大越优型指标的标准化处理公式可取为

$$r(i,j)=x(i,j)/[x_{\max}(i)+x_{\min}(i)] \tag{4-21}$$

对越小越优型指标的标准化处理公式可取为

$$r(i,j)=[x_{\max}(i)+x_{\min}(i)-x(i,j)]/[x_{\max}(i)+x_{\min}(i)] \tag{4-22}$$

对越中越优型指标的标准化处理公式可取为

$$r(i,j)=\begin{cases} x(i,j)/[x_{\mathrm{mid}}(i)+x_{\min}(i)], & x_{\min}(i)\leqslant x(i,j)<x_{\mathrm{mid}}(i) \\ [x_{\max}(i)+x_{\mathrm{mid}}(i)-x(i,j)]/[x_{\max}(i)+x_{\mathrm{mid}}(i)], & x_{\mathrm{mid}}(i)\leqslant x(i,j)<x_{\max}(i) \end{cases}$$

$$\tag{4-23}$$

式中:$x_{\min}(i)$,$x_{\max}(i)$,$x_{\mathrm{mid}}(i)$ 分别为方案集中第 i 个指标的最小值、最大值和中间最适值;$r(i,j)$ 为标准化后的评价指标值,也就是第 j 个方案第 i 个评价指标从属于优的相对隶属度值,$i=1\sim n$,$j=1\sim m$。以这些 $r(i,j)$ 值为元素可组成单评价指标的模糊评价矩阵 $R=[r(i,j)]_{n\times m}$。

步骤 2 根据模糊评价矩阵 $R=[r(i,j)]_{n\times m}$ 构造用于确定各评价指标权重的判断矩阵 $B=(b_{ij})_{n\times n}$。模糊综合评价的实质是一种优选过程,因此 R 中的元素值 $r(i,j)$ 越大可认为对优选最佳方案的影响也越大,从第 i 个评价指标的角度看,也就是 R 矩阵第 i 行元素的代数和 $s(i)=\sum_{j=1}^{m} r(i,j)$ 越大可认为对优选最佳方案的影响也越大。根据各评价指标的 $s(i)$ 值的大小,按照式(4-24)可得到 1~9 级判断尺度的判断矩阵 $B=(b_{ij})_{n\times n}$:

$$b_{ij}=\begin{cases} \dfrac{s(i)-s(j)}{s_{\max}-s_{\min}}(b_m-1)+1, & s(i)\geqslant s(j) \\[3mm] 1/\left[\dfrac{s(j)-s(i)}{s_{\max}-s_{\min}}(b_m-1)+1\right], & s(i)<s(j) \end{cases} \tag{4-24}$$

式中:$s_{\min}$,$s_{\max}$ 分别为 $\{s(i) \mid i=1\sim n\}$ 的最小值和最大值;相对重要性程度参数值 $b_{\mathrm{m}}=\min\{9, \mathrm{int}[s_{\max}/s_{\min}+0.5]\}$,min 和 int 分别为取小函数和取整函数。

步骤 3 判断矩阵 B 的一致性检验、修正及其权重 $w_i(i=1\sim n)$ 的计算,要求满足:$w_i>0$ 和 $\sum_{i=1}^{n} w_i=1$。根据判断矩阵 B 的定义有

$$b_{ij}=w_i/w_j \quad (i,j=1\sim n) \tag{4-25}$$

这时矩阵 B 具有如下性质:① $b_{ii}=w_i/w_i=1$;② $b_{ji}=w_j/w_i=1/b_{ij}$;③ $b_{ij}b_{jk}=(w_i/$

$w_j)(w_j/w_k) = w_i/w_k = b_{ik}$。其中：称性质①为判断矩阵的单位性；称性质②为判断矩阵的倒数性（互反性）；称性质③为判断矩阵的一致性条件，它表示相互关系可以定量传递。例如，若要素 i 比要素 j 重要 2 倍，要素 j 比要素 k 重要 3 倍，则要素 i 比要素 k 重要 6 倍。性质③也是性质①和性质②的充分条件：因为 $b_{ii}b_{ii} = b_{ii}$，所以 $b_{ii} = 1$；又因为 $b_{ji}b_{ij} = b_{jj} = 1$，所以 $b_{ji} = 1/b_{ij}$。现在的问题就是由已知判断矩阵 $B = \{b_{ij}\}_{n \times n}$，来推求各评价指标的权重值 $\{w_i \mid i = 1 \sim n\}$。若判断矩阵 B 满足式（4-25），决策者能精确度量 w_i/w_j，即 $b_{ij} = w_i/w_j$，判断矩阵 B 具有完全的一致性，则有

$$\sum_{i=1}^{n}\sum_{j=1}^{n} |b_{ij}w_j - w_i| = 0 \qquad (4-26)$$

式中：| |为取绝对值。由于实际评价系统的复杂性、人们认识上的多样性以及主观上的片面性和不稳定性，系统要素的重要性度量没有统一和确切的标尺，决策者不可能精确度量 w_i/w_j，只能对它们进行估计判断。判断矩阵 B 的一致性程度主要取决于判断者对系统各要素的把握程度，对各要素优劣认识得越清楚，一致性程度就越高，而评价各要素的优劣正是 AHP 法所要解决的问题。正因为人们对系统各要素的优劣不是很清楚，才需要采用 AHP 法去作出评价，以更清楚地认识各要素，否则就没有必要用 AHP 法。因此，判断矩阵 B 的一致性条件不完全满足在实际应用中是客观存在、无法完全消除的，AHP 法只要求判断矩阵 B 具有满意的一致性，以适应各种复杂系统。

若判断矩阵 B 不具有满意的一致性，则需要修正。设 B 的修正判断矩阵为 $Y = \{y_{ij}\}_{n \times n}$，$Y$ 各要素的权重值仍记为 $\{w_i \mid i = 1 \sim n\}$，则称使式（4-27）最小的 Y 矩阵为 B 的最优一致性判断矩阵：

$$\min CIC(n) = \sum_{i=1}^{n}\sum_{j=1}^{n} |y_{ij} - b_{ij}|/n^2 + \sum_{i=1}^{n}\sum_{j=1}^{n} |y_{ij}w_j - w_i|/n^2 \qquad (4-27)$$

$$\text{s. t. } y_{ii} = 1 (i = 1 \sim n)$$
$$1/y_{ji} = y_{ij} \in [b_{ij} - db_{ij}, b_{ij} + db_{ij}] (i = 1 \sim n, j = i+1 \sim n)$$
$$w_i > 0 (i = 1 \sim n)$$
$$\sum_{i=1}^{n} w_i = 1$$

式中：称目标函数 $CIC(n)$ 为一致性指标系数（Consistency Index Coefficient）；d 为非负参数，根据经验可从 [0，0.5] 内选取；其余符号同前。式（4-27）是一个常规方法较难处理的非线性优化问题，其中权重值 $w_i(i=1 \sim n)$ 和修正判断矩阵 $Y = \{y_{ij}\}_{n \times n}$ 的上三角矩阵元素为优化变量，对 n 阶判断矩阵 B 共有 $n(n+1)/2$ 个独立的优化变量。显然，式（4-27）左端的 $CIC(n)$ 值越小则判断矩阵 B 的一致性程度就越高，当取全局最小值 $CIC(n) = 0$ 时则 $Y = B$ 且式（4-26）和式（4-25）成立，此时判断矩阵 B 具有完全的一致性，又根据约束条件 $\sum_{i=1}^{n} w_i = 1$ 知，该全局最小值是唯一的。模拟生物优胜劣汰规则与群体内部染色体信息交换机制的加速遗传算法（AGA），是一种通用的全局优化方法，用它来求解式（4-27）所示的问题较为简便而有效。

对于不同阶数 n 的判断矩阵，其一致性指标系数 $CIC(n)$ 值也不同。为了度量判断矩阵是否具有满意的一致性，这里引入判断矩阵的平均随机一致性指标系数 $RIC(n)$ 值。用随机模拟方法分别对 $1 \sim n$ 阶各构造 500 个随机判断矩阵，它们满足判断矩阵的单位性和倒数性，

但不保证判断矩阵满足一致性条件，计算这些随机矩阵的一致性指标系数值，然后平均即得 RIC(n) 值，见表 4-5。可见，RIC(n) 值在 0.277～0.578 之间。经大量的实例计算后认为，当判断矩阵的一致性指标系数 CIC(n) ＜0.10 时，可认为该判断矩阵具有满意的一致性。当判断矩阵 B 的 CIC(n)＜0.10 时，可认为 B 具有满意的一致性，据此计算的各评价指标的权重值 w_i 是可以接受的；否则就需要提高参数 d，直到具有满意的一致性为止。

表 4-5　　　　　　　判断矩阵平均随机一致性指标系数 RIC(n) 值

阶数 n	1	2	3	4	5	6	7	8	9
RIC(n)	0.00	0.00	0.578	0.487	0.451	0.377	0.321	0.308	0.277

步骤 4　把各评价指标的权重值 w_i 与各方案相应评价指标的相对隶属度值 $r(i,j)$ 相乘并累加，可得模糊评价的综合指标值 $z(j)$

$$z(j) = \sum_{i=1}^{n} w_i r(i,j) \quad (j=1\sim m) \quad\quad (4-28)$$

综合指标值 $z(j)$ 越大说明第 j 个方案越优，据此可进行科学决策。

AHP-FCE 法直接根据判断矩阵的定义导出描述判断矩阵一致性程度的一致性指标系数，而目前 AHP 法常把判断矩阵的最大特征根与判断矩阵的阶数的差异来度量判断矩阵的一致性指标。可见，前者的一致性指标比后者的指标更为直观和合理。

三、实例

【例 4-4】　现以某水电站装机容量方案优选为例，进一步说明应用 AHP-FCE 模型的过程。该例评价体系及 4 个方案的评价指标样本数据值见表 4-6。

表 4-6　　　　　　各方案评价指标样本数据及其 AHP-FCE 模型评价结果

评价指标	方案 1 指标值	方案 1 相对隶属度	方案 2 指标值	方案 2 相对隶属度	方案 3 指标值	方案 3 相对隶属度	方案 4 指标值	方案 4 相对隶属度	指标权重
动态投资收益率（%）	23	0.605	20.5	0.539	18	0.474	15	0.395	0.104
可调峰系数	0.5	0.357	0.58	0.414	0.72	0.514	0.9	0.643	0.098
水能利用率	0.61	0.407	0.74	0.493	0.84	0.560	0.89	0.593	0.109
系统年替代费用/万元	1196.6	0.437	1094.2	0.485	999.65	0.530	928.1	0.563	0.106
淹占土地/亩	350	0.745	520	0.620	690	0.496	1020	0.255	0.113
工程总投资/万元	2050	0.667	2680	0.564	3354	0.455	4100	0.333	0.103
工期/a	2.5	0.643	3	0.571	4	0.429	4.5	0.357	0.104
移民人口/人	0	1.000	0	1.000	35	0.917	420	0.000	0.180
年综合利用效益/万元	0	0.000	0	0.000	20	0.667	30	1.000	0.082
AHP-FCE 综合评价值	0.59		0.57		0.58		0.41		

该样本集中指标 4 至指标 8 为越小越优型指标，按式（4-22）计算相对隶属度值，其余指标为越大越优型指标，按式（4-21）计算相对隶属度值，结果列于表 4-6 中。由这些相对隶属度值得到评价指标 1 至指标 9 的 $s(i)$ 值的分别为 2.013，1.929，2.053，2.015，2.117，2.019，2.000，2.917 和 1.667，相对重要性程度值 $b_m=2.0$，再由式（4-24）即得用于确定各评价指标权重的判断矩阵 B 为

$$B=\begin{bmatrix} 1.000 & 1.068 & 0.969 & 0.999 & 0.923 & 0.995 & 1.011 & 0.580 & 1.277 \\ 0.937 & 1.000 & 0.909 & 0.936 & 0.869 & 0.933 & 0.946 & 0.559 & 1.210 \\ 1.032 & 1.100 & 1.000 & 1.031 & 0.952 & 1.028 & 1.043 & 0.591 & 1.309 \\ 1.001 & 1.069 & 0.970 & 1.000 & 0.924 & 0.997 & 1.012 & 0.581 & 1.278 \\ 1.083 & 1.151 & 1.051 & 1.082 & 1.000 & 1.078 & 1.093 & 0.610 & 1.360 \\ 1.005 & 1.072 & 0.973 & 1.003 & 0.927 & 1.000 & 1.015 & 0.582 & 1.282 \\ 0.990 & 1.057 & 0.959 & 0.989 & 0.915 & 0.985 & 1.000 & 0.577 & 1.267 \\ 1.723 & 1.790 & 1.691 & 1.722 & 1.640 & 1.718 & 1.733 & 1.000 & 2.000 \\ 0.783 & 0.827 & 0.764 & 0.782 & 0.735 & 0.780 & 0.789 & 0.500 & 1.000 \end{bmatrix}$$

用 AHP-FCE 法计算上述判断矩阵的权重，各权重的初始变化区间均取 [0，1]，参数 d 取 0.2，AGA 算法加速 20 次，得到评价指标 1 至指标 9 的权重计算值分别为 0.104，0.098，0.109，0.106，0.113，0.103，0.104，0.180 和 0.082，相应的一致性指标系数值为 0.009，说明该判断矩阵具有满意的一致性，指标 8 和指标 5 的权重相对较大，而指标 9 和指标 2 的权重相对较小。把这些权重值与各方案的相对隶属度值代入式（4-28），可得方案 1 至方案 4 的模糊评价的综合指标值 $z(j)$ 分别为 0.59、0.57、0.58 和 0.41，说明方案 1 为相对最佳方案。而根据等权重法得到的方案 1 至方案 4 的模糊评价的综合指标值 $z(j)$ 分别为 0.54、0.52、0.56 和 0.46，说明方案 3 为相对最佳方案。该例说明权重的不同取值影响最优方案的决策。

第六节　水资源系统决策分析方法

一、水资源系统决策分析方法的概念

决策就是人们在未来各项工作、学习和生活实践活动中从可供选择的多个可行方案中确定最佳或满意方案、并付诸实施的过程，它关系到人类活动的各个方面，特别是在复杂系统规划设计、组织建立和运行管理等方面具有重要意义。决策正确与否往往关系到事业的成败和利益的重大得失，因此决策被认为是管理工作的核心和系统工程工作过程中最重要的一步。决策分析就是在一定信息和经验的主客观基础上，在给定各种可行方案处于各种自然状态下的益损值、可行方案的各种评价指标值和选择最佳可行方案的决策准则（它一般是定量描述各可行方案实现决策目标程度的评价函数）条件下，从若干可行方案中选择最佳可行方案的过程。作为一类广义决策，决策分析就是解决决策问题的一般步骤（方法论）。从集合论这一现代数学观点看，决策分析就是建立从可行方案集、自然状态集、益损值集、评价指标集的笛卡尔集到决策准则的一维实数集的映射过程。其中，可行方案、自然状态、益损值、评价指标值和决策准则是构成决策分析问题的 5 个要素。决策分析也可认为是以可行方案为评价对象的一类特殊系统评价问题，它不仅与评价对象的各种客观不确定性信息有关，

而且明显与历史经验、心理素质、社会公平等多种主观不确定性信息密切相关，其组成因素繁多、关系复杂，往往很难用经典数学方法来处理，目前主要应用系统工程中的决策分析理论来分析、处理。决策分析是系统工程的核心和系统工程中最重要的一类方法，它涉及自然变化、社会发展等客观因素和决策者经验积累、心理素质等主观因素，具有高度的复杂性和不确定性，属于自然科学与社会科学相交叉的一门仍在迅速发展中的综合性工程技术分支学科。实际的决策分析是认识自然、利用自然、适应自然和改造自然的过程，其中涉及自然变化、社会发展等客观因素和决策者经验积累、心理素质等主观因素，具有高度的复杂性和不确定性，这些特性在不确定型决策问题中反映最为明显。

决策分析问题的分类可随观察和分析问题的角度不同而不同，内容十分丰富。从自然状态角度看，可把目前研究的决策分析问题分为4类：只存在一个确定的自然状态的决策分析问题，称为确定型决策分析问题；存在两个或两个以上不受决策者主观意志影响的自然状态，且这些自然状态出现的概率可以估计的决策分析问题，称为风险型决策分析问题；存在两个或两个以上不受决策者的主观意志影响的自然状态，且这些自然状态出现的概率不可预知的决策分析问题，称为不确定型决策分析问题；自然状态之一是决策者不能控制的竞争对手的决策分析问题，称为竞争型决策（又称博弈论）。从决策目标角度（优选可行方案）看，任何复杂系统决策问题，都是以可行方案为评价对象、对其进行分类排序的一类特殊的系统评价问题。从系统优化角度看，任何复杂系统决策问题，均可等价于以益损值为目标函数、可行方案为优化变量、自然状态为约束条件的复杂优化问题。此外，还有包括多目标决策（决策变量为连续、可行方案为无限）和多属性决策（决策变量为离散、可行方案为有限）多准则决策（益损值分别属于不同的目标值，一般用指标体系反映层次结构的目标系统，不同的指标反映不同的决策准则，然后用系统综合方法转化为单目标决策）、群体决策（有多个决策者）和动态决策等决策问题。

决策分析的一般步骤可归纳为如下7个步骤：①提出决策问题，确定决策目标和决策准则。科学的决策问题来源于对不断演化的实践、信息和环境与人们不断变化的要求之间的差异性的深入细致的调查研究和认识判断。根据所面临的问题，尽可能用可度量的指标集，如效益、损失等来描述决策目标。决策准则要考虑整体效益与局部效益相结合、长远效益与近期效益相结合、潜在效益与实际效益相结合、内部条件与外部条件相结合、定量目标与定性目标相结合。②构造多个具有可行性和替代性的可行方案。要利用定性、定量、定时、定位和定人的分析方法，对各方案进行评价。这包括：所收集资料和信息是否正确和完善，在设计中使用的方法是否科学，方案的经济、手段等方面是否可行、是否合理等。③研究和预测未来可能遇到的、对实施可行方案有影响而决策者又无法控制和改变的自然状态。④采用历史统计资料或主观概率等方法，尽可能对这些自然状态的概率进行估计。⑤分析、估算和预测各可行方案在不同自然状态下的益损值。⑥根据决策准则，运用相应的决策分析方法，综合评价各种方案，为决策者选择出最满意的可行方案作为决策方案。⑦决策方案的事前评价、执行评价、事后评价、反馈、调整与控制。准确而迅速地把决策方案实施过程中出现的问题和信息反馈给决策者或决策机构，使决策者或决策机构能及时根据实际情况的变化，对方案进行相应的调整与修正，以提高决策的科学性。

二、基于投影寻踪的不确定型决策分析方法

不确定型决策问题，就是指根据某种决策准则，在所面临的 m 种自然状态 S_1, S_2, …，

S_m 的概率不可预知的情况下，如何从 n 个行动方案 A_1，A_2，$\cdots$，A_n 中选出一个最优方案或合理方案，它是一类以行动方案为优化变量的复杂的优化问题。设在自然状态 S_j 下行动方案 A_i 所对应的益损值（收益为正值、损失为负值）记为 $C_{i,j}$，益损值矩阵记为 $C = (C_{i,j})_{n \times m}$。益损值矩阵包含着决策者所面临的机会风险。解不确定型决策问题的实质，就是根据某决策准则，把 $n \times m$ 阶实数益损值矩阵 $(C_{i,j})_{n \times m}$ 压缩为 n 维实数列向量 $\{Z_i \mid i = 1 \sim n\}$，该向量的第 i 个分量反映了第 i 个行动方案 A_i 在该决策准则下所可望得到的益损值，$i = 1 \sim n$，其中的最大分量所对应的方案就是所求的最优方案。

例如，乐观法就是取所面临的各种自然状态中对决策者最有利的自然状态这一决策准则，通过对益损值矩阵每行取大运算得到压缩向量 $Z_{i,1} = \max_j \{C_{i,j}\}$；悲观法就是取所面临的各种自然状态中对决策者最不利的自然状态这一决策准则，通过对益损值矩阵每行取小运算得到压缩向量 $Z_{i,2} = \min_j \{C_{i,j}\}$；折中法的决策准则介于乐观法与悲观法之间，其压缩向量取乐观法的压缩向量与悲观法的压缩向量的加权平均值，即 $Z_{i,3} = \alpha Z_{i,1} + (1-\alpha) Z_{i,2}$，其中权重 $\alpha \in [0, 1]$ 称为乐观系数；等概率法的决策准则认为所面临的各种自然状态出现的可能性相同，通过对益损值矩阵每行取算术平均得到压缩向量 $Z_{i,4} = \sum_{j=1}^{m} C_{i,j}/m$；后悔值就是指在同一种自然状态下各行动方案所对应的益损值中的最大值与可能采用的行动方案的益损值之差，根据该后悔值定义就可把益损值矩阵转换为后悔值矩阵 $(D_{i,j})_{n \times m}$，$D_{i,j} = \max_i C_{i,j} - C_{i,j}$，$j = 1 \sim m$，$i = 1 \sim n$，通过对后悔值矩阵每行乘以 -1 再取小运算得到压缩向量 $Z_{i,5} = \min_j \{-D_{i,j}\}$，可见 $Z_{i,5}$ 的绝对值就是第 i 个行动方案在各种自然状态所对应的损失机会中的最大机会损失值。归纳以上分析，可以认为解不确定型决策问题的关键问题，就是如何设计合理的决策准则，把益损值矩阵 $(C_{i,j})_{n \times m}$ 压缩为列向量 $\{Z_i \mid i = 1 \sim n\}$。近 40 年来应用研究表明，用投影寻踪方法（Projection Pursuit method，PP）解决这类压缩变换问题十分有效。

PP 的基本思路是：把高维数据通过某种组合投影到低维子空间上，对于投影到的构形，采用投影指标函数（即目标函数）来衡量投影暴露某种结构的可能性大小，寻找出使投影指标函数达到最优（即能反映高维数据结构或特征）的投影值，然后根据该投影值来分析高维数据的结构特征。其中，投影指标函数的构造及其优化问题是应用 PP 能否成功的关键，该问题很复杂，目前的 PP 实现方法的计算量相当大，在一定程度上限制了 PP 的深入研究和广泛应用。为此，可用加速遗传算法（RAGA）实现 PP 的新途径。下面给出用 PP 求解不确定型决策问题的基本步骤：

步骤 1 构造投影指标函数。PP 就是把益损值矩阵 $(C_{i,j})_{n \times m}$ 转换（投影）成 n 维压缩向量 $\{Z_i \mid i = 1 \sim n\}$

$$Z_i = \sum_{j=1}^{m} a(j) C_{i,j} \quad (i = 1 \sim n) \tag{4-29}$$

式中：$[a(1)，a(2)，\cdots，a(m)]$ 为投影方向 $\boldsymbol{a}$ 的 m 个分量，需满足条件 $a(j) \in [0, 1]$ $(j = 1 \sim m)$ 和 $\sum_{j=1}^{m} a(j) = 1$。

解不确定型决策问题的目的就是从 n 个方案中选优，这些方案与压缩向量 $\{Z_i\}$ 的 n 个分量相对应。在投影时，要求压缩向量的 n 个分量之间尽可能分散。为此，投影指标函数

$Q(a)$可取这些分量的标准差：

$$Q(a) = S_z = \left[\sum_{i=1}^{n} (Z_i - \bar{z})^2 / n \right]^{0.5} \tag{4-30}$$

式中，$\bar{z} = \sum_{i=1}^{n} Z_i / n$ 为各分量的均值。

步骤 2 优化投影指标函数。当给定益损值矩阵时，投影指标函数 $Q(a)$ 只随投影方向 a 的变化而变化。不同的投影方向反映不同的数据结构特征，最佳投影方向就是最大可能暴露高维数据某类特征结构的投影方向。可通过求解投影指标函数最大化问题来估计最佳投影方向，即

$$\max Q(a) = S_z \tag{4-31}$$

$$\text{s. t} \sum_{j=1}^{m} a(j) = 1, \ a(j) \in [0,1] (j = 1 \sim m) \tag{4-32}$$

这是一个以 $\{a(j) \mid j=1 \sim m\}$ 为变量的非线性优化问题，用模拟生物优胜劣汰规则与群体内部染色体信息交换机制的加速遗传算法（AGA）来处理该优化问题十分简便和有效。

步骤 3 选择最优方案。把由步骤 2 求得的最佳投影方向 a^* 代入式（4-29），即得压缩向量 $\{Z_i^*\}$ 的 n 个分量，它们对应在投影指标函数最大化这一决策准则下各行动方案所可望得到的益损值，其中最大分量所对应的方案就是所求的最优方案。

现结合投影方向、压缩向量和投影指标函数的物理意义，对上述求解不确定型决策问题的投影寻踪方法作进一步说明。式（4-29）表明，投影方向的 m 个分量实质上反映了决策者对各种自然状态所赋予的权重，压缩向量的分量 Z_i 就是益损值矩阵 $(C_{i,j})_{n \times m}$ 中行动方案 A_i 在 m 种自然状态下的益损值 $\{C_{i,j} \mid j=1 \sim m\}$ 的加权平均值。这些权重的确定是通过投影指标函数最大化来实现的。若益损值矩阵中某种自然状态下各行动方案所对应的益损值的变化幅度越大，分布越分散，则给予这种自然状态的权重（投影方向的分量）值越大，所得的投影指标函数值将越大。因此，由步骤 2 求得的最佳投影方向 a^* 的最大分量将对应各行动方案所对应的益损值的变化幅度最大、分布最分散的那种自然状态。换言之，各行动方案所对应的益损值的变化幅度最大、分布最分散的那种自然状态，决策者将给予最大的权重，因为在这种自然状态下决策者所遇到的机会风险（可能是收益机会的风险，也可能是损失机会的风险）最大，积极而稳妥地处理这种机会风险，决策者既可以充分利用可能获得的最大收益机会，又可以避免可能遭受的最大损失机会。

三、实例

【例 4-5】 某兵工厂生产考虑平时、战时相结合，需对产品生产的 3 种方案 A_1，A_2 和 A_3 进行决策，这些方案在未来形势分别为战争 S_1、和平 S_2 和不战不和 S_3 这 3 种自然状态下的益损值矩阵如表 4-7 所示，而每种自然状态发生的概率不能确定。根据益损值矩阵和式（4-29）与式（4-30），可得此例的投影指标函数，再用 RAGA 优化由式（4-31）和式（4-32）所确定的问题，得最大投影指标函数值为 6.30，最佳投影方向为 $a^* = (0.9586, 0.0289, 0.0125)$。把 a^* 代入式（6-23）后即得压缩向量 $\{Z_i^*\}$，结果见表 4-7。压缩向量的分量 Z_i^* 值越大，表示 A_i 方案所可望得到的益损值就越大，据此可得最优方案为 A_1。

表 4 - 7　　　　　　　　　　　益损值矩阵及不同决策方法的决策结果

益损值\状态\方案	S_1	S_2	S_3	压缩向量 Z_i^*	最优方案					
					投影寻踪方法	乐观法	悲观法	折中法	等概率法	后悔法
A_1	20.0	1.0	−6.0	19.1	*	*		*		*
A_2	9.0	8.0	0.0	8.9					*	
A_3	4.0	4.0	4.0	4.0			*			
最佳投影方向	0.958 6	0.028 9	0.012 5							

注　* 为所选的最优方案；折中法中的乐观系数取 0.6。

【例 4 - 6】　某厂生产一种新型童车，据市场需求预测分析，产品销路可分为畅销 S_1、一般 S_2 和滞销 S_3 这 3 种自然状态，而每种自然状态发生的概率不能确定。童车生产有大批量 A_1、中批量 A_2 和小批量 A_3 计 3 种生产方案，各方案在各自然状态下的益损值矩阵如表 4 - 8 所示。同例 4 - 5，可得例 4 - 6 的最大投影指标函数值为 10.14，最佳投影方向为 $\boldsymbol{a}^* = (0.014\ 4, 0.041\ 8, 0.943\ 8)$。把 $\boldsymbol{a}^*$ 代入式（4 - 29）后即得压缩向量 $\{Z_i^*\}$，结果见表 4 - 8，据此可得最优方案为 A_3。

表 4 - 8　　　　　　　　　　　益损值矩阵及不同决策方法的决策结果

益损值\状态\方案	S_1	S_2	S_3	压缩向量 Z_i^*	最优方案					
					投影寻踪方法	乐观法	悲观法	折中法	等概率法	后悔法
A_1	30	23	−15	−12.8		*				
A_2	25	20	0	1.2				*	*	*
A_3	12	12	12	12	*		*			
最佳投影方向	0.014 4	0.041 8	0.943 8							

注　* 为所选的最优方案；折中法中的乐观系数取 0.6。

【例 4 - 7】　某厂准备生产一种新产品，该产品的市场需要量可分为较高 S_1、一般 S_2、较低 S_3 和很低 S_4 这 4 种自然状态，而每种自然状态发生的概率不能确定。为生产该产品，工厂制订了新建自动线 A_1、改建生产线 A_2 和原有车间生产 A_3 共 3 种工艺方案，各方案在各自然状态下的益损值矩阵如表 4 - 9 所示。同例 4 - 5，可得例 4 - 7 的最大投影指标函数值为 125.71，最佳投影方向为 $\boldsymbol{a}^* = (0.789\ 0, 0.042\ 0, 0.016\ 7, 0.152\ 2)$。把 $\boldsymbol{a}^*$ 代入式（4 - 29）后即得压缩向量 $\{Z_i^*\}$，结果见表 4 - 9，据此可得最优方案为 A_1。

表 4-9 益损值矩阵及不同决策方法的决策结果

益损值 状态 方案	S_1	S_2	S_3	压缩向量 Z_i^*	最优方案					
					投影寻踪方法	乐观法	悲观法	折中法	等概率法	后悔法
A_1	850	420	-150	-400	624.9	*	*		*	*
A_2	600	400	-100	-350	435.3					
A_3	400	250	90	-50	320.0			*		
最佳投影方向	0.789 0	0.042 0	0.016 7	0.152 2						

注 *为所选的最优方案；折中法中的乐观系数取0.6。

表4-7、表4-8和表4-9说明：

①以上这6种方法求解不确定型决策问题的过程，都是把已知的益损值矩阵转换为压缩向量的过程，但它们利用益损值矩阵的信息的方式和程度是不同的。投影寻踪方法利用了益损值矩阵的全部元素之间的变化信息，反映了决策者利用决策问题所包含的机会风险。当收益机会的风险大于损失机会的风险时，投影寻踪方法积极地选取收益机会最大的自然状态下最大益损值所对应的方案，这时一般与乐观法的决策结果相同，如例4-5和例4-7；当损失机会的风险大于收益机会的风险时，投影寻踪方法稳妥地选取损失机会最大的自然状态下最大益损值所对应的方案，这时一般与悲观法的决策结果相同，如例4-6；显然，当损失机会的风险等于收益机会的风险时，投影寻踪方法的决策结果将与等概率法的决策结果相同。可见，投影寻踪方法利用益损值矩阵的信息比乐观法、悲观法、等概率法和折中法全面，根据决策问题所包含的机会风险能进能退。后悔值法实质上是从各方案最大机会损失值中选取最小者作为最优决策，处理机会风险显然不如投影寻踪方法全面。

②在求解不确定型决策问题时，目前常用方法的实质都是如何把益损值矩阵转换为压缩向量，不同的转换规则反映了不同的决策准则，该压缩向量的第i个分量反映了第i个行动方案在该决策准则下所可望得到的益损值，取最大分量所对应的方案为最优方案。

③益损值矩阵各元素的变化信息包含了决策者所面临的机会风险（既包括收益机会的风险又包括损失机会的风险），变化程度越大则对应的机会风险就越大。为全面处理这种机会风险，提出了新方法——投影寻踪方法。当益损值矩阵所反映的收益机会的风险大于损失机会的风险时，投影寻踪方法积极地选取收益机会最大的自然状态下最大益损值所对应的方案，这时一般与乐观法的决策结果相同；当损失机会的风险大于收益机会的风险时，投影寻踪方法稳妥地选取损失机会最大的自然状态下最大益损值所对应的方案，这时一般与悲观法的决策结果相同；当损失机会的风险等于收益机会的风险时，投影寻踪方法的决策结果将与等概率法的决策结果相同；投影寻踪方法利用益损值矩阵的信息比常用方法充分，可根据决策问题所包含的机会风险能进能退。

习　　题

4.1　一般水资源系统有哪些主要特点？

4.2　何谓水资源系统工程？水资源系统工程处理问题的一般步骤有哪些？

4.3　试述加速遗传算法的主要步骤。

4.4　试述遗传算法在水资源规划问题的主要应用。

第五章　供需水预测及其平衡分析

第一节　概　　述

按用水特征，需水可分为河道内和河道外两大类。按用户或行业特点，需水可分为生活、生产、生态三大类，需水的具体分类见表5-1。

表 5-1　　　　　　　　　　　需水分类及其层次结构

用水户分类				备　　注
一级	二级	三级	四级	
河道外	生活	城镇居民生活		仅为城镇居民生活用水，不包括公共用水
		农村居民生活		仅为农村居民生活用水，不包括牲畜用水
	生产	农业	农田灌溉　水田	水稻等
			水浇地	小麦、玉米、棉花、蔬菜、油料等
			菜田	菜田
			林牧渔畜　灌溉林果地	果树、苗圃、经济林等
			灌溉草场	人工草场、灌溉的天然草场、饲料基地等
			牲畜	大、小牲畜
			鱼塘	鱼塘补水
		工业	高用水工业	纺织、造纸、石化、冶金、化工、食品
			一般工业	除高用水工业和火（核）电工业外的工业行业
			火（核）电工业	循环式、直流式
		建筑业		土木工程建筑业、线路管道和设备安装业、装修装饰业
		第三产业		第三产业及城市消防用水及城市特殊用水等
	生态	城镇生态环境		绿化用水、城镇河湖补水、环境卫生用水等
		农村生态环境		湖泊、沼泽、湿地补水、林草、植被建设、地下水回灌
河道内	生产	水力发电		水力发电业
		航运		内河、内湖运输业
		水产养殖		自然水体的淡水养殖业（不包括鱼塘）在河道内生态环境需水中考虑其水量要求
		其他		漂木、水上旅游观光等
	生态环境	维持河道一定功能		生态基流、输沙、水生生物等
		河口生态环境		冲淤保港、防潮压碱、河口生物

生活和生产需水又通称为社会经济需水。生活需水（domestic　water demand）是指城镇生活与农村生活所需的水量。生产需水（water demand for production）是指有经济产出的各类生产活动所需的水量，包括第一产业的种植业和林牧渔业，第二产业的高用水工业、一般工业、火（核）电工业和建筑业，以及第三产业的商饮业、其他服务业等，见表5-2。

生态环境需水（water demand for ecology and environment）是指为了维持生态环境系

统一定功能所需要常留的自然水体或需要人工补充的水量。河道内生态环境需水指维持河流生态系统一定形态和一定功能所需要保留的水（流）量，按维持河道一定功能的需水量和河口生态环境需水量分别计算。河道外生态环境需水指保护、修复或建设给定区域的生态环境需要人为补充的水量，按城镇生态环境需水、湖泊沼泽湿地生态环境补水、林草植被建设需水和地下水回灌补水分别计算。

表 5 - 2　　　　　　　　　　　　　国民经济和生产用水行业分类表

产业	6 大类	15 部门	行 业 名 称
第一产业	农业（农林牧渔业）	种植业	种植业
		林牧渔业	林业、畜牧业、渔业
第二产业	高用水工业	纺织工业	纺织业
		造纸工业	造纸及纸制品业
		石化工业	石油加工及炼焦业
		化学工业	化学原料及化学制品制造业、医药制造业、化学纤维制造业、橡胶制品业、塑料制品业
		冶金工业	黑色金属冶炼及压延加工业、有色金属冶炼及压延加工业、金属制品业
		食品工业	食品加工业、食品制造业、饮料制造业
	一般工业	采掘业	石油和天然气开采业、煤炭采选业、黑色金属矿采选业、有色金属矿采选业、非金属矿采选业、其他矿采选业、木材及竹材采运业
		制造业	烟草加工业、服装及其他纤维制品制造、皮革毛皮羽绒及其制品业、木材加工及竹藤棕草制品业、家具制造业、印刷业记录媒介的复制、文教体育用品制造、非金属矿物品制品业、普通机械制造业、专用设备制造业、交通运输设备制造业、电气机械及器材制造业、电子及通信设备制造业、仪器仪表及文化办公用机械制造业、其他制造业
		其他工业	煤气的生产和供应业、自来水的生产和供应业、电力蒸汽热水生产供应业（非火核电部分）
	火（核）电工业	火（核）电工业	电力蒸汽热水生产供应业（火核电部分）
	建筑业	建筑业	土木工程建筑业、线路管道和设备安装业、装修装饰业
第三产业	第三产业	商业餐饮业	批发和零售贸易业、餐饮业
		其他服务业	交通运输业、仓储业、邮电通信业、农林牧渔服务业、地质勘查、水利管理业、金融保险业、房地产业、社会服务业、卫生体育和社会福利业、教育文化艺术及广播电影电视业、科学研究和综合技术服务业、国家机关政党机关和社会团体、其他服务业

水资源需求增长的驱动因素是人口增长与经济发展，制约需求增长因素主要包括水资源条件、水工程条件、水市场条件和水管理条件。当人均水资源量较低时，水资源需求管理是社会可持续发展和水资源可持续利用的必然选择。需求管理的基本政策包括四个层次的内容：在生产力布局时对缺水地区限制大耗水产业的进一步发展，甚至进行转移；在发展过程中不断调整产业结构，形成节水型社会经济结构；调整水价体系，用经济杠杆促进节水、抑

制需求；分行业推进各类节水措施，提高行业用水效率。

第二节　国民经济各部门需水预测

一、生活需水量的预测

这里所说的生活需水主要是指城镇居民和农村居民生活需水。由于它的增长速度快，用水高度集中，与人们生活息息相关，关系到千家万户，因此必须给以高度重视，尤其在我国北方水资源供需矛盾突出，更需及时通过调查，摸清生活需水的现状和发展动向，统筹规划，早作安排，以满足人民生活需水的要求。

（一）生活需水的分类

（1）按用水户分布，分为城镇生活需水和农村生活需水。

（2）按供水系统，分为自来水供给的生活需水和自备水源供给的生活需水。

（3）按供水水源，分为地表水供给（不需调节的地表水与需要调节流量的地表水）；地下水供给（泉水、浅层地下水与深层地下水）；中水供给（经过处理的污水用于生活需水的那部分水）。

（二）城镇生活需水预测

1. 影响因素

一个城镇生活用水定额、用水结构与城镇的特点和性质有关。对未来生活需水量的变化预测离不开城镇生活用水的历史和现状。据此应考虑以下因素的变化：住楼房与平房人数在未来水平年所占的比例，供水的普及程度，家庭人员构成变化和家庭收支增加，家庭用水设备（淋浴、洗衣机、冲洗厕所等），安装户表情况等。

2. 预测方法

（1）趋势法或简单相关法。城市生活需水，在一定范围内，其增长速度是比较有规律的，因而可以用趋势外延和简单相关法推求未来需水量。

对总需水量的估算，考虑的因素是用水人口和用水定额。人口数以计划部门或国民经济五年发展规划的预测数为准，而用水定额以现状调查数据或统计数据为基础，分析定额的历年变化情况，或进行用水定额与国民经济平均收入的相关分析，考虑不同水平年城镇的经济发展和人民生活改善及提高程度，拟订一个城镇不同水平年的用水定额，按式（5-1）计算：

$$W_i = p_0(1+\varepsilon)^n K_i \tag{5-1}$$

式中：W_i 为某水平年城镇生活用水量，m^3；p_0 为现状人口，人；ε 为城镇人口计划增长率，%；n 为起始年份与某一水平年份的时间间隔，a；K_i 为某水平年份拟订的人均用水综合定额，$m^3/$（人·a）。有远郊城镇要分市区和远郊城镇两部分分别进行计算，然后汇总为总生活需水量。

在求出年总需水量后，年内分配可采用自来水供水系统月供水分配系数，在作一些修正后，用于不同水平年的生活用水的月水量分配。

$$W_{i,m} = a_m p_0(1+\varepsilon)^n K_i \tag{5-2}$$

式中：$W_{i,m}$ 为某一水平年内某一月份城镇生活需水量，m^3；a_m 为某一月份需水量占全年总需水量百分数；其他符号同上。

（2）分类分析权重变化估算法。一个城镇生活用水的各种用水项目之间存在一定的比例，而且这种定量比例与许多因素有关。同时各种用户的用水定额也是随着时间的推移而有所变化。因此，必须对各类用户的权重和定额进行分析，其变化趋势可通过历史资料分析，综合考虑各项影响因素的确定，如住房和公共设施规划，供水普及率的变化，用水设备的普及程度，以及受水源、价格等因素影响，有可能节约用水的动向等，提出一个合理的权重和用水定额，然后按式（5-3）计算总需水量：

$$W_i = \sum_{i=1}^{h} \varepsilon_i K_i M_i \tag{5-3}$$

式中：W_i 为某一水平年的总需水量，m^3；ε_i 为某一类用户在某一水平年所占的权重，%；K_i 为某一类用户在某一水平年的单位需水量，$m^3/$人；M_i 为某一类用户在某一水平年的用水人数。

各类用户权重变化可以用趋势外延法和相关法进行外延推算，定额预测考虑历史的变化，并通过典型分解分析累积推算进行。

根据城镇生活供水系统的水利用系数，在城镇生活净需水量预测的基础上进行毛需水量的计算。

（三）农村生活需水预测

通过典型调查，按人均需水标准进行估算。公式为

$$W_{居} = \sum n_i m_i \tag{5-4}$$

式中：$W_{居}$ 为农村居民生活需水量；m_i 为人均生活需水标准；n_i 为需水人数。

农村居民生活需水标准与各地水源条件、用水设备、生活习惯有关。南方与北方需水标准相差很大，应进行实地调查拟订需水标准。

二、农业需水量的预测

我国是农业大国，农业用水量占总用水量的 65% 左右。长期以来，由于技术和管理水平落后、灌溉设施老化失修等原因，目前我国灌溉水的利用率与发达国家相差甚远，农业节水潜力很大。

农业需水包括农田灌溉和林牧渔畜需水。其中农田灌溉需水所占的比重较大，是农业需水的主体。与工业、生活需水相比，具有面广量大、一次性消耗的特点，而且受气候影响较大。当水资源短缺，水量得不到保证时，一般可以改变作物种植种类，使需水量减少，压缩农业需水来满足工业和生活需水。因此，农业灌溉需水的保证率低于生活和工业需水的保证率。但菜田需水要求较高的供水保证率，可与工业和生活需水一样得到保证。

（一）农田灌溉需水

农田灌溉需水包括水浇地和水田的灌溉需水，灌溉需水预测采用灌溉定额预测方法，灌溉定额预测要考虑灌溉保证率水平。

1. 农作物的需水量

农作物的需水量一般是指农作物在田间生长期间植株蒸发量和棵间蒸发量之和（又称腾发量）。对水稻田来说，也有将稻田渗水量算在作物需水量之内，这点在引用灌溉试验资料进行计算时要特别注意。我国一些农作物全生育期需水量大致范围见表 5-3。

表 5 - 3　　　　　　　我国几种主要作物全生育期内田间需水量的变化范围　　　　　单位：m³/亩

作物	地区	年份		
		干旱年	中等年	湿润年
一季稻	东北	250～500	220～500	200～450
	黄河流域及华北沿海	400～600	350～550	250～500
中稻	长江流域	400～550	300～500	250～450
一季晚稻	长江流域	500～700	450～650	400～600
双季早稻	长江流域	300～450	250～400	200～300
双季晚稻	华南	300～400	250～350	200～300
冬小麦	华北	300～500	250～400	200～350
	黄河流域	250～450	200～400	160～300
	长江流域	250～450	200～350	150～280
	东北	200～300	180～280	150～250
	西北	250～350	200～300	—
棉花	西北	350～450	300～450	—
	华北及黄河流域	400～600	350～500	300～450
	长江流域	400～650	350～500	250～400
玉米	西北	250～300	200～250	—
	华北及黄河流域	200～250	150～200	130～180

　　作物需水量一般是通过灌溉试验来确定，一般采用产量法、蒸发系数法、积温法等分析估算，可由当地灌溉试验提供，在当地缺乏资料时，可应用邻近相似区域灌溉试验资料。

　　2. 灌溉制度

　　灌溉制度（irrigation schedule）指在一定的自然气候和农业栽培技术条件下，为使农作物获得高产、稳产，对农田进行适时适量灌水的一种制度。它包括灌水定额［m³/（亩·次）］、灌水时间（日/月）、灌水次数（次）、灌溉定额（m³/亩）等，灌溉定额为各次灌水定额之和。灌水方式分地面灌溉、地下灌溉和地上灌溉等，具体的灌溉方式如图 5 - 1 所示。对不同灌溉方式，同一作物其灌溉制度是不同的。

　　影响灌溉制度的因素很多，主要有气候、土壤、水文地质、作物品种、耕作方式、灌排水平以及工程配套程度等，一般灌溉制度的拟订要通过灌区调查，总结群众节水丰产的经验，综合分析制定。但是，实际年份的灌水情况受当地气候条件影响较大，其中受作物生长期的降雨及其分布影响最大。

　　3. 净灌溉定额和渠系水利用系数

　　灌溉定额是作物播种前及全生育期单位面积的总灌水量或灌水深度，是作物各次灌水量之和。不同的灌溉方式，不同的作物及其组成，有不同的灌溉定额。而实际某一年的灌溉定额又由当年的各种条件来决定。

　　以地面灌溉为例，分水稻和旱作物，从水量平衡原理进行计算的方法如下。

　　（1）水稻净灌溉定额。按水量平衡原理有

$$M = \frac{1}{m} M_{秧} + M_{泡} + E + M_{渗} - P' \tag{5-5}$$

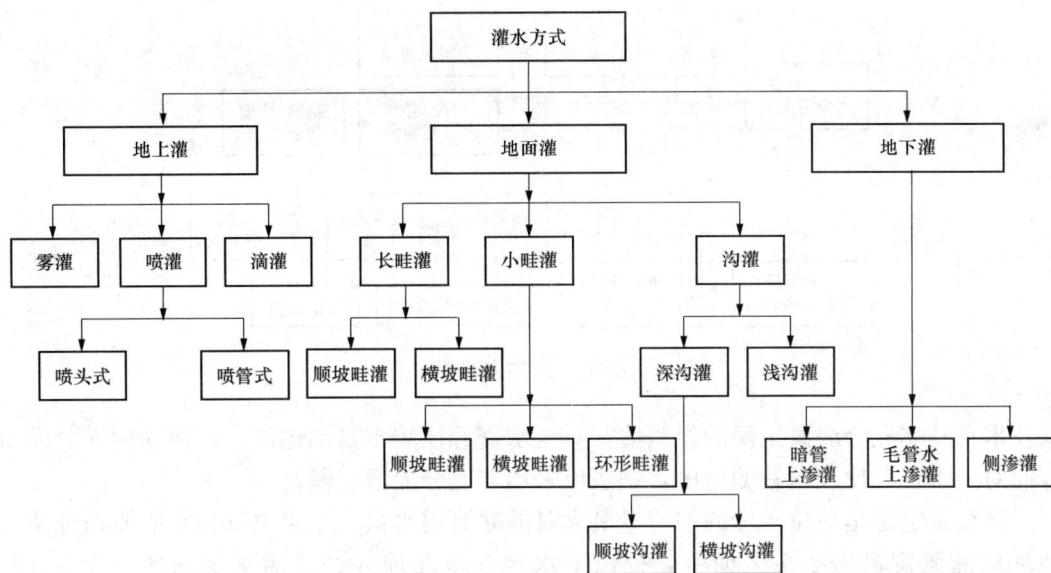

图 5-1　灌水方式

$$E = \sum E_i \tag{5-6}$$

$$E_i = \alpha E_{水} \tag{5-7}$$

$$P' = nP \tag{5-8}$$

$$M_{渗} = s \times t \tag{5-9}$$

式中：M 为作物的净灌溉定额；$M_{秧}$ 为秧田灌溉定额（湿润育秧可忽略不计）；m 为亩秧田分插田亩数，一般为 $m = 15 \sim 17$；$M_{泡}$ 为泡田需水量，可根据试验资料确定，盐碱地稻改区需考虑淋盐洗碱的泡田需水量；E 为作物全生育期的需水量；$M_{渗}$ 为作物全生育期的田间渗透量，一般用生长期乘日渗透强度求得；P' 为作物生长期的有效雨量；E_i 为作物某生育阶段的需水量；$E_{水}$ 为相应作物某生育阶段的水面蒸发量（水面蒸发换算系数引用附近水文气象部门资料）；α 为水稻在某生育期的需水系数；P 为作物生长期的降雨量；n 为作物生长期降雨量的利用率，%。

关于以上计算参数，各地都可以从有关部门收集，或借用相邻区域的试验资料。

（2）旱作物净灌溉定额。旱作物灌溉在我国比较复杂，同一种旱作物的净灌溉定额因时因地而异。旱作物灌溉目的在于控制作物湿润土层的含水量，使之既不大于允许的最大含水量，又不小于允许的最小含水量，以适宜作物生长。因此一个地区当年的灌溉净定额，与耕作层深度、允许的土壤含水量变化、土壤干容重及孔隙率、地下水利用量、作物生长期的有效雨量等因素有关。确定旱作物用水量计算步骤如图 5-2 所示。

除了上述理论计算方法外，有关部门或研究单位大量的灌溉试验所取得的有关成果，可作为确定灌溉定额的基本依据。有条件的地区，亦可采用彭曼公式计算农作物蒸腾蒸发量，从中扣除有效降雨，计算农作物灌溉净需水量。

农作物灌溉定额还可分为充分灌溉定额和非充分灌溉定额。充分灌溉是指在作物生育期完全按照作物高产所需水量实施灌溉的方式。非充分灌溉是指在作物生育期部分地按作物生长需要水量实施的灌溉方式。各地通过多年的灌溉实践，已基本摸索出了当地农作物非充分

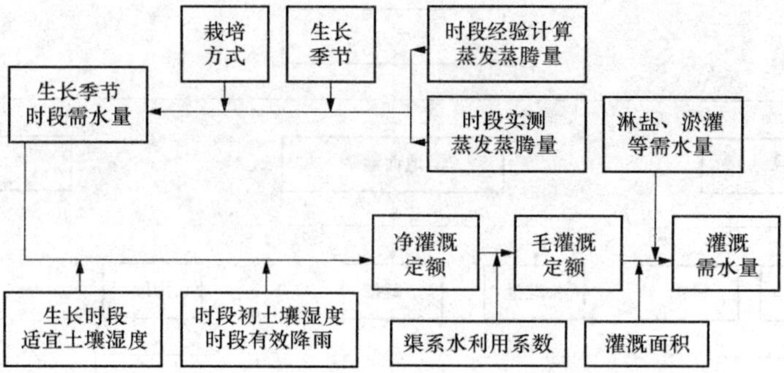

图 5-2　确定旱作物用水量计算框图

灌溉技术及其非充分灌溉定额的经验值。对于水资源比较丰富的地区，一般采用充分灌溉定额；而对于水资源比较紧缺的地区，一般应采用非充分灌溉定额。

经济灌溉定额是单位水量的增产量最大时的灌溉需水量。原水电部新乡灌溉研究所对华北地区的灌溉定额做了深入研究，提出平水年在华北地区经济需水定额冬小麦为 $160\sim200\mathrm{m}^3/$ 亩，夏玉米为 $40\sim75\mathrm{m}^3/$ 亩，棉花为 $80\sim140\mathrm{m}^3/$ 亩。经济灌溉定额属于非充分灌溉范畴。

渠系水利用系数，通常指净灌溉用水量 $W_净$ 与毛灌溉用水量 $W_毛$ 之比值

$$\eta = W_净 / W_毛 \tag{5-10}$$

设 $\eta_干$、$\eta_支$、$\eta_斗$、$\eta_农$ 分别表示干渠、支渠、斗渠、农渠各级渠道（同时输水）的加权平均有效利用系数，则

$$\eta = \eta_干 \eta_支 \eta_斗 \eta_农 \tag{5-11}$$

同时输水的同级渠道，其加权平均有效利用系数可按照式（5-12）计算

$$\eta = \sum q_净 / \sum q_毛 \tag{5-12}$$

式中：$\sum q_净$ 为同时工作的同级渠道渠尾净流量之和；$\sum q_毛$ 为同时工作的同级渠道渠首毛流量之和。

η 的大小与各级渠道长度、沿线土质和水文地质条件、工程配套和衬砌情况、灌溉管理水平等因素有关。η 的确定可在渠道运用过程中实测。我国目前已建灌区，η 值一般只有 $0.45\sim0.6$。

4. 灌溉需水量估算

农业灌溉是分灌区进行，不同的灌区其灌溉条件不尽相同。因此，农业用水调查应按灌区进行，各灌区用水累计即全区域农业用水量。

现状灌溉需水量一般估算方法可分为直接估算法和间接估算法。

（1）直接估算法。直接选用各种作物的灌溉定额进行估算。其公式为

$$W_i = \frac{1}{10^4} \omega_i \sum_{i=1}^{n} m_i \tag{5-13}$$

$$W = \sum W_i \tag{5-14}$$

$$W' = W/\eta \tag{5-15}$$

式中：m_i 为某作物某次灌溉定额；ω_i 为某作物灌溉面积；n 为某作物灌溉次数；W_i 为某作物

净灌溉水量；W 为全灌区所有作物净灌水量；η 为灌区渠系水利用系数；W' 为全灌区总毛灌溉用水量。

对于灌区有附加淋盐、淤灌水量应另行估算。

（2）间接估算法。即先计算各时段综合灌水定额，再算整个灌溉用水量，其计算公式为

$$m_i = \alpha_1 m_{1t} + \alpha_2 m_{2t} + \cdots + \alpha_i m_{it} \tag{5-16}$$

$$m'_t = m_t / \eta \tag{5-17}$$

$$W'_t = \omega \cdot m'_t \tag{5-18}$$

$$W' = \sum W'_t \tag{5-19}$$

式中：m_i 为 t 时段综合净灌水定额；m_{1t}，m_{2t}，$\cdots$，m_{it} 为 t 时段各种作物的净灌水定额；α_1，α_2，$\cdots$，α_i。为各种作物占全灌区的灌溉面积比值，%；m'_t 为 t 时段毛综合灌水定额；η 为全灌区水利用系数；ω 为全灌区的灌溉面积；W'_t 为 t 时段全灌区毛灌溉用水量；W' 为全灌区总毛灌溉用水量。

未来不同水平年的灌溉需水量估算，主要考虑以下几个因素：灌溉面积的发展速度，不同保证率情况下的不同灌溉方式，不同作物及组成的灌溉定额，渠系水利用系数提高程度等。不同水平年不同保证率农业灌溉需水量预估，可按预测框图程序进行，如图 5-3 所示。

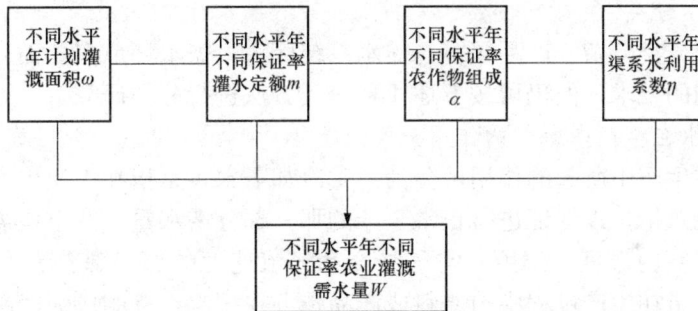

图 5-3　不同水平年不同保证率农业灌溉需水量预估

（二）林牧渔畜需水

林牧渔畜业需水量包括林果地灌溉、草场灌溉、鱼塘补水和牲畜用水等 4 项。

灌溉林果地和灌溉草场需水量预测采用灌溉定额预测方法，其计算步骤类似于农田灌溉需水量。根据当地试验资料或现状典型调查，分别确定林果地和草场灌溉净定额；根据灌溉水源和供水系统，分别确定田间水利用系数和各级渠系水利用系数；结合林果地与草场发展面积预测指标，进行林地和草场灌溉净需水量和毛需水量预测。

渔业需水是指维持一定养殖水面面积和相应水深所需要补充的水量，为养殖水面蒸发和渗漏所消耗水量的补充值。公式为

$$W_{渔} = \omega(\alpha E - P + S) \tag{5-20}$$

式中：ω 为养殖水面面积；E 为水面蒸发量，由水文气象部门蒸发器测得；α 为蒸发器折算系数；P 为年降雨量；S 为年渗漏量（由调查、实测或经验数据估算）。

渔业需水也可以根据调查补水定额和养殖面积进行估算。公式为

$$W_{渔} = \omega \cdot m \tag{5-21}$$

式中：ω 为养殖面积；m 为鱼塘补水定额。

牲畜用水

$$W_{牲} = \sum n_i \cdot m_i \qquad\qquad (5-22)$$

式中：$W_{牲}$ 为牲畜用水；n_i 为各种牲畜或家禽头数或只数；m_i 为各种牧畜或家禽用水定额（调查或实测值）。

三、工业需水量的预测

工业需水（water demand for industrial）一般是指工、矿企业在生产过程中，用于制造、加工、冷却、空调、净化、洗涤等方面的需水量。

工业需水是城市需水的一个重要组成部分。在整个城市需水中工业需水不仅所占比重较大，而且用水集中。工业生产大量用水，同时排放相当数量的工业废水，又是水体污染的主要污染源。世界性的需水危机首先在城市出现，而城市水源紧张主要是工业需水问题所造成。因此，工业需水问题已引起各国的普遍重视。

目前，没有哪个工业部门在没有水的情况下会得到发展，因此，人们称"水是工业的血液"。一个城市工业需水的多少，不仅与工业发展的速度有关，而且还与工业的结构、工业生产的水平，节约用水的程度，用水管理水平，供水条件和水资源的多寡等因素有关。需水不仅随部门不同而不同，而且与生产工艺有关，同时还取决于气候条件等。

（一）工业需水分类

尽管现代工业分类复杂、产品繁多、需水系统庞大，需水环节多，而且对供水水流、水压、水质等有不同的要求，但仍可按下述 4 种分类方法进行分类研究。

1. 按工业需水在生产中所起的作用分类

按工业需水在生产中所起的作用可分为：①冷却需水，是指在工业生产过程中，用水带走生产设备的多余热量，以保证进行正常生产的那一部分需水量；②空调需水，是指通过空调设备用水来调节室内温度、湿度、空气洁度和气流速度的那一部分需水量。③产品需水（或工艺需水），是指在生产过程中与原料或产品掺混在一起，有的成为产品的组成部分，有的则为介质存在于生产过程中的那一部分需水量；其他需水，如清洗场地需水等。

2. 按工业需水过程分类

按工业需水过程可分为：①总需水，即工矿企业在生产过程中所需要的全部水量（$Q_{总}$）。总需水量包括空调、冷却、工艺、洗涤和其他需水。在一定设备条件和生产工艺水平下，其总需水量基本是一个定值，可以测试计算确定；②取用水（或称补充水），即工矿企业取用不同水源（河川径流水、地下水、自来水或海水）的总取水量（$Q_{取}$）。③排放水，即经过工矿企业使用后，向外排放的水（$Q_{排}$）。耗用水，即工矿企业生产过程中耗用掉的水量（$Q_{耗}$），包括蒸发、渗漏、工艺消耗和生活消耗的水量。④重复用水。在工业生产过程中，二次以上的用水，称为重复用水。重复用水量（$Q_{重}$）包括循环用水量和二次以上的用水量，如图 5-4 所示。

3. 按水源分类

按水源可分为：①河川径流水，工矿企业直接从河流内取水，或由专供的水厂供水。一般水质达不到饮用水标准，可作工业生产需水。②地下水，工矿企业在厂区或邻近地区自备设施提取地下水，供生产或生活用的水。在我国北方城市，工业需水中取用地下水占相当大的比重。③自来水，由自来水厂供给的水源，水质较好，符合饮用水标准。④海水，沿海城市将海水作为工业需水的水源。有的将海水直接用于冷却设备；有的海水淡化处理后再用于生产。⑤再生水，城市排出废污水经处理后再利用的水。

4. 按工业组成的行业分类

在工业系统内部，各行业之间需水差异很大，由于我国历年的工业统计资料均按行业划分统计。因此，按行业分类有利于需水调查、分析和计算。一般可分为高用水工业、一般工业和火（核）电工业三类用户分别进行预测。

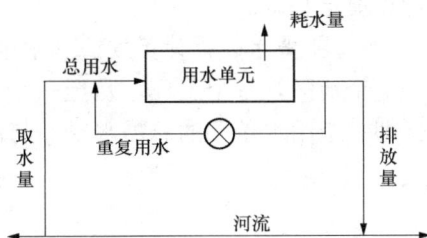

图 5-4　用水过程示意图

高用水工业和一般工业需水可采用万元增加值用水量法进行预测。火（核）电工业分循环式、直流式两种冷却用水方式，采用单位装机容量（万 kW）取水量法进行需水预测，并可以采用发电量单位（亿 kW·h）取水量法进行复核。

有条件地区可对工业行业进一步细分后进行需水量预测。如分为电力、冶金、机械、化工、煤炭、建材、纺织、轻工、电子、林业加工等。同时在每一个行业中，根据需水和用水特点不同，再分为若干亚类，如化工还可划分为石油化工、一般化工和医药工业等；轻工还可分为造纸、食品、烟酒、玻璃等；纺织还可分为棉纺、毛纺、印染等。此外，为了便于调查研究，还可将中央、省市和区县工业企业分出单列统计。

在划分用水行业时，需要注意两点。

（1）考虑资料连续延用。充分利用各级管理部门的调查和统计资料，并通过组织专门的调查使划分的每一个行业的需水资料有连续性，便于分析和计算。

（2）考虑行业的隶属关系。同一种行业，由于隶属关系不同，规模和管理水平差异很大，需水的水平就不同。如生产同一种化肥的工厂，市属与区（县）所属化工厂单耗用水量相差很多；生产同一种铁的炼铁厂，中央直属与市属的工厂，每生产一吨铁的需水量也不同。因此工业行业分类既要考虑各部门生产和需水特点，又要考虑现有工业体制和行政管理的隶属关系。

工业需水分类，其中按行业划分是基础，如再结合需水过程、需水性质和需水水源进行组合划分，将有助于工业需水调查、统计、分析、预测工作的开展。一般说，按行业划分越细，研究问题就越深入，精度就越高，但工作量增加，而分得太粗，往往掩盖了矛盾，需水特点不能体现，影响需水问题的研究和成果精度。

（二）工业需水调查计算

研究城市工业需水必须掌握可靠的第一手资料。但由于过去长期对用水问题不够重视，用水缺少观测，缺乏资料。因此，工业用水调查是获得用水资料的重要手段，是研究城市需水极其重要的一项工作。

工业需水调查内容主要包括：①基本情况，包括人口、土地、职工人数、工业结构和布局，历年工业产值及主要工业产品、产量等。②供排水情况，包括供水水源、供水方式、排水出路和水质情况等。水源情况调查，除自来水用量可直接从自来水公司记载中取得外，各单位自取河水、地下水都要进行调查。③用水情况，包括地区的工业发展规划，城市建设发展规模，将来的工业结构及布局，工业产值、产量的计划，供排水工程设施规划等。

工业用水调查不仅提供了工业用水的一般情况，更重要的是，通过调查了解一个地区工业用水的水平，可以找出合理用水的途径和措施，挖掘工业用水的潜力，同时为工业需水量的计算奠定基础。

1. 工业需水分析计算方法（水平衡法）

一个地区，一个工厂，乃至一个车间的每台用水设备，在用水过程中水量收支保持平衡，即一个用水单元的总需水量，与消耗水量、排出水量和重复利用水量相平衡。

$$Q_总 = Q_耗 + Q_排 + Q_重 \qquad (5-23)$$

$$Q_重 = Q_总 - Q_补 \qquad (5-24)$$

式中：$Q_总$为总需水量，在设备和工艺流程不变时，为一定值；$Q_耗$为消耗水量，包括生产过程中蒸发、渗漏等损失水量和产品带走的水量；$Q_重$为重复用水量，包括二次以上用水量和循环水量，$Q_补$为补充的新水量。

2. 工业需水的指标

重复利用率 η 为重复用水量在总需水量中所占的比重

$$\eta = \frac{Q_重}{Q_总} \times 100\% \qquad (5-25)$$

或

$$\eta = \left(1 - \frac{Q_补}{Q_总}\right) \times 100\% \qquad (5-26)$$

排水率 P 为排出水量在总需水量中所占有的百分比数

$$P = \frac{Q_排}{Q_总} \times 100\% \qquad (5-27)$$

耗水率 r 为耗水量在总需水量中所占的百分比数

$$r = \frac{Q_耗}{Q_总} \times 100\% \qquad (5-28)$$

以上三个指标以平衡方程式表示为 $\eta + P + r = 100\%$

这三个指标是考核工业需水水平和水量平衡计算的重要指标。

（三）工业需水预测

1. 预测方法

工业用水预测是一项比较复杂的工作，涉及的因素较多。一个城市或地区的工业用水的发展与国民经济发展计划和长远规划密切相关。通常采用的方法是，研究工业用水的发展史，分析工业用水的现状，考察未来工业发展的趋向和用水水平的变化，从中得出预测的规律，具体方法一般有以下几种。

（1）趋势法。用历年工业用水增长率来推算将来工业需水量。

预测不同水平年的需水量计算式为

$$S_i = S_0(1+d)^n \qquad (5-29)$$

式中：S_i为预测的某一水平年工业需水量；S_0为预测起始年份工业用水量；d为工业用水年平均增长率；n为从起始年份至预测某一水平年份所间隔时间。

一个城市工业用水的增长率与工业结构、用水水平、水源条件等有关。用趋势法预测关键是对未来用水量增长率的准确确定，需要找出与增长率紧密相连的因素，充分分析过去实际结构，合理确定未来不同水平年的平均用水增长率。一般来说，工业用水年平均增长率，随用水水平提高，单耗降低、重复利用程度提高，呈下降的趋势。

趋势法推算较简单易行。但是从历年调查资料中分析用水增长率时，必须是选取工业发展稳定阶段，该阶段是相当长的一个时段并具有准确度较高的用水量数值，便于观察历年用水增长趋向。对异常点要做合理性检查，才能把异常点剔除掉，消除偶然因素的影响。如某一大型耗水性工厂经多年建设，在某一年正式投产使用，使某城市工业用水量骤增至某一个水平。又如，某年遇到连续干旱缺水年份，水源缺乏，供水量衰减，迫使工业用水减少等。当有一个较长系列的用水资料时，就可以作详细分析，避免偶然因素，剔除异常点，对于特殊情况，应另作分析。

（2）相关法。工业用水的统计参数（单耗、增长率等）与工业增加值有一定的相关关系，如把增加值作为横轴，进行回归分析，则适合这种相关分析的回归方程有以下形式

$$\log y = a \log x + b \tag{5-30}$$

$$y = \frac{a}{1 + be^{-a \log x}} \tag{5-31}$$

$$y = ax + b \tag{5-32}$$

式中：y 为单位用水量或增长率；x 为增加值，a、b 为常数。

工业用水弹性系数为工业用水增长率与工业增加值增长率之比。2000 年全国工业用水增长率平均约为 5.4%，工业用水弹性系数约为 0.7。一般预测情况是：工业用水弹性系数，一般地区为 0.6～0.8；工业基础较好或节水潜力较大地区为 0.45～0.65，工业基础薄弱或能源基地为 0.8～1.0。对工业用水增长率：一般地区都低于 7%；重要能源基地一般也不超过 10%。

（3）分行业重复利用率提高法。万元增加值用水量和重复利用率，是衡量工业用水水平的两个综合指标。一般来说，一个地区或一个工矿企业单位，工业结构不发生根本变化时，万元增加值用水基本取决于重复利用率。随着重复利用率的不断提高，万元增加值用水将不断下降。

重复利用率与万元增加值用水的关系，可用水平衡式推导。

首先，万元增加值用水量可用下式表示：

$$q = \frac{Q_{补}}{A} \tag{5-33}$$

式中：A 为增加值；q 为万元增加值用水量。

其次，确定重复利用率与总用水量和补水量之间的关系。

对于同一行业，只要设备和工艺流程不变，生产相应数量的产品其所需的总用水量也不变。例如，某钢厂 1980 年总用水 4.5 亿 m³，增加值为 8 亿元，在设备、工艺流程和产品不变化的情况下，以后相应生产 8 亿增加值总用水仍为 4.5 亿 m³。当增加值增加，总用水也随之增加，在这种前提下，对于总用水量一定的情况下，不同的重复利用率对应着不同的补水量，由式（5-26）可得

$$1 - \eta_1 = \frac{Q_{1补}}{Q_{总}} \tag{5-34}$$

$$1 - \eta_2 = \frac{Q_{2补}}{Q_{总}} \tag{5-35}$$

由式（5-34）和式（5-35）相比，消掉 $Q_{总}$ 后，得

$$\frac{1 - \eta_1}{1 - \eta_2} = \frac{Q_{1补}}{Q_{2补}} \tag{5-36}$$

由式（5-33）得：$Q_{1补}=Aq_1$，$Q_{2补}=Aq_2$，代入式（5-36）得

$$\frac{1-\eta_1}{1-\eta_2}=\frac{q_1}{q_2} \tag{5-37}$$

式中：η_1、$Q_{1补}$、q_1 分别为某一时间的重复利用率、补充水量和万元增加值用水量；η_2、$Q_{2补}$、q_2 分别是另一时间的重复利用率、补充水量和万元增加值用水量。

某一个行业，如果已知现有用水重复利用率和万元增加值用水，根据该地水源条件、工业用水的水平，如能提出将来可达到的重复利用率，便可利用式（5-37）求出将来的万元增加值用水量。从而比较准确地推求将来的工业用水量。

【例 5-1】 已知某市 1995 年冶金工业用水重复利用率为 80%，相应的万元增加值用水量为 550m³。根据该市水资源条件和目前用水水平，参照国内外先进水平，提出 2020 年冶金工业重复水利用率将达到 95%，相应的万元增加值用水量是多少？

解：根据式（5-37）可求出 2020 年重复利用率为 95% 所对应的万元增加值用水量为

$$(1-0.80)/(1-0.95)=550/q_2 \tag{5-38}$$

$$q_2=137.5\text{m}^3/\text{万元} \tag{5-39}$$

各个行业用上述方法，都可推求出不同水平年的万元增加值用水量。

（4）分块预测法。分块预测法就是将一个城市（或地区）的工业分成几大块，分别用不同的方法预测将来的用水量。一般有以下 3 种情况。

第一种，原有工业基础十分薄弱，要大规模发展工业的城市。

有的城市现有工业较少，今后要发展成为一个工业城市。这样，工业用水和增加值就很难说按某一速度增长，用水和增加值的关系也不受现状关系的影响。要预测这种城市的工业用水量，用递增法、相关法和重复水利用率提高法都有困难，只能用分块预测法，将整个工业用水分成两大部分，一部分是原有基础上发展的工业用水，可按前面讲的三种方法预测；另一部分是各时期新建起来的工业，根据计划新建工厂规模、建成的时间，按设计需水量计算。

第二种，电力工业和其他一般工业分块预测。

火电厂用水比较大，与其他一般工业相比，万元增加值用水大很多。要是将火电厂用水和一般工业用水放在一起预测，就会因火电厂发展规模、速度影响整个工业用水量。此外，火电厂用水性质和一般工业也不同，一般工业用过的水均有不同程度的污染，不作污水处理难以作为水源再利用，而火电厂用过的水基本上没有污染，其他工业和城市都可利用。对于一个地区来说火电厂总用水量大，而消耗水量小，所以应将火电厂用水量和一般工业用水量分别预测。一般工业用水按照前面讲的三种方法预测，火电厂用水可参照有关用水指标进行计算。

第三种，特殊工业用水需分别预测。

有的城市（或地区）是以某一种采矿产业和能源工业为主，其用水量与一般工业用水量不同。这类地区的工业用水就应分成两部分预测未来的用水量，一部分是一般工业发展用水，可选用前面三种方法之一进行预测；另一部分就是煤炭能源工业或采矿冶金工业发展用水，应根据计划发展的规模计算水量。

根据工业供水系统的水利用系数，在净需水量预测基础上进行毛需水量的计算。

2. 几种预测方法的评价

影响工业用水的因素很多，每种预测方法都存在一定的局限性。一个城市或一个地区，

用什么方法来预测更接近实际，必须进行具体分析，一般情况下要做几种方法的计算比较。

（1）趋势法和相关法。这两种方法实质都是应用数理统计原理，用历史资料进行外延预测今后的情况。其基本条件是：要有相当长的历史资料；工业发展要比较稳定。如果在工业发展的过程中，工业结构发生了根本变化，工业用水和增加值发生了突变，就无法分析出趋势和相关关系。所以，相关法和趋势法只适于已经具有一定基础，今后稳步发展的城市。由于趋势法仅单方面考虑了用水量，而相关法则将用水量和工业增加值结合起来分析，多考虑了一些因素，所以相关法比趋势法又进了一步。

（2）分行业重复利用率提高法。许多城市近几年来，由于水源紧张，供水不足，工业用水得不到保证，采取了节约用水措施，减少工业用水量，使工业生产在用水减少的情况下得到发展。这种情况，预测未来用水必须考虑节约用水的因素，从而趋势法和相关法都不能适用。

节约工业用水的方法很多，如加强管理，减少跑、冒、滴、漏，改革工艺，改进设备等都可减少用水，但从近几年各城市节约用水情况来看，最根本的是提高重复利用率。国外也主要看重工业用水重复利用率。在预测工业用水中，将提高重复利用率问题考虑进去是符合工业发展规律的。如前面所讲，某一行业在一定的设备和工艺流程下总用水量是一定值，$Q_总$不变。那么，由式（5-24）就可以看出 $Q_补$ 的大小，直接取决于 $Q_重$，也就是取决于重复利用率 η 见式（5-25）或式（5-26）。

现在的问题在于假设的设备不变、工艺流程不变是否合理？对于一个行业来讲，在某一段不长的时期内，设备和工艺不会有巨大的变化，是符合实际的；至于设备和工艺上的一些局部变故，引起 $Q_总$ 变化是可能的，但这种变化，比起重复利用率提高对 $Q_补$ 的影响为小。

根据上面的分析，分行业提高重复利用率法预测未来不同水平年的工业用水量是比较成熟的一种方法，在理论上和实践上都比趋势法和相关法更进了一步。

（3）分块预测法。分块预测法，根据工业在城市中的发展状态，分不同情况利用不同方法预测，是一种较适宜处理复杂情况的方法。

四、生态需水量的预测

（一）生态需水的基本概念与内涵

生态与环境需水（water demand for encology and environment）是指为了维持给定目标下生态与环境系统一定功能所需要保留的自然水体和需要人工补充的水量。要结合当地水资源开发利用状况、经济社会发展水平、水资源演变情势等，确定切实可行的生态与环境保护、修复和建设目标，分别进行河道外和河道内的生态与环境需水量的预测。

河道内生态与环境需水指维持河流生态系统一定形态和一定功能所需要保留的水（流）量，按维持河道一定功能的需水量和河口生态与环境需水量分别计算。河道内生态与环境需水量要以河流水系主要控制断面为计算节点，对上、下游不同计算节点的计算值经综合分析后确定成果，河道内生态与环境需水量与河道内非消耗性生产需水量之间有重复的，计算时应予以注明。

河道外生态与环境需水指保护、修复或建设给定区域的生态与环境需要人为补充的水量，按城镇生态与环境需水、湖泊沼泽湿地生态与环境补水、林草植被建设需水和地下水回灌补水分别计算。

（二）河道内生态与环境需水

河流在自然本质上是一个完整的连续体，自古以来河流两岸就是人类繁衍生息之地。人类活动对河流的开发利用与社会经济发展程度密切相关，河流水体生态退化主要受自然和人类双重活动的控制。

河流资源利用方式的演变大致可以分为 4 个阶段：初级开发阶段、平衡利用阶段、掠夺开发阶段和协调发展阶段。

1. 初级开发阶段

人类自发对河流资源进行利用，河流资源基本上受自然规律支配，主要是洪涝灾害的影响，河流的连通性和宽度构成了河流生态系统的重要结构特征，具有河流所有的天然生态功能包括：维持水循环的连续性、生物完整性、自净过滤作用、通道作用和水沙输送等。

2. 平衡利用阶段

社会经济的发展，使得人们对河流资源的本质有了一定了解，利用能力不断提高。早期为了生存对渔业资源进行开发，开发航运功能并进行贸易往来，上游引水、中游筑坝以及洪泛平原的垦殖，在满足规模农业发展和初级工业化和人口、经济的发展需求的基础上，河流基本能够维持自然水文规律，河流的生物完整性和多样性没有遭到破坏，河流水资源的承载能力还没有得到充分体现和发挥。

3. 掠夺开发阶段

随着工业化程度的提高，对河流的开发利用主要着眼于经济的发展，对河流的控制能力极大地加强，以水库、水力发电等为代表的利用方式强化了对河流资源的利用，局部水循环的基本格局大都被打破，农业面源污染和大规模工业化造成的环境污染层出不穷，甚至出现"有河皆干，有水皆污"的局面。河流生物种大部分灭绝，河道断流频发。出现了世界性的河流环境污染和生态破坏，经济结构不合理，对生态系统需水的认识不足。河流水资源利用方式的不当对人类的生存和发展逐渐构成了现实威胁。

4. 协调发展阶段

城市化和工业化进程中对水资源的竞争，形成城市和工业用水挤占农业用水，农业用水挤占生态环境用水的不合理循环格局。河流有限水资源在量和质上的不足造成的生态环境恶化现状，使人类认识到人与自然实现和谐共处的必要性，人类对生态用水问题开始高度重视。河流生态系统作为流域生态系统的子系统，它的最基本的特征就是参与自然界的水分循环，通过水体介质不断地跟周围环境进行物质和能量交换，与周边环境相互影响和制约。

国外对河道生态用水问题关心较早。自 20 世纪 40 年代，随着水库的建设和水资源开发利用程度的提高，美国的资源管理部门开始注意和关心渔场的减少问题。60 年代初期，工业化国家开始出现水资源对国民经济的制约作用，这种影响在枯水期尤为显著。由于径流迅速减小，对水力发电、航运、供水的限制越来越大，常常造成巨大经济损失，更造成生态恶化。于是各工业化国家对枯水期径流开展了大规模研究。20 世纪 70 年代以来，法国、澳大利亚、南非等国都开展了许多关于鱼类生长繁殖与河流流量关系等方面的研究，从而提出了河流生态流量的概念，并产生了许多计算和评价方法。20 世纪 90 年代以前河流流量的研究主要集中在所关心的鱼类、无脊椎动物等对流量的需求。20 世纪 90 年代后的研究，不仅研究维持河道的流量，而且还考虑了河流流量在纵向上、横向上的连接。从总体上讲，考虑了河流生态系统的完整性，考虑了生态系统可以接受的流量变化。

由于我国的自然条件复杂、人口众多，造成的生态用水问题极为复杂。研究生态系统某种临界状态下的水分条件，以此作为生态用水衡量标准，既是该领域理论和技术上的探索，也是生产实践中急需解决的问题。

1. 维持河道一定功能的需水量

维持河道一定功能的需水包括生态基流、输沙需水量和水生生物需水量等。根据各地河流水系实际情况，选择不同方法计算，经比较选取合理结果。

（1）湿周法。湿周法是根据河道的水力特性参数，如湿周、水力半径、平均水深等，由实测的河道断面湿周与断面流量之间的对应关系，绘制湿周～流量关系图，由图中找出突变点或影响点（point of effection），与该点对应的流量值即为河道生态流量推荐值。它是基于满足临界区域水生生物栖息地的思想提出来的。

湿周法主要适用于：①小型河流或者是流量很小且相对稳定的河流；②泥沙含量少，水环境污染不明显的河流；③推荐的流量是主要为了满足某些大型无脊椎动物以及特殊物种保护的要求。

从湿周～流量关系图中直接判断突变点有时比较困难，甚至无法判断，尤其对于山区河流，变化点多数不明显，需要借助数学方法来加以判别。通常，该法较适用于平原地区河道。

（2）Tennant 法。Tennant 法又称蒙大拿（Montana）法，是 Tennant 于 1976 年首先提出来的。Tennant 在对美国 11 条河流的断面数据进行分析后，依据流量对应的流速、水深等增幅大小，认为年均流量的 10% 是河流生境得以维持的最小流量，并以预先确定的年平均流量百分比将河流生境划分为不同的等级。

Tennant 法将全年分为两个计算时段，根据多年平均流量百分比和河道内生态与环境状况的对应关系，直接计算维持河道一定功能的生态与环境需水量。Tennant 法中，河道内不同流量百分比和与之相对应的生态与环境状况见表 5-4。

表 5-4　　　　　Tennant 法中不同流量百分比对应的河道内生态环境状况

流量等级描述	推荐的基流百分比标准（年平均流量百分数）		流量等级描述	推荐的基流百分比标准（年平均流量百分数）	
	10 月至翌年 3 月	4～9 月		10 月至翌年 3 月	4～9 月
最大流量	200	200	好	20	40
最佳流量	60～100	60～100	中等或差（退化）	10	30
极好	40	60	最小	10	10
非常好	30	50	极差	<10	<10

Tennant 法适用条件有一定的局限性，其计算结果的精度与对栖息地重要性认知程度有关；比例确定困难，不同区域、不同需水类型、不同保护对象，生态健康程度与流量的比例关系不同，需要根据当地河流情况进行分析调整；根据多年平均流量的一定比例统一划定，没有考虑水量需求的年内变化问题；没有从流域特性及成因规律分析流量的特点，忽略河流流量季节性变化。因此，该方法常作为其他方法的一种检验，适用于优先度不高的河段。

根据 Tennant 法，维持河道一定功能需水量计算式为：

$$W_R = 24 \times 3600 \times \sum_{i=1}^{12} M_i Q_i P_i \tag{5-40}$$

式中：W_R 为多年平均条件下维持河道一定功能的需水量，m^3；M_i 为第 i 月天数，天；Q_i 为 i 月多年平均流量，m^3/s；P_i 为第 i 月生态与环境需水百分比。

Tennant 法将一年分为 2 个计算时段，4～9 月为多水期，10 月至翌年 3 月为少水期，不同时期流量百分比有所不同。各流域计算时年内时段可按如下方法划分：将天然情况下多年平均月径流量从小到大排序，前 6 个月为少水期，后 6 个月为多水期。

用 Tennant 法计算维持河道一定功能的生态与环境需水量关键在于选取合理的流量百分比。不同的河流水系其河道内生态与环境功能不同，同一河流的不同河段也有差异，因此要根据实际情况选取合理的河流生态与环境目标来确定流量百分比。一些研究中，少水期通常选取多年平均流量的 10%～20% 作为河道生态与环境需水量，多水期选取多年平均流量的 30%～40%，但要根据各河流水系的实际情况而定。

特殊河流（河段），如泥沙含量较高或有国家级保护物种的河流（河段），维持河道一定功能的需水应分单项计算，并对成果进行合理性分析检查。

（3）流量历时曲线法。流量历时曲线法依据历史流量资料绘制流量历时曲线，计算数据系列的累积频率，将某个累积频率相对应的流量作为生态流量推荐值。一般情况下，该频率可取为 90% 或 95%，也可根据需要作适当调整。90% 和 95% 所对应的流量分别用 Q_{90} 和 Q_{95} 来表示。Q_{90} 通常作为枯水流量指数，是水生栖息地的最小流量，是警告水资源管理者的危险流量条件的临界值；Q_{95} 通常作为低流量指数或者极端低流量条件指标，是保护河流健康的最小流量。流量历时曲线法一般需要至少 20 年的逐日流量系列数据，该方法在保留了采用水文资料的简单性的同时，又更好地反映了径流年际、年内分布的不均匀性。

实际计算时，先将数据系列排序，完成排序后利用式（5-41）来计算累积频率，绘制流量历时曲线。根据流量历时曲线，求取某个累积频率相应的流量，并将其作为生态流量的推荐值。

$$p_i = p(Q > q_i) = \frac{i}{N+1} \tag{5-41}$$

$$q_i, i = 1, 2, \cdots, N \tag{5-42}$$

式中：q_1、q_N 为流量序列中的最大值、最小值；N 为流量序列长度。

（4）RVA 法。RVA（Range of Variability Approach）法是 Richter 等于 1997 年提出一种基于 IHA（Indicators of Hydrologic Alteration）法的河流流量管理模式，使用流量大小、发生时间、频率、持续时间和变化率 5 个方面的水文特征值（共计 32 个水文特征值）对水体进行评价和描述。使用 RVA 法统计计算河流生态流量，需要具有较长的历史流量资料。

IHA 法根据河流的逐日水文数据资料，计算具有生态意义的关键水文特征值（表 5-5）及年际的集中量数（例如中位数，平均值）和离散量数（例如范围，标准偏差，变异系数），用来描述人类活动干扰前后的河流水流模式。将 IHA 的 32 个水文特征值分为 5 组，分别反映流量大小、发生时间、频率、持续时间和变化率等水文特征。生境特征值可以用水文特征值的大小来表征，特定生物的生命过程需求是否得到满足可以用特殊水文事件的发生时间来表征，与生物繁殖或死亡事件可以用特殊水文事件的发生频率来表征，某特殊生命循环是否能完成可以通过特定水文事件的持续时间来判定，生物承受变化的能力可以用水文站的变化率来表征。

表 5 - 5 IHA 法的水文参数及其特征

水文参数	特征	参数个数
月平均值	数量、时间	12
年最小 1d、3d、7d、30d、90d 平均值	数量、持续时间	10
年最大 1d、3d、7d、30d、90d 平均值		
年最大一天发生日期	时间	2
年最小一天发生日期		
每年高流量脉冲、低流量脉冲次数、平均持续时间	数量、频率和持续时间	4
涨幅年平均值	频率、变化率	4
降幅年平均值		
上涨次数		
下降次数		

RVA 法以 IHA 法为基础计算河流生态需水，具有可操作性，并可根据最新研究结果及时更新改进河流流量模式，因此可满足河流管理部门的需要。

（5）生态水力半径法。

1）生态流速。河流水体构成的生态系统即河流生态系统，是流水生态系统中的一种，河流是陆地与海洋相互联系的纽带和桥梁，在生物圈的物质循环中发挥着重要的作用。由于河流生态系统水的持续流动性，使得溶解氧较为充足，这种特殊的生境，造成了浮游生物较少，鱼类和微生物较为丰富的特点。鱼类作为水生态系统中的顶级群落，对其他类群的存在和丰度有着重要作用，加之其对水流敏感，鱼类种群的稳定是水生态系统稳定的标志，因此，鱼类可以作为水生态系统稳定的关键物种。因此，鱼类的生长、发育、繁殖等繁衍的进程成为表征河流生态系统健康与否的标准。对于产漂流性卵的鱼类，若没有适宜的流速，亲鱼就难以产卵，鱼苗更难以漂流孵化。故将流速作为影响关键物种（鱼类）生长、繁殖的关键生态水文特征量。鱼类不同的生长发育期对水流的流速具有不同的要求，不同的鱼类对流速的要求也不相同。鱼类在栖息和流动过程中具有一定的趋流性，即鱼类根据水流的流向和流速调整其游动方向和速度，使之处于逆水游动或较长时间地停留在逆流中某一位置的状态。鱼类的这种趋流性，主要是由于水压力作用，由鱼的视觉和触觉等因素综合引起的，并与鱼类栖息地自然的河流水域环境有密切关系。

鱼类的这种趋流性是一个综合的集成系统，很难用一个定量的指标来衡量，一般采用感觉流速、喜爱流速和极限流速作为研究鱼类趋流性的指标。感觉流速是指鱼类对水流流速可能产生生理或应激反应的最小流速。喜爱流速是指鱼类不同生长发育期所能适应的多种流速中的最为适宜其栖息的流速范围。极限流速是指鱼类所能承受或适应的最大流速。各种鱼类的感觉流速大致是相同的，也可以认为鱼类对水流感觉的灵敏性大致是相同的。由于各种鱼类游动能力不同，它们之间的极限流速差别很大。即使同种鱼类，由于体长不同，个体的趋流性也不相同。总之，无论是极限流速还是喜爱流速，都是随着体长的增大而提高（见表 5 - 6）。

表 5 - 6　　　　　　　　　　花斑裸鲤、黄河鲤鱼和刀鱼适应流速的能力表

种类	体长（cm）	感觉流速（m/s）	喜爱流速（m/s）	极限流速（m/s）
花斑裸鲤	20～25	0.2	0.3～0.8	1.0
黄河鲤鱼	25～35	0.2	0.3～0.8	1.1
刀鱼	10～25	0.1	0.2～0.3	0.4～0.5

河道内水流的流速是指水质点单位时间内移动的距离，单位是 m/s。本文提出的生态流速是指为了保护一定的生态目标，使河道生态系统保持其基本的生态功能，河道内应该保持的最低水流流速，用 $v_{生态}$ 来表示。

根据河流生态系统的具体情况，一般生态目标包括：①保持河流生态系统内食物链和食物网的健康，水生生物及鱼类对流速的要求，如鱼类洄游的流速、鱼类栖息地生活所需的流速；②保持河流生态系统的水沙平衡，维持河流的输运功能，即河道输沙的不冲不淤流速；③受人类活动干扰的河流，包括人工的废污水的排放河流，保持其河道免受污染的自净流速；④对于外流河，保持河口生态系统的平衡，要保持其一定入海水量的流速等。

2）生态水力半径。水力半径是水力学中的一个非常重要的参数，是指河道过水断面面积与其湿周的比值，一般用 R 来表示。本文提出的生态水力半径是指生态流速所对应河流横断面的水力半径，用 $R_{生态}$ 来表示。

3）生态水力半径法的基本原理。生态水力半径法的提出主要是针对天然河道某一过水断面的生态流量提出的，是一个比较宏观的物理量，有两点假设前提：一是天然河道的流态属于明渠均匀流；二是流速采用河道过水断面的平均流速，即消除过水断面不同流速分布对于河道湿周的影响。

对于明渠均匀流，存在如下的关系

$$Q = \bar{v}A \tag{5-43}$$

$$R = \frac{A}{P} \tag{5-44}$$

$$Q = \frac{1}{n}R^{2/3}AJ^{1/2} \tag{5-45}$$

$$\bar{v} = C\sqrt{RJ} \tag{5-46}$$

式中：Q 为流量，n 为糙率，C 为谢才系数，$C = \frac{1}{n}R^{1/6}$，A 为河流过水断面面积，P 为湿周，J 为水力坡度，R 为水力半径，$\bar{v}$ 为过水断面平均流速。

由式（5-43）～式（5-46）可以得到水力半径 R 与过水断面平均水流流速 $\bar{v}$、水力坡度 J 和糙率 n 之间的关系

$$R = n^{3/2} \cdot \bar{v}^{3/2} \cdot J^{-3/4} \tag{5-47}$$

从式（5-47）中可以看出，水力半径可以用河道的糙率 n、水力坡度 J 和过水断面的平均流速 $\bar{v}$ 表示出来，其中糙率和水力坡度是河道本身的水力学参数（即河道信息），若将过水断面平均流速赋予生物学意义，即上文所述的生态流速（如鱼类产卵洄游的流速）$v_{生态}$ 作为过水断面的平均流速，那么此时的水力半径就具有生态学的意义了（即生态水力半径）$R_{生态}$，然后再用这个生态水力半径来推求该过水断面的流量即为可以满足河流一定的生态功能（如鱼类洄游）所需要的生态流量，进而得到可以保持河流基本生态功能（如满足水生生物及鱼

类洄游）所需的生态需水量了。

4）生态水力半径法的计算步骤。首先根据河道内满足水生生物的流速 $v_{生态}$，不同鱼类的洄游流速不同，一般为 $0.4\sim1.4\text{m/s}$。河道糙率 n 和河道的水力坡度 J，计算出河道过水断面的生态水力半径 $R_{生态}=n^{3/2}\cdot \bar{v}_{生态}^{3/2}\cdot J^{-3/4}$；其次利用生态水力半径 $R_{生态}$ 来估算过水断面面积 A，一般断面的 n、J 可以作为常数，因此有 $A\sim R$ 的关系；最后利用 $Q=\dfrac{1}{n}R^{2/3}AJ^{1/2}$ 计算的流量，即含有水生生物信息和河道断面信息的生态流量，进而估算出某一过水断面一段时间的生态需水量（$Q_{生态}$），进而计算生态径流量。

（6）分项计算方法。

1）生态基流。生态基流指为维持河床基本形态、防止河道断流、保持水体天然自净能力和避免河流水体生物群落遭到无法恢复的破坏而保留在河道中的最小水（流）量。下面给出 3 种计算方法。

方法一：最小月流量平均法。

计算式为

$$W_{Eb}=365\times24\times3600\times\frac{1}{10}\sum_{i=1}^{10}Q_{mi} \tag{5-48}$$

式中：W_{Eb} 为河道生态基流，m^3；Q_{mi} 为最近 10 年中第 i 年最小月平均流量，m^3/s。

方法二：典型年最小月流量法。

选择满足河道一定功能、未出现较大生态环境问题的某一年作为典型年，将典型年最小月平均流量作为满足年生态环境需水的平均流量。典型年最小月流量法计算公式为

$$W_{Eb}=365\times24\times3600\times Q_{sm} \tag{5-49}$$

式中：Q_{sm} 为典型年最小月平均流量，m^3/s。

方法三：Q_{95} 法。

指将 95% 频率下的最小月平均流量作为河道内生态基流。该法主要是用来计算河流纳污容量的。

不同河流水系，用以上 3 种方法计算得到不同的结果，综合分析后作为河道内生态基流。

2）输沙需水量。河道输沙需水量指保持河道水流泥沙冲淤平衡所需水量，主要与河道上游来水来沙条件、泥沙颗粒粒组成、河流类型及河道形态等有关。

对北方多沙河流而言，河道泥沙输送主要集中在汛期，汛期水流含沙量高，通常处于饱和输沙状态，因此可根据汛期输送单位泥沙所需的水量来计算输沙需水量。汛期输送单位泥沙所需的水量可近似用汛期多年平均含沙量的倒数来代替。输沙需水量可用下式计算

$$W_s=S_t\frac{1}{S_{cw}} \tag{5-50}$$

式中：W_s 为年输沙需水量，m^3；S_t 为多年平均输沙量，kg；S_{cw} 为多年平均汛期含沙量，kg/m^3。

基岩河床的河流或河床比降较大的山区河流，一般情况下水流处于非饱和输沙状态，可用多年最大月平均含沙量代表水流对泥沙的输送能力，输沙需水量计算式为

$$W_s=S_t\frac{1}{S_{cmax}} \tag{5-51}$$

式中：S_l 为多年平均输沙量，kg；S_{cmax} 为多年最大月平均含沙量，kg/m³。

有资料的河段，可根据模型计算水流挟沙力，由水流挟沙力和输沙量计算河道输沙需水量，计算模型可参见河流泥沙有关论著。

3）水生生物需水量。水生生物需水量是指维持河道内水生生物群落的稳定性和保护生物多样性所需要的水量。为保证河流系统水生生物及其栖息地处于良好状态，河道内需要保持一定的水量；对有国家级保护生物的河段，应充分保证其生长栖息地良好的水生态环境。

水生生物需水量的计算公式为

$$W_C = \sum_{i=1}^{12} \max(W_{Gj}) \qquad\qquad (5-52)$$

式中：W_C 为水生生物年需水量，m³；W_{Gj} 为第 i 月第 j 种生物需水量，m³，W_{Gj} 根据具体生物物种生活习性确定。

依据生物资料与河流流量资料，建立河道流量与生物量或种群变化关系，以生物为主要因子，考虑生境对河流流量的季节性变化要求。对湿地，可建立水量与高等大型植物的关系等。在生态需水计算过程中，要考虑对特定生物的保护要求。

资料缺乏地区，可按多年平均流量的百分比估算河道内水生生物的需水量，一般河流少水期可取多年平均径流量的 10%～20%，多水期可取多年平均径流量的 20%～30%，有国家级保护生物的河流（河段）可适当提高百分比。

4）河道内生态基流、输沙需水量和水生生物保护需水量分月取最大值（外包），得到维持河道一定功能的年需水量。

此外，在某些情形下，为保持河流一定的水环境容量，根据水质保护标准和特定的环境要求，进行所需水量或流量的推求，作为河道环境需水量。

2. 河口生态与环境需水量

河口生态与环境需水量指防止咸潮上溯、维持河口生态系统平衡所需的水量，主要包括河口冲沙需水量、防潮压咸需水量、河口生物需水量。各需水量之间有一定重复，各计算单项需水量的最大值为河口生态与环境需水量。

（1）河口冲沙需水量。河口冲沙需水量指为了保持河口泥沙冲淤平衡所需要水量。冲沙需水量计算需分析历年入海水量的变化特点及河口生态环境、泥沙冲淤平衡状况，丰水年和平水年可利用汛期的排水及灌溉回归水冲淤，枯水年份需要保持一定的入海水量，满足河口冲沙的需要。河口泥沙受到河道水流与潮流的相互作用，水动力条件复杂，可用河口多年入海水量、含沙量、泥沙淤积量等进行估算。

（2）防潮压咸需水量。防潮压咸需水量是为了避免咸潮上溯对河口地区生态环境和生活生产用水带来不利影响所需要的水量。咸潮河流为防止潮水上溯，保持河口地区不受咸潮影响，必须保持河道一定的防潮压咸需水量。有资料地区可根据河口流量与咸水位关系计算相应的入海压咸需水量。无资料地区可以河口处多年平均月最大潮水位和设计潮水位来计算防潮压咸所需水量。

（3）河口生物需水量。河口生物需水指为了保持河口水生生物及其栖息地所需要的水量。河口生物栖息地受河道水流和海洋潮流的共同影响，情况比较复杂。河口生物栖息地保护主要是维持河口入海水量与咸潮及泥沙的动态平衡，一般通过典型年入海水量的分析，确定其需水量。

3. 河道内的生态与环境需水量

河道内的生态与环境需水量应在河流水系主要控制节点（包括河口）计算成果的基础上，综合分析河流水系不同河段河道内生态与环境保护、修复或建设目标，提出合理成果。

（三）河道外生态与环境需水

1. 城镇生态与环境需水量

城镇生态与环境需水量指为保持城镇良好的生态与环境所需要的水量，主要包括城镇河湖需水量、城镇绿地建设需水量和城镇环境卫生需水量。

（1）城镇绿地生态需水量。采用定额法，计算公式为

$$W_G = S_G \cdot q_G \tag{5-53}$$

式中：W_G 为绿地生态需水量，m^3；S_G 为绿地面积，hm^2；q_G 为绿地灌溉定额，m^3/hm^2。计算时要注意公式中单位转换系数（下同）。

（2）城镇河湖补水量。按照水量平衡法或定额法计算城镇河湖生态环境补水量。

1）水量平衡法。根据水量平衡原理，城镇河湖补水量计算公式为

$$W_{cl} = F + f \cdot V - S \cdot (P - E)/1000 \tag{5-54}$$

式中：W_{cl} 为河湖年补水量，m^3；F 为水体渗漏量，m^3；V 为城镇河湖水体体积，m^3；f 为换水周期，次$/a$；S 为水面面积，m^2；P、E 分别为降水和水面蒸发量，mm。

2）定额法。按照现状水面面积和现状城镇河湖补水量估算单位水面的河湖补水量，根据对不同规划水平年河湖面积的预测计算所需水量。也可以采用人均水面面积的现状定额为基础，结合未来城镇人口预测，采用适当的人均水面面积（根据城镇总体规划等）进行预测。

（3）城镇环境卫生需水量。按照定额法计算：

$$W_{ch} = S_c \cdot q_c \tag{5-55}$$

式中：W_{ch} 为环境卫生需水量，m^3；S_c 为城市市区面积，m^2；q_c 为单位面积的环境卫生需水定额（采用历史资料和现状调查法确定），m^3/m^2。

2. 林草植被建设需水量

林草植被建设需水指为建设、修复和保护生态系统，对林草植被进行灌溉所需要的水量，林草植被主要包括防风固沙林草等。

林草植被生态需水量采用面积定额法计算：

$$W_p = \sum_{i=1}^{n} S_{pi} \cdot q_{pi} \tag{5-56}$$

式中：W_p 为植被生态需水量，m^3；S_{Pi} 为第 i 种植被面积，hm^2；q_{pi} 为第 i 种植被灌水定额，可参照农作物灌水定额的计算方法，无资料地区可参考条件相似地区确定，m^3/hm^2。

3. 湖泊沼泽湿地生态与环境补水量

湖泊沼泽湿地生态与环境补水量指为维持湖泊一定的水面面积或沼泽湿地面积需要人工补充的水量。

1）湖泊生态与环境补水量。湖泊生态与环境补水量可根据湖泊水面蒸发量、渗漏量、入湖径流量等按水量平衡法估算，计算公式为

$$W_L = 10 \times S \cdot (E - P) + F - R_L \tag{5-57}$$

式中：W_L 为湖泊生态与环境补水量，m^3；S 为需要保持的湖泊水面面积，hm^2；P 为降水

量，mm；E 为水面蒸发量，mm；F 为渗漏量，m^3，参考达西公式计算，一般情况下可忽略不计；R_L 为入湖径流量，m^3。

此外，我国部分湖泊污染严重，还要考虑换水以改善水质，这部分水量要求可另行计算。

2）沼泽湿地生态与环境补水量。沼泽湿地生态与环境补水量可用水量平衡法进行估算，其公式为

$$W_w = 10 \times S \cdot (E_w - P) + F - R_w \tag{5-58}$$

式中：W_w 为沼泽湿地生态环境需水量，m^3；S 为需要恢复或保持的沼泽湿地面积，hm^2；P 为降水量，mm；E_w 为沼泽湿地蒸发量，mm；F 为渗漏量，m^3，对于底层为冰冻或者泥炭层的沼泽湿地，可近似认为渗漏量为 0；R_w 为进入沼泽湿地的径流量，m^3。

4. 地下水回灌补水量

地下水回灌补水指为了防治地下水超采，需要通过工程措施对地下水超采区进行回灌所需要的水量。通常情况下，如果开采量小于补给量，地下水超采区可逐步恢复。如确需通过工程措施对地下水超采区进行回灌，可根据地下水保护规划，结合地下水超采量、地下水采补平衡目标、地下水回灌系数和地下水回灌年数，确定合理的地下水回灌量。

（四）天然植被生态需水

天然植被，尤其是干旱区天然植被，降雨量少，主要依赖地下水生存，要准确计算天然植被生态需水量，应该分析影响植物生长的环境因子，从植被生长的需水来源角度来研究生态需水量。

1. 天然植被的地带分异规律

根据地带性理论，植被可分为地带性植被和非地带性植被。地带性植被是指自然生态系统中仅靠降雨就能维持其生存的植被，不受人工水资源开发利用影响或影响很小。植被的大小、盖度、多样性与降水水文过程高度相关，对于西北干旱地区，在连续的干湿梯度上，从半荒漠区（降雨量为 300～400mm）到荒漠区（降雨量不足 120mm），再到极端荒漠区（降雨量不足 70mm），植被类型明显不同。当降雨量不足 400mm 时乔木就不能生长，120mm 的等雨量线是草原和荒漠植被的界线，70mm 的等雨量线是盖度不足 10％的稀疏矮小灌木散生植被和低洼集水地段生长的集聚植被的分界线。一般来说，西北内陆河河流上游降雨量大于 300mm，人类干预少，植被靠降雨维持其生存，生态相对稳定，大部分属地带性植被区；下游离径流较远的荒漠戈壁区也有极低盖度植被，也属地带性植被。根据地带性理论，在没有区外调水的情况下，只能维持现状。

非地带性植被是指靠降雨和径流共同作用才能生存的植被，主要是中下游沿河两岸的天然绿洲植被，它们是生态景观的主体，同时受水资源开发利用影响明显，是水资源短缺导致生态恶化最严重的部分。因此，在水资源开发利用时要重点考虑非地带性植被分布区的生态需水。

2. 非地带性天然植被生长与环境因于关系

影响非地带性植被生长的主要因素是降雨、径流和土壤盐分。我国西北地区是典型的干旱半干旱地带，干旱少雨，蒸发量大，年降水一般在 400mm 以下，荒漠地带则在 250mm 以下，局部地区甚至只有 30～40mm。降水不足以维持其生态系统特别是非地带性天然植被组成的系统的正常运转，对生态环境起主要作用的是主要依靠地下径流维持的非地带性中生

和中旱生植被。土壤盐分对植被生长的影响也与地下水位高低有关。当地下水位过高时，溶于地下水中的盐分受蒸发的影响就会在土壤表层聚集，导致盐渍化，不利于植被的生长。当地下水位过低时，地下水不能通过毛管上升到植物可以吸收利用的程度，导致土壤干化，植被衰败，发生土地荒漠化。因此，在降水稀少情况下，地下水埋深可以说是干旱区天然植被生长的主要环境因子。

生态学的适宜性理论指出，任一生物种的个数随某个环境因子变化而变化，当生物种的个数达到最大值时的环境因子值称为该物种的最适值。生物种在其最适环境中生长最好，生殖最快；随着环境因子偏离最适值，该类物种虽然可以出现生长，但其生殖已经受到胁迫；当环境因子继续偏离最适值，达到该物种能够存活的上下极限环境时，该物种就不再生长，个数减少，直到消失。生物种与环境因子之间存在非线性关系，这种非线性关系多是单峰二次曲线模型，最常用的就是高斯模型，也就是正态曲线，如图 5-5 所示。

植物种多度与环境梯度关系的密度函数为

$$y = f(x) = ce^{-\frac{1}{2}(\frac{x-\mu}{\tau})^2} \qquad (5-59)$$

式中：y 为植物种多度，指群落内植物的数量，是环境因子 x 函数，即 $y=f(x)$；x 为环境因子值，即光热、水、土等自然环境因素的指标值；c 为种多度的最大值；μ 为植物种的最适值；τ 为植物种对环境因子的忍耐度，它是描述生态幅度的指标。

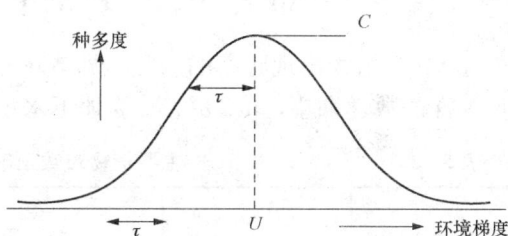

图 5-5　植物种多度与环境梯度关系

高斯模型虽然得到不少实验的证实，但在自然植物群落中，植物种和环境的关系十分复杂，不可能完全符合高斯曲线，大多数表现为一个单峰曲线，所以常将此类植物种与环境的关系统称为单峰模型。表 5-7 是根据在塔里木河干流流域对干旱区典型植物胡杨、柽柳、芦苇、罗布麻、甘草、骆驼刺等优势植物的随机抽样研究，得到的干旱区典型植物在不同地下水埋深范围内出现频率统计表。

表 5-7　　　　　　　　　　干旱区几种典型植被地下水位埋深与出现频率表　　　　　　　　单位：%

群落	<1m	1~2m	2~3m	3~4m	4~5m	5~6m	6~7m	7~8m	8~9m	9~10m	>10m
胡杨	4.72	13.78	20.96	20.62	12.41	5.9	7.26	7.11	4.77	0.37	
柽柳	4.34	19.96	26.11	22.12	13.59	3.92	0.92	5.17	0	2.31	1.56
芦苇	14.29	36.93	29.45	16.85	6.02	1.81	0.77				
罗布麻	4.01	12.20	41.15	13.95	20.85	4.97	0.96	1.93			
甘草	2.7	18.9	40.5	24.3	10.8	0	2.7				
骆驼刺	5.56	11.1	22.8	22.2	19.4	8.33	2.78	2.78			

从表 5-7 可以看出，数据分布明显不是正态分布，而类似于正偏分布。因此，用频率代替种多度，对表中数据作参数为 μ、σ 的对数正态分布的拟合方程为

$$f(x) = \frac{1}{\sqrt{2\pi}\sigma x} e^{-\frac{1}{2}(\frac{\ln x - \mu}{\tau})^2} \tag{5-60}$$

式中：x 为地下水位埋深，即环境因子；μ 为 $\ln x$ 的数学期望，反映 $\ln x$ 的平均值；σ 为 $\ln x$ 的方差，反映 $\ln x$ 偏离其数学期望的程度。

对上述植物作对数正态分布拟合所得 μ、σ 参数见表5-8，所得曲线如图5-6所示，并可计算植物频率最大值对应的地下水位埋深 X_{pm}，地下水位埋深的数学期望 $E(X)$ 以及地下水位埋深均方差 $\sigma(X)$。

$$X_{pm} = f(x)|_{\max} = e^{\mu - \sigma^2} \tag{5-61}$$

$$E(X) = \int_0^\infty f(x)\,\mathrm{d}x = e^{\mu + \frac{1}{2}\sigma^2} \tag{5-62}$$

$$\sigma(X) = \left\{\int_0^{+\infty} [x - E(X)]^2 f(x)\,\mathrm{d}x\right\}^{1/2} = e^{\mu + \frac{1}{2}\sigma^2}(e^{\sigma^2} - 1)^{\frac{1}{2}} \tag{5-63}$$

式中：X_{pm} 为植物出现频率的众数，即频率最大值对应的地下水位埋深，m；$E(X)$ 为地下水位埋深的数学期望，m；$\sigma(X)$ 为地下水位埋深方差。

表 5-8 主要植物对数正态分布拟合曲线参数表

群落	μ	σ	X_{pm}	$E(X)$	$\sigma(X)$
胡杨	1.132 7	0.625 4	2.513 3	4.518 7	3.126 0
柽柳	1.120 7	0.542 0	2.286 2	3.552 2	2.075 8
芦苇	0.711 3	0.636 4	1.358 3	2.493 8	1.762 2
罗布麻	1.083 5	0.403 0	2.512 0	3.204 8	1.345 7
甘草	1.021 6	0.376 3	2.389 4	2.954 8	1.152 4
骆驼刺	1.287 8	0.492 6	2.843 8	4.092 7	2.145 0

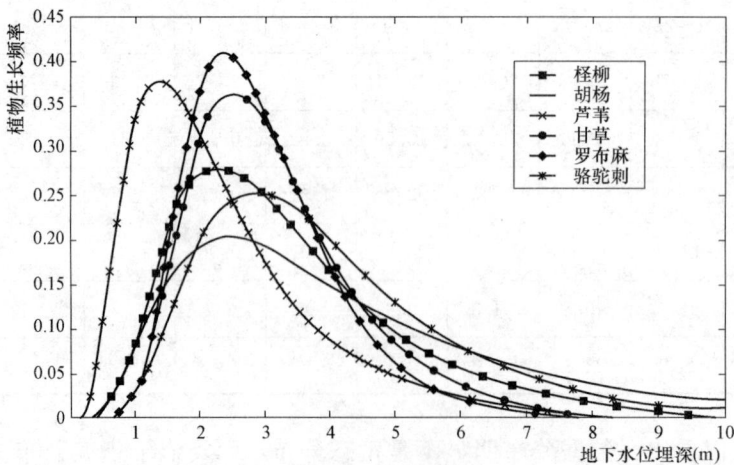

图 5-6 主要植物生长频率与地下水位埋深拟合曲线

在植被适宜地下水范围内，植被生长良好，出现频率高，相应的盖度也高；在其最适地下水位埋深时达到峰值；在其他地下水范围内则植被长势受水分亏缺或土壤盐渍化的影响，生长相对不好，出现频率相应就低，盖度也低，如图 5-7 所示。

若在某地下水位埋深 $(x_2, x_3]$ 范围内 $[$满足 $f(x_2) = f(x_3)]$，某种植物出现频率高，累积概率达到 α，即

$$\int_{x_2}^{x_3} f(x)\mathrm{d}x = \alpha \text{ 或 } \Phi\left(\frac{\ln x_3 - \mu}{\sigma}\right) - \Phi\left(\frac{\ln x_2 - \mu}{\sigma}\right) = \alpha \tag{5-64}$$

则该地下水位埋深区间为该种植物出现的高频区，在此高频区内，该植物生长良好，盖度高。

若在某地下水位埋深 $(x_1, x_4]$ 范围内 $[$满足 $f(x_1) = f(x_4)]$，某种植物出现频率较高，累积概率达到 β $(\beta > \alpha)$，即

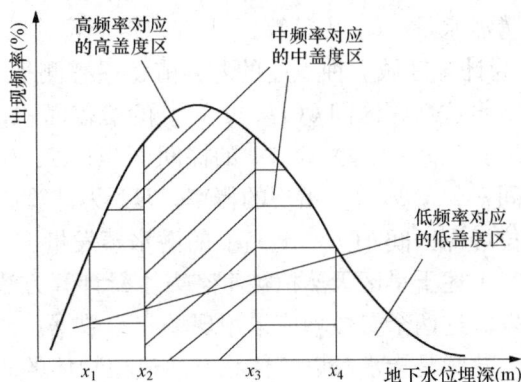

图 5-7　植被出现频率、盖度与地下水位埋深关系示意图

$$\int_{x_1}^{x_4} f(x)\mathrm{d}x = \beta \text{ 或 } \Phi\left(\frac{\ln x_4 - \mu}{\sigma}\right) - \Phi\left(\frac{\ln x_1 - \mu}{\sigma}\right) = \beta \tag{5-65}$$

则地下水位埋深区间 $(x_1, x_2]$ 和 $(x_3, x_4]$ 为该种植物出现的中频区，在此中频区内，该植物生长较好，盖度为中盖度。

相应地，地下水位埋深区间 $(-\infty, x_1]$ 和 $(x_4, +\infty]$ 为该种植物出现的低频区，在此低频区内，该植物生长环境恶劣，盖度低。

如果研究区域有足够的实测资料，就可以确定上述累积概率及其与植被盖度之间的关系，从而可确定不同植被、不同盖度相对应的地下水位埋深区间。

3. 干旱区天然植被生态需水计算方法

应用遥感技术 (RS) 对研究区域进行生态分区，划分不同植被群落类型和不同植被盖度等级，测出植被群落类型 $i(i=1, 2, \cdots)$ 的第 j 种 $(j=1, 2, \cdots)$ 盖度 p_{ij} 的面积 A_{ij}。将不同盖度植被覆盖面积 $p_{ij}A_{ij}$，或棵间面积 $(1-p_{ij})A_{ij}$，以其在各地下水埋深区间 $k(x_k, x_{k+1}]$ 中的概率 w_{ijk} 为权重分配到各地下水埋深区域，分别计算其植株蒸腾量 Q_{i1} 和棵间潜水蒸发量 Q_{i1}。然后计算 i 类植被总需水量 Q_i 以及计算区域总需水量 Q。注意在计算植株蒸腾量 Q_{i1} 时，取植株蒸腾和相应地下水位埋深区间潜水蒸发的较大值。计算公式为

$$Q = \sum Q_i \tag{5-66}$$

$$Q_i = Q_{i1} + Q_{i2} \tag{5-67}$$

$$Q_{i1} = \sum_j \sum_k A_{ijk} \max(ET_i, EV_k) \tag{5-68}$$

$$Q_{i2} = \sum_j \sum_k B_{ijk} EV_k \tag{5-69}$$

$$A_{ijk} = \omega_{ijk} p_{ij} A_{ij} \tag{5-70}$$

$$B_{ijk} = \omega_{ijk}(1 - p_{ij}) A_{ij} \tag{5-71}$$

$$\omega_{ijk} = \int_{x_k}^{x_{k+1}} f_i(x)\mathrm{d}x \qquad (5-72)$$

式中：Q 为计算区域总需水量；Q_i 为计算区域 i 类植被总需水量；Q_{i1} 为计算区域植物生长蒸腾需水量；Q_{i2} 为计算区域植物棵间潜水蒸发量；p_{ij} 为计算区域 i 类植物的 j 种盖度值；A_{ij} 为计算区域 j 种盖度的 i 类植物遥感测得的面积；A_{ijk} 为计算区域 j 种盖度的 i 类植物在地下水位埋深区间 $k(x_k, x_{k+1}]$ 的覆盖面积；B_{ijk} 为计算区域 j 种盖度的 i 类植物在地下水位埋深区间 $k(x_k, x_{k+1}]$ 的棵间面积；ω_{ijk} 为计算区域 j 种盖度的 i 类植物在地下水位埋深区间 $k(x_k, x_{k+1}]$ 出现的概率；ET_i 为计算区域 i 类植物的蒸腾量；EV_k 为计算区域在地下水位埋深区间 $k(x_k, x_{k+1}]$ 的潜水蒸发量。

上述干旱区天然植被生态需水量计算方法，有两个重要的计算参数，即植物蒸腾和潜水蒸发。这两个参数均应采用现场实验数据。

蒸腾是指水分以气体状态通过植物体的表面从体内散发到体外的现象。水分首先进入根部；经过皮层薄壁细胞，进入木质部的导管和管胞中；然后水分沿木质部向上运输到茎或叶的木质部；接着，水分从叶片木质部末端细胞进入气孔下腔附近的叶肉细胞壁的蒸发部位；最后，水蒸气通过气孔蒸腾出去。在陆生植物吸收的水分中，只有一部分用于代谢，绝大部分通过蒸腾散失到植物体外。关于植物蒸腾定额的确定，目前还没有完善的理论研究成果，主要靠实验确定，并以野外实验为主。在野外条件下测定植物蒸腾定额有两种方法：一种是三次称重法。即测定切断植物部分，如带叶的枝条或叶片，在短时间内重量变化。这种方法测定的依据是假定在切割后最初的几分钟期间，叶片的蒸腾仍保持自然状态而没有重大的改变。通常离体叶片的暴露时间，即两次称重之间的时间，需要 3～5min 是比较合理的。表5-9为在黑河流域下游额济纳旗所做的三次称重法现场实验数据。另一种是使用电子湿度探测器的气量计法。

表 5-9 额济纳旗几种典型植被的蒸腾量

植物种类	胡杨	柽柳、梭梭林	苦豆子、胖姑娘
蒸腾量（m³/亩）	667～800	6.7～20	13.3～20

潜水蒸发是地下水的主要排泄方式，蒸发量的大小受气候因素影响并随地下水埋深的增加而减少。根据地渗仪的观测资料地下水埋深 1～2m 时潜水蒸发量随气温升高而增加，随气温下降而减少；当地下水埋深大于 3m 时潜水蒸发量随气温变化影响显著减小；当大于 4m 时几乎没有潜水蒸发。不同地下水位埋深潜水蒸发量见表 5-10。

表 5-10 额济纳旗三角洲不同地下水埋深年蒸发量

地下水埋深（m）	0.5	1.0	1.5	2.0	2.5	3.0	3.5	4.0
年蒸发量（mm）	480	320	162	130	58	23	18	15

例如，黑河流域下游地区的植被除少量林地外大部分属天然植被，可按上述方法计算该区天然植被生态需水量。根据 2000 年 9 月的遥感资料，将植被群落分为胡杨林、灌丛、草地三种，并分别取胡杨作为胡杨林代表，柽柳（河柳，即柽柳，一种落叶小乔木，老枝红色，叶子像鳞片，夏秋两季开花，花淡红色，结蒴果；能耐碱抗旱，适于造防沙林。枝干可

编筐，枝叶可入药，也叫三春柳或红柳）作为灌丛类植被的代表，苦豆子、胖姑娘或甘草作为草地类的代表，测出不同植被类型不同盖度的面积。按上述生态需水量计算方法计算得狼心山以下区域的植株蒸腾、棵间潜水蒸发及总生态需水量分类统计见表 5-11～表 5-13。

表 5-11　　　　　　　　　　　　下游狼心山以下植物蒸腾量

植物种类	总面积 (km²)	盖度 (%)	地下水位 (m)	有效面积 (km²)	植物蒸腾 定额 (万 m³/ km²)	潜水蒸发 定额 (万 m³/ km²)	计算取值 (万 m³/ km²)	小计 (亿 m³)
胡杨林	121.14	75	2～2.5	45.21	100	9.40	100	0.452
			2.5～3	45.65	100	4.05	100	0.456
	117.43	50	1～1.5	5.86	100	24.10	100	0.059
			1.5～2	9.10	100	14.60	100	0.091
			3～3.5	9.95	100	2.05	100	0.100
			3.5～4	8.90	100	1.40	100	0.089
			4～6	24.91	100	0	100	0.249
	77	15	0.5～1	0.96	100	40.00	100	0.010
			6～10	10.59	100	0	100	0.106
灌木	283.44	75	2～2.5	109.08	3	9.40	9.40	0.103
			2.5～3	103.50	3	4.05	4.05	0.042
	537.35	50	1～1.5	33.20	3	24.10	24.10	0.080
			1.5～2	56.91	3	14.60	14.60	0.083
			3～3.5	53.12	3	2.05	3	0.053
			3.5～4	43.16	3	1.40	3	
			4～5.5	82.05	3	0	3	
	956.84	15	0.5～1	19.14	3	40.00	40.00	0.077
			5.5～11	124.33	3	0	3	0.037
草地	46.65	75	2～2.5	17.98	3	9.40	9.40	0.017
			2.5～3	17.00	3	4.05	4.05	0.007
	363.17	50	1.5～2	63.16	3	14.60	14.60	0.092
			3～3.5	71.98	3	2.05	3	0.036
			3.5～4	46.44	3	1.40	3	
	3200.34	15	0.5～1	9.27	3	40.00	40.00	0.037
			1～1.5	115.95	3	24.10	24.10	0.280
			4～7	354.83	3	0	3	0.106
合计	5703.36							2.662

表 5-12　　　　　　　　　　　　下游狼心山以下潜水蒸发量

植物种类	总面积(km²)	盖度(%)	地下水位(m)	有效面积(km²)	潜水蒸发定额(万 m³/km²)	小计(亿 m³)	合计(亿 m³)
胡杨林	121.14	75	2~2.5	15.07	9.40	0.017	0.085
			2.5~3	15.22	4.05	0.008	
	117.43	50	1~1.5	5.86	24.10	0.017	
			1.5~2	9.10	14.60	0.016	
			3~3.5	9.95	2.05	0.002	
			3.5~4	8.90	1.40	0.002	
			4~6	24.91	0	0	
	77	15	0.5~1	5.63	40.00	0.023	
			6~10	59.82	0	0	
灌木	283.44	75	2~2.5	36.36	9.40	0.034	0.662
			2.5~3	34.50	4.05	0.014	
	537.35	50	1~1.5	33.23	24.10	0.080	
			1.5~2	56.96	14.60	0.083	
			3~3.5	53.16	2.05	0.011	
			3.5~4	43.19	1.40	0.006	
			4~5.5	82.14	0	0	
	956.84	15	0.5~1	108.45	40.00	0.434	
			5.5~11	704.86	0	0	
草地	46.65	75	2~2.5	5.98	9.40	0.006	1.966
			2.5~3	5.68	4.05	0.002	
	363.17	50	1.5~2	63.16	14.60	0.092	
			3~3.5	71.98	2.05	0.065	
			3.5~4	46.44	1.40	0.007	
	3200.34	15	0.5~1	52.53	40.00	0.210	
			1~1.5	657.07	24.10	1.584	
			4~7	2010.64	0	0	
合计	5703.36						2.713

表 5-13　　　　　　　　　　下游天然生态需水统计表　　　　　　　　单位：亿 m³

植被类型	胡杨		灌木		草地		合计	
需水类型	数量	百分比(%)	数量	百分比(%)	数量	百分比(%)	数量	百分比(%)
植株蒸腾	1.612	94.99	0.475	41.78	0.575	22.63	2.662	49.53
潜水蒸发	0.085	5.01	0.662	58.22	1.966	77.37	2.713	50.47
小计	1.697	31.57	1.137	21.15	2.541	47.28	5.375	100

从表 5-13 可知，下游狼心山以下总生态需水量为 5.375 亿 m³，其中植株蒸腾为 2.662 亿 m³，占总需水量的 49.53%，潜水蒸发为 2.713 亿 m³，占总需水量的 50.47%，接近 1/2。

第三节　水利部门供水预测

一、水利工程可供水量计算

（一）引水工程

引水工程是指从河道或其他地表水体能够自流取水的水利工程。

某一引水枢纽，在逐日来水过程线给定时，考虑河道下泄流量的要求，当河道日平均可引流量小于和等于引水渠道的最大过水能力时，全引；当河道日平均可引流量大于引水渠道的最大过水能力时，只引渠道的最大过水流量。将渠道逐日引用的水量相加，即为渠道全年最大可引水水量，也即引水工程的供水能力。显然，工程的供水能力指的是工程措施充分发挥作用时可提供的水量。

但这样算得的渠道最大可引水量，并不是许可供给的水量，因为年最大可引水量可能有一部分是没有用的，例如农业灌溉，在非灌溉期的那部分引水量是毫无用处的。因此，许可的引水量必须从年最大可引水量中减去用户不用的水量，剩余部分才是引水工程可以供给的水量，简称可供水量。可供水量与工程的供水能力是不同的，供水能力未考虑需水限制。可供水量大小，取决于来水过程、下游河道流量要求、渠道过水能力以及用户的需水要求等。

综上所述，水利工程的可供水量是指在给定的来水条件下，考虑供水对象的需水要求，通过水利工程可以提供的水量。

可供水量的计算时段应取得比较适中，不能过大，也不能过小。划得过大，往往会掩盖供需之间的矛盾，因为一个地区的缺水，往往只是几个关键时期，甚至是很短的一段时间，所以只有把计算时段划小，才能把供需之间的矛盾暴露出来。但划得太小，则分析计算工作量大，有时还受资料的限制。所以，计算时段的划分应以能客观反映供需矛盾为准则。一般来说，北方供需矛盾突出的地区按月进行分析可能满足要求，南方供需矛盾突出的地区在作物灌溉期甚至要按旬或按周进行分析才可能满足要求；对一些供需矛盾不突出地区，则可能按主要作物灌溉期和非灌溉期进行分析，甚至可能按年进行分析等。

1. 单一用户情形

【例5-2】 有一河流引水工程向某地区供水，引水渠道过水能力为 $Q_{max}=70m^3/s$，取水口流量过程与需水量过程见表5-14，设下泄流量要求不低于 $60m^3/s$。试计算该工程的年可供水量。

表5-14　　　　　　　　取水口径流量过程与需水量过程　　　　　　单位：m^3/s

月份	1	2	3	4	5	6	7	8	9	10	11	12
来水 Y_t	110	150	120	140	130	110	110	115	150	100	90	130
需水 D_t	65	80	50	70	50	90	60	70	75	60	50	80

解：如图5-8所示，可供水量受到过水能力、需求和可引水量的制约，即

$$w = \sum_{i=1}^{12} \min(D_t, Y_t-60, Q_{max}) \times 30.4 \times 24 \times 60 \times 60 \tag{5-73}$$

据此可计算可供水量为 $1.7 \times 10^9 m^3$。

2. 两个用户情形

【例5-3】 有一河流向两个用户供水，设引水渠道的过水能力和取水口下泄流量不受限

制，河流来水与用户需水情况如图 5-9 所示（单位：m³/s），试计算可供水量。

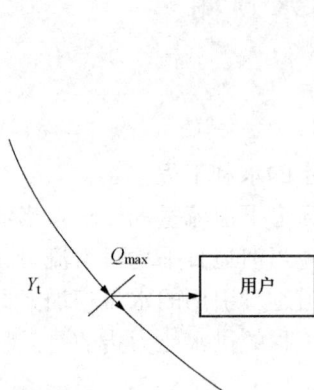

图 5-8　单一用户情形　　　　　　图 5-9　两个用户情形

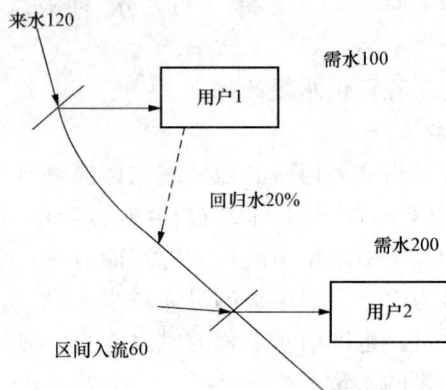

解：按照不同的计算原则，有不同的计算方法。

第一种方法，自上而下计算，按"属地优先权"的原则，先尽量满足第 1 用户要求，然后再进行第 2 用户的分析计算。

$$\begin{cases} \text{第 1 用户：} Q_1 = 100 \text{m}^3/\text{s} \\ \text{第 2 用户：} Q_2 = 120 - Q_1 + Q_1 \times 20\% + 60 = 100 \text{m}^3/\text{s} \end{cases}$$

第二种方法，按两个用户"均衡受益"原则进行分析计算。"均衡受益"是指，如果在资源紧缺的条件下，两个用户供水量与需水量之比应相等。因无调节能力，以一个时段为例说明，其他时段类似计算。

设 Q_1 代表向用户 1 供水量，Q_2 代表向用户 2 供水量。列方程式为

$$\begin{cases} 120 - Q_1 + Q_1 \times 20\% + 60 = Q_2 & \text{水量连续方程} \\ \dfrac{Q_1}{100} = \dfrac{Q_2}{200} & \text{均衡受益方程} \end{cases} \tag{5-74}$$

联立求解得：$Q_1^* = 180/2.8 = 64.28$（m³/s），$Q_2^* = 360/2.8 = 128.59$（m³/s）。

3. 考虑用户重要性不同

为方便计，在两个用户情形，如图 5-10 所示（单位：m³/s），可建立优化模型

$$\min \left(\frac{D_1 - Q_1}{D_1} \right)^2 + \left(\frac{D_2 - Q_2}{D_2} \right)^2 \tag{5-75}$$

$$\text{s. t.} \quad Y_2 = I_2 + (Y_1 - Q_1) + \beta Q_1$$

求最优解，得到

$$\frac{D_1 - Q_1}{D_1} = \frac{D_2 - Q_2}{D_2} \tag{5-76}$$

如果用户 2 较用户 1 重要，这样供水就是不合理的，因为它使两用户的缺水率相等，未能考虑用户重要性的不同。设 $\Delta Q_1 = D_1 - Q_1$，$\Delta Q_2 = D_2 - Q_2$，下面用权重来考虑用户的重要性。设用户 1 权重为 α_1，用户 2 权重为 α_2，把目标函数修改为

$$\min \left(\alpha_1 \frac{\Delta Q_1}{D_1} \right)^2 + \left(\alpha_2 \frac{\Delta Q_2}{D_2} \right)^2 \tag{5-77}$$

通过求解，可得到

$$\alpha_1 \frac{\Delta Q_1}{D_1} = \alpha_2 \frac{\Delta Q_2}{D_2} \qquad (5-78)$$

$$\frac{\Delta Q_2}{D_2} = \frac{\alpha_1}{\alpha_2} \frac{\Delta Q_1}{D_1} \qquad (5-79)$$

如选用户 1 为参考用户，用户 2 作为比较用户，假定用户 2 的重要性是用户 1 的 2 倍，即 $\alpha_1=1$，$\alpha_2=2$，则

$$\frac{\Delta Q_2}{D_2} = \left(\frac{\Delta Q_1}{D_1}\right)/2 \qquad (5-80)$$

即用户 2 的缺水率只是用户 1 的 1/2。这是理论上的分析结果，实际中，由于受约束条件的制约，不可能完全达到理论解，只能靠近理论解的情形。

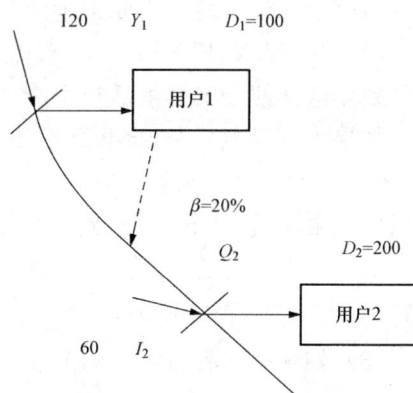

图 5-10 考虑用户重要性情形

一般地，以农业部门用户为参考，对其他部门进行加权，形成相对重要性权重系数，如生活：工业：农业＝4：2：1 等。

对于上述例子，如 $\alpha_1=1$，$\alpha_2=2$

$$\begin{cases} 120 - Q_1 + Q_1 \times 20\% + 60 = Q_2 \\ \left(\frac{100-Q_1}{100}\right)/2 = \frac{200-Q_2}{200} \end{cases} \qquad (5-81)$$

求解得：$Q_1=80/1.8=44.44 \text{m}^3/\text{s}$，$Q_2=260/1.8=144.44 \text{m}^3/\text{s}$。

（二）蓄水工程

蓄水工程能在时间上对水资源重新分配，在来水多时把水蓄起来，在来水少时根据用水要求适时适量地供水。这种把来水按用水需求在时间上和数量上重新分配的过程称为水库调节。

1. 大中型水库

大中型水库按年调节计算，设年初、年末库容均为水库的死库容。Y_t 表示 t 时段来水流量，D_t 表示 t 时段需水量，Q_t 表示 t 时段可供水量，单位均为 m^3/s。V_t 表示 t 时段初水库蓄水量，单位为 $\text{m}^3/\text{s} \cdot \Delta t$。时段长 $\Delta t=90$ 天，一年划分为 4 个时段。有关计算情况见表 5-15，不同计算模式如图 5-11 所示。

表 5-15　　　　　　　水库调节计算表

调节计算模式			(1)		(2)		(3)	
时段	Y_t	D_t	Q_t	V_t	Q_t	V_t	Q_t	V_t
1	300	200	200	0	100	0	200	0
2	100	200	200	100 0	100	200 100	100	100 100
3	0	200	0	0	100	100	100	0
4	0	200	0	0	100	0	0	0

（1）"有水就用"模式。如果有水，只要需要就供给。

按水量平衡方程进行计算

$$V_{t+1} = V_t + (Y_t - Q_t)\Delta t \qquad (5-82)$$

$Q_1=200\text{m}^3/\text{s}$，$Q_2=200\text{m}^3/\text{s}$，$Q_3=0$，$Q_4=0$。这种结果显然是不合理的，因为缺水集

中在后两个计算时段，不便于生活与生产的安排。

（2）"过程相似"模式。供水总量虽不能满足需水总量的要求，但其过程应尽可能与需水一致，这样便于安排生活与生产。

如果水库期初、期末不蓄水不放水，维持库容不变，总来水恰好用完。总来水量为 $400\text{m}^3/\text{s} \cdot \Delta t$，总需水量为 $800\text{m}^3/\text{s} \cdot \Delta t$，来水总量为需水总量 $1/2$。按过程相似模式，每时段应供水流量 $100\text{m}^3/\text{s}$。水库蓄水量变化过程如图 5-11 所示。

$$Q_1 = Q_2 = Q_3 = Q_4 = 100\text{m}^3/\text{s}$$

$V_0 = 0$　　　　$V_1 = 200$　　　　　　$V_2 = 200$　　　　　　$V_3 = 100$　　　　　　$V_4 = 0$

（3）如水库库容有限，则 $V_{有效} = 100\text{m}^3/\text{s} \cdot \Delta t$。

第一时段末，水库最多能蓄 $100\text{m}^3/\text{s} \cdot \Delta t$ 水量。这时 $Q_1 = 100\text{m}^3/\text{s} \cdot \Delta t$，就要弃水 $100\text{m}^3/\text{s} \cdot \Delta t$。这显然是不合适的，实际上 $Q_1 = 200\text{m}^3/\text{s} \cdot \Delta t$，它也能蓄至库满。

第二时段，后三个时段需水 $600\text{m}^3/\text{s} \cdot \Delta t$，现有水量 $200\text{m}^3/\text{s} \cdot \Delta t$，一是来水 $100\text{m}^3/\text{s} \cdot \Delta t$，一是水库蓄水 $100\text{m}^3/\text{s} \cdot \Delta t$。按过程相似模式，每时段应供流量 $200/3\text{m}^3/\text{s}$，但这样做第二时段末要蓄水 $200-200/3\text{m}^3/\text{s}$，超过水库有效库容又要弃水，显然也是不合适的。水库最多能蓄 $100\text{m}^3/\text{s} \cdot \Delta t$，从而 $Q_2 = 100\text{m}^3/\text{s}$。

第三、四时段，共有水 $100\text{m}^3/\text{s} \cdot \Delta t$，从而两时段各供水 $50\text{m}^3/\text{s}$。$Q_3 = Q_4 = 50\text{m}^3/\text{s}$。水库供水过程如图 5-12 所示。

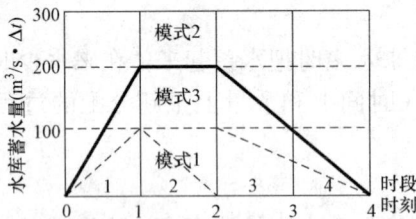

图 5-11　不同计算模式示意图　　　　　图 5-12　库容有限时的供水过程示意图

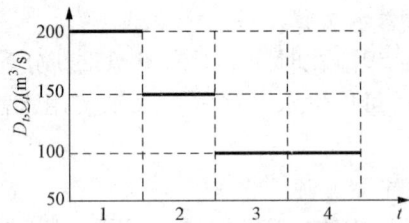

2. 小型蓄水工程

这类工程的特点是数量多而且缺乏实测资料，所以往往采用"复蓄指数"法来估算可供水量。

所谓的"复蓄指数"，就是水库、塘坝年可供水量与有效库容的比值。由于水库、塘坝库容较小，从而来水可使有效库容多次充蓄，复蓄指数可大于 1.0。复蓄指数与水库的集雨面积、来水多少、有效库容大小、担负的灌溉面积等多种因素有关，一般通过典型工程分类实地调查分析来确定。

按小型蓄水工程的不同类别，把实际调查到的复蓄指数和相应年份的年来水频率绘在频率格纸上，通过适线求得复蓄指数和年来水频率之间的相关线。在应用时，可根据来水的频率查出相应的复蓄指数。

当水库、塘坝的复蓄指数确定以后，利用公式（5-83）可算出可供水量。

$$W_{供} = n \cdot V \tag{5-83}$$

式中：$W_{供}$ 为水库、塘坝的可供水量；n 为复蓄指数；V 为水库塘坝的有效库容。

（三）提水工程

提水工程包括地表水提水工程和地下水提水工程。地表水提水工程可供水量是指通过动力机械设备从江河、湖泊中提取的水量。地下水可供水量是指通过提水设备从地下提取为用户所用的水量。

1. 从河道提水

从河道提水，其最大可提水量取决于河道来水情况、下游河道的流量要求以及提水设备的能力，如图 5-13 所示。

图 5-13 中，Q_t 为某取水点的年逐日流量过程线；$Q_设$ 为提水设备能力；$Q_下$ 为下游河道的流量要求。

那么，全年最大可提水量的计算公式为

$$W_{可提} = \int_t q(t)\,\mathrm{d}t \qquad (5-84)$$

其中

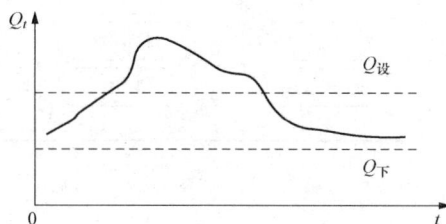

图 5-13　河道最大可提水量示意图

$$q(t) = \min[Q_t - Q_下, Q_设] \qquad (5-85)$$

这样算出的可能最大提水量并不是提水工程可供水量，因为不是全年任一时刻都需要提如此计算的水量，要根据需水情况进行提水；另外提水设备不可能全年开机，它需要维护、检修。因此，提水工程的可供水量必定小于可能最大提水量。

2. 从地下水提水

不同年降雨情况各异，地下水补给状况也是不同的，因而地下水年提取水量是不同的，丰水年补给条件好，可以多提取，枯水年补给条件差，提取量要少。地下水可供水量的计算，一般应以不致造成不良后果为前提，具体计算方法有水均衡法，原理与地表水库的相同，或利用地下水动力模型进行调节计算。在计算时，要受地下水开采井的设备能力限制。

地下水多年平均可供水量的控制极限一般为多年平均综合补给量。

从以上对水利工程可供水量的分析计算可知，在利用水利工程对天然水资源进行时间和空间上的调节计算时，有两种基本的方式：一种是有水即用，如果发生缺水，将比较集中在某一用户或某些时段上，可称为"集中余缺"方式；另一种是如果发生缺水，把缺水尽可能比较均衡地分散在各个用户各个时段上，可称为"分散余缺"方式。两种方式并不影响年可供水总量，但两者的供水过程不同，后者更便于生产过程的安排。

二、区域可供水量计算

（一）系统概化

水资源系统是以水为主体构成的一种特定系统，这个系统是指处在一定范围或环境下，为实现水资源开发利用目标，由相互联系、相互制约、相互作用的若干水资源工程单元和管理技术单元所组成的有机体。从逻辑关系上，水资源系统一般由水源、调蓄工程、输配水系统、用水户、排水系统等部分组成。从水源、调蓄工程系统通过输水系统将水分配到用水系统使用，然后由排水系统排放，其过程可用图 5-14 描述。

1. 用户概化

在一个较大区域，往往包含多种多样的水利工程，包含许多具体的用水户。区域可供水量的计算，就是在各种用水户需水要求下对区域内部所有水利工程的可供水量进行计算。

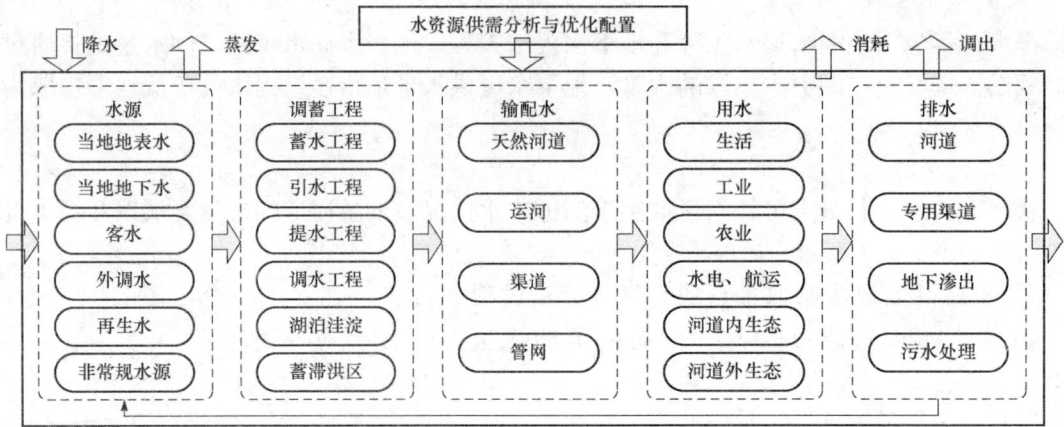

图 5-14 水资源系统组成要素图

一个区域内部，具体用水户的数量是非常大的，为了便于计算，可把地域相近的用水户进行归类合并。即把研究区域进行分区，每一分区作为一个供水对象。分区的大小应根据需要，因地制宜地确定，不宜过大，也不宜过小。如果分区过大，把几个流域、水系或供水系统拼在一起进行调算，往往会掩盖地区之间的供需矛盾，造成"缺水"是真相，"余水"是假象；如果分区过小，则工作量将成倍增加。如果研究区域很大，可以逐级划区，即把要研究的整个区域划为若干个一级区，每一个一级区又可划为若干二级区，以此类推，最后一级区称为计算单元。分区的主要方法如下。

（1）按行政区划分区，有利于资料的搜集和统计。

（2）按自然地理单元分区，如按流域、水系结构划分，有利于算清水账。

（3）按社会经济单元划分，如按特定经济圈、开发区划分，有利于突出分析的重点。

（4）按流域水资源分区与区域行政分区相结合的方法进行划分。考虑区域不同自然特点和自然分区（流域、水系、水文地质单元等）及行政区划的界限，并尽可能地保持自然分区的完整性，对区域进行水资源分区。

分区的要求是，有利于展示区域水资源需求在空间上的分布，有利于资料的收集、整理、统计、分析，有利于计算成果的校核、验证等。

一个分区内部的用水户也有各种类型，其用水性质也不尽相同。根据用水性质的不同，划分成几类。如城市生活、农村生活、工业和建筑业及第三产业、农业、河道内生态环境、河道外生态环境等。

2. 水源划分

作为供水来源的区域内的水源，可划分成当地水和外来水。当地水又可分为当地地表水、当地地下水及再生水等。外来水可分为流入本地的河流等客水，以及跨区域调水。

当地地表水是指区域内的河流、湖泊等，按照流域水系进行划分。当地地下水是指区域内的地下含水层等，按含水层所属的地质单元划分。再生水等按照不同的收集、处理与供给系统划分。

客水是指流入区域内的河流、含水层跨界补给等。调水是指从研究区域外通过工程措施调入本区域的水量，按照不同的调水系统划分。

3．工程安排

由于天然条件下水资源的时空分布不能满足需水要求，从而需要建立水利工程对水资源在时间和空间上进行调配。为此，依据需水情况和自然条件等，需要进行每一个水源的开发利用布局和工程安排。供水工程主要类型有蓄水工程、引水工程、地表提水工程、地下提水工程、输水工程、水处理工程等。在需水调控方面，相应有节水工程等布局。

4．系统网络图

水源与分区分类型用户之间通过各种供水工程相联系。按照供水工程、概化用户在流域水系上和自然地理上的拓扑关系，把水源与用户连接起来，形成系统网络图。图5-15为一区域水资源系统的概化网络图的示例。

系统网络图是对真实系统的抽象概化，主要由水资源开发、利用、转化的概化元素构成。概化元素包括计算单元、水利工程、分汇水节点以及各种输水通道等。

计算单元是划分的最小一级计算分区，是各类资料收集整理的基本单元，也是水资源利用的主体对象；在网络图上用长方形框表示，属于"面"元素。水利工程是网络图上标明的水库及引提水工程等。分汇水节点包括天然节点和人为设置的节点两类，前者是重要河流的交汇点或分水点，后者主要是对水量水质有特殊要求或希望掌握的控制断面，在网络图上属于"点"元素。输水通道是对不同类别输水途径的概化，包括河流水系，水利工程到计算单元的供水传递关系，计算单元退水的传递关系、水利工程之间或计算单元之间的联系等，在网络图上属于"线"元素。

以概化后的点、线、面元素为基础，构筑天然和人工用水循环系统，动态模拟逐时段多水源向多用户的供水量、耗水量、损失量、排水量及蓄变量过程，实现真实水资源系统的仿真模拟。

（二）基于模拟的可供水量计算

区域中的各项供水工程组成一个体系，共同为用户供水，彼此既相互联系，又相互影响。按概化系统网络图，有串联、并联、混联多种情况，比较复杂。在计算区域总可供水量时，应根据系统具体情况分析，但总的要求是统筹兼顾各分区各种类型的用水需求，合理安排各种水源各类工程的供水策略，以利于系统供需平衡。

基于模拟的可供水量计算方法，是以概化的系统网络图为基础，以事先拟定的各种调配规则为依据，按一定次序，对各水源、各计算单元进行各水利工程调节计算的方法。区域水资源一般性的调配规则主要有以下几方面。

1．计算程序

可供水量计算程序为自上而下，先支流后干流，逐单元计算。每一单元的计算遵循水量平衡的原则。

计算时，可把水源划分为本计算单元内部分配和多个单元间联合分配两种情形。前者包括对当地地表水及地下水等水源的分配，这类水源原则上只对所在计算单元内部各类用户进行供水，不跨单元利用。后者包括大型水库、外流域调水、处理后污水等水源或水量的分配与传递，这类水源可为多个计算单元所使用，其水量的传递和利用关系由系统网络图传输线路确定。根据事先制定的调配规则，将水量合理分配到相关单元，如一条河流上有上下两个计算单元，可以应用"分散余缺"方式进行计算等。后者也是系统模拟的重点和难点。

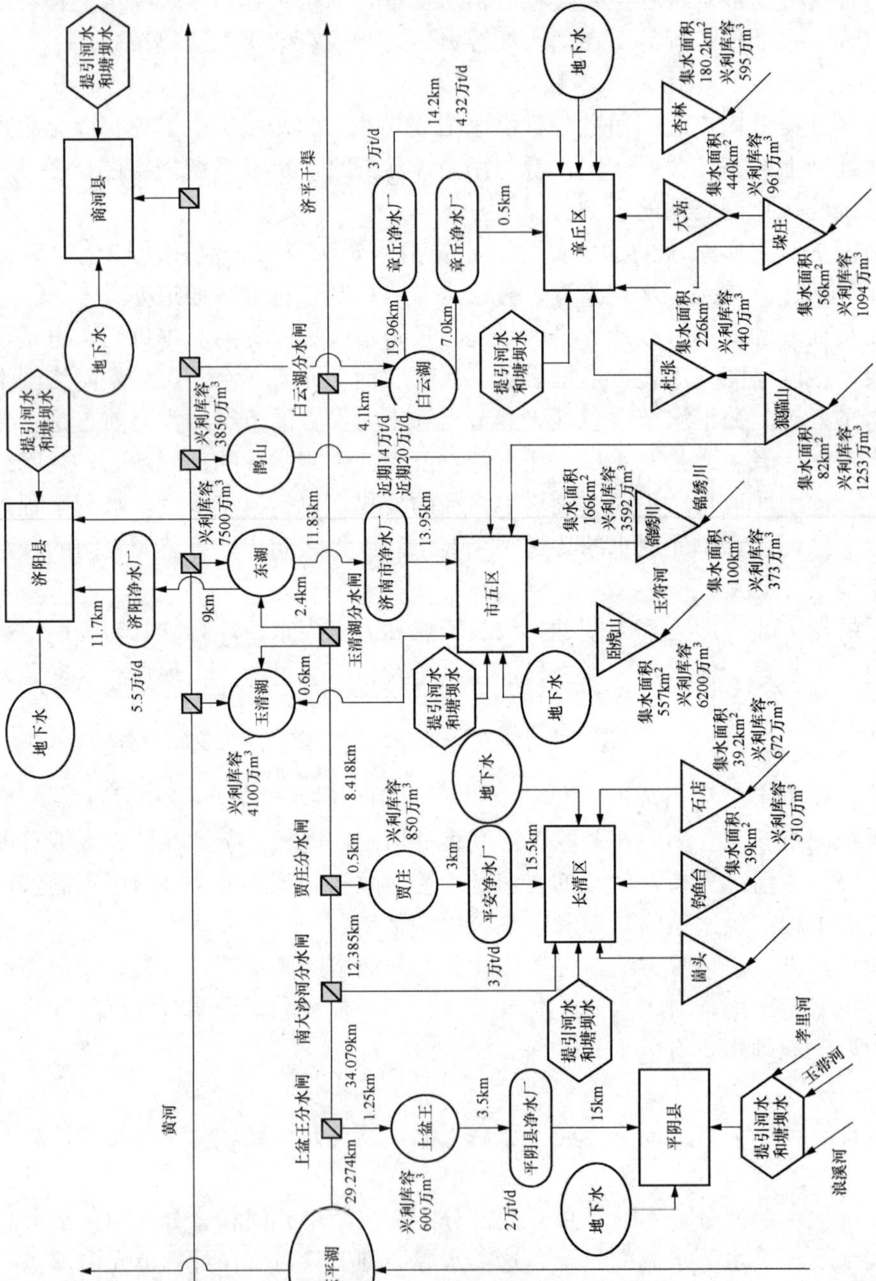

图 5 - 15　水资源系统概化网络示意图

2. 供水次序

通常的调节计算原则：先用自流水，后用蓄水和提水；先用地表水，后用地下水；先用本流域的水（包括过境水），后用外流域调水；水质优的水用于生活等用户，其他水用于水质要求较低的农业或部分工业用户。此外，应充分考虑各类水源之间存在的相互影响关系。

3. 用水次序

在水资源紧缺时，各类用户的用水次序为，先尽量满足生活需水，再依次是河道内最小生态需水、工业和第三产业需水、农业需水、河道外生态需水等。

在一条河流上的计算单元，对某一计算单元来说，上下单元对这一单元的计算有影响。上一单元的退水为

$$W_{退} = W_{弃} + W_{回} \tag{5-86}$$

式中：$W_{退}$ 为上单元的退水量；$W_{弃}$ 为上单元的弃水量；$W_{回}$ 为上单元可供水量回归到本单元的水量。

$$W_{回} = \beta W_{可供} \tag{5-87}$$

式中：β 为上单元可供水的回归水系数；$W_{可供}$ 为供上一单元的可供水量。

生活、工业、农业灌溉等各种类型的供水的回归系数是不一样的，一般通过典型区的具体调查分析确定。

本单元来水：

$$W_{来} = W_{上退} + W_{区水} + W_{调入} \tag{5-88}$$

式中：$W_{来}$ 为本单元的整个来水；$W_{上退}$ 为上一单元的退水；$W_{区水}$ 为本单元的区间来水；$W_{调入}$ 为外单元调入本单元的水量。

本单元弃水：

$$W_{弃水} = W_{来} - W_{可供} \tag{5-89}$$

式中：$W_{可供}$ 为本单元可供水量；$W_{弃水}$ 为本单元的弃水。

（三）基于优化的可供水量计算

1. 决策变量分析

根据分区原则把区域划分为 J 个分区（$j=1, 2, \cdots, J$），根据用水性质把用水部门分为 K 个用水类型（$k=1, 2, \cdots, K$），根据水源特点把区域水源划分成 I 个供水水源点（$i=1, 2, \cdots, I$）。不同季节各种水源的水资源量会有所变化，各用水部门（特别是农业用水部门）对水的需求会有所增减，为此，把计算域按一定时间尺度划分成 T 个时段（$t=1, 2, \cdots, T$）。

由此可见，对特定年份、对整个区域而言是一个拥有 $I \times J \times K \times T$ 个决策变量（I 个供水水源、J 个用水分区、K 个用水部门、T 个时段）的水资源系统优化问题。

2. 优化模型建立

水资源系统的数学模型一般包括目标函数和约束条件两部分。对于不同的系统、不同的水资源问题，由于自然条件和社会、经济条件不同，数学模型也是不同的。

为了更好地满足生活、工农业生产以及生态等的用水需求，设定优化目标为区域供水系统相对总缺水量最小。数学表达式为

$$\min \sum_{j=1}^{J} \sum_{k=1}^{K} \sum_{t=1}^{T} \alpha_{jk} \left(\frac{D_{jkt} - \sum_{i=1}^{I} Q_{ijkt}}{D_{jkt}} \right)^2 \tag{5-90}$$

式中：D_{jkt} 为区域在第 j 分区第 k 用水部门第 t 时段的需水量；Q_{ijkt} 为区域第 i 供水水源给第 j 分区第 k 用水部门第 t 时段的供水量；α_{jk} 为第 j 分区第 k 用水部门相对其他用水部门优先得到供给水资源的重要程度系数。

约束条件表示了优化的限制条件。推求目标函数达到最优时的决策变量，应是在约束条件下求得的。在供水系统优化中，产水量、需水量、输水建筑物的过水能力等都可能成为约束条件。

(1) 可供水量约束。水源供给各分区、各用水部门的供水量不应大于其可供水量。

$$\sum_{J=1}^{J}\sum_{k=1}^{K}Q_{ijkt} \leqslant W_{it} \quad (i=1,2,\cdots,I; t=1,2,\cdots,T) \tag{5-91}$$

式中：$\sum_{j=1}^{J}\sum_{k=1}^{K}Q_{ijkt}$ 为第 i 供水水源对第 j 分区第 k 用水部门第 t 时段的供水量；W_{it} 为规划水平年内第 i 个供水水源第 t 时段的可供水量。

(2) 需水量约束。本着资源节约和有效利用的原则，水源供给各分区各用水部门的供水量不应多于其需水量。

$$\sum_{i=1}^{I}Q_{ijkt} \leqslant D_{jkt} \quad (j=1,2,\cdots,J; k=1,2,\cdots,K; t=1,2,\cdots,T) \tag{5-92}$$

式中：$\sum_{i=1}^{I}Q_{ijkt}$ 为 I 个供水水源对第 j 分区第 k 用水部门第 t 时段的供水量。

(3) 供水能力约束。各分区的输水河道及泵站等都有各自的供水能力，因此在计算时，供水水源对各分区各用水部门的供水量不应大于其最大输水能力。

$$\sum_{k=1}^{K}Q_{ijkt} \leqslant Q_{\max ij} \quad (j=1,2,\cdots,J; k=1,2,\cdots,K; t=1,2,\cdots,T) \tag{5-93}$$

式中：$Q_{\max ij}$ 为第 i 供水水源对第 j 分区的输水工程过水能力。

(4) 工程运行可行域约束。对于特定水源，其供水应在调节计算的约束域内进行。

$$Q_{ijkt} \in S_i \quad (i=1,2,\cdots,I; j=1,2,\cdots,J; k=1,2,\cdots,K; t=1,2,\cdots,T) \tag{5-94}$$

式中：S_i 为第 i 供水水源调节计算时的约束域，如水库运行的水位限制条件等。

(5) 变量非负约束。

$$Q_{ijkt} \geqslant 0 \quad (i=1,2,\cdots,I; j=1,2,\cdots,J; k=1,2,\cdots,K; t=1,2,\cdots,T) \tag{5-95}$$

将上述目标及各种约束条件组合在一起，即构成区域供水系统优化模型。通过求解，即可得到满足区域供水系统相对总缺水量最小的区域可供水量，并在区域各分区、各用水部门之间体现"分散余缺"的相互协调作用方式。

需要说明的是，上述模型只是一个原则性的描述模型，在对实际问题的研究中，要根据具体情况对确定的各个参数进行详细描述。

3. 优化模型求解

结合数学模型的特点，选择适宜的优化方法进行求解。

下面以某年调节水库的供水优化为例，问题可作如下描述。

图 5-16 是一座年调节的供水水库，若自蓄水期到供水期末，一个完整的计算期 T 为一年，一般将年划分为 12 个相等的时段，每个时段长 ΔT 为 1 个月，每月（时段）入库水量为 Q_1，Q_2，$\cdots$，Q_{12}，且相应的需水量为 D_1，D_2，$\cdots$，D_{12}。

对于该库供水优化问题，考虑供水在时间上的一致性，选择整个供水过程的相对缺水率

最小为目标函数，即

$$\min \sum_{t=1}^{12} \left(\frac{D_t - X_t}{D_t} \right)^2 \qquad (5-96)$$

式中：D_t 为 t 时段的需水；X_t 为 t 时段的供水。

一般情况下，约束条件有水库水量平衡约束、水库蓄水变化范围约束和供水量变化范围约束等。

水量平衡约束：

$$V_t = V_{t-1} + Q_t - X_t \quad (t=1,2,\cdots,12) \qquad (5-97)$$

式中：V_{t-1}、V_t 分别为第 t 时段初、末水库蓄水量；Q_t 为 t 时段入库水量；X_t 为第 t 时段供水量。

水库蓄水量的限制：

$$V_{t\min} \leqslant V_t \leqslant V_{t\max} \quad (t=1,2,\cdots,12) \qquad (5-98)$$

式中：$V_{t\min}$、$V_{t\max}$ 分别为第 t 时段末水库允许最小和最大蓄水量，如在汛期 $V_{t\max}$ 为防洪限制水位相应的库容，非汛期 $V_{t\max}$ 为正常蓄水位相应的库容。

供水量的限制：

$$X_{t\min} \leqslant X_t \leqslant X_{t\max} \quad (t=1,2,\cdots,12) \qquad (5-99)$$

式中：$X_{t\min}$、$X_{t\max}$ 分别为第 t 时段允许的最小和最大供水量；X_t 为第 t 时段的水库供水。

从而，整个问题的数学模型为

$$\begin{aligned}
&\min \sum_{t=1}^{12} \left(\frac{D_t - X_t}{D_t} \right)^2 \\
&s.t.\ V_t = V_{t-1} + Q_t - X_t \\
&V_{t\min} \leqslant V_t \leqslant V_{t\max} \\
&X_{t\min} \leqslant X_t \leqslant X_{t\max} \\
&X_t \geqslant 0 \quad (t=1,2,\cdots,12)
\end{aligned} \qquad (5-100)$$

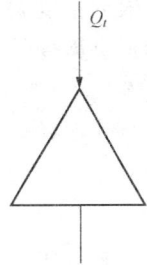

图 5-16　水库供水优化

可以采用动态规划方法进行优化。把调节期（1 年）离散为 12 个时段，水库运行可看成是一阶段（时段）一阶段（时段）地运行。每一时段末的库蓄水量是其下一时段初的库蓄水量，这就是说每一阶段末的库蓄水量只影响（联系）其下一时段的库蓄水量，而与其他时段的蓄水量无关。关系式 $V_t = V_{t-1} + Q_t - X_t$ 反映了这一性质。另外，每一时段系统的相对缺水率也只与该时段的水量 Q_t、X_t、V_t、V_{t-1} 有关，与其他时段的量无关，并且整个调节（度）期的目标是各时段的相对缺水率之和。这样的系统及描述系统的模型，满足了分段决策模型的条件，利用最优化原理，可用动态规划方法求解上述模型。

（1）阶段变量 t：根据调度要求和径流资料情况选取阶段，可取一个月或一个旬为一个时段，也可根据限制条件和资料的不同采用月和旬等相结合。

（2）状态变量：可以运用月初水库蓄水量 V_{t-1} 为状态变量，则状态是在正常蓄水位相应的库容和死水位相应的死库容之间连续变化。进行离散化时，取水库蓄水量的变化幅度为 ΔV（步长），将库蓄水量划分成 $m-1$ 个网格，共有 m 个库蓄水量。同理，在汛期库蓄水量的状态变量数及网格均少于非汛期。从各阶段间网格交点连线组成的调度线簇中来选择最优调度线。它是动态规划求解中使用很广泛的一种方法。格点越多，计算工作量越大，所得结果的精度也越高。反之，格点越少，计算工作量越少，所得结果的精度就越差。格点的多少，应根据精度要求具体分析确定。

（3）决策变量：选用各时段的供水量 X_t，相应于一个决策，就有一个阶段效应（如相对缺水率）。

（4）状态转移方程：Q_t 为环境输入变量，则输入状态变量 V_{t-1}，决策变量 X_t，输出状态变量 V_t 之间的关系为

$$V_t = V_{t-1} + Q_t - X_t \qquad (5\text{-}101)$$

即水量平衡方程。

V_0 为调节期初库蓄水量，V_{12} 为调节期末库蓄水量。V_0、V_{12} 为已知值，对于年调节水库调节期取一年，V_0 及 V_{12} 常取正常蓄水位的 $1/2$。

（5）递推方程：对于已知初、末状态的分级决策问题可以用顺推法，也可以用逆推算法。

下面按照逆推算法，写出动态规划的递推方程为

$$f_t^*(V_{t-1}) = \min_{\Omega}\{r_t(V_{t-1},X_t) + f_{t+1}^*[T(V_{t-1},X_t)]\} \qquad (5\text{-}102)$$

式中：$r_t(V_{t-1}, X_t)$ 为面临第 t 时段在时段初状态为 V_{t-1} 和该时段决策变量为 X_t 时的相对缺水率；$f_{t+1}^*[T(V_{t-1}, X_t)]$ 为余留期（从 $t+1$ 时段到第 12 时段）最小的相对缺水率之和，T 表示状态转移的符号，说明由面临时段输入状态 V_{t-1}，作出决策（供水量）为 X_t 时，由状态转移方程 $V_t = V_{t-1} + Q_t - X_t$ 得到输出状态变量为 V_t；$f_t^*(V_{t-1})$ 为从 t 时段初水库蓄水量 V_{t-1} 出发，到第 12 时段的最小的相对缺水率之和；Ω 表示决策变量 X_t 在 V_{t-1} 已给定时的满足约束条件的允许决策集合。

这样，原模型改述为动态规划模型

$$f_t^*(V_{t-1}) = \min_{\Omega}\{r_t(V_{t-1},X_t) + f_{t+1}^*(V_t)\}$$
$$\text{s. t. } V_t = V_{t-1} + Q_t - X_t$$
$$V_{t\min} \leqslant V_t \leqslant V_{t\max} \qquad (5\text{-}103)$$
$$X_{t\min} \leqslant X_t \leqslant X_{t\max}$$
$$X_t \geqslant 0 \quad (t=1,2,\cdots,12)$$

这样，上述年确定型供水水库优化调度问题可描述为：已知水库各时段入库流量 Q_1，Q_2，$\cdots$，Q_{12}，寻求供水的最优策略 $\{X_1, X_2, \cdots, X_{12}\}$，使得年相对缺水率平方和最小，并由此得出水库在整个调节时期内的各时段的水位变化过程线，这条水位过程线就是最优化后的水库调度线。

动态规划方法的算法包括两个步骤（按逆推法）：第一步，根据最优化原理按递推方程自最后阶段向前逐时段求出相对缺水率平方和最小的逆时序递推过程；第二步，求出最优策略及相应的各状态的回代过程。算法描述如下。

第一步：$t=n$

因是最后一个时段，本时段 $V_t = V_{12}$ 为一固定值，因而对时段初的任一状态来说，本时段只有唯一的一条调度线，即时段初蓄水量到时段末相应库容之间的连线，该调度线也就是最优调度线，没有选择的余地。现对不同的时段初状态进行计算。

（1）时段初状态网格数序号 $j=1$。

（2）计算供水量：

$$X = V_{t-1}^j - V_t + Q_t \qquad (5\text{-}104)$$

若 $X \leqslant 0$，转（4），否则往下计算；

若 $X > X_{t\max}$，则 $X = X_{t\max}$。

（3）计算相对缺水率的平方和并赋给变量：

$$f(j,t) = \left(\frac{D_t - X}{D_t}\right)^2 \qquad (5\text{-}105)$$

（4）$j = j+1$，状态网格值变化到下一个值。若 $j \leqslant m$，转（2）。直到 $t = n$ 时段的库蓄水量状态格点全部计算完毕后，可转第二步。

第二步：$t = n-1$

（1）时段初蓄水量状态网格数序号为 $j = 1$。

（2）时段末库蓄水量状态网格序号为 $k = 1$，调度期内相对缺水率平方和输出值为 $P = 100$，是假定的一个大数，为下步比较用。

（3）计算 t 时段输入状态变量 V_{t-1} 取 V_{t-1}^j，输出状态 V_t 取 V_t^k 的时段相对缺水率平方及其与余留期的最小相对缺水率平方之和，选取从 V_{t-1}^j 出发的最优值。

1）计算：

$$X = V_{t-1}^j - V_t^k + Q_t \qquad (5\text{-}106)$$

若 $X \leqslant 0$，转 3）；若 $X > X_{t\max}$，则 $X = X_{t\max}$。

2）计算相对缺水率的平方和：

$$r = \left(\frac{D_t - X_t}{D_t}\right)^2, \quad f_s = r + f(k, t+1) \qquad (5\text{-}107)$$

若 $f_s < P$，则 $P = f_s$，$f(j, t) = f_s$，$l(j, t) = k$。

3）$k = k+1$，本时段末蓄水量状态网格值变化到下一个值。若 $k \leqslant m$，则返回 1）。

（4）$j = j+1$，状态网格值变化到下一个值。若 $j \leqslant m$，转 2）。

（5）$t = t-1$，若 $t \geqslant 2$，则返回 1）。

第三步：$t = 1$，时段末库蓄水量状态网格序号为 $k = 1$，$P = 100$。

计算时段初状态变量为 V_0，时段末取研的时段相对缺水率平方及其与余留期的最小相对缺水率平方之和，选取从 V_0 出发的最优值。

（1）计算：

$$X = V_0 - V_t^k + Q_t \qquad (5\text{-}108)$$

若 $X \leqslant 0$，转 3）；

若 $X > X_{tm}$，则 $X = X_{tm}$。

（2）计算相对缺水率的平方和：

$$r = \left(\frac{D_t - X_t}{D_t}\right)^2, \quad f_s = r + f(k, t+1) \qquad (5\text{-}109)$$

若 $f_s < P$，则 $P = f_s$，$l_v = k$。

（3）$k = k+1$，本时段末蓄水量状态网格值变化到下一个值。若 $k \leqslant m$，则返回（1）。

上述步骤为逆时序计算求最优值。下面的步骤为顺序回代求最优调度线及相应于该调度线的各时段的供水量。

第四步：$t = 1$

（1）计算最优蓄水容量：

$$V_t = V_{t\min} + (l_v - 1) \cdot \Delta V \qquad\qquad (5\text{-}110)$$

(2) $t = t+1$，$l_v = l(l_v, t)$。若 $t < 12$，则转 (1)。

(3) 计算最优供水量：

$$X_t = V_{t-1} - V_t + Q_t \qquad (t=1, 2, \cdots, 12) \qquad\qquad (5\text{-}111)$$

第四节 供需水平衡分析

一、供需分析的概念

天然状态下的水资源在时间和空间上的分布是不均匀的，与人类社会经济发展用水和生态环境用水的要求往往不一致。为此需要建设水利工程，对天然状态下的水资源进行调节，以满足社会经济发展和生态环境用水的需要。在特定的水资源条件和需水要求下，充分发挥水利工程的作用，通过水利工程的调节计算，可得到水利工程供水与需水之间的关系，这就是水资源供需分析。

水资源供需分析（supply and demand analysis of water resources）主要是针对未来社会经济发展的需要进行的。根据未来社会经济发展的需要预测需水量，根据区域水资源状况和开发利用条件拟定水利工程建设方案，通过供、需两方面的安排，实现未来一段时期内水资源供给与需求之间的平衡。

二、区域水资源供需分析方法

（一）水平年

区域水资源供需分析是为了掌握未来一段时期区域需水能够满足的程度。通常并不针对未来每一年去分析，而是选择几个代表年去分析，通过对代表年的分析，基本掌握区域水资源供给与需求的态势。选择出的代表年要能够反映区域发展不同阶段社会经济达到的水平、相应的需水水平和水资源开发水平，所以通常称为水平年。

一般来说，需要研究三个阶段的供需情况，即现状情况、近期情况、远期情况，也即三个水平年情况。现状水平年又称基准年，是指现状供需情况以已过去的某一年为代表来分析，近期水平年为从基准年以后的 5～10 年，远期水平年一般为从基准年以后的 15～20 年。供水的目的是为了促进区域社会经济的持续发展，从而供需分析的水平年应尽可能与区域国民经济和社会发展规划的水平年相一致。

现状情况是未来发展的基础，因此要作多方面的调查和分析研究，力求反映实际情况。近期供需情况将可能直接作为有关单位编制年度计划、五年计划提供依据，因此要求一定的精度，例如要求对需水作合理性论证，增加的供水量要有工程规划作为依据，还要作必要的投入产出分析等。远期供需情况将对未来发展态势作出展望，要求的精度可低一些。

（二）系列法

在水平年确定后，要预测区域内各分区各部门不同水平年的需水量，综合考虑区域内水资源条件、需水要求、经济实力、技术水平等因素，作出近期和远期水平年水利工程建设方案的初步安排。根据预测的需水量和相应的水利工程安排情况，按照可供水量计算方法，作水资源长系列的逐年分析计算，以掌握未来不同来水条件下区域水资源供需状态。

一般来说，区域内各概化用户要求的供水保证率是不同的。生活、工业用户的保证率高，农业用户的保证率可低一些等，在计算中要予以考虑。通过对长系列调节计算结果的统计分析，可得到不同来水频率下的各分区、各部门的余缺水量。

（三）典型年法

按历史长系列逐年进行分析计算，往往分析计算工作量大，而且在系列资料缺乏时，这种分析计算还难以进行。所以，在一般的区域水资源供需分析时，也可采用典型年的方法。

与单项工程选择典型年不同的地方是，区域供需分析中所要选择的典型年是面上的典型年，其范围包括整个区域或区域中的一大部分。由于不同地区不同年份的不同季节的降雨、径流及用水状况差异很大，即使同一年，区域内各分区的降水频率也不一定相同，这样就给典型年的选择带来了一定的困难。所以，在选择一个流域或一个区域的典型年时应考虑河流上、中、下游的协调与衔接，并从面上分析旱情的特点及其分布规律，找出有代表性的年份。

一般情况下，平水年频率 $P=50\%$，枯水年 $P=75\%$，特枯水年 $P=90\%$ 或 $P=95\%$。进行区域水资源供需分析时，北方干旱缺水地区一般要分析 $P=50\%$ 和 $P=75\%$ 两种典型年的供需情况，南方湿润富水地区一般要分析 $P=50\%$、$P=75\%$ 和 $P=90\%$（或 $P=95\%$）三种典型年的供需情况。具体一个区域进行水资源供需分析时，选几种典型年来分析，要根据分析的目的来定，例如北方干旱缺水地区，如想通过分析提出特枯年份的对策措施，则分析 $P=90\%$ 或 $P=95\%$ 典型年供需状况是必不可少的；又如南方湿润富水地区，已经觉得平水年的供需分析在决策中不能说明多大问题，在分析时，就不必进行 $P=50\%$ 的典型年的供需分析。

用典型年来分析区域水资源的供需情况，必须要求所选典型年具有比较好的代表性。为此，典型年选择过程必须把握住年总水量和年水量分配两个环节。

1. 典型年年总水量的选择

典型年年总水量选择的一般过程是，首先根据区域具体情况选择主要控制站（水文上称参证站）；其次以控制站的来水系列进行频率计算，选择符合某一频率的典型年份，求出典型年的总水量；最后，通过主要控制站控制面积与区域控制面积比例计算，换算出整个区域的年总水量。

一般情况下，选择典型年所依据的系列有以下几种：全年天然径流系列，全年降雨量系列，主要农作物灌溉期的天然径流系列，主要农作物灌溉期的降雨量系列等。

2. 典型年年水量分配

典型年年水量分配方法一般常采用下面两种方法。

（1）用实际典型年份时空分配为模式。这种方法直观，易被人们所接受，但地区内降雨、径流的时空分配受所选择实际典型年支配，有一定的偶然性。为了克服这种偶然性，通常要选用相近频率的几个实际年份的时空分配来进行分析计算，从中选出对区域供需平衡偏于不利的那种情形。

（2）组合频率法，这种方法从区域内各分区地理条件和实际供需情况出发，使主要控制分区来水与整个区域来水同频率，其余分区来水与整个区域来水相应。

利用区域可供水量计算方法，算出不同水平年在不同频率下的区域可供水量，如 $P=50\%$、$P=75\%$ 或 $P=90\%$ 时的可供水量。

三、区域水资源供需平衡分析

（一）一次供需分析

水资源一次供需分析，就是在流域现状供水能力与外延式增长的用水需求间所进行的供需分析。在水资源需求方面，考虑不同水平年人口的自然增长、经济结构不因水的因素而变化、城市化程度和人民生活水平外延式提高，预测不同水平年各分区各部门需水量。在水资源供给方面，在不考虑新增供水投资来增加供水量的前提下，考虑生态环境要求进行区域可供水量调节计算。

水资源一次供需分析本身不是目的，而是希望通过一次供需分析来了解和明晰现状供水能力与外延式用水需求条件下的水资源供需缺口。更为重要的是，水资源一次供需分析的缺口为水资源的开源、节流和污水处理回用安排提供了基础。如当地水资源进一步挖潜，包括通过地表水和地下水的进一步开发、污水处理回用等提高区域供水能力，以及通过提高水价、工程性节水措施、量化管理等抑制用水需求增长，使缺口的上下包线同时向内收缩，以解决或缓解水资源供需矛盾。

水资源一次供需分析主要回答三个问题：一是确定在无新的供水工程投资条件下，未来不同阶段的供水能力和可供水量；二是确定在无直接节水工程投资条件下，未来不同阶段的水资源需求自然增长量；三是确定现状开发状态下，未来不同阶段的水资源供需缺口，为确定节水、治污和挖潜等措施提供依据。

（二）二次供需分析

水资源二次供需分析，主要是在一次供需分析的基础上，在水资源需求方面通过节流等各项措施控制用水需求的增长态势，预测不同水平年需水量；在水资源供给方面通过当地水资源开源等措施充分挖掘供水潜力，给出不同水平年供水工程的安排；通过调节计算，分析不同水平年供需态势。

通过供给与需求两方面的调控，如果二次供需分析不存在缺口，则实现了区域水资源的供需平衡。如果还存在缺口，在抑制需求和增加供给共同作用下，一次供需分析的缺口将有较大幅度的下降，即得到二次供需分析的缺口。

在二次供需分析时，要进行供给与需求两个方面调控的多种方案分析计算，从中选择最好的方案。从而，二次分析的供需缺口，实质上是在充分发挥当地水资源承载力条件下仍不能满足用水需求的缺口。对于这一缺口，在有外调水条件的地区，可以考虑实施外调水予以解决。

（三）三次供需分析

水资源三次供需分析，是在二次供需分析的基础上，进一步考虑跨流域调水解决当地缺水问题，将当地水与外调水作为一个统一整体进行调配。将二次平衡的供需缺口作为需水项，以不同调水规模的方案作为新增供水项参加水资源供需平衡。通过不同方案的对比和分析，为确定调水工程的规模提供依据。

一次供需分析是初步摸一摸供需情况的底，并不要求供需平衡和提出实现平衡的方案计划。若一次供需分析有缺口，则在此基础上进行二次供需分析，即考虑进一步新建工程、强化节水、治污与污水处理再利用、挖潜等工程措施，以及合理提高水价、调整产业结构、抑制需求的不合理增长和改善生态环境等措施进行水资源供需分析。二次供需分析则要求努力平衡和提出实现平衡的方案计划。若二次供需分析仍有较大缺口，应进一步加大调整产业布局和结构的力度，当具有跨流域调水可能时，应增加外流域调水并进行三次水资源供需分析。

（四）供需平衡宏观控制

进行区域水资源供需分析的最终目的，是要提出本区域在不同发展时期水的长期供给的措施、方案和计划，其中的核心问题是要宏观控制住水资源的供需平衡。

（1）选取的计算水平年要与国民经济发展总目标协调一致。

（2）用某一来水频率的典型年来控制水资源的供需平衡。水资源的供需平衡是一种相对的平衡，具有一定的保证率概念。在某一保证率它平衡了，而在另一保证率时，又可能出现不平衡。一个区域究竟选择哪一种保证率控制水资源的供需平衡，是个复杂的问题，严格来说应通过经济效益等方面的论证来确定。一般情况下，在水资源匮乏的地区，为了充分利用平水年份的水资源，选择的保证率可以低些；相反，在水资源充沛、供水工程投资较低的地区，选择的保证率可适当地提高。

（3）进行河道外用水和河道内用水的协调平衡。按用水的性质分类，水资源供需平衡可分为河道外用水的供需平衡和河道内用水的供需平衡。河道外用水为工业、农业、生活等用水，河道内用水为水力发电、航运、冲沙以及维持河道生态用水等，两者既相互联系，又相互制约。在一个流域内，选择一些有代表性的控制站，以河道内的用水要求作若干方案，然后进行整个流域的河道外用水的供需平衡分析，最后选择一种认可的方案。

（4）为严重缺水区作出补水布局安排。区域内水资源供需缺口较大的地区是缺水地区，必须要通盘规划之后，统筹考虑作出合理补水布局安排，才可能保证实现地区之间的水资源供需的大致平衡。

习　题

5.1　简述需水的概念。

5.2　需水预测包括哪些内容？请说明生活、生产、生态需水量的预测和计算步骤。

5.3　简述生态需水的种类，每一类生态需水的计算方法。

5.4　以某个地区（城市）为例，收集相关数据资料，对未来（10 年或 20 年）的需水量进行预测分析。

5.5　水利工程的可供水量是什么？

5.6　如何确定水利工程的可供水量？

5.7　简要说明可供水量与水资源可利用量之间的区别和联系。

5.8　简述区域可供水量计算的组成部分，以及每部分的计算方法。

5.9　简述区域水资源供需平衡分析过程。

5.10　选择一个地区或城市（或城市中的区县），概述可供水量的计算过程，并说明进行供水预测的意义。

第六章 水 资 源 优 化 配 置

第一节 概 述

一、水资源优化配置的概念与内涵

(一) 水资源优化配置的概念

水资源优化配置 (optimization water resources collocation) 是指在流域或特定的区域范围内，遵循高效、公平和可持续的原则，在考虑市场经济的规律和资源配置准则下，通过合理抑制需求、有效增加供水、积极保护生态环境等各种工程与非工程措施和手段，对多种可利用的水源在区域间和各用水部门间进行的调配。

水资源优化配置的本质，是按照自然规律和经济规律，对流域水循环及其影响水循环的自然、社会、经济和生态诸因素进行整体多维调控，并遵循水平衡机制、经济机制和生态机制进行的水资源优化配置的决策方法和决策过程。

(二) 水资源优化配置的内涵

水资源优化配置是水资源规划的一个重要组成部分，需要以水资源评价、开发利用评价以及需水预测、供水预测、节水规划、水资源保护等工作的成果为基础，针对流域水资源系统的实际状况，建立配置模型，计算不同需水、节水方案和供水策略下区域的供需平衡以及供用耗排状况；组合不同供需方案、水资源保护要求和工程调度措施等形成配置方案，通过计算和反馈调整得到各个方案合理的结果，最终采用评价筛选的方法得到推荐配置方案；通过水资源优化配置模型的模拟计算，对总体布局的确定和完善提供建议性成果，并最终结合方案比选和评价的分析计算平台，使得模型成为水资源规划的实用工具。

水资源优化配置的实质是提高水资源的配置效率，一方面是提高水的分配效率，合理解决各部门和各行业（包括环境和生态用水）之间的竞争用水问题。另一方面则是提高水的利用效率，促使各部门或各行业内部高效用水。

水资源优化配置有宏观和微观之分。从宏观上讲，水资源优化配置是在水资源开发利用过程中，对洪涝灾害、干旱缺水、水环境恶化等问题的解决实行统筹规划，综合治理，实现除害兴利结合，防洪抗旱并举，开源节流并重；协调上下游、左右岸、干支流、城市与乡村、流域与区域、开发与保护、建设与管理、近期与远期等各方面的关系。从微观上讲，水资源优化配置包括取水方面、用水方面以及取水用水综合系统的水资源优化配置。取水方面是指地表水、地下水及污水等多水源的优化配置。用水方面是指生活用水、生产用水和生态用水间的优化配置。各种水源、水源点和各地各类用水部门形成了庞大复杂的取用水系统，再考虑时间、空间的变化，进行水资源优化配置。

水资源优化配置包括需水管理和供水管理两方面的内容。在需水方面通过调整产业结构与调整生产力布局，积极发展高效节水产业，抑制需水增长势头，以适应较为不利的水资源条件。在供水方面则是协调各用水部门竞争性用水，加强管理，并通过工程措施改变水资源天然时空分布与生产力布局不相适应的被动局面。

水资源优化配置主要反映在水资源分配中解决水资源供需矛盾、各类用水竞争、上下游左右岸协调、不同水利工程投资关系、经济与生态环境用水效益、当代社会与未来社会用水、各种水源相互转化等一系列复杂关系中相对公平的、可接受的水资源分配方案。水资源优化配置是针对水资源短缺和用水竞争而提出的，其主要研究内容包括以下几方面。

(1) 水资源需求问题。研究现状条件下各部门的用水结构、水资源利用率，提高用水效率的技术和措施，分析未来各种经济发展模式下的水资源需求。

(2) 供需平衡分析。进行不同的水工程开发模式和经济发展模式下的水资源供需平衡分析，确定水工程的供水范围和可供水量，以及各用水单位的供水量、供水保证率、供水水源构成、缺水量、缺水过程和缺水破坏深度分布等。

(3) 社会经济发展问题。探索适合流域或区域现实可行的社会经济发展模式和发展方向，推求合理的工农业生产布局。

(4) 水资源开发利用方式、水利工程布局等问题。现状水资源开发利用评价，供水结构分析，水资源可利用量分析，规划工程的可行性研究，各种水源的联合调配，各类规划水利工程的配置规模及建设次序。

(5) 水环境污染问题。评价现状水环境质量，研究工农业生产和人民生活所造成的水环境污染程度，分析各经济部门再生产过程中各类污染物的排放率及排放总量，预测河流水体中各主要污染物的浓度，制定合理的水环境保护和治理标准。

(6) 生态环境问题。生态环境质量评价，生态保护准则研究，生态耗水机理与生态耗水量研究，分析生态环境保护与水资源开发利用的关系。

(7) 供水效益问题。分析各种水源开发利用所需的投资及运行费用，根据水源的特点分析各种水源的供水效益，分析水工程的防洪、发电、供水三方面的综合效益。

(8) 水价问题。研究水资源短缺地区由于缺水造成的国民经济损失，水的影子价格分析，水利工程经济评价，水价的制定依据，分析水价对社会经济发展的影响和水价对水需求的抑制作用。

(9) 水资源管理问题。研究与水资源优化配置相适应的水资源科学管理体系，制订有效的政策法规，确定合理的实施办法，培养合格的水资源科学管理人才等。

(10) 技术与方法研究问题。水资源优化配置分析模型开发研究，如评价模型、模拟模型、优化模型的建模机制及建模方法，决策支持系统、管理信息系统的开发，GIS 等高新技术的应用等。

通过水资源的优化配置，提高水资源的利用效益，实现水资源可持续利用是我国目前水利工作的重要任务。实施水资源优化配置主要可解决以下三方面的问题：一是水资源天然时空分布与生产力布局的不适应问题；二是地区间和各用水部门间存在的用水竞争性问题；三是由于近年来水资源开发利用方式所导致的许多生态环境问题。

二、水资源优化配置的目标及原则

(一) 水资源优化配置的目标

水资源优化配置工作需要以水资源供需分析为手段，摸清现状条件下水资源供需存在的各种问题，确定解决未来区域水资源优化配置问题的总体方向。进一步再分析各种合理抑制需求、有效增加供水、积极保护生态环境的可能措施及组合，生成各种可行的水资源优化配置方案，并进行评价和比选，提出推荐方案。水资源供需分析计算采用长系列月调节计算方法，以反映流域或区域的水资源供需特点和规律。水资源优化配置应满足流域、节点以及水量传输关系上各个层次的水量平衡，除考虑各水资源分区的水量平衡外，还应考虑流域控制节点的水量平衡。

按照目前水资源优化配置的一般方法，水资源优化配置以三次平衡分析为主线，在多次供需反馈并协调平衡的基础上进行。一次供需分析是考虑人口的自然增长、经济发展、城市化程度和人民生活水平的提高，在现状水资源开发利用格局和发挥现有供水工程潜力的情况下，进行水资源供需分析。若一次供需分析有缺口，则在此基础上进行二次供需分析，即考虑进一步新建工程、强化节水、治污与污水处理再利用、挖潜等工程措施，以及合理提高水价、调整产业结构、抑制需求的不合理增长和改善生态环境等措施进行水资源供需分析。若二次供需分析仍有较大缺口，应进一步加大调整产业布局和结构的力度，当具有跨流域调水可能时，应增加外流域调水并进行三次水资源供需分析。实际操作按流域或区域具体情况确定。水资源供需分析时，除考虑各水资源分区的水量平衡外，还应考虑流域控制节点的水量平衡。

水资源优化配置工作应充分利用水资源保护工作的有关成果，考虑在水质要求条件影响下的水资源调配。在进行分区与节点的水量平衡时，应考虑水质因素，即供需分析中的供水应满足不同用水户的水质要求。对不满足水质要求的水量不应计算在供水之中。

水资源优化配置应对各种不同组合方案或某一确定方案的水资源需求、投资、综合管理措施（如水价、结构调整）等因素的变化进行风险和不确定性分析。在对各种工程与非工程措施所组成的供需分析方案集进行技术、经济、社会、环境等指标比较的基础上，对各项措施的投资规模及其组成进行分析，提出推荐方案。推荐方案应考虑市场经济对资源配置的基础性作用，如提高水价对需水的抑制作用，产业结构调整及其对需水的影响等，按照水资源承载能力和水环境容量的要求，最终实现水资源供需的基本平衡。

（二）水资源优化配置的原则

根据水资源优化配置的含义，水资源优化配置应遵循公平性、有效性、可持续以及优先性的原则。

（1）公平性原则。主要是指发达地区和落后地区在进行水资源分配时保证公平公正的原则，它以满足不同区域间和社会各阶层间的各方利益进行资源的科学分配为目标，要求不同区域（上下游、左右岸）之间的协调发展，以及发展效益或资源利用效益在同一区域内社会各阶层中的公平分配。

（2）高效性原则。主要是指水资源的高效利用。从水资源利用系统本身的质和量与空间和时间上、从宏观到微观层次上、从开发、利用、保护水资源及其环境同步规划和同步实施角度上综合配置水资源，从而取得环境、经济和社会协调发展的最佳综合效益。效率是基于水资源作为社会经济行为中的商品属性确定的。对水资源的利用应以其利用效益作为经济部门核算成本的重要指标，而其对社会生态环境的保护作用（或效益）作为整个社会健康发展的重要指标，使水资源利用达到物尽其用的目的。但是，这种高效性不是单纯追求经济意义上的效益，而是同时追求对环境的负面影响小的环境效益，以及能够提高社会人均收益的社会效益，是能够保证经济、环境和社会协调发展的综合利用效益。这需要在水资源优化配置问题中设置相应的经济目标、环境目标和社会发展目标，并考察目标之间的竞争性和协调发展程度，满足真正意义上的高效性原则。

（3）可持续原则。就是坚持可持续发展的原则，水资源可持续利用的出发点和根本目的就是要保证水资源的永续、合理和健康的使用。水资源是一种再生资源，具有时空分布不均和对人类利害并存的特点。对它的开发利用要有一定限度，必须保持在它的承载能力之内，以维持自然生态系统的更新能力和可持续地利用。流域是由水循环系统、社会经济系统和生态环境系统组成的具有整体功能的复合系统。流域水循环是生态环境最为活跃的控制性因素，并构成流域经济社会发展的资源基础。以流域为基本单元的水资源优化配置，要从系统的角度，注重除害与兴利、水量与水质、开源与节流、工程与非工程措施的结合，统筹解决水资源短缺与水环境污染对经济可持续发展的制约。水资源的优化配置必须与流域或区域社会经济发展状况和自然条件相适应，因地制宜，按地区发展计划，有条件地分阶段配置水资源，以利环境、经济、社会的协调持续发展。

（4）优先性原则。对于生活、生产、生态用水，生活用水优先，要在保障人民生活、促进经济发展的同时维持和改善生态环境。对于连续枯水年和特枯年的应急用水方案，应重点保障人民生活用水，兼顾重点行业用水，确保应急对策顺利实施；对于开源、节流与保护，节流与保护优先。

三、水资源配置技术手段

对于水资源配置技术，按其所涉及的范围可以分为子系统级别、区域尺度、流域尺度、跨流域尺度等，按其所采用的建模技术方法，可分为模拟模型、优化模型、模拟优化相结合的综合模型。无论怎样划分，水资源配置的实质主要是需水管理方面和供水方面；模型的建模技术可归为模拟和优化两种技术。这里，从两种建模技术、需水预测、供需平衡分析、方案评价方法等四个方面，对水资源配置技术作简要介绍。

（一）建模技术

从实用角度和求解技术的可行性来说，以水资源系统为对象建立配置模型有优化和模拟两种方法。模拟模型具有直观易懂、仿真性强等优点，适合构建输入输出式的系统响应结构。而优化模型则通过建立目标函数和系统约束的方式，通过模型的求解，可以得出满足给定要求下效益较好的结果。

无论采用何种配置技术，配置模型必须能反映水资源量的需求与供给、水环境的污染与治理、水的生态平衡三重平衡关系。参数率定及模型可靠性分析也是必不可少的步骤。通过使用回归分析技术等方法，对已知过程进行模拟计算可以检验模型的合理性和精度，并率定各类参数，测试模型性能和可靠性，结合各流域特点，确定一套合理的模型率定指标和参数调整方法。

1. 模拟模型

模拟模型是评估一些情况下的系统反应的首选方法，用来评估水资源系统在全球气候变化、干旱和用水优先权不断改变（城市用水不断增长）等情况下的系统运行状态。模拟模型便于结合实际情况和专业人员的经验，根据需要进行相应的调整，以便对实际发生的过程进行概化和描述。

国外对水资源配置研究主要是在水资源系统模拟的框架下进行。根据模拟的对象不同，模拟模型包括流域径流模拟，如 AQUATCOL 模型；流域水质模拟模型，如美国环境保护中心（SPA 1998）的 Enhanced Stream Water Quality Model（QUAL2E）；流域水权模拟模型，如 Texas A&M University Water Rights Analysis Package（TAMUWRAP）模型模拟了美国西部的立法水权情况下，水文径流、水库操作和盐分转移等；综合流域模拟模型，如 Interactive River Aquifer Simulation（IRAS）[Tennessee Valley Authority's（TVA）Environment and River Resource Aid（TERRA）]，Water Ware Model [European Hydrological System（SHE），MIKE SHE（DHI 1995）] 等等。

因国内尚缺乏通用性及集成性较好的模型，下面对国外较有影响的几个模型作简要说明。

DHI MIKE 系列中 MIKEBASIN 是由丹麦水利与环境研究所（DHI）开发的集成式流域水资源规划管理决策支持软件。其最大特点是基于 GIS 开发和应用，以 ArcView 为平台引导用户自主建立模型，提供不同时空尺度的水资源系统模拟计算以及结果分析展示、数据交互等功能。MIKEBASIN 以河流水系为主干，工程、用户以及分汇水点等为节点和相应水力连线构建流域系统图，以用户建立的系统和各类对象相应的属性实现动态模拟。模型考虑了地表水和地下水的联合供水，对不同方式下的水库运行以及库群联合调度提供了计算方法，并对系统中的农业灌区、水电站及污水处理厂设置了相关计算。通过可修改调整的优先序或规则进行水量分配计算，并配有不同的扩展专业模块供用户选择。目前该软件在国内包括长江、珠江、海河等多个流域和省区的水资源规划管理中得到了应用。

WMS 是美国杨百翰大学（Brigham Young University）与陆军工程兵团共同开发的可用于流域模拟的软件，属于 EMS 软件系统的一个组成部分。该软件重视水文学和水动力学机理，从宏观和微观两个层次同时反映流域水资源运移转换。WMS 以通用的数据接口提供多达十余种的水文模型和水力学模型，还提供多种相关的扩展功能模块供用户选用，并内嵌了完整的 GIS 工具，可以实现流域描绘和各种 GIS 功能分析。该模型提供融汇地表水和地下水转化影响的二维分布式水文模型，也可以进行水质变化和泥沙传输沉积的模拟，并提供随机模拟以及对各类参数的不确定性分析。目前该软件已被引入国内，并在部分研究中得到了应用。

Water Ware 是奥地利环境软件与服务公司开发的流域综合管理软件。其功能包括流域的水资源规划管理、水资源配置、污染控制以及水资源开发利用的环境影响评价。软件中集成了 GIS 分析工具、模拟模型和专家系统，以面向对象数据库为支持，结合 GIS 直观显示分析结果。Water Ware 立足于社会经济、环境和技术三个方面分析流域水资源问题，得出合理的水资源以及污染物排放指标的分配。模型以面向对象技术构建，以流域内的水利工程、用水节点、控制站点、河道等基本元素组成的网络为模拟基础，采用水质控制约束下的经济及环境用水分配的效益最大化为目标，实现整个系统的水量计算。

Aquarius 是由美国农业部（USDA）为主开发的流域水资源模拟模型。该模型以概化建立的水资源系统网络为基础，采用各类经济用水边际效益大致均衡为经济准则，进行水源优化分配，并采用非线性规划技术寻求最优解。该模型以面向对象技术构架系统，系统网络图中的各类概化后的元素均以面向对象编程技术中的类表达，并将其设计为符合软件标准的 COM 组件。模型以流域系统内相关的客观实体为建模对象，可对水库、水电站、灌区、市政以及工业用水户、各类分汇水节点以及生态景观及娱乐用水要求进行概化反映，并将其有机耦合在一个整体框架之中。

ICMS（Interactive Component Modeling System）是澳大利亚研制的水资源系统管理模型。ICMS 由一系列功能组件构成，包括模型创建组件（ICMS Builder）、模型库（Model libraries，MDL）、方案生成（Project）、结果显示（ICMS Views）四部分。其主要特点是强大的交互性和方案生成的灵活性，通过组件式的开发实现由用户选择系统模拟方法。其中 ICMS Builder 是系统支撑平台，并提供系统网络图创建功能；MDL 是各专业模块的组合，可以由用户选择嵌入系统中使用，Project 在已建立的系统图和选定的计算模型方法基础上，自动生成计算方案并进行模拟计算。ICMS Views 以图表形式直观展示计算结果。

2. 优化模型

模拟模型主要是计算总体的水量平衡，优化模型则可以在水资源系统中考虑社会价值问题。优化模型有两种基本类型。一种是水文优化模型，目标是在水文规范的要求下优化配置部门内部的水资源。另一种是经济优化模型，通过水资源的优化配置，优化部门间的水资源配置，而其他准则，如公平性和环境质量等也应该在模型中考虑到。虽然优化模型可以严格反映各类约束，具有较强的结构性，但必须合理的权衡各种影响决策的因素，避免考虑因素过多而出现"维数灾"进而使得模型难以求解。

在水库调度模型的基础上，通过扩展一些状态变量发展起来的水文优化模型，主要用于部门内的水资源配置。如 Vedula and Mujumdar（1992）和 Vedula and Kumar（1996）建立了简化的动态随机规划模型来最小化干旱条件下的粮食减产。Ponnambalam and Adams（1996）用多级准优化动态模型来优化多个水库的调度。

Babu，Nivas，and Trailer（1996）提出了严格经济优化方法的数学方程。McKinney and Cai（1996）建立了水文的政策分析工具，并应用于流域尺度的水资源配置决策，用 GAMS 和 ArcView GIS 作为工具。这种方法最近被扩展应用于种植决策和灌溉排水系统的改进。

3. 模拟和优化综合模型

EUREKA−ENVINET INFOSYST 是一个由欧洲在 1992 年发起的基于决策支持的综合流域管理系统。该系统希望从方法论上将所有的可利用的淡水作为水土业来对待（Fedra，Weigkricht and Winkelbauer 1993）。系统包括 GIS，数据管理系统、模型、优化技术和专家系统。

Lee andHowitt（1996）建立了科罗拉多河流域的水盐平衡模型，用于优化流域制定区域农业和市政工业用水的最大净回报。Tejada-Guibert，Johnson and Stedinger（1995）建立了一个重点考虑在不确定的径流和需求条件下最大化水力发电的优化模型，并应用于美国加利福尼亚的 the Shasta−Trinity system，Faisal，Young and Warner（1994）把综合的水资源系统模拟优化模型应用到地下水领域。

在我国，翁文斌，蔡喜明，王浩等人（1995）将区域水资源规划纳入宏观经济范畴，阐述了基于宏观经济的区域水资源系统的概念，并以此为基础，建立了区域水资源规划多目标集成系统。该系统以宏观经济子模型及其他子模型为基础，并在多目标分析模型中集系统要素为一体，形成系统的总控模型。该系统还集预测、模拟、优化及决策分析等功能为一体，以建立一个完善的区域水资源规划分析系统。

（二）需水预测

需水量预测是进行水资源合理配置的关键步骤之一。需水预测始于大约 100 年前的美国，美国内战结束后，城市的重建和随后的工业化进程中建设了不少城市供水系统，其中大部分都是力图服务于全部居民的、甚至超前考虑到未来用水发展的需要。需水量预测是根据用水量的历史资料，考虑现实条件与环境的变化，运用适当的技术与方法，对未来需水量进行估计和推测。需水预测方法发展至今已经出现各种各样的理论，如趋势分析法、指数分析法、回归分析法、灰色预测模型法、判断预测法和因果预测法等。实际工作中，在进行区域各用水部门需水量预测时，应根据不同用水部门的需水特性，采用相应的需水量预测方法，或运用多种预测方法进行综合预测，从中选取合理的、预测精度较高的预测成果。目前在实践中较为常用需水预测方法的是基于计量经济分析的趋势预测方法和宏观经济水资源分析方法。

（三）方案评价

水资源合理配置的目标，是协调社会经济系统、水资源系统、生态系统以及环境之间的关系，追求各系统的可持续发展。因此，需要对模型模拟或优化的水资源配置方案进行评价，看是否符合可持续发展的要求。水资源配置效果评价是对优化配置过的水资源调控方案进行进一步的分析、优选，是水资源优化配置研究的延伸，为水资源优化配置方案的选取提供决策依据。对水资源配置方案评价的研究主要包括评价指标体系的确定、指标的选择及其权重的确定、评价模型的选择。

1. 指标体系的确定

现有评价指标体系大多是为评价区域/流域的社会经济可持续发展水平、水资源开发利用水平、区域用水水平和水资源承载能力等建立的。目前指标体系的种类繁多，可归纳为三类：

（1）单指标体系——采用单个指标来评价某一区域水资源系统的某一特定属性，不同的指标反映不同的问题，指标之间缺乏有机的联系，没有综合的评价。这种评价的针对性强，反映问题的特异性好，缺点是反映不出问题的相关性，代表体系"区域人均水资源量""水资源开发利用程度"等。

（2）模块式指标体系——模块式指标体系通常会随着研究者对水资源系统的看法不同而改变。主要包括平行式、垂直式和混合式三类。

1）平行式。这种指标体系结构通常先把水资源系统分解成几个子系统，然后再来测度每个子系统的问题，指标的选择是按照子系统分类进行的。在这种框架下，水资源系统评价指标的层次非常清晰，在综合评价时更有条理。但问题是对这种平行模式的处理方式及各子系统的划分比较主观，子系统权重、子系统间的信息重叠问题很难解释。

2）垂直式。垂直式的水资源系统评价指标体系对水资源系统协调性问题则更加关注。这种模式认为应把水资源系统问题纵向分开，即，要测度的水资源承载能力、水资源开发利用的发展水平、水资源开发利用的协调度、水资源开发利用的管理能力等。可见，垂直式的水资源系统评价指标体系更加注重对水资源开发利用系统持续发展能力的测度。

3）混合式。在平行式与垂直式之间，还存在一种混合式的指标体系，这些指标体系，既平等地按领域分类，又增加了一部分指标专门测度水资源系统的协调度难题，即在第一层次中，既有平行式，又有垂直式的分类。这种体系结构无疑是想兼备两种方法的优点，但是整体性不强。

（3）压力—状态—响应（PSR）框架模型。压力—状态—响应模式（Pressure-State-Rsponse）是国际上最为流行的指标体系模式，简称 PSR。该理论的基础是研究人与自然之间的相互关系。因此，它将指标体系分为压力指标、状态指标、响应指标三类。该体系的最大特点是多角度的研究某个水资源系统综合评价指标体系问题。显然，这种指标体系结构的优点在于可以动态地、系统地研究水资源开发利用的测度问题，但它有明显的局限性，即无形之中增加了指标的个数，这给指标体系的综合评价带来了一定的困难。总的来说，PSR模式的指标体系是未来发展追求的目标，然而，目前的实际应用具有较大的难度，主要由于许多指标难以获取和量化，不易实际操作。

2. 指标的选择

对指标的选择是方案评价的基础，2002年颁布的全国水资源规划技术细则中明确指出，"方案评价的指标应具有一定的代表性、独立性和灵敏度，能够反映不同方案之间的差别"。根据水资源配置方案的特点，针对不同的评价对象采用不同的评价方法。指标筛选的定量技术主要是统计学中的多元统计，比如聚类分析、主成分分析方法、因子分析方法、投影寻踪方法、典型相关分析和粗糙集理论等，以及基于样本提供给指标的信息量大小的条件广义方差极小法，基于相关性的思想极大不相关法等。这些方法都能起到降低指标空间维数的作用。

3. 指标权重的确定

如前文所述，水资源配置不仅是水量上的分配，还涉及社会、经济、生态等各方面因素，因此，水资源配置往往是多目标的，水资源配置方案评价体系中也需要选择出多个指标。这就决定了在方案综合评价过程中各评价指标权重确定的关键性，它直接决定着综合评价的结果。目前权重确定的方法主要有Delphi方法、切比雪夫方法、层次分析法（AHP）、环比法、熵法、变异系数法、关联度法等。这些方法有些是主观判别法，有些是客观判别法，目前探索的前沿是主客观组合判别方法、群定权重和不完全信息情况下权重的确定方法，还有对权重稳定性的研究。

4. 评价模型的选择

常规综合评价方法直接根据各指标的权重进行综合评价，包括加权算术平均法或加权几何平均法。随着应用数学的不断发展，一些新技术被应用于方案评价，例如聚类分析、判别分析、模式识别、人工神经网络、主成分分析、因子分析、距离综合评价方法、模糊综合评价方法、灰色关联度评价法、层次分析方法（AHP）、数据包络分析（DEA）、多维标度法等，以及由这些方法组合形成的方法。

上述这些方法各有特点，但实际应用仍受到很多限制。比如，灰色聚类法和模糊数学法需要设计诸多的白化函数或隶属函数，这些函数的设计有很大的任意性，计算量也大；主成分分析法和因子分析法计算量大，实际使用受到限制；人工神经网络评价法首先也需要对标准样本反复计算上千次以获得最佳权值和阈值后，才能对新样本进行评价，实际使用不方便，而且水资源领域的众多标准还没有建立，学习样本的选取十分困难。此外，在这些方法中，能较好地处理定性问题的是模糊综合评价方法，但这种方法也有不足，在水问题的综合评价中尤显不足，这是因为规划评价和水资源优化配置方案评价中，涉及的评价指标众多，建立每一个指标的隶属函数不是一件容易的事。因此，在选择评价方法的时候，需要在对具体问题具体分析的基础上做出选择，甚至要用不同的方法对方案进行评价。

第二节　水资源优化配置的基本模式

一、"以需定供"的水资源配置

"以需定供"的水资源配置是以经济效益最优为唯一目标的，认为水资源是"取之不尽，用之不竭"。以过去或目前的国民经济结构和发展速度资料预测未来的经济规模，通过该经济规模预测相应的需水量，并以此得到的需求水量进行供水工程规划。这种思想将不同规划水平年的需水量及过程均作定值处理而忽视了影响需水的诸多因素间的动态制约关系，着重考虑了供水方面的各种变化因素，强调需水要求，通过修建水利水电工程的方法从大自然无节制或者说掠夺式地索取水资源。其结果必然带来不利影响，诸如河道断流，土地荒漠化甚至沙漠化，地面沉降，海水倒灌，土地盐碱化，等等。另一方面，由于以需定供，没有体现出水资源的价值，毫无节水意识，也不利于节水高效技术的应用和推广，必然造成社会性的水资源浪费。因此，这种牺牲资源、破坏环境的经济发展，需要付出沉重的代价，只能使水资源的供需矛盾更加突出。

二、"以供定需"的水资源配置

"以供定需"的水资源配置，是以水资源的供给可能性进行生产力布局，强调资源的合理开发利用，以资源背景布置产业结构，它是"以需定供"的进步，有利于保护水资源。但是，水资源的开发利用水平与区域经济发展阶段和发展模式密切相关，比如，经济的发展有利于水资源开发投资的增加和先进技术的应用推广，必然影响水资源开发利用水平。因此，水资源可供水量是随经济发展相依托的一个动态变化量，"以供定需"在可供水量分析时与地区经济发展相分离，没有实现资源开发与经济发展的动态协调，可供水量的确定显得依据不足，并可能由于过低估计区域发展的规模，使区域经济不能得到充分发展。这种配置理论也不适应经济发展的需要。

三、基于宏观经济的水资源配置

以上两种水资源配置方式，要么强调需求，要么强调供给，都是将水资源的需求和供给分离开来考虑的，它们忽视了与区域经济发展的动态协调。于是结合区域经济发展水平并同时考虑供需动态平衡的基于宏观经济的水资源优化配置理论应运而生。

基于宏观经济的水资源优化配置，通过投入产出分析，从区域经济结构和发展规模分析入手，将水资源优化配置纳入宏观经济系统，以实现区域经济和资源利用的协调发展。

水资源系统和宏观经济系统之间具有内在的、相互依存和相互制约的关系。当区域经济发展对需水量要求增大时，必然要求供水量快速增长，这势必要求增大相应的水投资而减少其他方面的投入，从而使经济发展的速度、结构、节水水平以及污水处理回用水平等发生变化以适应水资源开发利用的程度和难度，从而实现基于宏观经济的水资源优化配置。

另外，作为宏观经济核算重要工具的投入产出表只是反映了传统经济运行和均衡状况，投入产出表中所选择的各种变量经过市场而最终达到一种平衡，这种平衡只是传统经济学范畴的市场交易平衡，忽视了资源自身价值和生态环境的保护。因此，传统的基于宏观经济的水资源优化配置与环境产业的内涵及可持续发展观念不相吻合，环保并未作为一种产业考虑到投入产出的流通平衡中，水环境的改善和治理投资也未进入投入产出表中进行分析，必然会造成环境污染或生态遭受潜在的破坏。

四、基于生态文明可持续发展的水资源配置

水资源优化配置的主要目标就是协调资源、经济和生态环境的动态关系，追求生态文明可持续发展的水资源配置。

可持续发展的水资源优化配置是基于宏观经济的水资源配置的进一步升华，遵循人口、资源、环境和经济协调发展的战略原则，在保护生态环境（包括水环境）的同时，促进经济增长和社会繁荣。目前我国关于可持续发展的研究还没有摆脱理论探讨多、实践应用少的局面，并且理论探讨多集中在可持续发展指标体系的构筑、区域可持续发展的判别方法和应用等方面。在水资源的研究方面，也主要集中在区域水资源可持续发展的指标体系构筑和依据已有统计资料对水资源开发利用的可持续性进行判别上。对于水资源可持续利用，主要侧重于"时间序列"上的认识，对于"空间分布"上的认识基本上没有涉及，这也是目前对于可持续发展理解的一个误区。因此，可持续发展理论作为水资源优化配置的一种理想模式，在模型结构及模型建立上与实际应用都还有一定的差距，但它必然是水资源优化配置研究的发展方向。

第三节　水资源优化配置内容及一般模型

优化方法以数学方程反映物理系统中的各物理量之间的动态依存关系，如各类水量平衡关系。这些方程又可以进一步分成两类，一类为在决策过程中应当遵循的基本规律及其适用范围，即数学模型中的约束条件；另一类则为决策所追求的目标或衡量决策质量优劣的若干标准，即数学模型的目标函数及其辅助性的评价指标体系。优化方法一般需对模型结构和系统约束做出简化，因此仿真性能受到影响。通过优化模型可以更严格地反映各类约束，具有较强的结构性，但必须合理地权衡各种影响决策的因素，避免考虑因素过多而出现"维数灾"使得模型难以求解。

基于优化技术的水资源配置模型，是通过建立流域水资源循环转化与调控平衡方程、以水资源区套行政区为基本计算单元的水资源供用耗排平衡方程、以水利工程调度供水平衡方程及各类约束方程、和以供水净效益最大及损失水量最小为目标函数的数学规划模型。通过优化模型可以对各种方案进行分析计算，进行水资源配置分析并提出推荐方案，为水资源规划管理决策提供依据。

一、水资源系统及水资源配置系统

（一）水资源系统的内涵

水资源系统是以水为主体构成的一种特定的系统，这个系统是指处在一定范围或环境下，为实现水资源开发目标，由相互联系、相互制约、相互作用的若干水资源工程单元和管理技术单元所组成的有机体。它是与生态环境、社会经济相耦合的水资源生态经济复合系统，是自然资源与人工系统相结合的复合系统。

随着人类取用水范围的扩展和程度的加深，水资源人工化程度不断加深，系统规模、结构、功能和行为也越来越综合化。它不仅涉及与水有关的自然生态系统，而且与经济社会乃至人文法规等有着密切的联系。从系统本身及水资源系统的含义分析，水资源系统是由自然系统和人工系统组成的复合系统，水资源系统与环境存在相互协调和适应关系，水资源系统具有多种开发目标和多种用途以及水资源系统要素具有关联性等特点。根据系统网络描述

法，对水资源系统的描述如图 6-1。

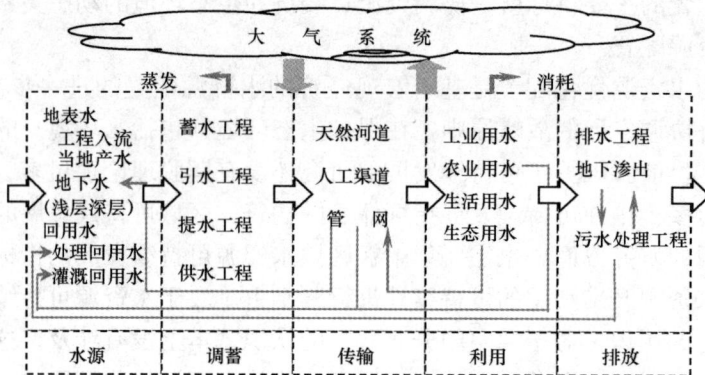

图 6-1　水资源系统概念图

（二）水资源系统的组成

水资源系统由其内部的组成要素、外部的环境以及协调要素和环境的组织方式组成的，其内部的组成要素具体为不同时间、空间、数量、质量、用途的水；外部的环境包括与水资源系统互相影响的经济、社会以及生态系统；协调要素和环境的组织包括相应的技术、相关的政策、管理和工程措施等。由于水资源系统的复杂性，对系统的全部特性和演变规律都详尽地模拟是不现实的。因此需要根据水资源配置的目的与需要，紧紧抓住主要问题和主要矛盾，深入分析和研究具体的水资源系统，对各种相关的重要特性和规律要真实地反映在模型中，而对其他次要方面需做适当概化。水资源系统一般由水源系统、供水系统、用水系统和排水系统四部分组成。

水资源配置系统就是根据系统输入的信息，从水源系统通过输水系统将水分配到各用水部门，然后由用水系统和排水系统反馈信息给水资源分配系统，水资源分配系统根据其特点和反馈信息，调整水量在各部门间的分配。如此反复，直到得到最后结果。其过程可用图 6-2 描述。

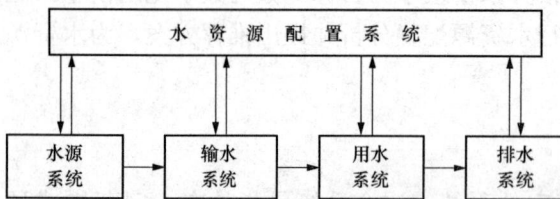

图 6-2　水资源配置过程示意图

（三）水资源系统分析的方法及类型

由于水资源系统是一个十分复杂的大系统，广泛存在着随机性、模糊性、灰色性、未确知性，因此在研究、分析和解决水资源问题时，应当使用系统的观点和方法。水资源系统分析就是借助系统工程的方法，解决配置、节约、保护水资源的问题。水资源系统分析将分析对象划分为系统输入、系统转换和系统输出三个单元。从分析过程看，水资源系统分析包括了系统化、模型化和定量化三个阶段。系统化主要是界定问题和确定目标，草拟各种可能的行动方案，列出各种行动方案实施的前提和预期实现的效果，并将系统清晰地表达出来。模型化主要是将物理系统进行一定程度的概化与抽象，利用集合来表达物理量之间的逻辑关系，利用参数来表达已知的物理量，利用变量来表达未知的物理量，利用方程来描述物理量之间的动态依存关系，并利用已获得的信息校核模型的可信度。最后在集合的基础上定义参数变量，在参数与变量的基础上定义方程，再利用各类方程定义数学模型。定量化包括三层含义：①定量地揭示系统内部诸因素或诸子系统矛盾运动规律；②通过对目标系统的定量来权衡和优化各个可行方案；③在定量的基础上观察外部条件变化对系统造成的影响。以上划分是相对的，其中系统化包含了模型化和定量化的一些内容。

按照水资源系统分析所建立的数学模型和相应求解方法的不同，可将水资源系统分析分为不同的类型。如有目标函数和约束条件都是线性方程的线性规划问题和非线性规划问题；有建立分阶段模型、分阶段求解的动态规划问题等。按照系统目标是单一目标还是多个目标，水资源系统分析又可分为单一目标规划和多目标规划。按照对于系统的描述是用常规方法，还是随机性方法，或是采用模糊数学方法，水资源系统分析还可分为常规规划问题、随机性规划问题和模糊性规划问题等。

二、水资源优化配置决策变量分析

从区域整体角度出发，考虑分区的自然特点和自然分区（流域、水系、水文地质单元等）及行政区划的界限，并尽可能地保持自然分区的完整性，对区域进行水资源分区。对各水资源分区，可根据其地形地貌、水利条件、行政区划等，进一步划分为若干子区。设区域划分为 J 个水资源分区（$j=1, 2, \cdots, J$）。

根据区域水源的来源形式，可将水源分为外调水源和自产水源。设区域中有 I 种供水水源（$i=1, 2, \cdots, I$）。

区域用水部门的划分，设区域中有 K 个用水部门（$k=1, 2, \cdots, K$），对于水资源分区 j，一般情况下有 K 个用水部门。

不同的季节用水部门（特别是农业用水）对水的需求会有所增减，因此，将规划水平年按月进行时段划分，$t=1, 2, \cdots, T$。

由此可见，在特定规划水平年，对整个区域而言是一个拥有 $J \times I \times K \times T$ 个决策变量（J 个水资源分区、I 个供水水源、K 个用水部门、T 个时段）的水资源优化配置问题。

三、水资源优化配置一般模型的建立

水资源优化配置需要用水资源系统分析的方法来解决，而在水资源系统分析中，数学模型起着十分重要的作用，因此水资源优化配置问题可通过建立数学模型来解决。水资源系统的数学模型一般包括目标函数和约束条件两部分。对于不同的系统，不同的水资源问题，由于自然条件和社会、经济条件的不同，数学模型是不同的。

（一）建模条件

根据区域水资源问题的实际情况，对水资源系统的性能、目标、环境等因素进行调查，对系统中的各个因素和它们之间的关系做出定量描述，确定系统的结构，用不同形式对系统进行数学描述，并确定需要求解的未知变量，即决策变量。

随着工农业发展和居民生活水平提高及对生态环境的保护和改善，对水资源的要求也越来越高，而且水资源是有限的，因此水资源优化配置应是动态的。根据水资源优化配置的目标和原则，运用系统分析的方法建立水资源优化配置模型。

（二）目标函数的确定

目标函数表示模型系统的目标要求。因研究的问题不同，可能要求目标函数实现最大化或最小化。水资源优化配置的目标是通过科学合理分配有限的水资源，实现水资源的可持续利用和经济社会的可持续发展。根据水资源优化配置的含义，水资源优化配置是解决水资源

的短缺和用水竞争问题，为了更好地满足生活、工农业生产以及环境的需求。

其目标函数的一般表达式为

$$Z = opt. \{ f(x_i, s_j, p_k) \} \tag{6-1}$$

式中：x_i 为决策变量；s_j 为状态变量；p_k 为系统参数。

水资源优化配置目标函数的具体形式依照所拟定的水资源配置模式对应的最优准则而定。

例如：基于"以供定需"的水资源配置模式，可考虑将模型的目标设定为区域供水系统相对总缺水量最小，相应的目标函数形式为

$$\min \sum_{j=1}^{J} \sum_{k=1}^{K} \sum_{t=1}^{T} \alpha_{jk} \left(\frac{D_{jkt} - \sum_{i=1}^{I} Q_{ijkt}}{D_{jkt}} \right)^2 \tag{6-2}$$

式中：D_{jkt} 为规划水平年内区域在第 j 个水资源分区第 k 用水部门第 t 时段的需水量；Q_{ijkt} 为规划水平年内区域第 i 供水水源给第 j 水资源分区第 k 用水部门第 t 时段的供水量；α_{jk} 为 j 水资源区 k 用水部门相对其他用水部门优先得到供给水资源的重要程度系数。

（三）约束条件的确定

约束条件表示了目标函数的限制条件。推求目标函数达到最优时的决策变量，应是在约束条件下求得的。在水资源优化配置中，产水量、可供水量、输水建筑物的过水能力等都可能成为约束条件。

（1）供水量约束。本着资源节约和有效利用的原则，水源供给各水资源分区各用水部门的供水量不应多于其需水量。

$$\sum_{i=1}^{I} Q_{ijkt} \leqslant D_{jkt} \quad (j = 1, 2, \cdots, J; k = 1, 2, \cdots, K; t = 1, 2, \cdots, T) \tag{6-3}$$

式中：$\sum_{i=1}^{I} Q_{ijkt}$ 为规划水平年内 I 个供水水源对第 j 水资源分区第 k 用水部门第 t 时段的供水量。

（2）供水能力约束。各水资源分区的输水河道及泵站都有各自的供水能力，因此在水资源配置计算时，供水水源对水资源分区各用水部门的供水量不应大于其最大输水能力。

$$\sum_{k=1}^{K} Q_{ijkt} \leqslant Q_{\max ij} \quad (i = 1, 2, \cdots, I; j = 1, 2, \cdots, J; t = 1, 2, \cdots, T) \tag{6-4}$$

式中：$Q_{\max ij}$ 为规划水平年内第 i 个供水水源对第 j 水资源分区输水能力。

（3）水源可行域约束。

对于特定水源，其供水应满足调节计算的约束域。

$$Q_{ijkt} \in S_i \quad (i = 1, 2, \cdots, I; j = 1, 2, \cdots, J; k = 1, 2, \cdots, K; t = 1, 2, \cdots, T) \tag{6-5}$$

式中：S_i 为规划水平年内第 i 个供水水源调节计算的约束域。

（4）可供水量约束。水源供给水资源分区各用水部门的供水量不应多于其可供水量。

$$\sum_{j=1}^{J} \sum_{k=1}^{K} Q_{ijkt} \leqslant W_{it} \quad (i = 1, 2, \cdots, I; t = 1, 2, \cdots, T) \tag{6-6}$$

式中：$\sum_{j=1}^{J} \sum_{k=1}^{K} Q_{ijkt}$ 为规划水平年内第 i 个供水水源对 J 个水资源分区 K 个用水部门第 t 时段的供水量；W_{it} 为规划水平年内第 i 个供水水源第 t 时段的可供水量。

（5）变量非负约束。

$$Q_{ijkt} \geq 0 \quad (i=1,2,\cdots,I; j=1,2,\cdots,J; k=1,2,\cdots,K; t=1,2,\cdots,T) \tag{6-7}$$

第四节　基于宏观经济的水资源优化配置

在供需平衡分析中，以国民经济发展情况预测需水量，然后通过水利工程调控，尽量满足其要求。设水资源总量为 W，分配给各用户量为 w_1，w_2，$\cdots$，w_n，产生的效益分别为 $f_1(w_1)$，$f_2(w_2)$，$\cdots$，$f_n(w_n)$，则应该有

$$\max f = f_1(w_1) + f_2(w_2) + \cdots + f_n(w_n) \tag{6-8}$$
$$\text{s. t.} \quad w_1 + w_2 + \cdots + w_n = W$$

这样处理没有考虑某个用户生产太多是不是需要的情况。基于宏观经济的水资源优化配置就是解决这一问题的。宏观经济系统和水资源系统之间具有一系列内在的、相互依存和相互制约的关系；宏观经济的发展速度，将影响需水量的增长速度；经济结构的变化和城市化进程，将影响到城市工业用水与灌溉用水的比例。经济发展过程中所排放的各类污染物，有可能污染水体并造成有效水资源量的减少；经济积累中用于扩大供水能力和加大污水处理回用比例的投资额的大小，既影响其他经济部门的投资比例，又直接关系到水资源开发利用和保护管理的格局。

一、投入产出模型

（一）国民经济各部门的划分

对各个分区进行统一的部门划分。其对应关系参见表 6-1。

表 6-1　　　　　　　　　　宏观经济部门分类一览表

产品特点	8 部门	15 部门
a. 初级产业	1. 农业	1. 农业
	2. 采掘业	2. 采掘业
b. 制造业	3. 轻加工业	3. 食品制造业
		4. 纺织缝纫及皮革工业
		5. 木材加工及家具制造业
		6. 造纸及文教用品制造业
	4. 重加工业	7. 石油煤炭加工业
		8. 化学工业
		9. 建筑材料及其他非金属矿物制品业
		10. 金属冶炼及加工业
		11. 机械工业
c. 社会基础设施	5. 电力工业	12. 电力、蒸汽、热水生产和供应业
	6. 建筑业	13. 建筑业
	7. 交通运输邮电业	14. 交通运输邮电业
d. 服务业	8. 服务业	15. 服务业

在制约区域经济发展的诸多内在因素中，最为重要的是国民经济各部门之间的投入产出关系，其次为年度之间的消费与积累关系，以及不同地区之间的经济互补关系。

（二）投入产出模型

研究经济部门间相互联系的主要定量方法是投入产出法。

1. 基本结构

标准形式的投入产出表可以分为四个象限见表 6-2。

第Ⅰ象限由部门间流量 x_{ij} 组成，反映部门之间的生产技术关系。

沿行方向看，反映第 i 产品部门生产的货物或服务提供给第 j 产品部门使用的价值量；

沿列方向看，反映第 j 产品部门在生产过程中消耗第 i 产品部门生产的货物或服务的价值量。

第Ⅱ象限由最终产品流量组成，反映最终产品的使用去向。

第Ⅲ象限由国民收入（增加值）组成，反映了各产品部门增加值的构成。

第Ⅰ和Ⅲ象限组成了投入产出的竖表，表明各部门产品的投入来源和费用结构；第Ⅰ和Ⅱ象限组成横表，表明了各部门产品的分配去向和使用结构。

投入产出表的平衡关系是：

从纵列方向看，第 j 产品部门中间投入合计＋第 j 产品部门增加值合计＝第 j 产品部门总投入。

从横行方向看，第 i 产品部门中间使用合计＋第 i 产品部门最终使用合计＝第 i 产品部门总产出。

从总量看，总投入＝总产出。第 i 产品部门总投入＝第 i 产品部门总产出。中间投入合计＝中间使用合计。

2. 直接消耗系数

直接消耗系数（投入系数或技术系数），它是指在生产经营过程中第 j 产品（或产业）部门的单位总产出所直接消耗的第 i 产品部门货物或服务的价值量。

通常用字母 A 表示。计算公式为

$$a_{ij}=x_{ij}/X_j \qquad (6-9)$$

3. 宏观经济模型

从投入产出表（见表 6-2）的横行看，由于存在着中间产出加上最终产出等于总产出的平衡关系，所以有

$$\sum_{j=1}^{n} x_{ij}+Y_i=X_i \quad (i=1,2,\cdots,n) \qquad (6-10)$$

式中：$\sum_{j=1}^{n} x_{ij}$ 为 i 部门提供的供 j 个部门使用的中间产出之和；Y_i 为第 i 部门提供的最终产出；X_i 为第 i 部门的总产出。

由式（6-9）的直接消耗系数定义，可得

$$x_{ij}=a_{ij}X_j \quad (i,j=1,2,\cdots,n) \qquad (6-11)$$

将式（6-11）代入式（6-10），就有

$$\sum_{j}^{n} a_{ij}X_j+Y_i=X_i \quad (i=1,2,\cdots,n) \qquad (6-12)$$

上式的矩阵表示为

$$AX+Y=X \qquad (6-13)$$

由 A 的定义知 $(I-A)^{-1}$ 存在，因而式（6-13）可写成

$$X=(I-A)^{-1}Y \tag{6-14}$$

式（6-14）的右端的最终产出 Y，用矢量表示，则有

$$Y=C_h+C_s+F_f+F_s \tag{6-15}$$

式中：C_n、C_s、F_f、F_s 分别为家庭消费、社会集团消费、固定资产积累、流动资产积累。

表 6-2　　　　　　　　　　　　　　投 入 产 出 表

投入		产出								总产出
		中间使用		最终使用						
		1 2…n	合计	消费		积累		合计		
				家庭	社会	固定	流动			
中间投入	1	$x_{11}x_{12}\cdots x_{1n}$	μ_1	C_{h1}	C_{s1}	F_{f1}	F_{s1}	Y_1		X_1
	2	$x_{21}x_{22}\cdots x_{2n}$	μ_2	C_{h2}	C_{s2}	F_{f2}	F_{s2}	Y_2		X_2
	·	· · ·	·	·	·	·	·	·		·
	·	· I ·	·	·	·	·	·	·	Ⅱ	·
	·	· · ·	·	·	·	·	·	·		·
	n	$x_{n1}x_{n2}\cdots x_{nn}$	μ_n	C_{hn}	C_{sn}	F_{fn}	F_{sn}	Y_n		X_n
	合计	$\tau_1\ \tau_2\cdots \tau_n$	τ	C_h	C_s	F_f	F_s	Y		X
最初投入	折旧	$D_1\ D_2\cdots D_n$	D							
	劳动者收入	$V_1 V_2\cdots V_n$	V							
	利润和税金	$Z_1 Z_2\ \text{Ⅲ}\ Z_n$	Z		Ⅳ					
	合计	$N_1 N_2\cdots N_n$	N							
总投入		$X_1 X_2\cdots X_n$	X							

　　衡量经济的总体发展水平和相应的结构特征，一般采用国内生产总值指标。最终产品按市场价格计算的所得即为国内生产总值（GDP）。总投入中包括了两部分，一部分为外购货物及服务，另一部分则是增加值。增加值包括折旧、工资和利税三项。各部门的增加值之和，在数值上和国内生产总值是相等的。

　　若以 U 代表个产业部门增加值的总和，n 代表产业部门数，τ 为增加值占部门总产值的百分比，则有

$$GDP=\sum_{j=1}^{n}U_j=\sum_{j=1}^{n}\tau_j X_j \tag{6-16}$$

以式（6-16）为目标函数，以式（6-13）、式（6-15）作为主要约束条件，则可形成基本的以投入产出为基础的宏观经济模型。

　　在这一模型中，X，Y，C_h，C_s，F_f，F_s 等均为标量；直接消耗系数矩阵 A，附加值系数矢量 τ 及最终需求中各变量的上下界均为给定值。利用这一模型，可以进行投入来源与产出去向的分析，进行产业结构的预测，探讨最终需求变动的总影响。

　　4. 考虑调出与调入情况

　　考虑调出，在最终使用中增加一列，用 E 表示（见表6-3）。

　　调入分为两类，一类为非竞争型，即区域内没有相应商品，但在生产中又需要；作为投入项，在中间投入下面加一行。另一类为竞争型，即区域内有相应商品；作为对最终需要的

贡献，单列一列，从最终需要中扣除，其他的就是当地要满足的。即

$$Y = C_h + C_s + F_f + F_s + E - M \qquad (6-17)$$

表 6-3   投 入 产 出 表

投入		产 出									总产出
		中间使用		最终使用							
		$1\ 2\cdots n$	合计	消费		积累		调出	调入	合计	
				家庭	社会	固定	流动				
中间投入	1	$x_{11}\,x_{12}\cdots x_{1n}$	μ_1	C_{h1}	C_{s1}	F_{f1}	F_{s1}	E_1	M_1	Y_1	X_1
	2	$x_{21}\,x_{22}\cdots x_{2n}$	μ_2	C_{h2}	C_{s2}	F_{f2}	F_{s2}	E_2	M_2	Y_2	X_2
	·	· · ·	·	·	·	·	·	·	·	·	·
	·	· Ⅰ ·	·	·	·	·	Ⅱ ·	·	·	·	·
	·	· · ·	·	·	·	·	·	·	·	·	·
	n	$x_{n1}\,x_{n2}\cdots x_{nn}$	μ_n	C_{hn}	C_{sn}	F_{fn}	F_{sn}	E_n	M_n	Y_n	X_n
	合计	$\tau_1\ \tau_2\cdots \tau_n$	τ	C_h	C_s	F_f	F_s	E	M	Y	X
最初投入	调入	$m_1\ m_2\cdots m_n$	m								
	折旧	$D_1\,D_2\cdots D_n$	D								
	劳动者收入	$V_1\,V_2\cdots V_n$	V			Ⅳ					
	利润和税金	$Z_1\,Z_2\ Ⅲ\ Z_n$	Z								
	合计	$N_1\,N_2\cdots N_n$	N								
总投入		$X_1\,X_2\cdots X_n$	X								

二、基于宏观经济的水资源优化配置模型

（一）需水调控

结构调整型节水，是指在缺水地区尽可能地鼓励单位产值耗水小的产业部门的发展，抑制单位产值相对耗水大的产业部门的发展，同时又适当照顾当地产业部门的体系完整性和生产力布局的合理性，使得在发展过程中经济整体的单位产值耗水率大幅度下降。

设 i 为经济部门下标，t 为年度下标，X_{it} 为部门产值，N_{it} 为单位产值耗水率，ND_t 为总需水量，则第 t 年结构调整后实际需水量应为

$$ND_t = \sum_i X_{it} \cdot N_{it}, \forall_t \qquad (6-18)$$

定义产业结构系数 ξ_{it} 为

$$\xi_{it} = X_{it} / \sum_i X_{it} \ \forall_{i,t} \qquad (6-19)$$

若不进行第 t 年的产业结构调整，则第 t 年的部门产值 X'_{it} 应该为

$$X'_{it} = \left(\sum_i X_{it}\right) \cdot \xi_{it-1}, \ \forall_{i,t} \qquad (6-20)$$

相应地，不调整结构情况下的需水量为

$$ND'_t = \sum_i X'_{it} \cdot N_{it} \ \forall_t \qquad (6-21)$$

相应的第 t 年节水量则为

$$\Delta ND_t = ND'_t - ND_t = \sum_i \left[\left(\sum_i X_{it}\right)\xi_{it-1} - X_{it}\right] \cdot N_{it}, \forall_t \qquad (6-22)$$

从而至第 t 年的产业结构调整厚的积累节水量为

$$ND = \sum_t \Delta ND_t = \sum_t \left\{ \sum_i \left[\left(\sum_i X_{it}\right)\xi_{it} - X_{it}\right] \cdot N_{it} \right\} \tag{6-23}$$

根据式（6-22）和式（6-23）可计算出在发展过程中由于经济结构的调整而导致的年度结构调整节水量和积累结构调整节水量。

（二）静态模型

在可利用水资源量和相应的各类水投资已知的情况下，可以利用宏观经济模型对节水型经济结构进行优化，得到以下模型

$$\max GDP = \sum_t \sum_i \tau_{it} X_{it} \tag{6-24}$$

$$\text{s. t. } X_{it} = \sum_j \alpha_{ijt} X_{jt} + Y_{it}, \forall_{i,t} \tag{6-25}$$

$$Y_{it} = C_{hit} + C_{sit} + F_{fit} + F_{sit} + E_{it} - M_{it}, \forall_{i,t} \tag{6-26}$$

$$\sum_i X_{it} \cdot N_{it} \leqslant \overline{ND_t}, \forall_t \tag{6-27}$$

该模型是一个简单的概念模型。其中式（6-24）为追求 GDP 最大的目标函数，式（6-25）和式（6-26）部门间的投入产出约束及最终需求，最终需求中各项均有其结构性约束；式（6-27）为水资源可利用量约束，其中 $\overline{ND_t}$ 为第 t 年可利用的水资源量。

（三）动态模型

上述宏观经济模型仅考虑了某一时段内各经济部门的投入产出关系，而未考虑"总产值→GDP→投资→固定资产形成→新的总产值"这一扩大再生产过程，因而还要研究扩大再生产过程中年度间的积累与消费的关系。

在进行区域宏观经济总量研究时，通常采用（6-28）形式的生产函数：

$$X = aK^\alpha L^{1-\alpha} \tag{6-28}$$

式中：$\alpha>0$ 为全要素生产率；$0<\alpha<1$ 为常数；L 为劳务工时；K 为固定资产存量。

在一定时期和一定的技术进步条件下，K 与 L 的投入通常成一固定比率，即 $K/L=\beta$，β 为常数，代入式（6-28）使之成为

$$X = a(1/\beta)^{1-\alpha}K = \theta K \tag{6-29}$$

式（6-28）中的 $\theta = a(1/\beta)^{1-\alpha}$ 称为资本产出率。在考虑动态的扩大再生产过程时，第 t 年的生产函数为

$$X_t = \theta_t K_t, \forall_t \tag{6-30}$$

式中：X_t 为第 t 年的总产出；K_t 为第 t 年的固定资产存量。

式（6-30）表明，总产出 X_t 的大小依当年固定资产存量 K_t 的多少而定。对于 K_t，固定资产形成方程为

$$K_t = K_{t-1} - \delta K_t + \Delta K_t, \forall_t \tag{6-31}$$

式（6-31）的意义为期末固定资产存量（K_t）等于期初固定资产存量（K_{t-1}）减去本年折旧（δK_t）并加上本年新增固定资产（ΔK_t）。其中 δ 为折旧率。

显然，新增固定资产是由投资形成的。由于不同经济部门从投资到形成固定资产的时间和比例均不相同，即使同一部门内因产品工艺和规模的差异也使得固定资产形成的规律不同，因此本年度形成的固定资产是当年、上一年、上两年……的投资的累计结果，即

$$\Delta K_t = \beta_t I_t + \beta_{t-1} I_{t-1} + \beta_{t-2} I_{t-2} + \cdots, \forall_t \tag{6-32}$$

式中：β 为各年投资形成当年固定资产的比率。

式（6-32）中各年的投资来源于区域内经济的资金积累和外来投资两个方面。区域内经济的积累为最终产出（需求）的一部分，最终产出为总产出的一部分，因而可用一比例系数与总产值 X 相联系；外来投资包括区外、中央政府和国外三部分，通常作为外生变量再模型中给出一范围。据此，投资方程为

$$I_t = \sigma_{t-1} X_{t-1} + H_t, \quad \forall_t \tag{6-33}$$

式中：σ 为积累率；H 为外决策变量；X 为外来投资。

综合上述讨论，式（6-30）～式（6-33）就构成了动态的扩大再生产过程循环圈。

事实上，由于式（6-30）～式（6-33）中的变量如总产出 X_t、固定资产存量 K_t、总投资 I_t 均是分部门的，因而上面各式也均是分部门的。这样就与上述静态经济模型一起，形成了以投入产出原理为基础的区域宏观经济动态模型。动态部分控制经济各年增长的速度，而静态部分控制各部门按其投入产出比例实现增长。

$$\max GDP = \sum_t \sum_i \tau_{it} X_{it} \tag{6-34}$$

$$\text{s. t. } X_{it} = \sum_j \alpha_{ijt} X_{jt} + Y_{it} \ \forall_{i,t} \tag{6-35}$$

$$Y_{it} = C_{hit} + C_{sit} + F_{fit} + F_{sit} + E_{it} - M_{it} \quad \forall_{i,t} \tag{6-36}$$

$$X_{it} = \theta_{it} K_{it} \tag{6-37}$$

$$K_{it} = (1 - \delta_{it}) K_{i,t-1} + \Delta K_{it} \quad \forall_{i,t} \tag{6-38}$$

$$\Delta K_{it} = \beta_{it} I_{it} + \beta_{i,t-1} I_{i,t-1} + \beta_{i,t-2} I_{i,t-2} + \cdots \quad \forall_{i,t} \tag{6-39}$$

$$I_t = \sigma_{t-1} \sum_i X_{i,t-1} + H_t \ \forall_t \tag{6-40}$$

$$I_t = \sum_i I_{it} + \overline{I}_{ut} \quad \forall_t \tag{6-41}$$

$$\sum_i X_{it} \cdot N_{it} \leqslant \overline{ND_t} \quad \forall_t \tag{6-42}$$

其中式（6-34）式为追求 GDP 最大的目标函数，式（6-35）和式（6-36）式为部门间的投入产出约束及最终需求约束，最终需求中各项均有其结构性约束；式（6-37）至式（6-39）为年度间的扩大再生产约束；式（6-40）为投资来源方程；式（6-41）为投资分配方程，其中 $\overline{I}_{ut}$ 为已知的第 t 年与水有关的各类投资，I_{it} 则为其他国民经济各部门可能分配到的投资变量；式（6-42）为水资源可利用量约束，其中 $\overline{ND_t}$ 为第 t 年可利用的水资源量。

第五节　基于生态文明可持续发展的水资源优化配置

在水资源紧缺地区，经济结构布局的不合理以及社会经济发展规模的增大和速度的加快，国民经济生产用水挤占生态用水的现象普遍较严重。在这些地区，不仅社会经济发展已危害了生态环境系统，而且生态环境系统的恶化已反过来对社会经济发展产生了巨大消极作用。在过去的近半个世纪中，重社会经济发展轻生态环境保护、重效益轻资源，并不是某一个国家或地区的问题，而是世界范围内普遍采取的发展模式。

一、基于生态文明可持续发展的水资源优化配置的目标

资源分配是可持续发展的基本问题之一，可持续发展要求"自然资源应当在时间上、地区上和社会不同阶层的受益者之间合理地进行分配"。既要考虑到当代的发展，又要照顾到

后代发展的需要；既要照顾到发达地区的发展现实，又要求发达地区今后的发展不应以继续损害欠发达地区的可持续发展能力为代价；既要追求以提高自然资源总体配置效率为中心的优化配置模式，又要注意效益在全体社会成员之间的公平分配。可见，区域可持续发展模式的发展目标是多元的，因而为其服务的水资源优化配置也是一个多目标决策问题。下面，从"区域可持续发展"的度量准则的角度来分析其对水资源优化配置目标的要求。

（1）衡量可持续发展的首要量度是区域内经济、环境和社会的协调发展。也就是说，不是单纯地追求经济发展速度，而是追求对环境影响小的经济发展，并相应地从经济积累中拿出适当投资对环境进行治理和保护；不是单纯地追求总效益，而是注重效益在社会人群中的合理分配。为了度量经济、环境与社会协调发展的程度，这就要求在水资源优化配置问题中设置相应的经济目标、环境目标和社会发展目标，以考查其目标之间的竞争性及协调发展程度。

（2）衡量可持续发展的第二个量度是近期与远期的协调发展。也就是说，既不是掠夺性地开采自然资源，以至于威胁到子孙后代的可持续发展能力，也不是无所作为，落后于其他国家或地区的平均发展速度。为了考查水资源优化配置方案对区域经济、环境与社会发展在近期和远期的不同影响，要对上述目标以五年或十年进行分期，以考查今后若干年内不同水资源开发利用策略对区域发展的综合影响。

（3）衡量可持续发展的第三个量度是不同区域之间的协调发展。发达地区的发展要在加大环境治理力度和减小能源消耗方面狠下功夫，欠发达地区的发展则不应重复发达地区的老路，要改变单纯依赖资源的经济增长方式和高污染低产出的不合理工业结构。这就要求，水资源优化配置目标中应考虑地区结构，以揭示发展进程中在经济、环境与社会发展诸目标中的地区间差异。此外，分地区的目标函数也有助于揭示不同配置方案对不同地区（上下游、左右岸）的不同影响。

（4）衡量可持续发展的第四个量度是发展效益或资源利用效益在社会各阶层中的公平分配。这就要求在目标函数中尽可能地采用人均指标，以进行不同时期和不同地区人均指标的对比，并从其变化趋势中对效率与公平之间的权衡进行把握。对于水资源优化配置问题，不同的开发利用策略将直接导致同一地区内城市与农村人均收入指标的不同变化。

综上所述，水资源优化配置是多目标优化问题，其目标不是追求某一对象或方面的效益最好，而应追求整体效益最好。

二、基于生态文明可持续发展的水资源优化配置目标的识别

过去的区域水资源规划决策往往是由不同主管部门独立制定和负责实施的，在决策过程中对经济因素、社会因素和环境因素有着不同程度的割裂。实践证明，不考虑环境质量和社会发展的决策往往是更不经济的，要付出更大代价。从区域可持续发展的高度统一考虑水资源开发与区域经济、社会、环境协调发展之间的关系，改变过去水资源区域规划中分别考虑经济、环境与社会发展的状况，已显得十分紧迫。

（1）经济目标——国内生产总值GDP。经济的发展是区域可持续发展的基础。描述区域经济发展的首要指标是国内生产总值GDP。它可以衡量一个地区的积累与消费的总体规模，GDP的人均值可以真实地反映区域内经济发展的阶段性与不平衡性。

（2）环境目标——生化需氧量BOD。发展区域经济的同时，必须重视环境的保护与改善。生化需氧量BOD不仅与生产有关，而且与生活有关，普遍适用于描述城市污水排放量与污水治理的关系以及河流的水质情况。同时，统计数据显示，在城市地区，生化需氧量 BOD 与化学需氧量 COD 之间具有较好的相关关系。在农村地区，BOD、COD 与氨氮总量之间也有较好的相关关系。因而，在水资源优化配置决策中采用 BOD 或 COD 作为区域发展的环境目标都是合理的。

(3) 社会目标——人均收入。社会发展的最终目的是人生活质量的改善。人均收入与经济发展水平及经济结构有关，与人口增长及迁移率有关，与积累和消费的比例有关。此外，人均收入目标还可以在一定程度上反映就业率这一重要的社会发展指标。对于工程项目评价，人均收入不仅可以反映项目效益总量的大小，而且还可以反映效益在城市与农村间的分配情况，即反映在项目评价中一贯倡导的公平与效率兼顾的原则。

(4) 人均粮食产量。农业在国民经济中占有相当大比重，农业用水占总用水量 65% 左右，因此有必要研究区域可持续发展与农业发展的关系。粮食人均占有量，面向可持续发展的区域水资源优化配置理论及应用研究以反映农业生产规模，粮食调入调出情况，城市与工业用水挤占农业用水的程度，以及农业生产本身的布局及用水效率，因而是一个社会与经济综合的发展目标。一般而言，由于区域内各子区的情况各异，为便于比较及评价，通常目标函数选取人均值而不是总量值。因此，水资源优化配置的目标可以选取人均 GDP、人均 BOD 排放量、人均粮食产量和人均收入。在这四个目标中，GDP 反映经济的发展，BOD 反映环境的状况，粮食产量反映农业生产和社会安定情况，人均收入也是衡量经济与社会发展的综合指标。这四个目标是基本的，一般可根据所研究问题的性质取舍。

上述各目标之间存在着很强的竞争性，特别是在水资源短缺的情况下，水已经成为经济、环境、社会发展过程中诸多矛盾的焦点。在进行水资源优化配置时，各目标之间相互依存、相互制约的关系极为复杂，一个目标的变化将直接与间接地影响到其他各个目标的变化，即一个目标值的增加往往要以其他目标值的下降为代价。

三、基于生态文明可持续发展的水资源优化配置模型的建立

基于上述分析可知，区域水资源优化配置是多目标的，包括社会的、经济的与生态环境的目标，同时，其配置应满足有效性原则、公平性原则以及可持续性原则。

区域水资源优化配置的目标可考虑选择以下几个指标来反映。

(1) 国民生产总值 GDP，它能全面客观地衡量一个地区的经济发展状况，还可方便地与其他国家或地区进行横向比较，因此将 MAX GDP 作为目标之一。

(2) 粮食产量 AG，它是一个社会与经济兼而有之的目标指标，因为农业是国民经济的一个基础部门，又是用水大户，同时一定程度上也关系到社会的安定状况，所以，将 MAX AG 作为目标之一。

(3) 区域就业人数 P，它是一个用以反映社会目标的指标，一个区域的就业率不宜过低，否则不仅对经济发展不利，更重要的是会对区域的社会安定造成较大的影响，所以也可将 MAX P 作为目标之一。

(4) 区域 COD 排放总量，它不仅与生产有关，而且与生活有关，因而比较适用于描述区域社会经济活动对水环境的影响，所以，可考虑将 MIN COD 作为目标之一。

(5) 生态环境用水量 WE，可持续发展的关键之一在于环境的可持续发展，而区域环境系统的完整性与可持续性的维持需要有一定的水资源作为支撑，或者说，区域水资源的开发利用不能超过一定的限度，否则就会引发一系列的生态环境问题。因此可考虑将 MAX WE

作为目标之一。

模型的约束条件有：①水量平衡约束。②供水能力约束。③各行业发展的上、下限约束（由于受政策、资金、空间、劳动力及其他资源条件的限制）。④经济部门产值与取水量关系约束。⑤产值与排污量关系约束。⑥产值与就业人数关系约束。⑦粮食产量与用水量关系约束。⑧国民生产总值关系约束。⑨排污总量关系约束，⑩非负约束。

根据区域的地形地貌、水利条件、行政区划，一般可将区域划分为若干个子区。区域内的水源，根据其供水范围可以划分成公共水源和独立水源两类。所谓公共水源是指能同时向两个或两个以上的子区供水的水源。独立水源是指只能给水源所在地一个子区供水的水源。

设区域划分为 K 个子区，子区 k 为 1，2，3，…，K。区域内有 M 个公共水源，公共水源 $c=1$，2，3，…，M；k 子区有 $I(k)$ 个独立水源，$J(k)$ 个用水部门。公共水源 c 分配到 k 子区的水量用 D_k^c 表示，其水量和独立水源一样，需要在各用户之间分配。因此，对于 k 子区而言是 $I(k)+M$ 个水源和 $J(k)$ 个用户的水资源优化分配问题。

水资源可持续优化配置的目标表现在经济目标、社会目标和生态环境目标三个方面。

1. 目标函数

$$Z=\max \{F(X)\} \tag{6-43}$$

式中：X 为决策向量，由不同数量、质量和赋存形式的水资源组成；$\{F(X)\}$ 为水资源开发利用的经济、社会和环境效益。

水资源优化配置模型也由目标函数和约束条件组成，一般形式为

$$Z=\max \{F(X)\}$$
$$G(X)\leqslant 0 \tag{6-44}$$
$$X\geqslant 0$$

$G(X)$ 为约束条件集，表示水资源的承载力、环境容量、土地资源、其他社会约束和子系统状态方程。

目标 1 社会效益：由于社会效益不容易度量，而区域缺水量的大小或缺水程度影响到社会的发展和安定，故采用区域总缺水量最小来间接反映社会效益。

$$\max f_1(X)=-\min\left\{\sum_{k=1}^{K}\sum_{j=1}^{J(k)}\left[D_j^k-\left(\sum_{i=1}^{I(k)}x_{ij}^k+\sum_{c=1}^{M}x_{cj}^k\right)\right]\right\} \tag{6-45}$$

式中：x_{ij}^k、x_{cj}^k 分别为独立水源 i、公共水源 c 向 k 子区 j 用户的供水量（万 m^3）；D_j^k 为 k 子区 j 用户的需水量（万 m^3）。

目标 2 经济效益：以区域供水带来的直接经济效益最大来表示。

$$\max f_2(X)=\max\left\{\sum_{k=1}^{K}\sum_{j=1}^{J(k)}\left[\sum_{i=1}^{I(k)}(b_{ij}^k-c_{ij}^k)x_{ij}^k\partial_{ij}^k+\sum_{c=1}^{M}(b_{cj}^k-c_{cj}^k)x_{cj}^k\partial_{cj}^k\right]\right\} \tag{6-46}$$

式中：b_{ij}^k、b_{cj}^k 分别为独立水源、公共水源向 k 子区 j 用户供水的效益系数（元/m^3）；c_{ij}^k、c_{cj}^k 分别为独立水源、公共水源向 k 子区 j 用户供水的费用系数（元/m^3）；∂_{ij}^k、∂_{cj}^k 分别为 k 子区 j 用户独立水源、公共水源的供水次序系数，供水次序系数，是根据各种水源的蓄水性能不同，因而存在供水的先后顺序不同。

目标 3 环境效益：与水资源利用直接有关的环境问题，可以用废污水排放量最小来衡量，这里选用重要污染物的排放量最小表示环境效益。

$$\max f_3(X)=-\min\left\{\sum_{k=1}^{K}\sum_{j=1}^{J(k)}0.01d_j^kp_j^k\left(\sum_{i=1}^{I(k)}x_{ij}^k+\sum_{c=1}^{M}x_{cj}^k\right)\right\} \tag{6-47}$$

式中：d_j^k 为 k 子区 j 用户单位废水排放量中重要污染因子的含量（mg/l），一般可用生化需氧量 BOD、化学需氧量 COD 等水质指标来表示；p_j^k 为 k 子区 j 用户的污水排放系数。

2. 模型的约束条件

（1）供水系统的供水能力（水源的可供水量）约束。

$$\begin{cases} \sum_{j=1}^{J(k)} x_{cj}^k \leqslant W(c,k) \\ \sum_{k=1}^{K} W(c,k) \leqslant W_c \end{cases} \qquad (6-48)$$

式中：x_{cj}^k 分别为独立水源 i、公共水源 c 向 k 子区 j 用户的供水量（万 m³）；$W(c,k)$ 为公共水源 c 分配给 k 子区的水量；W_c 为公共水源 c 的可供水量（万 m³）。

（2）输水系统的输水能力约束。

$$x_{cj}^k \leqslant Q_c \qquad (6-49)$$

$$x_{ij}^k \leqslant Q_i^k \qquad (6-50)$$

式中：Q_i^k 为 k 子区独立水源 i 的最大输水能力（万 m³）；Q_c 为公共水源的最大输水能力（万 m³）。

（3）用水系统的供需变化（用户的需水能力）约束。

$$L(k,j) \leqslant \sum_{i=1}^{I(k)} x_{ij}^k + \sum_{c=1}^{M} x_{cj}^k \leqslant H(k,j) \qquad (6-51)$$

式中：$L(k,j)$、$H(k,j)$ 分别为 k 子区 j 用户的最小、最大需水量（万 m³）。

（4）排水系统的水质约束。

达标排放： $$c_{j,r}^k \leqslant c_{r0} \qquad (6-52)$$

总量控制： $$\sum_{k=1}^{K} \sum_{j=1}^{J(k)} 0.01 d_j^k p_j^k \left(\sum_{i=1}^{I(k)} x_{ij}^k + \sum_{c=1}^{M} x_{cj}^k \right) \leqslant W_0 \qquad (6-53)$$

式中：$c_{j,r}^k$ 为 k 子区 j 用户排放污染物的浓度（mg/l）；c_{r0} 为污染物达标排放规定的浓度（mg/l）；W_0 为允许的污染物排放总量（万 m³）；其他符号意义同前。

（5）非负约束。

$$x_{ij}^k , \ x_{cj}^k \geqslant 0 \qquad (6-54)$$

式中：x_{ij}^k、x_{cj}^k 分别为独立水源 i、公共水源 c 向 k 子区 j 用户的供水量（万 m³）。

（6）其他约束。

针对具体情况，可能还需要增加其他一些约束条件。例如，湖泊最低水位约束、地下水最低水位约束等。

第六节　水资源优化配置实例

下面以我国南方某市为例，介绍水资源优化配置模型的应用。

（一）研究区域概况

研究区域属北亚热带中部气候区，具有明显的季风特征，干湿冷暖，四季分明，热量充裕，无霜期长，雨水丰沛，光照充足，气候条件比较优越。研究区域市年平均气温 15.2℃。

日平均气温高于 10℃ 的作物生长期平均为 226 天，总积温 4859.6℃，高温年可达 5270℃，无霜期 229 天。

研究区域雨水丰沛，年降水量 1058.8mm，常年各季雨量分配：春季 256mm，占 24％；夏季 497.6mm，占 47％；秋季 194mm，占 18％；冬季 112.0mm，占 11％。该区域光照充足，光照常年平均 2157 小时，日照百分率 49％，光照的四季分配：春季 506.6 小时，占全年光照的 23％；夏季是全年光照时间最长、强度最大的季节，总时数为 683.3 小时，占全年光照 32％；秋季光照 515.4 小时，占全年光照 24％，冬季光照最少，总时数 461 小时，占全年光照 21％。

研究区域境内河流分属秦淮河水系、太湖水系和长江水系。共有大小河道 44 条，总长 310 多 km。总容量 3.1 亿 m^3。境内有中小型水库（湖）76 座，河道四通八达。城区日供水能力 15 万吨。此外，研究区域将新建一批 10 万 m^3 以上小水库，彻底解决周边 10 个行政村的人畜饮用水和农业灌溉问题。

研究区域境内水资源的量与质被省有关部门认定属为所属省的最佳地区，Ⅱ类水质达 90％ 以上，一些中型水库中心水质更是达到Ⅰ类直接饮用水标准。此次研究区域划分的饮用水水源区的水库共 17 座，其中有 5 座中型水库，饮用水源区的河道有研究区域河、便民河、洛阳河等 3 条。对上述饮用水水资源区，研究区域水利部门立碑公布严格禁止在饮用水水源区内排污或进行污染水质的活动，并跟踪监察。与此同时，该市还划定水资源保留区，确定边城镇境内 300 亩面积，2600 万 m^3 容积水质较好的水库（1）作为研究区域的保留水源，严格禁止在保留区内进行具有破坏水质的开发利用活动。

（二）水资源分区及系统概化

1. 水资源分区

区域水资源供需分析涉及社会、经济、生态环境等各方面，问题多且关系复杂，一般分区进行，并采取自下而上、从小到大、先分析后综合的方法进行研究。按照自然地理特点和社会经济发展状况，结合区域水资源条件，将研究区划分为不同用水单元，进而进行需水预测和供需平衡分析。既便于区分水资源供需平衡要素在地区之间的差异，探索开发利用的特点和规律，针对不同地区采取不同的对策和措施，又便于把大区域划分成几个较小区域后，使问题和关系得到相应简化，有利于研究工作的开展和成果的实施应用。

划区的总原则是：

（1）有利于综合研究该区的水资源开发、利用、管理和保护问题；

（2）有利于充分暴露本区的水资源供需矛盾；

（3）有利于资料的收集、整理、统计、分析；

（4）有利于计算成果的校核、验证，以及各分区之间的协调、汇总等。

根据上述要求，划区要考虑的主要原则是：

（1）尽量按流域、水系划分；

（2）同一供水系统（包括规划中新增加的和交叉供水的）划在一个区内，以利于查清本区水旱灾害情况，分析清楚本区供需之间的矛盾；

（3）尽量照顾行政区划的完整性，便于资料的搜集和统计；

（4）自然地理条件和水资源开发利用条件基本相似的区域划归一个区，这样既突出了各个分区的特点，又便于在一个分区内采取比较协调一致的对策措施。

遵循以上原则，将研究区域划分为 10 个子区：分别以字母编号，即 A 至 J 区。

2. 系统概化图的绘制

由于水资源系统的复杂性，水资源配置需根据其目的与需要对系统的特性和演变规律做适当的概化，将真实的水资源系统转化为计算机所能识别的网络系统。根据相似性原理，利用数学公式来描述真实水资源循环中的主要过程，并将这些程序按照真实系统的空间和时间顺序组合成一个符合真实系统间复杂的相互关系、又能被计算机识别的网络系统。

水资源配置模型可概化为五部分：①基本物理元素（集合）；②各物理元素量度数据（参数及变量）；③物理元素之间的相互关系（约束条件）和系统协调准则（调度规则和目标函数）；④解决问题的方法；⑤各物理元素在此基础上所处的状态（结果）。

水资源系统中各类物理元素（水库工程、拦河闸、引水工程或扬水站、水资源计算单元、河渠道交汇点等）概化为节点，各结点间通过线段（河道或渠道等）连接形成水资源系统概化网络图。

根据研究区域供水布局及水资源分区对水资源系统进行概化，得到研究区域水资源系统概化网络图，如图 6-3 所示。

3. 水资源系统供水原则

根据研究区供水网络结构和水资源配置的目标，确定供水原则：

（1）首先进行各片区内当地水资源合理分配。此时水源是本地的小型水库以及塘坝蓄水，考虑时间上分配的合理性。

（2）主要调蓄水库的联合调度，指（1）、（2）、（3）等 6 座中型水库。在各片区的水资源供需分析基础上，对自身的来水和区外引水进行联合调度，实现全区的水资源优化配置。

（3）根据用水部门的重要性和用水特点，在保证河道最小生态需水量的前提下，优先满足生活用水和工业用水。

（三）需水预测

在分区之后，需对各个分区的不同类型或部门的需水分别进行预测。本例采用生活用水、工业用水、农业用水和生态用水四个部门。

选定现状水平年（基准年）为 2005 年；近期水平年为 2010 年。以历史年份以及现状年为基础，结合各水资源分区的社会经济发展规划，对各水平年的生活、工业、农业以及生态环境需水量进行预测。

1. 生活需水预测

估算总需水量需要考虑人口数量和用水定额。人口数以计划部门提供的增长速度为依据，用水定额（全市常住人口的生活用水综合定额）以现状调查数据为基础，分析定额的历年变化情况和用水定额与国民平均收入的相关关系，考虑不同水平年经济发展和人们生活改善及提高程度，拟定不同水平年的用水定额。

$$L_t = \sum_{i=1}^{n} P_{ti} \cdot d_i \cdot T \tag{6-55}$$

式中：L_t 为水平年生活需水量（万 m^3）；i 为水资源分区；n 为水资源分区总数；P_{ti} 为 i 区水平年人口数（万人）；d_i 为水平年 i 区居民用水定额（m^3/人·天）；T 为水平年天数（天）。

可以认为人口数量的变化趋势是一个时间序列，随时间的延续以一定的规律变化。不

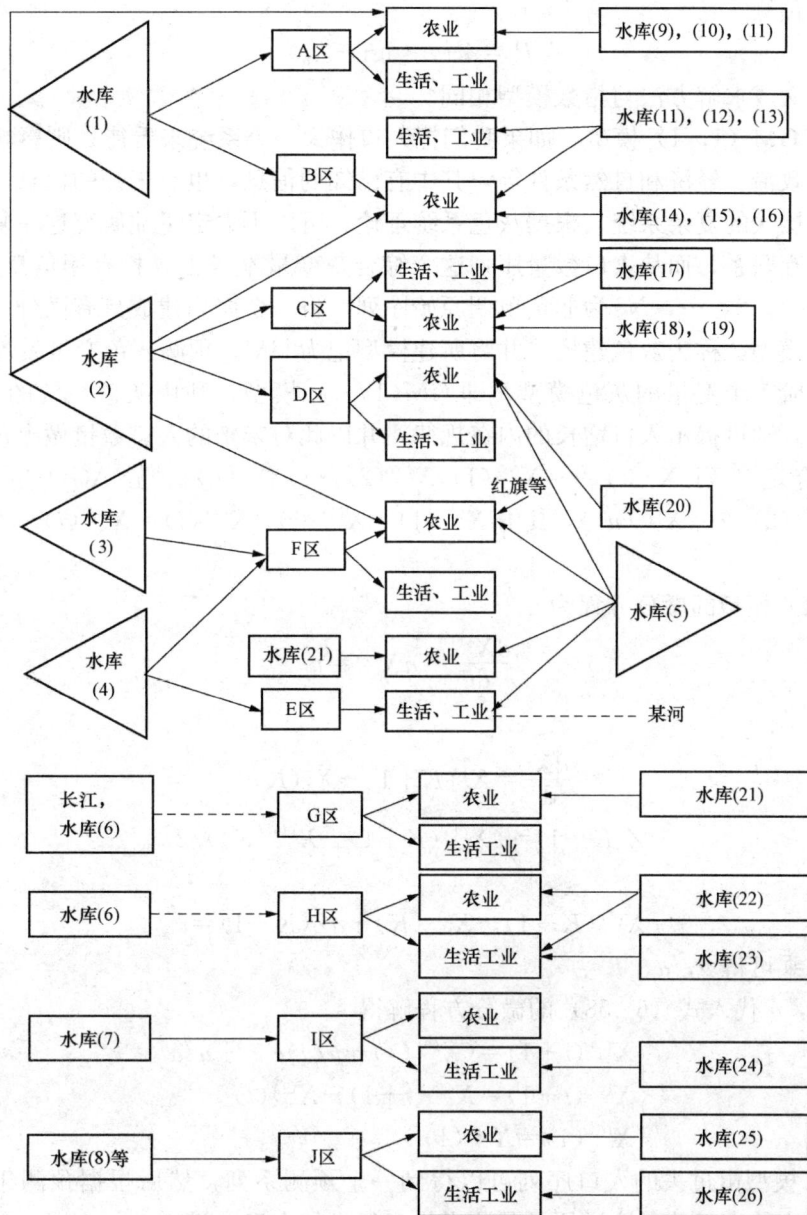

图 6-3 研究区域水资源系统概化网络图

同子区、不同阶段的人口变化趋势是不同的，采用的模型也不相同。常用的人口预测模型有以下几种。

（1）指数模型。人口数量的增长与时间呈指数关系时，可采用式（6-56）所示的指数模型进行人口预测。

$$P_t = a \cdot e^{b(t-t_o)} \tag{6-56}$$

式中：P_t 为预测年人口数量（万人）；t_0、t 为起始年份与预测年份；a、b 为系数，可根据往年人口资料利用最小二乘法求出。

（2）对数模型。人口数量的增长与时间呈对数关系时，可采用式（6-57）所示的对数模型进行人口预测。

$$P_t = a + b \cdot \lg(t - t_o) \tag{6-57}$$

式中各符号意义或求解方法与指数模型相同。

（3）灰色 GM（1，1）模型。如果我们把人口作为一个系统来看待，则影响这个系统发展的因素包括政治、经济和自然条件等，其中有已知的信息，也有未知的信息，因此它是一个多因素、多层次的复杂系统。根据灰色系统理论，可以不去定量地研究这一复杂系统的内部因素及其相互联系，而从人口数量序列这个综合灰变量本身去寻找有用信息。设 $X(0) = \{X^{(0)}(i), i = 1, 2, \cdots, N\}$ 为非负单调原始序列，将一个序列建成具有微分、差分和近似指数律兼容的模型，称为灰色建模，并将所建模型记为 GM。预测灰色变量发展变化态势的常用模型为 1 阶 1 个变量的灰色模型，即 GM（1，1）模型。利用灰色系统的动态记忆性，建立灰色模型，即可揭示人口增长的内在规律，并以此对未来的人口数量做出预测。

对一组给定数列 $X(0) = \{X^{(0)}(1), X^{(0)}(2), \cdots, X^{(0)}(n)\}$，先 AGO 生成 $X(1) = \{X^{(1)}(1), X^{(1)}(2), \cdots, X^{(1)}(n)\}$，其中 $X^{(0)}(1) = X^{(1)}(1)$，$X^{(1)}(i) = X^{(0)}(i) + X^{(1)}(i-1)$，$i = 2, \cdots, n$

GM（1，1）模型的微分方程为

$$\frac{dX^{(1)}}{dt} + aX^{(1)} = u \tag{6-58}$$

当 $\Delta t > 0$

$$\frac{dX^1}{dt} = X^1(K+1) - X^1(K)$$

$$Z(K+1) = (X^{(1)}(K+1) + X^{(1)}(K))/2$$

于是有

$$X^{(1)}(K+1) - X^{(1)}(K) + aZ(K+1) = u$$

用最小二乘可得 u，a。

将所得 u，a 代入式（6-58）的微分方程解得

$$\begin{cases} X^{(1)}(t+1) = (X^{(0)}(1) - u/a)e^{-at} + u/a \\ X^{(0)}(t+1) = X^{(1)}(t+1) - X^{(1)}(t) \\ X^{(0)}(1) = X^{(1)}(1) \end{cases} \tag{6-59}$$

灰色 GM 模型由过去的人口序列可以得到一个预测系列，然后根据预测年份，在预测序列中找出对应的人口数，这样便可预测出指定年份的人口数量。

（4）趋势模型。当人口数量与某一增长率及时间的关系为一个幂函数形式时，可采用式（6-60）所示的模型进行预测。

$$P_t = P_0 (1+w)^{(t-t_0)} \tag{6-60}$$

式中：P_0 为 t_0 年份（可以是资料中的任何一年，一般取序列的最后一年）的人口数（万人）；W 为人口平均增长率（%），根据已有的人口序列计算得出；其他符号意义同前。

（5）综合模型。如果以上预测结果均不满意，可以将以上四个模型的预测结果加权。

$$P_t = \alpha_1 P_1 + \alpha_2 P_2 + \alpha_3 P_3 + \alpha_4 P_4 \tag{6-61}$$

式中：P_1、P_2、P_3、P_4 分别为指数模型、对数模型、灰关联模型和趋势模型的预测结果；α_1、α_2、α_3、α_4 分别为各模型结果的权重，根据各模型预测效果确定。

　　生活用水指标与当地自然条件、生活习惯、城市性质、生活水平及水资源条件等因素有关。按照现状用水水平，考虑生活水平的提高和用水条件的改善，同时参照 2006 年编制的《某省城市生活与公共用水定额》和《某省"十一五"水利发展规划》拟定不同规划水平年的居民生活用水定额。

　　采用上述模型预测研究区生活需水总量。然而在水资源配置中，不仅需要水平年份的总需水量，还需要各水平年份的年内需水过程，以确定各时段的具体调度方案。在某一个特定的需水片区，各用水部门的需水量增长大体上是同步的，尽管增长数量有所不同，但是不同年份内各个月的用水量在年用水总量中所占的比例基本是持平的。根据这一特点，统计历史年份的年内用水过程，计算各时段用水比例。可以取资料长度的平均值作为典型用水过程。

$$W_i = \alpha_i W \tag{6-62}$$

式中：W_i 为水平年第 i 月的生活需水量（万 m^3）；α_i 为各时段生活用水比例；W 为水平年生活需水总量（万 m^3）。

　　采用表 6-4 所示的年内用水分配比例。

表 6-4　　　　　　　　　　　　　　生活用水年内分配比例

月份	1	2	3	4	5	6	7	8	9	10	11	12
比例（%）	7.69	7.83	7.69	7.91	8.5	8.61	8.86	9.03	9.14	8.32	8.21	8.21

　　根据典型用水过程，将生活用水总量分配到各片区和各时段，结果见表 6-5 和表 6-6。

表 6-5　　　　　　　　　　　2005 年各片区各时段生活用水　　　　　　　　　　单位：万 m^3

	1	2	3	4	5	6	7	8	9	10	11	12	年总量
A区	13.6	13.8	13.6	14.0	15.0	15.2	15.7	15.9	16.1	14.7	14.5	14.5	176.6
B区	15.2	15.5	15.2	15.7	16.8	17.0	17.6	17.9	18.1	16.5	16.2	16.3	198.0
C区	16.8	17.1	16.7	17.2	18.5	18.8	19.3	19.7	19.9	18.1	17.9	17.9	217.9
D区	54.9	55.8	54.8	56.4	60.6	61.4	63.2	64.4	65.2	59.3	58.5	58.5	713.1
E区	24.1	24.5	24.1	24.8	26.6	27.0	27.8	28.3	28.6	26.1	25.7	25.7	313.3
F区	18.2	18.5	18.1	18.7	20.0	20.3	20.9	21.3	21.6	19.6	19.4	19.4	235.9
G区	16.0	16.3	16.0	16.4	17.7	17.9	18.4	18.8	19.0	17.3	17.0	17.1	207.7
H区	8.8	8.9	8.8	9.0	9.7	9.8	10.1	10.3	10.4	9.5	9.4	9.4	114.0
I区	24.2	24.7	24.2	24.9	26.8	27.1	27.9	28.4	28.8	26.2	25.8	25.9	315.0
J区	25.6	26.0	25.6	26.3	28.3	28.6	29.5	30.0	30.4	27.7	27.3	27.3	332.5
合计	217.3	221.0	217.1	223.5	240.0	243.1	250.3	254.9	258.2	235.0	231.7	231.8	2824.0

表 6-6 　　2010 年各片区各时段生活用水 　　单位：万 m³

	1	2	3	4	5	6	7	8	9	10	11	12	年总量
A 区	15.6	15.9	15.6	16.0	17.2	17.5	18.0	18.3	18.5	16.9	16.6	16.6	202.8
B 区	17.5	17.8	17.5	18.0	19.3	19.6	20.1	20.5	20.8	18.9	18.6	18.7	227.2
C 区	18.5	18.8	18.5	19.0	20.4	20.7	21.3	21.7	22.0	20.0	19.7	19.7	240.5
D 区	69.1	70.3	69.0	71.1	76.3	77.3	79.6	81.1	82.1	74.7	73.7	73.7	898.0
E 区	24.4	24.8	24.4	25.1	27.0	27.3	28.1	28.7	29.0	26.4	26.1	26.1	317.5
F 区	24.1	24.6	24.1	24.8	26.7	27.0	27.8	28.3	28.7	26.1	25.7	25.8	313.8
G 区	16.6	16.9	16.6	17.1	18.4	18.6	19.2	19.5	19.8	18.0	17.7	17.7	216.1
H 区	10.4	10.6	10.4	10.7	11.5	11.7	12.0	12.2	12.4	11.3	11.1	11.1	135.6
I 区	27.9	28.4	27.9	28.7	11.5	31.2	32.1	32.7	33.2	30.2	29.8	29.8	343.4
J 区	29.2	29.7	29.2	30.1	30.8	32.7	33.7	34.3	34.7	31.6	31.2	31.2	378.5
合计	253.4	257.8	253.2	260.7	259.2	283.5	292.0	297.4	301.2	274.1	270.3	270.4	3294

2. 工业需水预测

工业需水预测的一般方法是在研究工业用水历史和现状的基础上，分析未来的工业发展情况及用水水平变化，得出预测规律。

工业用水的统计参数（单耗、增长率等）与工业增加值有一定的关系。如把增加值作为横轴，描绘实际值，进行回归分析，则适合这种相关分析的回归方程形式为

$$\lg y = a \cdot \lg x + b \tag{6-63}$$

$$y = \frac{a}{1 + be^{-a\lg x}} \tag{6-64}$$

$$y = ax + b \tag{6-65}$$

式中：x 为工业增加值（万元）；y 为单位用水量（m³/万元）或增长率（%）。

由上可见，可以用工业用水增长率和工业产值增长率相关关系推算工业发展用水；或者用万元产值用水量和工业产值的相关关系推求工业发展用水。

将模型预测总需水量分配到各个片区。年内分配过程可以根据自来水公司供水记录确定（见表 6-7）。

表 6-7 　　工业用水年内分配比例

月份	1	2	3	4	5	6	7	8	9	10	11	12
比例（%）	8.52	7.19	6.58	8.18	7.93	8.31	8.24	9.26	8.93	9.53	8.46	8.87

计算水平年各片区各时段工业需水情况，见表 6-8 和表 6-9。

表 6-8 　　2005 年各片区各时段工业需水 　　单位：万 m³

	1	2	3	4	5	6	7	8	9	10	11	12	年总量
A 区	5.4	4.5	4.1	5.2	5.0	5.2	5.2	5.8	5.6	6.0	5.3	5.6	63.1
B 区	4.4	3.8	3.4	4.3	4.1	4.3	4.3	4.7	5.0	4.4	4.6	52.1
C 区	5.3	4.5	4.1	5.1	5.0	5.2	5.2	5.8	5.6	6.0	5.3	5.6	62.7

续表

	1	2	3	4	5	6	7	8	9	10	11	12	年总量
D区	18.1	15.3	14.0	17.4	16.9	17.7	17.5	19.7	19.0	20.3	18.0	18.9	212.7
E区	7.3	6.1	5.6	7.0	6.8	7.1	7.0	7.9	7.6	8.1	7.2	7.6	85.3
F区	3.7	3.1	2.8	3.5	3.4	3.6	3.5	4.0	3.8	4.1	3.6	3.8	43.0
G区	6.8	5.7	5.2	6.5	6.3	6.6	6.6	7.4	7.1	7.6	6.7	7.1	79.5
H区	5.1	4.3	3.9	4.9	4.7	4.9	4.9	5.5	5.3	5.7	5.0	5.3	59.3
I区	4.8	4.1	3.7	4.6	4.5	4.7	4.7	5.2	5.0	5.4	4.8	5.0	56.4
J区	6.0	5.1	4.6	5.8	5.6	5.9	5.8	6.5	6.3	6.7	6.0	6.3	70.7
合计	66.9	56.5	51.6	64.2	62.2	65.2	64.7	72.7	70.1	74.8	66.4	69.7	785.0

表 6-9　　　　　　　　　　　**2010 年各片区各时段工业需水**　　　　　单位：万 m³

	1	2	3	4	5	6	7	8	9	10	11	12	年总量
A区	8.3	7.0	6.4	8.0	7.8	8.1	8.1	9.1	8.7	9.3	8.3	8.7	97.8
B区	6.7	5.6	5.2	6.4	6.2	6.5	6.5	7.3	7.0	7.5	6.6	7.0	78.5
C区	8.2	7.0	6.4	7.9	7.7	8.0	8.0	9.0	8.6	9.2	8.2	8.6	96.6
D区	27.8	23.5	21.4	26.7	25.8	27.1	26.9	30.2	29.1	31.1	27.6	28.9	326.1
E区	11.1	9.4	8.6	10.7	10.3	10.8	10.7	12.1	11.6	12.4	11.0	11.6	130.4
F区	5.7	4.8	4.4	5.4	5.3	5.5	5.5	6.2	5.9	6.3	5.6	5.9	66.4
G区	10.5	8.9	8.1	10.1	9.8	10.2	10.2	11.4	11.0	11.7	10.4	10.9	123.2
H区	7.9	6.7	6.1	7.6	7.4	7.7	7.7	8.6	8.3	8.9	7.9	8.3	93.0
I区	7.4	6.3	5.7	7.1	6.9	7.2	7.2	8.1	7.8	8.3	7.4	7.7	87.0
J区	9.3	7.8	7.1	8.9	8.6	9.0	9.0	10.1	9.7	10.4	9.2	9.6	108.7
合计	102.9	86.9	79.4	98.8	95.7	100.3	99.5	111.8	107.8	115.1	102.2	107.2	1207.8

3. 农业需水预测

农业需水量包括水田、旱田、菜田、林果、牧业、渔业用水等多个方面。农业需水预测所关心的是，区域的农业用水现状情况和对未来不同水平年、不同保证率需水量的预测。农业需水量计算包括农田灌溉和林牧渔业用水两部分。

农田灌溉需水量预测主要考虑以下因素：①灌溉面积的发展速度；②不同保证率情况下的不同灌溉方式；③不同作物及组成的灌溉定额；④渠系水利用系数提高程度。其中，净灌溉定额是关键指标之一，通常采用调查法或者彭曼法来进行计算。不同水平年不同保证率下的农业灌溉需水预测，可用图 6-4 描述。

农田灌溉需水量具体计算公式为

$$W_i = \omega_i \sum_{i=1}^{n} m_i \qquad\qquad (6-66)$$

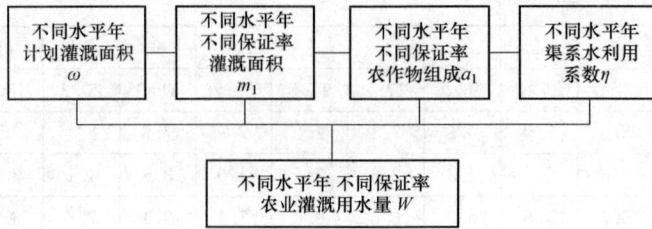

图 6-4 不同水平年不同保证率下的农田灌溉需水量预测框图

$$W_{净} = \sum W_i \qquad (6-67)$$

$$W_{毛} = W_{净}/\eta \qquad (6-68)$$

式中：m_i 为某作物某次灌水定额（m³/亩）；ω_i 为某作物灌溉面积（万亩）；n 为某作物灌溉次数；W_i 为某作物净灌溉水量（万 m³）；$W_{净}$ 为区域所有作物净灌溉水量（万 m³）；η 为灌区渠系水利用系数；$W_{毛}$ 为区域总毛灌溉用水量（万 m³）。

同理，应用以上方法，根据林果、牧业、渔业面积及其用水定额，计算不同保证率下的林、牧、渔业需水量。

结合区域国民经济与社会发展规划以及农业与水利部门的灌溉发展规划，对规划水平年的水田、旱田面积进行预测。近几年来，研究区耕地逐年减少，人地矛盾突出。针对这一矛盾，该市制定土地利用总体规划（1997～2010 年），通过采取土地整理、复垦开发等方式增加耕地面积。但是随着区经济发展和城镇化水平的提高，耕地面积有逐年减少的趋势。考虑到节水灌溉措施的逐渐推广，2005 年至 2010 年农田灌溉定额将逐步下降，而渠系水利用系数将逐步提高。需水总量预测结果见表 6-10。

表 6-10 各水平年农业总需水预测结果

（灌溉面积单位：万亩；定额单位：m³/亩；需水量单位：万 m³）

水平年	来水频率	水稻		旱作物		灌溉净需水	灌溉毛需水	林牧渔业需水	农业总需水
		灌溉面积	净定额	灌溉面积	净定额				
2005	75%	44.2	335.0	58.9	50.0	17 736.6	28 153.3	850.0	29 003.3
	95%	44.2	375.0	58.9	55.0	19 797.3	31 424.3	900.0	32 324.3
2010	75%	46.0	327.0	58.2	45.0	17 661.0	25 972.1	850.0	26 822.1
	95%	46.0	356.0	58.2	50.0	19 286.0	28 361.8	900.0	29 261.8

将各水平年农业需水总量按照现状年各片区需水比例分配。然后根据作物灌溉制度粗略确定各月份灌水比例，如表 6-11 所示。

表 6-11 农业用水年内分配比例

月份	1	2	3	4	5	6	7	8	9	10	11	12
比例（%）	0	0	0	0	0	14.3	10.7	21.4	21.4	21.4	10.7	0

注 1. 本表用水比例以大宗作物为主；

2. 1～5 月、11～12 月为夏熟作物生长期，一般不需要灌水；5～10 月是秋熟作物生长期，用水量计算以水稻为参照；11 月用水量为小麦、油菜的播种、移栽用水。

　　根据预测需水总量和各片区、各时段分配比例，计算各水平年不同保证率农业需水过程结果见表 6-12～表 6-15。

表 6-12　　　　　　　　　　2005 年 $p=75\%$ 各片区各时段农业需水　　　　　　　　单位：万 m^3

	1	2	3	4	5	6	7	8	9	10	11	12	年总量
A区	0.0	0.0	0.0	0.0	0.0	289.8	217.5	434.9	434.9	434.9	217.5	0.0	2029.5
B区	0.0	0.0	0.0	0.0	0.0	428.7	321.7	643.3	643.3	643.3	321.7	0.0	3001.9
C区	0.0	0.0	0.0	0.0	0.0	393.5	295.3	590.5	590.5	590.5	295.3	0.0	2755.7
D区	0.0	0.0	0.0	0.0	0.0	402.2	301.8	603.6	603.6	603.6	301.8	0.0	2816.7
E区	0.0	0.0	0.0	0.0	0.0	564.0	423.2	846.4	846.4	846.4	423.2	0.0	3949.6
F区	0.0	0.0	0.0	0.0	0.0	488.9	366.9	733.8	733.8	733.8	366.9	0.0	3424.1
G区	0.0	0.0	0.0	0.0	0.0	218.3	163.8	327.6	327.6	327.6	163.8	0.0	1528.5
H区	0.0	0.0	0.0	0.0	0.0	136.1	102.1	204.2	204.2	204.2	102.1	0.0	952.9
I区	0.0	0.0	0.0	0.0	0.0	669.9	502.7	1005.4	1005.4	1005.4	502.7	0.0	4691.3
J区	0.0	0.0	0.0	0.0	0.0	550.2	412.9	825.7	825.7	825.7	412.9	0.0	3853.1
合计	0.0	0.0	0.0	0.0	0.0	4141.6	3107.7	6215.4	6215.4	6215.4	3107.7	0.0	29 003.3

表 6-13　　　　　　　　　　2005 年 $p=95\%$ 各片区各时段农业需水　　　　　　　　单位：万 m^3

	1	2	3	4	5	6	7	8	9	10	11	12	年总量
A区	0.0	0.0	0.0	0.0	0.0	323.0	242.4	484.7	484.7	484.7	242.4	0.0	2261.9
B区	0.0	0.0	0.0	0.0	0.0	477.7	358.5	717.0	717.0	717.0	358.5	0.0	3345.6
C区	0.0	0.0	0.0	0.0	0.0	438.6	329.1	658.2	658.2	658.2	329.1	0.0	3071.2
D区	0.0	0.0	0.0	0.0	0.0	448.3	336.4	672.7	672.7	672.7	336.4	0.0	3139.2
E区	0.0	0.0	0.0	0.0	0.0	628.6	471.7	943.3	943.3	943.3	471.7	0.0	4401.8
F区	0.0	0.0	0.0	0.0	0.0	544.9	408.9	817.8	817.8	817.8	408.9	0.0	3816.2
G区	0.0	0.0	0.0	0.0	0.0	243.3	182.5	365.1	365.1	365.1	182.5	0.0	1703.5
H区	0.0	0.0	0.0	0.0	0.0	151.7	113.8	227.6	227.6	227.6	113.8	0.0	1062.0
I区	0.0	0.0	0.0	0.0	0.0	746.6	560.2	1120.5	1120.5	1120.5	560.2	0.0	5228.5
J区	0.0	0.0	0.0	0.0	0.0	613.2	460.1	920.3	920.3	920.3	460.1	0.0	4294.3
合计	0.0	0.0	0.0	0.0	0.0	4615.8	3463.6	6927.1	6927.1	6927.1	3463.6	0.0	32 324.3

表 6 - 14　　　　　　　　　　**2010 年 P=75％各片区各时段农业需水**　　　　　　单位：万 m³

分区＼时间	1	2	3	4	5	6	7	8	9	10	11	12	年总量
A 区	0.0	0.0	0.0	0.0	0.0	268.0	201.1	402.2	402.2	402.2	201.1	0.0	1876.9
B 区	0.0	0.0	0.0	0.0	0.0	396.4	297.5	594.9	594.9	594.9	297.5	0.0	2776.1
C 区	0.0	0.0	0.0	0.0	0.0	363.9	273.1	546.1	546.1	546.1	273.1	0.0	2548.5
D 区	0.0	0.0	0.0	0.0	0.0	372.0	279.1	558.2	558.2	558.2	279.1	0.0	2604.9
E 区	0.0	0.0	0.0	0.0	0.0	521.6	391.4	782.7	782.7	782.7	391.4	0.0	3652.5
F 区	0.0	0.0	0.0	0.0	0.0	452.2	339.3	678.6	678.6	678.6	339.3	0.0	3166.6
G 区	0.0	0.0	0.0	0.0	0.0	201.8	151.5	302.9	302.9	302.9	151.5	0.0	1413.6
H 区	0.0	0.0	0.0	0.0	0.0	125.8	94.4	188.9	188.9	188.9	94.4	0.0	881.3
I 区	0.0	0.0	0.0	0.0	0.0	619.5	464.9	929.7	929.7	929.7	464.9	0.0	4338.5
J 区	0.0	0.0	0.0	0.0	0.0	508.8	381.8	763.6	763.6	763.6	381.8	0.0	3563.3
合计	0.0	0.0	0.0	0.0	0.0	3830.1	2874.0	5748.0	5748.0	5748.0	2874.0	0.0	26 822.1

表 6 - 15　　　　　　　　　　**2010 年 P=95％各片区各时段农业需水**　　　　　　单位：万 m³

分区＼时间	1	2	3	4	5	6	7	8	9	10	11	12	年总量
A 区	0.0	0.0	0.0	0.0	0.0	292.4	219.4	438.8	438.8	438.8	219.4	0.0	2047.6
B 区	0.0	0.0	0.0	0.0	0.0	432.5	324.5	649.0	649.0	649.0	324.5	0.0	3028.6
C 区	0.0	0.0	0.0	0.0	0.0	397.0	297.9	595.8	595.8	595.8	297.9	0.0	2780.3
D 区	0.0	0.0	0.0	0.0	0.0	405.4	304.5	609.0	609.0	609.0	304.5	0.0	2841.8
E 区	0.0	0.0	0.0	0.0	0.0	569.0	427.0	853.9	853.9	853.9	427.0	0.0	3984.8
F 区	0.0	0.0	0.0	0.0	0.0	493.3	370.2	740.3	740.3	740.3	370.2	0.0	3454.6
G 区	0.0	0.0	0.0	0.0	0.0	220.2	165.2	330.5	330.5	330.5	165.2	0.0	1542.1
H 区	0.0	0.0	0.0	0.0	0.0	137.3	103.0	206.0	206.0	206.0	103.0	0.0	961.4
I 区	0.0	0.0	0.0	0.0	0.0	675.9	507.2	1014.3	1014.3	1014.3	507.2	0.0	4733.1
J 区	0.0	0.0	0.0	0.0	0.0	555.1	416.5	833.1	833.1	833.1	416.5	0.0	3887.5
合计	0.0	0.0	0.0	0.0	0.0	4178.5	3135.4	6270.8	6270.8	6270.8	3135.4	0.0	29 261.8

4. 生态需水预测

（1）河道内生态环境需水量。由于研究区基础资料缺乏，采用 Tennant 法计算。

Tennant 法（又称 Montana 法或河流流量推荐值法）是由美国 Don Tennant 于 1976 年首次提出，开始用于美国中西部。通过对 12 个栖息地河道流量与栖息地质量关系的研究，经多次改进，现被美国 16 个州采用。Tennant 法确定的河道内最小生态流量以测站年平均天然流量的百分率表示，如以天然流量的 10％为标准确定的生态流量，表示可以维持河道生物栖息地生存，30％表示能维持适宜的栖息地生态系统（加拿大临近大西洋的各省采用 25％的比例），60％～100％表示原始天然河流的生态系统。根据鱼类等的生长条件，分两个时段（10～3 月，4～9 月）设定不同标准（见表 6 - 16）。

Tennant 法是建立在干旱半干旱地区永久性河流基础上，用推荐基流来判别栖息地环境的优劣，其推荐基流取值在平均流量的 10％～200％范围内。这种方法未考虑河流的几何形态对流量的影响，未考虑流量变化大的河流及季节性河流，在实际应用时，使用该方法应根据本地区的情况对基流标准进行适当改进，该方法计算结果的精度还与对栖息地重要性的认知程度有关。

表 6-16 **Tennant 法河流流量推荐值**

流量的叙述性描述	推荐的基流（10～3 月） （平均流量百分数）	推荐的基流（4～9 月） （平均流量百分数）
最大	200	200
最佳范围	60～100	60～100
很好	40	60
好	30	50
良好	20	40
一般或较差	10	30
差或最小	10	10
极差	0～10	0～10

本例采用天然流量的 10％做为河道内最小生态需水量。

（2）河道外生态需水量。本例中城镇生态环境需水包含在生活需水计算中，对农村生态环境需水不予考虑。

（四）水资源量计算

选择 $P=75\%$（2005 年）和 $P=95\%$（1966 年）作为典型年分别进行水库来水量及塘坝的来水量计算，计算结果见表 6-17～表 6-19。

表 6-17 **$P=75\%$主要水库径流量** 单位：万 m³

水库	1 月	2 月	3 月	4 月	5 月	6 月	7 月	8 月	9 月	10 月	11 月	12 月	总量
水库（1）	88.1	208.3	111.9	151.2	205.9	214.2	446.3	496.3	236.9	117.8	157.1	39.3	2473.3
水库（2）	43.1	77.5	63.8	82.8	80.2	120.6	243.7	246.7	140.1	49.7	73.9	15.1	1237.1
水库（3）	0.3	0.5	0.3	0.5	0.5	0.8	1.8	1.6	0.8	0.3	0.3	0.1	7.9
水库（4）	25.5	63.6	42.3	43.4	72.1	52.3	124.0	98.1	62.3	34.6	35.0	12.4	665.8
水库（5）	11.8	27.6	17.2	46.8	31.6	55.8	87.9	90.2	40.6	30.4	28.7	6.2	474.7
水库（6）（7）	1.1	2.6	1.6	4.4	3.0	5.3	8.4	8.6	3.9	2.9	2.7	0.6	45.1
水库（8）	0.7	1.8	1.2	1.2	2.1	1.5	3.5	2.8	1.8	1.0	1.0	0.4	19.0
水库（9）（10）	16.0	38.2	14.0	21.8	38.0	34.0	60.4	84.8	35.0	20.2	22.8	7.0	392.4
水库（11）（12）（13）	19.7	44.9	26.1	45.2	59.7	50.9	102.0	118.5	65.0	32.2	29.0	3.6	596.8
水库（14）（15）（16）	6.2	15.0	8.3	13.1	16.7	15.9	41.6	39.9	24.3	11.1	10.6	3.2	205.9
水库（17）	3.1	7.5	4.2	6.6	8.3	8.0	20.9	20.0	12.2	5.5	5.3	1.6	103.2
水库（18）（19）	13.7	29.4	15.1	26.9	26.9	42.7	66.0	63.9	32.1	23.7	14.6	7.2	362.2
水库（20）	5.7	12.2	6.3	11.2	11.1	17.7	27.4	26.5	13.3	9.8	6.1	3.0	150.2
水库（21）	10.3	29.2	15.7	26.6	23.6	21.4	41.1	49.4	26.9	14.5	17.7	4.6	281.1

续表

水库	1月	2月	3月	4月	5月	6月	7月	8月	9月	10月	11月	12月	总量
水库（22）	22.1	60.0	31.9	49.9	50.0	43.9	80.4	97.5	50.6	30.0	33.2	10.4	560.0
水库（23）	2.1	5.8	3.1	4.8	4.8	4.2	7.8	9.4	4.9	2.9	3.2	1.0	54.1
水库（24）	4.1	7.3	6.0	7.8	7.6	11.4	23.0	23.3	13.2	4.7	7.0	1.4	116.6
水库（25）	0.7	1.3	1.0	1.3	1.3	2.0	4.0	4.0	2.3	0.8	1.2	0.2	20.2
水库（26）	1.1	2.0	1.6	2.1	2.0	3.0	6.1	6.2	3.5	1.3	1.9	0.4	31.2

表 6-18　　　　　　　　　　　　　　$P=95\%$主要水库径流量　　　　　　　　　　　单位：万 m³

水库	1月	2月	3月	4月	5月	6月	7月	8月	9月	10月	11月	12月	总量
水库（1）	64.2	159.0	85.4	115.4	157.2	163.6	340.7	378.9	180.8	90.0	119.9	30.0	1888.2
水库（2）	31.4	59.1	48.7	63.2	61.2	92.0	186.1	188.4	107.0	37.9	56.4	11.5	944.4
水库（3）	0.2	0.4	0.3	0.4	0.3	0.6	1.4	1.2	0.6	0.2	0.3	0.1	6.0
水库（4）	11.2	27.9	18.6	19.0	31.6	22.9	54.4	43.0	27.3	15.2	15.4	5.4	292.0
水库（5）	8.6	21.1	13.1	35.7	24.1	42.6	67.1	68.8	31.0	23.2	21.9	4.7	362.4
水库（6）（7）	0.8	2.0	1.2	3.4	2.3	4.1	6.4	6.5	2.9	2.2	2.1	0.5	34.5
水库（8）	13.9	36.4	24.2	24.8	41.3	29.9	70.9	56.1	35.7	19.8	20.0	7.1	380.8
水库（9）（10）	0.5	1.4	0.9	0.9	1.6	1.1	2.7	2.1	1.4	0.8	0.8	0.3	14.5
水库（11）（12）（13）	11.7	29.2	10.7	16.7	29.0	26.0	46.1	64.8	26.7	15.4	17.4	5.3	299.6
水库（14）（15）（16）	14.4	34.3	19.9	34.5	45.6	38.9	77.9	90.5	49.6	24.6	22.1	2.7	455.6
水库（17）	4.5	11.4	6.4	10.0	12.7	12.2	31.8	30.4	18.6	8.5	8.1	2.5	157.2
水库（18）（19）	2.3	5.7	3.2	5.0	6.4	6.1	15.9	15.3	9.3	4.2	4.0	1.2	78.8
水库（20）	10.0	22.4	11.5	20.6	20.5	32.6	50.4	48.8	24.5	18.1	11.1	5.5	276.5
水库（21）	4.2	9.3	4.8	8.5	8.5	13.5	20.9	20.2	10.2	7.5	4.6	2.3	114.7
水库（22）	7.5	22.3	12.0	20.3	18.0	16.4	31.4	37.7	20.5	11.1	13.5	3.5	214.6
水库（23）	16.1	45.8	24.4	38.1	38.5	33.5	61.4	74.4	38.7	22.9	25.4	7.9	427.5
水库（24）	1.6	4.4	2.4	3.7	3.7	3.2	5.9	7.2	3.7	2.2	2.5	0.8	41.3
水库（25）	3.0	5.6	4.6	6.0	5.8	8.7	17.5	17.8	10.1	3.6	5.3	1.1	89.0
水库（26）	0.5	1.0	0.8	1.0	1.0	1.5	3.0	3.1	1.7	0.6	0.9	0.2	15.4

表 6-19　　　　　　　　　　　　　　塘 坝 水 资 源 量　　　　　　　　　　　　　单位：万 m³

片区	$P=75\%$	$P=95\%$	片区	$P=75\%$	$P=95\%$
A 区	1770.5	1549.2	F 区	1945.9	1702.7
B 区	1876.1	1641.5	G 区	1981.6	1733.9
C 区	2035.2	1780.8	H 区	1624.3	1421.2
D 区	2241.5	1961.3	I 区	2192.1	1918.1
E 区	2437.1	2132.4	J 区	3117.0	2727.4

（五）水资源优化配置模型的建立

1. 模型的建立

（1）目标函数。针对不同的实际情况，应该追求或选择不同的目标。水资源优化配置模型通常包括以下 4 类目标：①净效益最大；②损失水量最小；③运行成本最小；④供水可靠性最大等。并且用统一的数学公式表达出来，通过对选择项参数赋值，可以选择采用一个或多个目标函数（即系统运行的评价标准）。

根据研究目的及研究区水资源利用现状，确定整个系统相对缺水率最小为目标函数。

$$\min r = \sum_{n=1}^{N} \sum_{j=1}^{J} \sum_{t=1}^{T} \left[\left(D_{njt} - \sum_{i=1}^{I} Q_{injt} \right) / D_{njt} \right]^2 \tag{6-69}$$

式中：D_{njt} 为 n 片区 j 部门 t 时段的需水量（万 m^3）；Q_{injt} 为 i 水源向 n 片区 j 部门 t 时段的供水量（万 m^3）。

（2）约束条件。对于整个水资源系统，有以下约束。

①供水量约束。考虑资源节约和有效利用原则，各分区、各部门的供水量不应多于其需水量。

$$\sum_{i=1}^{I} Q_{injt} \leqslant D_{njt} \quad (n=1,2,\cdots,N; j=1,2,\cdots,J; t=1,2,\cdots,T) \tag{6-70}$$

式中：Q_{injt} 为 i 水源向 n 片区 j 部门 t 时段的供水量（万 m^3）。D_{njt} 为 n 片区 j 部门 t 时段的需水量（万 m^3）。

②水库库容的约束。水库供水过程应满足水量平衡原理，并且可调配水量应满足死库容和兴利库容限制。

$$\begin{cases} V_t = V_{t-1} + I_t - Q_t \\ V_{\min} \leqslant V \leqslant V_{\max} \end{cases} \tag{6-71}$$

式中：V_t 为 t 时段末的库容（万 m^3）；V_{t-1} 为上一时段末的库容（万 m^3）；I_t 为 t 时段该水库的来水量（万 m^3）；Q_t 为 t 时段该水库供水量（万 m^3）；$V_{\min}$ 为死库容（万 m^3）；$V_{\max}$ 为兴利库容（万 m^3）。

③供水能力约束。水源从水源地输送到用户需要经过泵站、取水口和输水渠道或管道等水利设施，它们都有各自的供水能力，时段供水量应控制在所有水利设施最大输水能力的交集范围内。

$$Q_{injt} \leqslant Q_{\max inj} (i=1,2,\cdots,I; n=1,2,\cdots,N; j=1,2,\cdots,J; t=1,2,\cdots,T) \tag{6-72}$$

式中：$Q_{\max inj}$ 表示第 i 水源对第 n 分区、第 j 用水部门供水路线上所有水利设施最大输水能力的最小值。

④非负约束。

$$Q_{injt} \geqslant 0 \ (i=1,2,\cdots,I; n=1,2,\cdots,N; j=1,2,\cdots,J; t=1,2,\cdots,T) \tag{6-73}$$

2. 模型的求解

根据模型目标采用增量动态规划法对水资源配置模型进行求解。对研究区供水网络简化、分析后，分为单库调度和轮库调度两部分。

（1）单库调度的增量动态规划方法思路。增量动态规划是动态规划的一种改进方法，是用逐次逼近的方法（迭代法）寻优，每次寻优只在某个状态序列附近的小范围内用动态规划法进行。它能比动态规划进一步减少工作量。

①选初始状态序列和决策序列。首先根据一般经验和分析判断或用其他简便方法定出一条尽可能接近最优的决策序列，并可求得相应于该初始决策序列的初始状态序列。对于水库最优调度问题来说，该初始状态序列即为初始调度线。

②选增量形成廊道。在该初始状态序列的上下各变动一个小范围，这个变动范围称为增量（以 △ 表示），形成一个带状的"廊道"。

③在廊道范围内用常规动态规划法选优。在上述带状的小范围内用常规规划递推方程寻优，可求得一条新的更接近于最优的状态序列和决策序列，即为一条更接近于最优的新调度线。由于在廊道范围内选优，所以也称它为"廊道法"或"走廊法"。

④反复迭代直至收敛。在上述基础上再进行第二次迭代，即在新的状态序列上下再变动一个增量△，并进行选优。这样逐次进行迭代，直到逼近最优决策序列和最优状态序列为止。为了确定何时停止迭代，应根据精度要求，预先设定目标值的相对精度ε。当两次迭代所得目标值满足精度要求时，即可停止迭代。

（2）轮库调度增量动态规划法思路。两个水库各作一条满足约束条件的初始调度线。在其中一个水库（如1库）的初始调度线上作廊道。固定2库的初始调度线，对1库的廊道用动态规划寻1库廊道内的第一次优化后的调度线。再固定1库优化后的调度线，对2库初始调度线作廊道，并用动态规划方法寻优，得2库得第一次优化后的调度线。再固定2库的第一次优化后的调度线，对1库的第一次优化调度线作廊道并寻优得第二次优化调度线。这样轮流交替在1水库得廊道内寻找优化调度线，直到两水库的调度线全部为非廊道边界点和水库上下限库容点组成时为止。

（3）动态规划描述。把调节期（1年）离散为12个时段，水库运行可看成逐阶段（时段）地运行。每一时段末的库蓄水量是其下一时段初的库蓄水量，即每一阶段末的库蓄水量只影响（联系）其下一时段的库蓄水量，而与其他时段的蓄水量无关。这样的系统及描述系统的模型，满足了分段决策模型的条件，利用最优化原理，可用动态规划方法求解上述模型。

①阶段变量 t。根据调度要求和径流资料情况选取阶段，取一个月为一个时段。

②状态变量。采用月初库蓄水量 V_{t-1} 为状态变量，状态是在正常蓄水位相应的库容和死水位相应的库容之间连续变化，进行离散化时，取水库蓄水量的变化幅度为 ΔV（步长），将库蓄水量划分成 $m-1$ 个网格，共有 m 个库蓄水量。从各阶段间网格交点连线组成的调度线簇中来选择最优调度线。它是动态规划求解中使用很广泛的一种方法。格点越多，计算工作量越大，所得结果的精度也越高。反之，格点越少，计算工作量越少，所得结果的精度就越差。格点的多少，应根据精度要求具体分析确定。

③决策变量。选用各时段的供水量 Q_t。相应于一个决策，就有一个阶段效应。

④状态转移方程。各时段入流量 I_t 为输入变量，则输入状态变量 V_{t-1}，决策变量 Q_t，输出状态变量 V_t 之间的关系为

$$V_t = V_{t-1} + (I_t - Q_t)\Delta t \tag{6-74}$$

即水库水量平衡方程。

⑤目标函数。有限的水资源，如何在不同片区、不同时段之间达到协调，以使各片区、各时段需水均得到一定保证，需要对供水的结果给出一个定量的表示，对不同的供水方案所达到的结果比较，进而挑选出最优的方案，以实现有限水资源的合理配置。就本例而言，水

资源配置的主要目的是解决水资源的短缺和用水竞争问题，以更好地满足生活和生产的需要。因此，水资源合理配置的目的应该使水资源的相对缺水率达到最小，相应的目标函数为

$$\min \sum_t \left(\frac{D_t - Q_t}{D_t} \right)^2 \qquad (6-75)$$

在这个目标函数中，其认为各个片区的重要程度是相同的，在数学上可以证明，当目标函数达到最小时，每个用片区的相对缺水率之和是最小的，即供水系统的相对缺水率是最小的。

3. 结果分析

（1）配置结果。对模型进行求解，得到现状 2005 年来水频率为 75%、规划 2010 年来水频率为 75%、95% 的水资源配置结果，见表 6-20～表 6-22。

表 6-20　　　　　　　　　　　　2005 年 P=75% 配置结果　　　　　　　　　单位：万 m³

片区	供需情况	1	2	3	4	5	6	7	8	9	10	11	12	总量
A区	生工需水	19.0	18.4	17.7	19.1	20.0	20.4	20.9	21.8	21.8	20.7	19.8	20.1	239.7
	生工供水	19.0	18.4	17.7	19.1	20.0	20.4	20.9	21.8	21.8	20.7	19.8	20.1	239.7
	农业需水	0.0	0.0	0.0	0.0	0.0	289.8	217.5	434.9	434.9	434.9	217.5	0.0	2029.5
	农业供水	0.0	0.0	0.0	0.0	0.0	289.8	217.5	434.9	434.9	420.3	204.8	0.0	2002.3
	缺水量	0.0	0.0	0.0	0.0	0.0	0.0	0.0	0.0	0.0	14.6	12.6	0.0	27.2
B区	生工需水	19.7	19.2	18.6	19.9	21.0	21.4	21.8	22.7	22.8	21.4	20.7	20.9	250.1
	生工供水	19.7	19.2	18.6	19.9	21.0	21.4	21.8	22.7	22.8	21.4	20.7	20.9	250.1
	农业需水	0.0	0.0	0.0	0.0	0.0	428.7	321.7	643.3	643.3	643.3	321.7	0.0	3001.9
	农业供水	0.0	0.0	0.0	0.0	0.0	428.7	321.7	643.3	634.1	585.3	292.8	0.0	2905.8
	缺水量	0.0	0.0	0.0	0.0	0.0	0.0	0.0	0.0	9.2	58.1	28.9	0.0	96.1
C区	生工需水	22.1	21.6	20.9	22.4	23.5	24.0	24.5	25.5	25.5	24.1	23.2	23.5	280.6
	生工供水	22.1	21.6	20.9	22.4	23.5	24.0	24.5	25.5	25.5	24.1	23.2	23.5	280.6
	农业需水	0.0	0.0	0.0	0.0	0.0	393.5	295.3	590.5	590.5	590.5	295.3	0.0	2755.7
	农业供水	0.0	0.0	0.0	0.0	0.0	393.5	295.3	590.5	590.5	590.5	295.3	0.0	2755.7
	缺水量	0.0	0.0	0.0	0.0	0.0	0.0	0.0	0.0	0.0	0.0	0.0	0.0	0.0
D区	生工需水	73.0	71.1	68.8	73.8	77.5	79.1	80.7	84.1	84.2	79.6	76.5	77.4	925.8
	生工供水	73.0	71.1	68.8	73.8	77.5	79.1	80.7	84.1	84.2	79.6	76.5	77.4	925.8
	农业需水	0.0	0.0	0.0	0.0	0.0	402.2	301.8	603.6	603.6	603.6	301.8	0.0	2816.7
	农业供水	0.0	0.0	0.0	0.0	0.0	402.2	301.8	603.6	603.6	603.6	301.8	0.0	2816.7
	缺水量	0.0	0.0	0.0	0.0	0.0	0.0	0.0	0.0	0.0	0.0	0.0	0.0	0.0
E区	生工需水	31.4	30.7	29.7	31.8	33.4	34.1	34.8	36.2	36.3	34.2	32.9	33.3	398.6
	生工供水	31.4	30.7	29.7	31.8	33.4	34.1	34.8	36.2	36.3	34.2	32.9	33.3	398.6
	农业需水	0.0	0.0	0.0	0.0	0.0	564.0	423.2	846.4	846.4	846.4	423.2	0.0	3949.6
	农业供水	0.0	0.0	0.0	0.0	0.0	564.0	423.2	846.4	846.4	846.4	423.2	0.0	3949.6
	缺水量	0.0	0.0	0.0	0.0	0.0	0.0	0.0	0.0	0.0	0.0	0.0	0.0	0.0

续表

片区	供需情况	1	2	3	4	5	6	7	8	9	10	11	12	总量
F区	生工需水	21.8	21.6	21.0	22.2	23.5	23.9	24.5	25.3	25.4	23.7	23.0	23.2	279.0
	生工供水	21.8	21.6	21.0	22.2	23.5	23.9	24.5	25.3	25.4	23.7	23.0	23.2	279.0
	农业需水	0.0	0.0	0.0	0.0	0.0	488.9	366.9	733.8	733.8	733.8	366.9	0.0	3424.1
	农业供水	0.0	0.0	0.0	0.0	0.0	488.9	366.9	733.8	733.8	733.8	366.9	0.0	3424.1
	缺水量	0.0	0.0	0.0	0.0	0.0	0.0	0.0	0.0	0.0	0.0	0.0	0.0	0.0
G区	生工需水	22.8	22.0	21.2	22.9	24.0	24.5	25.0	26.1	26.1	24.9	23.8	24.1	287.2
	生工供水	22.8	22.0	21.2	22.9	24.0	24.5	25.0	26.1	26.1	24.9	23.8	24.1	287.2
	农业需水	0.0	0.0	0.0	0.0	0.0	218.3	163.8	327.6	327.6	327.6	163.8	0.0	1528.5
	农业供水	0.0	0.0	0.0	0.0	0.0	218.3	163.8	327.6	327.6	327.6	163.8	0.0	1528.5
	缺水量	0.0	0.0	0.0	0.0	0.0	0.0	0.0	0.0	0.0	0.0	0.0	0.0	0.0
H区	生工需水	13.8	13.2	12.7	13.9	14.4	14.7	15.0	15.8	15.7	15.1	14.4	14.6	173.3
	生工供水	13.8	13.2	12.7	13.9	14.4	14.7	15.0	15.8	15.7	15.1	14.4	14.6	173.3
	农业需水	0.0	0.0	0.0	0.0	0.0	136.1	102.1	204.2	204.2	204.2	102.1	0.0	952.9
	农业供水	0.0	0.0	0.0	0.0	0.0	136.1	102.1	204.2	204.2	204.2	102.1	0.0	952.9
	缺水量	0.0	0.0	0.0	0.0	0.0	0.0	0.0	0.0	0.0	0.0	0.0	0.0	0.0
I区	生工需水	29.0	28.7	27.9	29.5	31.2	31.8	32.6	33.7	33.8	31.6	30.6	30.9	371.5
	生工供水	29.0	28.7	27.9	29.5	31.2	31.8	32.6	33.7	33.8	31.6	30.6	30.9	371.5
	农业需水	0.0	0.0	0.0	0.0	0.0	669.9	502.7	1005.4	1005.4	1005.4	502.7	0.0	4691.3
	农业供水	0.0	0.0	0.0	0.0	0.0	669.9	502.7	1005.4	1005.4	1005.4	502.7	0.0	4691.3
	缺水量	0.0	0.0	0.0	0.0	0.0	0.0	0.0	0.0	0.0	0.0	0.0	0.0	0.0
J区	生工需水	31.6	31.1	30.2	32.1	33.9	34.5	35.3	36.6	36.7	34.4	33.3	33.6	403.2
	生工供水	31.6	31.1	30.2	32.1	33.9	34.5	35.3	36.6	36.7	34.4	33.3	33.6	403.2
	农业需水	0.0	0.0	0.0	0.0	0.0	550.2	412.9	825.7	825.7	825.7	412.9	0.0	3853.1
	农业供水	0.0	0.0	0.0	0.0	0.0	550.2	412.9	825.7	825.7	825.7	412.9	0.0	3853.1
	缺水量	0.0	0.0	0.0	0.0	0.0	0.0	0.0	0.0	0.0	0.0	0.0	0.0	0.0

表 6-21　　　　　　　　　　　2010 年 $P=75\%$ 配置结果　　　　　　　　单位：万 m^3

片区	供需情况	1	2	3	4	5	6	7	8	9	10	11	12	总量
A区	生工需水	23.9	22.9	22.0	24.0	25.0	25.6	26.0	27.4	27.3	26.2	24.9	25.3	300.6
	生工供水	23.9	22.9	22.0	24.0	25.0	25.6	26.0	27.4	27.3	26.2	24.9	25.3	300.6
	农业需水	0.0	0.0	0.0	0.0	0.0	268.0	201.1	402.2	402.2	402.2	201.1	0.0	1876.9
	农业供水	0.0	0.0	0.0	0.0	0.0	268.0	201.1	402.2	402.2	402.2	201.1	0.0	1876.9
	缺水量	0.0	0.0	0.0	0.0	0.0	0.0	0.0	0.0	0.0	0.0	0.0	0.0	0.0

片区	供需情况	1	2	3	4	5	6	7	8	9	10	11	12	总量
B区	生工需水	24.2	23.4	22.6	24.4	25.5	26.1	26.6	27.8	27.8	26.4	25.3	25.6	305.7
	生工供水	24.2	23.4	22.6	24.4	25.5	26.1	26.6	27.8	27.8	26.4	25.3	25.6	305.7
	农业需水	0.0	0.0	0.0	0.0	0.0	396.4	297.5	594.9	594.9	594.9	297.5	0.0	2776.1
	农业供水	0.0	0.0	0.0	0.0	0.0	396.4	297.5	594.9	594.9	594.9	297.5	0.0	2776.1
	缺水量	0.0	0.0	0.0	0.0	0.0	0.0	0.0	0.0	0.0	0.0	0.0	0.0	0.0
C区	生工需水	26.7	25.8	24.8	26.9	28.1	28.7	29.3	30.7	30.6	29.2	27.9	28.3	337.1
	生工供水	26.7	25.8	24.8	26.9	28.1	28.7	29.3	30.7	30.6	29.2	27.9	28.3	337.1
	农业需水	0.0	0.0	0.0	0.0	0.0	363.9	273.1	546.1	546.1	546.1	273.1	0.0	2548.5
	农业供水	0.0	0.0	0.0	0.0	0.0	363.9	273.1	546.1	546.1	546.1	273.1	0.0	2548.5
	缺水量	0.0	0.0	0.0	0.0	0.0	0.0	0.0	0.0	0.0	0.0	0.0	0.0	0.0
D区	生工需水	96.9	93.7	90.5	97.7	102.2	104.4	106.5	111.3	111.2	105.8	101.3	102.7	1224.1
	生工供水	96.9	93.7	90.5	97.7	102.2	104.4	106.5	111.3	111.2	105.8	101.3	102.7	1224.1
	农业需水	0.0	0.0	0.0	0.0	0.0	372.0	279.1	558.2	558.2	558.2	279.1	0.0	2604.9
	农业供水	0.0	0.0	0.0	0.0	0.0	372.0	279.1	558.2	558.2	558.2	279.1	0.0	2604.9
	缺水量	0.0	0.0	0.0	0.0	0.0	0.0	0.0	0.0	0.0	0.0	0.0	0.0	0.0
E区	生工需水	35.5	34.2	33.0	35.8	37.3	38.2	38.9	40.7	40.7	38.9	37.1	37.6	447.9
	生工供水	35.5	34.2	33.0	35.8	37.3	38.2	38.9	40.7	40.7	38.9	37.1	37.6	447.9
	农业需水	0.0	0.0	0.0	0.0	0.0	521.6	391.4	782.7	782.7	782.7	391.4	0.0	3652.5
	农业供水	0.0	0.0	0.0	0.0	0.0	521.6	391.4	782.7	782.7	782.7	391.4	0.0	3652.5
	缺水量	0.0	0.0	0.0	0.0	0.0	0.0	0.0	0.0	0.0	0.0	0.0	0.0	0.0
F区	生工需水	29.8	29.3	28.5	30.3	31.9	32.5	33.3	34.5	34.6	32.4	31.4	31.7	380.2
	生工供水	29.8	29.3	28.5	30.3	31.9	32.5	33.3	34.5	34.6	32.4	31.4	31.7	380.2
	农业需水	0.0	0.0	0.0	0.0	0.0	452.2	339.3	678.6	678.6	678.6	339.3	0.0	3166.6
	农业供水	0.0	0.0	0.0	0.0	0.0	452.2	339.3	678.6	678.6	678.6	339.3	0.0	3166.6
	缺水量	0.0	0.0	0.0	0.0	0.0	0.0	0.0	0.0	0.0	0.0	0.0	0.0	0.0
G区	生工需水	27.1	25.8	24.7	27.2	28.1	28.8	29.3	30.9	30.8	29.7	28.2	28.7	339.3
	生工供水	27.1	25.8	24.7	27.2	28.1	28.8	29.3	30.9	30.8	29.7	28.2	28.7	339.3
	农业需水	0.0	0.0	0.0	0.0	0.0	201.8	151.5	302.9	302.9	302.9	151.5	0.0	1413.6
	农业供水	0.0	0.0	0.0	0.0	0.0	201.8	151.5	302.9	302.9	302.9	151.5	0.0	1413.6
	缺水量	0.0	0.0	0.0	0.0	0.0	0.0	0.0	0.0	0.0	0.0	0.0	0.0	0.0
H区	生工需水	18.4	17.3	16.5	18.3	18.9	19.4	19.7	20.9	20.7	20.1	19.0	19.4	228.6
	生工供水	18.4	17.3	16.5	18.3	18.9	19.4	19.7	20.9	20.7	20.1	19.0	19.4	228.6
	农业需水	0.0	0.0	0.0	0.0	0.0	125.8	94.4	188.9	188.9	188.9	94.4	0.0	881.3
	农业供水	0.0	0.0	0.0	0.0	0.0	125.8	94.4	188.9	188.9	188.9	94.4	0.0	881.3
	缺水量	0.0	0.0	0.0	0.0	0.0	0.0	0.0	0.0	0.0	0.0	0.0	0.0	0.0

片区	供需情况	1	2	3	4	5	6	7	8	9	10	11	12	总量
I 区	生工需水	35.3	34.6	33.6	35.8	18.4	38.4	39.3	40.8	40.9	38.5	37.1	37.5	430.3
	生工供水	35.3	34.6	33.6	35.8	18.4	38.4	39.3	40.8	40.9	38.5	37.1	37.5	430.3
	农业需水	0.0	0.0	0.0	0.0	0.0	619.5	464.9	929.7	929.7	929.7	464.9	0.0	4338.5
	农业供水	0.0	0.0	0.0	0.0	0.0	619.5	464.9	929.7	929.7	929.7	464.9	0.0	4338.5
	缺水量	0.0	0.0	0.0	0.0	0.0	0.0	0.0	0.0	0.0	0.0	0.0	0.0	0.0
J 区	生工需水	38.5	37.6	36.4	39.0	39.4	41.7	42.6	44.4	44.4	42.0	40.4	40.8	487.2
	生工供水	38.5	37.6	36.4	39.0	39.4	41.7	42.6	44.4	44.4	42.0	40.4	40.8	487.2
	农业需水	0.0	0.0	0.0	0.0	0.0	508.8	381.8	763.6	763.6	763.6	381.8	0.0	3563.3
	农业供水	0.0	0.0	0.0	0.0	0.0	508.8	381.8	763.6	763.6	763.6	381.8	0.0	3563.3
	缺水量	0.0	0.0	0.0	0.0	0.0	0.0	0.0	0.0	0.0	0.0	0.0	0.0	0.0

表 6 - 22　　　　　　　　　　　2010 年 P＝95％配置结果　　　　　　　　　　单位：万 m³

片区	供需情况	1	2	3	4	5	6	7	8	9	10	11	12	总量
A 区	生工需水	23.9	22.9	22.0	24.0	25.0	25.6	26.0	27.4	27.3	26.2	24.9	25.3	300.6
	生工供水	23.5	22.4	21.6	23.6	24.5	25.1	25.5	26.8	26.7	25.7	24.4	24.8	294.6
	农业需水	0.0	0.0	0.0	0.0	0.0	292.4	219.4	438.8	438.8	438.8	219.4	0.0	2047.6
	农业供水	0.0	0.0	0.0	0.0	0.0	292.4	219.4	438.8	434.0	371.4	196.5	0.0	1952.6
	缺水量	0.5	0.5	0.4	0.5	0.5	0.5	0.5	0.5	5.3	67.9	23.4	0.5	101.1
B 区	生工需水	24.2	23.4	22.6	24.4	25.5	26.1	26.6	27.8	27.8	26.4	25.3	25.6	305.7
	生工供水	23.7	23.0	22.2	23.9	25.0	25.6	26.1	27.2	27.2	25.9	24.8	25.1	299.6
	农业需水	0.0	0.0	0.0	0.0	0.0	432.5	324.5	649.0	649.0	649.0	324.5	0.0	3028.6
	农业供水	0.0	0.0	0.0	0.0	0.0	432.5	324.5	642.4	546.3	540.7	275.0	0.0	2761.3
	缺水量	0.5	0.5	0.5	0.5	0.5	0.5	0.5	7.2	103.3	108.9	50.1	0.5	273.5
C 区	生工需水	26.7	25.8	24.8	26.9	28.1	28.7	29.3	30.7	30.6	29.2	27.9	28.3	337.1
	生工供水	26.2	25.3	24.3	26.4	27.5	28.2	28.7	30.0	30.0	28.6	27.4	27.8	330.4
	农业需水	0.0	0.0	0.0	0.0	0.0	397.0	297.9	595.8	595.8	595.8	297.9	0.0	2780.3
	农业供水	0.0	0.0	0.0	0.0	0.0	397.0	297.9	595.8	595.8	595.8	297.9	0.0	2780.3
	缺水量	0.5	0.5	0.5	0.5	0.6	0.6	0.6	0.6	0.6	0.6	0.6	0.6	6.7
D 区	生工需水	96.9	93.7	90.5	97.7	102.2	104.4	106.5	111.3	111.2	105.8	101.3	102.7	1224.1
	生工供水	95.0	91.9	88.7	95.8	100.1	102.3	104.3	109.0	109.0	103.7	99.3	100.6	1199.6
	农业需水	0.0	0.0	0.0	0.0	0.0	405.8	304.5	609.0	609.0	609.0	304.5	0.0	2841.8
	农业供水	0.0	0.0	0.0	0.0	0.0	405.8	304.5	609.0	561.3	427.3	230.5	0.0	2538.3
	缺水量	1.9	1.9	1.8	2.0	2.0	2.1	2.1	2.2	50.0	183.8	76.1	2.1	328.0

续表

片区	供需情况	1	2	3	4	5	6	7	8	9	10	11	12	总量
E区	生工需水	35.5	34.2	33.0	35.8	37.3	38.2	38.9	40.7	40.7	38.9	37.1	37.6	447.9
	生工供水	34.8	33.5	32.3	35.1	36.6	37.4	38.1	39.9	39.9	38.1	36.3	36.9	439.0
	农业需水	0.0	0.0	0.0	0.0	0.0	569.0	427.0	853.9	853.9	853.9	427.0	0.0	3984.8
	农业供水	0.0	0.0	0.0	0.0	0.0	569.0	427.0	805.0	638.0	602.1	320.6	0.0	3361.7
	缺水量	0.7	0.7	0.7	0.7	0.7	0.8	0.8	49.7	216.7	252.6	107.2	0.8	632.0
F区	生工需水	29.8	29.3	28.5	30.3	31.9	32.5	33.3	34.5	34.6	32.4	31.4	31.7	380.2
	生工供水	29.2	28.7	27.9	29.7	31.3	31.9	32.6	33.8	33.9	31.8	30.7	31.0	372.6
	农业需水	0.0	0.0	0.0	0.0	0.0	493.3	370.2	740.3	740.3	740.3	370.2	0.0	3454.6
	农业供水	0.0	0.0	0.0	0.0	0.0	493.3	370.2	740.3	568.9	526.0	281.9	0.0	2980.5
	缺水量	0.6	0.6	0.6	0.6	0.6	0.7	0.7	0.7	172.1	215.0	88.9	0.6	481.7
G区	生工需水	27.1	25.8	24.7	27.2	28.1	28.8	29.3	30.9	30.8	29.7	28.2	28.7	339.3
	生工供水	27.1	25.8	24.7	27.2	28.1	28.8	29.3	30.9	30.8	29.7	28.2	28.7	339.3
	农业需水	0.0	0.0	0.0	0.0	0.0	220.2	165.2	330.5	330.5	330.5	165.2	0.0	1542.1
	农业供水	0.0	0.0	0.0	0.0	0.0	220.2	165.2	330.5	330.5	330.5	165.2	0.0	1542.1
	缺水量	0.0	0.0	0.0	0.0	0.0	0.0	0.0	0.0	0.0	0.0	0.0	0.0	0.0
H区	生工需水	18.4	17.3	16.5	18.3	18.9	19.4	19.7	20.9	20.7	20.1	19.0	19.4	228.6
	生工供水	18.0	17.0	16.2	18.0	18.5	19.0	19.3	20.4	20.3	19.7	18.6	19.0	224.0
	农业需水	0.0	0.0	0.0	0.0	0.0	137.3	103.0	206.0	206.0	206.0	103.0	0.0	961.4
	农业供水	0.0	0.0	0.0	0.0	0.0	137.3	103.0	206.0	206.0	206.0	103.0	0.0	961.4
	缺水量	0.4	0.3	0.3	0.3	0.4	0.4	0.4	0.5	0.4	0.4	0.4	0.4	4.6
I区	生工需水	35.3	34.6	33.6	35.8	18.4	38.4	39.3	40.8	40.9	38.5	37.1	37.5	430.3
	生工供水	34.6	33.9	32.9	35.1	18.0	37.7	38.5	40.0	40.1	37.7	36.4	36.7	421.7
	农业需水	0.0	0.0	0.0	0.0	0.0	675.9	507.2	1014.3	1014.3	1014.3	507.2	0.0	4733.1
	农业供水	0.0	0.0	0.0	0.0	0.0	608.3	456.2	912.9	912.9	912.9	456.4	0.0	4259.8
	缺水量	0.7	0.7	0.7	0.7	0.4	68.4	51.5	102.2	102.2	102.2	51.5	0.7	481.9
J区	生工需水	38.5	37.6	36.4	39.0	39.4	41.7	42.6	44.4	44.4	42.0	40.4	40.8	487.2
	生工供水	38.5	37.6	36.4	39.0	39.4	41.7	42.6	44.4	44.4	42.0	40.4	40.8	487.2
	农业需水	0.0	0.0	0.0	0.0	0.0	555.1	416.5	833.1	833.1	833.1	416.5	0.0	3887.5
	农业供水	0.0	0.0	0.0	0.0	0.0	555.1	416.5	833.1	833.1	555.0	206.5	0.0	3399.4
	缺水量	0.0	0.0	0.0	0.0	0.0	0.0	0.0	0.0	0.0	278.1	210.0	0.0	488.1

（2）结果分析。从不同分区的水资源配置结果分析，在同一规划水平年、相同保证率条件下，除个别片区外各分区的缺水率比较接近：研究区现状年在 $P=75\%$ 年份除 A 区和 B 区农业相对缺水率为 1.34% 和 3.2% 外，其他片区各时段需水均能满足。由于考虑了节水措施的推广等因素，2010 年总需水量较现状年减少 3.87%，2010 年各片区各部门每个时段需水均能满足。规划 2010 年 $P=95\%$ 年份各片区缺水率相当，研究区共缺水 2797.6 万 m^3，相对缺水率为 8.07%。

　　从同一分区的不同用水部门的配置结果分析，生活和工业需水尽可能全部满足，在特殊干旱年份其供水保证率也能达到 96％，而农业需水保证率相对稍低。

　　配置结果充分体现了模型目标函数和调配原则的要求：首先，不同分区的不同计算时段以及同一分区的不同计算时段缺水率最小，且尽可能均匀；其次，不同用水部门的优先满足程度也不同，即优先满足生活和工业用水。

　　由于受到供水水厂及设施现有设计规模和供水能力的限制，远景规划年生活、工业需水不能得到满足。所以，为了满足社会经济发展需水要求，研究区要加强水利设施建设，扩大供水系统规模，提高供水能力。由于近年来研究区对行政区划进行了合并，原有部分水厂的供水格局应该做出相应调整，以使各片区合理利用内部水资源。

习　　题

6.1　简述水资源优化配置的定义、目标与原则。

6.2　水资源优化配置的基本模式有哪些？

6.3　简述基于宏观经济的水资源配置原理。

6.4　简述基于生态文明可持续发展的水资源配置原理。

6.5　水资源配置系统的主要组成部分有哪些？

6.6　水资源优化配置一般模型的基本形式是怎样的？

第七章 水资源规划的原理方法与工作流程

　　水资源规划是水利部门的重点工作内容之一，对水资源的开发利用起重要指导作用。水资源规划的工作内容和指导思想的认识是在长期水事活动实践过程中形成和发展起来的，在内容上不断增添新的内涵，在观念上不断引入新的思想，以适应不同发展阶段、不同水资源条件下的水资源开发利用工作。随着我国水利事业的不断发展，水资源规划的指导思想也发生了很大变化，特别是可持续发展的指导思想已引起广泛关注并被接纳。因此，在水资源规划的工作内容也出现了很大的变化，以适应现代水资源规划的需要。

　　本章将介绍水资源规划的概念、编制原则、指导思想、主要工作内容和具体步骤，还将介绍水资源规划方案的制定与优选方法以及水资源规划报告书的编写。

第一节 概　　述

　　水资源规划（water resources planning）的概念由来已久，它是人类长期水事活动的产物，是人类在漫长的历史长河中通过防洪、抗旱、开源、供水等一系列的水事活动逐步形成的理论成果，并且随着人类认识的提高和科技的进步而不断充实和发展。

一、水资源规划的概念

　　我国台湾省 1972 年出版的《中国工程师手册》中认为，"以水之制控及利用为主要对象之活动，统称水资源事业，它包括水害防治、增加水源和用水"，对这些内容的总体安排即为水资源规划。美国的古德曼（A. S. Goodman）认为，水资源规划就是在开发利用水资源的活动中，对水资源的开发目标及其功能在相互协调的前提下作出的总体安排。我国的陈家琦教授则认为，水资源规划是指在统一的方针、任务和目标的约束下，对有关水资源的评价、分配和供需平衡分析及对策，以及方案实施后可能对经济、社会和环境的影响方面而制定的总体安排。左其亭等曾给出如下定义：水资源规划是以水资源利用、调配为对象，在一定区域内为开发水资源、防治水患、保护生态系统、提高水资源综合利用效益而制定的总体措施计划与安排。由此可见，水资源规划的概念和内涵随着研究者的认识、侧重点和实际情况不同而有所差异。

　　水资源规划为将来的水资源开发利用提供指导性建议，它小到江河湖泊、城镇乡村的水资源供需分配，大到流域、国家范围内的水资源综合规划、配置，具有广泛的应用价值和重要的指导意义。

二、水资源规划的任务、内容和目的

　　水资源规划的基本任务：根据国家或地区的经济发展计划、保护生态系统要求以及各行各业对水资源的需求，结合区域内或区域间水资源条件和特点，选定规划目标，拟定开发治理方案，提出工程规模和开发次序方案，并对生态系统保护、社会发展规模、经济发展速度与经济结构调整提出建议。这些规划成果，将作为区域内各项水利工程设计的基础和编制国家水利建设长远计划的依据。

水资源规划的主要内容：水资源量与质的计算与评估、水资源功能的划分与协调、水资源的供需平衡分析与水量科学分配、水资源保护与灾害防治规划以及相应的水利工程规划方案设计及论证等。

水资源规划的目的是合理评价、分配和调度水资源，支持经济社会发展，改善环境质量，以做到有计划地开发利用水资源，并达到水资源开发、经济社会发展及自然生态系统保护相互协调的目标。

水资源规划的工作内容涉及水文学、水资源学、社会学、经济学、环境学、管理学以及水利工程经济学等多门学科，需要国家、流域或地区范围内一切与水有关的行政管理部门的通力合作。因此，如何使水资源规划方案既科学、合理，又能被各级政府和水行政主管部门乃至一般用水者接受，确实是一个难题。

三、水资源规划的类型及意义

（一）水资源规划的类型

根据规划的对象和要求，水资源规划可分为流域水资源规划、跨流域水资源规划、地区水资源规划、专项水资源规划和水资源综合规划五种类型。

1. 流域水资源规划

流域水资源规划是指以整个江河流域为研究对象的水资源规划，包括大型江河流域的水资源规划和中、小型河流流域的水资源规划，简称为流域规划。其规划区域一般是按照地表水系的空间地理位置来进行划分，并以流域分水岭为研究水资源的系统边界。流域规划内容涉及国民经济发展、地区开发、自然资源与环境保护、社会福利与人民生活水平提高以及其他与水资源有关的问题，研究的对策一般包括防洪、灌溉、排涝、发电、航运、供水、养殖、旅游、水环境保护、水土保持等内容。具体应用时，针对不同的流域，其规划的侧重点有所不同。比如，黄河流域规划的重点是水土保持规划，淮河流域规划的重点是水资源保护规划，塔里木河流域规划的重点是生态系统保护规划。关于江河流域规划，水利部出台了SL 201—2015《江河流域规划编制规定》，可供参考。

2. 跨流域水资源规划

跨流域水资源规划是指以一个以上的流域为对象，以跨流域调水为目的的水资源规划。例如，为"南水北调"工程实施进行的水资源规划，为"引黄（指黄河）济青（指青岛）"、"引青（指青龙河）济秦（指秦皇岛）"工程实施进行的水资源规划。跨流域调水，涉及多个流域的经济社会发展、水资源利用和生态系统保护等问题。因此，其规划考虑的问题要比单个流域规划更广泛、更深入，既需要探讨由于水资源的再分配可能对各个流域带来的社会经济影响、环境影响，又需要探讨水资源利用的可持续性以及对后代的影响及相应对策。

3. 地区水资源规划

地区水资源规划是指以行政区或经济区、工程影响区为对象的水资源规划。其研究内容与流域水资源规划基本接近，其规划的重点视具体的区域和水资源功能的不同而有所侧重。比如，有些地区是洪灾多发区，水资源规划应以防洪排涝为重点；有些地区是缺水的干旱区，则水资源规划应以水资源合理配置、实施节水措施与水资源科学管理为重点。在进行地区水资源规划时，重点考虑本地区是必要的，但同时还要兼顾更大范围或研究区所在流域的水资源总体规划，不能片面强调当地局部利益而不顾整体利益。

4. 专项水资源规划

专项水资源规划是指以流域或地区的某一专项水资源任务为对象或对某一行业所作的水资源规划。比如，防洪规划、水力发电规划、灌溉规划、城市供水规划、水资源保护规划、航运规划以及某一重大水利工程规划（如三峡工程规划、小浪底工程规划）等。这类规划针对性比较强，针对某一专门问题而开展，但在规划时，不能仅盯住要讨论的专门问题，还要考虑对区域（或流域）的影响以及区域（或流域）水资源利用总体战略。

5. 水资源综合规划

水资源综合规划是指以流域或地区水资源综合开发利用和保护为对象的水资源规划。与专项水资源规划不同，水资源综合规划的任务不是单一的，而是针对水资源开发利用和保护的各个方面，是为水资源统一管理和可持续利用提供技术指导的有效手段。水资源综合规划是在查清水资源及其开发利用现状、分析和评价水资源承载能力的基础上，根据经济社会可持续发展和生态系统保护对水资源的要求，提出水资源合理开发、高效利用、有效节约、优化配置、积极保护和综合治理的总体布局及实施方案，促进流域或区域人口、资源、环境和经济的协调发展，以水资源的可持续利用支持经济社会的可持续发展。

（二）水资源规划的重要意义

水资源规划是水利部门的重要工作内容，也是开发利用水资源的指导性文件，对人类社会合理开发利用水资源、保障水资源可持续利用和经济社会可持续发展具有十分重要的指导意义。

1. 水资源规划是确保水资源可持续利用、促进经济社会可持续发展的重要保障

水资源是人类社会发展不可缺少的一种宝贵资源，经济社会的良性运转离不开水资源这个关键要素。然而，由于人口增长、工农业发展，目前很多地区的经济社会发展正面临着水问题的严重制约，如防洪安全、干旱缺水、水环境恶化、耕地荒漠化和沙漠化、生态系统退化、人民居住环境质量下降等。要解决这些问题，必须在可持续发展思想的指导下，对水资源进行系统、科学、合理的规划，这样才能为经济社会的发展提供供水、防洪、用水等方面的安全保障。反过来，系统、科学、合理的水资源规划能有效指导水资源的开发利用，避免或减少水资源问题的出现，是确保水资源可持续利用、促进经济社会可持续发展的重要保障。

2. 水资源规划是充分发挥水资源最大综合效益的重要手段

如何利用有限的水资源发挥最大的社会、经济、环境效益，是人们对水资源开发利用追求的目标。然而，由于用水与供水之间的矛盾、工农业生产用水与生态用水之间的矛盾、不同地区用水之间的矛盾以及不同行业用水之间的矛盾，常常会带来水资源不合理开发利用问题，有时尽管出发点是好的，却没有收到应有的效果。为了充分发挥水资源的最大综合效益，必须做好水资源规划工作。即根据经济社会发展需求，通过水资源规划手段，分析当前所面临的主要水问题，同时提出可行的水资源优化配置方案，使水资源分配既能维持或改善生态系统状况，又能发挥最大的社会、经济效益。

3. 水资源规划是新时期水利工作的重要环节

目前，我国水利工作正处于四个转变的过渡时期：从工程水利向资源水利转变、从传统水利向现代水利转变、从以牺牲环境为代价发展经济的观念向提倡人与自然和谐共存的思想转变、从对水资源的无节制开发利用向以可持续发展为指导思想的合理开发利用转变。这些

转变既反映了新时期对水利工作更高的要求，也反映了人类对自然界更理性的认识。水资源规划正是实现这四个转变的重要载体，是体现现代水利思想的重要途径，只有充分运用水资源规划这个重要的技术手段，才能真正实现现代水利的工作目标。

第二节　水资源规划遵循的原则及指导思想

一、水资源规划应遵循的原则

水资源规划是根据国家的社会、经济、资源、环境发展计划、战略目标和任务，同时结合规划区域的水文水资源状况来开展工作的。这是关系着国计民生、社会稳定和人类长远发展的一件大事，在制订水资源规划时，水行政主管部门一定要给予高度的重视，在力所能及的范围内，尽可能充分考虑经济社会发展、水资源充分利用、生态系统保护的协调；尽可能满足各方面的需求，以最小的投入获取最满意的社会效益、经济效益和环境效益。水资源规划一般应遵循以下原则。

1. 全局统筹、兼顾局部的原则

水资源规划实际上是对水资源本身的一次人为再分配，因此，只有把水资源看成一个系统，从整体的高度、全局的观点来分析水资源系统、评价水资源系统，才能保证总体最优的目标。一切片面追求某一地区、某一方面作用的规划都是不可取的。当然，"从全局出发"并不是不考虑某些局部要求的特殊性，而应从全局出发，统筹兼顾某些局部要求，使全局与局部辩证统一。如在对西北干旱地区作水资源规划时，既要考虑到地区之间、城乡之间以及流域上下游之间的水量合理分配，又要考虑对一些局部地区的特殊用水（如防止塔里木河下游台特玛湖干涸和生态退化的用水）。

2. 系统分析与综合利用的原则

如前所述，水资源规划涉及多个方面、多个部门和多个行业。同时，由于客观因素的制约导致水资源供与需很难完全一致。这就要求在做水资源规划时，既要对问题进行系统分析，又要采取综合措施，尽可能做到一水多用、一库多用、一物多能，最大可能满足各方面的需求，让水资源创造更多的效益，为人类做更多的贡献。国外在这方面有许多成功经验值得借鉴，如澳大利亚曾以"绿色奥运"的口号获得了 2000 年奥运会的主办权，其水资源的充分利用和管理具有较强的代表性，在奥运村建有污水处理厂，40%的生活污水经处理后回用于清洗、绿化等用途。

3. 因时因地制订规划方案的原则

水资源系统不是一个孤立的系统，它不断受到人类活动、社会进步、科技发展等外部环境要素的作用和影响，因此它是一个动态的、变化的系统，具备较强的适应性。在做水资源规划时，要考虑到水资源的这些特性，既要因时因地合理选择开发方案，又要留出适当的余地，考虑各种可能的新情况出现的可能性，让方案具有一定"应对"变化的能力。同时，要采用"发展"的观点，随时吸收新的资料和科学技术，发现新出现的问题，及时调整水资源规划方案，以满足不同时间、不同地点对水资源规划的需要。

4. 实施的可行性原则

无论是什么类型的水资源规划，在最终选择水资源规划方案时，必须要考虑方案实施的可行性，包括技术上可行、经济上可行、时间上可行。如果事先没有考虑"实施的可行性"

这一原则，制定出来的方案往往不可实施，成为一纸空文，毫无意义。如有的学者曾提出"把喜马拉雅山炸开一个缺口，让印度洋的水汽进入我国西北地区以增加当地降水，从而改变青藏高原和西北干旱区的面貌"，这种说法作为一种科学假想可以，而实际运作是不科学的。因为炸开喜马拉雅山，将会对西北地区现有的生态系统有较大扰动，而且即使炸开后，水汽是否能到达我国西北地区、对我国其他地区（如湖南、广东和福建）会产生什么影响，都需要进行科学的论证后再下结论。

二、水资源规划的指导思想

随着经济社会发展带来的用水紧张，生态退化问题日益突出，可持续发展作为"解决环境与发展问题的唯一出路"已成为世界各国的共识。水资源是维系人类社会与周边环境健康发展的一种基础性资源，水资源的可持续利用必然成为保障人类社会可持续发展的前提条件之一。因此，水资源规划工作必须坚持可持续发展的指导思想。这是社会发展和时代进步的必然要求，也是当前水资源规划工作的重要指导思想和基本出发点。

在可持续发展思想指导下的水资源规划目标，是通过人为调控手段和措施，向经济社会发展和生态系统保护提供源源不断的水资源，以实现水资源在当代人之间、当代人与后代人之间及人类社会与生态系统之间公平合理的分配。

可持续发展指导思想对水资源规划的具体要求可概括为：

（1）水资源规划需要综合考虑社会效益、经济效益和环境效益，确保经济社会发展与水资源利用、生态系统保护相协调；

（2）需要考虑水资源的承载能力或可再生性，使水资源开发利用在可持续利用的允许范围内进行，确保当代人与后代人之间的协调；

（3）水资源规划的实施要与经济社会发展水平相适应，以确保水资源规划方案在现有条件下是可行的；

（4）需要从区域或流域整体的角度来看待问题，考虑流域上下游以及不同区域用水间的相互协调，确保区域经济社会持续协调发展；

（5）需要与经济社会发展密切结合，注重全社会公众的广泛参与，注重从社会发展根源上来寻找解决水问题的途径，也配合采取一些经济手段，确保"人"与"自然"关系的协调。

水资源规划的编制应根据国民经济和社会发展总体部署，并按照自然和经济的规律，来确定水资源可持续利用的目标和方向、任务和重点、模式和步骤、对策和措施。统筹水资源的开发、利用、治理、配置、节约和保护，规范水事行为，促进水资源可持续利用和生态系统保护。

第三节 水资源规划方法与工作流程

一、水资源规划方法

水资源规划所需要的方法，主要根据水资源规划的不同类型、水资源规划的内容和目的来选取，比较常见的方法有线性规划法、整数规划法、非线性规划法、动态规划法、多目标规划法以及现代的系统优化算法等，具体方法详见本书的第四章及相关的专业书籍。

二、水资源规划的工作流程

水资源规划的主要内容和工作流程，因规划区域的不同、水资源功能侧重点的不同、所属行业的不同以及规划目标的高低不同，有所差异。但基本程序类似，如图 7-1 所示。

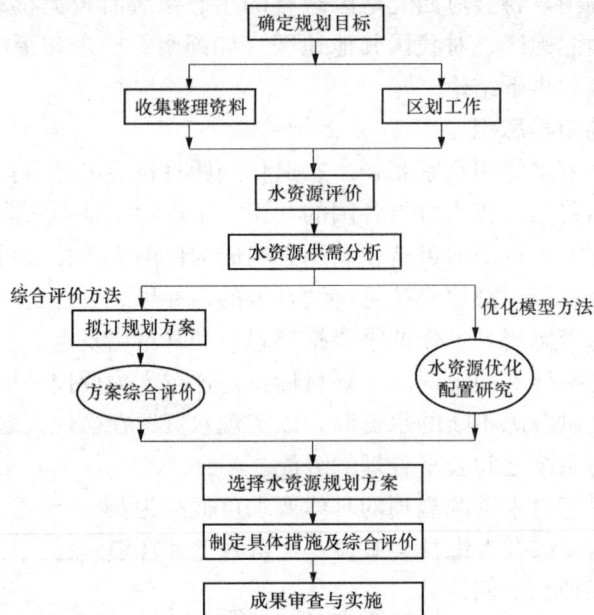

图 7-1　水资源规划工作流程

（一）确定规划目标

在开展水资源规划工作之前，首先要确立规划的目标和方向，这是后面制定具体方案或措施的依据。规划目标往往要根据规划区域的具体情况和发展需要来制定，如对于西北干旱地区，水资源规划的目标多是进行生态系统修复和建设；在西南湿润地区，水资源规划的目标多是进行水能的开发和利用；而在华北平原广大地区则多是进行水资源分配、水污染防治与治理和水资源保护。

（二）资料的收集、整理和分析

资料的收集、整理和分析是最烦琐而又最重要的基础工作之一。通常，掌握的情况越具体、收集的资料越全面，越有利于后面规划工作的顺利进行。

水资源规划需要收集的基础资料，包括有关的社会经济发展资料、水文气象资料、自然地理资料、水文地质资料、水资源开发利用资料以及地形地貌资料等。资料的精度和详细程度要根据规划工作所采用的方法和规划目标要求而定。

在收集资料的过程中，还要及时对资料进行整理，包括资料的归并、分类、可靠性检验以及资料的合理插补等。这是对所收集资料的初步处理，也是在资料不全面的情况下所采取的一些必要措施。

另外，在资料整理后，还要进行资料分析，这便于查明规划区域内所存在的问题，并与水资源规划目标进行相互比较和对照。

（三）区划工作

区域划分又称为区划工作，是水资源规划的前期准备工作，也是一项十分重要的基础工作。由于区域（或流域）水资源规划涉及的范围往往较广，如果笼统地来研究全区的水资源规划问题，常会感到无从下手。再者，研究区内各个局部地区的经济社会发展状况、水资源丰富程度、开发利用水平、供需矛盾有无等许多情况不尽相同。所以，要进行适当的分区，对不同区域进行合理的规划。否则，将会掩盖局部矛盾，而不能解决诸多具体的问题。

因此，区划工作应放在规划工作的起始阶段。其目的是将繁杂的规划问题化整为零，分步研究，避免由于规划区域过大而掩盖水资源分布不均、利用程度差异的矛盾，影响规划效果。

在区划时，一般考虑以下因素。

（1）地形地貌。一方面，不同地形地貌单元，其经济发展水平有差异，比如平原区一般比山区经济发展水平高；另一方面，不同地形地貌单元的水资源条件也不相同。

（2）考虑行政区的划分，尽量与行政区划分相一致。由于各个行政区都有自己的发展目标和发展战略，并且，水资源的管理也常是按照行政区进行的，因此，在进行区划时，把同一行政区放在一起有利于规划。

（3）按照水系进行分区，并考虑区域内供水系统的完整性。水资源的空间分布与水系、流域有很大关系，按水系来分区，有利于维持水资源的空间一致性，提高水资源量的计算精度。

总体来看，区划应以流域、水系为主，同时兼顾供需水系统与行政区划。对水资源贫乏、需水量大、供需矛盾突出的区域，分区宜细些。

（四）水资源评价

水资源评价的内容主要为水资源数量评价和质量评价。合理的水资源评价，对正确了解规划区水资源系统状况、科学制定规划方案有十分重要的作用。

水资源数量评价包括研究区内水文要素的规律研究，降水量、地表水资源量、地下水资源量以及水资源总量计算等内容。水资源质量的评价包括泥沙分析、天然水化学特征分析、水资源污染状况评价等内容。可针对规划区域的具体情况和规划目标，进行评价内容的选取，具体内容详见本书第三章。

（五）水资源供需分析

水资源供需分析是水资源规划的一项重要工作，它包括水资源开发利用现状分析、供水预测、需水预测、水资源供需平衡分析等内容。其目的是摸清现状、预测未来、发现问题、指明方向，为今后水资源规划工作、实现水资源可持续利用提供依据。

具体来讲，就是在分析流域水资源特性及开发利用现状的基础上，结合流域经济社会发展计划，预测不同水平年流域供水量、需水量，并进行供需平衡分析，提出缓解主要缺水地区和城市水资源供需矛盾的途径，具体内容详见本书第五章。

（六）拟订和选定规划方案

根据规划问题和目标，拟订若干规划方案，进行系统分析。在这一步，可以采用数学模型方法，优选得到规划方案。

拟订方案是在前面五步的基础上，根据规划目标、要求和资料的收集情况拟订规划方案。方案的数量取决于规划性质、要求以及规划目标、决策变量等。拟订的方案应尽可能反映各方面的意见和需求。

优选方案是通过建立数学模型，采用计算机模拟技术，对拟选方案进行检验评价，并进一步改善可选方案的结构、功能、状态、效益，直至得到能满足一切约束条件并使目标函数达到极值的优化方案。

（七）实施的具体措施及综合评价

根据选定的规划方案，制定相应的具体措施，并进行社会、经济和环境等多准则综合评价，最终确定水资源规划方案。

对选择的规划方案进行综合评价，实际上是把它实施后与实施前进行比较，来确定可能产生哪些有利的和不利的影响。由于水资源的开发利用涉及社会、经济和生态系统等多个方面，方案实施后，对国民经济发展、社会稳定、生态系统保护均会产生不同程度的影响。因此，必须通过综合评价方法，从多方面、多指标进行综合分析，全面权衡利弊得失，方可确定方案的取舍。

（八）成果审查与实施

依据前面所提出的推荐方案，统筹考虑水资源的开发、利用、治理、配置、节约和保护，研究并提出水资源开发利用总体布局、实施方案与管理模式。

制定总体布局要根据不同地区自然特点和经济社会发展目标要求，努力提高用水效率，合理利用水资源，有效保护水资源，积极利用废污水经处理后的中水、雨水、微咸水和海水等其他水源，统筹考虑开源、节流、治污工程措施的实施。在充分发挥现有工程效益的基础上，兴建综合利用的骨干水利枢纽，增强和提高水资源开发利用程度与调控能力。

实施方案要统筹考虑投资规模、资金来源与发展机制等，做到协调可行。在制定实施方案时，要做到总体目标、任务与具体措施相协调，建设规模与发展机制和生产力相协调。在制定总体实施方案的基础上，可根据实际情况，进一步按节水、水资源保护和供水三个体系制定更具体的实施方案。

最后，把规划成果按程序上报，通过一定程序进行审查。如果审查通过，就可以安排实施；如果提出修改意见，则需要进一步修改或重做。

由于水资源规划是一项内容复杂、涉及面较广的系统工程，在实际规划时，很难一次就能拿出一个让所有部门和个人都十分满意的规划。经常需要多次的反馈、协调，直至认为规划结果比较满意为止。另外，随着外部条件的变化以及人们对水资源系统本身认识的深入，还要经常对规划方案进行适当的修改、补充和完善。

第四节　水资源规划方案的优选与制定

一、规划方案的优选

规划方案的选取及最终方案的制定，是水资源规划工作的最终目标。规划方案通常多种多样，其产生的效益及优缺点也各不相同，到底采用哪种方案，需要综合分析并根据实际情况而定。因此，水资源规划方案优选是一项十分重要而又复杂的工作。至少需要考虑以下几种因素。

（1）要能够满足不同发展阶段经济发展的需要。水是经济发展的重要资源，水利是重要的基础产业，水资源短缺制约着经济发展。因此，在制定水资源规划方案时，要针对具体问题采用不同的措施。工程型缺水，主要解决工程问题，把水资源转化为生产部门可以利用的可供水源；资源型缺水，主要解决资源问题，如建设跨流域调水工程，以增加本区域水资源可利用量。

（2）要协调好水资源分布与水资源配置空间不协调之间的矛盾。水资源在空间分布上随着地形、地貌和水文气象等条件的变化有较大差异。而经济社会发展状况在地域分布上往往又与水资源空间分布不一致。在进行水资源配置时，必然会出现两者不协调的矛盾。这在水资源规划方案制定时需要给予考虑。

（3）要满足技术可行的要求。只有方案中的各项工程能够得到实施，才能实现规划方案的效益。如果其中某一项工程从技术上不可行，以至于不能实施，那么，必将会影响整个规划方案的效益，从而导致规划方案不成立。

（4）要满足经济可行的要求，使工程投资在社会可承受能力范围内，从而使规划方案得以实施。

规划方案只有满足以上各种要求时，才能保证该方案经济合理、技术可行、综合效益也在可接受的范围内。但在众多的规划方案中，到底推荐哪个方案，要认真推敲、分析、研究。

一方面，可以依据水资源优化配置模型（详见第六章），求解或进行多方案比较，得到满足优化配置模型所有约束条件且综合效益最大的方案。也可以采用计算机模拟技术，把水资源优化配置模型编制成计算机程序，通过模拟各种不同配水方案，选择在模型约束条件范围内的最佳综合效益的方案，以此为最佳配水方案。

另一方面，也可以通过方案综合评价得到较优方案。方案综合评价应根据高效、公平和可持续的原则，从技术、经济、环境和社会等方面进行，提出推荐方案在合理抑制需求、有效增加供水和保护生态系统方面的评价结果。

通过比较，选取优化的方案作为推荐方案。对选取的推荐方案再进行必要的修改完善和详细模拟，按合理配置评价指标进行计算和分析，确定多种水源在区域间和用水部门之间的调配方式，提出分区的水资源开发、利用、治理、节约和保护的重点、方向及其联合运行方式等。

二、规划方案涉及的内容

根据水资源规划的研究内容，制定的规划方案应该涉及社会发展规模、经济结构调整与发展速度、水资源配置方案、水资源保护规划等方面。

（一）社会发展规模

水资源规划不仅仅针对水资源系统本身，实际上它还涉及社会、经济、环境等多方面。关于这一点，已在上文有详细论述。在以往的流域规划中，常常要求对规划流域和有关地区的经济社会发展与生产力布局进行分析预测，明确各方面发展对流域治理开发的要求，以此作为确定规划任务的基本依据。不同规划水平年的经济社会发展预测应在国家和地区国土资源规划、国民经济发展规划和有关行业中长期发展规划的基础上进行，要求符合地区实际情况，并与国家对规划地区的治理开发要求和政策相适应。简单地讲，也就是在制定水资源规划方案时，考虑规划区域经济社会发展规划，以适应经济社会发展的需求。

而实际上却并非如此简单，经济社会发展与水资源利用、生态系统保护之间相互交叉、相互促进、互为因果。需要通过水资源优化配置模型来制定一个涉及社会、经济、水资源、生态的系统方案。

1. 人口规划

人口是构成一个地区或一个社会的根本因素，也可以说，人口是研究任何一个地区或社会所有问题的一个非常重要的驱动因子。因此，人口规划是社会发展规划中的一个基础性工作。我国是一个人口大国，人口密度较大，人口问题一直是影响经济社会可持续发展的主要因素。

在水资源规划中，适度控制人口增长，不仅可以减小社会发展对水资源产生的压力，而且会促进区域经济社会的可持续发展和改善环境质量。

人口规划，是以水资源规划前期工作—经济社会发展预测成果为基础的，根据水资源配置方案的要求，对经济社会发展预测成果进行合理调整，从而制定合理的人口规划。另外，也可以通过水资源优化配置模型直接得到。这种方法是依据一定的人口预测模型，并在一定约束条件下，满足经济社会可持续发展的目标要求和条件约束。也就是说，在水资源优化配置模型中包括人口预测子模型，通过模型求解得到人口发展规划方案。

2. 农村发展规划

农村是经济社会区域内农业占主要地位的活动场所，在经济活动中，它是构成国民经济第一产业的主要部分。农村发展规划内容包括农业生产布局、农村土地利用和农业区划、农村乡镇企业规划。

3. 城镇发展规划

城市作为人口和经济高度集中的地区，在整个经济社会发展中起重要的作用。研究城市的发展趋势并做好城市发展规划工作，将带动整个区域经济的发展。因此，城镇发展规划是一项十分重要的工作，其主要内容包括城市化进程，城市土地利用和城市体系建设。

（二）调整经济结构与发展速度

我国已经根据社会生产活动的历史发展顺序，划分出三类产业，即第一产业（农业）、第二产业（工业和建筑业）、第三产业。

第一产业：农业。农业作为基础生产力，不仅是农民生活的保障，而且是广大城镇人民所需粮食、蔬菜等基本生活资料的来源，是社会生活安定的基本保障。农业既是工业原料的重要来源，也是国民经济积累的重要来源。

第二产业：工业和建筑业。工业是国民经济的支柱，是国家财政的主要来源，是国民经济综合实力的标志。建筑业创造不可移动的物质产品，可以带动建材工业及其他许多相关产业的发展，是今后相当长时间内我国经济发展的重要增长点。

第三产业：是指第一、第二产业以外的其他部门。第三产业为物质生产部门提供支持，为提高人民生活质量提供服务，为经济发展提供良好的社会环境，是国民经济中越来越重要的组成部分。

在进行水资源规划时，需要按照国家编制的统计资料，并结合地区和行业的不同特点，重新对行业进行归并和划分，分别统计分析，以满足用水行业配水的要求。

水资源规划工作最终报告要提出的关于经济规划部分的相关成果，至少要包括以下内容。

（1）对三类产业的总体规划。主要确定三类产业在国民经济建设中的比重，指出重点发展哪些产业，重点扶持哪些产业。明确三类产业的总体布局和结构，实现经济结构合理的发展模式。

（2）对各行业发展速度进行宏观调控。对部分行业或部门（如低耗水、低污染行业）进行重点支持，合理提高发展速度；对部分行业或部门（如高耗水、高污染行业）实行限制发展或取消，以逐步适应发展需要。例如，在有些生态系统破坏严重的地区，要限制农业耕作面积的扩大，甚至要求严退耕还林还草；而有些行业又要鼓励加强发展，如旅游业，特别是生态旅游在许多地区很受欢迎。

调整经济结构和发展速度的基础，应是在水资源规划总体框架下，通过水资源优化配置，在一定约束条件下，满足社会、经济、环境综合效益最大的目标。因此，调整经济结构和发展速度规划的一般步骤如下。

（1）合理划分经济结构体系，也就是产业类型及行业划分，并分别统计和分析，作为选择水资源规划模型决策变量的依据，这也是调整经济结构和发展速度的参考因素。

（2）建立经济发展模型，并与社会发展模型相耦合，建立经济社会发展预测模型，作为系统结构关系的约束条件，嵌入水资源优化配置模型中。

（3）依据水资源优化配置模型的求解结果，按照经济系统的决策变量，并参考本地区国民经济和社会发展计划，合理调整经济结构以及各行业的发展规模和速度。

（三）水资源配置方案

确定水资源配置方案是水资源规划的中心内容。一方面，其内容是为水资源配置方案的选择及制定服务；另一方面，又通过水资源配置方案的制定来间接调控经济社会发展和生态系统保护。这是可持续发展目标下的水资源规划的研究思路，与以往的水资源规划有所不同。

本书第六章已根据新的指导思想和目标，介绍了建立水资源优化配置模型的方法，这是制定水资源配置方案的基础模型。其基本的研究思路和过程如下。

（1）根据研究区的实际情况，制定水资源规划的依据、具体任务、目标和指导思想。重点要体现可持续发展的思想。

（2）了解经济社会发展现状和发展趋势，建立由经济社会主要指标构成的经济社会发展预测模型，对未来不同规划水平年的发展状况进行科学预测。

（3）分析研究区水资源数量、水资源质量和可供水资源量；并建立水量水质模型，以作为研究的基础模型。

（4）依照第六章介绍的方法建立水资源优化配置模型。经济社会发展预测模型、水量水质模型均包括在水资源优化配置模型中。

（5）通过优化模型的求解和优化方案的寻找来制定水资源规划的具体内容。

制定水资源配置方案是水资源规划的重要工作。它应该是在水资源优化配置模型的基础上，结合研究区实际，制定分区、分行业、分部门、分时段（根据解决问题的深度不同来选择详细程度）的配置计划。

（四）水资源保护规划

1. 生态系统是经济社会发展的基础

影响生态系统演变的因素不外乎两大类，即自然因素和人为因素。自然因素形成的生态系统演变现象，有冰川进退、雪线升降、河湖消长、沙漠变迁等；人为因素形成的生态系统演变现象，有农垦引起的荒漠化、盐碱化、水生生物、稀有动植物减少或灭绝、草场退化等，排污引起的水环境污染、大气环境污染、土地肥力下降、生物生存环境破坏等，工农业发展带来的水资源利用量、土地资源利用量以及其他资源利用量增加、森林覆盖率和草地覆盖率减小等生态问题。在人类起源之前，只有自然因素起作用。而从人类出现以后，自然因素和人为因素共同作用，决定了生态系统演变的特征及过程。特别是人类活动日益强烈的近代，人为因素对生态系统演变起到重要的促进作用。有时，在自然作用的基础上，人类作用加剧了对生态系统的破坏，如黄河上游荒漠化、水土流失等；有时，人类作用对自然因素引起的生态系统破坏有积极改善作用，如退耕还林、净化水质、维护水生生物生存环境等。

随着人类活动的加剧，人类对赖以生存的环境有越来越大的影响。由于人类活动诱发的土地沙漠化、土壤盐渍化、草地退化、河湖水质恶化、生物多样性减少等一系列环境问题日趋严重，使水土资源的开发利用受到严重制约，并直接影响到区域经济社会的可持续发展。因此，保护生态系统，是促进经济社会与环境协调发展、建立人与自然和谐关系的重要举措。

水资源保护规划的制定，主要依据水资源优化配置模型，通过优化模型的求解和优化方案的选择，可以得到水资源保护规划的具体方案，从而制定相应的水资源保护措施。

2. 水资源保护是维系水资源可持续利用的关键

从大量的事实可以看出，由于人类不合理的开发利用水资源，在水资源保护问题上不够重视，导致目前水资源问题十分突出，就是在这种情况下，迫使人们重视水资源的保护工作。进而推动了水资源保护规划工作的逐步实施，已成为水资源规划中不可缺少的主要组成部分。

总体来看，水资源保护规划是在调查和分析河流、湖泊、水库等水体中污染源分布及排放现状的基础上，与水文状况和水资源开发利用情况相联系，利用水量水质模型，探索水质变化规律，评价水质现状和趋势，预测各规划水平年的水质状况，划定水功能区范围及水质标准，按照功能要求制定环境目标，计算水环境容量和与之相对应的污染物消减量，并分配到有关河段、地区、城镇，对污染物排放实行总量控制；同时，根据流域（或区域）各规划水平年预测的供水量和需水量，计算实施水资源保护所需要的生态需水量，最终提出符合流域（或区域）经济社会发展的综合防治措施。这一工作已成为维系水资源可持续利用的关键。

水资源保护规划的目的在于保护水质，合理地利用水资源，通过规划提出各种措施与途径，使水质不受污染，以免影响水资源的正常用途，在保证水体主要功能对水质要求的基础上，合理充分地发挥水体的多用途功能。

进行规划时，必须先了解被规划水体的种类、范围、使用要求和规划的任务等，并把水资源保护目标纳入水资源优化配置模型中，再通过优化模型的求解和优化方案的选择，得到水资源保护规划的具体方案，从而制定水资源保护规划。

第五节　水资源规划报告书的编写

一、水资源规划报告书编写的基本要求

在完成了水资源规划所要求的分析计算工作之后，需要提交一份"水资源规划报告书"及其附图、附表，作为水资源规划工作的最终成果。

水资源规划编制应根据国民经济和社会发展总体部署，遵循自然和经济发展规律，确定

水资源可持续利用的目标、方向、任务、重点、步骤、对策和措施，统筹水资源的开发、利用、治理、配置，规范水事行为，促进水资源可持续利用和保护。

规划的主要内容包括水资源调查评价、水资源开发利用情况调查评价、需水预测、供水预测、水资源配置、总体布局与实施方案、规划实施效果评价等。

（1）水资源调查评价。通过水资源调查评价，可为其他部分工作提供水资源数量、质量和可利用量的基础数据和成果，是水资源规划的重要基础工作。

（2）水资源开发利用情况调查评价。通过对水资源开发利用情况的调查评价，可提供对现状用水方式、水平、程度、效率等方面的评价成果，现状水资源问题的定性与定量识别和评价结果，为需水预测、供水预测、水资源配置等部分的工作提供分析成果。

（3）需水预测。需水预测是在水资源开发利用情况调查评价的基础上，根据经济社会发展规律和研究区自然条件，对经济社会需水、生态需水、河道内其他需水等所做的预测，为水资源配置提供需水方面的预测成果。

（4）供水预测。供水预测是在对现有供水设施的工程布局、供水能力、运行状况以及水资源开发程度与存在问题等综合调查分析的基础上，充分考虑技术经济因素、水质状况、对生态系统的影响以及开发不同水源的有利和不利条件，对供水量所做的预测成果。

（5）水资源配置。在进行供需分析多方案比较的基础上，通过经济、技术和环境分析论证与比选，确定合理配置方案。水资源配置以统筹考虑流域水资源供需分析为基础，将流域水循环和水资源利用的供、用、耗、排水过程紧密结合，并按照公平、高效和可持续利用的原则来进行。水资源配置在接收上述各部分工作成果输入的同时，也为上述各部分工作提供中间和最终成果的反馈，以便相互迭代，取得优化的水资源配置方案；同时为总体布局、水资源工程和非工程措施的选择及其实施确定方向和提出要求。

（6）总体布局与实施方案。根据水资源条件和合理配置结果，提出对调整经济布局和产业结构的建议，提出水资源调配体系的总体布局，制定合理抑制需求、有效增加供水、积极保护生态系统的综合措施及其实施方案，并对实施效果进行检验。

对水资源规划报告书的编写有以下基本要求。

（1）理论与实践相结合。规划编制要从实际出发，结合国情、水情和各流域、各地区的实际情况，以解决重大水资源问题为出发点，按照科学和求实精神编制规划。同时，针对水资源开发利用和管理中出现的新情况和新问题，采用现代的新思想、新方法、新技术，坚持理论与实践相结合的工作方法，求实创新地编制规划。

（2）协调各类水资源规划间的关系。为保障规划工作的有序进行，一要协调好水资源综合规划与专门规划之间的关系，突出综合规划的全面性、系统性和综合性，专门规划应当服从综合规划并与综合规划成果相衔接；二要协调好全国规划与流域规划、流域规划与区域规划之间的关系，一般来说，地区规划要服从流域规划，地市级地区规划要服从省级区规划。

（3）做好与相关规划的有机衔接。要以《中华人民共和国水法》等法律法规和《国民经济和社会发展五年计划纲要》等国家或地方相关计划及相关规划为基本依据。制定规划要与国民经济和社会发展总体部署、生产力布局以及国土整治、生态建设、环境保护、防洪减灾、城市总体规划等相关规划有机衔接。在报告初稿撰写过程中或完稿之后，最好要征求相关单位的意见。

（4）确保规划计算正确、结果可靠。要重视与规划有关的基础数据一致性的审查、复核与分析工作，并采用多种方法进行相互比较、综合平衡，进行数据的合理性分析，对中间成果和最终成果进行综合分析、检查、协调、汇总，确保规划成果正确、科学、合理、实用。

（5）要求报告思路清晰、层次分明、语句通顺，杜绝错别字。编写的水资源规划报告是一个完整的技术文件，作为水资源规划的最终成果，也是水资源并发利用和保护的指导性文件，要求在撰写过程中要思路清晰、层次分明、详略得当、图文并茂、用词准确，在撰写之后再认真修改，同时需要专人审查并在报告的审查人位置上署名。

二、水资源规划报告书的内容目录

根据一般流域或区域水资源规划的撰写步骤，并参考《全国水资源综合规划技术细则》（2002 年），列出水资源规划报告书编写的一般内容。

1　概述
1.1　规划范围及规划水平年
1.2　区域概况
1.3　规划的总体目标、指导思想及基本原则
1.4　规划编制的依据及基本任务
1.5　规划的技术路线
1.6　规划的主要成果介绍
2　水资源调查评价
2.1　降水
2.2　蒸发能力及干旱指数
2.3　河流泥沙
2.4　地表水资源量
2.5　地下水资源量
2.6　地表水水质
2.7　地下水水质
2.8　水资源总量
2.9　水资源可利用量
2.10　水资源演变情势分析
3　水资源开发利用情况调查评价
3.1　经济社会资料分析整理
3.2　供水基础设施调查统计
3.3　供水量调查统计
3.4　供水水质调查分析
3.5　用水量调查统计
3.6　用水消耗量分析估算
3.7　废污水排放量调查分析
3.8　供、用、耗、排水成果合理性检查
3.9　用水水平及效率分析
3.10　水资源开发利用程度分析
3.11　河道内用水调查分析

3.12　与水相关的生态与环境问题调查评价

3.13　现状水资源供需分析

4　需水预测

4.1　经济社会发展指标分析

4.2　经济社会需水预测

4.3　生态需水预测与水资源保护

4.4　河道内其他需水预测

4.5　需水预测汇总

4.6　成果合理性分析

5　供水预测

5.1　地表水供水

5.2　地下水供水

5.3　其他水源开发利用

5.4　供水预测与供水方案

6　水资源配置

6.1　基准年供需分析

6.2　方案生成

6.3　规划水平年供需分析

6.4　方案比选与推荐方案评价

7　总体布局与实施方案

7.1　总体布局

7.2　工程实施方案

7.3　非工程措施

习　　题

7.1　简述水资源规划的概念。

7.2　简述水资源规划的基本任务。

7.3　简述水资源规划的目的和意义。

7.4　简述水资源规划的类型。

7.5　阐述水资源规划遵循的原则。

7.6　详述水资源规划的工作流程。

7.7　简述水资源规划所涉及的内容。

7.8　简述水资源规划报告书的目录。

第八章 水 能 资 源 规 划

第一节 概　　述

一、水能资源利用的特点及其作用

河川水流、海浪、潮汐等蕴藏着巨大的动能和势能，称为水能。水能是大自然赋予人类的一种再生、清洁、廉价的能源，称为水能资源。水能资源早在 3000 多年前就为人类所认识和开发利用，如发明水车、水磨，利用水力提水灌溉和碾米磨粉。但是，利用水能产生电能是直到近代才开始的。1878 年，德国建成了世界上第一座水电站，成功地把水能转变成电能，从而为水能利用开辟了广阔的前景。我国第一座石龙坝水电站建成于 1912 年，比德国晚了半个多世纪。

水力发电需要修建一系列的水工建筑物和水电站建筑物，集中水流落差，形成水库，控制和引导水流通过水轮机，将水能转变成为旋转的机械能，再由水轮机带动发电机转动，从而发出电能，然后经过配电和变电设备升压后送往电力系统，再供给用户。因此，水电站是为开发利用水能资源，将水能转变成电能而修建的工程建筑物和机械、电气设备的综合体，是利用水能生产电能的枢纽。

水力发电有许多突出的优点：不需要消耗有限的矿藏能源，水能资源可以循环利用、物美价廉，水电设备简单、运行和工作人员较少，所以发电成本低、效率高；水电可以借助于建修的水库，调节蓄储水能，提高供电的灵活性和经济性；利用水库还可以综合解决防洪、灌溉、发电、供水、航运等部门之间的用水矛盾和需求，所以其综合利用效益高；水力发电不产生污染，而且在电站、水库建成后，对改善气候和自然环境、发展旅游事业都大有裨益。

此外，水力发电也存在一些缺点：为了水资源综合利用，在洪枯流量相差悬殊的河流上需建高坝大库进行水利水能调节，但往往淹没和浸没损失较大，需大量移民；土建工程量较大，使得一次投资较大、工期较长；水力发电受地形、地质等条件的限制；河流泥沙、天然径流变化等对其影响比较大等；大型水利工程有可能导致生态环境的破坏，水土流失、水质污染等问题也是不容忽视的。因此，开发水电要选择合适的坝址，要进行环境影响评价，对移民安置、土地损失、水土流失、水质、水陆生物、人体健康、上下游水文条件、水库综合利用、文化遗产等方面的影响进行分析研究，并要进行详细的环境保护和水土保持方案的设计。

由于水能资源是高效、清洁、可再生、廉价的能源，对国民经济发展起着巨大的推动作用，所以优先开发水电，加快水电建设，是世界各国开发利用能源的重要经验。

二、我国水能资源的分布及特点

我国地域辽阔、江河众多、径流丰沛、落差巨大，蕴藏着极为丰富的水能资源。世界水能资源分为理论蕴藏量、技术可开发量和已正开发量。而我国的水能资源划分为理论蕴藏量、技术可开发量、经济可开发量和已正开发量四项。水能资源理论蕴藏量指河川或湖泊的天然水能能量（年水量与水头的乘积），以年电量和平均功率表示。技术可开发量是指河川或湖泊在当前技术水平条件下可开发利用的资源量（年发电量和装机容量）。经济可开发量是指河川或湖泊在当前技术经济条件下，具有经济开发价值的资源量（年发电量和装机容量），即与其他能源相比具有竞争力，且没有制约性环境问题和制约性水库淹没处理问题的资源量。已正开发量为已经建成或正在建设之中的水电站资源量（年发电量和装机容量）。

　　世界水能总蕴藏量为 5 050 000MW，其中技术可开发利用量约为 2 260 000MW，年发电量达 14.4 万亿 kW·h。我国先后进行了四次大规模的全国水能资源普查（1950、1955、1980、2005）。2005 年第四次发布的复查成果见表 8-1。我国的水能资源总量，包括理论蕴藏量、技术可开发量等均居世界首位。

表 8-1　　　　　　　　　　　我国水能资源蕴藏量

项目	多年平均发电量 （亿 kW·h）	装机容量 （MW）	水电站数 （座）
理论蕴藏量	60 829	694 400	
技术可开发量	24 740	541 640	13 286＋28/2
经济可开发量	17 534	401 795	11 653＋27/2
已正开发量	5259	130 980	6053＋4/2

　　注　本表中数值统计范围为理论蕴藏量 10MW 及以上河流和这些河流上单站装机容量 0.5MW 及以上的水电站，未含港澳台地区，统计至 2001 年底，下同。

　　我国大陆水能资源理论蕴藏量在 10MW 以上的河流共 3886 条，河流上单站装机容量 0.5MW 以上水电站有 13 286 座，另外国际界河水电站还有 28 座，其理论蕴藏量为 694 000MW，年发电量为 6.08 万亿 kW·h；技术可开发装机容量为 542 000MW，年发电量为 2.47 万亿 kW·h；经济可开发装机容量为 402 000MW，年发电量为 1.75 万亿 kW·h。根据 2005 年发布的台湾水能资源复查结果，其理论蕴藏量 11 652MW，年发电量 1021.7 亿 kW·h；技术可开发装机容量 5048MW，年发电量 201.5 亿 kW·h；经济可开发装机容量 3835MW，年发电量 138.3 亿 kW·h。到 2002 年底已在建水电站装机容量为 2010MW，年发电量为 59.3 亿 kW·h。

　　我国水能资源分布极不均匀，但能源分布比较有利，西南、中南地区缺煤、少油，但水能丰富；东北、华北地区水能资源虽少，但煤、石油较多；西北地区煤、油资源丰富，水能贮量适中；华东地区缺煤，水能资源不多，但近海石油、潮汐能源丰富。

　　我国水能资源除总量丰富，居世界首位外，还具有以下鲜明的特点。

　　(1) 水能资源在地域分布上极不均衡。总体来看，西部多（占 81.46%）、东部少，水能资源相对集中在西南地区（占 66.70%），而经济发达、能源需求量大的东部地区水力资源量极小。因此，西部水力资源开发除了满足西部电力市场自身需求以外，更重要的是要考虑东部市场，实行水电的"西电东送"战略。

　　(2) 水能资源时间分布不均。大多数河流年内、年际径流分布不均，丰、枯季节流量相差较大，需要建设调节性能好的水库，对径流进行调节，缓解水电供应的丰枯矛盾，提高水电的总体供电质量。

　　(3) 水能资源集中于大江大河干流。水能资源主要富集于金沙江、雅砻江、大渡河、澜沧江、乌江、长江上游、南盘江红水河、黄河上游、湘西、闽浙赣、东北、黄河北干流以及怒江等水电基地，其总装机容量约占全国技术可开发量的 51%，占经济可开发量的 60%，有利于集中开发和"西电东送"。

（4）大型水电站装机容量比重大。技术可开发 300MW 以上的大型水电站虽然只有 263 座加上国际界河水电站 10 座，但占比重 71.76%。其中，1000MW 以上特大型水电站有 111 座加上国际界河水电站 10 座，占 50%。

三、我国及世界水能资源的开发利用

1949 年新中国成立以来，水电建设发展很快。旧中国只修建了一些小型水电站，装机容量仅有 12 000kW，包括东北日伪时期修建的丰满水电站在内，也只有 160MW，年发电量只有 7 亿 kW·h，在当时分别居世界的第二十五位和第二十三位。自 1987 年以来，我国水电装机容量和年发电量均已上升到世界的第四位，仅次于美国、俄罗斯和加拿大。2005 年我国水电装机 120 000MW，年发电量 4033 亿 kW·h，已稳居世界第一位。前 5 位的国家是：中国，美国（78 200MW），加拿大（69 500MW），巴西（69 087MW），俄罗斯（45 000MW）。2004 年水电发电量前 5 位是：加拿大（3530 亿 kW·h），巴西（3368 亿 kW·h），中国（3310 亿 kW·h），美国（3000 亿 kW·h），俄罗斯（1670 亿 kW·h）。

我国已建成大、中、小型水库近 9 万座。按照国际大坝委员会的统计标准（坝高在 15m 以上或坝高在 10～15m、库容大于 100 万 m^3 的坝统称为大坝），2005 年我国大坝总数 26 278 座，其中已、在建坝高 30m 以上大坝有 4859 座。目前，世界水库总库容 19 万亿 m^3，水库总库容排名前 5 位的国家是：美国（135 000 亿 m^3），俄罗斯（7930 亿 m^3），加拿大（6500 亿 m^3），巴西（5680 亿 m^3），中国（5658 亿 m^3）。

目前，水电装机容量排在前 5 名的电站是：中国三峡（22 500MW），巴西和巴拉圭合建的伊泰普（12 600MW），委内瑞拉的古里（10 000MW），巴西的图库鲁伊（8400MW），俄罗斯的萨扬—舒申斯克（6400MW）。

2005 年，世界大坝总数为 50 000 座，分布在 140 多个国家中，总装机容量 746 000MW，亚洲的水电装机为 257 000MW，比例为 34.5%，欧洲、中北美洲装机容量为 170 000MW 左右，各占约 22%。从各大洲水能资源分布看，全世界水能技术可开发年发电量 14.4 万亿 kW·h，亚洲占了约 47%，其次为南美洲 20%。目前发达国家水电平均开发度在 60% 以上，其中美国水电资源已开发约 82%，日本约 84%，加拿大约 65%，德国约 73%，法国、挪威、瑞士等均在 80% 以上，而中国开发约为 22%。我国水电开发利用程度与世界发达国家相比差距很大，比世界平均水平还低很多。这说明我国水能资源开发利用的远景还十分广阔，要赶上世界平均水平，还需加倍努力。

我国有许多河流的地形、地质条件良好，有不少峡谷地带，流量大而落差集中，可以用较小的工程量和投资来建设水电站。例如，世界上水能资源最富集的三个河段，我国有两个。一个是我国的雅鲁藏布江大河湾，长 260km，河湾直线距离仅 35km，有落差 2350m。若一级开发，则建造的墨脱水电站装机容量达 43 800MW，年发电量 2630 亿 kW·h；8 级开发时，总装机容量达 46 820MW，年发电量 2810 亿 kW·h。另一个是金沙江中下游河段，长 1500km，规划建 10 级大型水电站，并计装机容量 64 000MW，年发电量 3102 亿 kW·h。此外，还有非洲的扎伊尔河下游，长 300km，设计三级巨型电站，其总装机容量达 68 500MW，年发电量 5060 亿 kW·h，平均每公里年发电量 16.9 亿 kW·h。

我国大、中、小型水电站的划分标准为：大型水电站装机容量 300MW 及以上，中型水电站装机容量 50MW 及以上，小于 300MW；小型水电站装机容量 0.5MW 及以上，小于 50MW。据统计，我国可建 2000MW 以上的特大型水电站就有 33 座。现已正开发的水电站有葛洲坝（2715MW）、三峡（22 500MW）、李家峡（2000MW）、二滩（3300MW）、溪洛渡（12 600MW）、向家坝（6000MW）、龙滩（4200MW）、小湾（4200MW）、沟皮滩（3000MW）、瀑布沟（3600MW）、拉西瓦（4200MW）、锦屏一级（3600MW）、锦屏二级（4400MW）等。

世界在开发水能资源、建设水电站方面的发展趋势是：提高单机容量，扩大水电站规模；提高水电站自动化和管理运行水平；大力发展抽水蓄能电站；提高水电容量的比重；运用系统科学的理论和方法，研究水电站群、水电能源系统的规划设计和管理运行，以及研究利用新的清洁、再生能源等。

根据党的十七大报告中提出的国内生产总值到 2020 年力争比 2000 年翻两番的目标，为了节约能源资源、保护环境，更好地满足经济和社会发展对能源的需求，国家鼓励和支持水能资源的合理有序开发。按照能源中长期发展规划，到 2010 年常规水电装机容量达到 194 000MW；占电力总装机容量的 26.0%，开发程度达 35%；到 2020 年常规水电装机容量达到 328 000MW，占电力总装机容量的 28.6%，水电开发程度将达到 60%。

表 8 - 2　　　　　　　　　　　全国 2005 年装机容量　　　　　　　　　　　单位：MW

项目 地域	总装机容量	水电	火电	核电	风电
中国大陆	517 185	117 388	391 376	6846	1260
中国台湾	34 598	4510	24 939	5144	5
合计	551 783	121 898	416 315	11 990	1265

注　1. 总装机容量数据还包括太阳能、潮汐、柴油等其他能源发电装机容量。

　　2. 未含香港、澳门数据。

第二节　水能资源开发方式

如前所述，河中水量（或流量）和河段落差（水面高程差）是河流水能的两个基本要素。要开发利用一个河段蕴藏的水能，首先要把沿河分散的落差集中起来，形成可资利用的水头。其次，由于河川径流变化较大，需要采取人工措施（如修建水库）调节流量。所以，开发利用水能的方式就表现为集中落差和引用流量的方式，但集中落差是首要的。下面根据开发河段的水文、地质、地形等不同条件，讲述集中落差的几种基本方式。

一、坝式

在河流上修建拦河坝或闸，坝前雍水，在坝址处形成集中落差。这种水能开发方式称为坝式开发。用坝集中水头的水电站称为坝式水电站，如图 8 - 1 所示。

坝式水电站的水头取决于坝高，显然坝越高，水电站的水头也越大。但坝高常常受地形、地质、水库淹没、生态环境、工程投资等条件的限制，所以，坝式水电站的水头相对较小（与其他开发方式相比）。目前，世界上坝式水电站的最大水头已接近 300m。坝式水电站

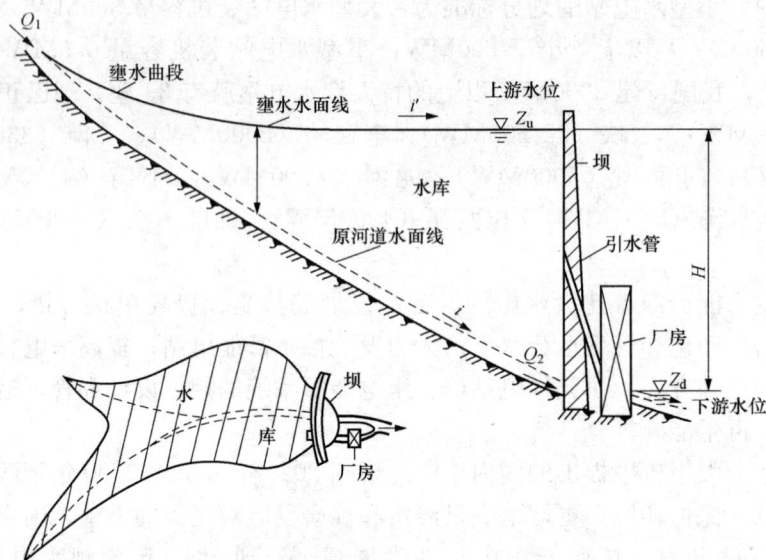

图 8 - 1 坝式水电站示意图

按照集中落差的大小和水电站厂房布置的特点又可分为坝后式水电站和河床式水电站两种形式。

水头较高的坝式水电站，其厂房布置在坝的下游，不挡水，故称坝后式水电站。坝后式水电站一般特点是水头较高，厂房本身不承受上游水压，与挡水坝分开。图 8-1 所示的水电站是典型的坝后式水电站。我国已建成很多大、中型坝后式水电站，如龙羊峡（$H_{max} = 148.5m$，装机容量 $N_{ln} = 1280MW$）、安康（88m，850MW）、东江（139m，500MW）、丹江口（81.5m，900MW）等水电站。

在平原河段上，有时因地形、地质及淹没损失等条件不允许建高坝，此时可建低坝或闸坝式水电站。由于水头不高，通常将厂房和坝或闸一起建在河床中，成为挡水建筑物的一个组成部分，厂房本身能承受上游水压力，起挡水作用，故称河床式水电站，如图 8-2 所示。我国已建成不少河床式水电站、如甘肃八盘峡（19.5m，180MW）、广西西津（21.7m，234.4MW）、广西大化（39.7m，450MW）等水电站；长江葛洲坝（27m，2715MW）是一个巨型河床式水电站。年发电量达 157 亿 kW·h。

坝式开发的优点是：建坝形成水库，可用以调节流量，故坝式水电站引用流量大、电站规模也大，水能利用较充分；坝式水电站因有水库，综合利用效益高，可同时解决防洪和其他兴利部门的水利问题。

坝式开发的不足之处在于，由于坝的工程量较大，尤其是形成水库会带来淹没、破坏生态环境等问题，造成库区土地、森林、矿产等的淹没损失和城镇居民搬迁安置工作的困难，要花费大量的移民安置费、淹没损失费等，所以，坝式水电站一般投资较大、工期较长、单价较高。

坝式开发适用于河道坡降较缓、流量较大、有筑坝建库条件的河段。

二、引水式

在河流坡降较陡的山区河段上游，筑一低坝（或无坝）取水，通过修建的引水道（明

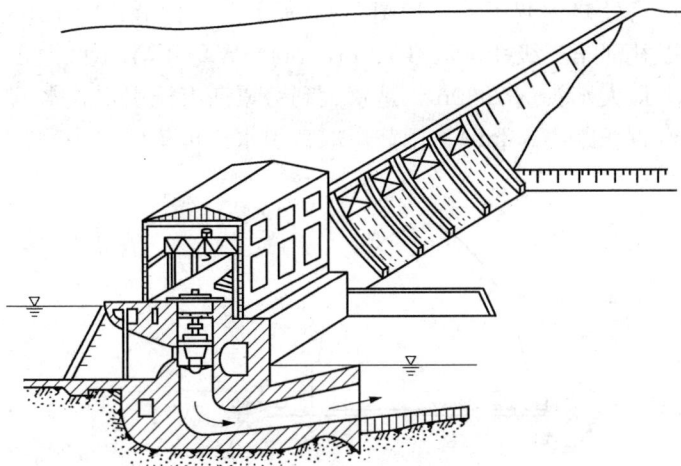

图 8-2　河床式水电站布置示意图

渠、隧洞、管道等）引水至河段下游附近集中落差，再经压力管道引水至水轮机发电，这种开发方式称为引水式开发，如图 8-3 所示。用引水道集中水头的水电站称为引水（道）式水电站。按引水建筑物中水流流态的不同，引水式水电站又可分为无压引水式水电站和有压引水式水电站两种。

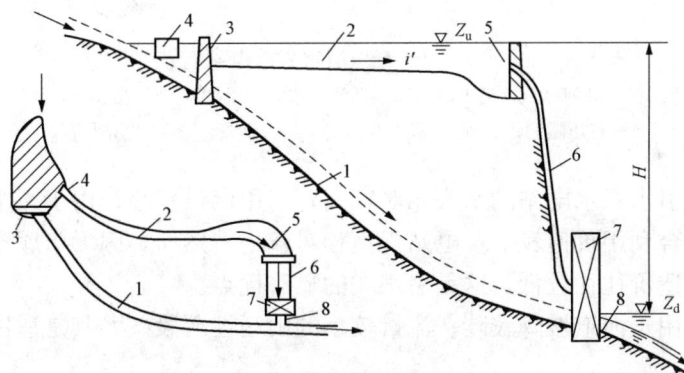

图 8-3　无压引水式水电站

1—河源；2—明渠；3—取水坝；4—进水口；5—前池；6—压力水管；7—水电站厂房；8—尾水渠

采用无压引水建筑物（如明渠、无压隧洞），用明流的方式引水以集中落差的水电站称为无压引水式水电站。这种引水道式开发是依靠引水道的坡降 i'（或流速）小于原河道的坡降 i（或流速），因而随着引水道的增长，逐渐集中水头。显然，引水道的坡降愈小，引水道愈长，集中的水头也愈大。当然，引水道的坡降不宜太小，否则引水流速过小，引取一定流量时就要求很大的过水断面，从而造成引水道造价的不经济。无压引水式水电站一般水头较小、规模不大，如我国北京模式口（31m，6MW）、陕西程家川（20.4m，7.5MW）等无压引水式水电站。

采用有压引水建筑物（压力隧洞、压力水管），用压力流的方式引水以集中落差的水电站称为有压引水式水电站。当压力引水道很长时，为了减小其中的水击压力和改善机组运行条件，还需在靠近厂房处修建调压室，如图 8-4 所示。这种形式的水电站可以集中很高的水头，如我国云南以礼河第三级盐水沟（620m，144MW）和第四级小江（628m，144MW）水电站；目前世界上最大水头达 2030m，是意大利劳累斯有压引水式水电站。我国西藏雅鲁藏布江大河弯（河弯直线距离 35km），用截弯取直引水式可集中水头达 2350m，将可能成为世界之最。

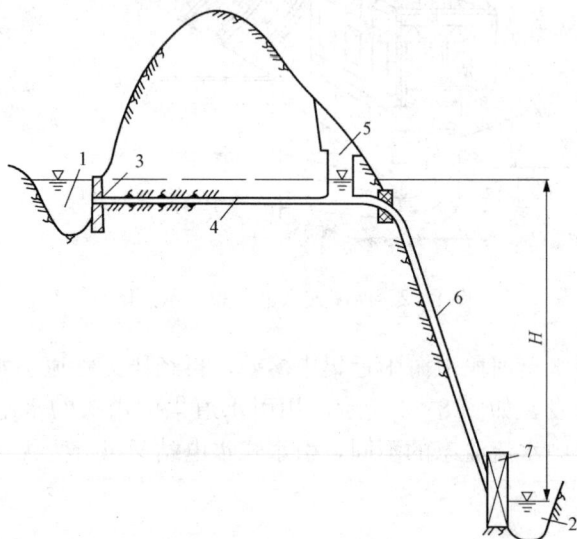

图 8-4　有压引水式水电站

1—高河（或河湾上游）；2—低河（或河湾下游）；3—进水口；
4—有压隧洞；5—调压室（井）；6—压力钢管；7—水电站厂房

与坝式相比，引水式水电站的水头相对较高，引用流量较小；由于无水库调节流量，水量利用率较差，综合利用价值较低；电站规模相对较小。然而，因无水库淹没损失，工程量又较小，所以单位造价往往较低，这是引水式的显著优点。

引水式开发适用于河道坡降较陡、流量较小的山区性河段。尤其是适用于有下列天然地形条件的河段。

（1）有瀑布或连续急滩的河段，用不长的引水道可获得较大水头；

（2）在河道有大弯段的颈部，可用截弯取直引水方式，获得相当的水头；

（3）当相邻河流高差很大而又相隔不远时，可在两河相距最近处采取跨河引水方式，获得较大水头。如云南以礼河与金沙江两河高差 1350m，最近处相距 12km，已建跨流域开发的以礼河梯级水电站。

三、混合式

在一个河段上，同时用坝和有压引水道结合起来共同集中落差的开发方式，称为混合式开发。坝集中一部分落差后，再通过有压引水道（隧洞）集中坝下河段的另一部分落差，形成电站总水头。这种开发方式的水电站称为混合式水电站，其布置如图 8-5 所示（建有地下厂房）。

混合式开发因有蓄水库，可调节流量，它兼有坝式开发和引水式开发的优点，但必须具备合适的条件。一般来说，河段上游有筑坝建库的条件，下游具备引水式开发的地形条件，

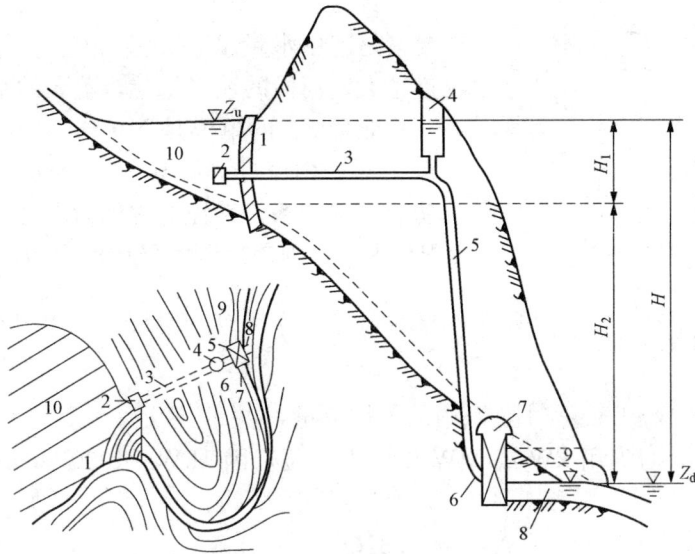

图 8 - 5　混合式水电站

1—坝；2—进水口；3—隧洞；4—调压井；5—斜进；6—钢管；

7—地下厂房；8—尾水洞；9—交通洞；10—蓄水库

宜用混合式开发。如四川狮子滩（71.5m，48MW）、毛尖山（135.2m，25MW）、鲁布格（372m，600MW）、浙江湖南镇（117m，170MW）等水电站都属混合式水电站。福建古田溪水电站，坝集中水头 50m，再打一条长 1.9km 的隧洞，用截弯取直引水方式又集中 9km 长河湾的 78m 落差，得到水电站总水头 128m。

第三节　水电站水能资源计算

一、水力发电的原理及基本方程式

天然河流中蕴藏着水能，它在水流流动过程中以克服摩阻、冲刷河床、挟带泥沙等形式分散地消耗掉。水力发电就是利用这白白消耗掉的水能来产生电能。如图 8-6 表示的任一河段，取上断面 1-1 和下断面 2-2，它们之间的距离，即河段长度为 L（m），坡降为 i。

假定在 T（s）时段内有 W（m³）的水量流过两断面，则按伯努利方程，两断面水流能量之差即为该河段的潜在水能，即水体 W 在 L 河段所具有的能量为

$$E_{1-2} = E_1 - E_2 = \gamma W \left(Z_1 + \frac{p_1}{\gamma} + \frac{\alpha_1 v_1^2}{2g} \right) - \gamma W \left(Z_2 + \frac{p_2}{\gamma} + \frac{\alpha_2 v_2^2}{2g} \right)$$

$$= \gamma W \left(Z_1 - Z_2 + \frac{p_1 - p_2}{\gamma} + \frac{\alpha_1 v_1^2 - \alpha_2 v_2^2}{2g} \right)$$

$$\approx \gamma W H_{1-2} \tag{8-1}$$

式中：γ 为水的容重（$\gamma = 1000 \times 9.81$ N/m³）；p_1、p_2 为大气压强，可认为相等；$\frac{\alpha_1 v_1^2}{2g}$、$\frac{\alpha_2 v_2^2}{2g}$ 为流速水头或动能，其差值也相对微小，可忽略不计；H_{1-2} 为两断面的水位差，即称落差或水头。

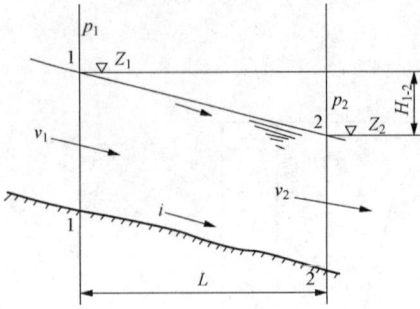

图 8-6 河段的潜在水能

式（8-1）表明，构成河流水能资源的两个基本要素是河中水量 W 和河段落差 H_{1-2}。河中通过的水量越大，河段的坡降越陡，蕴藏的水能就越大。

能量 E_{1-2} 的单位是 $\mathrm{N \cdot m}$，与功的单位一致，表示 T 时段内流过水量 W 所做的功。单位时间内的做功能力称功率，工程上常称为出力或容量，用 N（或 P）表示，则该河段的平均出力为

$$N_{1-2} = \frac{E_{1-2}}{T} = \gamma \frac{W}{T} H_{1-2} = \gamma Q H_{1-2} \quad (\mathrm{N \cdot m/s})$$

$$(8-2)$$

式（8-2）中，$Q = W/T$ 表示时段 T 内的平均流量，以 $\mathrm{m^3/s}$ 计。

在电力工业中，习惯用 kW 或 MW 作出力单位，因 $1\mathrm{kW} = 1000\mathrm{N \cdot m/s}$，故式（8-2）可表示为

$$N_{1-2} = 9.81 Q H_{1-2} \quad (\mathrm{kW}) \qquad (8-3)$$

能量常称电量，以 $\mathrm{kW \cdot h}$ 为单位（或称度），于是

$$E_{1-2} = 9.81 Q H_{1-2} \left(\frac{T}{3600}\right) = 0.002\,7 W H_{1-2} \quad (\mathrm{kW \cdot h}) \qquad (8-4)$$

式（8-3）和式（8-4）便是计算水流出力和电量的基本公式。

由式（8-3）和式（8-4）算出的天然水流出力和电量，是水电站可用的输入水能，而水电站的输出电力系指发电机定子端线送出的出力和发电量。水电站从天然水能到生产电能的过程中，不可避免地会引起各种损失。首先，水电站在集中河段落差时有沿程落差损失 ΔH，在水流经过引水建筑物及水电站各种附属设备（如拦污栅、阀门等）时又有局部水头损失 $\sum h$，所以水电站所能有效利用的净水头为 $H = H_{1-2} - \Delta H - \sum h$。其次，在水库、水工建筑物、水电站厂房等处尚有蒸发渗漏、弃水等水量损失，这些损失记为 $\sum \Delta Q$，因此水电站所能有效利用的净发电流量 $Q = Q_{\text{毛}} - \sum \Delta Q$。此外，水电站把水能转化为电能时还有功率损失，用水轮机效率 η_T 和发电机效率 η_G 来表示，则水电站的效率 $\eta = \eta_T \eta_G$。因此，水电站的实际出力和发电量计算公式为

$$N = 9.81 \eta Q H \quad (\mathrm{kW}) \qquad (8-5)$$

$$E = 0.002\,7 \eta W H \quad (\mathrm{kW \cdot h}) \qquad (8-6)$$

水电站的效率因水轮机和发电机的类型和参数而不同，且随其工况而改变。初步计算时机组尚未选定，常假定效率为常数，并令 $k = 9.81\eta$，可得水电站出力的简化计算公式为

$$N = kQH \quad (\mathrm{kW}) \qquad (8-7)$$

式中：k 称为出力系数，其值凭经验或参照同类型已建电站的资料拟定。一般对大型水电站（$N > 300\mathrm{MW}$），取 $k = 8.5$；对中型水电站（$N = 50 \sim 300\mathrm{MW}$），取 $k = 8.0 \sim 8.5$；对小型水电站（$N < 50\mathrm{MW}$），取 $k = 7.5 \sim 8.0$。待机组选定时，再合理分析计算出 η 值，并作出修正。

二、河流水能资源蕴藏量估算

要进行一条河流水能资源的评价和开发利用，必须事先勘测和估算河流天然蕴藏的水能

资源。为此，需要对全河进行必要的勘测工作，收集有关的地理、地形、地质、水文、气象和社会、经济等方面的资料，然后应用式（8-3）分段估算各河段蕴藏的水能资源，绘制出如图8-7所示的河流水能蕴藏图。绘图的主要步骤如下。

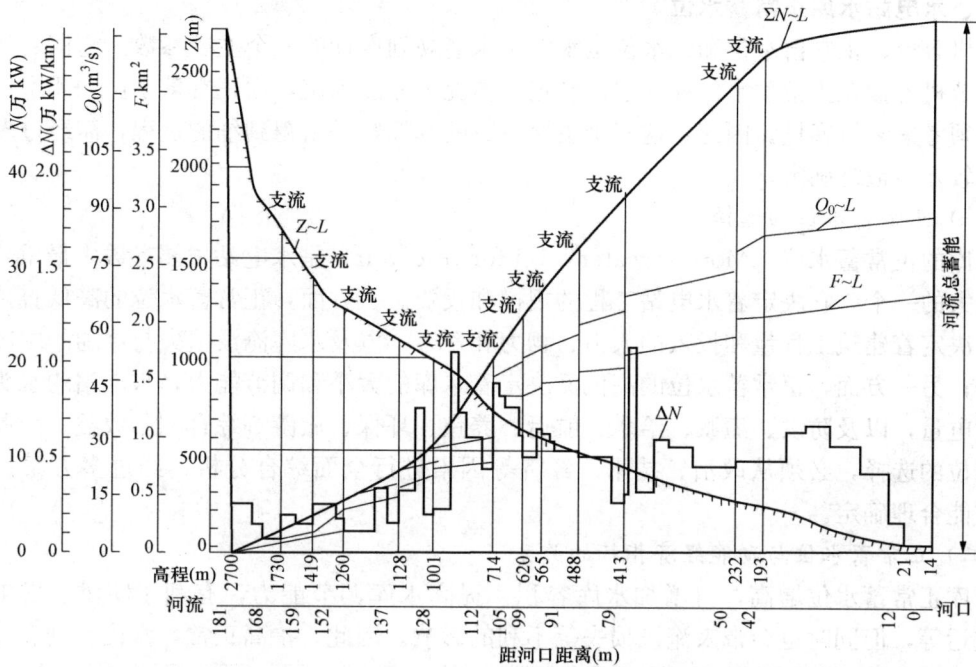

图8-7 河流水能蕴藏图

（1）从河口到河源，沿河长（L）方向测量枯水水面的高程（Z），作出沿河水面高程变化线 $Z \sim L$。

（2）沿河长将河流分为若干段。分段原则为：较大的支流汇合处，河道坡降较大变化处，优良坝址处，有重要城镇和农田等限制淹没处。得出各河段的长度和 L。

（3）计算河流各断面处所控制的流域面积 F 和多年平均流量 Q_0，并绘制 $F \sim L$ 和 $Q_0 \sim L$ 线。

（4）估算各河段的水能蕴藏量。计算时，考虑到河段两断面处流量不同，可取其平均值计算河段水流出力，即

$$N = 9.81 \left(\frac{Q_1 + Q_2}{2} \right) H \quad (\text{kW}) \tag{8-8}$$

将各河段的出力，从河源到河口依次累加，便可得 $\sum N \sim L$ 线。

（5）计算各河段的单位河长（每公里河长）所蕴藏的水流出力。单位出力为

$$\Delta N = \frac{N}{\Delta L} \quad (\text{kW/km}) \tag{8-9}$$

由此便可得出河段单位出力 ΔN 的分布线。

水能蕴藏图8-7给出了一条河流水能特性的全貌。从图上可以清楚地看到任一河段的蕴藏水能量、河流总水能、单位出力大的河段等。单位出力大的河段水能较集中，往往是优先开发的河段。水能蕴藏图是我们研究河流开发的基本资料。

第四节　以发电为主的水库特征水位选择

一、水电站水库正常蓄水位

装机容量、正常蓄水位和死水位是水电站水能规划设计的三个主要参数。它们之间相互影响，装机容量在正常蓄水位和死水位已定的情况下才能确定，而正常蓄水位和死水位的选择又必须考虑装机容量。因此，这三个主要参数的选择，是由粗到细的过程，需经过多轮计算、比较才能最终确定。

（一）正常蓄水位的选择

水库的正常蓄水位（Mormal water level for reservoir）是水电站主要参数中最重要也是影响最大的一个，它决定着水电站工程的规模和投资。一方面，正常蓄水位的高低直接影响坝高，决定着建筑工程量和投入的人力、物力和资金，以及水库淹没损失与伴随的国民经济损失等；另一方面，正常蓄水位的高低又决定着水库的大小和调节能力，水电站的水头、出力和发电量，以及防洪、灌溉、给水、航运、养鱼、环保、旅游等综合利用效益。因此，正常蓄水位的选择，必须从政治、技术、经济等因素进行全面综合分析，经过多方案比较论证，才能合理确定。

（二）正常蓄水位与动能经济指标的关系

水库正常蓄水位增高，可增加水库容积，提高水库调节能力，有利于防洪、发电、灌溉、航运等，但同时也会带来淹没损失等不利的影响。因此，抬高正常蓄水位有利有弊，可由水电站动能经济指标的变化反映出来。

（1）从动能指标看，当抬高正常蓄水位时，水电站动能指标（保证出力和年发电量）的绝对值也随之增大，但其增长率却越来越小。这是因为，随着正常蓄水位的抬高，水库调节能力越来越大，水量利用也越来越充分，当水位达到一定高程后，如再增加水位，往往水头增加的多而调节流量增加很少，因而动能指标的增量也随之递减。即水电站替代火电的出力和发电量的增量效益越来越小。

（2）从经济指标看，占水电站工程总投资很大一部分的是水坝的投资 K_D，它与坝高 H_D 的关系一般为 $K_D = aH_D^b$，其中 a，b 为系数，b 一般大于 2。可以看出，随着正常蓄水位的抬高，大坝的工程量和投资随坝高的高次方增加，其他投资和年运行费用等都是递增趋势，而库区的淹没、浸没损失和库区移民也相应增加。

（三）正常蓄水位选择的方法和步骤

上述关系表明，正常蓄水位的抬高必有其经济上的极限值。鉴于此，正常蓄水位选择的方法是：分析研究正常蓄水位的可能变动范围，拟定若干个比较方案，分别确定各方案的水利动能效益和经济指标，通过技术经济分析，进行比较和综合论证来选取最有利的正常蓄水位。选择正常蓄水位的具体方法步骤如下。

（1）正常蓄水位上、下限值的选定及方案拟定。限制正常蓄水位上限值的因素有：库区淹没、浸没造成的损失情况，坝址及库区的地形地质条件，水量利用程度和水量损失情况，河流梯级开发方案，其他条件还包括劳动力、建筑材料和设备供应、施工期限和施工条件等。选取下限值考虑的因素有发电和其他综合利用部门的最低要求，水库泥沙淤积等。在上、下限值选定后，若在该范围内无特殊变化，则可按等间距选取 4～6 个正常蓄水位作为比较方案。

（2）拟定水库的消落深度。一般采用较简化的方法拟定各方案的水库消落深度 h_n。根据经验，坝式年调节水电站的 $h_n = (20 \sim 30) \% H_{max}$；多年调节水电站 $h_n = (30 \sim 40) \% H_{max}$；混合式水电站 $h_n = 40 \% H_{max}$；其中 H_{max} 为坝所集中的最大水头。

（3）对各方案可采用较简化的方法进行径流调节和水能计算，求出各方案水电站的保证出力、多年平均发电量、装机容量等动能指标，并求出各方案之间动能指标的差值。

（4）计算各方案的工程量、劳动力、建筑材料及各种设备所需的投资和年运行费。

（5）计算各方案的淹没和浸没的实物指标及其补偿费用。

（6）进行水利动能经济计算，对各方案进行动能经济比较，从中选出最有利的正常蓄水位方案。

二、水电站水库死水位的选择

对一定的正常蓄水位，相应于设计枯水年或设计枯水系列的水库消落深度的水位，称死水位（dead water level for reservoir）。死水位的高低决定着调节库容的大小和水利动能效益的好坏，因此，它的选择类似于正常蓄水位的选择，必须进行动能经济分析比较，才能选定有利的死水位。

（一）死水位与动能指标的关系

在一定的正常蓄水位下，随着死水位的降低，调节库容 V_n 加大，利用水量增加，但平均水头却减小。因此，并不是死水位越低，动能指标越大，必然存在一个有利的消落深度 h_n（或称工作深度）或死水位，使水电站动能指标、保证出力和多年平均年发电量最大。下面以年调节水电站在设计枯水年的工作情况为例进行说明。在该年内由库满到放空的整个供水期内，水电站的平均出力 N_d 由两部分组成：一部分是水库放出蓄水量所发出力，称水库出力 N_V；另一部分是天然径流所发出力，称不蓄出力 N_I。则水电站保证出力 N_{fm} 可通过式（8-10）进行简化计算。

$$N_{fm} = 9.81 \eta \overline{H} Q_P = 9.81 \eta \overline{H} (Q_I + Q_V) = N_I + N_V \qquad (8 \text{-} 10)$$

式中：$\overline{H}$ 为供水期平均发电水头；Q_I 为供水期天然流量平均值；Q_V 为供水期水库供出流量平均值，$Q_V = V_n / T_d$。

对水库出力 N_V 而言，消落深度 h_n 越大，兴利库容 V_n 越大，相应的 Q_V 越大，虽然供水期平均水头 $\overline{H}$ 减小，但其减小影响总是小于 Q_V 增加的影响，所以水库出力 N_V 随 h_n 的降低而增大。对不蓄出力而言，情况恰好相反，由于天然流量平均值 Q_I 是一定的，因而 h_n 减小，$\overline{H}$ 减小，N_I 越来越小。如图 8-7 中的两条虚线即表示这种变化。既然水库的 h_n 降低，水电站的 N_V 增大而 N_I 减小，可见两者之和形成的供水期平均出力，即保证出力 N_{fm} 必将有一个最大值出现，如图 8-8 中的 N_{fm} 线所示。

同理，对设计中水年进行水能调节计算，假定数个消落深度 h_n 可求得相应的多年平均发电量 $\overline{E}$，点绘 h_n 与 $\overline{E}$ 关系，则得图 8-8 中的 $\overline{E}$ 线。

从图 8-8 可看出，由保证出力定出的最优工作深度为 h_n''，称为水库极限工作深度；而由多年平均发电量最大定出的最优工作深度为 h_n' 称为水库常年工作深度。一般 h_n' 比 h_n'' 要大，这是因为，年发电量中包括除供水期以外的蓄水期、平水期等的发电量，这些时期的天然来水量较大，不蓄出力或电能也较大，要求水库的工作深度尽量小些，才能获得更大的发电量。而不蓄电能占年发电量的比重较大，因此与年发电量最大值相应的 h_n' 一定比保证出力最

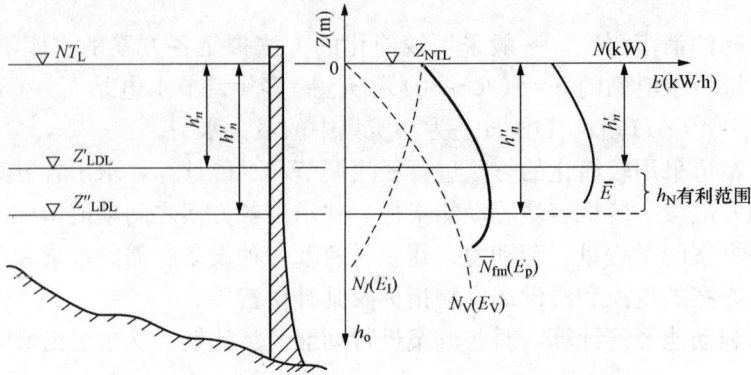

图 8-8 水库消落深度与水电站动能指标关系曲线

大相应的 h_n'' 小。同理可知，中水年发电量最大值相应的工作深度应比枯水年小。

（二）对水库死水位的其他要求

由上述可知，与保证出力最大相应的工作深度一般都比较大，但可能影响综合利用等其他方面的要求，简述如下。

（1）考虑综合利用，当灌溉从水库取水时，其高程对死水位有一定要求，死水位过低将减少灌溉面积；当水库上游航运、筏运、渔业、卫生、旅游等对死水位有要求时，死水位均不能过低，如航运要求最小航深具备一定的高程，渔业要求水域面积不能低于一定的值等。

（2）水轮机运行要求。要求水库工作深度不宜过大，以减小水头的变幅，使水轮机尽可能在高效率区运行；若水位过低、水头过小时，机组效率将迅速下降，可能影响机组安全运行，同时机组受阻容量过大，可能使水电站的水头预想出力达不到保证要求。因而，机组运行条件可能是确定水库工作深度的决定性因素之一。

（3）泥沙要求。河中泥沙进入水库，一部分淤在死库容内，若死库容留得过小，可能很快被淤满，影响水电站进水口的正常工作和水库的使用寿命。另外，在寒冷地区，还要考虑死库容内结冰所引起的问题。

（三）选择死水位的方法和步骤

以发电为主的水库，确定死水位时，应考虑水电站动能指标、机组的运行条件、综合利用要求以及对下游各梯级水库的影响等。然后拟定几个可行方案，进行水利动能经济计算和综合分析比较，选出比较有利的死水位。其方法、步骤大致如下。

（1）根据水电站的设计保证率，选择设计枯水年或枯水系列。

（2）在选定的正常蓄水位情况下，根据各方面要求，拟定若干个死水位方案，求出相应的兴利库容和水库工作深度。

（3）对各死水位方案进行径流调节及水能计算，求出各方案的 N_{fm} 及 $\bar{E}$。

（4）用电力电量平衡法计算各方案的必需容量：$N_{必} = N_{工}'' + N_{备}$。

（5）计算各方案的水工和机电投资与年运行费；然后，根据水工建筑物与机电设备的不同经济寿命，求出不同死水位方案水电站的年费用 NF_1。

（6）对不同死水位方案，为了同等程度地满足系统对电力、电量的要求，应计算各方案替代电站的补充必需容量和电量，并求出各方案的补充年费用 NF_2。

（7）根据系统年费用 $NF = NF_1 + NF_2$ 最小准则，并综合考虑各方面的要求，确定满意合理的死水位方案。

第五节 电力系统负荷及装机容量组成

一、电力系统负荷组成

电力系统是由发电厂、输电网、配电网和电力用户组成的整体，是将一次能源转换成电能并输送和分配到用户的一个统一系统。输电网和配电网统称为电网，是电力系统的重要组成部分。发电厂将一次能源转换成电能，经过电网将电能输送和分配到电力用户的用电设备，从而完成电能从生产到使用的整个过程。电力系统还包括保证其安全可靠运行的继电保护装置、安全自动装置、调度自动化系统和电力通信等相应的辅助系统（一般称为二次系统）。

（一）电力系统的负荷

电力系统中所有用电设备消耗的功率称为电力系统的负荷。其中把电能转换为其他能量形式（如机械能、光能、热能等），并在用电设备中真实消耗掉的功率称为有功负荷。电动机带动风机、水泵、机床和轧钢设备等机械，完成电能转换为机械能还要消耗无功。例如，异步电动机要带动机械，需要在其定子中产生磁场，通过电磁感应在其转子中感应出电流，使转子转动，从而带动机械运转。这种为产生磁场所消耗的功率称为无功功率。变压器要变换电压，也需要在其一次绕组中产生磁场，才能在二次绕组中感应出电压，同样要消耗无功功率。因此，没有无功，电动机就转不动，变压器也不能转换电压。无功功率和有功功率同样重要，只是因为无功完成的是电磁能量的相互转换，不直接作功，才称为"无功"的。电力系统负荷包括有功功率和无功功率，其全部功率称为视在功率，等于电压和电流的乘积（单位千伏安）。有功功率与视在功率的比值称为功率因数。电动机在额定负荷下的功率因数为0.8左右，负荷越小，其值越低；普通白炽灯和电热炉，不消耗无功，功率因数等于1。

电力系统负荷随时间而不断变化，具有随机性，其变化情况用负荷曲线来表示。通常有日负荷曲线、月负荷曲线（国外多用周负荷曲线）、年负荷曲线。图8-9所示为年、日负荷曲线图。

年负荷曲线表示的是每月的最高负荷值。日负荷曲线是将电力系统每日24h的负荷绘制成的曲线。日负荷曲线中负荷曲线的最高点为日最大负荷（又称为高峰负荷），负荷曲线的最低点为最小负荷（又称为低谷负荷），它们是一天内负荷变化的两个极限值，高峰负荷与低谷负荷之差称为峰谷差。峰谷差越大，电力调峰的难度也就越大。根据负荷曲线可求出日平均负荷。日平均负荷与最高负荷的百分比值，称为负荷率。负荷率高，则设备利用率高。最小负荷水平线以下部分称为基荷；平均负荷水平线以上的部分为峰荷；最小负荷与平均负荷之间的部分称为腰荷。为了满足系统负荷的需要，应进行负荷预测工作，绘制不同用途的负荷曲线。

（二）电力系统互联

电力系统互联可以获得显著的技术经济效益。它的主要作用和优越性有以下几个方面。

（1）更经济合理地开发一次能源，实现水、火电资源优势互补。各地区的能源资源分布不尽相同，能源资源和负荷分布也不尽平衡。电力系统互联，可以在煤炭丰富的矿口建设大型火电厂，向能源缺乏的地区送电，可以建设具有调节能力的大型水电厂，以充分利用水力

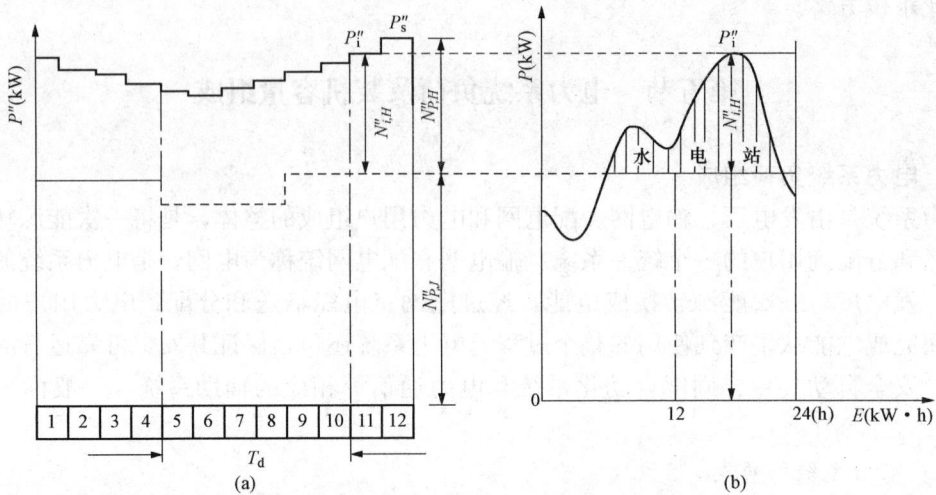

图 8-9　年、日负荷曲线图

资源。这样既可解决能源和负荷分布的不平衡性，又可充分发挥水电和火电在电力系统运行的特点。

（2）降低系统总的负荷峰值，减少总的装机容量。由于各电力系统的用电构成和负荷特性、电力消费习惯性的不同，以及地区间存在着时间差和季节差，因此，各个系统的年和日负荷曲线不同，出现高峰负荷不在同时发生。而整个互联系统的日最高负荷和季节最高负荷不是各个系统高峰负荷的线性相加，结果使整个系统的最高负荷比各系统的最高负荷之和要低，峰谷差也要减少。电力系统互联有显著的错峰效益，可减少各系统的总装机容量。

（3）减少备用容量。各发电厂的机组可以按地区轮流检修，错开检修时间。通过电力系统互联，各个电网相互支援，可减少检修备用。各电力系统发生故障或事故时，电力系统之间可以通过联络线互相紧急支援，避免大的停电事故，既提高了各系统的安全可靠性，又可减少事故备用。总之，可减少整个系统的备用容量和各系统装机容量。

（4）提高供电可靠性。由于系统容量加大，个别环节故障对系统的影响较小，而多个环节同时发生故障的概率相对较小，因此能提高供电可靠性。但是，个别环节发生故障，如果不及时消除，就有可能扩大，波及相邻的系统，严重情况下会导致大面积停电。因此，互联电力系统要形成合理的网架结构，提高电力系统自动化水平，以保证电力系统互联高可靠性的实现。

（5）提高电能质量。电力系统负荷波动会引起频率变化。由于电力系统容量增大，供电范围扩大，总的负荷波动比各地区的负荷波动之和要小，因此，引起系统频率的变化也相对要小。同样，冲击负荷引起的频率变化也要小。

（6）提高运行经济性。各个电力系统的供电成本不相同，在资源丰富地区建设发电厂，其发电成本较低。实现互联电力系统的经济调度，可获得补充的经济效益。

电力系统互联，由于联系增强也带来了新问题。如故障会波及相邻系统，如果处理不当，严重情况下会导致大面积停电；系统短路容量可能增加，导致要增加断路器等设备容量；需要进行联络线功率控制等。这些都要求研究和采取相应技术措施，提高自动化水平，才能充分发挥互联电力系统的作用和优越性。

由于发展电力系统互联能带来显著的效益，相邻地区甚至相邻国家电力系统互联是电力工业发展的一个趋势。如日本 9 个电力系统形成了互联电力系统。美国形成了全国互联电力系统，并且与加拿大电网连接。西欧各国除各自形成全国电力系统外，互联形成了西欧的国际互联电力系统，并正在通过直流背靠背与东欧国家电力系统相连。埃及能源部长在 1994 年巴黎国际大电网年会开幕式上还提出了非洲、欧洲和阿拉伯地区实现跨洲联网的设想，得到与会者重视。我国已形成东北、华北、华东、华中、西北和南方联营等 6 大跨省（区）电力系统，其中华东和华中电网通过葛—上±500kV 直流输电线实现了跨大区电网的互联。世界最大的水电站——三峡水电站安装左岸 14 台、右岸 12 台，地下 6 台 70 万 kW 机组，已于 1994 年 12 月开工建设，2009 年建成发电，其强大的电力将送往华东、华中和四川电网。它的建成发电将推动全国跨大区电网的互联。

（三）电力系统的运行状态

电力系统是由发电机、变压器、输配电线路和用电设备按一定方式连接组成的整体。其运行特点是发电、输电、配电和用电同时完成。因此，为了向用户连续提供质量合格的电能，电力系统各发电机发出的有功和无功功率应随时与随机变化的电力系统负荷消耗的有功功率和无功功率（包括系统损耗）相等，同时，发电机发出的有功功率和无功功率、线路上的功率潮流（视在功率）和系统各级电压应在安全运行的允许范围之内。要保证电力系统这种正常运行状态，必须满足以下两点基本要求。

（1）电力系统中所有电气设备处于正常状态，能满足各种工况的需要。

（2）电力系统中所有发电机以同一频率保持同步运行。

现代电力系统的特点是大机组、高电压、大电网、交直流远距离输电、电网互联，因而其结构复杂，覆盖不同环境的辽阔地域。这样，在实际运行中，自然灾害的作用、设备缺陷和人为因素都会造成设备故障和运行条件发生变化，因而电力系统还会出现其他非正常运行的状态。

二、水电站装机容量组成

水电站装机容量是指水电站所有机组额定容量的总和，它是水电站的主要参数之一。装机容量的大小直接影响水电站的规模和动能效益、水能资源的利用程度以及水电站的投资和设备的合理使用，它的选择是一个比较复杂的动能经济问题。水电站装机容量由最大工作容量、备用容量和重复容量三部分组成，分述如下。

（一）水电站最大工作容量

水电站的工作容量是指直接承担设计水平年系统负荷的那部分容量。由于系统负荷在一年内是变化的，系统的最大工作容量就等于系统的年最大负荷，是由各类电站共同承担的。所以，水电站所分担的满足系统年最大负荷的容量，称为水电站最大工作容量。设电力系统的最大负荷 P_s'' 为一定值，水电站最大工作容量的确定，应从电力系统的可靠性和经济性要求出发，在水、火电站之间正确划分各自承担的系统最大负荷的工作容量。根据系统容量的平衡条件，设计水平年水电站的最大工作容量 $N_{\text{工}}''$ 为

$$N_{\text{工}}'' = P_s'' - \sum N_T \tag{8-11}$$

式中：$\sum N_T$ 为系统已建的和拟建的其他电站的最大工作容量之和。

根据电能平衡要求，在任何时段内，水电站应提供的保证电量 E_{fm} 为系统要求的电量 E_s

与 $\sum E_T$ 之差，即

$$E_{fm} = E_s - \sum E_T \tag{8-12}$$

式中：$\sum E_T$ 为已建和拟建火电站等所发保证电量之和。

从可靠性方面要求，水电站能承担多大的工作容量，要有相应的能量保证，即满足式 (8-12)。而当水库电站的正常蓄水位和死水位确定后，电站的保证电量为某一固定值。这样，按符合水电站保证率要求的保证电量控制所确定的水电站最大工作容量，就体现了电力系统工作的可靠性要求。

从经济性方面考虑，增大水电站的最大工作容量，由式 (8-11)，可以相应减少新建火电站的工作容量。当坝式水电站的正常蓄水位与死水位方案已定后，其保证电量是个比较固定的值。如果变动水电站在系统负荷图上的工作位置，同时要满足可靠性要求，可以发现不同位置，水电站的最大工作容量是不同的，即担任峰荷、腰荷时的最大工作容量要大于基荷时的最大工作容量。而增加水电站的工作容量，并不需要增加水工部分的投资，只需增加与发电直接相关的机电设备及厂房等的投资。根据我国目前的电源结构，常把火电站作为水电站的替代电站。因此，水电站所增加的补充千瓦投资，常比替代火电站的单位千瓦投资少得多，至于年运行费，火电站比水电站就更大的多。由此看来，增加水电站的工作容量以替代火电站的工作容量，在技术上是可行的，在经济上总是有利的。所以，应让水电站尽可能在峰荷区工作，多装工作容量，这样不但可提高汛期水量利用率，而且可节约火电站的总煤耗量，显然这是符合电力系统经济性要求的。

综上所述，水电站最大工作容量的确定原则是，在尽可能满足综合利用要求的条件下，以保证电量作为控制，使水电站的工作容量尽可能大。但应指出，此原则对引水式电站不一定适合，特别是有长引水道的水电站，其补充千瓦投资不一定比火电站的小。在确定最大工作容量时，应进行水、火电站之间的经济比较。

1. 无调节水电站最大工作容量

无调节水电站任何时刻的出力，均取决于天然流量的大小，为了充分利用无调节水电站的发电量，电站只能在日负荷图的基荷部位工作。所以，无调节水电站的最大工作容量 N_H'' 即等于按设计保证率求出的保证出力 N_{fm}。即

$$N_H'' = N_{fm} \tag{8-13}$$

2. 日调节水电站最大工作容量

由于日调节水电站可将日平均出力调节成担任峰荷部位的变化出力，从而增大水电站的工作容量。因此，其最大工作容量须根据前述的原则予以确定。具体方法分述如下。

选择电力系统设计水平年的冬季最大典型日负荷图；绘出其日负荷分析曲线；利用该曲线在峰荷部位根据保证出力控制的保证电量 $24N_{fm}$，可定出日调节水电站的工作位置和最大工作容量 N_L''，如图 8-10 所示。可以看出，日调节水电站的 N_L'' 比具有相同 N_{fm} 的无调节电站的最大工作容量大得多，可更多地节省火电装机，使整个系统获得显著的动能经济效益。

当日调节水电站下游有综合用水要求时（如航运需一昼夜间均匀通航流量），则应把其保证出力划分为两部分，一部分受综合用水限制，另一部分可随意凋节；然后分别按无调节和日调节水电站确定出相应两部分的最大工作容量，水电站总工作容量为上述两部分之和。有综合用水要求，水电站最大工作容量相应减少。

3. 年调节水电站最大工作容量

年调节水电站最大工作容量的确定，应以前述原则为依据。由于其保证电量的控制时段是整个供水期，所以，要在年负荷图上通过电力电量平衡来确定。具体方法步骤分述如下。

(1) 在设计水平年电力系统年最大负荷图 8-11 (a) 上，以水平线划分水、火电站在供水期的工作位置。用水平线划分可满足式 (8-11)，若用斜线划分，则水、

图 8-10 日调节水电站 N''_{I} 的确定

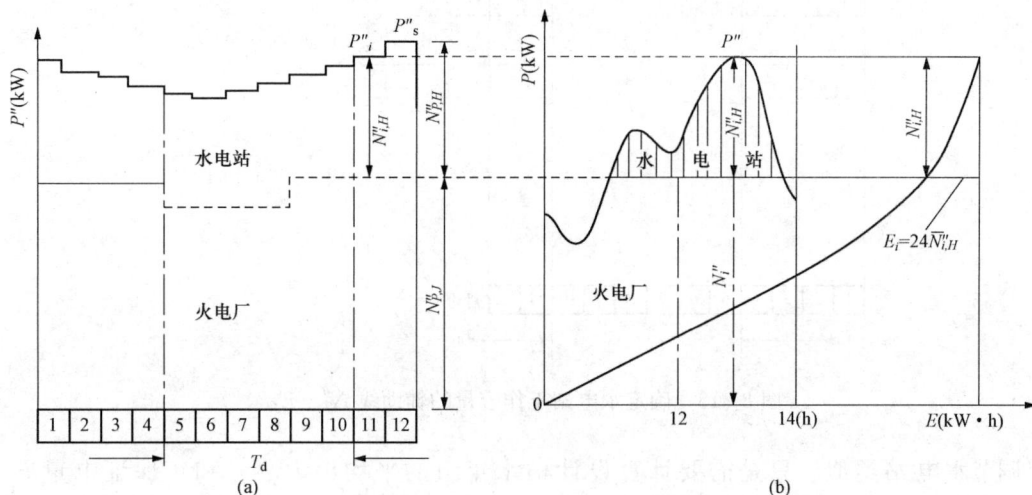

火电站的最大工作容量之和将大于系统最大负荷，不满足式 (8-11)，也不符合经济要求。

(2) 在图 8-11 (a) 上划水平线后，可得到水电站供水期各月应担负的峰荷出力值 $N''_{i,H}$，例如 12 月份为 $N''_{12,H}=N''_{\mathrm{I}}$，11 月份为 $N''_{11,H}$ 等。

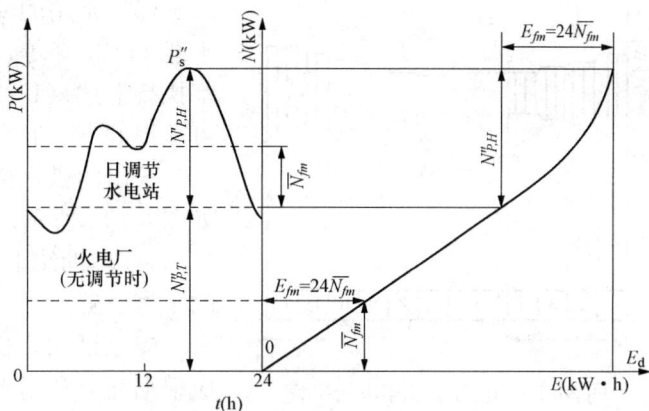

图 8-11 求 N''_{I} 时的系统年电力电量平衡
(a) 系统电力平衡；(b) 典型日负荷图的电力电量平衡

(3) 绘各月典型日负荷图及其分析曲线如图 8-11 (b) 所示，由该月峰荷出力 $N''_{i,H}$ 在分析曲线上求得水电站应担负的日电量 E_i。则该日平均出力也就是该月水电站的平均出力，为 $\overline{N}_{i,H}=E_i/24$。将各月的 $\overline{N}_{i,H}$ 画在年平均负荷图上，得系统年电量平衡图 (图 8-12)，也称保证出力图。图中竖影线部分所表示的面积即为水电站供水期应承担的发电量 $E_{供}$，或 $E_{供}=730\sum \overline{N}_{i,H}\ (i\in T_d)$。

(4) 比较所计算出的 $E_{供}$ 是否等于水电站的 E_{fm}，若相等，则所作水平线即为有能量保证的电力负荷划分线，所定出的 N''_H 即为所求的水电站最大工作容量值。若不相等，则需修改水平线的位置，重复上述步骤，直到符合为止。但这样工作量很大，一般常用简化方法，见下一步说明。

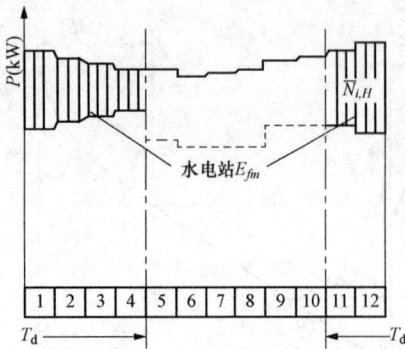

图 8-12　电力系统年电量平衡

（5）常用的简化方法是作辅助曲线。即通过划水平线 1，2，3 等，假设若干个 $N_{\text{工}}''$ 方案对每一 $N_{\text{工}}''$ 方案都执行上述（1）～（3）步骤，计算出各方案水电站可承担的 $E_{\text{供}}$ 值，然后由各个假设的水电站最大工作容量与求出的供水期电量之间关系，作 $N_{\text{工}}''-E_{\text{供}}$ 辅助线，如图 8-13 所示。根据水电站已定的供水期保证电量 E_{fm}，在辅助线上即可求出最大工作容量 $N_{\text{工}}''$ 及其相应的工作位置。

应该说明，供水期以外月份水电站的工作方式，应根据充分利用水能资源、减少弃水的原则进行研究。

4. 多年调节水电站最大工作容量

确定多年调节水电站最大工作容量的原则和方法，

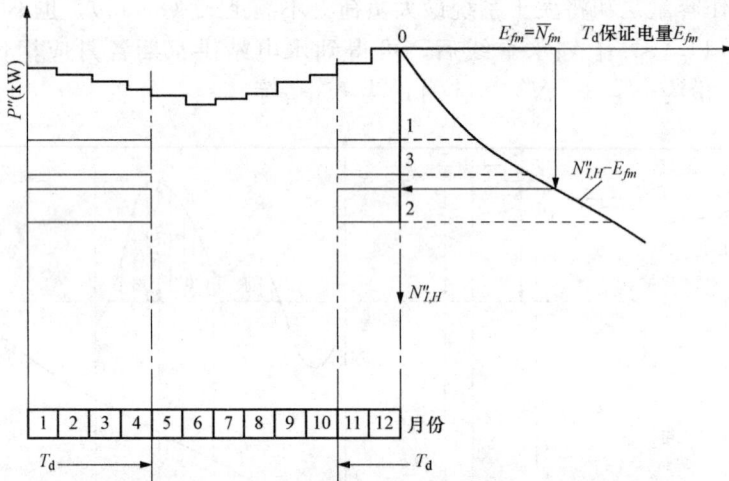

图 8-13　确定水电站工作容量的辅助线 $N_l''-E_{fm}$

与年调节水电站类似。只是需要计算设计枯水年组的平均出力 N_{fm} 和年保证电量 $E_{fm}=8760N_{fm}$，然后按水电站全年都担任峰荷工作，进行全年的系统电力电量平衡，即可确定水电站的最大工作容量。

应该指出，当缺乏远景负荷资料时，不能采用上述系统电力电量平衡法确定水电站的最大工作容量。这时可用简略的公式估算法，具体方法可参阅有关资料和文献。

（二）电力系统备用容量

为了使电力系统的正常工作不遭受破坏，系统中各个电站容量的总和至少不得小于系统的最大负荷。但是，根据系统最大负荷所确定的各电站工作容量，并不能保证电力系统供电有足够的可靠性，其原因如下：

（1）在任何时刻不能准确地预测电力系统将会出现的瞬时最大峰荷。

（2）系统中的发电设备，难免会发生事故，并难于预测。由于事故停机，系统工作容量减少，负荷需求就不可能得到保证，故需要事故备用容量。

（3）很难使所有的机组都能在一年或两年之内得到计划停机检修的机会。

由上所述，电力系统中各电站的总容量值，除了满足分担系统最大负荷的要求外，还要附加一部分容量以保证系统供电的可靠性，这部分容量称为系统的备用容量。备用容量可分为负荷备用容量、事故备用容量和检修备用容量。应分别予以确定，并由满足一定条件的电站承担。

1. 负荷备用容量

实际上电力系统的负荷是不断变动的，特别是当系统内有大型轧钢机、电气机车等用户时，它们常出现冲击负荷，称为突荷，使负荷时高时低地围绕负荷曲线跳动。当负荷超过系统计划最大负荷时，仅有最大工作容量就不够了。为此，需要装置一部分负荷备用容量来承担这种短时的突荷，才不致因系统容量不足而使周波降低到小于规定的数值，影响供电质量。负荷备用容量的多少与系统用户的性质和组成有关，"跳动"用户的比重大、其值应大。根据水利动能规范，系统的负荷备用容量可采用系统最大负荷 P''_s 的 2%~5%。一般无须额外备用电量，因负荷跳动时正时负，能量可以互补。

电力系统的负荷备用容量，在一般情况下，宜装在调节性能较好、靠近负荷中心的大型蓄水式水电站上。但在大型电力系统中，负荷备用容量值很大，规范规定，当 $P''_s \geqslant 1000MW$ 且输电距离较远时，应由两个或更多的水电站和凝汽式火电站分担负荷备用容量。通常把担任系统负荷备用容量的电站称为调频电站。在实际运行中，负荷备用容量可在不同调频电站间互相转移，但必须由正在运转的机组承担。

2. 事故备用容量

电力系统中任何一个电站发生事故，则机组不能投入工作，为了保证系统正常工作，尚需装置一部分备用容量。这部分在系统发生事故时投入工作的容量称为事故备用容量。系统电站发生事故的原因很复杂，造成的损失难以估算，到目前为止，尚无确定事故备用容量的严格算法。因此，在实际设计中，一般根据运行经验确定事故备用容量。《水利水电工程动能设计规范》规定：系统事故备用容量采用系统最大负荷的 10% 左右，但不得小于系统内最大一台机组的容量。

事故备用容量一般应分设在几个电站上，不宜太集中，且可随时快速投入工作。如火电站的事故备用容量应处在热备用状态，水电站应处在停机待用状态。系统事故备用容量在水、火电站之间分配时，应根据各电站的特点、工作容量比重、系统负荷的分布等因素分析确定。一般在调节性能较好的蓄水式水电站上多分配些事故备用容量是有利的，初步决定时，可按水、火电站最大工作容量的比例来分配。水电站事故备用容量必须有备用水量，应在水库内预留所承担事故备用容量在基荷连续运行 3~10 天的被用水量，当此水量占水库有效库容的 5% 以上时，则应考虑留出备用库容。

3. 检修备用容量

系统中各电站上所有机组都要有计划地定期检修（大修），以减少发生事故的可能性和延长机组的寿命。每台机组的大修时间，平均每年火电站约需 45 天，水电站约需 30 天。机组检修应尽可能安排在系统负荷降低、本电站出现容量空闲的时候进行，如火电站的机组检修可安排在丰水季年负荷图较低部位，利用水电站多发电、火电站容量有空闲的时间，水电站机组检修则应安排在枯水季。当利用系统容量空闲部位（检修面积）不能使全部机组轮流检修一遍时，则需装置检修备用容量，否则可不予设置。

（三）水电站重复容量的确定

对于无调节及调节性能较差的水电站，在丰水季节将大量弃水，为了充分利用水能资源，减少弃水，多发季节性电能，只有加大水电站装机容量。这部分在必需容量以外加大的容量，在枯水期内由于天然来水少，不能当作系统的工作容量以替代火电站容量，因而被称为重复容量。它在系统中的作用主要是增发季节性电能，以节省火电站燃料。

水电站在投入运行后，随着系统负荷结构调整、水电站来水条件改变等运行情况的变化，有可能使重复容量部分或全部转为工作容量，相应的电能转变为保证电量。例如，农业用电有大的增长，特别是排灌用电出现在夏秋季，同水电站发季节电能的时期很接近，那么部分季节电能将转变为保证电能；由于上游梯级水库的修建，可对径流进行补偿调节，提高了水电站群的保证出力，这样也可使部分重复容量转为工作容量。季节性电能的转化和利用，可以提高系统供电的质量和可靠性，不但节约煤炭，还可提供急需的电力，应予重视。

在设计中，如果重复容量设置得过大，会造成资金积压和浪费；如果设置得过小，就不能充分利用水能资源。因此，必须通过动能经济计算才能确定合理的重复容量。

1. 水电站重复容量的动能经济计算方法

水电站设置重复容量，就要增大投资，其投资的增加只能通过增发季节性电能节省火电的煤耗予以抵偿。当加大重复容量时，弃水量会逐渐减少，因而季节性电能的增加，并不是与重复容量的增加呈线性递增关系。当重复容量增加到一定程度时，季节性电能增加速率反而下降，这时如果再增加重复容量，就不经济了。因此，必须进行投资和效益之间的经济计算和分析，合理确定重复容量。

设水电站增加重复容量 ΔN_H，平均每年工作时间为 h_d(h)，重复容量补充千瓦投资和年运行费率分别为 k_H、a，则所增加的投资为 $\Delta K = k_H \Delta N_H$，增加的年运行费为 $\Delta U_H = a \Delta K_H$，相应增加的年季节电量为 $\Delta E_H = \Delta N_H h_d$，所节省火电站煤耗费用为 $\Delta B = 1.05 \Delta E_H bs$ [1.05 为折算系数，b 为单位燃耗 kg/(kW·h)，s 为燃料价格元/kg]。重复容量经济寿命为 n 年（取 $n=25$），投资的效益系数 r_0，则设置补充千瓦重复容量的经济条件为

$$\Delta K_H \leqslant \frac{\Delta B - \Delta U_H}{(1+r_0)} + \frac{\Delta B - \Delta U_H}{(1+r_0)^2} + \cdots + \frac{\Delta B - \Delta U_H}{(1+r_0)^n}$$

将相应各项代入上式并简化得

$$h_d \geqslant \frac{k_H \left[\frac{r_0 (1+r_0)^n}{(1+r_0)^n - 1} + a \right]}{1.05bs} \qquad (8-14)$$

式（8-14）为装设重复容量的经济判别式，即只要装置的重复容量的年工作小时数不少于 h_d，则总是经济有利的，故 h_d 也称重复容量的经济年利用小时数。

2. 确定重复容量的计算步骤

水电站重复容量计算步骤如下。

（1）求水电站弃水出力过程线。在水流出力计算的基础上，用初定的水电站必需容量 $N_{必}$ 对历年水流出力过程线切头，则超出 $N_{必}$ 部分的水流出力过程线就是历年弃水出力过程线，如图 8-14 所示。

（2）取 m 个弃水出力值 $N_{S,i}(i=1, 2, \cdots, m)$，计算各弃水出力值相应的历年总持续时间和多年平均年持续时间。如图 8-14 中 $N_{S,i}$ 的总持续时间 $\sum_1^n t_i = t_1 + t_2 + \cdots + t_n$，$n$ 为计

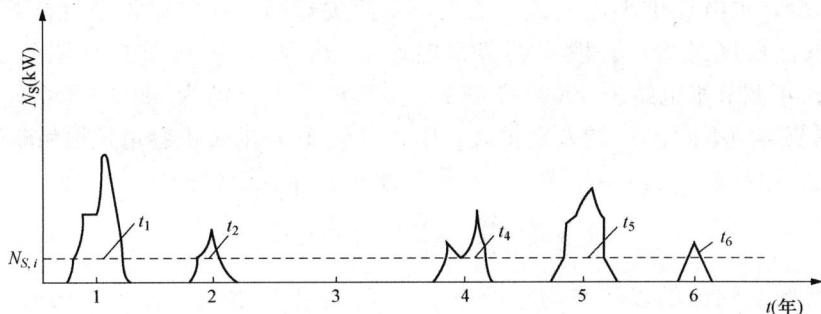

图 8-14　弃水出力过程线

算年数，则多年平均年持续时间为 $h_{S,i} = \sum\limits_{1}^{n} t_i / n$。

（3）由计算的 $N_{S,i}$ 与 $h_{S,i}$ 对应值，点绘弃水出力持续曲线 $N_S \sim h_S$，如图 8-15 所示。当简化计算时，弃水出力持续曲线也可以在水流出力持续曲线上，用 $N_{必}$ 切头，上面部分即是。

（4）按经济年利用小时数 h_d 定重复容量 $N_{重}$。由式（8-14）算出的 h_d，在图 8-15 上查出 $N_{重}$ 及所增发的多年平均季节性电能 $\Delta\overline{E}_S$。若 $h_d > h_a$，则表明不应装置重复容量。

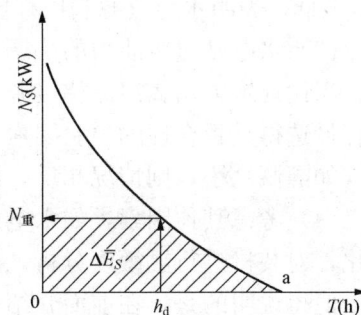

图 8-15　弃水出力持续曲线

第六节　水电站装机容量选择

按前述方法分别确定出各部分容量，则水电站装机容量的初定值为

$$N_{装} = N_{工}'' + N_{备} + N_{重} \tag{8-15}$$

据此即可进行机组的初步选择，初定适合的机组机型、台数、单机容量等。然后进行设计枯水年电力系统的容量平衡，以检查所选的装机容量及其机组在较不利的水文条件下，能否担任系统负荷的工作容量及备用容量等方面的任务，使系统供电得到保证。为了解一般水文条件下的运行情况，还要进行中水年的容量平衡，对低水头电站，还需作出丰水年的容量平衡，以检查机组出力受阻情况。进行电力系统容量平衡时，在保证安全供电的条件下，要尽可能使空闲容量最少，总装机容量最小，以达到可靠和经济的原则。通过容量平衡图可确定出所需的水电站装机容量，再进一步进行合理性分析，最后通过动能经济比较，更精确地选择机组，在机组、台数、单机容量等均选定后，水电站装机容量才可最终确定。

装机容量合理性分析，可以从以下几个方面进行。

（1）装机容量年利用小时数 h_y，指多年平均年发电量对装机容量的折算值，即

$$h_y = \overline{E}/N_{In} \quad (h) \tag{8-16}$$

$h_y/8760$ 称为设备利用率。h_y 的大小反映设备的利用程度，是判别装机容量大小是否合适的一个指标。由于影响 h_y 的因素众多，很难统一规定各种电站的统一指标。一般说来，

地区水力资源少，水电比重小，电力系统大，负荷尖峰高，水电站调节性能好，调峰任务重，则 h_y 较低。根据经验，一般无调节水电站 h_y 达 5000～7000h；日调节水电站 h_y 为 4000～5500h；年调节水电站为 3000～4500h；多年调节水电站为 2500～3500h。由此可见，条件不同、调节类型不同，h_y 的差别很大，用式（8-16）求装机容量是很粗略的。

（2）径流利用系数 η，指多年平均的年利用水量与年径流量的比值，即

$$\eta = \frac{W_0 - \overline{W}_S}{W_0} \times 100\% \tag{8-17}$$

式中：W_0 是坝址处河流的多年平均年径流量；$\overline{W}_S$ 是年弃水量的多年平均值。径流系数 η 通过径流调节和水能计算得出，它与水库调节性能和水电站装机有关，反映了水力资源的利用程度。对调节性能差的水电站，因可设置重复容量，加大了装机，从而可提高 η 值。如果 η 值很低，表明水力资源利用程度很差，应查明原因，是否是装机定得偏小。

（3）水电站过水能力的协调。水电站过水能力是指设计水头下全部装机工作时通过的流量。当设计水电站属河流梯级开发之一时，梯级水电站之间的过水能力必须协调，这也是装机容量选得是否合理的检验因素之一。一般下级电站过水能力比上级略大，若区间来水比取水（如灌溉）小，则情况相反。同时要考虑电站过水能力与下游综合利用是否协调等情况。

（4）考虑其他因素，如水电站在设计水平年内，负荷结构、综合利用及电站联合运用的变化，对装机进行灵敏度分析，以探求装机选择是否合理及稳定程度。

值得说明的是，在前面介绍水电站装机容量选择的方法步骤时，曾假定电力系统内只有一个有调节的水电站，而实际情况要复杂得多。当系统中有多个具有调节能力的水电站时，可按前述方法把水电站群作为一个电站考虑，求出总装机容量后，再进行合理分配，才能确定各电站的装机容量。这是一个复杂的专门研究课题，详细内容可参阅有关文献资料。

第七节 其他水能资源开发方式

一、抽水蓄能式电站

抽水蓄能式开发是水能开发利用的一种特殊形式，其目的不是为了开发水能资源向电力系统提供更多电量，而是以水体为蓄能介质，充分发挥水力发电运行灵活等优势，起调节电能，改善电力系统运行条件的作用。

抽水蓄能电站在电力系统工作时，能够顶尖峰、填低谷，并有调峰、调相、旋转备用、紧急事故备用等方面的功能，尤其是它具有负荷速度快的特点，对改善电网的经济性和稳定性起了很大作用，在现代电网中占有不可替代的位置。

抽水蓄能式电站必须有高低两个水池（或水库），与有压引水建筑物相连，蓄能电站厂房位于下水池处，如图 8-16（a）所示。当夜间用电负荷低落、系统内火电站等出力有多余时，该电站就吸收系统低谷的剩余电量，带动水泵，将低水池中的水抽送到高水池，以水的势能形式贮存起来（抽水蓄能过程）；等到系统高峰负荷时，将高水池中的水放入低池，推动水轮机发电（放水发电过程）如图 8-16（b）所示。显然，由于能量转换经过了电能到水能再到电能的往复过程，存在电能损失。所以，抽水蓄能电站消耗的系统电能 E_1 大于它所发出的电能 E_2，其总效率（即 E_2 与 E_1 的比值）是比较低的，一般为 0.6～0.7。既然抽水蓄能电站消耗的电能大于所发出的电能，为什么还要修建它呢？这是因为它消耗的是系统多

余的低价电能，提供的是电力系统急需的峰荷高价电能，两者的作用和价值很不相同。一般国外的峰荷电价比基荷电价高 2～4 倍，我国也初步形成电力市场，厂网分开，竞价上网，已开始采用峰谷或分时电价，所以当系统缺乏调峰、调相、事故备用容量等时，修建抽水蓄能电站是很有利的，不但可以提高电力系统的可靠性，改善供电质量，而且还能收到巨大的经济效益。抽水蓄能电站有许多作用，其中对系统起调峰填谷的双重作用最为重要。

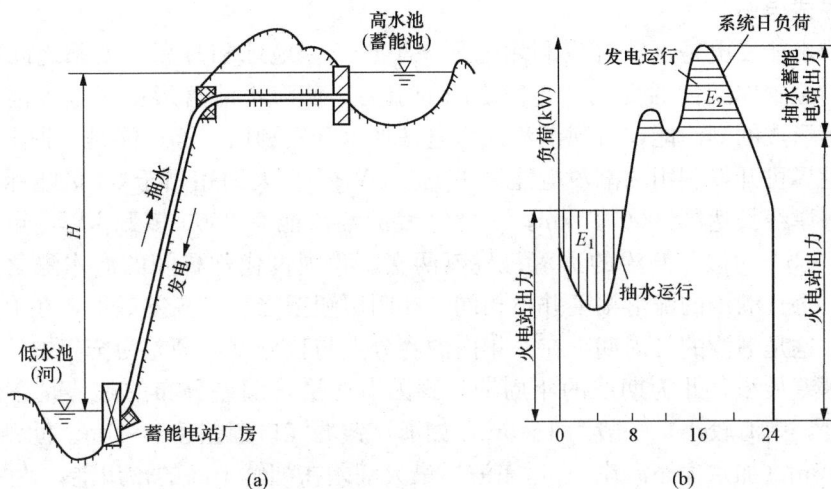

图 8 - 16　抽水蓄能式水电站
(a) 建筑物布置示意图；(b) 在日负荷图上的工作状态

　　抽水蓄能电站根据利用水量的情况可分为两大类：一类是纯抽水蓄能电站，它是利用一定的水量，在上、下池（库）之间循环进行抽水和发电；另一类是混合式抽水蓄能电站，它是利用河流上常规水电站水库作低库，另建高库，在电站厂房内装有水泵水轮机组（可逆式）和常规的水轮发电机组，既可进行水流的能量转换，又能利用天然径流发电，可以调节发电和抽水的比例以增加发电量。

　　抽水蓄能电站自 1882 年在欧洲问世以来，已有 100 多年的历史，但其迅速发展还是自20 世纪 50 年代后期。据统计，1960 年世界抽水蓄能电站总装机容量为 3500MW，1980 年发展到 70 000MW，2000 年达到 113 000MW，40 年间增加了 32 倍。目前，世界上最大的抽水蓄能电站为美国巴斯康蒂抽水蓄能电站，装机 2100MW；水头最高的是瑞士的马吉亚蓄能电站，为 2117m；最大的混合式抽水蓄能电站是法国的大屋电站，总装机 1800MW，其中抽水蓄能 1200MW，常规 600MW。

　　我国抽水蓄能电站发展较晚，1968 年首次在河北岗南水电站上装设一台 11MW 的可逆式机组，这是我国第一座混合式抽水蓄能电站。1973 年北京密云混合式抽水蓄能电站建成（2×10MW）。1984 年，华北电网开始建设潘家口混合式抽水蓄能电站（蓄能机组装机容量270MW）。我国 20 世纪 90 年代抽水蓄能电站才开始大力发展。到 2005 年，已建抽水蓄能电站 13 座，主要分布在华北、华东和华南地区，装机容量共计 5845MW（不含台湾），分别占全国发电总装机容量和水电装机容量的 1.3% 和 5.3%。其中，有潘家口（3×90MW＋1×150MW）、广州一期（4×300MW）等抽水蓄能电站。我国在建和拟建的大型纯抽水蓄能电站有许多，如十三陵（800MW）、天荒坪（1800MW）、张河湾（1000MW）、西龙池

（1200MW）、广州二期（1200MW）等。

由于我国电力系统中主要是调峰性能较差的煤电，不像一些发达国家有调节性能较好的油电和天然气、地热发电等，故中国抽水蓄能电站的发展理应比其他工业发达国家更为迫切，在电网中所占比重应更大些。考虑需要和可能，我国抽水蓄能电站发展规划目标为：2010 年全国抽水蓄能电站装机容量 16 000MW，占全国电力装机容量的 3%。

二、潮汐式电站

利用潮汐水能发电是水能开发利用的另一类形式。地球和月亮、太阳之间有规律的运动，造成相对位置周期性的变化，它们之间的引力，使海水涨落形成了潮汐能。在沿海地区，海潮涨落形成的潮汐能，可建潮汐式水电站加以开发利用。潮汐能是一种丰富的海洋水能资源，全世界可开发利用的潮汐电能约 10^8 亿 kW·h，大约相当于 32 亿吨标准煤所含的能量。我国海岸线长达 14 000 多 km，可能开发的潮汐能有 3500 多万 kW，年发电量可达800 多亿 kW·h。一般，潮汐的涨落每昼夜两次，我国古代称昼间的海水涨落为潮，夜间的涨落为汐。每日潮汐的涨落幅度并不相同，在阴历朔望之后日潮差最大，在上弦和下弦之后潮差最小，这是潮汐的月周期。在一年内的春分点与秋分点，潮差为全年中的最大值，夏至与冬至点潮差最小，此为期汐的年周期。我国沿海平均潮差分布的趋势是东海较大，渤海、黄海次之，南海较小，一般为 1~5m。如浙江钱塘江口潮差达 5~6m。世界已有记录的潮差最大达 15m（加拿大东海岸）；远东海岸最大潮差在朝鲜半岛的仁川港，达 9.88m。

潮汐能开发利用方式有多种，现以常见的单水池双向式潮汐电站为例，说明其布置方式和工作原理，如图 8 - 17（a）所示，在海湾的入口处修筑堤坝，将海水和海湾隔开，并设水闸和潮汐电站。当涨潮时，海面潮位高于湾内水位，这时可引海水入湾发电；退潮时，海面潮位下降，低于海湾内水位，这时可引湾中的水入海发电。海潮每昼夜涨落两次，因此，类似调节水库的海湾每昼夜充水和放水也是两次。潮汐式电站的最大特点是水头很低，但引用流量可以很大。

潮汐水电站的工作过程如图 8 - 17（b）所示。涨潮时，从 t_0 时刻起，关闭水闸不发电，湾内水位维持不变，海面水位不断上涨；当到 t_1 时刻，海和湾内水位差达到一定数值（H）时，即可引海水入湾发电，同时湾内水位也随着上升；到 t_2 时刻，开始退潮。落差减小已不能发电，这时开启闸门进水，使湾内水位迅速上升；到 t_3 时刻，海面与海湾内水位齐平，此时关闭闸门，保持湾内水位不变，而潮位继续在退落；到 t_4 时刻，湾内与海面落差达 H，即可引湾水入海发电，同时湾内水位下降；到 t_5 时刻，海湾水位继续下降，海面开始涨潮，落差不够，停止发电并打开水闸，使湾内水位速降；到 t_6 时刻，海湾水位与海面潮位齐平，随即关闭水闸。到 t_7 时刻，有了落差 H，又可继续发电。以后将重复上述过程。

上述潮汐电站属单水池双向式，其特点是两个方向都可以引水发电，电站装有可逆式机组，大都是可逆式贯流机组。但是，这种潮汐电站的发电过程仍然是断续的，要与其他电站配合，才能保证用户经常的用电要求。为克服这种发电的间断性，可建双水池单向式或者更复杂得多的水池双向式潮汐电站，在此不详述。

我国已建成一些小型潮汐电站，如浙江江夏潮汐电站，装机容量 3000 kW，年发电量1000 万 kW·h。法国已建成的朗斯潮汐电站，装有 24 台可逆式贯流机组，总装机 240MW，年发电量 5 亿 kW·h。目前，世界上有许多国家，如法国、英国、加拿大、俄罗斯、印度、日本、韩国等已建成或计划修建大型和巨型潮汐电站。如法国规划中的蒙圣密歇潮汐电站，装机 12 000MW(300×40MW)，年发电量 250 亿 kW·h；加拿大建成芬地湾潮汐电站，装机 1150MW(37×31MW)，年发电量 34.32 亿 kW·h 等。

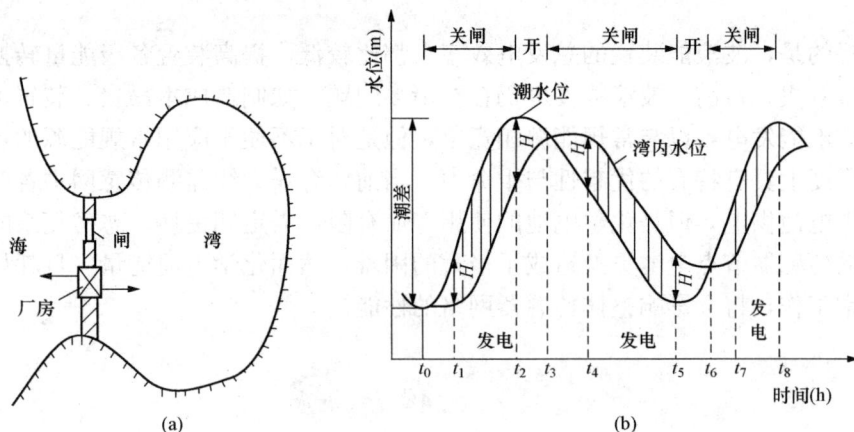

图 8-17　单水池双向式潮汐式水电站

(a) 枢纽布置示意图；(b) 工作过程图

三、海洋波浪能发电

风与海面作用产生海浪，海浪能是以动能形式表现的水能资源之一。1977 年，有人对世界各大洋平均波高 1 米、周期 1 秒的海浪进行推算，认为全球海浪能功率约为 700 亿千瓦，其中可开发利用约为 25 亿千瓦，与潮汐能相近。海浪中蕴藏有如此丰富的能量，如将海浪的动能转化为电能，使制造灾难的惊涛骇浪为人类服务，是人们多年来梦寐以求的理想。1910 年，法国人波拉岁奎在法国海边的悬崖处，设置了一座固定垂直管道式的海浪发电装置，并获得了一千瓦的电力。这是最早出现的海浪发电装置，也是用波力能来发电的最早尝试。此后，在世界各地出现了许多不同结构、不同形式的海浪发电装置。

在 20 世纪 70 年代，英国爱丁堡大学的工程师斯蒂芬·索尔特就发明了利用海浪发电的"爱丁堡鸭"海浪发电装置。相比风能与太阳能技术波浪能发电技术要落后十几年。但是波浪能具有其独特的优势，波能能量密度高，是风能的 4~30 倍。利用海浪发电的工作原理装置见图 8-18 所示。

相比太阳能，波浪能不受天气影响。波浪能发电电源是利用波浪发电制作成的电源，为海洋传感节点供电具有诸多优点：

(1) 波浪能分布广泛且储量巨大，可就地取能；

(2) 波浪发电装置受海况与气候影响较低。研究利用波浪能发电，为海洋无线传感器节点提供长期的能量供给，具有十分重要的意义。

2012 年，由我国辽宁海事局和大连海事大学共同研发的多节漂浮式波能发电装置进行了首次海上试验，并取得成功。这一装置能

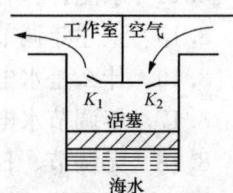

图 8-18　海浪发电装置

有效收集波浪能并转化为电能输出，且具备低成本、无污染、节约能源的特点，可缓解全球范围内的能源短缺和环境污染问题。

据了解，多节漂浮式波能发电装置目前的研究方向主要针对海事领域，针对海事系统的船舶、无人雷达、海上通讯基站等设施供电。不过，随着该项目的优化研究，波能发电可投

入更广泛的领域。由于波浪能属于取之不尽的海洋能源，而且大连具备良好的波浪能利用环境，该项目一旦投入大量生产，还可用于民用供电，届时将有效缓解目前全球面临的能源危机。

值得一提的是，波浪能装置的总发电效率大都比较低，提高装置各级能量转换结构转换效率问题亟待解决。目前，波浪能发电仍存在诸多问题，如制造成本昂贵、装置可靠稳定性及并网等。波浪能发电难以与常规能源相竞争，但是对于不便于应用常规能源的场合，波浪发电在一定程度上具有特有的优越性与生命力。当前，海洋无线监测传感网中各节点仍大多采用传统化学电池供电，但是化学电池的使用寿命有限，需定期更换。恶劣复杂的海洋环境给数量庞大的传感器节点电池更换造成了极大的困难，然而化学电池能量一旦耗尽，传感器节点无法正常工作，将会影响整体传感器网络的性能。

习　题

8.1　我国水能资源蕴藏量有多少？是如何分布的？

8.2　试论述水能利用的特点及作用。

8.3　我国开发水能资源有哪些特点？

8.4　试论述水能资源开发的利与弊。

8.5　简述我国水能资源开发所取得的成就。

8.6　水力发电的基本原理是什么？试推求水流出力基本公式。

8.7　什么是水能资源蕴藏量？如何估算？河流水能蕴藏图有什么意义？简述绘制方法。

8.8　河川水能资源的基本开发方式有几种？各方式有何特点？其优缺点、适用条件有哪些？

8.9　为什么说生态环境保护是水电开发必须重视的一项任务？

8.10　简述潮汐式水能发电的工作原理和特点。

8.11　为什么抽水蓄能式电站开发具有广阔的前景？

8.12　简述抽水蓄能式电站的工作原理和特点。

8.13　水能计算的主要任务是什么？

8.14　水能计算有哪几种方法？

8.15　试述年调节水电站按等流量调节方式进行水能列表计算的方法步骤。

8.16　什么是水电站保证出力？为何火电站无保证出力概念？

8.17　年调节水电站保证出力的计算方法有哪些？

8.18　无调节、日调节水电站保证出力如何计算？

8.19　有哪些计算多年平均发电量的方法，各有什么优缺点？

8.20　什么叫电力系统的日负荷图？用什么特征值能反映它的变化特性？

8.21　日电能累积曲线如何绘制，它有何用途？

8.22　电力系统装机容量由哪几部分组成？

8.23　什么是设计水平年？为何水电站设计中要使用冬季和夏季的设计水平年电力系统典型日负荷图？

第九章　水库综合利用

第一节　概　　述

　　人们修建水库的基本目的是利用水库的调蓄作用,合理调节径流,改变天然径流的时空分配过程,使水库蓄泄过程更好地适应社会生产和生活的要求。因此,加强水库运行管理、做好水库调度工作,是实现水资源合理优化配置的主要非工程措施之一。

　　在天然条件下,降雨、下渗、气温等气象因素的多变性,决定了河川径流年内、年际之间的不均衡性。水库运行情况与所在河流的水文情势密切相关,在难以掌握天然来水的情况下,水库管理工作可能会出现各种问题。例如,在担负防洪任务的水利枢纽上,仅从防洪安全的角度出发,在整个汛期都要预留全部的防洪库容,等待洪水来临,这样在一般水文年内,水库汛末可能蓄不到正常高水位,因此减小了充分利用水库兴利库容来增加水资源综合利用效益的可能性。反之,若单独从提高兴利效益的角度看,过早蓄满防洪库容,则在汛期发生大洪水时就会措手不及,甚至造成严重的洪灾损失。从供水期水电站的运行过程来看,在供水期初如果水电站过分增加出力,则水库会过早放空,当后期天然来水不能满足水电站保证出力时,则系统出力过程则会遭到破坏。反之,如果供水期初水电站出力过小,到枯水期末还不能腾空库容,则后期天然来水可能蓄满水库并产生弃水,这样会浪费大量水资源,显然是不经济的。

　　为了避免上述因水库运行管理不当造成的经济损失,或将这种损失程度降至最低,这就要求提出科学合理的水库调度规则和方法。可见,水库调度是指根据水库现有的运行调度规则和水库承担的下游兴利任务,运用水库自身调蓄能力,在保证大坝安全的前提下,有计划地对水库天然来水过程进行蓄泄,达到兴利除害、提高水资源综合利用效益、最大限度地满足国民经济各部门需求的目的。实施科学合理的水库管理调度,对于确保水库安全,充分发挥防洪、发电、灌溉等综合利用效益,实现水资源的合理配置和可持续利用,促进经济社会的可持续发展及人与社会的和谐相处,具有十分重要的意义。

　　作为水库运行管理的主要技术手段,水库调度具有如下特点。

　　(1) 多目标性。水库运行过程的多功能性,决定了水库调度工作要综合考虑各地区、各部门、上下游、左右岸等多方面的利益和安全,按照多目标综合治理、利用和保护的原则,妥善处理各方面的矛盾,协调相互之间的利益关系,进行统一调度,这也决定了水库调度过程的复杂性和多学科性的特点。

　　(2) 风险性。河川径流、电力负荷、气候条件及其他用水过程信息等因素可视为随机过程,由确定性成分和随机性成分两部分组成。这些因素的随机性直接决定了水电站及水库运行调度过程具有一定的风险性,水库调度工作的目的之一就是要将这种风险降低在规定的可接受范围之内。

　　(3) 积极性。以水电站水库调度为例,由于水电站利用的水能资源是可再生的清洁能源,其运行费用相对较低,通过水库的合理调度,可以在保证工程安全的前提下,提高天然径流的利用效率,增加发电效益。可见,水库调度具有明显的积极性。

(4) 灵活性。以水电站水库调度为例,一方面,水电站可以针对河川径流来水、电力负荷及其他用水信息的随机性,尽可能利用水资源;另一方面,水电站的工程设备,如水轮机等动力设备、闸门及启闭设备等具有启闭迅速、工作灵活的特点,从而保证水库调度过程的灵活性。

第二节 水库防洪调度

防治河流洪水灾害,必须结合河流洪水特性,因地制宜地采取合理的综合措施。水库能有效地起到滞洪或蓄洪的作用,削减下泄的洪峰流量,以减轻下游沿岸洪水的威胁,同时也可利用蓄洪水库兴利,以收到综合利用的效益。水库调节洪水的过程可用图 9-1 说明。图 9-1 (a) 中的设计洪水过程线为面临一次洪水的入库流量过程线。当这场洪水来临时,水库水位应在防洪限制水位即调洪起始水位,该水位下泄洪建筑物(溢洪道或泄水孔)的下泄能力(还应加上水电站等兴利部门的用水流量),称起始流量 q_0。洪水到后,入库流量急剧增大,应逐渐打开闸门放水,来多少放多少,直到入库流量增大到超过闸门全开时的起始泄量 q_0 时起(图中 t_0 时刻),水库开始拦蓄洪水。其后水库水位不断升高,同时下泄流量 q 也相应增大。t_1 时刻后,虽然洪峰(Q_m)已过,但入库流量仍远远超过下泄流量,故水位连续上升,q 继续增大。这一过程要直到 t_2 时刻来流量和泄流量相等($Q=q$)时为止。这时(t_2)库水位升到最高值,下泄流量达到最大值 q_m。其后,因 $Q<q$,水库将开始泄放(消落),q 也慢慢减小,一直到库水位降落到防洪限制水位,水库拦蓄的洪水全部泄空。图中的 $q\sim t$ 即表示下泄洪水过程线。

上述中的闸门基本不控制水库蓄洪或预泄。如果通过闸门控制,可在洪水来临前预泄部分水量,腾出部分兴利库容用于防洪等。

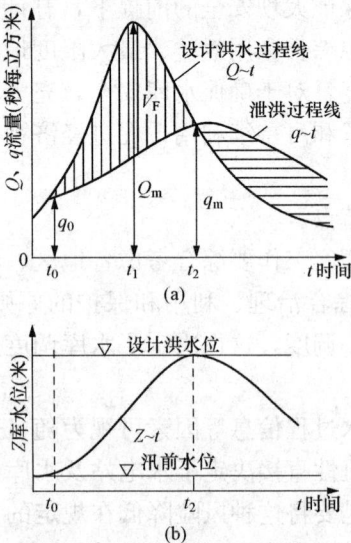

图 9-1 水库的调洪过程
(a) 水库调节的设计洪水过程线
(b) 水库调节的水位过程线

通过水库调洪过程的描述,可以看出如下要点。

(1) 水库的调洪作用是将入库洪水过程线 $Q\sim t$ 改变为泄洪过程线 $q\sim t$,从而将洪峰流量 Q_m 削减到最大泄量 q_m。如果最大泄量 q_m 不超过下游河道控制断面处的安全泄量,就能达到下游安全防洪任务的要求。

(2) 将洪峰 Q_m 削减 q_m 所需的水库调洪库容 V_F 是由水库的全部蓄洪量决定,即为图中蓄洪时段($t_0\sim t_2$)内用竖影线表示的 $Q>q$ 那块面积。t_0 到 t_2 时段水库的水位变化过程,可由相应时刻的蓄水容积查水库容积曲线定出,见图 9-1 (b)。

(3) 在设计洪水过程线已定的情况下,泄洪过程线决定着最大泄量 q_m 和调洪库容 V_F。而对泄洪过程影响最大的因素是泄洪建筑物的形式和尺寸。减小泄洪建筑物的尺寸,q_m 可减小,但 V_F 增大,这就意味着下游洪水损失可减少,但坝要筑高些,这样,坝(包括水库淹没)及泄水建筑物的投资就要增加。这里有一个技术经济比较问题。

关于调洪库容和泄洪建筑物形式尺寸最优方案的选择属水库的防洪规划，它是水电站规划中要同时解决的一项重要任务。应当指出，任何水库都会遇到防洪问题，因为即使没有下游安全要求的专门防洪任务，水库自身还有过洪水时保证大坝安全的防洪问题。

水库调洪任务可分为两类：一类是为保护下游地区不受洪水淹没的专门防洪任务；另一类是为保护水库自身（主要是大坝）安全的防洪任务。两类任务各有其防洪标准（即防多大洪水）。通常水库自身防洪设计标准要高于下游专门防洪标准。下游安全防洪要求泄洪建筑物装设闸门，以便控制下泄流量，使之不超过下游河道允许的安全泄量。自身安全防洪则要求泄洪建筑物有足够的宣泄能力，以防止洪水漫坝造成失事，而对下游流量则除了宣泄能力以外，不受其他限制。反映到调洪计算上，则有控制泄量和不控制泄量的区别。

一、水库调洪计算的基本方程

水库调洪计算的任务是确定调洪库容 V_F 与相应的最大泄量 q_m。在设计洪水过程线已知的情况下，只要推求出泄洪过程线，就不难得到 q_m 和 V_F。所以，推求泄洪过程线是水库调洪计算的主要工作。

由于大洪水进入水库在很短时间内将引起库水位的急剧增长，水库调洪过程实际上是一种水流的不稳定流动过程，理应按照非稳定流理论来计算。考虑到对发电水库进行调洪计算时，洪水来前水库兴利蓄水容积较大，洪水通过水库时库面水位可近似地认为趋近于水平，因而水流的动力方程可忽略不计。另一个连续流方程也可用水库水量平衡方程来替代。

在计算时段 Δt 内，水库水量平衡方程为

$$\bar{Q}\Delta t - \bar{q}\Delta t = \Delta V \tag{9-1}$$

或

$$\frac{Q_1 + Q_2}{2}\Delta t - \frac{q_1 + q_2}{2}\Delta t = V_2 - V_1 \tag{9-2}$$

式中，Q、q、V 分别表示入库洪水流量、下泄流量和水库蓄水容积；下标 1 和 2 分别表示时段初和时段末的值。计算时段 Δt 一般取 1、3、6 或 12 小时等，视设计洪水线 $Q \sim t$ 总历时的长短、Q 变化的剧烈程度和计算精度要求而定。

设计洪水过程线是给定的资料，所以式中 Q_1、Q_2 已知。在来水已定的情况下，水库蓄水量的变化取决于下泄水量的大小，而当泄洪建筑物形式尺寸已经决定时，下泄流量又取决于水库中的蓄水量。也就是说，当已知时段初的 q_1 和 V_1，欲求时段末的 q_2 时，由于 V_2 直接影响 q_2，在式（9-2）中也是个待定值。所以，还要结合泄洪建筑物的泄流方程 $q = f(V)$，才能求解。

泄流方程根据拟定的泄洪建筑物形式和尺寸，进行水力学计算来建立。泄洪建筑物的形式种类很多，但从水力学上主要是自由表面溢流式和底孔压力流式两种类型。如为自由溢流式，则下泄流量的公式为

$$q = m\sqrt{2g}bh^{\frac{3}{2}} \tag{9-3}$$

如为压力流式的泄水孔（或洞），则

$$q = \mu\sqrt{2g}\omega h^{\frac{1}{2}} \tag{9-4}$$

式中：m、μ 为流量系数；h 为泄洪建筑物的泄流水头，对溢洪道为堰顶水深，对泄水孔为其中心线以上的水深；b 为溢洪道孔口净宽度；ω 为泄水孔（洞）过水断面积。

拟订好泄洪建筑物的形式尺寸后，m（或 μ）、b（或 ω）以及堰顶（或孔中心）的高程

就能确定，则由式（9-3）或式（9-4）可知，q 取决于 h，即取决于水库水位 Z 或蓄水容积 V。假定不同的 Z，计算相应的 q，并查水库的水位容积曲线，就可建立关系式

$$q = f(Z) = f(V) \tag{9-5}$$

如果泄洪时，水电站按最大过水能力 Q_T 工作，且 Q_T 占下泄流量的一定比重要考虑时，可加在下泄流量 q 上。水库调洪计算，便是逐时段求解联立方程式（9-2）和式（9-5），推求泄流过程线 $q \sim t$，同时得到 q_m 和调洪库容 V_F。

二、水库调洪计算方法

水库调洪计算的方法很多，其基本类别计有列表试算法（解析法）、半图解法（图解分析法）和图解法。后两类方法又有多种具体算法，用不同的形式求解联立方程。本书主要介绍列表试算法。

【例 9-1】 某河某水库的设计洪水过程线 $Q \sim t$ 如表 9-1 所示，水库容积曲线如表 9-2 所示。水电站水库正常蓄水位为 183.0m。汛前水位为 182.0m。水电站 $Q_T = 80\text{m}^3/\text{s}$。拟定泄洪建筑物的方案之一是建河岸溢洪道，堰顶高程 181.0m，孔口净宽 50m，装 $4 \times 10\text{m}$ 弧形闸门 5 扇，流量系数 $m = 0.384$。试进行调洪计算确定最大泄量 q_m、调洪库容 V_F 和设计洪水位。

表 9-1 设 计 洪 水 过 程 线

t(h)	0	6	12	18	24	36	42	48	54	60	66	72	78	84
Q(m³/s)	160	410	805	1620	3250	2860	2230	1680	1160	790	520	370	275	160

表 9-2 水 库 容 积 曲 线

库水位 Z(mm)	174	176	178	180	182	184	186	188
库容 V(10^6m³)	0	12.0	41.8	94.2	172	271	386	505

解： 首先，根据泄洪道的形式尺寸，建立泄流方程 $q \sim V$。

$$q = m\sqrt{2g}bh^{\frac{3}{2}} + Q_T = 0.384 \times 4.43 \times 50 \times h^{3/2} + 80 = 85h^{3/2} + 80$$

$$h = Z - 181.0$$

假定不同的库水位 Z，查库容曲线得 V，计算 h，再算 q。计算结果列于表 9-3。由表中对应的 q 和 V 值可作出 $q \sim V$ 线，以备查用（图从略）。

表 9-3 $q \sim V$ 计 算 表

库水位 Z(m)	181.0	182.0	183.0	184.0	185.0	186.0	187.0	188.0
库容 V(10^6m³)	132	172	220	271	328	386	447	505
水头 h(m)	0	1	2	3	4	5	6	7
泄量 q(m³/s)	80	165	320	520	760	1030	1330	1650

然后，进行分时段的列表计算。取 $\Delta t = 6\text{h}$，从 $Q = q_0$ 的时刻开始蓄洪时起计算。汛前水位 182.0m，故 $q_0 = 165\text{m}^3/\text{s}$，与 $t = 0$ 时的洪水流量（160m³/s）近乎相等，所以，可认为蓄洪自 $t = 0$ 开始（一般情况下，应在 $Q \sim t$ 线上找出 $Q = q_0$ 的时刻，以此开始隔 6 小时取时段，并定出各时段末相应的流量值）。逐时段求解 q 和 V 的列表试算结果见表 9-4。

列表试算步骤如下。

将设计洪水过程线自 $Q=q_0$ 开始每隔 6 小时划分的时段数及各时段入库洪水量的平均值列入表中 (1)、(2) 栏。例如时段 1 为 $t_0=0\to6h$，$Q_1=160\text{m}^3/\text{s}$，$Q_2=410\text{m}^3/\text{s}$，故 $(Q_1+Q_2)/2=285\text{m}^3/\text{s}$；时段 2 为 $t=6\to12h$，$(Q_1+Q_2)/2=(410+805)/2=608\text{m}^3/\text{s}$；其余类推。

第 1 时段开始已知水库水位（汛前水位）182.0m，相应的 $q_0=165\text{m}^3/\text{s}$ 作为该时段的 q_1，列入表中 (3) 栏；相应的 $V=172\times10^6\text{m}^3$，作为 V_1 列入表中 (6) 栏。然后，用试算法求解该时段的 q_2 和 V_2。试算从假定 q_2 入手。考虑到第 1 时段 $(Q_1+Q_2)/2$ 比 q_1 大，但大得不多，水库还要蓄水，故假定 $q_2'=170\text{m}^3/\text{s}$，则 $(q_1+q_2')/2=(165+170)/2=168\text{m}^3/\text{s}$。$\Delta V=[(Q_1+Q_2)/2-(q_1+q_2')/2]\Delta t=(285-168)\times21\,600=2.6\times10^6\text{m}^3$。$V_2=V_1+\Delta V=172+2.6=174.6\times10^6\text{m}^3$。以此 V_2 查 $q\sim V$ 线得 $q_2=187\text{m}^3/\text{s}$，与原先假定 $q_2'=170\text{m}^3/\text{s}$ 相差较大。要重新试算。接着假定 $q_2=185$，$(q_1+q_2)/2=175\text{m}^3/\text{s}$，$\Delta V=(285-175)\times21\,600=2.4\times10^6\text{m}^3$，$V_2=172+2.4=174.4\times10^6\text{m}^3$，查得 $q_2=185\text{m}^3/\text{s}$，与假定值相等（或十分接近），说明结果正确。该时段计算完毕，将上述结果分别列入表 (3)～(5) 栏。接着按同样步骤试验以后各时段的 q 和 V，只要把上一时段的 q_2 和 V_2 作为下一时段的 q_1 和 V_1。通常只要计算到泄量已出现最大值，水位已达到最高值就可停止。表中 (7) 栏库水位 Z 可由 (6) 栏的水库蓄水容积 V 查库容曲线得之。

表 9-4　　　　　　水库调洪计算表 ($\Delta t=6h=21\,600s$)

时段 (Δt) (h)	平均入库流量 $\dfrac{Q_1+Q_2}{2}$ (m^3/s)	时段初末泄量 $q(\text{m}^3/\text{s})$	平均泄量 $\dfrac{q_1+q_2}{2}$ (m^3/s)	蓄水容积变化 $\Delta V=\left(\dfrac{Q_1+Q_2}{2}-\dfrac{q_1+q_2}{2}\right)\Delta t$ (10^6m^3)	时段初末蓄 水容积 V (10^6m^3)	库水位 $Z(\text{m})$
(1)	(2)	(3)	(4)	(5)	(6)	(7)
		165			172	182.0
1	285	185	175	2.4	174.4	182.1
2	608	210	198	8.9	183.3	182.3
3	1213	265	238	21.1	204.4	182.7
4	2432	435	350	45.0	249.5	183.6
5	3055	610	523	54.6	304.0	184.6
6	2545	830	720	39.4	343.4	185.3
7	1955	940	885	23.1	366.5	185.7
8	1420	985	963	9.9	376.4	185.9
9	975	980	983	−0.2	376.2	185.9
10	655	950	965	−6.7	369.5	185.8
⋮	⋮	⋮	⋮	⋮	⋮	⋮

计算结果由表中 (1)、(3) 栏给出泄流过程线 $q\sim t$；(1)、(6) 栏给出水库蓄水容积变化过程 $V\sim t$；(1)、(7) 栏给出库水位变化过程 $Z\sim t$。(3) 栏 $q\sim t$ 的最大泄量 $q_m=985\text{m}^3/\text{s}$。将 $Q_m=3250\text{m}^3/\text{s}$ 削减为 $q_m=985\text{m}^3/\text{s}$ 所需调洪库容 V_F，可根据 (6) 栏来计算：

$V_F = 376.4$（最大蓄水容积）-172（起始容积）$=204.4 \times 10^6 \, \text{m}^3$。相应的设计洪水位为 185.9m。此调洪库容中有一部分为防洪兴利结合使用的库容，即正常蓄水位与汛前水位之间的库容，其数值为 $V_{183.0} - V_{182.0} = 220 - 172 = 48 \times 10^6 \, \text{m}^3$。专用的调洪库容部分为 $204 - 48 = 156 \times 10^6 \, \text{m}^3$。

第三节 水库发电调度

位于同一河流上下游的梯级水电站之间有水力联系。上级水电站水库调节径流后，对其下游各级水电站的来水都有影响，下级水电站的来水是经上级水库调节后的下泄流量加上两级之间的区间来水之和，而不再是原来的下级水电站的天然来水。因此，梯级水电站的调节计算应从最上一级开始，往下逐级进行。除最上一级的天然入流过程不受影响外，第二级以下各级原来的天然入流过程均将改变。因此，调节计算从第二级开始，逐级逐时段向下进行入流量过程的修正计算。梯级水电站径流调节计算方法，一般采用时历列表法，从上而下逐级进行调节计算。以年调节水库的梯级水电站为例，计算步骤如下。

（1）对第一级水库进行调节计算，其方法与单一水库计算相同，求得调节出库流量 Q_{P1} 过程线。

（2）将第一级水库的调节出库流量过程与第一至第二级之间相应的区间径流量 ΔQ_2^1 相加，即得第二级水库的入库流量 Q_{V2} 过程线，可按式（9-6）计算，即

$$Q_{V2} = Q_{P1} + \Delta Q_2^1 \tag{9-6}$$

（3）根据第二级水库的入库流量 Q_{V2} 过程，进行调节计算，可求得第二级水库出库流量 Q_{P2} 过程，并与第二至第三级之间相应的区间流量 ΔQ_3^2 相加，即得第三级水库的入库流量 Q_{V3} 过程线，可按式（9-7）计算，即

$$Q_{V3} = Q_{P2} + \Delta Q_3^2 \tag{9-7}$$

用同样方法逐级进行调节计算，可求得各级入库流量和出库流量过程线。

实际上这样阶梯水电站独立调节的方式可以说是没有或极少有的情况，而一般在阶梯水电站之间都有水力、水利和电力联系。如各梯级之间进行相互补偿，区间综合用水部门有耗水量，则在计算下级水库的入流时应予扣除，较大的水库还应扣除水量损失。由此，式（9-6）应改写为

$$Q_{V2} = Q_{P1} + \Delta Q_2^1 - D_2 - F_2 \tag{9-8}$$

对各级可写为

$$Q_{Vi} = Q_{P(i-1)} + Q_i^{(i-1)} - D_i - F_i \quad (i = 1, 2, \cdots, m) \tag{9-9}$$

式中：i 为梯级水电站由上而下的编号；m 为梯级水电站的总级数；D_i 为第 i 级水库综合用水部门的耗水量；F_i 为第 i 级水库水量损失。

应用上面的公式逐级逐时段修正各级水电站水库的入库流量过程，并求得各级相应的调节流量过程，再计算各级相应的水头，即可求得各级水电站相应的出力过程线。

为了求梯级水电站的保证出力，可对长系列水文资料，按上述方法修正各级入库流量，进行各级的径流调节和水能计算。然后将各级水电站各年供水期的平均出力按从大到小排列，绘出各级水电站的供水期平均出力保证率曲线，根据设计保证率确定各级水电站的保证出力，各级保证出力之和即为梯级水电站群的总保证出力。若梯级水电站采用统一设计保证

率，则可选择同一设计枯水年，对该年进行梯级调节计算，求出各级水电站的保证出力，其和便为梯级水电站群的总保证出力。

求梯级水电站群的多年平均年发电量，可对长系列或统一的代表期进行上述梯级调节计算，求得各级水电站的时段平均出力变化过程，然后分别计算各级的多年平均发电量，相加之和即为梯级水电站群的多年平均年发电量。

一、梯级水电站群的补偿调节

这里主要讨论库容补偿问题。先举一个简单的例子，在河流的上游有一个年调节水电站甲，其下游有无调节（或调节性能很差）的水电站乙，它们之间有支流汇入。这时，为充分利用水资源，年调节水库甲的放水与蓄水必须考虑对下游电站乙的补偿调节作用，即丰水期甲电站少泄流多蓄水，使乙电站充分利用区间径流，枯水期甲电站多泄流以提高乙电站的调节流量。根据这样的原则，进行补偿调节的步骤可以归纳如下：

（1）对乙电站按单库考虑，求出坝址处的天然来水流量过程线，即水库甲的天然来水与区间来水之和，如图9-2中abcdefg。

（2）将甲水电站的兴利库容用于乙水电站，按上述来水，进行单库的等流量调节计算，可得放水流量过程线abdeg。

（3）绘制甲、乙电站区间流量过程线，如图9-2中1线。

（4）曲线abdefg与1线之间的纵坐标，即为甲电站向乙电站补偿调节时的放水流量过程，如图9-2中的阴影部分。

二、并联水电站群的径流电力补偿调节

在同一电力系统中的并联水电站群之间可进行径流电力补偿调节，其目的是提高水电站群的总保证出力，并使出力过程尽可能均匀，以增加替代火电容量的效益。并联水电站群的径流电力补偿调节计算，主要解决两个问题：一是补偿调节后水电站群的总保证出力提高多少，即增加补偿效益多大；二是各水电站补偿后其出力过程如何，即水电站群总出力如何合理地在各个电站之间进行分配。补偿的办法是依靠调节性能好的水电站（称为

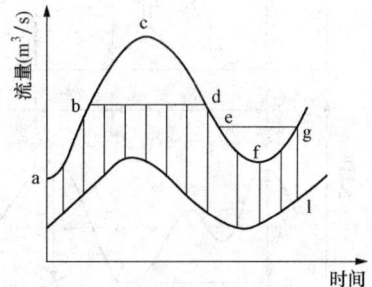

图9-2　梯级水库库容补偿

补偿电站）帮助调节性能差的水电站（称为被补偿电站）提高和拉平水电站群的总出力过程。

径流电力补偿调节计算常用的方法有时历法和图解法—电当量法。电当量法的求解思路是将水电站群聚合为一个等效水库，通过电当量转换把水库群的库容合并为一个电当量库容，水电站的径流过程经电当量转换后聚合为能量输入过程，然后绘制能量差积曲线（或累积曲线），按差积曲线法的原理，可求出该等效水库的能量输出过程，即为水电系统的出力过程，据此可分析确定水电站系统的保证出力。时历法的计算特点在于逐个地把条件差的被补偿电站的出力过程，通过补偿电站的依次补偿，来提高和拉平总出力过程，因此，首先需要把参加联合运行的水电站群进行补偿分类。时历法的具体思路和步骤如下。

（1）将系统中的水电站群划分为补偿电站和被补偿电站两类。按水电站补偿能力大小排列，即将调节库容、多年平均流量和水头大的、综合利用要求比较简单的大容量水电站作为第一类补偿电站，库容、水量和水头较大者作为第二类补偿电站，其余条件较差的均可作为

被补偿电站。补偿调节次序是先由第二类补偿电站对被补偿电站进行补偿，然后再由第一类电站进行再补偿，依次进行。

（2）统一的设计枯水段或枯水年的选择。由于各水库调节性能不同，水文条件也可能不尽相同，因此要选择统一的设计枯水段（有多年调节）或枯水年（只有年调节）。具体可根据一两个主要补偿电站所在河流的径流特性，参照其他电站的径流特性来确定。若难于统一或精度要求较高时，可用长系列径流资料进行计算。

（3）对被补偿电站，根据各自的调节库容和天然来水过程，按单库有利的调节方式进行水能计算，求得各被补偿电站的出力过程，然后同时间相加，即得所有被补偿电站的总出力过程。

（4）对被补偿电站总出力过程，按补偿的次序，根据先补偿水电站的调节库容和相应的天然来水，逐时段进行补偿调节计算，就是把补偿电站的出力加到被补偿电站总出力过程线上，使得补偿后的总出力过程尽可能地均匀。由于各时段来水不同，需假定各时段不同的补偿后总出力来进行试算，试算过程如下。

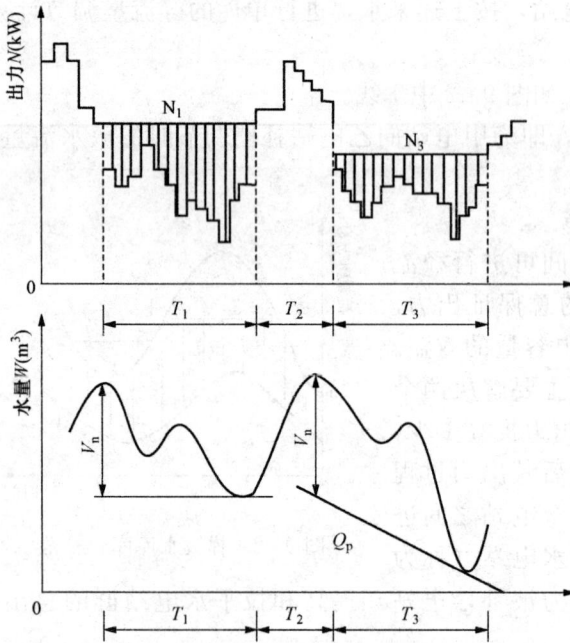

图 9-3　补偿调节示意图

按照补偿电站的天然径流过程，大致确定补偿水库的各蓄水期和供水期（也可根据调节库容，通过等流量调节计算来确定，图 9-3 中 T_1 和 T_3 为供水期，T_2 为蓄水期）。下面以 T_1 时段为例，说明其计算过程。首先，假定一拟发的总出力 N_1，即可求得补偿电站所需的逐时段出力值，即阴影部分所示。然后根据补偿电站各时段来水及调节库容，进行定出力试算，直到 T_1 时段末，如果此时调节库容中还有蓄水，即水位没有消落到死水位，说明 N_1 偏小；反之，如果水库没有到 T_1 时段末，便提前泄空了，说明 N_1 偏大。这些情况都应重新假定 N_1，使水库能在 T_1 末刚刚放空，此时所得的 N_1 即为所求。以同样的方法进行 T_2 蓄水段的补偿调节计算，这时所拟发出力也应满足使补偿水库从库空

到正好蓄满。然后再继续下一调节周期的计算，最后可得到第一补偿电站补偿后的出力过程。

在假定 N_1 时，为避免多次试算，可作近似估算。根据 T_1 时段内，补偿电站的天然来水量 $\sum Q$ 和有效库容 V_n，按下式计算补偿电站可发的总补偿电量

$$E = k\left(\sum Q \pm \frac{V_n}{T_1}\right)HT_1 \quad (\text{kW} \cdot \text{h}) \qquad (9-10)$$

式中：供水期为正号（＋），蓄水期为负号（－）；H 为平均水头，由 $V_死 + 0.5V_n$ 查上游库水位，用调节流量查下游水位之差而得。在被补偿总出力过程线上，求 N_1 线，使图 9-2 中

的阴影面积与式（9-10）E 相等，作为补偿调节试算结束的判别条件。

同理，再进行第二个补偿电站的计算。如此逐个对补偿电站进行补偿，最后便可求得电力系统中水电站群补偿后的总出力过程和各个电站的出力过程。

（5）如果选择统一设计枯水段，则设计枯水段内最低的总出力值即是水电站群补偿后的总保证出力。如果用长系列径流资料进行计算，则可将补偿后的各时段总出力按大小排列，作总出力保证率曲线，由设计保证率确定相应总的保证出力。补偿后电站群的总保证出力与补偿前各水电站单独工作时的保证出力总和之差，便是补偿效益。

值得一提的是，关于水电站群联合运用调节的计算，目前已发展到采用"系统科学"的方法，通过建立数学模型，应用计算机寻求问题的最优解或满意解，以发挥水电站群联合运用的最大效益。

第四节 水 库 常 规 调 度

水电站群联合运行时，可以任意分配各电站在一年内所应生产的电能，例如，可以先用一个水库的蓄水，用完后再用第二个，也可以两库同时泄放流量。为了确定水电站群合理的联合工作方式，应研究库群的蓄放水次序问题，使它们在联合运行中总发电量最大。

年调节水电站生产的电能可分为两部分：一部分是蓄水电能，即经过水库调蓄的水量生产的电能，它的大小由兴利库容决定；另一部分是流过水库的不蓄水量产生的电能，称为不蓄电能，它与水库调节蓄、放水的水头变化有关。水电站联合运行时，由于水库特性不同，在同一供水或蓄水时段，它们为生产同样数量电能所引起的水头变化是不同的，这样就使以后各时段中当流过相同流量时，电站出力和发电量不同。因此，为了使水电站群联合运行中总发电量尽可能大，就要使水电站的不蓄水量在尽可能大的水头条件下发电。这就是研究水库群蓄放水次序的主要目的。

一、并联水电站群的蓄放水次序

当有两个并联的年调节水电站在电力系统中联合运行时（假定水库特性资料、来水资料和系统负荷资料均为已知），运行方案有多种，但总发电量最大或总不蓄电能损失最小的方案可以认为是最好的方案。为了获得该方案，以供水期为例说明，具体方法与步骤如下。

（1）计算总不蓄出力和不足出力。在某一时段，根据该时段内各水电站的不蓄流量和库存水量即水头，计算两电站的总不蓄出力 $\sum N_{\text{不蓄}i}$ 为

$$\sum N_{\text{不蓄}} = N_{\text{不蓄},1} + N_{\text{不蓄},2} \tag{9-11}$$

如果此值小于该时段系统负荷 $N_{\text{系}}$，则需要水库放水补充出力 $N_{\text{库}}$

$$N_{\text{库}} = N_{\text{系}} - \sum N_{\text{不蓄}} \tag{9-12}$$

$N_{\text{库}}$ 需两库共同或其中之一放水来满足。

（2）求水库的供水量。对水库而言，水位消落放出的流量 $Q_{\text{库}}$ 为 $Q_{\text{库}} = \dfrac{dV}{dt}$

如果不计下游水位的变化，由于 $dV = F dZ_{\text{上}} = F dH$，故：$Q_{\text{库}} = \dfrac{F dH}{dt}$

由于计算时段初的水库位是已知的，所以 H 也可求出，进而水库供水 $Q_{\text{库}}$ 可由出力计算

公式推出

$$Q_库 = \frac{N_库}{9.81\eta H} \tag{9-13}$$

（3）求不同水库 dH 间的关系。为了研究两个水库哪一个放水更有利，需要考察 dH 间的关系。当不足出力 $N_库$ 由单一水库电站补充时，各库需要消落的水位 dH 是不同的，由

$$N_库 = k_1 Q_{库,1} H_1 = 9.81\eta_1 F_1 \frac{dH_1}{dt} H_1 \tag{9-14}$$

$$N_库 = k_2 Q_{库,2} H_2 = 9.81\eta_2 F_2 \frac{dH_2}{dt} H_2 \tag{9-15}$$

如果 $\eta_1 = \eta_2$，则

$$dH_2 = \frac{F_1 H_1}{F_2 H_2} dH_1 \tag{9-16}$$

该式即为满足同一补充出力，两电站消落水位的比值。

（4）计算不蓄电能损失。时段消落水位不同，以后各时段的发电水头也不同，从而影响以后时段的不蓄电能损失。如果第一水库供水，假设该时段到供水期末的不蓄水量为 $W_{不蓄,1}$，不蓄电能损失值可按式（9-17）计算：

$$dE_{不蓄,1} = 0.00272\eta_1 W_{不蓄,1} dH_1 \tag{9-17}$$

如果第二水库供水，该时段到供水期末的不蓄水量为 $W_{不蓄,2}$，不蓄电能损失值为

$$dE_{不蓄,2} = 0.00272\eta_2 W_{不蓄,2} dH_2 \tag{9-18}$$

显然，对于联合运行的两水电站，如果总发电量最大，则其不蓄电能损失应尽可能小。即某一水库供水其不蓄电能损失较小时，则该库先供水较有利。

（5）求判别式。设 $\eta_1 = \eta_2$，如果 $dE_{不蓄,1} < dE_{不蓄,2}$，则水电站 1 先放水补充出力较为有利，反之则应由电站 2 先供水。电站 1 先供水的条件是

$$\frac{W_{不蓄,1}}{F_1 H_1} < \frac{W_{不蓄,2}}{F_2 H_2} \tag{9-19}$$

令 $W_{不蓄}/FH = K$，则水电站水库的放水次序可据此 K 值来判别。

在水库供水期初，可根据各库的水库面积、电站水头和供水期天然来水量计算出各库的 K 值，哪个水库的 K 值小，该水库就先供水。水库供水后 F 和 H 值都将改变，而且每时段的 $W_{不蓄}$ 也不同，所以不同时段 K 值是变的，应该逐时段判别调整。当两水库的 K 值相等时，它们应同时供水发电，至于两电站间如何合理分配要求的 $N_库$ 值，则需要进行试算。

在水库蓄水期，水库蓄水抬高库水位可以增加电站的不蓄电能，因此也存在并联水库哪个先蓄水有利的问题。同供水期相近，应根据能使蓄水引起的不蓄电能增加最大为原则，可同理推出蓄水期的判别式

$$K' = W'_{不蓄}/FH \tag{9-20}$$

式中，$W'_{不蓄}$ 为自该计算时段到汛末的天然来水量，减去该时刻以后水库在汛期待蓄的库容。判别蓄水次序与供水时正好相反，应以 K' 值大的先蓄有利。应该说明，为了尽量避免弃水，在考虑并联水库群的蓄水时序时，还要结合水库调度进行。对库容相对较小的水库，应尽早充分利用装机容量发电，以减少弃水。

对于综合利用水库，在决定水库蓄放水次序时，要统筹考虑各水部门的需求，不能仅从判别式来决定各水库电站的蓄放水次序。

二、梯级水电站水库蓄放水次序

当梯级中有两个年调节水电站联合运行时，它们间的蓄放水次序也是一个非常重要的问题，其基本公式可以仿照并联水库群的步骤来推导。所不同的是，上游水库的不蓄出力应包括水库放水流过下游水库时所发的出力。即式（9-16）中的 H 对上游水库而言应改为 $(H_上 + H_下)$，公式变为

$$dH_下 = \frac{F_上(H_上 + H_下)}{F_下 \, H_下} dH_上 \tag{9-21}$$

另外，不蓄电能损失计算中，如果下水库供水，则由该时刻至计算期末的天然径流量除 $W_{不蓄,下}$ 外，还应加上上水库在此期间下泄放空的水量即 $V_上$。因此，公式变为

$$dE_{不蓄,下} = 0.002\,72\eta_2(W_{不蓄,下} + V_上)dH_下 \tag{9-22}$$

上库先放水较为有利的判别式相应地成为

$$W_{不蓄,上}dH_上 < (W_{不蓄,下} + V_上)dH_下 \tag{9-23}$$

即

$$\frac{W_{不蓄,上}}{F_上(H_上 + H_下)} < \frac{W_{不蓄,下} + V_上}{F_下 \, H_下} \tag{9-24}$$

如果令 $W_入 / F\Sigma H = K$，式中分子表示流经该电站的总入流，分母中的 ΣH 表示从该电站到最后一级水电站的各站水头之和。根据判别公式，梯级水电站群中 K 值较小的水库先供水。同理，可以推导出蓄水期的蓄水次序判别式。

对于综合利用水库，在确定蓄放水次序时，应认真考虑综合利用要求，不能仅从判别系数来决定各电站的蓄、放水次序。

三、水电站水库群调度图的绘制

（一）水电站水库群总调度图的绘制

水电站水库群联合调度的特点是，通过补偿调度和控制水库蓄、放水方式提高梯级总保证出力和总发电量。由此可以看出，与单独运行水库调度图一样，水电站水库群总调度图的基本要求为，划出水电站水库群总保证出力工作区的界限线，以及总加大出力与总降低出力的工作区界限线，绘制调度图，具体方法如下。

（1）典型年的选择。选择水电站水库群的设计枯水年（段）。

（2）求水库群的保证出力。采用时历列表法对设计枯水年（段）进行补偿调节计算，求出水库群的保证出力。

（3）绘制保证出力区的上、下界限线。

选择若干个相当于发保证出力的典型年，分供、蓄水期列表进行补偿调节计算，求出各水库在各时刻的出力值，得出水电站群在各时刻的总出力值。在同一图上绘出各典型年的供蓄水期的总库容电当量过程线，作出其上、下包线，即得总调度图的总保证出力工作区的上、下界限线。上界线以上为总加大出力区，下界线以下为总降低出力区。图9-4为某梯级水电站水库群总调度图。

（二）单个水库调度图的绘制思路

由于采用最佳供、蓄方式，各个水电站调度都要按最佳供、蓄方式来确定。最佳供蓄水分配须满足：电站出力介于最小出力和最大出力之间。最大出力等于装机容量减去备用容量，最小出力为保证电力系统的电力电量平衡必需的平均出力。对于后供水的水库要防止后

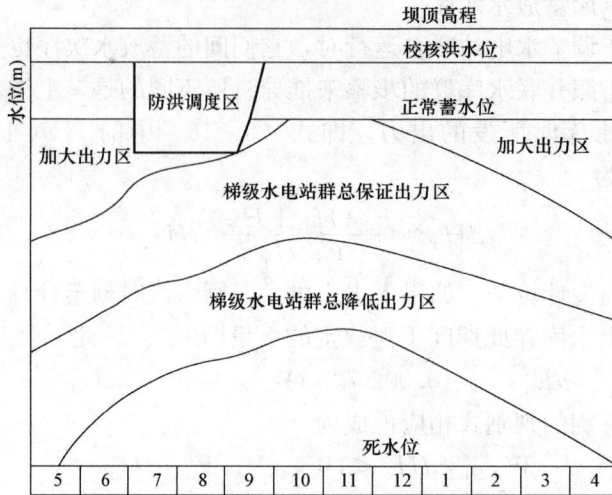

图 9-4　某梯级水电站水库群总调度图

期来不及放空，先供水的水库要防止过早放空水库，致使后期不能维持最小出力，因而需要
为各个水库制定最有利供、蓄水分配方式的上、下界线来定出分配区。出力分配区的上界线
直接按最大出力计算得的蓄水过程线。出力分配区的下界线是为了防止供水过早，因而可以
选用若干水文年，使由供水期末自年调节水位开始，逆时序按发最小出力进行水库调节计
算，到蓄水期初能刚好返回到年调节消落水位，然后做下包线，即为出力分配区的下界限
线。在上界限线以上做加大出力线，下界限线以下做出力破坏线即得单个水库调度全图。

第五节　水库优化调度

随着水资源和水电能源的不断开发利用，水库群已成为最常见的水利水电系统。同一个
电网内，往往有许多水电站形成水电站水库群，实行水电站水库群联合优化调度，可以起到
库容补偿、水文补偿的作用，在几乎不增加任何额外投资的条件下，就可以获得比单库优化
调度更显著的经济效益。

水电站水库群联合优化调度的理论与方法是以单一水库优化调度的理论与方法为基础
的，但其调度的边界条件和影响因素更多、更复杂。因为参与联合调度的各水电站水库调节
性能可能不同，承担的综合利用任务也可能不同。

水电站水库群优化调度的优化准则与单一水电站水库优化调度的类似，限于篇幅，本书
仅列出较常用的几个优化调度模型。

一、水库优化调度的发电量最大模型

优化问题描述：给定调度期内入库径流过程和水库始末水位，综合考虑各种约束条件，
确定水库（群）的发电用水（或水库蓄水位）过程，使调度期内的发电量最大。

目标函数：

$$E = \max \sum_{i=1}^{N} \sum_{t=1}^{T} N_{i,t} \times \Delta t \quad \forall i \in N, t \in T \tag{9-25}$$

式中：E 为调度期内总发电量；$N_{i,t}$ 为 i 水库 t 时段平均出力；Δt 为时段长；N 为水库数

目；T 为时段数目。

约束条件：

（1）水库水位（库容约束）

$$\underline{Z}_{i,t} \leqslant Z_{i,t} \leqslant \overline{Z}_{i,t} \qquad (9-26)$$

（2）水电站出力约束

$$\underline{N}_{i,t} \leqslant N_{i,t} \leqslant \overline{N}_{i,t} \qquad (9-27)$$

（3）下泄流量约束

$$\underline{Q}_{\text{出}i,t} \leqslant Q_{\text{出}i,t} \leqslant \overline{Q}_{\text{出}i,t} \qquad (9-28)$$

（4）水量平衡约束

$$V_{i,t+1} = V_{i,t} + (Q_{\text{入}i,t} - Q_{\text{出}i,t}) \times \Delta t \qquad (9-29)$$

（5）其他约束。

式中：$Z_{i,t}$、$N_{i,t+1}$ 分别为第 i 个水库第 t 时段的时段初、末水位，$\underline{Z}_{i,t}$、$\overline{Z}_{i,t}$ 为第 i 个水库第 t 时段容许的水位最小值和最大值；$Q_{\text{入}i,t}$ 为第 i 个水库第 t 时段的入库流量；$Q_{\text{出}i,t}$ 为第 i 个水库第 t 时段的出库流量，$\underline{Q}_{\text{出}i,t}$、$\overline{Q}_{\text{出}i,t}$ 为第 i 个水库第 t 时段泄流量的最小、最大值；$V_{i,t}$、$V_{i,t+1}$ 分别为第 i 个水库第 t 时段的时段初、末蓄水量；$\underline{N}_{i,t}$、$\overline{N}_{i,t}$ 为第 i 个水库第 t 时段容许的出力最小值和最大值。

二、水库优化调度的梯级蓄能最大模型

优化问题描述：已知调度初期水库水位、调度期各时段入库径流以及调度期梯级水库群各时段应发负荷（或电量），要求在电站间合理分配负荷，以尽量减少发电用水，抬高发电水头，增加梯级系统蓄能，为水电系统安全、稳定、经济运行创造条件。该模型能够充分考虑相同水量在不同水库所具有的能量不同这一特点。

目标函数：

$$F = \max \sum_{t=1}^{T} \sum_{i=1}^{N} \{ [Q_{\text{入}i,t} - Q_{\text{出}i,t}] \times \sum_{j=i}^{N} k_j h_{j,t} \} \quad \forall i \in N, t \in T \qquad (9-30)$$

约束条件：$\sum_{i=1}^{N} N(i,t) = \text{sum}N(t)$

式中：$\text{sum}N(t)$ 为 t 时段梯级应发出力。

约束条件同前，主要还包括水库水位（库容）约束，水电站出力约束，水库下泄流量约束，水量平衡约束等。

三、分时电价下水库发电优化调度模型

随着我国发电侧电力市场的开放和"厂网分开、竞价上网"的实施，单一的电价体制必将退出电力市场。当前，国内已经开始实施电力市场的试点。在分时电价制度下，如何制定水电系统的运行方案，既提高水电系统的发电效益，又为电力系统提供充足的高峰电量，提高系统运行的安全稳定性，是迫切需要研究的问题。

在分时上网电价 $B_t (t=1, 2, \cdots, T)$ 给定的前提下，水电站年收益决定于年内所有时段电价与上网电量的乘积之和，调度目标是，使水电站群年收益最大。

目标函数：

$$F = \max \sum_{t=1}^{T} (B_t \cdot k \cdot q_t \cdot H_t \cdot F_t) \quad \forall t \in T \qquad (9-31)$$

式中：B_t 为上网分时电价；q_t 为电站第 t 时段决策流量；F_t 为电站第 t 时段的发电小时数；k 为电站出力系数；H_t 为电站第 t 时段平均发电净水头；对于年内逐月的优化调度，T 为年内总月数，$T=12$；对于年内逐旬的优化调度，T 为年内总旬数，$T=36$；对于月内逐日的优化调度，T 为月内总日数。

约束条件：水库水位（库容）约束，水电站出力约束，水库下泄流量约束，水量平衡约束等。

水电站水库群联合优化调度模型求解的难点在于随着水库数目的增多，会出现"维数灾"问题，常用的方法有动态规划、各类改进的动态规划法、遗传算法、大系统分解协调算法、蚁群算法等，限于篇幅，不进行详细阐述，可参考有关书籍和文献。

习 题

9.1 梯级水电站群径流调节和水能计算的原理是什么？

9.2 试述并联水电站群径流电力补偿调节的原理及作用。

9.3 试推导并联水电站群放水次序的判别值 K 的计算公式。

9.4 结合某一梯级水电站建立优化调度数学模型。

9.5 试述水电站调度方案编制的方法和步骤。

9.6 如何进行水电站水库调度年计划的制定。

9.7 某水库一周之内的来、用水过程如题表 9-1 所示，为满足用水过程，最小需多大的周调节库容，并求出各时段末水库蓄水量。（单位：10^3m^3）

题表 9-1　　　　某水库一周的来用水过程

时段	星期一	星期二	星期三	星期四	星期五	星期六	星期日
来水量	14	15	15	15	15	15	15
用水量	13	8	12	21	13	21	15

9.8 简述水库洪水调节过程。

9.9 试说明水库洪水调节列表试算法的步骤。

第十章　水环境保护规划与管理

第一节　概　　述

水环境规划（water environment planning）是指根据对规划地区水体监测和评价提出的问题，制定在一定时期内对水环境保护目标和措施作出的统筹安排和规划，是协调人类社会经济发展与水环境保护之间关系的重要途径和手段。

一、水环境规划的目的

近年来随着社会经济的高速发展，用水量增加的同时，污废水排放量也急剧增加，江、河、湖、库水质恶化的趋势没有得到有效控制，导致可用水资源减少，加剧了水危机，制约了可持续发展。因此，依据社会经济发展规划和水资源综合利用规划，合理科学地编制水环境规划，是实现水资源可持续利用、保证社会经济与环境可持续发展的重要条件，为宏观决策和水资源统一管理提供科学依据，是十分必要的。

水环境规划的目的是为在一定地区内合理开发和利用水资源，防止水污染而制定一个总体计划和措施安排。它的基本任务是根据国家或地区的经济发展计划，改善生态环境的要求，结合区域内水环境现状和特点，选定规划目标，拟订开发治理方案，提出开发程序和工程规模。

二、水环境规划的原则和程序

（一）水环境规划的原则

水环境规划是国民经济建设和国土整治规划的一个组成部分，国家在一定时期内制定的建设目标、战略重点、战略步骤和一系列有关方针政策，都是编制水环境规划必须遵循的基本原则，即以国民经济发展规划、流域综合利用规划、水资源规划、水中长期供求计划以及国土整治规划为依据，以国家法律法规为准绳，以相应的技术规范和标准为依据。除此之外，为了充分利用水资源、减少水患，尽可能满足各方面发展需要，以最少的投资获得最佳的社会经济效益，还必须遵循下列一些具体原则。

（1）坚持全面规划、预防为主、防治结合、综合治理、突出重点。

（2）全局出发、反复协调、统筹兼顾。

（3）水质与水量统一考虑的原则。在水环境保护规划中应从水污染的季节性变化、地域分布的差异、设计流量的确定、最小生态环境需水量等方面反映水质和水量的统一规划。

（4）地表水与地下水统一。

（5）突出水资源保护监督、坚持谁污染谁治理、谁开发谁保护。

（6）根据水环境的特点和人类经济发展对水的需求，因时因地制宜，进行合理布局、优化多效。

（二）水环境规划的基本程序

水环境规划的基本程序可分水环境规划目标、构建水环境模型、方案优选和实施安排四个阶段（见图 10 - 1）。

```
┌ 水环境规划目标 ┐                    ┌ 构建水环境模型 ┐

  水体概况和功能                        拟定水文设计条件

  污染源及水质污染现状评价              建立水环境自净模型

  计算污染负荷，确定主要污染源污染物    计算水环境容量

  预测各种水平的污染负荷                建立各主要污染源排污消减量与投资关系

  划分水功能区并提出水质目标            拟定水环境初步方案


                                        识别模型、估算参数、验证模型

                                        建立优化模型    水质模拟计算

  安排方案实施程序                      求最优规划解    技术经济分析

  计算方案分期效益                      方案优选与综合评价

┌ 实施安排 ┐                          ┌ 方案优选 ┐
```

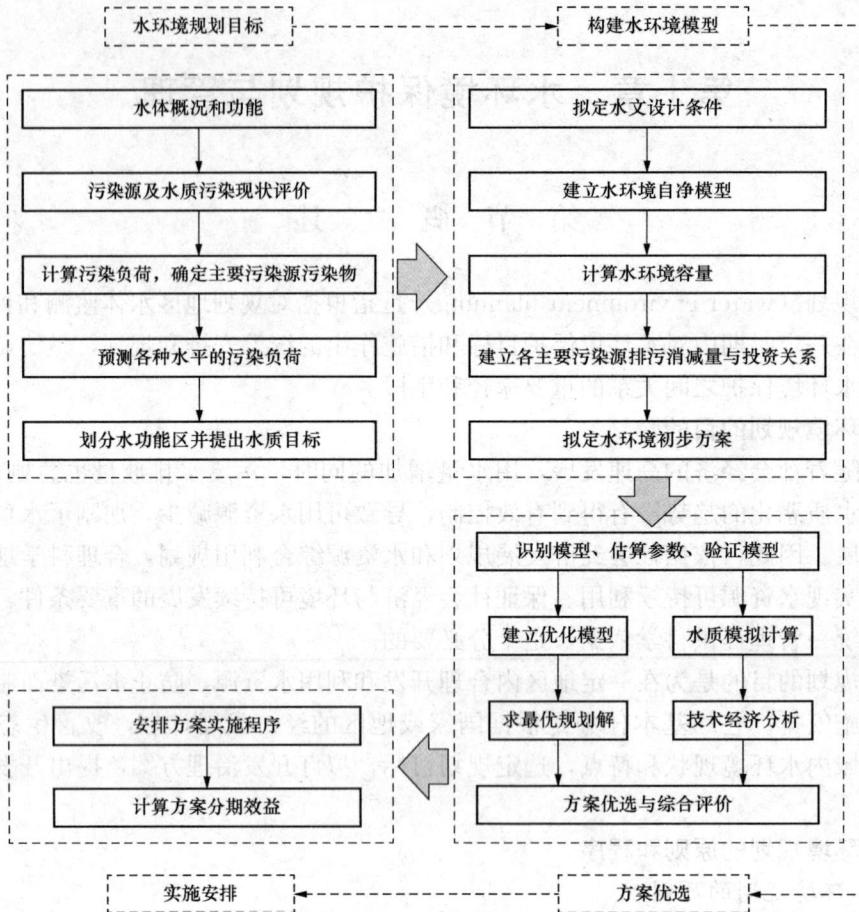

图 10-1　水环境规划的基本程序

（1）掌握现状，明确问题，提出水环境规划目标。掌握现状，明确问题，一般需要获得以下基础性资料：标明拟规划的流域范围和河流分段情况的地图；规划范围内水体的水文与水质现状及用水数据；排入水体的污染源、各排污口位置、排放方式、污染物排放量、治理现状及规划情况，非点源污染源的一般情况；流域水资源规划、土地利用规划和经济发展规划等相关规划资料；可能的水污染控制方法及其技术经济与环境效益资料。

水环境规划目标应根据国家环境保护政策、国民经济和社会发展要求、河流功能与环境的重要性、国家或地方的财政能力和地区的自然社会条件等因素来决定。多数情况下，所研究的水体已受到不同程度的污染，不同区段的污染情况也不相同，因此必须从当地实际出发，对不同地区、不同河流或水体以及同一水体的不同区段分别提出不同的使用功能与相应的水质标准，形成研究水体的目标组合。为了提供规划过程的选择，一般可以先提出两个极端的目标组合，即最高限与最低限的目标组合，并在其间再按实际情况构成几个中等目标组合，以便分析比较和选择。

（2）数据处理、构建水环境模型及初步拟订规划方案。建立数据库管理系统，确定各类污染源及污染负荷，建立自净模型，计算水环境容量，进行水量水质预测，建立各主要污染源排污削减量与投资关系，初步拟订规划方案。

（3）水环境模型模拟优化，方案优选，进行综合评价。对建立的水环境模型进行识别，利用已有资料估算参数并验证模型，应用建立的优化模型推求最优规划解，进行技术经济分析，包括费用效益分析，方案可行性分析，水环境承载力分析，优选方案，并对方案进行评价，为最佳规划方案的选择与决策提供科学依据。

（4）规划方案确定及实施计划安排。提出各种战略、对策及解决问题的措施，确定规划方案。制定各工程项目实施的优先排序和实施计划，提出水环境保护与管理的体制、法规、标准、政策等方面的建议。

第二节　水环境功能区划的基本原则和方法

水功能区划是依据国民经济发展规划，结合区域水资源开发利用现状和社会需求，科学合理地在相应水域划定具有特定功能、满足水资源合理开发利用和保护要求并能够发挥最佳效益的区域（即水功能区），水功能区划是实现水资源合理开发、有效保护、综合治理和科学管理的极重要的基础性工作，是水资源保护措施实施和监督管理的依据。

一、水环境功能区划的基本原则

水功能区划要在总结以往水环境功能区划工作经验和成果的基础上，遵循可持续发展、综合分析、统筹兼顾、突出重点等宏观原则，除此之外，还应遵循以下具体原则。

（1）集中式饮用水源地优先保护。

（2）不得降低现状使用功能。

（3）优质水优用，低质水低用。

（4）统筹考虑专业用水标准要求。

（5）兼顾上下游、区域间，适当考虑潜在功能要求，合理利用水体自净能力和环境容量。

（6）与工业合理布局相结合。

（7）实用可行，便于管理。

二、水功能区划的方法

划分水域功能区要因地制宜，实事求是地采取定性、半定量与定量相结合的方法。

（1）系统分析法。采用系统分析的理论和方法，把研究区域作为一个系统，分清水功能区划的层次，进行总体设计。

（2）定性判断法。定性判断法主要是在对河流、湖泊和水库的水文特征、水质现状、水资源开发利用现状及规划成果进行分析和判断的基础上，进行河流、湖泊及水库功能区的划分，提出符合系统分析要求且具有可操作性的水功能区划方案。

（3）定量计算法。采用水质数学模型，以定性划分的初步方案为基础，进行水功能区水质模拟计算，根据模拟计算成果对各功能的水质标准、长度、范围进行复核。

一级功能区划分的程序：首先划定保护区，然后划定缓冲区和开发利用区，最后划定保留区。

二级功能区划分的程序：首先，确定区划具体范围，包括城市现状水域范围以及城市在规划水平年涉及的水域范围。同时，收集划分功能区的资料，包括水质资料，取水口和排污口资料，特殊用水要求如鱼类产卵场、越冬场、水上运动场等，以及规划资料（包括陆域和水域的规划,如城区的发展规划,河岸上码头规划等)。然后,对各功能区的位置和长度进行适当的协调和平衡。尽量避免出现低功能到高功能跃变等情况。最后,考虑与规划衔接,进行合理性检查,对不合理的水功能区进行调整。

三、水功能区划的步骤

水功能区划的一般步骤如图 10 - 2 所示。

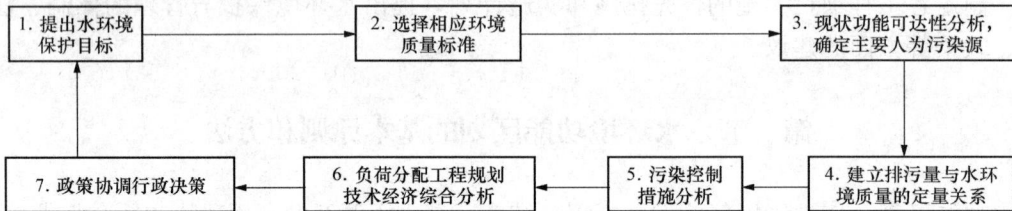

图 10 - 2　水功能区划的一般步骤

(1) 提出水环境保护目标。综合性调查、搜集基础资料。全面分析,既考虑环境保护目标的需要,又考虑经济技术的可行性。

分析水环境功能区的类型、特点、存在的问题,调查各功能区水文地质特征及经济社会发展对水的供需平衡及水质要求,调查各功能区主要污染源、主要污染物,进行现状污染程度评价,计算各功能区的水环境容量,调查环境总量控制状况,水环境功能分区的规划要求、措施和发展方向。

(2) 选择相应环境质量标准。预测各水域纳污量及水质。

(3) 现状功能可达性分析,确定主要人为污染源。确定各功能区水体(水质)目标,量化环境目标,对功能可达性进行分析,确定引起污染的主要人为污染源。

(4) 建立排污量与水环境质量的定量关系。建立污染源与水质目标间的响应关系(水质模型),以各个污染源排放的污染物为模型输入,评价污染源对水质目标的影响。

(5) 污染控制措施分析。分析减少污染物排放的各种可能的途径和措施。

(6) 负荷分配工程规划,技术经济综合分析。通过对多个可行方案的优化决策,确定技术经济最佳的方案组合。

(7) 通过政策协调和管理决策,最终确定环境保护目标和水环境功能区划分方案。

水环境质量功能区划分后,要对功能区水质、目标可达性作出评价。若可行则由行政部门决策。批准的功能区划方案还应包括水环境功能区的范围(控制断面位置)、水质标准与保护等级、混合带的范围等。

四、水功能区划分级分类系统

水功能区划在宏观上从流域角度对水资源的利用状况进行总体控制,合理解决地区间的用水矛盾。在整体功能布局确定的前提下,再在重点开发利用水域内详细划分多种用途的水功能区。我国水功能区划分采用两级体系,即一级区划和二级区划。水功能一级区分为保护区、缓冲区、开发利用区、保留区四类;水功能二级区划在一级区划的开发利用区内进行,分为饮用水源区、工业用水区、农业用水区、渔业用水区、景观娱乐用水区、过渡区、排污控制区七类。一级区划宏观上解决水资源开发利用与保护的问题,主要协调地区间关系,并考虑可持续发展的需求;二级区划主要协调用水部门之间的关系。区划中确定了各水域的主导功能及功能顺序，制定了水域功能不遭破坏的水资源保护目标，将水资源保护和管理的目标分解到各功能区单元，从而使管理和保护更有针对性，通过各功能区水资源保护目标的实现，保障水资源的可持续利用。全国选择 2069 条河流、248 个湖泊水库进行区划，共划分保护区、缓冲区、开发利用区、保留区等水功能一级区 3397 个，区划总计河长 214 580km。

第三节 水环境容量和水环境保护目标

一、水环境容量

（一）水环境容量的定义

水环境容量（water environment capacity）是指水体在特定的环境目标下所能容纳污染物的量。通常将给定水域范围，给定水质标准，给定设计条件下，水域的最大容许纳污量拟作水环境容量。理论上，水环境容量是环境的自然规律参数与社会效益参数的多变量函数，反映污染物在水体中的迁移、转化规律，也满足特定功能条件下，水环境对污染物的承受能力，在实践上，水环境容量是环境目标管理的基本依据，是水环境规划的主要环境约束条件，也是污染物总量控制的关键参数。

水环境容量由稀释容量与自净容量两部分组成，分别反映污染物在环境中迁移转化的物理稀释与自然净化过程的作用。只要有稀释水量，就存在稀释容量；只要有综合衰减系数，就存在自净容量。通常稀释容量大于自净容量，在净污比大于 10～20 倍的水体，可仅计算稀释容量。自净容量中设计流量的作用大于综合衰减系数，利用常规监测资料估算综合衰减系数，相当于加乘安全系数的处理方法，精度能满足管理要求。

（二）水环境容量的分类

按水环境目标分类，可分为自然水环境容量、管理水环境容量和规划水环境容量。按污染物性质分类，又可分为耗氧有机物的水环境容量、有毒有机物的水环境容量以及重金属的水环境容量。

1. 自然水环境容量

以污染物在水体中的基准值为水质目标，则水体的允许纳污量称为自然水环境容量。

2. 管理水环境容量

以污染物在水体中的标准值为水质目标，则水体的允许纳污量称为管理环境容量。

3. 规划水环境容量

当以水污染损害费用和治理费用之和最小为约束条件，规划允许排污量时，称为规划水环境容量。

（三）水环境容量的设计条件

水环境容量设计条件包括自然条件、排污条件、目标条件和约束条件。设计自然条件主要包括设计水量、水温、流速、上游设计断面及其水质浓度、横向混合系数和纵向混合系数等，设计排污条件包括设计排污流量、浓度、排放地点、排放方式和排放强度；设计目标条件包括设计污染控制因子、控制区段与断面和水质标准与达标率等；设计约束条件包括与确定总量控制指标和控制方案有关的约束条件，如经济投资约束、工业布局与城市规划约束等。本节简要说明设计流量、设计流速及设计水量等条件。

1. 设计流量

水环境容量的设计条件，应当按照水功能水质目标和水体的自然净化能力确定，以计算断面的设计流量（水量）表示。有水文长系列资料时，现状设计流量的确定，选用设计保证率（一般 90%，集中式饮用水水源区为 95%）的最枯月平均流量，北方地区增加丰水期设计流量，为 90% 保证率的最丰月平均流量。无水文长系列资料时，可采用近 10 年系列资料中出现最小的最枯月平均流量作为设计流量，对于丰水期设计流量，可采用近 10 年最小的最丰月平均流量。无资料时也可采用内插法、水量平衡法、类比法等方法推求设计流量。规划条件下的设计流量应在现状设计流量的基础上，根据水资源配置部分的成果以及对流域与区域水资源开发利用的总体安排合理确定。

2. 断面设计流速确定

有资料时，可直接用公式计算断面设计流速

$$V = Q/A \qquad (10-1)$$

式中：V 为设计流速，Q 为设计流量，A 为过水断面面积。

无资料时，可采用经验公式计算断面流速，也可通过实测确定。对实测流速要注意转换为设计条件下的流速。

3. 岸边设计流量及流速

河面较宽的主要江河，污染物从岸边排放后不可能达到全断面混合，如果以全断面流量计算河段纳污能力，则与实际情况不相符合。因此，对于这些江河，应计算岸边纳污能力。在这种情况下，根据岸边污染区域（带）需计算岸边设计流量及岸边平均流速。

计算时，要根据河段实际情况和岸边污染带宽度，确定岸边水面宽度，以便求得岸边设计流量及其流速。

4. 湖（库）的设计水量

一般用近 10 年最低月平均水位或 90% 保证率最枯月平均水位相应的蓄水量。北方地区增加近 10 年最高月平均水位的最低水位或 90% 保证率最高月平均水位相应的蓄水量。

根据湖（库）水位资料，求出设计枯水位，其所对应的湖泊（水库）蓄水量即为湖（库）设计水量。对水库而言，也可用死库容和水库正常水位的库容蓄水量作为设计水量。

（四）纳污能力计算

水功能区纳污能力是在给定水域的水文、水动力学条件、排污口位置及方式情况下，指满足水功能区水质目标要求的污染物最大允许负荷量。要求分别提出现状及规划条件下的纳污能力。影响水体纳污能力的主要因素有水功能区的水质目标、水体稀释自净规律、水量及随时间的变化、水域的自然背景值以及排污口的位置和方式。

水功能区纳污能力计算是以水功能区水质目标和水体稀释、扩散、同化、自净规律为依据，其基本方程式可表示为

$$W = (C_n - C_0)Q + K \frac{x}{U} C_n Q \qquad (10-2)$$

式中：W 为水体纳污能力，可用污染物总量表示，也可用污染物浓度乘水量表示；C_n 为控制断面水质目标（mg/L）；C_0 为起始断面污染物浓度（mg/L）；x 为断面距离（m）；Q 为流量（m³/s）；U 为设计流量下岸边污染带的平均流速（m/s）；K 为污染物综合衰减系数，一般以 1/d 表示，计算时应换算成 1/s。

以一维模型为主，对经济社会发展有重要作用的水功能区或有条件的地区，可采用二维模型，本章简单介绍两种一维水质模型。

1. 河流水功能区纳污能力计算的水质模拟模型

一维对流推移方程为

$$U \frac{\partial C}{\partial X} = -K \cdot C \tag{10-3}$$

将起始条件和边界条件代入上式可得

$$C(x) = C_0 \exp(-K \cdot x/U) \tag{10-4}$$

式中：$C(x)$ 为控制断面污染物浓度（mg/L）。

2. 均匀混合的湖（库）纳污能力计算的均匀混合模型

$$C(t) = \frac{m+m_0}{K_h V} + \left(C_0 - \frac{m+m_0}{K_h V} \right) e^{-K_h t} \tag{10-5}$$

$$K_h = \frac{Q}{V} + K \tag{10-6}$$

平衡时

$$C(t) = \frac{m+m_0}{K_h V} \tag{10-7}$$

式中：$C(t)$ 为计算时段污染物浓度（mg/L）；m 为污染物入湖（库）速率（g/s）；m_0 为污染物湖（库）现有污染物排放速率，其值等于 $C_0 Q$（g/s）；K_h 为中间变量（l/s）；V 为湖（库）容积（m³）；Q 为入湖（库）流量（m³/s）；C_0 湖（库）现状浓度（mg/L）；t 为计算时段（s）。

其他感潮河段的纳污能力计算和非均匀混合的湖（库）纳污能力计算的非均匀混合模型可参考有关资料。

（五）综合衰减系数的确定

为简化计算，在水质模型中，将污染物在水环境中的物理降解、化学降解和生物降解概化为综合衰减系数。综合衰减系数可直接利用已有成果或根据经验公式推求，也可用实测法计算。无资料时，可借用水力特性、污染状况及地理、气象条件相似的邻近河流的资料。下面介绍实测法。

对于河道，可选取一个河道顺直、水流稳定、中间无支流汇入、无排污口的河段，分别在河段上游（A点）和下游（B点）布设采样点，监测污染物浓度值，并同时测验水文参数，以确定断面平均流速。综合衰减系数 K 按式（10-8）计算

$$K = \frac{V}{X} \ln \frac{C_A}{C_B} \tag{10-8}$$

式中：V 为断面平均流速；X 为上下断面之间距离；C_A 为上断面污染物浓度；C_B 为下断面污染物浓度。

二、水环境保护目标

水环境保护目标是流域水环境规划的出发点与归宿。通过一系列环境保护指标来体现。包括水环境保护质量目标和水污染总量控制目标。

（一）水质目标

水质目标拟定的原则是根据功能区水质现状、排污状况、不同水功能区的特点、水资源

配置及当地技术经济条件，拟定一、二级水功能区各规划水平年的主要水质目标。

拟定水质目标应综合考虑以下主要因素：①水功能区水质类别；②水功能区水质现状；③相邻水功能区的水质要求；④水功能区排污现状与相应的规划；⑤用水部门对水功能区水质的要求，包括现状和规划；⑥社会经济状况及特殊要求；⑦水资源配置部分工作对水域的总体安排。

拟定水质目标的具体方法是，将水功能区水质现状与功能区主导功能水质类别指标进行比较，当现状水质未满足水功能区水质类别时，在综合考虑上述因素后，应拟定水质保护目标，水质目标可分阶段达标；当现状水质已满足水功能区水质类别时，应按照水体污染负荷控制不增加的原则，拟定水质保护目标。

在拟定水功能区水质目标时应注意以下几点。

（1）水功能区水质类别指标中所有水质超标项目，均应拟定水质目标，计算削减量。

（2）不超标时，则按 COD、氨氮两项指标拟定水质目标。

（3）对于没有规定水质类别的功能区，如排污控制区，要根据功能区水质现状和下游功能区水质要求拟定水质目标。

（4）无水质现状资料的功能区，有条件的应进行补测，也可用相邻水域水质数据推算，源头水可根据天然水的化学背景值推求。

（5）在拟定水质目标时，要考虑同一水功能区现状与规划目标之间的协调，同时也要考虑同一水平年相邻功能区水质目标的协调。

（6）水质目标的拟定应与供水预测中对供水水质的要求协调一致。

（二）水污染总量控制目标

水污染总量控制目标是以功能区水环境容量为基础，确定水域内可接受的某污染物的总量，根据社会经济发展规划，预测规划水平年污染物排入河量，进一步确定污染物控制量与削减量。总量控制目标是制定流域污染控制规划的基础，是水体水质目标得以实现的保证。

1. 污染物排放入河量预测

在进行了水域的功能区划分之后，确定水功能区所对应的陆域范围。以便掌握进入该水功能区的陆上主要污染源和主要污染物的排放现状及其发展趋势。确定方法是通过污染源调查，收集有关入河排污口的设置、市政排水管网布置、企业和单位自行设置排污口的现状及规划、现状污染物排放量和入河量等资料，尽可能搞清相应的陆域范围，特别是其中对水功能区水质影响大的污水排放源，同时进行必要的实地勘查分析，提出水功能区对应的陆域范围，并以此作为陆域污染物排放总量控制的基础。

规划水平年污染物排放量的预测应与需水预测相结合，原则上，生活污水按当地规划水平年内的人口增长状况进行预测；工业污染负荷预测是指排污口的污染物排放总量，预测时应考虑排污总量控制目标。

水功能区对应的陆域范围内的污染源所排放的污染物，仅有一部分能最终流入江河水域，进入河流的污染物量占污染物排放总量的比例即为污染物入河系数。入河系数受众多因素影响，情况十分复杂，区域差异很大，可采用典型调查法推求。选取设置有独立入河通道或入河排污口的污染源，分别在污染源排放口和入河排污口监测污染物排放量和入河量，求得污染物的入河系数。选取各类典型的水功能区，监测其所对应的陆域范围内所有污染源的污染物排放量和水功能区内所有排污口的污染物入河量，可求得典型水功能区所对应的陆域范围的入河系数。

在拟定规划水平年的入河系数时，应考虑城市化和城市规划发展（如产业布局调整、管网改造、排污口优化、截污工程等）可能导致的入河系数的变化。

根据各规划水平年预测的污染物排放量和相应的入河系数，即可求得规划水平年污染物入河量。也可采用入河排污口实测污染负荷预测各规划水平年污染物入河量。

2. 污染物控制量与削减量

以水功能区为单元，将规划水平年的污染物入河量与纳污能力相比较，如果污染物入河量超过水功能区的纳污能力，需要计算入河削减量和相应的排放削减量；反之，制定入河控制量和排放控制量。水功能区规划水平年的污染物入河量与相应的纳污能力之差，即为该水功能区规划水平年的污染物入河削减量。当水功能区规划水平年的污染物入河量预测结果小于纳污能力时，为有效控制污染物入河量，应制定水功能区污染物入河控制量。制定入河控制量时，应考虑水功能区的水质状况、水资源可利用量、经济与社会发展现状及未来人口增长和经济社会发展对水资源的需求等。

水功能区规划水平年的污染物入河削减量除以入河系数，即可得到水功能区的排放削减量。水功能区排放削减量等于水功能区所对应的陆域范围内在规划水平年的污染物排放削减量之和。水功能区规划水平年的污染物入河控制量除以入河系数，即可得到功能区的排放控制量。排放削减量和排放控制量需要进一步分配到相应的陆域。将污染物排放削减量分配到污染源时，主要应考虑各污染源现状排污量及其对水功能区水体污染物的"贡献"率，综合考虑各污染源目前的治理现状、治理能力、治理水平，以及应采取的治理措施等因素。将污染物排放控制量分配到各主要污染源时，应根据各污染源的现状排污量，企业的生产规模、经济效益及其产品对经济建设和人民生活的重要性等因素综合考虑。

第四节　水污染物总量控制规划

水污染物总量控制，其概念来自日本的"闭合水域总量控制"，技术方法引自美国的水质规划理论，经近几十年的探索实践，逐渐完善成为我国水资源保护规划管理的核心内容、技术方法和管理手段之一。区域（流域）水污染物总量控制目标与水功能区水质保护目标（标准）密切相关，因此确定区域（流域）规划水域的环境容量或污染物允许排放量，并将其合理地分配至各支流和排污口，是水资源保护规划的核心内容。

一、污染物总量控制的概念与类型

（一）污染物总量控制的概念

所谓总量控制，是在污染严重、污染源集中的区域（流域）或重点保护的区域（流域）范围内，在研究确定其环境容量或最大允许纳污量的基础上，通过合理的分配方式将其分配至各排污源，并采取有效措施把该区域（流域）的污染物排放总量控制在环境容量或最大允许纳污量之内，使其达到预定环境目标（水功能区要求的水质目标）的一种控制手段。

（二）污染物总量控制的类型

就污染物总量控制作为我国实施的一项基本环境管理制度而言，在全国范围内实施的主要有三种类型的总量控制，即第一类容量总量控制，第二类目标总量控制，第三类行业（最佳技术条件下的）总量控制。在水资源保护领域，实施的主要为第一类和第二类总量控制。

1. 容量总量控制

自受纳水域允许纳污量出发，制订排放口总量控制负荷指标的总量控制类型。主要步骤为：受纳水域允许纳污量→控制区域容许排污量→总量控制方案技术、经济评价→排放口总量控制负荷指标。

2. 目标总量控制

自控制区域容许排污量控制目标出发，制订排放口总量控制负荷指标的总量控制类型。主要步骤为：控制区域容许排污量→总量控制方案技术、经济评价→排放口总量控制负荷指标。

3. 行业总量控制

自总量控制方案技术、经济评价出发，制订排放口总量控制负荷指标的总量控制类型。主要步骤为：总量控制方案技术、经济评价→排放口总量控制负荷指标。

4. 三种总量控制类型的相互关系

容量总量控制以水质标准为控制基点，以污染源可控性、环境目标可达性两个方面进行总量控制负荷分配。目标总量控制以排放限制为控制基点，从污染源可控性研究入手，进行总量控制负荷分配。行业总量控制以能源、资源合理利用为控制基点，从最佳生产工艺和实用处理技术两方面进行总量控制负荷分配。

二、总量控制的本质

根据排污地点、数量和方式，分别通过排污源地域分布和排污特征，对各控制区域（流域）不均等地分配环境容量资源。根据排污源排污总量削减的优先顺序和技术、经济可行性，通过在流域范围内不均等地分配环境容量资源，在区域范围内不均等地分配技术、经济投入，实现最小投资条件下的最大总量负荷削减，或在最小投资条件下实现环境目标。这种宏观总量控制的实施，体现了使水资源永续利用和社会经济与环境协调可持续发展的水资源保护基本原则。

（一）容量资源分配

流域范围内各控制区域的合理布局与负荷分担率的确定，是容量资源有偿使用的体现。各控制区域间水质控制断面的位置与标准；上、下游分担削减负荷与治理投资的政策与标准；未来经济开发区的布局与负荷预测和容量分配原则，只能通过容量资源分配来解决。

方法是通过建立污染源排放量与水资源保护区（段）水质目标的输入响应关系，模拟不同输入值的环境响应，比较不同分配方案的优劣，最终选出最适宜的分配方案。

（二）污染负荷的技术、经济优化分配

总量控制负荷指标可操作性的体现，是对区域范围内各主要污染源排污总量削减方案进行取舍及先后顺序决策。各控制区域内点源优先治理方案，集中控制工程方案，重大无废少废、综合利用、生产工艺改造方案，改变排污去向与排放方式方案，以及加强管理方案，均需按照区域（流域）排污总量控制目标进行技术、经济优化分配，以及实施顺序的时间分配。

方法是通过建立各控制方案的削减量与投资、效益的关系，优化比较不同控制方案组合的成本效益比值，比较不同分配方案的优劣，最后做出选择。

（三）总量控制负荷分配的特点

容量资源分配的基点在于合理布局。总量负荷技术、经济优化分配的基点在于实施。资源分配的基点在于水环境容量定量化、水质模拟程序化，这是国外负荷分配技术的应用。

负荷技术、经济优化分配建立于污染源最佳生产工艺与实用、可行处理技术成本、效益分析定量化、模型化的基础上，对主要污染源施行逐个优化比较，体现中国国情，即污染源生产工艺与处理工艺问题交叉；生活污水与工业废水混杂；点源控制与集中控制方案需灵活决策。这是中国负荷分配技术的特点。

三、总量控制的理论关系

水功能区水质目标是基于水资源保护目标的多样性、阶段性和区域性而提出的，同时，还基于实现水资源保护目标可行途径的投资可支持性、工程措施有效性。在多目标选择、多条件制约中，要实现水资源保护的最终目标，必须采用系统分析方法。这在本质上反映了水资源保护的重要措施—总量控制的理论关系（如图 10-3）。

图 10-3 揭示了两个研究对象之间的两个定量关系。其中一个研究对象是污染源，另一个研究对象是水功能区划的水量、水质目标。这也是水资源保护规划的两个研究对象。

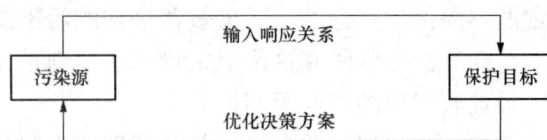

图 10-3　目标管理的本质

第一个定量关系是污染源排放量与水资源保护目标之间的输入响应关系，这一关系限定污染源调查的项目及迁移、转化规律必须与保护目标紧密相连，区域、项目、时间均应配套吻合，从而实现不同污染源对保护目标贡献率的定量评价。

第二个定量关系是实现某一保护目标，在限定时间、投资条件下，区域治理费用最小的优化决策方案。此定量关系，对保护目标的可达性、污染源的可控性都做了技术、经济限定。

前一个定量关系的建立需要认识水体同化自净规律、水体纳污能力、污染物迁移转化规律等，属于认识和理解自然规律阶段；后一个定量关系的建立需要研究技术经济约束、管理措施与工程效益等问题，属于改造自然阶段，也是规划目的的体现。

在这一全过程中，考察污染源的指标是污染物排放总量，衡量水资源保护目标的指标是水域污染物浓度。前半部分的定量化工具是各类数学模型，后半部分的定量化工具是技术经济优化模型。

（一）污染源

对环境质量可以造成影响的物质与能量输入源，统称为污染源。通常分为人工与自然两大类。

人工污染源又可分为点、面污染源。点污染源，如流域中的城市区域、工业区域概化排放口，区域中的主要工业企业、城市污水处理厂、生活污水管道排放口等。面污染源，如城市径流、农田径流、矿山开采、森林采伐活动形成的与雨水汇流相联系的排污行为。我国乡镇企业、固体废弃物弃置与雨水汇流相联系形成的排污行为，也可作为面污染源处理。

自然污染源，如水土流失，洪涝灾害，河床冲淤等，与人工污染源共同作用，会加剧环境质量的恶化，但是通常不属于总量控制对象。

（二）水资源保护目标

对水资源管理的不同阶段、不同范围提出的定量评价指标，统称水资源保护目标。水资源保护目标按水环境质量和污染源排放分为两大类。

水环境质量方面，按水环境质量标准、水源保护区禁排要求、综合整治定量考核评分等指标，确定水资源保护目标。

污染源排放方面，按容许排放总量、排污总量削减率、污水处理率与达标率、水回用率等指标，确定水资源保护目标。

（三）污染源与水资源保护目标的输入响应关系

图 10-3 的两个定量关系反映了总量控制中的两步分配。源与目标间的定量关系，反映了容量资源分配。控制污染源的优化分配定量关系，反映了负荷技术、经济优化分配。这是典型的容量总量控制。

目标总量控制，同样需要这两个定量关系反映不同输入响应方案的效益比较。即通过源的不同方案输入值，寻求满意的保护目标响应。既不"过保护"，也不"不足保护"。再通过给定的不同保护目标值，寻求效益最佳的污染源控制组合方案，保证方案的可供实施。

行业总量控制研究这两个定量关系，则是先寻求资源与能源的最佳利用率，再寻求实现这一最佳利用率的污染源调控方案。

总之，必须把这两个定量关系都理解为源与目标间输入响应关系的组成部分，才能把握总量控制的理论本质，才能将源与目标间评价与控制两个问题解决好。只有实现源与目标间定量评价与控制，才能做到水资源保护管理的定量化。

四、总量控制理论模型

（一）污染物宏观总量控制模型

在人口、资源、环境与经济的大系统中，污染物的产生、排放、治理与控制的研究必须建立在经济预测研究的基础上。通过不同时期各部门的经济发展、人口增长、水资源需求，模拟各部门污染物产生、治理、综合利用的控制方案，提供水资源保护决策，使水资源保护与社会经济相协调。

1. 宏观总量控制模型总体设计

污染物宏观总量控制模型，是对规划区域或流域内的经济部门、居民生活与社会消费污染物的产生、削减、排放、综合利用及控制投资需求的综合研究。

（1）废水宏观总量控制模型结构设计。废水宏观总量控制模型由生产废水和生活污水两部分组成。污染物以 COD 为例。经济部门废水总量控制：利用所建经济模型，通过基准年部门产值、废水、COD 的产生量，计算万元产值废水产生系数和吨废水 COD 产生系数。在考虑科技进步的前提下，修正水平年污染物产生系数，根据水平年部门产值求得部门污染物产生量、以高、中、低三个方案废水治理率为控制变量，经过优化选择求得经济部门污染物总量控制目标的相应废水治理投资。城市生活污水总量控制：利用城市人口及生活污水产生量建立人均生活污水产生系数，求得排污量（如 COD 量），仍以治理率为控制变量，求得城市污水治理投资及根据污水回用量求得污水回用效益。

（2）环境经济模型结构设计。环境经济模型是在废水宏观总量控制模型的基础上建立的，主要侧重分析与评价：

1）各个行业污染物控制总投资及所占比例；

2）居民生活和社会消费污染物控制总投资；

3）各物质生产部门水资源保护投资占本部门基建和更新改造投资的比重；

4）水资源保护计划投资占计划期国民生产总值（GNP）的比重；

5）各类污染物治理、回用、回收、综合利用效益分析。

另外，决策者根据分析与评价结果，不断将新的信息输送到部门有关污染物控制变量中，经过计算寻求新的解，直到满意为止。

2. 宏观总量控制模型

（1）废水宏观总量控制模型。

1）污染物产生量。

$$WW_{ij}(t) = \alpha_{ijk}(t)X_{ik}(t) \tag{10-9}$$

式中：WW_{ij} 为污染物产生量；X_{ik} 为产值，人口；α_{ijk} 为万元污染物产生系数或排放因子；i 为物质生产部门，城市居民生活，人口；j 为污染物种类，废水、COD、石油类、其他污染物；t 为时间。

2）污染物治理（去除）量

$$WA_{ij}(t) = \beta_{ij}WW_{ij}(t) \tag{10-10}$$

式中：WA_{ij} 为污染物治理或去除量；β_{ij} 为污染物治理率或去除率。

3）废水治理后回用量

$$WU_{ij}(t) = \gamma_{ij}WA_{ij}(t) \tag{10-11}$$

式中：WU_{ij} 为污水治理后回用量；γ_{ij} 为废水回用率。

4）废水排放量

$$WD_{ij}(t) = WW_{ij}(t) - WU_{ij}(t) \tag{10-12}$$

式中：WD_{ij} 为废水排放量。

5）废水治理投资

$$IWA_{ij}(t) = \delta_{ij}(t)\left[WA_{ij}(t) - WA_{ij}(t_0)\right] \tag{10-13}$$

式中：IWA_{ij} 为废水治理投资；δ_{ij} 为废水治理投资系数。

6）利用效率

$$IWB_{ij}(t) = \theta_{ij}(t)WU_{ij}(t) \tag{10-14}$$

式中：IWB_{ij} 为利用效率；θ_{ij} 为利用效率系数。

（2）环境经济综合分析模型。

$$\left. \begin{array}{l} I_i = IWA_i + IGA_i + ISA_i \\[4pt] ID = \sum_{i=1}^{n} I_i \, (i = 1,2,\cdots,n) \\[4pt] IO_i = I_i/ID \\[4pt] IW = IWA/ID \\[4pt] IG = IGA/ID \\[4pt] IS = ISA/ID \\[4pt] A_i = \dfrac{I_i}{IB_i + IR_i} \\[8pt] B = \dfrac{ID}{GNP} \end{array} \right\} \tag{10-15}$$

式中：GNP 为国民生产总值，万元；I_i 为 i 部门污染物控制总投资，万元；ID 为所有部门污染控制总投资，万元；A_i 为 i 部门保护投资占本部门基建和更新改造投资比重，%；B 为保护投资占国民生产总值的比重,%;IO_i 为 i 部门保护投资占所有部门投资比重,%;IW 为部门水治理投资占所有部门治理总投资比重,%;IG 为部门大气治理投资占部门治理总投资比重,%;IS 为部门固废治理投资占部门治理总投资比重,%;IB_i 为 i 部门基建投资,万元;IR_i 为 i 部门更新改造投资,万元。

3. 污染物产生系数的修正

(1) 污染物产生系数修正的意义。污染物总量宏观控制模型是动态模型。由于科学技术不断进步、管理水平不断提高等因素,输入的各种参数随时间不断变化,污染物产生系数的变化将直接影响到规划期未来污染物的产生量、排放量、治理量及污染控制的投资。因此,污染物产生系数的修正是污染物总量宏观控制模型研究成功与否的关键。

(2) 影响污染物产生的主要因素。

1) 物质生产部门生产工艺改革。新技术、新设备、新材料的采用提高了资源利用率和经济效益,因而使万元产值污染物产生系数降低。国内外大量调查统计数据表明,技术进步对污染物产生量降低的影响是很大的。

2) 节约用水与提高循环率。水资源短缺是我国社会经济发展重要的制约因素,节约用水和水循环利用是我国经济发展中合理利用水资源的重要政策。同时,治理污水使之回收利用将会使污水排放系数降低。

3) 提高污染物综合利用。发展无废少废技术,使资源得到充分利用,降低污染物产生系数。

4) 发展规模经济。大、中、小型企业结构变化对污染物产生系数有显著影响,一般大企业技术先进,由于规模效应,万元产值废水排放量小。

5) 提高企业管理水平,落实岗位责任制。减少生产过程中的跑冒滴漏现象,减少污染物的产生量。

(3) 污染物产生系数修正的方法。污染物产生系数的修正是通过科学技术,提高资源利用率、减少污染物的产生,采用清洁工艺将污染物消灭在生产过程之中的具体反映。修正的常用方法有:特尔菲预测法、专家预测法和约束外推预测法。长期预测多用前两种方法,短期预测多用第三种方法。

(二) 总量控制技术经济优化分配模型

通过线性规划或非线性规划方法可求得在满足水资源质量要求的前提下,污染源排放量最大、总污染源削减量最小,或削减污染物措施的总投资费用最小的污染物控制方案。通过整数规划方法和离散型规划方法可获得最佳的削减污染物的措施和方案,还可通过动态规划方法求得排放量的分配问题。

(三) 总量控制非数学优化分配方法

采用前述技术经济优化分配的数学规划方法,求得的满足总量控制条件下,排放污染物分配、削减量分配指标与方案成果,虽然反映了区域(流域)整体性经济、社会、环境最佳效益,但其并不能反映出每个排污源的负荷分担的合理性。为了总体方案的优化,有些排污源要承担超过应承担的削减量,而另外一些排污源则可能承担少于应承担的削减量。

总量控制制度的"公开、公平、公正"原则,要求排污总量控制指标与总量削减指标必须公平分配,为配合技术经济优化分配的数学规划模型更好地运用,便产生了在一定程度上体现公平、公正原则的非数学优化分配方法,主要有:等比例分配法、排污标准加权分配法、分区加权分配法、调节系数分配法、按贡献率削减排污量分配法和行政协商分配法等。

在进行总量控制负荷分配时，应进行总体分析综合采用各种分配模型与方法，并综合运用有关政策、法规进行协商，使得既保持总体合理，又尽量公平地承担。

1. 等比例分配法

在承认各污染源排污现状的基础上，将总量控制系统内的允许排污总量按各污染源核定的现状排污量，按相同百分率进行削减，各源分担等比例排放责任。

等比例分配法的基本思路是同等对待的原则，对所有参加控制排污总量分配的污染源，按某一相同比例分配允许排污量。通常以现状排污量为基础，进行等比例分配允许排污量，其分配模型为

$$W_i = W_{0i}(1 - \eta) \tag{10-16}$$

$$W_s = \sum_{i=1}^{n} W_i \tag{10-17}$$

式中：W_i 为第 i 个污染源的允许排污量，t/d；W_{0i} 为第 i 个污染源的现状排污量，t/d；W_s 为区域允许排污总量，t/d；η 为污染物的削减率，%，由式（10-18）计算：

$$\eta = 1 - \frac{W_s}{\sum_{i=1}^{n} W_{0i}} \tag{10-18}$$

这种分配方法，考虑了各污染源的实际排污现状，避免了不按实际排污情况平均分摊污染负荷的问题。污染源排污量小，分配到的允许负荷量小；污染源排污量大，分配到的允许负荷量大，削减量也大。这种方法计算简便，各方面易于接受。然而并不绝对公平，因为这要求一个生产技术和管理水平高、排污少的区域内污染源要和污染物排放量大的落后的区域内污染源承担相同的义务。但从承认现状、简单方便角度分析，等比例分配原则仍可采用。

2. 排污标准加权分配法

考虑各行业排污情况的差异，以"污水综合排放标准"所列各行业污水排放标准为依据，按不同权重分配各行业容许排放量。同行业内按等比例分配。

3. 分区加权分配法

将所有参加排污总量分配的污染源划分为若干控制区域或控制单元，根据与区域或单元相应的水环境目标要求、各控制单元的排污现状、治理现状与技术经济条件，确定出各区域或单元的削减权重，将排污总量按此权重分配至各区，区域内可采用等比例分配等法将总量负荷指标分配至污染源。

4. 调节系数分配法

在划定控制区域或控制单元内，确定区域内或单元内污染允许排放量或总量削减指标后，将其按区别对待的调节系数不同，分配至污染源。其分配模型为

$$X_i = K_t X_a \tag{10-19}$$

式中：X_i 为 i 污染源的排污总量削减指标；X_a 为控制单元（水域或地区）排污总量平均削减率（削减指标）；K_t 为调节系数。

调节系数 K_t 可根据下列原则筛选参数来确定：

（1）贯彻国家产业和技术政策。在分配排污总量控制指标时要区别对待：对属于国务院和省级人民政府明令关停、取缔和淘汰的落后生产能力、工艺设备和产品范围的排污单位，不分配给排污总量控制指标；对于产业政策和技术政策要求大力发展的企业，经营状况良

好、对区域经济贡献大的排污单位，在核定排污总量控制指标时适当给予优惠。

（2）根据排污现状区别对待。在分配排污总量削减指标和排污总量控制指标时，对排污单位的排污现状要进行深入分析、区别对待。排污单位排放的污染物已超过国家或地方规定的排放标准，或万元产值排污量明显高于全国同行业的平均值的，对这种排污单位要从严要求，增大其排污总量削减率（或削减量）；对已达标排放的排污单位，其万元产值排污量又明显低于全国同行业的平均水平，应减少其排污总量削减率（或削减量）或免于削减；对等排污效应大的排污单位也要从严要求，这样做有利于优化排污口分布或优化排放方式。

（3）根据环境经济综合分析区别对待。要对各排污单位的单位经济活动所造成的环境损害，以及单位经济活动的经济效益进行综合分析。若万元投入净收益为正贡献，万元投入损失为负贡献，那么，对正贡献明显小于负贡献的排污单位，要从严要求、增大其排污总量削减率（或削减量）；对正贡献明显大于负贡献的排污单位，则应给予适当优惠。

5. 按贡献率削减排污量分配法

按各个污染源对总量控制区域内环境影响程度的大小（或污染物排放量大小及其所处地理位置）来削减污染负荷。即环境影响大的污染源多削减，反之少削减。它体现每个排污者公平承担损害环境资源价值的责任。对排污者来说，这是一种公平的分配原则，有利于加强企业管理、提高效率和开展竞争。但是，这种分配原则并不涉及采取什么污染防治的方法以及相应的污染治理费用，也不具备治理费用总和最小的优化规划特点，所以在总体上不一定合理。

6. 行政协商分配法

在已知允许排污总量或目标削减量控制区域或控制单元内，根据水资源保护执法管理人员了解的各点源、生产、污染、排放、治理与技术经济状况及区内排污影响状况等，经与排污单位反复协商，行政决策分配总量负荷指标。

五、污染物总量控制规划的技术路线与步骤

水资源保护规划就是根据水功能区的要求，研究水域纳污能力，提出符合水功能要求的容量总量控制方案。

（一）污染物总量控制规划的技术路线

（1）从水资源质量目标出发，根据水域纳污能力，通过技术、经济可行性分析，优化分配污染负荷，确定切实可行的总量控制方案。

（2）从削减污染物目标出发，结合国家排放标准和地区技术、经济特点，制定并优化污染负荷分配方案，预测对水资源质量的改善前景，决策实施方案。

两条技术路线的关键都是污染源排放量与水质状况的定量关系，将水质保护目标和污染源控制这两个对象联系起来。

（二）污染物总量控制规划的制定步骤

水资源保护规划的污染物总量控制具体可分以下几个阶段来进行。

1. 第一阶段是确定规划水域的水质目标

该阶段应考虑的主要因素是：

（1）随着生产的发展、人民生活质量要求的提高和社会文明的进步，水质目标和环境质量不断提高。

（2）根据社会、经济发展，确定不同区域各类水域的水体功能。

（3）水资源开发利用需满足可持续发展的要求。

（4）同一水质目标也可能有多级水质指标供选择。

2．第二阶段是建立水质目标与污染源之间的联系，确定排污量与水质状况的定量关系，计算允许排污量

这一步是从水资源质量标准出发制定污染物总量控制的关键，主要步骤如下：

（1）建立描述江河湖库水质状况的数学模型。

（2）掌握污染源的排放规律（地点、量、质及方式）。

（3）初步给定水质目标，或确定最低水质目标。

（4）计算水域允许纳污能力。

（5）拟定污染物削减计划。

3．第三阶段是分析达到水质目标可供选择的方法

这一阶段主要包括以下措施。

（1）可供选择的治理措施：调节枯水流量、废水处理、管道传输、择段排放、清污分流等。

（2）可供选择的管理措施：相应的水资源保护管理方法、制度、监测体系建立等。

（3）可供选择的规定：国家排放标准、国家或地方地表水环境质量标准。

（4）可供选择的时间和范围：如分期、分级实现目标。

在综合分析上述内容之后，根据不同的水质目标，拟定多个总量控制方案。

4．第四阶段是费用、效益分析

费用分析包括不同水资源保护方案的投资额，以及各种保护治理措施的运行费用等。效益分析包括直接效益的计算，如废物回收、循环用水、节约用水等；间接效益的计算，如下游用水减少的水处理费、渔业资源恢复、生态环境改善、疾病减少、更多外资的引进等。费用、效益分析的详细方法和内容可参阅相关的专业文献资料。

5．第五阶段是决策

在把全部成果汇总送决策部门后，由决策者确定最终方案。

（三）制定污染物总量控制规划方案的关键技术

1．水功能区划定

依据水功能区划分原则，划分功能区并提出其主导功能，进行功能可达性分析，确定保护目标。

2．设计条件确定

依据设计条件，将随机的偶然的多变化特征的自然条件，概化为定常的、一定概率特征的特定条件，以便进行水体纳污能力计算。设计条件的范围很广，从流量、流速、水温、排放特征直到 pH 值、达标率等，重要的是设计条件规定的代表性时期、代表性时段、保证率等指标。

3．模型参数识别

建立排污量与水质目标之间输入响应模型的各类参数，均需由实测值验证、识别，针对要进行总量控制的污染物指标，建立输入响应模型。

4．开列排放清单

主要是指削减排污量的各种可行方案及技术、经济条件评价清单。总量控制的基点在于削减或控制排污总量，相应制定可行的削减方案和措施。

5．负荷分配优化技术

在污染源防治技术可行性的基础上，进行区域优化，选择达到水质目标的最优（佳）方案。

上述五方面的关键技术，最困难的是第四个，要求在开列清单时，必须破除浓度达标的约束，从污染物削减量上考虑。能削减污染物的方案，不管多少，只要技术上可行，均可列入，特别应注意从工艺过程中寻找出路。

六、污染物总量控制规划方法

（一）污染物排放污染负荷的确定

1. 污染源水质的测定

（1）水质测定方法的选择。污水水质测定方法必须与受纳水域水质测定方法一致，一律选用国家标准分析方法。在无法选用同一分析方法时，必须建立两种分析方法所获数据的相关关系。

（2）代表性样品的获得。

1）采样地点。①一类污染物采样点的布置应分两处：一处为车间或工段排污口，一处为工厂总排污口。②其他污染物采样点可选工厂总排污口，或依具体要求而定。

2）采样频率。①在污水流量变化稳定条件下，污水水质测定样品应为均匀混合样，分为 2 小时混合样、24 小时混合样两类：2 小时混合样，取样间隔不得大于 5 分钟；24 小时混合样，取样间隔不得大于 30 分钟。②污水流量变化幅度大时，污水水质测定样品应按流量比例，按比例取混合样。③污水流量与浓度变化幅度均大且与生产工艺关系密切的情况，污水水质测定样品应根据生产工艺特点，设计采样频率，配制代表性混合样。

3）样品保存。污水水质凡能在现场直接测定的指标，应在现场测定。需送往实验室测定的样品，应按规定保存样品。

（3）主要污染行业排放废水应控制的特征项目。表 10 - 1 列出了主要污染行业排放废水应控制的特征项目。

表 10 - 1　　　　　　　主要污染行业排放度水应控制的特征项目

污染行业	特征项目
黄金工业矿业	SS
纺织工业、粘胶纤维工业	pH 值、BOD_5、COD_{Cr}、色度
化学医药工业	COD_{Cr}
电解法（水银法、隔膜法）烧碱生产	总汞、SS
有机磷农药工业	SS、BOD_5、COD_{Cr}、总有机磷
合成氨厂	SS、氨氮、COD_{Cr}、硫化物
石油化工	SS、BOD_5、COD_{Cr}、硫化物、石油类、氰化物
钢铁、铁合金、钢铁联合企业	SS、COD_{Cr}、挥发酚、氰化物、油类
焦化工业	挥发酚、氰化物、COD_{Cr}、油类、SS
湿法纤维板	BOD_5、COD_{Cr}
染料工业	BOD_5、COD_{Cr}、色度苯胺类、硝基苯类
造纸工业	BOD_5、COD_{Cr}、SS
制革工业	总铬、SS、硫化物、BOD_5、COD_{Cr}
甘蔗制糖工业	BOD_5、COD_{Cr}、SS
甜菜制糖工业	BOD_5、COD_{Cr}、SS
合成洗涤剂工业	COD_{Cr}、石油、LAS
合成脂肪酸工业	COD_{Cr}、锰
酒精工业	BOD_5、COD_{Cr}、SS
味精工业	BOD_5、COD_{Cr}、SS
啤酒工业	BOD_5、COD_{Cr}、SS

2. 排污总量的确定

（1）利用实测资料确定排污总量。对全厂废水排放系统选定合适的采样测源点及采样测流频率，实测废水流量、水温、污染物浓度等，从而计算出排污总量。

（2）利用物质平衡法确定排污总量。从生产的原材料入手，对工艺过程进行分析，了解污染产生的来源、种类及数量、流失方向，以达到确定排污总量的目的。与生产工艺结合的水流程图（或水量平衡图）是这一方法的核心。

（3）利用历史积累的原始数据进行分析与计算排污总量。在了解各个厂生产规模变化的情况下，利用原始监测数据，并与水质平衡法互相验证，互相补充，以提高数据的科学性和准确性，从而获得经校准的排污总量。

（4）确定污染源排污总量的步骤如图 10-4。

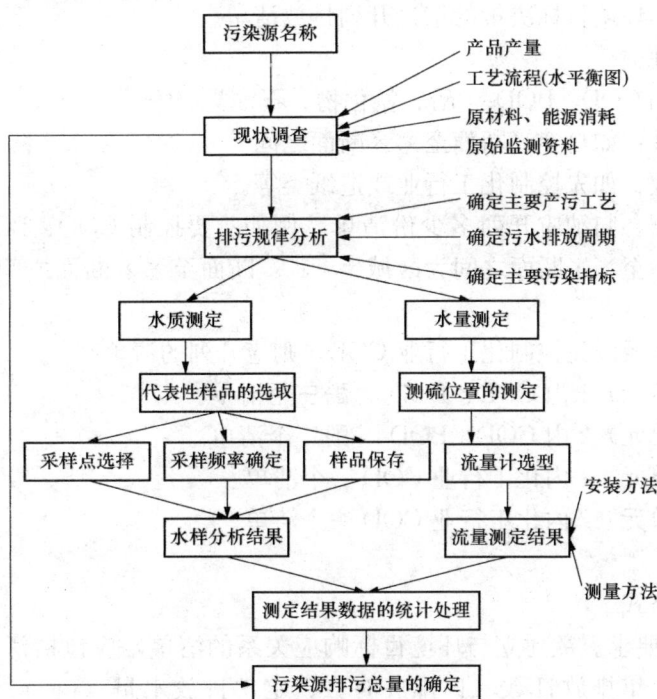

图 10-4　污染源排污总量确定

3. 实测数据的统计处理

（1）以"日负荷"为基本计量单位。

（2）平均值与最大值双限控制原则。

1）平均值。表示一个总体样本的集中趋势，标志排污口在某个时间段（日、月、年）的排污平均水平，是一个概化指标。其作用是评价该排污口的排污水平，参与区域（或行业、河段）的排污总量计算。其局限性在于作为检查指标需要较多的数据样本求得平均值，无法体现排污过程的变化幅度。显而易见，一次"零"排放可以"平均"掉若干次大数值排放。

2）最大值。表示在正常生产条件下可能达到的极值。其作用是：表示排污变化可能的幅度；可以给定"不可超越值"，因此具有可检查性，便于监督管理；浓度和水量的最大值限制可以避免冲击负荷或稀释排放。但因最大值不能代表平均水平，因此只可用于检查，不能参与计算。

（3）测量值的统计处理。

1）平均值法。当测定结果遵从正态分布时，其平均值为最可信赖与最佳值，精度应优于个别测定值。因此，加权平均值是测量值获得的有效方法之一。

2）曲线拟合法。当测定结果不遵从正态分布时，其测量值的获得可采用曲线拟合法，即利用不同测量值在图中所示之点连成一条曲线，利用积分法或其他计算方法来确定最终的测量值。

4. 总量数据的汇总与整理——污染源排放清单

开列排放清单的目的不是罗列污染源资料，而是为建立输入—响应关系和优化控制方案服务。因此，要根据环境目标决策的结论开列排放清单。

（1）归纳清单种类。

污染物项目：如 COD、BOD_5、酚、氰化物、石油类、Cr^{6+} 等。

污染物影响区域：如自××断面至××断面之间。

污染源所属行业：如先控制化工行业或造纸类等。

由上述三个方面，归纳应开列多少份清单。例如：要控制 COD、BOD_5、酚三个项目，可选择控制××断面至××断面之间为区域 1，××断面至××断面之间为区域 2，共两个区域。

如果考虑上述区域内先控制化工行业 COD，则应开列的清单有：

控制区域（或单元）1 内 COD、BOD_5、酚三个清单。

控制区域（或单元）2 内 COD、BOD_5、酚三个清单。

控制区域（或单元）1 内化工行业 COD 一个清单。

控制区域（或单元）2 内化工行业 COD 一个清单。

总计 8 个清单。

（2）确定清单格式

1）不涉及行业要求。欲建立与环境目标响应关系的清单，应包括污染源名称、沿河长坐标、序号、间距、年排放日数、日排放时数、定常排放水量（m^3/s）、排放浓度（mg/L）、日排放总量（kg/d）。

2）涉及行业要求，不需建立与环境目标响应关系的清单，则不需列入沿河长坐标、间距，而直接列其他内容。

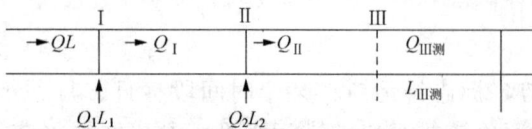

（3）物质平衡与水量平衡。列入清单数据将作为总量控制计算的依据，根据数据使用目的，应分别做物质平衡与水量平衡校核。

图 10-5 第（1）类物质平衡与水量平衡示意图

上述第（1）类物质平衡与水量平衡见图 10-5，计算平衡式如下：

节点 I：水量平衡：$Q+Q_1=Q_1$

物质平衡：
$$\frac{QL+Q_1L_1}{Q+Q_1}Q_1=QL+Q_1L_1 \tag{10-20}$$

节点Ⅱ：水量平衡：$Q_1+Q_2=Q_{II}$

物质平衡：
$$\frac{\dfrac{QL+Q_1L_1}{Q+Q_1}\cdot Q_1+Q_2L_2}{Q_I+Q_2}\cdot Q_{II}=QL+Q_1L_1+Q_2L_2 \tag{10-21}$$

水质约束校核：断面Ⅲ实测水质水量数据与节点平衡数据应在考虑降解、随机误差的条件下平衡。即

$$Q_{III测}=Q+Q_1+Q_2 \tag{10-22}$$
$$L_{III测}Q_{III测}=QL+Q_1L_1+Q_2L_2$$

（初步估算，可不考虑降解因素）

在平衡过程中应注意以下两点。

（1）水量平衡以干流水文测验值为准，可增加平衡水量。因两断面之间河流水量为递增，而定常流量假定在首断面节点平衡，取首断面流量，至末断面节点平衡时，应外加平衡流量，其值等于两断面流量之差。

（2）物质平衡以实测浓度为准，修正污染源排放度、排放水量数据，每个节点递推进行，根据实际情况进行修正，必须认真去做，否则不可能建立输入—响应关系。

继续平衡至污染源的过程见第（2）类物质平衡和水量平衡（见图10-6），即

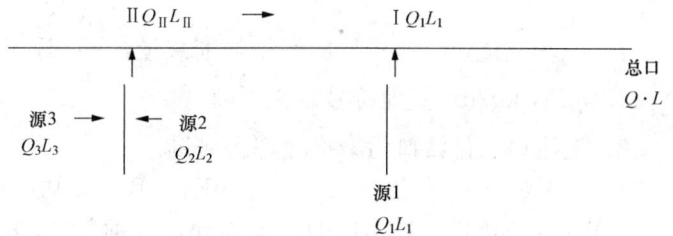

图10-6　第（2）类物质平衡与水量平衡示意图

$$Q=Q_I+Q_{II}$$

总口排污水量平衡：
$$Q_I\leqslant Q_1 \tag{10-23}$$
$$Q_{II}\leqslant Q_2+Q_3$$

$$Q_{II}L_{II}+Q_IL_I=QL$$

排污总量平衡：
$$Q_IL_I\leqslant Q_1L_1 \tag{10-24}$$
$$Q_{II}L_{II}\leqslant Q_2L_2+Q_3L_3$$

总口与分口之间的≤号由源排放口至总口的各种损失决定，由实测值和经验确定，在确定损失值后，则Q_1L_1、$Q_{II}L_{II}$可求出，便可进行负荷分配计算。

（二）河流允许纳污量与入河污染物控制总量的确定

1. 控制单元允许纳污量

由相关水质模型推导得河流控制单元允许纳污量计算公式为

$$W_{允}=86.4\left\{\left(Q+\sum_{i=1}^{n}q_i\right)C_s-Q_1C_0\exp(-kx/u)+\sum_{i=1}^{n}q_iC_i[1-\exp(-kx_i/u)]\right\} \tag{10-25}$$

式中：$W_{允}$为控制单元允许纳污量，kg/d；Q为规划河段设计流量，m³/s；Q_1为上断面流量，m³/s；n为控制单元排污口、支流口个数；q_i为第i个排污口、支流口流量，m³/s；C_s为规划河段水质控制标准，mg/L；C_0为控制单元上断面污染物浓度，mg/L；C_i为第i个排

污口、支流口污染物浓度，排污口为排放标准污染物浓度、支流口为支流口水质控制标准，mg/L；x 为上控制断面到下控制断面距离，km；x_i 为第 i 个排污口、支流口到下控制断面距离；km；u 为设计流量下河段平均流速，km/d；k 为污染物综合自净系数，L/d；86.4 为单位换算系数。

2. 入河污染物控制总量确定

（1）无岸边污染带单元。将拟定的支流口水质、流量及排污口水量、污染物浓度代入式（10-25），计算出控制单元的允许纳污量，并与污染物实际入河量对比。若允许纳污量大于实际入河量，则设计条件下的支流口、排污口的污染物入河量为该支流口、排污口的污染物控制量；若允许纳污量小于实际入河量，则对支流口、排污口的污染物入河量进行削减量计算，确定该支流口、排污口的污染物控制量。

1）支流口、排污口污染物削减量

$$W_{削} = (W_{入} - W_{允}) \frac{q_i C_i \exp(-kx_i/u)}{\sum_{i=1}^{n} q_i C_i \exp(-kx_i/u)} \qquad (10\text{-}26)$$

式中：$W_{削}$ 为支流口、排污口的污染物削减量，kg/d；$W_{入}$ 为控制单元污染物入河量，$W_{入} = \sum 86.4 q_i C_i$，kg/d；其他符号意义同前。

2）支流口、排污口污染物允许入河量。

$$W_{允} = W_{入} - W_{削} \qquad (10\text{-}27)$$

式中：$W_{允}$ 为支流口、排污口的污染物允许入河量，kg/d；$W_{入}$ 为支流口、排污口的污染物入河量，$W_{入} = \sum 86.4 q_i C_i$，kg/d；其他符号意义同前。

3）支流口、排污口污染物控制浓度确定。

$$C_i = W_{允i}/q_i \qquad (10\text{-}28)$$

式中：C_i 为支流口、排污口 i 的污染物控制浓度，mg/L；其他符号意义同前。

（2）有岸边污染带单元。在宽浅河流上，排入水体的污水在排污口下游部分水域形成污染带，计算采用二维水质模型。

1）排污口污染物贡献值 C 的计算，可采用二维稳态对流离散方程

$$C(x,y) = \frac{q_i C_i}{uH \sqrt{4\pi E_y x/u}} \exp\left(\frac{-uy^2}{4E_y x}\right) \qquad (10\text{-}29)$$

式中：$C(x,y)$ 为排污口对污染带内点 (x, y) 的污染物贡献值，mg/L；q_i 为排污口污水流量，m³/s；C_i 为排污口污染物浓度，mg/L；H 为岸边计算河宽内河道平均水深，m；u 为河水平均纵向流速，m/s；x 为沿河水流向的纵向坐标；y 为垂直于 X 轴的横向坐标；E_y 为横向离散系数，m²/s。

2）控制断面各点污染物浓度值

$$C'(x,y) = C'_0 + C_i(x_i, y_i) \qquad (10\text{-}30)$$

式中：C'_0 为上断面对控制断面污染物浓度贡献值，mg/L。

控制断面各点的污染物浓度均应达到水质控制目标，若部分水域的污染物浓度超过水质控制目标，则需对排污口的入河污染物进行削减量计算。

3）排污口控制断面污染物浓度最大允许贡献值 C_x。

$$C_x = C_s - C'_0 \qquad (10\text{-}31)$$

根据 C_x 值用二维水质模型反求排污口污染物最大允许浓度，进而求出排污口污染物最大允许入河量。

4）横向离散系数 E_y 的估算。横向离散系数的数学表达式为

$$E_y = \alpha_y H u^*$$ (10-32)

$$u^* = \sqrt{gHI}$$ (10-33)

式中：α_y 为无量纲横向离散系数；H 为平均水深，m；u^* 为摩阻流速，m/s；g 为重力加速度，$9.8 m/s^2$；I 为水力坡降，%。

国外 Fisher 等专家试验结果表明，天然河流 α_y 在 0.6（$1\pm50\%$）之间。若河岸不规则，河道弯曲系数较大，α_y 值增大；反之，α_y 值减小。

（三）河段、行政区入河污染物控制总量的确定

河段入河污染物总量控制量为河段内各支流口、排污口允许入河量之和。

某行政区入河污染物总量控制量为该行政区各支流口、排污口允许入河量之和。

（四）湖泊、水库污染物控制总量的确定

根据取水口、排水口位置，将湖泊、水库保护水域划分为若干个控制单元，确定控制点；控制单元的水质控制目标确定原则同河流一样，除统一要求外，可根据水质评价结果增加控制参数。

1. 湖泊、水库数学模型

$$C = C_i \exp(-K\Phi H r^2/2q)$$ (10-34)

式中：C 为 r 处污染物浓度，mg/L；C_i 为排污口污染物浓度，mg/L；K 为污染物自净系数，L/s；Φ 为污染物在湖水中的扩散角（弧度），如排污口在平直的湖岸，$\varphi=\pi$；H 为污染物扩散区平均湖水深，m；r 为控制点距排污口距离，m；q 为排污口入湖污水量，m^3/s。

2. 湖泊、水库污染物控制总量

将拟定的排污口水量、污染物浓度代入式（10-34），计算出控制点的污染物浓度，并与水质目标相比。若控制点污染物浓度小于或等于水质标准，则设计条件下的排污口的污染物入湖量为该排污口的污染物控制量；若控制点污染物浓度大于水质标准，则对排污口的入湖污染物控制浓度进行计算，确定该排污口的污染物控制量。

（1）排污口入湖污染物控制浓度 C_i'。

$$C_i' = C_i \exp(K\Phi H r^2/2q)$$ (10-35)

式中符号意义同前。

（2）排污口的污染物控制量 $W'_允$。

$$W'_允 = 86.4q C_i'$$ (10-36)

式中符号意义同前。

（3）湖泊（水库）入湖污染物控制总量。

$$W_允 = \sum W'_允$$ (10-37)

（五）总量控制负荷技术、经济优化分配程序与步骤

1. 污染源可控制技术经济评价

（1）对控制单元内每一个主要污染源，按照欲控制的污染物，分别开列总量削减方案清单。

（2）优化计算控制单元内排污总量削减与投资的关系曲线。

（3）讨论控制单元内投资与削减率的优化目标。

（4）初步确定本控制单元的目标总量控制建议值。

如系一条河流上的多个控制单元，则可先将各小单元集中考虑，视为一个大控制单元，进行目标总量控制的建议值评价。

2. 污染物分区削减分担率分配

污染源可控制性技术经济评价，提供了总量控制目标的决策信息，各控制单元之间或控制单元内的若干工业小区之间，还应排列优先削减顺序，对小区污染物削减分担率进行优化分配。

（1）将欲考虑的各小区，分别建立小区内污染物削减率与投资关系曲线。

（2）将每一个小区视为一个污染源，自小区污染物削减率与投资关系曲线上截取一个个削减方案及相应的投资，列出清单。

（3）进行区域或控制单元的总体优化，建立大区削减率与投资关系曲线。

（4）大区每确定一个总量削减目标，列出各小区对应的优化分担削减率及投资表。

（5）初步确定不同总量控制目标下各控制单元或各小区优先削减顺序，从而进一步获得需优先重点控制的小区或控制单元信息。

3. 形成综合整治总量削减方案，将污染负荷分配到污染源

削减目标与分区削减分担率信息是建立在点源治理方案的基础上的，需要结合整治方案再做优化。

（1）将小区内集中处理方案改变排放方式与点源治理方案相结合，建立点源加小区集中处理削减率与投资关系曲线。

（2）将大区内集中处理、截流工程方案改变排放方式等，与点源治理方案相结合，建立点源加大区集中处理削减率与投资关系曲线。

（3）综合区域削减优化目标、小区削减分担率、点源加小区集中处理及点源加大区集中处理的优化信息，初步形成综合整治总量削减的不同建议方案，列出投资与治理项目清单，将污染负荷分配至污染源。

4. 保护目标可达性及技术、经济论证

在上述三步污染源可控性研究的基础上，进行环境目标可达性论证。

（1）建立不同环境目标的容许排污量关系曲线（有条件，还可给出同一环境目标不同达标率的容许排污量曲线）。

（2）以容许排污量为结合点，建立环境目标与投资关系曲线。

（3）根据不同投资水平，确定可实现的环境目标和达标率。行政决策，方案优化组合。

行政综合部门应综合上述四步的全部信息，根据实施条件，从实际出发，为满足不同目标分别选上述四步中的计算结果，组合出若干方案。这些组合方案不可能全优，有的以环境质量为重，有的以经济能力为重，有的则以整治某一工业区为重。最终的决策方案应兼有优化基础、可供实施两点特征。

5. 制定综合整治分期实施方案

方案的优化组合，可为实施污染控制措施和污染负荷分配等提供依据，却不能解决实施时间的分配问题，因为前述优化是假定在同一时间内污染物排放定常条件下进行的。因此，有必要制定分期实施方案。对综合整治方案进行分期的唯一依据，是当地每年的环境投资承受能力，一般是将建设项目"三同时"投资及排污收费中的污染防治费用和企业技术改造投资中可能用于水污染治理的投资，以及城市建设维护费和财政拨款等，经统计测算后，作为方案分期实施的依据。对分期实施方案、开发控制污染方案等均应进行保护目标可达性预测，以便形成环境、技术、经济综合评价结果。

第五节　水生态系统保护与修复

地球上有三大生态系统：湿地、森林和海洋，其中两个是水生态系统，可见水生态系统对于地球和人类的重要性。水及水域不仅是生命之源、生产之要、生态之基，也是人类精神之托、灵感之源和人类社会产生之地。由于我国正处在工业化、城镇化发展阶段，相对多的流域存在对水资源的过度开发，而水资源保护没有同步落实，水污染及水生态系统功能退化现象普遍存在，现在和未来水生态系统保护与修复任重道远。

一、水生态系统特性和功能

（一）水生态系统的概念

水生态系统（aquatic ecosystem）是指自然生态系统中由河流、湖泊等水域及其滨河、滨湖湿地组成的河湖生态子系统，其水域空间和水、陆交错带是由陆地河岸生态系统、水生生态系统、湿地及沼泽生态系统等一系列子系统组成的复合系统，是生物群落的重要生境。水生物群落与其所在环境相互作用的自然系统，一般由无机环境、生物的生产者（如藻类、水草、岸坡植物）、消费者（草食动物和肉食动物）以及分解者（腐生微生物）等四部分组成。无机环境是水生态系统的非生物组成部分，包含阳光、氧气以及其他所有构成生态系统基础的物质和条件，如水、无机盐、底质（土壤、岩石）、空气、栖息地、气候和水文过程等。无机环境是水生态系统的基础，其条件的好坏直接决定水生态系统的复杂程度和生物群落的丰富度。水生态系统的空间尺度可分为流域尺度、河流廊道尺度、河段尺度。其中，流域生态系统是以河湖为主体，边界清晰、结构功能完整的生态系统。

（二）水生态系统的作用

水生生态系统在维系自然界物质循环、能量流动、净化环境、缓解温室效应等方面功能显著，对维护生物多样性、保持生态平衡有着重要作用。水生态系统的作用可从其结构特征来分析。

水生态系统的结构特征可从纵向、横向、垂向进行分析。纵向主要表现为河流气象、水文、地貌、地质条件具有明显的上、中、下游区域差异性和河流纵向形态的蜿蜒性；横向主要表现为水—陆两相性，从河流向岸边依次为河道、洪泛区、高地边缘过渡带、陆域，此外，河流横断面表现为交替出现的浅滩和深潭的形态多样性。垂向主要表现为水体表面的水—气两相性和底部的水—泥两相性，河流基底对于水生生物起着支持（如底栖生物）、屏蔽（如穴居生物）、提供固着点和营养来源等作用。

（三）水生态系统的特性

1. 流域性

以流域为整体，河湖为主体，边界清晰、结构功能完整的生态系统，各子系统以河流水系相联系，具有地表、地下完整的水文循环过程。

2. 复合性

复合性是由陆地河岸生态系统、水生生态系统、湿地生态系统等子系统组成的复合系统。

3. 多样性

河流与湖泊及河流上中下游的生境异质性、河流形态的蜿蜒性、河流横断面形状的多样性，流速、流量、水深、水温、水质、河床构成等多种生态因子的异质性是生境多样性和生物群落多样性的基础。

4. 连续性

水生态系统具有从河流源头到河口的空间连续性和生物过程的连续性。

（四）水生态系统的功能

水生态系统的功能可分为生境支持、生物多样性维持、服务人类生产生活三个层次。生境支持功能是水生态系统为生物提供生存环境的基础功能，体现在水文循环、气候调节、土壤形成、水源涵养等方面。生物多样性维持功能是水生态系统生境多样性对生物多样性的基础支持。服务功能是水生态系统为人类提供的生产生活条件和效用，具体体现在供水、发电、航运、水产养殖、污染降解、景观、文化等多方面。

（五）水生态安全

水生态安全（water ecological security）是指水生态系统能够良性循环并持续不断的自我更新，其各项功能没有受到损害，进而能持续地满足人类需要的状态。水生态安全包括生态系统功能和人类需求两个方面，二者缺一不可，即水生态安全既与水生态系统的承载力和可再生能力有关，又与人类开发活动密切关联。水生态安全的实质是以水生态系统的可持续维持来保障其服务功能的可持续提供。

（六）水生态文明

水生态文明（water ecological civilization）定义可以分为广义和狭义两种，前者包括人水和谐及水生态系统良好两方面内容，而狭义的定义主要指水生态系统良好一个方面。

广义水生态文明的基本特征：①在社会和个人合理承担一定洪水风险的情况下，保障江河湖海水域的防洪安全，特别强调保障人民生命和财产的安全；②在考虑节约用水等严格水资源管理条件下，保障人类用水安全，特别强调人畜饮用水安全保障；③为了人类可持续发展，尽量保障水域生态系统良好，不仅要保障水域水质良好，还要为珍稀和特有水生生物提供基本的栖息地及水环境条件。

水生态文明建设目标包括：①保障人民安全和幸福地生活；②水资源可持续利用；③水生态系统良好，最终目标是为人类经济社会可持续发展，具体指标见表 10-2。

表 10-2　　　　　　　　　　　　水生态文明的指标体系

主要目标	表现指标		说明
人民生命安全与幸福地生活	1	洪灾风险得到控制	保障人员生命安全，减少损失
	2	饮用水安全	人民健康幸福的基本条件
	3	水域环境与风景优美	人们生活环境质量的保障条件
水资源可持续利用	4	用水总量得到控制	保障水域生态流量
	5	用水效率高	建立节水型社会的基本要求
	6	水功能区达标	保障人类用水的基本要求

续表

主要目标	表现指标	说明
水生态系统良好	7　有相当比例的水域保护区	有比较自然或者较少干扰的自然水域面积及水陆过渡带
	8　水域栖息地多样性	栖息地多样性是水生生物多样性的前提
	9　保留比较自然的水文和水动力过程	野生水生生物需要的环境条件
	10　水生态系统结构完整	水生态系统稳定性的基本条件
	11　大多数珍稀和特有物种可以保存	水生态系统良好主要标志

从表 10-2 中可见，水生态文明建设的首要目标应该是人民的安全和幸福地生活。洪水是自然现象，不可能消除，主要管理目标是将洪水风险控制在国家、社会和个人可接受的水平，最大限度地减少洪灾损失，避免人员伤亡。饮用水安全是人们健康和幸福生活的基本条件。水域环境与风景优美是人们高质量、幸福生活的基本条件，良好的水域环境不仅可以为人们提供食品和物质，而且为人类提供休闲娱乐的环境，使人愉悦和舒适，可以丰富人们的精神世界。水资源可持续利用目标直接采用 2011 年中央一号文件——最严格水资源管理中提出的水资源管理的三条红线，一般来讲，保证三条红线，可以保障水资源可持续利用的目标。水生态系统良好是水生态文明最主要的体现，由于生态系统的复杂性和不确定，提出的评价指标相对较多。保留一定数量和范围的水域保护区体现了一个国家和社会对于自然环境和生态系统基本的态度和政策导向，所以，不仅应该进一步加强保护和管理已经确定的水域保护区，今后还应该不断增加水域保护区的范围，提高保护标准。生态系统包括生命和非生命（环境）两大部分，指标 7－9 为水域环境评价指标，指标 10-11 为水生生物评价指标。

二、我国水生态系统状况分析

（一）水生态系统状况

全国主要河湖生态需水满足程度、水环境状况、重要湿地保留率和重要水生生境状况等方面的调查评价总体为以下结果。

（1）河湖生态需水满足程度。在全国主要河湖 223 个生态基流控制断面中，生态基流满足程度为优和良的有 167 个，占比 74.9%，主要分布在南方长江区、珠江区及东南诸河区以及北方大江大河上游河段。满足程度为差和劣的有 46 个，占比 20.6%，主要分布在辽河区、海河区、淮河区和黄河区等。在 83 个敏感生态需水控制断面中，敏感生态需水满足程度为差和劣的有 23 个，占比 27.7%，主要分布在海河区以及松花江区、辽河区和黄河区下游河湖。

（2）水环境状况。2015 年完成的全国水资源保护规划对全国主要河湖 8499 个水功能区评价表明，水质不达标的水功能区有 4444 个，松花江区、辽河区、海河区及太湖流域的水质达标率均低于 40%。在评价的 168 个湖库中，近一半湖库处于中度及以上富营养化水平。

（3）湿地保留率。对 217 个评价单元的湿地保留率评价为优和良的有 130 个，主要分布在松花江区、长江区和珠江区。湿地保留率为中等及以下的有 87 个。黄河区、海河区和西北诸河区约 70% 以上湿地评价结果为差和劣。

（4）水生生境状况。对全国 546 个重要水生生境状况的评价表明，生境状况为优和良的有 206 个，占 37.7%，主要分布在长江、珠江以及松花江；生境状况为中等的 186 个，占比 34.1%；生境状况为差和劣的 154 个，占 28.2%，主要分布在黄河和淮河流域。主要河流纵向连通性评价表明，由于水库大坝阻隔，近一半的河流纵向连通性较差。从历史进程分析，我国水生态状况总体呈恶化趋势，已对我国水资源可持续利用和经济社会可持续发展造成严重影响。

（二）问题成因分析

造成我国水生态问题的原因是多方面的，主要原因有以下几个。

（1）气候变化对水生态环境的影响不断加剧。主要江河源头区冰川消融加快，降雨、蒸发、下渗等水循环过程发生改变。干旱区范围扩大、荒漠化程度加重对干旱、半干旱地区的水生态系统安全带来严重威胁，洪涝频发对治理和改善部分区域水生态环境问题提出了新挑战。

（2）部分地区水资源、水能资源等的开发利用已经接近或超出水生态系统承载能力。水资源配置缺乏与区域水土资源、生产力布局的统筹，我国约三分之一国土面积存在水资源过度开发的问题，特别是北方地区尤为严重。黄河、辽河、海河流域水资源开发利用率分别达到82％、76％、106％，超过了流域水资源承载能力。全国地下水超采区面积达到30万km^2。与此同时，废污水排放量持续增加，远远超出水功能区纳污能力。

（3）水生态涵养空间受到严重挤压。不合理的开发模式和人为活动造成与河湖争地，水源涵养区、河湖沼泽区、蓄洪滞涝洼淀区等的水生态涵养空间遭受严重侵占，导致河湖水、沙等循环条件显著变化，湖泊及河流尾闾萎缩，水生态空间格局遭到挤压和破坏。20世纪50年代以来，全国面积大于$10km^2$的湖泊有230余个萎缩，其中89个干涸，总萎缩面积约1.4万km^2。全国天然陆域湿地面积减少了28％。此外，快速城市化进程中，对构建自净自渗、蓄泄得当、排用结合的城市良性水循环认识不足是导致城市水生态急剧恶化的重要原因。

（4）部分水利水电工程建设导致河湖生态退化。筑坝建库和大规模引水改变河流、湖泊的水文情势及水生态环境，阻断鱼类洄游通道。在强调工程的安全可靠、技术可行及经济合理的同时，忽视了工程布置、结构、材料等与自然的和谐具体表现为河流形态直线化、河道断面规则化和河床材料硬质化，形成"三面光"河道，造成生物多样性急剧下降，河流自净能力降低和水质恶化，使河湖基本生态的功能受损或丧失。

三、我国水生态保护与修复的进展

近年来，水利部在治水中坚持按自然规律办事，在防止水对人的侵害的同时，特别注意防止人对水的侵害。在重视生活、生产用水的同时，注重生态用水。特别是通过调水改善河流、湖泊和湿地生态功能，做了很多工作。从2001年开始，连续组织了几次规模比较大的调水工程，博斯腾湖向塔里木河输水、"引岳济淀"、黑河调水到居延海、珠江压咸补淡应急调水等，为保护生态系统，促进人与自然和谐相处做了有益探索。正在实施的规模宏大的南水北调工程，将生态用水放在优先考虑的位置，届时将不仅有效缓解北方地区水资源短缺矛盾，还将对改善这一地区的生态系统产生巨大的作用，支撑这一地区的经济社会可持续发展。

2004年8月，水利部印发了《关于水生态系统保护与修复的若干意见》，明确指出水资源保护和水生态系统保护工程是水利基本建设工程的重要组成部分，在全国范围内开展了14个城市水生态系统保护与修复试点工作，起到了引领和示范作用。2004年2月，水利部举办了全国水资源与水生态系统保护的培训班。8月又举办了"水生态系统保护与修复"论文征集活动，全国百余名专家、学者和工程技术及专业工作者踊跃参加了"水生态系统保护与修复"论文征集活动。

2007年以来，水利部开展了大江大河及重要支流流域综合规划编制工作，在规划报告中均将水生态保护与修复作为规划重要内容。2010年以来，国务院相继批复了《全国水资源综合规划（2010—2030年）》、《全国生态保护与建设规划（2013—2020年）》七大流域综合规划等，均对水生态保护与修复的目标、任务等提出了明确要求。2012年，水利部会同国务院有关部门启动了《全国水资源保护规划》编制工作，将水生态保护与修复、生态需水保障等作为主要规划内容。2013年7月，水利部大力推动水生态文明建设，先后启动了两批105个全国水生态文明城市建设试点。制定了《河湖生态保护和修复规划导则》《国家水生态文明市评价标准》《河湖生态环境需水量计算规范》等一系列标准规范。近年来，对黄河、塔里木河、黑河进行综合治理和水资源科学调度，取得了明显成效，黄河实现连续十六年不断流，塔里木河下游干涸二十多年的台特马湖重新过流，黑河下游的东居延海重现生机。连续实施"引江济太"，将长江水调入太湖，实现了"以动治静、以清释污、以丰补枯、改善水质"的目标。对扎龙湿地、南四湖、白洋淀等湖泊湿地实施生态补水，维护了生态脆弱地区的水生态安全，取得了显著的社会、生态和经济效益。2015年4月2日国务院以国发〔2015〕17号文件下发《水污染防治行动计划》（简称"水十条"）中第八条第（二十八）中明确提出"保护水和湿地生态系统"。加强河湖水生态保护，科学划定生态保护红线。禁止侵占自然湿地等水源涵养空间，已侵占的要限期予以恢复。强化水源涵养林建设与保护，开展湿地保护与修复，加大退耕还林、还草、还湿力度。加强滨河（湖）带生态建设，在河道两侧建设植被缓冲带和隔离带。加大水生野生动植物类自然保护区和水产种质资源保护区保护力度，开展珍稀濒危水生生物和重要水产种质资源的就地和迁地保护，提高水生生物多样性。2017年底前，制定实施七大重点流域水生生物多样性保护方案。

各流域机构和地方对水生态系统的保护与修复工作也逐渐展开。首先是制定规划，海河水利委员会制定了《海河流域生态与环境恢复水资源保障规划》，科学制定了流域生态与环境恢复目标和生态与环境需水量，提出相应的生态修复水资源配置方案及工程措施，为切实当好河流生态代言人，保护和修复流域生态与环境提供了依据。《武汉市水生态系统保护与修复规划》通过审查，《桂林市水生态系统保护与修复规划》提出的漓江大水系"六江四库四湖一湿地"的整体生态修复规划得到批准。

在制定规划的同时，各流域机构和地方根据国家建设和地方的实际需求，从改善河流水质和生态环境的角度出发，也开展了大量的科研和示范研究工作。北京市自1998年以来，先后治理了长河、昆玉河、清河、转河等河道，在如何处理好城市防洪和改善生态环境之间的关系方面进行了有益的实践和探索，积累了很多经验，总结出了"宜弯则弯、宜宽则宽、人水相亲、和谐自然"等先进理念。浙江省启动"万里清水河道"工程，用10年左右的时间，全面开展以河道综合整治为主的城乡水环境建设。山东省在南四湖建设了较大规模的人工湿地示范工程，规划建设面积3000亩，对改善南水北调东线工程调水水质起到了很大作用。

但总的来说，在河流生态修复方面，目前国内仍处于起步和技术探索阶段，河流整治工作基本处于水质改善和景观建设阶段。缺乏传统水利、生态系统栖息地和景观的有机结合。多数地方的河道整治，尤其对于中小型河流，其理念仍停留在渠道化、衬砌等已被许多发达国家舍弃的做法。近年来，一些经济发达的城市结合河道整治开展城市园林景观建设，注重河流的美化绿化。但当前的倾向，一是注重园林景观效果较多，重点放在河流岸边的绿化，而对河流生态整体恢复考虑较少；二是发掘历史人文景观较多，建设了大量楼台亭阁和仿古的建筑物，而对于发掘河流自然美学价值涉及较少。特别是继续采用浆砌条石护岸和几何规则断面，使河流的渠道化进一步加剧。

总结我国水生态保护与修复工作，也存在以下主要问题：①立法保护不足。水生态系统水生态保护与修复重在保护，我国目前在水生态保护方面的相关法规依然薄弱。②体制机制亟待改革。水生态保护与修复规划编制、实施主体、资金来源、运行维护等方面缺乏区域间、部门间的协调和统筹，主要原因是体制机制的不适应。③监控体系薄弱。我国目前的水生态安全评估标准、监测体系等非常薄弱，造成水生态状况监控、风险预警、责任追究、措施效果评估等缺乏基础支撑。④缺乏流域统筹。水生态保护与修复规划布局重视局部利益和效果，缺乏流域性统筹和治理措施的系统性，个别地区甚至以营造水域景观、后续土地开发为主要目的，破坏了流域整体的水生态系统。⑤水生态修复工程重视工程措施，对监督管理措施重视不够，对已实施工程的运行管理和维护不足，影响工程效益的长久发挥。⑥水工程建设中的水生态保护相对薄弱。水工程建设重视对水资源的功能性开发，忽视水生态系统结构和功能的保护现象依然存在。如防洪规划强调对洪水的控制，但对洪水的出路、疏导考虑不足；水系河道整治、滩涂海涂围垦、蓄滞洪区建设等中缺乏与水生态保护的协调和统筹。

四、水生态保护与修复的总体方向和措施

（一）基本原则和总体方向

水生态文明是人类遵循人水和谐理念，以实现水资源可持续利用，支撑经济社会和谐发展，保障生态系统良性循环为主体的人水和谐文化伦理形态，是生态文明的重要部分和基础内容，要把生态文明理念融入水资源开发、利用、治理、配置、节约、保护的各方面和水利规划、建设、管理的各环节。

1. 基本原则

（1）保护优先，绿色发展。着力实现从事后治理向事前保护转变，从人工建设向自然恢复转变。改变以往"以需定供、技术可行、经济最优"的工程建设思路，充分发挥水生态系统的自我修复能力，将自然修复和人工生态修复措施相结合，建设生态友好型水工程。

（2）流域统筹，系统修复。充分考虑流域水生态体系结构和功能的流域性、层次性、尺度性，转化治理模式，从流域层面提出水生态保护与修复的原则、目标和总体布局。

（3）技术创新，综合治理。创新水生态保护与修复建设管理体制、机制，加强水生态保护与修复的新技术、新方法研究，注重重点区域综合治理，发挥重点区域的示范作用。

2. 总体方向

以水资源紧缺、水生态脆弱和水环境恶化等问题区域为重点，以实现江河湖泊连通、水系完整，水质良好、生态多样、文化传承为目标，从国家、流域、区域、城市等不同尺度提出水生态保护与修复主要任务，逐步构建空间均衡、功能完备、管理完善、保障有力的水生态系统安全格局。通过水资源合理调配逐步退还挤占的生态环境用水，对水生态作用显著的重点水工程实施生态调度，使基本生态环境需水得到基本保证；重要水域水生态恶化趋势得到遏制，通过节水治污和跨流域调水、水资源配置以及河湖连通等生态修复工程的实施，改善河湖水量过程、加速水环境恶化地区河流湖泊水体的流动性，促进水体自我调节功能的恢复和增强，使河湖水环境状况得到明显改善；受损的重要水生态得到初步修复，合理调配生活、生产、生态用水，建立生态环境用水保障制度，维护主要河湖正常生态功能；基本建立水生态监管体系，加强对重要生态环境敏感区生态环境系统的监测与控制。要着力实现以下转变：从局部区域和河段向区域和流域尺度转变；传统水利工程向生态友好型水利工程转变；水环境治理从注重水质改善向水生态系统治理修复转变；水生态系统保护工作从行政推动向理念、立法、技术及标准制约阶段发展；从局部水生态治理向全面建设水生态文明转变。

（二）主要措施

今后一个时期，我国水生态保护和修复的主要措施有以下方面。

（1）健全水生态文明法制体系，加快实施水生态红线管理，加快建立系统完整的水生态文明制度体系，引导、规划和约束各类开发、利用、保护水资源和水生态的行为；结合国家主体功能分区、生态区划，明晰水生态功能定位和空间分区，划定河流、湖泊及河湖滨带的管理和保护范围，切实维护水生态空间，划定水生态环境敏感区和脆弱区等区域水生态红线；严格限制建设项目占用自然岸线，城市规划应保留一定比例的水域面积；控制用水总量，逐步退还挤占的河道内生态环境用水和超采的地下水。确定江河主要控制断面以及区域地下水系统的生态水量标准和湖泊、地下水的合理水位。开展长江三峡及上中游干支流控制性水库群、黄河干流水库、淮河闸坝群等大江大河闸坝水量联合调度试点，完善塔里木河、黑河、石羊河等水资源紧缺河流的水量调度。

（2）强化流域统筹协调管理，实施山水林田湖综合治理，坚持水量、水质和水生态统一规划，统筹考虑地表水与地下水、水生态保护与修复、点源与非点源污染治理等方面的关系，科学制定流域水生态保护与修复规划方案。加快批复实施全国及七大流域水资源保护规划。在全流域层次上立足山水林田湖是一个生命共同体，统筹流域水资源开发利用与节约保护、防洪减灾、水污染防治和生态治理等要求，科学配置流域、河流廊道及具体河段不同空间尺度下水生态保护与修复工程和管理措施。推进以流域为单元的综合管理，完善水资源保护与水污染防治协调机制，全面落实全国重要江河湖泊水功能区划，建立流域防污控污治污机制。建立和完善流域水生态补偿机制，协调生态环境保护及其经济利益之间的分配关系。创新河湖管理模式，推行水体治理及管护"河长制"。

（3）构建生态友好型水工程体系，发挥水工程生态保护与修复，完善水工程规划设计标准规范体系，协调好水工程建设与生态保护的关系，强化水利工程规划设计、建设实施、运行调度等各环节的水生态保护。倡导仿自然、低影响水工程建设，河道工程布局应维护河流天然形态，保持河流蜿蜒性，维护湿地、河湾、急流、浅滩等多样性栖息生境。实施水库、闸坝生态调动运行，满足河流生态需水。实施农村河塘沟渠整治，采取清淤疏浚、生态沟渠整治、河渠连通等措施建设生态河塘，打造河畅水清、岸绿景美的"美丽乡村"。

（4）构建生态水网体系，实施河湖水系连通，河湖水系连通是优化水资源配置战略格局、提高水利保障能力、促进水生态文明建设的有效举措。坚持恢复自然连通与人工连通相结合，以自然河湖水系、大中型调蓄工程和连通工程为依托，以构建流域生态水网体系为重点，在有条件的地区加快推进河湖水系连通工程建设，增强河湖连通性，提升河湖水环境容量，恢复河湖生态系统及功能。在东部地区，加快骨干工程建设，维系河网水系畅通，率先构建现代化水网体系。在中部地区，积极实施清淤疏浚，新建必要的人工通道，增强河湖连通性。在西部地区，科学论证、充分比选、合理兴建必要的水源工程和水系连通工程。在东北地区，开源节流并举，有条件的地方加快连通工程建设，恢复扩大湖泊湿地水源涵养空间。

（5）实施重点区域水生态修复，以重要生态保护区、水源涵养区、江河源头区、重要湿地以及水生态脆弱和恶化区域为重点，实施水生态修复工程，开展退耕还湿、退养还滩，逐步扩大水源涵养林、河湖水域、湿地等绿色生态空间。结合"一带一路"、京津冀协同发展及长江经济带等国家重大发展战略，重点实施京津冀"六河五湖"生态修复治理，长江经济带沿江生态环境保护工程，继续推进太湖、滇池、巢湖等重点湖泊和长江中下游、珠江三角洲等地区河湖内面源及水环境综合治理，继续实施塔里木河、黑河、石羊河等的生态综合治理。综合运用调水引流、截污治污、河湖清淤、生物控制等措施，修复湖泊湿地生态环境。对鱼类"三场"、洄游通道等重要生境保护实行统一规划和管理，划定为水生态重点保护和保留河段，采取禁止或限制开发措施，开展重要水域增殖放流活动，保护水生生物多样性。加强地下水超采区治理和修复，实施地下开采量与地下水水位双控制。华北地区依托引江引黄等工程，结合调整种植结构以及退减灌溉面积等休养生息措施，逐步削减地下水开采量。

（6）以水生态文明城市建设为引导，构建人水和谐的水生态保护格局，推进水生态文明城市建设试点，构建河畅、水清、岸绿、景美的人水和谐的宜居生活空间，并以此为引导，探索水生态文明建设经验，辐射带动流域、区域水生态的改善和提升。加快推进海绵型城市建设，综合运用"渗、滞、蓄、净、用、排"等工程和非工程措施，因地制宜安排雨水滞渗、收集利用等削峰调蓄设施，增加下凹式绿地、植草沟、人工湿地、可渗透路面、砂石地面和自然地面，以及透水性停车场和广场等城市透水空间，保障足够的洪涝水蓄滞空间。

（7）促进科技创新，强化监管能力，开展与生态用水、配置与调度、生态修复技术、生态补偿、水生态评估与监测、管理机制与保障措施研究等关键技术科技攻关。建立健全水生态保护标准和技术规范体系。加强水生态保护与修复新技术、新材料、新工艺的开发和推广应用。加快我国水生态监测与管理信息系统建设，开展河湖水生态状况系统监测，进行水生态安全评估，建立水生态预警及决策系统。加强监督管理能力建设，建立多形式、多层次的监督机制和监督机构，加大对违规、无序开发活动和破坏水生态行为的监督管理。

五、水生态系统修复的步骤

一般情况下，水生态系统修复的步骤为：①水域生态系统现状调查和评价，逐步建立起水生态系统监测网络及站点，进行长期监测和定期评价制度；②开展生态修复专项规划，制定水环境、水生态功能的保护和修复区划，根据区划制定各级各类水域保护和修复目标、修复方法和实施计划；③设立更多更大范围的保护区；④从源头抓起，开展水生态保护监督检查，减少污染物质向水域的排放；⑤水生态修复应该顺应自然规律，应该以自然修复和生态工程修复相结合，其中前者应该为主要方式；⑥由于水生态系统及修复效果评价的复杂性，应该采取适应性的修复和管理方式；⑦严格的管理及公众参与必不可少。

六、水生态修复的相关技术方法

生态/生物方法是修复水生态系统中最为推崇的举措之一。这种技术实际上是对水体自净能力的强化，是人们遵循生态系统自身规律的尝试。而在具体的实施时，更趋向于多种技术的集成。具体由哪几种技术集成，则需要根据目的水域的污染性质、程度、生态环境条件和阶段性或最终的目标而定，亦即在实施前要对目的水域作系统周密的论证，而后制定实施方案，才能达到预期的目标。

对水域的水环境污染进行有效治理的前提是控制污染源，只有外源得到了有效控制，作为末端治理技术的水环境污染治理才能见效，不然只能起到事倍功半的效果，甚至徒劳。通过大量研究与实践，已明确水环境污染实际上是典型的生态问题，因此，在对污染水域进行治理时，用生态学方法使生态问题得到最终解决。近年，强调治理与生态修复相结合，甚至更加强调生态修复的作用。

从广义上讲，所有的生物处理都是生态修复。目前，国际上污染水域治理与生态修复技术可分为物理法、化学法和生物/生态法三大类。其中的技术包括底泥疏浚、人工增氧、生态调水、化学除藻、絮凝沉淀、重金属化学固定、微生物强化、植物净化、生物膜，每项技术的适用范围见表10-3。

表 10-3　　　　　　　水环境治理与生态修复技术分类及其适用范围

技术分类	技术名称	选用污染水域范围	主要作用
物理法	1. 底泥疏浚	严重底泥污染	外移内源污染物
	2. 人工增氧	严重有机污染	促进有机污染物降解
	3. 生态调水	富营养化、有害无毒污染	通过稀释作用降低营养盐和污染浓度，改善水质
化学法	4. 化学除藻	富营养化	直接杀死藻类
	5. 絮凝沉淀	底泥内源磷污染	将溶解态磷转化为固态磷
	6. 重金属化学固定	重金属污染	抑制重金属从底泥中溶出
生物/生态法	7. 微生物强化	有机污染	促进有机污染物降解
	8. 植物净化	富营养化、复合性污染	污染物迁移转化后外移
	9. 生物膜	有机污染	促进有机污染物降解

下面将底泥疏浚、人工增氧、生态调水、絮凝沉淀、植物净化和生物膜等生态修复技术简要介绍如下。

（一）底泥疏浚

底泥疏浚是在水域污染治理过程中普遍采用的措施之一。这是因为底泥是水生态系统中物质交换和能流循环的中枢，也是水域营养物质的储积库和特殊的缓冲载体，在水环境发生变化时，底泥中的营养盐和污染物会通过泥—水界面向上覆水体扩散，尤其是城市湖泊和河道，长期以来累积于沉积物中的氮磷和污染物的量往往很大，在外来污染源存在时，这些物质只是在某个季节或时期内会对水环境发挥作用，然而在其外来源全部切断后，则逐渐释放出来对水环境发生作用，包括增加上覆水体中的污染物含量和因表层底泥中有机物的好氧生物降解及厌氧消化产生的还原物质消耗水体溶解氧等，并且在很长一段时期内维持对水环境的影响。因此，一般而言，疏浚污染底泥意味着将污染物从水域系统中清除出去，可以较大程度地削减底泥对上覆水体的污染贡献率，从而起到改善水环境质量的作用。

底泥疏浚技术属物理法分类技术。外移内源污染物，这是底泥疏浚技术主要作用所含有的内容。就疏浚技术现状来看，主要包括工程疏浚技术、环保疏浚技术和生态疏浚技术等。就技术的成熟度和采用率而言，其中的工程疏浚技术居首，环保疏浚技术是近年开发并且已进入大规模采用阶段的成熟技术，生态疏浚技术则是最近提出并且在局部实施的新技术。

就实施疏浚技术对水环境质量的改善效果来看，由于工程疏浚技术以往主要是用在为了疏通航道、增加库容等目的而进行的疏浚，长期的实践证明其效果不太令人满意；环保疏浚是以清除水域中的污染底泥、减少底泥污染物向水体的释放为目的的技术，其效果因此明显优于工程疏浚技术，而有较高的施工精度，能相对合理的控制疏浚深度，能较大幅度地减少疏浚过程中的污染是环保疏浚技术的特点；生态疏浚是以生态位修复为目的的技术，以工程、环境、生态相结合来解决河湖可持续发展，其特点是以较小的工程量最大限度地清除底泥中的污染物，同时为后续生物技术的介入创造生态条件。

然而，据日本等发达国家的实践，就特定的水体而言，是否需要对其底泥进行彻底的疏浚，或者疏浚到什么程度，还需要进行细致周密的研究论证，并且应做到视区域的污染程度、性质和疏浚目的而定，不宜一概采用，因为大规模的底泥疏浚不但需要大量资金来支持，而且被清除的污染底泥的最终处理也是一个棘手的问题。

（二）人工增氧

人工增氧是在治理污染河道中较多采用的措施之一。这是因为污染严重的河道水体由于耗氧量远大于水体的自然复氧量，溶解氧普遍较低，甚至处于严重缺氧状态，此时河道的水质严重恶化，水体自净能力低下，水生态系统遭到破坏。人工增氧能较大幅度地提高水体中溶氧含量。

人工增氧的结果：①能加快水体中溶解氧与臭污物质之间发生氧化还原反应的速度；②能提高水体中好氧微生物的活性，促进有机污染物的降解速度，这些作用对消除水体臭污具有较好的效果。

人工增氧一般适宜于在以下两种情况下应用：①为加快对污染河道治理的进程；②作为已经过治理河道中的应急措施。

人工增氧技术属物理法分类技术。促进有机污染物降解，这是人工增氧技术主要作用所含有的内容。

（三）生态调水

生态调水是在敏感水域普遍采用的水环境污染治理措施。生态调水的目的和方法是通过水利设施（闸门、泵站等）的调控引入污染水域上游或附近的清洁水源冲刷稀释污染水域，以改善其水环境质量。

生态调水的实际作用主要体现在：①将大量污染物在较短时间内输送到下游，减少了原区域水体中的污染物的总量，以降低污染物的浓度；②调水时改善了水动力的条件，使水体的复氧量增加，有利于提高水体的自净能力；③使死水区和非主流区的污染水得到置换。

生态调水技术属物理法分类技术。通过稀释作用降低营养盐和污染浓度，改善水质，这是生态调水技术主要作用所含有的内容。然而，生态调水技术的物理方法是把污染物转移而非降解，会对流域的下游造成污染，所以，在实施前应进行理论计算预测，确保调水效果和承纳污染的流域下游水体有足够大的环境容量。

（四）絮凝沉淀

絮凝沉淀是颗粒物在水中作絮凝沉淀的过程。在水中投加混凝剂后，其中悬浮物的胶体及分散颗粒在分子力的相互作用下生成絮状体且在沉降过程中它们互相碰撞凝聚，其尺寸和质量不断变大，沉速不断增加。悬浮物的去除率不但取决于沉淀速度，而且与沉淀深度有关。地面水中投加混凝剂后形成的矾花，生活污水中的有机悬浮物，活性污泥在沉淀过程中都会出现絮凝沉淀的现象。

絮凝沉淀法，即选用无机絮凝剂和有机阴离子配制成水溶液加入废水中，便会产生压缩双电层，使废水中的悬浮微粒失去稳定性，胶粒物相互凝聚使微粒增大，形成絮凝体、矾花。絮凝体长大到一定体积后即在重力作用下脱离水相沉淀，从而去除废水中的大量悬浮物，从而达到水处理的效果。为提高分离效果，可适时、适量加入助凝剂。

（五）植物净化

植物净化技术属生物/生态法分类技术。污染物迁移转化后外移，这是植物净化技术主要作用所含有的内容。相对于物理法和化学法而言，生物/生态修复技术的提出较晚，而生物/生态修复技术发展仅仅是近十多年前才开始的，尤其是其中的植物净化技术是近年来才开始得到重视。植物净化技术的最大优点是可以通过植物的吸收吸附作用，降解、转化水体中的有机污染物，继而通过收获植物体的形式将有机污染物从水域系统中清除出去，因此，可以达到标本兼治的效果。与此同时，植物的存在为微生物和水生动物提供了附着基质和栖息场所。某些植物的根系能分泌出克藻物质，达到抑制藻类生长的作用，庞大的枝叶和根系成为自然的过滤层，能截获大量的悬浮物质等，对水生态系统的物理、化学以及生物特性亦能产生重要影响。

作为完整的水生态系统包含种类及数量恰当的生产者、消费者和分解者，具体地说包括水生植物和鱼、螺、虾、贝类、大型浮游动物等水生动物，以及种类和数量众多的微生物和原生动物等。其中，水生植物是水生态系统中的初级生产者，其不仅是水体食物网的重要成员，同时在水体溶氧供应、营养循环中其起到重要作用，而且作为水体结构角色，还为其他水生动物提供生存空间和产卵栖息地。

水生植物技术用于生态修复阶段，其主要作用：①净化微污染的水体，即通过水生植物的吸收吸附作用，降解、转化水体中的有机污染物，而使水质得到进一步改善；②作为水生态系统的主要成员为其他生物的生存、繁衍提供场所和食物。

水生植物尤其是其中的浮叶和沉水植物在污染严重的水体中因生境条件不具备，因而难以成活，而修复水生态系统时有水生植物的介入，生态系统就能修复。

（六）生物膜

生物膜法是利用附着生长于某些固体物表面的微生物（即生物膜）进行有机污水处理的方法。生物膜是由高度密集的好氧菌、厌氧菌、兼性菌、真菌、原生动物以及藻类等组成的生态系统，其附着的固体介质称为滤料或载体。生物膜自滤料向外可分为厌氧层、好氧层、附着水层、运动水层。生物膜法的原理是，生物膜首先吸附附着水层有机物，由好氧层的好氧菌将其分解，再进入厌气层进行厌氧分解，流动水层则将老化的生物膜冲掉以生长新的生物膜，如此往复以达到净化污水的目的。

在污水处理构筑物内设置微生物生长聚集的载体（一般称填料），在充氧的条件下，微生物在填料表面聚附着形成生物膜，经过充氧（充氧装置由水处理曝气风机及曝气器组成）的污水以一定的流速流过填料时，生物膜中的微生物吸收分解水中的有机物，使污水得到净化，同时微生物也得到增殖，生物膜随之增厚。当生物膜增长到一定厚度时，向生物膜内部扩散的氧受到限制，其表面仍是好氧状态，而内层则会呈缺氧甚至厌氧状态，并最终导致生物膜的脱落。随后，填料表面还会继续生长新的生物膜，周而复始，使污水得到净化。

微生物在填料表面聚附着形成生物膜后，由于生物膜的吸附作用，其表面存在一层薄薄的水层，水层中的有机物已经被生物膜氧化分解，故水层中的有机物浓度比进水要低得多，当废水从生物膜表面流过时，有机物就会从运动着的废水中转移到附着在生物膜表面的水层中去，并进一步被生物膜所吸附，同时，空气中的氧也经过废水而进入生物膜水层并向内部转移。

生物膜上的微生物在有溶解氧的条件下对有机物进行分解和机体本身进行新陈代谢，因此产生的二氧化碳等无机物又沿着相反的方向，即从生物膜经过附着水层转移到流动的废水中或空气中去。这样一来，出水的有机物含量减少，废水得到了净化。

在小规模分散型污水处理中大量使用生物膜污水处理工艺，比使用活性污泥工艺更有优势，具体体现在：①微生物相方面，各种生物膜工艺中参与净化反应的微生物多样化，微生物的食物链较长，世代时间较长的微生物易于存活，在分段运行中每段都能够形成优势菌种；② 在处理工艺上，各种生物膜工艺对水质水量变化均有较强的适应性，污泥沉降性能良好、易于固液分离，能够处理低浓度的污水，易于维护、节能。

七、典型案例

（一）美国佛罗里达州大沼泽修复

EVERGLADES 曾经是从 OKEECHOBEE 湖到佛罗里达南角长达 160km 的沼泽湿地，水深从几 cm 到 2m，水流缓慢，每年从 5 月到 10 月是雨季，到旱季许多湿地成为旱地，也常常有野火烧掉旱地植被。在旱季，许多水生动物生活在仅有很少水的水塘中，而鸟在陆地筑巢，吃水塘中的动物。该地区年平均降雨量 1300mm，雨季主要在夏季，每年六月开始涨水，到秋末开始下降。春季气温高，降雨少，蒸发大，湿地水位最低。在雨季，湿地大部分被水淹没，初级和次生水生植物茂盛，在枯季，水生动物随水面缩小而集中，为美洲鳄和涉水鸟提供食物。如果干旱严重，大部分水生生物死掉或被吃掉。如果干旱不严重，保留下来的水生动物在雨季来后，会迅速恢复。

美国对 EVERGLADES 的开发大约持续了 100 年，该地区人口从 20 世纪初 3 万到 1990 年的 500 多万。为了农业开发，OKEECHOBEE 湖被渠化，分汊和弯曲的河道整治成直河，湿地通过排水成为农田，周围湿地得不到 OKEECHOBEE 湖水的补给，大片湿地消失，生态系统处于危险之中。为了挽救这块湿地，美国 1947 年成立 EVERGLADES 国家公园，1967 年开了一条渠将湖水引入湿地，但不久，洪水又成了问题，水来得太快，渠道又太窄，水塘和鸟巢都被洪水淹没，鸟等生物栖息地损失，使涉水鸟比 1870 年时减少 93%，美洲鳄鱼也大为减少。原有的湿地分为四个区，城镇面积占 12%，农田占 27%，湖泊沼泽占 30%，仅 21% 为国家公园。

问题来自内外两方面，一方面，该地区的自然特点就是热带风暴引起大洪水和特大干旱交替出现的地方，另一方面由于农业生产和城市化，河流和湿地面积减少，水质不断下降。早期，农民认为洪水淹了他们的农田，需要排洪减涝，增加肥沃土地，方法是挖渠和排水，将洪水尽快排掉，在干旱时，可以扩大农田。这些努力并没有改变自然的水文循环规律，1903 年发生大洪水，1926 年和 1928 年发生严重的飓风。1947 年，国家公园建立的那年，超过正常水平两倍的降雨造成了沿海社区严重的洪灾，一些地区淹没时间达几个月。从此由美国陆军工程师团负责开始了大规模防洪排涝工程建设，从 1947 年一直进行到 1970 年，建设了 2240km 长的渠道和堤防，泵站日排水能力达到 38 亿升。由于与古巴关系紧张，该地区种植甘蔗产糖量从 1959 年到 1970 年增加了三倍，同期，农业用水与城镇工业和生活用水量都增加，在干旱年，用水矛盾突出，在 1971 年发生了 40 年一遇的大旱灾，全年降雨量仅

820mm。经过几十年的治理工程建设总结，解决 EVERGLADES 地区防洪、供水和抗旱等问题，仅靠单纯的水利工程还远远不够。

1983 年，佛罗里达州政府和国家公园发起挽救 EVERGLADES 湿地运动，由美国陆军工程师团提出综合修复规划，2000 年美国国会批准设立一个基金实施该规划，该规划实施包括 68 个项目，耗资 78 亿美元，时间长达 36 年。大规模的生态修复工程包括恢复湿地正常的水文循环和水流路径，使水流进入湿地，恢复通向湿地的多水流通道，复原原来的弯曲河流，延长河水入海时间，同时，退田还湖，恢复植被，目前已经将 10 万公顷农田返回湿地，使 OKEECHOBEE 湖的蓄水能力提高。另一方面，全面清除附近农业面源污染，开展磷等营养物去处工程，改善水质。

洪水和干旱作为自然水文过程，一方面通过改变下垫面条件，影响湿地生态物种栖息条件；另一方面对湿地生态系统直接产生干扰，改变湿地系统生物多样性。洪水过程可以淹没湿地周围过渡带，带来营养物质和能量，增加湿地面积和类型的多样性，实现水陆间物质和能量等的交换，同时也有利于湿地中一些水生植物生存和鱼类的繁殖。干旱过程可以暴露出更多的陆生生物所需的营养物质，有利于适应干旱环境动植物的生长，带来独特的过渡带栖息环境。

自然的洪水和干旱过程会暂时影响水生态系统，甚至造成一定程度的破坏，但从水生态系统的长期演变过程来看，湖泊水生态系统已经适应了这一变化，对于洪水和枯水的抗干扰能力也逐渐地增强。同时，水生态系统及周围生存的一些物种，需要有周期性的洪枯变化为其提供生存环境或食物、栖息地等。如果采取修建水库、湖控工程等措施，对自然洪水和干旱过程进行调节，人为的追求更稳定和较大的水量，在有利于供水、防洪、灌溉等兴利的同时，对于生态系统同样产生危害，使得需要洪枯变化过程的水生生物和栖息地产生破坏。洪水和干旱过程对于某一物种会产生不同的作用，然而对于整个湿地生态系统，则需要一定程度的洪枯变化，驱动生态过程的稳定变化。因此，湿地生态的保护目标应不仅保护某一种物种，而是以整个系统为目标，发挥洪水和干旱过程的生态作用。

（二）日本的多自然河流计划

日本 70% 左右的国土为山地，河流坡降大，河流流程短。全国有 50% 人口和 3/4 的资产集中在洪泛平原上，山洪和泥石流时常发生，人水地之间的矛盾十分突出。1990 年日本出版了《让城镇和河道的自然环境更加丰富多彩—多自然型建设方法的理念与现实》，90 年代初开展了"创造多自然型河川计划"，建设省第九次治水五年计划中，对 5700km 河流采用多自然型河流理念开展治河，一改过去以裁弯取直和混凝土护岸为主的方法，开始推行多自然型河流整治法。其要点包括：①保护并创造丰富多彩的自然环境，从河流环境上看，需要河流形状（河长、河宽、空间范围、连续性）、流水状态（水位、流速、流量、水温、水质）、土壤状态（黏土、沙、砾石等）的多样性；②保护美丽的自然景观，水流带来的浅滩、深渊和瀑布等是景色的主要组成，富于变化且自然形成，应该保护相当开阔的河滩面积和与当地风土相一致的自然景观；③自然与人类共存，对于洪水等自然灾害，人们不可能，也没有必要加以控制和支配，应该融入自然，与自然和谐相处，享受四季各异的美丽自然景色。

以日本千曲川杵渊河段整治为例。千曲川流域面积 11 900km²，河长 367km，居日本之首。千曲川杵渊河段河床坡降较缓，泥沙淤积严重，河流过水断面面积不足，另一方面，附近高速公路正好需要大量泥沙填土，因此需要结合防洪需要，对河道进行开挖及疏浚。在河道开挖时，不再使用过去一律修平的标准过水断面，而是在开挖的深度和宽度方面都保持一定的变化，制造出沙心洲。在开挖时，将现有的河畔林顺水流方向保存下来，河岸用石笼、木头或石块加固以便于水生动植物的生长，使河流环境呈现出多样性。工程 1992 年完成，根据 1995 年和 1998 年的测量和观测，开挖后，河道不仅增加了 300～400m³/s 的过流能力，河道断面保持着多变的形状。观察发现岸边植被种类增加；燕雀、鹭等鸟类众多，沙心洲使狗等鸟类天敌不能入内，成为鸟类喜欢的筑巢地。由于护岸使用木头或石块等传统方法，增加了鱼类的栖息地，同时由于河道断面的变化和水面的扩大，河岸有急流、缓流及浅滩，雅罗鱼、罗汉鱼、大口黑鲈等鱼类明显增加。

实践表明，日本广泛开展多自然型河流生态修复后，有效地促进了水的良性循环，提高了岸边环境的自然净化功能，恢复了河流生物多样性，促进了河流生态修复。由于注重河流生态建设，目前日本在一级河流里生存着 320 种淡水鱼类，占日本淡水鱼类总量的 70%，生物多样性状况良好，目前每年仅在一级河流水边憩息和游玩人数达到 1.85 亿人次。

（三）日本的琵琶湖修复

琵琶湖为日本第一大湖，面积 674km²，为淀川水系重要组成部分，是流域内工农业和生活用水的重要水源地。但随着 20 世纪 60 年代日本经济高速增长、人口增加和工业化进程，琵琶湖的水资源遭到严重污染，水质下降，蓝藻时有发生。为改变这种状况，1972～1996 年根据《琵琶湖综合开发特别措施法》实施了琵琶湖综合开发保护事业。1999 年日本中央有关各省和地方又联合制定了《母亲湖 21 世纪计划》。整个计划以琵琶湖与人类共生为基本理念，由中央政府、琵琶湖淀川流域和滋贺县共同治理，分 3 期实施。

具体治理措施如下：① 修建农村生活排水处理设施。为了保护水质和生活环境，滋贺县于 1996 年施行生活排水对策推进条例。以 1 至几个村落为对象，修建了大量农村生活排水处理设施——小规模下水道及污水处理站或污水处理净化槽。条例中要求修建下水道必须先设置污水单独处理净化槽；新建住宅的，必须设置联合处理净化槽。政府对污水处理站或净化槽的设置给予补助。各污水处理站采用深度处理工艺，不仅要去除有机物，还要削减氮、磷的含量。目前常采用的方法是添加凝聚剂活性污泥循环法与沙土过滤相结合的方法。有些还采用了氮的超深度处理方法，即添加凝聚剂多级硝化脱氮与沙土过滤相结合的方法。此外，还尝试采用臭氧氧化与生物活性炭处理相结合的方法对付难分解的有机物，使琵琶湖湖岸地区，不仅对有机物进行了深度处理，还进行了去除营养物质的深度处理。② 制订鼓励环保型农业政策。2003 年滋贺县政府制定了《滋贺县环保农业推进条例》，鼓励农民减少农药的使用。对减少农药使用量 50% 的农产品认证为"环保农产品"，政府对农民收益的减少给予经济补偿。实行节省化学肥料的措施，方法是：大量使用缓效性肥料。利用树脂覆盖缓效性肥料的表面，使营养成分暂时不会流出；使用侧条施肥插秧机，在稻秧侧面 4～5 cm、深 3 cm 左右的土壤中局部施肥的同时进行插秧。侧条施肥是在土壤中局部施肥，减少肥料流失到田间外，有利于河流的水质保护。通过农业用水反复利用及农田自动供水装置，控制农田用水，以削减环境污染负荷。此外，还将污泥送还农田，污泥与含有水分的垃圾、杂草用于堆肥等。通过这些措施的实施，削减了琵琶湖流域地区的农药、化肥使用量，减轻了农业对环境的污染。③ 入湖河流的直接净化措施。主要是采取疏浚河底污泥的方式来削减从底泥中溶出的营养物质；同时，在河流入湖处利用芦苇等水生植物进行植被净化；修建河水蓄积设施，在涨水时暂时蓄积河水，使污染物沉降后再流入琵琶湖。此外，还采取多种措施对市区内的雨水进行收集和处理，削减雨水冲刷道路带来的污染物。④ 对湖内水的净化措施。采用疏浚湖泊底层污泥；对湖水设置浅层水循环设施，深层曝气设施向底层水供氧等措施。

通过综合治理，琵琶湖的蓝藻暴发率逐年降低，水质得到明显的改善。实现了水质保护、水源涵养和恢复自然环境、景观保护方面的目标，通过工程措施和非工程措施相结合，最终形成人与自然共生的局面。

总之，水生态系统如果破坏，修复过程不仅漫长，而且耗资巨大，需要从工程和非工程两方面展开修复，其中严格的管理和全社会的参与等非工程措施至关重要，是花费少，效果突出的方法。

第六节　水点源排污许可制度

一、排污许可证制度

排污许可证制度（permit system of pollutant discharge）是指凡是需要向环境排放各种污染物的单位或个人，都必须事先向环境保护部门办理申领排污许可证手续，经环境保护部门批准后获得排污许可证后方能向环境排放污染物的制度。

排污许可证制度是点源排放控制的综合性管理制度。它将污染源所应遵循的所有要求明确化、细致化，具体到每个排污单位，规定了排污申报、执行的排放标准、排放监测方案、达标的判别标准、排污口设置管理、环保设施监管和限期治理以及违法处罚等内容。水排污许可证制度直接目标是促进点源连续达标排放和在一定条件下的污染物排放总量控制，最终目标是改善水质，保障人体健康。排污许可证是排污单位的守法文书、政府的执法文件，也是其他政策手段实施的基础和平台。

排污许可证制度是我国较早实施的环境保护制度，是《环境保护法》中规定的基本制度之一。修订后的《水污染防治法》（2008 年）进一步明确了水排污许可证制度的法律地位。实施排污许可证制度可以系统地协调和整合现有制度的主要功能，提高点源排放管理效果、降低管理成本。发达国家尤其是美国的水排污许可证制度是点源排放控制的基本和核心手段。发展至今，其内容不断细化和规范、覆盖范围不断扩大，虽然有些复杂和烦琐，但从控制水污染的作用角度看，相当合理和成熟。

我国的水排污许可证制度实施已有 20 余年，但在水污染防治中发挥作用并不大。现行的排污许可证制度过于简单，并不是真正意义上的排污许可证制度，仅仅是一种注册证制度，即有这个证就可以排污，对点源管制严格性不足，无法保证点源的连续达标排放。

美国《清洁水法》中规定，排污不是一项权力，而是一项特许权，没有排污许可证就不允许排污。我国已经部分实施的排污许可证制度只做到了形式，没有做到本质。《水污染物排放许可证管理暂行办法》（以下简称《办法》）对许可证制度的规定也很不细致。2007 年《办法》废止后一直没有出台新的关于水污染物排放许可证制度的管理法规。目前仍在实行的《淮河和太湖流域排放重点水污染物许可证管理办法（试行）》是依据《办法》而制定的，但仍然缺乏关于实施细则的详细规定。

二、我国点源排放控制基础薄弱

我国仍处在快速城市化阶段，城市内的水污染点源将继续增加，我国对点源管制的严格程度还远远不够。

点源排放，如城镇污水处理厂和工商业单位排放的废水等，有确定排放口，污水排放量往往较大，污染物含量较高，对水体的危害严重，可在短时间内对水体生态、人体健康和经济发展造成重大的损害。

非点源排放，如城市雨水、农业面源污染等，虽可能在总的（年）污染排放量中占较大的比例，但污染物一般只会在汛期大量进入水体，且较大的水量也会使污染物浓度大大降低。由于非点源排放不确定时间、途径、污染物质含量、监测和管理信息获取成本高、控制对象复杂等原因，非点源控制难度较大、成本较高。因此，从发达国家的水污染控制实践和中国的实际情况来看，点源控制是水环境保护的优先控制对象，点源控制更可行，也更有效率。

我国仍处在快速城市化阶段，城市内的水污染点源将继续增加。例如，城市污水处理厂和垃圾填埋场是主要点源；工业园区作为工业化发展的模式之一，也使得工业排放以大点源的形式为主。点源排放给水体带来的风险将越来越大，必须采取确定性较强的政策手段，确保其实现按日甚至按小时的连续达标排放。我国对点源管制的严格程度还远远不够，近年来一些地区水污染事故频发。要对点源进行严格管制，就必须做到：有针对性、无法辩驳的排放限值的严格约束；所有排放信息均有完整的记录；排放信息有明确的核查依据；违法行为可以被有效识别；有明确的执法依据和执法能力等。而目前我国尚没有一项制度可以实现这样的目标。

三、现有点源控制政策不成体系

现有的点源排放控制政策较为独立和分散，数量众多，不成体系，缺少一个统领的核心政策——排污许可证制度。

目前我国控制污染排放的政策很多，如环境影响评价、三同时、排污收费、总量控制、限期治理等。但各项政策在整个体系中表现得较为独立和分散，没有核心和统领的制度，政策间缺乏协调和整合，导致现有的诸多点源排放控制政策难以有效实施，政策目标难以实现。

环评和三同时制度只能保证企业在建成投产时具备达标排放的能力，但对通过环评的建设项目投产后如何保证实现环评时承诺的污染治理水平、保证连续达标排放并没有规定，也没有衔接的政策手段予以控制，对排污单位不具有连续性约束力。

排污收费制度一直作为企业排放控制的主要手段，其在计划经济时代在筹措环境保护资金和排放控制方面都发挥了重要的作用。但在市场经济的今天，排污所收取的费用离庇古税理论相差太远，对排污者的刺激作用有限。

排污申报登记制度定位不明确。目前表格式的申报表只要求提供排放数据，缺乏依据，难以核查。规定污染单位如实申报单位基本信息、污染治理设施情况、主要产品、原辅材料、能源、水耗情况，以及污水及污染物排放情况等，但缺少信息申报和审核的技术规范，也缺乏后续政策对其排放情况的监督核查。总量控制政策是以改善环境质量为根本目标，在特定时间内，以及控制特定区域内的特定污染物排放总量为手段，降低污染物控制的社会成本的命令控制型的政策手段。《水污染防治法实施细则》第六条规定："对实现水污染物达标排放仍不能达到国家规定的水环境质量标准的水体，可以实施重点污染物排放总量控制制度。"因此总量控制应是基于水质的排放控制，前提是"所有点源均已达到基于技术的排放标准"。在仍不达标的特定水域，在不提高基于技术的排放标准的情况下，依据实际排放点源的位置、数量、排放特性及环境容量，计算入河排放量的削减指标，然后将指标分配到特定的污染源，写入污染源的排污许可证内，实施基于水质的总量控制。因此，总量控制的目标仍是保证水质，实施总量控制仍然需要排污许可证制度的支持。没有规范严谨的排污许可证制度，总量控制的实施缺乏基础。

限期治理是一项针对重点污染企业的强制性较强的处罚手段，《限期治理管理办法》（试行）规定，"排放水污染物超过国家或者地方规定的水污染物排放标准，或超过总量控制指标的污染源"可以被责令限期治理，"逾期仍无法达标的，可以被责令关闭"。但限期治理裁决的发出、治理期限长短的确定，以及执行效果的判定均需要依托于对污染源超标程度的判定和达标依据的考虑。否则，限值治理手段虽然力度较大，但实施效果难以保证。

总之，现有的点源排放控制政策不成体系，实施效果难以保证，污染排放信息无法核查且政策执行成本较高，点源连续达标排放政策目标也难以实现。缺少一个统领的核心政策——排污许可证制度。

四、排放标准实施依赖许可证制度

排放标准的实施主要依赖于排污许可证制度，排放标准是排污许可证制度的核心。我国排放标准的实施目前存在载体、监测方案和达标判定方法不明确等问题。

从发达国家的经验来看，排放标准的实施主要依赖于排污许可证制度。美国的排污许可证制度（"国家污染物排放消除制度"，简称 NPDES）将不同行业的排放标准依据需要控制的程度细化落实到每个污染源，遵守排污许可证要求是企业守法的主要形式。

我国排放标准的实施需要进一步明确载体。点源排放控制的标尺和核心是排放标准。排放标准一般是行业制定，其中规定了污染物的排放浓度等目标，有的还根据污染源的建设时间、排放目标水体有不同的要求。对于具体的污染源来说，需要执法部门对排污单位出具一个具体的文件，明确说明受限制的污染物类别和执行的排放标准，以明确执法的确切依据。因此，排放标准的实施必须依托一个可执行的文件，将点源的排放特征、适用的行业排放标准，以及排放水体功能对排入点源的特殊要求等进行明确规定。但目前排放标准的实施仍然没有明确的载体，严重影响了执法和守法的质量。

排放标准的执行还需要明确的监测方案。监测方案是指对监测地点、取样方式、监测频率、监测方法等的具体规定。污染源排放具有波动性，监测数值会随监测方案的变化而变化。1 天测一次和 1 天测 3 次结果必定不同。因此，监测方案的设计需要综合考虑污染单位的生产情况、污染源的排放特征，并结合污染单位的守法历史及企业的承受能力。排污单位通过执行排污许可证规定的自测方案证明其排放数据的可信性，监管部门通过执行监督性监测方案保证排污单位自测结果的代表性。但目前我国对污染源的排放监测并没有确切的监测方案。监测技术规范是监测方案的基础，因此，监测方案还需要根据监测规范进一步明确。

我国对污染源的排放达标的判定方法也需要明确。排放标准的核心是达标排放的判定，它决定着排放行为的合法性和排放控制目标的完成情况。虽然监测频次越高代表性就越好，但水污染物排放的监测成本一般较高。为控制监测成本，需要提出达到排放标准的合理的判断标准，以根据排污单位的自测数据判断其达标程度。判断污染源是否实现"连续达标排放"，并不是说一次都不允许超标，而是要求排污单位实现在现有技术水平和管理能力下的最好绩效水平，也即是保证绝大多数情况下都是达标的，短时、少量的超标是允许的。美国环保局制定的污染源达标判定标准中既包括浓度限值也包括质量限值（污染物排放量），规定了日最大限值和月日均限值。同时在监测方案中规定了具体的判定方法。例如，1 次监测到月初的某个值超过了规定的排放浓度月平均值，则要求后面 20 天内再平均取 4 个值；如果未超月均值，则认为没有超标，或规定某项指标 1 次超标后加大监测频率，而不是立即判定为超标。这些具体的标准和方法都要事先对每个污染源分别予以确认，这是排污许可证的基本功能。

五、实施排污许可证有利于控制点源

实施排污许可证制度可以使现有点源排放控制的所有政策协调整合，提升水污染防治政策整体效果，市场经济体制下，污染外部性的存在导致市场失灵。污染源造成的外部损害如果不加以管制，就不会有动力自发地实现内部化。政策手段通常被划分为命令控制型、经济激励型和劝说鼓励型。各类手段拥有各自的特点，适用于不同类型的环境问题。

命令控制手段具有确定性和强制性的特点，能迅速地抑制污染排放，达成政策目标，适用于需要保证确定性的领域和重要的排放控制等领域。排污许可证制度属于命令控制型手段，对信息、监管和处罚要求高，要求有明确的管理对象，规定排污者申报守法信息的义务，明确政府的监管责任，通过对排放者的监管，实现排放控制。

点源排放行为相对集中，便于监测，能够核查，责任主体是明确的。因此，从理论上说，点源排放控制更适合采取命令控制手段。从实践经验来看，国际上也多是以命令控制型政策手段作为点源排放控制的主要手段。排污许可证制度对于点源的排放控制是适用的，同时也是被广泛验证较为有效的政策手段。

实施了排污许可证制度之后，点源排放的监管和守法就有了基础。排污单位依据许可证的要求提高自身环境管理能力，按许可证规定的自我监测方案进行排放监测并如实记录和报告；监管部门对污染单位的核查就是对其持有的许可证的核查，核查其是否严格遵守了许可证的所有要求，并依据监督性监测方案对企业排放情况进行抽测。拥有了排污许可证，排污单位的环境管理目标和内容更加明确；颁发了排污许可证，监管部门的监管内容也更加明确和直接，监管行动更有效率。发生了环境污染事故后，监管部门可以立即调取所有相关企业的排污许可证，核查企业依许可证要求提交的自我监测报告和监管部门的监督性监测报告，企业排放的异常情况就可以立即被识别，企业没有任何借口可以抵赖。更进一步说，有了排污许可证之后，对企业排放的约束力加强，大大降低了企业违法逃脱责任的几率，企业会有动力约束自身行为，这才是排放控制的根本。

实施排污许可证制度之后，现有点源排放控制的所有政策可以通过与许可证制度的协调整合，避免矛盾和冲突，最终使得水污染相关信息更加充分、信息公开和共享的程度更高、资金的投入产出效益更好、机构之间协调运作、水污染防治政策整体效果更好、政策执行成本更低，最终水质得以改善，人类健康得以保证。

第七节　海　绵　城　市

一、概述

（一）海绵城市的概念

城镇化是保持经济持续健康发展的强大引擎，是推动区域协调发展的有力支撑，也是促进社会全面进步的必然要求。然而，快速城镇化的同时，城市发展也面临巨大的环境与资源压力，外延增长式的城市发展模式已难以为继，《国家新型城镇化规划（2014—2020年）》明确提出，我国的城镇化必须进入以提升质量为主的转型发展新阶段。为此，必须坚持新型城镇化的发展道路，协调城镇化与环境资源保护之间的矛盾，才能实现可持续发展。党的"十八大"报告明确提出"面对资源约束趋紧、环境污染严重、生态系统退化的严峻形势，必须树立尊重自然、顺应自然、保护自然的生态文明理念，把生态文明建设放在突出地位……"。建设具有自然积存、自然渗透、自然净化功能的海绵城市是生态文明建设的重要内容，是实现城镇化和环境资源协调发展的重要体现，也是今后我国城市建设的重大任务。

海绵城市（sponge city）是指城市能够像海绵一样，在适应环境变化和应对自然灾害等方面具有良好的"弹性"，下雨时吸水、蓄水、渗水、净水，需要时将蓄存的水"释放"并加以利用。海绵城市建设应遵循生态优先的原则，将自然途径与人工措施相结合，在确保城市排水防涝安全的前提下，最大限度地实现雨水在城市区域的储存、渗透和净化，促进雨水资源的利用和生态环境保护。在海绵城市建设过程中，应统筹自然降水、地表水和地下水的系统性，协调给水、排水等水循环利用各环节，并考虑其复杂性和长期性。

海绵城市的建设途径主要有以下几方面，一是对城市原有生态系统的保护。最大限度地保护原有的河流、湖泊、湿地、坑塘、沟渠等水生态敏感区，留有足够涵养水源、应对较大强度降雨的林地、草地、湖泊、湿地，维持城市开发前的自然水文特征，这是海绵城市建设的基本要求；二是生态恢复和修复。对传统粗放式城市建设模式下，已经受到破坏的水体和其他自然环境，运用生态的手段进行恢复和修复，并维持一定比例的生态空间；三是低影响开发。按照对城市生态环境影响最低的开发建设理念，合理控制开发强度，在城市中保留足够的生态用地，控制城市不透水面积比例，最大限度地减少对城市原有水生态环境的破坏，同时，根据需求适当开挖河湖沟渠、增加水域面积，促进雨水的积存、渗透和净化。

海绵城市建设应统筹低影响开发雨水系统、城市雨水管渠系统及超标雨水径流排放系统。低影响开发雨水系统可以通过对雨水的渗透、储存、调节、转输与截污净化等功能，有效控制径流总量、径流峰值和径流污染；城市雨水管渠系统即传统排水系统，应与低影响开发雨水系统共同组织径流雨水的收集、转输与排放。超标雨水径流排放系统，用来应对超过雨水管渠系统设计标准的雨水径流，一般通过综合选择自然水体、多功能调蓄水体、行泄通道、调蓄池、深层隧道等自然途径或人工设施构建。以上三个系统并不是孤立的，也没有严格的界限，三者相互补充、相互依存，是海绵城市建设的重要基础元素。

（二）低影响开发雨水系统

低影响开发（Low Impact Development，LID）指在场地开发过程中采用源头、分散式措施维持场地开发前的水文特征，也称为低影响设计（Low Impact Design，LID）或低影响城市设计和开发（Low Impact Urban Design and Development，LIUDD）。其核心是维持场地开发前后水文特征不变，包括径流总量、峰值流量、峰现时间等（见图10-7）。从水文循环角度，要维持径流总量不变，就要采取渗透、储存等方式，实现开发后一定量的径流量不外排；要维持峰值流量不变，就要采取渗透、储存、调节等措施削减峰值、延缓峰值时间。发达国家人口少，一般土地开发强度较低，绿化率较高，在场地源头有充足空间来消纳场地开发后径流的增量（总量和峰值）。我国大多数城市土地开发强度普遍较大，仅在场地采用分散式源头削减措施，难以实现开发前后径流总量和峰值流量等维持基本不变，所以还必须借助于中途、末端等综合措施，来实现开发后水文特征接近于开发前的目标。

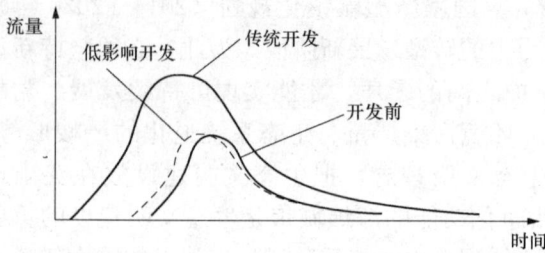

图 10 - 7　低影响开发水文原理示意图

从上述分析可知，低影响开发理念的提出，最初是强调从源头控制径流，但随着低影响开发理念及其技术的不断发展，加之我国城市发展和基础设施建设过程中面临的城市内涝、径流污染、水资源短缺、用地紧张等突出问题的复杂性，在我国，低影响开发的含义已延伸至源头、中途和末端不同尺度的控制措施。城市建设过程应在城市规划、设计、实施等各环节纳入低影响开发内容，并统筹协调城市规划、排水、园林、道路交通、建筑、水文等专业，共同落实低影响开发控制目标。因此，广义来讲，低影响开发指在城市开发建设过程中采用源头削减、中途转输、末端调蓄等多种手段，通过渗、滞、蓄、净、用、排等多种技术，实现城市良性水文循环，提高对径流雨水的渗透、调蓄、净化、利用和排放能力，维持或恢复城市的"海绵"功能。

（三）海绵城市——低影响开发雨水系统构建途径

海绵城市——低影响开发雨水系统构建需统筹协调城市开发建设各个环节。在城市各层级、各相关规划中均应遵循低影响开发理念，明确低影响开发控制目标，结合城市开发区域或项目特点确定相应的规划控制指标，落实低影响开发设施建设的主要内容。设计阶段应对不同低影响开发设施及其组合进行科学合理的平面与竖向设计，在建筑与小区、城市道路、绿地与广场、水系等规划建设中，应统筹考虑景观水体、滨水带等开放空间，建设低影响开发设施，构建低影响开发雨水系统。低影响开发雨水系统的构建与所在区域的规划控制目标、水文、气象、土地利用条件等关系密切，因此，选择低影响开发雨水系统的流程、单项设施或其组合系统时，需要进行技术经济分析和比较，优化设计方案。低影响开发设施建成后应明确维护管理责任单位，落实设施管理人员，细化日常维护管理内容，确保低影响开发设施运行正常。低影响开发雨水系统构建途径示意图如图 10 - 8 所示。

二、海绵城市的专项规划

（一）城市水系规划

城市水系是城市生态环境的重要组成部分，也是城市径流雨水自然排放的重要通道、受纳体及调蓄空间，与低影响开发雨水系统联系紧密。具体要点如下：

（1）依据城市总体规划划定城市水域、岸线、滨水区，明确水系保护范围。城市开发建设过程中应落实城市总体规划明确的水生态敏感区保护要求，划定水生态敏感区范围并加强保护，确保开发建设后的水域面积应不小于开发前，已破坏的水系应逐步恢复。

（2）保持城市水系结构的完整性，优化城市河湖水系布局，实现自然、有序排放与调蓄。城市水系规划应尽量保护与强化其对径流雨水的自然渗透、净化与调蓄功能，优化城市河道（自然排放通道）、湿地（自然净化区域）、湖泊（调蓄空间）布局与衔接，并与城市总体规划、排水防涝规划同步协调。

（3）优化水域、岸线、滨水区及周边绿地布局，明确低影响开发控制指标。城市水系规划应根据河湖水系汇水范围，同步优化、调整蓝线周边绿地系统布局及空间规模，并衔接控制性详细规划，明确水系及周边地块低影响开发控制指标。

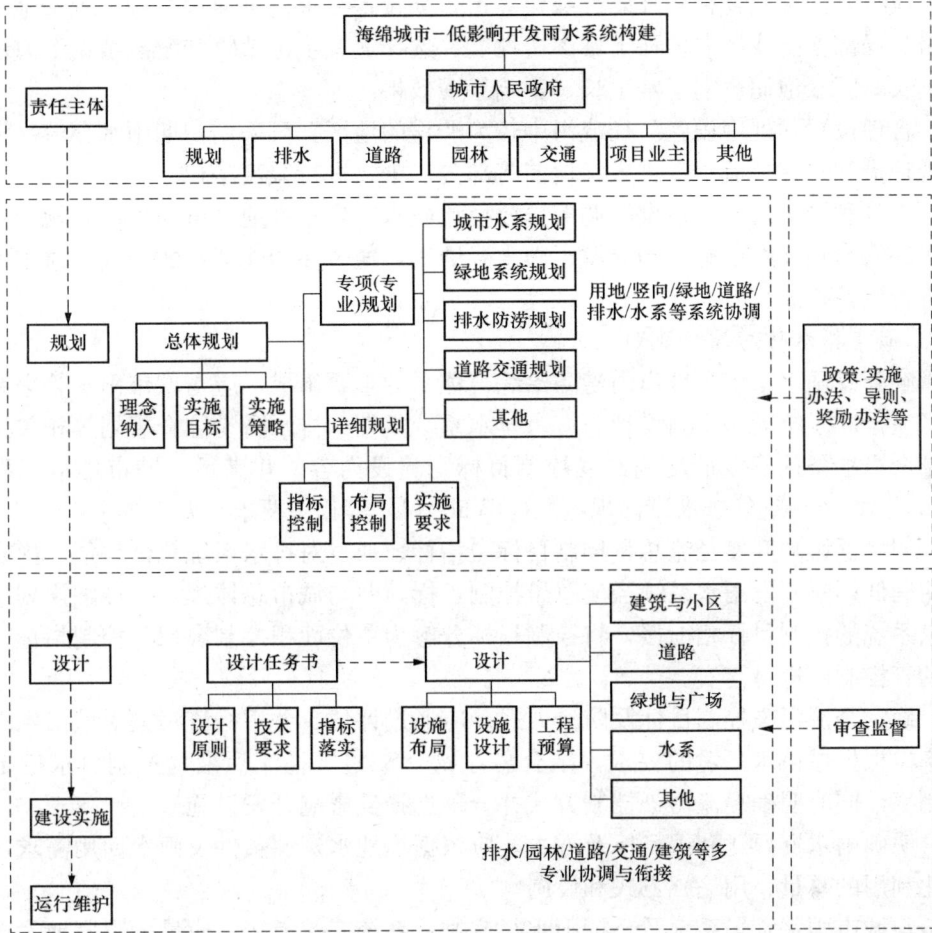

图 10-8　海绵城市——低影响开发雨水系统构建途径示意图

(二) 城市绿地系统专项规划

城市绿地是建设海绵城市、构建低影响开发雨水系统的重要场地。城市绿地系统规划应明确低影响开发控制目标，在满足绿地生态、景观、游憩和其他基本功能的前提下，合理地预留或创造空间条件，对绿地自身及周边硬化区域的径流进行渗透、调蓄、净化，并与城市雨水管渠系统、超标雨水径流排放系统相衔接，要点如下：

(1) 提出不同类型绿地的低影响开发控制目标和指标。根据绿地的类型和特点，明确公园绿地、附属绿地、生产绿地、防护绿地等各类绿地低影响开发规划建设目标、控制指标（如下沉式绿地率及其下沉深度等）和适用的低影响开发设施类型。

(2) 合理确定城市绿地系统低影响开发设施的规模和布局。应统筹水生态敏感区、生态空间和绿地空间布局，落实低影响开发设施的规模和布局，充分发挥绿地的渗透、调蓄和净化功能。

(3) 城市绿地应与周边汇水区域有效衔接。在明确周边汇水区域汇入水量，提出预处理、溢流衔接等保障措施的基础上，通过平面布局、地形控制、土壤改良等多种方式，将低影响开发设施融入绿地规划设计中，尽量满足周边雨水汇入绿地进行调蓄的要求。

（4）应符合园林植物种植及园林绿化养护管理技术要求。可通过合理设置绿地下沉深度和溢流口、局部换土或改良增强土壤渗透性能、选择适宜乡土植物和耐淹植物等方法，避免植物受到长时间浸泡而影响正常生长，影响景观效果。

（5）合理设置预处理设施。径流污染较为严重的地区，可采用初期雨水弃流、沉淀、截污等预处理措施，在径流雨水进入绿地前将部分污染物进行截流净化。

（6）充分利用多功能调蓄设施调控排放径流雨水。有条件地区可因地制宜规划布局占地面积较大的低影响开发设施，如湿塘、雨水湿地等，通过多功能调蓄的方式，对较大重现期的降雨进行调蓄排放。

（三）城市排水防涝综合规划

低影响开发雨水系统是城市内涝防治综合体系的重要组成，应与城市雨水管渠系统、超标雨水径流排放系统同步规划设计。城市排水系统规划、排水防涝综合规划等相关排水规划中，应结合当地条件确定低影响开发控制目标与建设内容，并满足《城市排水工程规划规范》（GB 50318）、《室外排水设计规范》（GB 50014）等相关要求，要点如下：

（1）明确低影响开发径流总量控制目标与指标。通过对排水系统总体评估、内涝风险评估等，明确低影响开发雨水系统径流总量控制目标，并与城市总体规划、详细规划中低影响开发雨水系统的控制目标相衔接，将控制目标分解为单位面积控制容积等控制指标，通过建设项目的管控制度进行落实。

（2）确定径流污染控制目标及防治方式。应通过评估、分析径流污染对城市水环境污染的贡献率，根据城市水环境的要求，结合悬浮物（SS）等径流污染物控制要求确定年径流总量控制率，同时明确径流污染控制方式并合理选择低影响开发设施。

（3）明确雨水资源化利用目标及方式。应根据当地水资源条件及雨水回用需求，确定雨水资源化利用的总量、用途、方式和设施。

（4）与城市雨水管渠系统及超标雨水径流排放系统有效衔接。应最大限度地发挥低影响开发雨水系统对径流雨水的渗透、调蓄、净化等作用，低影响开发设施的溢流应与城市雨水管渠系统或超标雨水径流排放系统衔接。城市雨水管渠系统、超标雨水径流排放系统应与低影响开发系统同步规划设计，应按照《城市排水工程规划规范》（GB 50318）、《室外排水设计规范》（GB 50014）等规范相应重现期设计标准进行规划设计。

（5）优化低影响开发设施的竖向与平面布局。应利用城市绿地、广场、道路等公共开放空间，在满足各类用地主导功能的基础上合理布局低影响开发设施；其他建设用地应明确低影响开发控制目标与指标，并衔接其他内涝防治设施的平面布局与竖向，共同组成内涝防治系统。

（四）城市道路交通专项规划

城市道路是径流及其污染物产生的主要场所之一，城市道路交通专项规划应落实低影响开发理念及控制目标，减少道路径流及污染物外排量，要点如下：

（1）提出各等级道路低影响开发控制目标。应在满足道路交通安全等基本功能的基础上，充分利用城市道路自身及周边绿地空间落实低影响开发设施，结合道路横断面和排水方向，利用不同等级道路的绿化带、车行道、人行道和停车场建设下沉式绿地、植草沟、雨水湿地、透水铺装、渗管/渠等低影响开发设施，通过渗透、调蓄、净化方式，实现道路低影响开发控制目标。

（2）协调道路红线内外用地空间布局与竖向。道路红线内绿化带不足，不能实现低影响开发控制目标要求时，可由政府主管部门协调道路红线内外用地布局与竖向，综合达到道路及周边地块的低影响开发控制目标。道路红线内绿地及开放空间在满足景观效果和交通安全要求的基础上，应充分考虑承接道路雨水汇入的功能，通过建设下沉式绿地、透水铺装等低影响开发设施，提高道路径流污染及总量等控制能力。

（3）道路交通规划应体现低影响开发设施。涵盖城市道路横断面、纵断面设计的专项规划，应在相应图纸中表达低影响开发设施的基本选型及布局等内容，并合理确定低影响开发雨水系统与城市道路设施的空间衔接关系。有条件的地区应编制专门的道路低影响开发设施规划设计指引，明确各层级城市道路（快速路、主干路、次干路、支路）的低影响开发控制指标和控制要点，以指导道路低影响开发相关规划和设计。

三、海绵城市的低影响开发技术

低影响开发技术按主要功能一般可分为渗透、储存、调节、转输、截污净化等几类。通过各类技术的组合应用，可实现径流总量控制、径流峰值控制、径流污染控制、雨水资源化利用等目标。实践中，应结合不同区域水文地质、水资源等特点及技术经济分析，按照因地制宜和经济高效的原则选择低影响开发技术及其组合系统。

各类低影响开发技术又包含若干不同形式的低影响开发设施，主要有透水铺装、绿色屋顶、下沉式绿地、生物滞留设施、渗透塘、渗井、湿塘、雨水湿地、蓄水池、雨水罐、调节塘、调节池、植草沟、渗管/渠、植被缓冲带、初期雨水弃流设施、人工土壤渗滤等。

低影响开发单项设施往往具有多个功能，如生物滞留设施的功能除渗透补充地下水外，还可削减峰值流量、净化雨水，实现径流总量、径流峰值和径流污染控制等多重目标。因此应根据设计目标灵活选用低影响开发设施及其组合系统，根据主要功能按相应的方法进行设施规模计算，并对单项设施及其组合系统的设施选型和规模进行优化。

（一）透水铺装

1. 概念与构造

透水铺装按照面层材料不同可分为透水砖铺装、透水水泥混凝土铺装和透水沥青混凝土铺装，嵌草砖、园林铺装中的鹅卵石、碎石铺装等也属于渗透铺装。

透水铺装结构应符合《透水砖路面技术规程》（CJJ/T188）、《透水沥青路面技术规程》（CJJ/T190）和《透水水泥混凝土路面技术规程》（CJJ/T135）的规定。透水铺装还应满足以下要求。

（1）透水铺装对道路路基强度和稳定性的潜在风险较大时，可采用半透水铺装结构。

（2）土地透水能力有限时，应在透水铺装的透水基层内设置排水管或排水板。

（3）当透水铺装设置在地下室顶板上时，顶板覆土厚度不应小于600mm，并应设置排水层。透水砖铺装典型构造如图10-9所示。

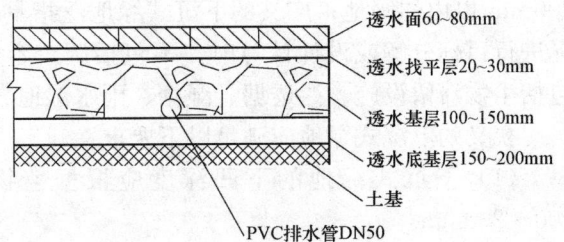

透水面60~80mm
透水找平层20~30mm
透水基层100~150mm
透水底基层150~200mm
土基
PVC排水管DN50

图10-9　透水砖铺装典型结构示意图

2. 适用性

透水砖铺装和透水水泥混凝土铺装主要适用于广场、停车场、人行道以及车流量和荷载较小的道路，如建筑与小区道路、市政道路的非机动车道等，透水沥青混凝土路面还可用于机动车道。

透水铺装应用于以下区域时，还应采取必要的措施防止次生灾害或地下水污染的发生：

（1）可能造成陡坡坍塌、滑坡灾害的区域，湿陷性黄土、膨胀土和高含盐土等特殊土壤地质区域。

（2）使用频率较高的商业停车场、汽车回收及维修点、加油站及码头等径流污染严重的区域。

3. 优缺点

透水铺装适用区域广、施工方便，可补充地下水并具有一定的峰值流量削减和雨水净化作用，但易堵塞，寒冷地区有被冻融破坏的风险。

（二）绿色屋顶

1. 概念与构造

绿色屋顶也称种植屋面、屋顶绿化等，根据种植基质深度和景观复杂程度，绿色屋顶又分为简单式和花园式，基质深度根据植物需求及屋顶荷载确定，简单式绿色屋顶的基质深度一般不大于 150mm，花园式绿色屋顶在种植乔木时基质深度可超过 600mm，绿色屋顶的设计可参考《种植屋面工程技术规程》（JGJ155）。绿色屋顶的典型构造如图 10-10 所示。

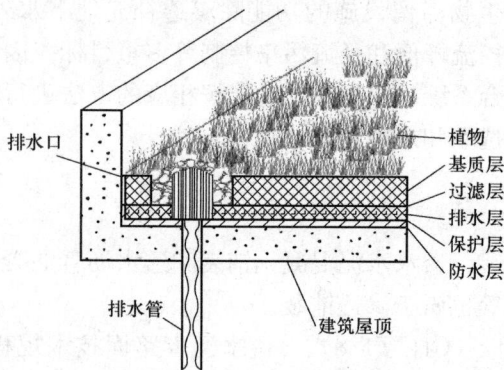

图 10-10　绿色屋顶典型构造示意图

2. 适用性

绿色屋顶适用于符合屋顶荷载、防水等条件的平屋顶建筑和坡度≤15°的坡屋顶建筑。

3. 优缺点

绿色屋顶可有效减少屋面径流总量和径流污染负荷，具有节能减排的作用，但对屋顶荷载、防水、坡度、空间条件等有严格要求。

（三）下沉式绿地

1. 概念与构造

下沉式绿地具有狭义和广义之分，狭义的下沉式绿地指低于周边铺砌地面或道路在 200mm 以内的绿地；广义的下沉式绿地泛指具有一定的调蓄容积（在以径流总量控制为目标进行目标分解或设计计算时，不包括调节容积），且可用于调蓄和净化径流雨水的绿地，包括生物滞留设施、渗透塘、湿塘、雨水湿地、调节塘等。

狭义的下沉式绿地应满足以下要求：

（1）下沉式绿地的下凹深度应根据植物耐淹性能和土壤渗透性能确定，一般为 100~200mm。

（2）下沉式绿地内一般应设置溢流口（如雨水口），保证暴雨时径流的溢流排放，溢流口顶部标高一般应高于绿地 50~100mm。

狭义的下沉式绿地典型构造如图 10-11 所示。

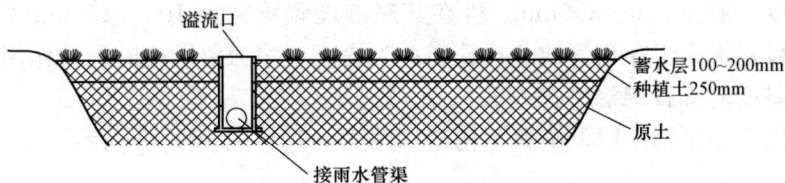

图 10-11　狭义的下沉式绿地典型构造示意图

2. 适用性

下沉式绿地可广泛应用于城市建筑与小区、道路、绿地和广场内。对于径流污染严重、设施底部渗透面距离季节性最高地下水位或岩石层小于1m 及距离建筑物基础小于3m（水平距离）的区域，应采取必要的措施防止次生灾害的发生。

3. 优缺点

狭义的下沉式绿地适用区域广，其建设费用和维护费用均较低，但大面积应用时，易受地形等条件的影响，实际调蓄容积较小。

（四）生物滞留设施

1. 概念与构造

生物滞留设施指在地势较低的区域，通过植物、土壤和微生物系统蓄渗、净化径流雨水的设施。生物滞留设施分为简易型生物滞留设施和复杂型生物滞留设施，按应用位置不同又称作雨水花园、生物滞留带、高位花坛、生态树池等。

生物滞留设施应满足以下要求：

（1）对于污染严重的汇水区应选用植草沟、植被缓冲带或沉淀池等对径流雨水进行预处理，去除大颗粒的污染物并减缓流速；应采取弃流、排盐等措施防止融雪剂或石油类等高浓度污染物侵害植物。

（2）屋面径流雨水可由雨落管接入生物滞留设施，道路径流雨水可通过路缘石豁口进入，路缘石豁口尺寸和数量应根据道路纵坡等经计算确定。

（3）生物滞留设施应用于道路绿化带时，若道路纵坡大于1％，应设置挡水堰/台坎，以减缓流速并增加雨水渗透量；设施靠近路基部分应进行防渗处理，防止对道路路基稳定性造成影响。

（4）生物滞留设施内应设置溢流设施，可采用溢流竖管、盖篦溢流井或雨水口等，溢流设施顶一般应低于汇水面100mm。

（5）生物滞留设施宜分散布置且规模不宜过大，生物滞留设施面积与汇水面面积之比一般为5％～10％。

（6）复杂型生物滞留设施结构层外侧及底部应设置透水土工布，防止周围原土侵入。如经评估认为下渗会对周围建（构）筑物造成塌陷风险，或者拟将底部出水进行集蓄回用时，可在生物滞留设施底部和周边设置防渗膜。

（7）生物滞留设施的蓄水层深度应根据植物耐淹性能和土壤渗透性能来确定，一般为200～300mm，并应设100mm的超高；换土层介质类型及深度应满足出水水质要求，还应符合植物种植及园林绿化养护管理技术要求；为防止换土层介质流失，换土层底部一般设置透水土工布隔离层，也可采用厚度不小于100mm的砂层（细砂和粗砂）代替；砾石层起到排水作用，厚度一般为 250～300mm，可在其底部埋置管径为 100～150mm 的穿孔排水管，砾石应洗净且粒径不小于穿孔管的开孔孔径；为提高生物滞留设施的调蓄作用，在穿孔管底部可增设一定厚度的砾石调蓄层。

简易型和复杂型生物滞留设施典型构造如图 10-12、图 10-13 所示。

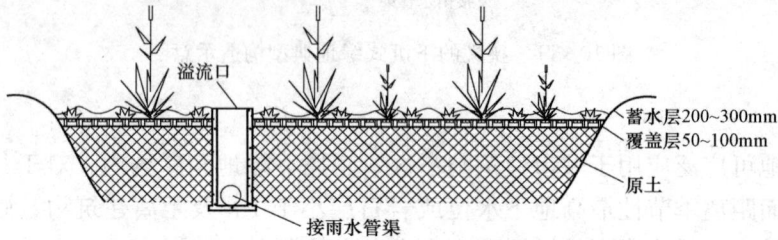

图 10-12　简易型生物滞留设施典型构造示意图

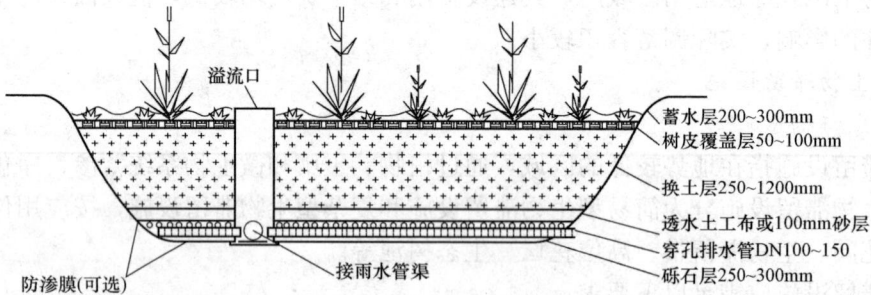

图 10-13　复杂型生物滞留设施典型构造示意图

2. 适用性

生物滞留设施主要适用于建筑与小区内建筑、道路及停车场的周边绿地，以及城市道路绿化带等城市绿地内。

对于径流污染严重、设施底部渗透面距离季节性最高地下水位或岩石层小于 1m 及距离建筑物基础小于 3m（水平距离）的区域，可采用底部防渗的复杂型生物滞留设施。

3. 优缺点

生物滞留设施形式多样、适用区域广、易与景观结合，径流控制效果好，建设费用与维护费用较低；但地下水位与岩石层较高、土壤渗透性能差、地形较陡的地区，应采取必要的换土、防渗、设置阶梯等措施避免次生灾害的发生，将增加建设费用。

（五）渗透塘

1. 概念与构造

渗透塘是一种用于雨水下渗补充地下水的洼地，具有一定的净化雨水和削减峰值流量的作用。

渗透塘应满足以下要求：

（1）渗透塘前应设置沉砂池、前置塘等预处理设施，去除大颗粒的污染物并减缓流速；有降雪的城市，应采取弃流、排盐等措施防止融雪剂侵害植物。

（2）渗透塘边坡坡度（垂直∶水平）一般不大于 1∶3，塘底至溢流水位一般不小于 0.6m。

（3）渗透塘底部构造一般为 $200\sim300$mm 的种植土、透水土工布及 $300\sim500$mm 的过滤介质层。

（4）渗透塘排空时间不应大于 24h。

（5）渗透塘应设溢流设施，并与城市雨水管渠系统和超标雨水径流排放系统衔接，渗透塘外围应设安全防护措施和警示牌。

渗透塘典型构造如图 10 - 14 所示。

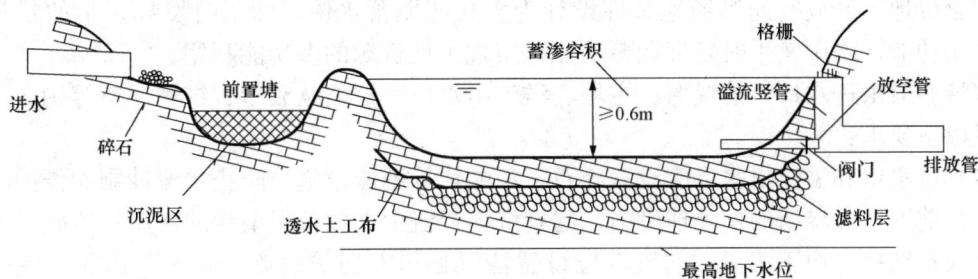

图 10 - 14　渗透塘典型构造示意图

2. 适用性

渗透塘适用于汇水面积较大（大于 1hm^2）且具有一定空间条件的区域，但应用于径流污染严重、设施底部渗透面距离季节性最高地下水位或岩石层小于 1m 及距离建筑物基础小于 3m（水平距离）的区域时，应采取必要的措施防止发生次生灾害。

3. 优缺点

渗透塘可有效补充地下水、削减峰值流量，建设费用较低，但对场地条件要求较严格，对后期维护管理要求较高。

（六）渗井

1. 概念与构造

渗井指通过井壁和井底进行雨水下渗的设施，为增大渗透效果，可在渗井周围设置水平渗排管，并在渗排管周围铺设砾（碎）石。

渗井应满足下列要求。

（1）雨水通过渗井下渗前应通过植草沟、植被缓冲带等设施对雨水进行预处理。

（2）渗井的出水管的内底高程应高于进水管管内顶高程，但不应高于上游相邻井的出水管管内底高程。

渗井调蓄容积不足时，也可在渗井周围连接水平渗排管，形成辐射渗井。辐射渗井的典型构造如图 10 - 15 所示。

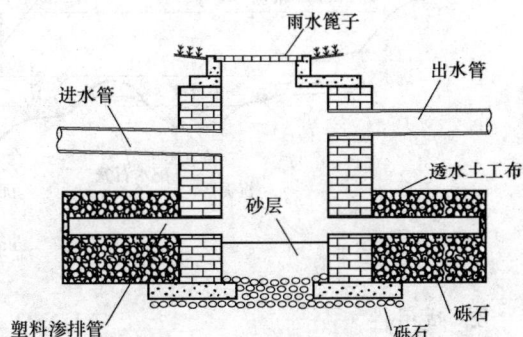

图 10 - 15　辐射渗井构造示意图

2. 适用性

渗井主要适用于建筑与小区内建筑、道路及停车场的周边绿地内。渗井应用于径流污染严重、设施底部距离季节性最高地下水位或岩石层小于 1m 及距离建筑物基础小于 3m（水平距离）的区域时，应采取必要的措施防止发生次生灾害。

3. 优缺点

渗井占地面积小，建设和维护费用较低，但其水质和水量控制作用有限。

（七）湿塘

1. 概念与构造

湿塘指具有雨水调蓄和净化功能的景观水体，雨水同时作为其主要的补水水源。湿塘有时可结合绿地、开放空间等场地条件设计为多功能调蓄水体，即平时发挥正常的景观及休闲、娱乐功能，暴雨发生时发挥调蓄功能，实现土地资源的多功能利用。

湿塘一般由进水口、前置塘、主塘、溢流出水口、护坡及驳岸、维护通道等构成。湿塘应满足以下要求：

（1）进水口和溢流出水口应设置碎石、消能坎等消能设施，防止水流冲刷和侵蚀。

（2）前置塘为湿塘的预处理设施，起到沉淀径流中大颗粒污染物的作用；池底一般为混凝土或块石结构，便于清淤；前置塘应设置清淤通道及防护设施，驳岸形式宜为生态软驳岸，边坡坡度（垂直：水平）一般为 1:2～1:8；前置塘沉泥区容积应根据清淤周期和所汇入径流雨水的 SS 污染物负荷确定。

（3）主塘一般包括常水位以下的永久容积和储存容积，永久容积水深一般为 0.8～2.5m；储存容积一般根据所在区域相关规划提出的"单位面积控制容积"确定；具有峰值流量削减功能的湿塘还包括调节容积，调节容积应在 24～48h 内排空；主塘与前置塘间宜设置水生植物种植区（雨水湿地），主塘驳岸宜为生态软驳岸，边坡坡度（垂直：水平）不宜大于 1:6。

（4）溢流出水口包括溢流竖管和溢洪道，排水能力应根据下游雨水管渠或超标雨水径流排放系统的排水能力确定。

（5）湿塘应设置护栏、警示牌等安全防护与警示措施。湿塘的典型构造如图 10-16 所示。

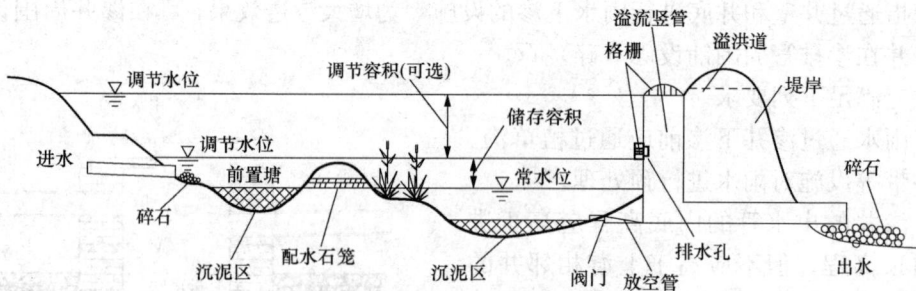

图 10-16　湿塘典型构造示意图

2. 适用性

湿塘适用于建筑与小区、城市绿地、广场等具有空间条件的场地。

3. 优缺点

湿塘可有效削减较大区域的径流总量、径流污染和峰值流量，是城市内涝防治系统的重要组成部分；但对场地条件要求较严格，建设和维护费用高。

（八）雨水湿地

1. 概念与构造

雨水湿地利用物理、水生植物及微生物等作用净化雨水，是一种高效的径流污染控制设施，雨水湿地分为雨水表流湿地和雨水潜流湿地，一般设计成防渗型以便维持雨水湿地植物所需要的水量，雨水湿地常与湿塘合建并设计一定的调蓄容积。

雨水湿地与湿塘的构造相似，一般由进水口、前置塘、沼泽区、出水池、溢流出水口、护坡及驳岸、维护通道等构成。

雨水湿地应满足以下要求：

（1）进水口和溢流出水口应设置碎石、消能坎等消能设施，防止水流冲刷和侵蚀。

（2）雨水湿地应设置前置塘对径流雨水进行预处理。

（3）沼泽区包括浅沼泽区和深沼泽区，是雨水湿地主要的净化区，其中浅沼泽区水深范围一般为 0～0.3m，深沼泽区水深范围为一般为 0.3～0.5m，根据水深不同种植不同类型的水生植物。

（4）雨水湿地的调节容积应在 24h 内排空。

（5）出水池主要起防止沉淀物的再悬浮和降低温度的作用，水深一般为 0.8～1.2m，出水池容积约为总容积（不含调节容积）的 10%。雨水湿地典型构造如图 10-17 所示。

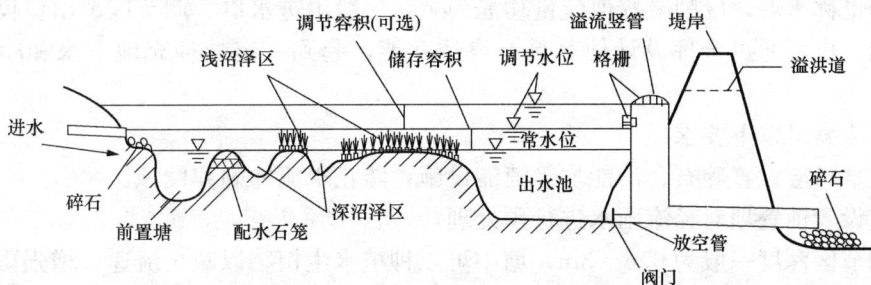

图 10-17　雨水湿地典型构造示意图

2. 适用性

雨水湿地适用于具有一定空间条件的建筑与小区、城市道路、城市绿地、滨水带等区域。

3. 优缺点

雨水湿地可有效削减污染物，并具有一定的径流总量和峰值流量控制效果，但建设及维护费用较高。

（九）蓄水池

1. 概念与构造

蓄水池指具有雨水储存功能的集蓄利用设施，同时也具有削减峰值流量的作用，主要包括钢筋混凝土蓄水池，砖、石砌筑蓄水池及塑料蓄水模块拼装式蓄水池，用地紧张的城市大多采用地下封闭式蓄水池。蓄水池典型构造可参照国家建筑标准设计图集《雨水综合利用》（10SS705）。

2. 适用性

蓄水池适用于有雨水回用需求的建筑与小区、城市绿地等，根据雨水回用用途（绿化、道路喷洒及冲厕等）不同需配建相应的雨水净化设施；不适用于无雨水回用需求和径流污染严重的地区。

3. 优缺点

蓄水池具有节省占地、雨水管渠易接入、避免阳光直射、防止蚊蝇滋生、储存水量大等优点，雨水可回用于绿化灌溉、冲洗路面和车辆等，但建设费用高，后期需重视维护管理。

（十）雨水罐

1. 概念与构造

雨水罐也称雨水桶，为地上或地下封闭式的简易雨水集蓄利用设施，可用塑料、玻璃钢或金属等材料制成。

2. 适用性

适用于单体建筑屋面雨水的收集利用。

3. 优缺点

雨水罐多为成型产品，施工安装方便，便于维护，但其储存容积较小，雨水净化能力有限。

（十一）调节塘

1. 概念与构造

调节塘也称干塘，以削减峰值流量功能为主，一般由进水口、调节区、出口设施、护坡及堤岸构成，也可通过合理设计使其具有渗透功能，起到一定的补充地下水和净化雨水的作用。

调节塘应满足以下要求：

（1）进水口应设置碎石、消能坎等消能设施，防止水流冲刷和侵蚀。

（2）应设置前置塘对径流雨水进行预处理。

（3）调节区深度一般为 0.6～3m，塘中可以种植水生植物以减小流速、增强雨水净化效果。塘底设计成可渗透时，塘底部渗透面距离季节性最高地下水位或岩石层不应小于 1m，距离建筑物基础不应小于 3m（水平距离）。

（4）调节塘出水设施一般设计成多级出水口形式，以控制调节塘水位，增加雨水水力停留时间（一般不大于 24h），控制外排流量。

（5）调节塘应设置护栏、警示牌等安全防护与警示措施。

调节塘典型构造如图 10-18 所示。

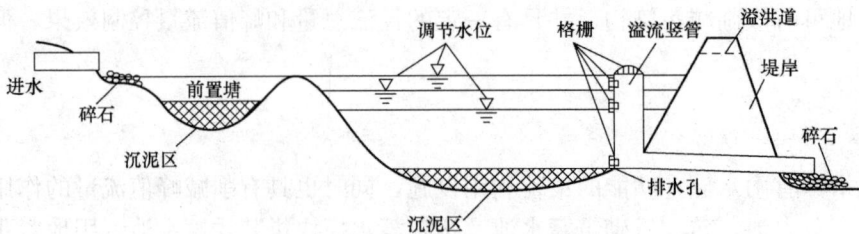

图 10-18　调节塘典型构造示意图

2. 适用性

调节塘适用于建筑与小区、城市绿地等具有一定空间条件的区域。

3. 优缺点

调节塘可有效削减峰值流量，建设及维护费用较低，但其功能较为单一，宜利用下沉式公园及广场等与湿塘、雨水湿地合建，构建多功能调蓄水体。

（十二）调节池

1. 概念与构造

调节池为调节设施的一种，主要用于削减雨水管渠峰值流量，一般常用溢流堰式或底部流槽式，可以是地上敞口式调节池或地下封闭式调节池，其典型构造可参见《给水排水设计手册》（第 5 册）。

2. 适用性

调节池适用于城市雨水管渠系统中，削减管渠峰值流量。

3. 优缺点

调节池可有效削减峰值流量，但其功能单一，建设及维护费用较高，宜利用下沉式公园及广场等与湿塘、雨水湿地合建，构建多功能调蓄水体。

（十三）植草沟

1. 概念与构造

植草沟指种有植被的地表沟渠，可收集、输送和排放径流雨水，并具有一定的雨水净化作用，可用于衔接其他各单项设施、城市雨水管渠系统和超标雨水径流排放系统。除转输型植草沟外，还包括渗透型的干式植草沟及常有水的湿式植草沟，可分别提高径流总量和径流污染控制效果。

植草沟应满足以下要求：

（1）浅沟断面形式宜采用倒抛物线形、三角形或梯形。

（2）植草沟的边坡坡度（垂直：水平）不宜大于 1：3，纵坡不应大于 4%。纵坡较大时宜设置为阶梯型植草沟或在中途设置消能台坎。

（3）植草沟最大流速应小于 0.8m/s，曼宁系数宜为 0.2～0.3。

（4）转输型植草沟内植被高度宜控制在 100～200mm。

转输型三角形断面植草沟的典型构造如图 10-19 所示。

2. 适用性

植草沟适用于建筑与小区内道路，广场、停车场等不透水面的周边，城市道路及城市绿地等区域，也可作为生物滞留设施、湿塘等低影响开发设施的预处理设施。植草

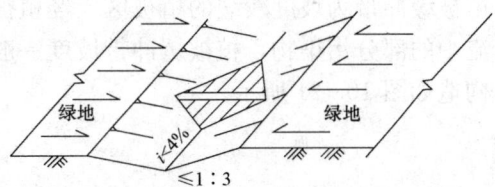

图 10-19　转输型三角形断面植草沟典型构造示意图

沟也可与雨水管渠联合应用，场地竖向允许且不影响安全的情况下也可代替雨水管渠。

3. 优缺点

植草沟具有建设及维护费用低，易与景观结合的优点，但已建城区及开发强度较大的新建城区等区域易受场地条件制约。

（十四）渗管/渠

1. 概念与构造

渗管/渠指具有渗透功能的雨水管/渠，可采用穿孔塑料管、无砂混凝土管/渠和砾（碎）

石等材料组合而成。

渗管/渠应满足以下要求：

（1）渗管/渠应设置植草沟、沉淀（砂）池等预处理设施。

（2）渗管/渠开孔率应控制在 1%～3% 之间，无砂混凝土管的孔隙率应大于 20%。

（3）渗管/渠的敷设坡度应满足排水的要求。

（4）渗管/渠四周应填充砾石或其他多孔材料，砾石层外包透水土工布，土工布搭接宽度不应少于 200mm。

（5）渗管/渠设在行车路面下时覆土深度不应小于 700mm。渗管/渠典型构造如图 10-20 所示。

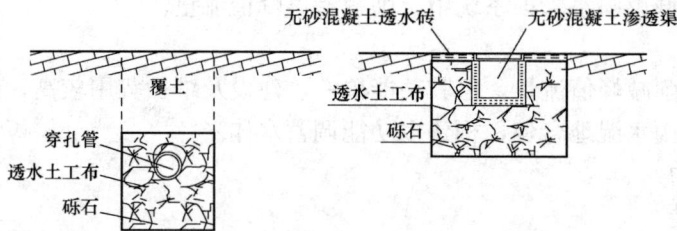

图 10-20　渗管/渠典型构造示意图

2. 适用性

渗管/渠适用于建筑与小区及公共绿地内转输流量较小的区域，不适用于地下水位较高、径流污染严重及易出现结构塌陷等不宜进行雨水渗透的区域（如雨水管渠位于机动车道下等）。

3. 优缺点

渗管/渠对场地空间要求小，但建设费用较高，易堵塞，维护较困难。

（十五）植被缓冲带

1. 概念与构造

植被缓冲带为坡度较缓的植被区，经植被拦截及土壤下渗作用减缓地表径流流速，并去除径流中的部分污染物，植被缓冲带坡度一般为 2%～6%，宽度不宜小于 2m。植被缓冲带典型构造如图 10-21 所示。

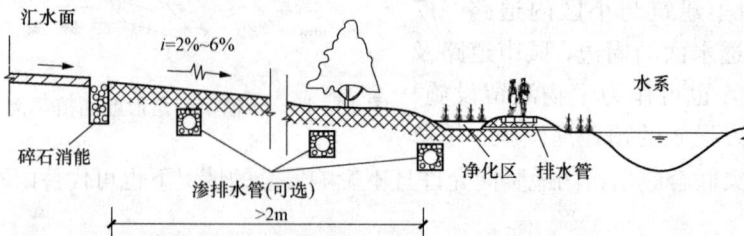

图 10-21　植被缓冲带典型构造示意图

2. 适用性

植被缓冲带适用于道路等不透水面周边，可作为生物滞留设施等低影响开发设施的预处理设施，也可作为城市水系的滨水绿化带，但坡度较大（大于 6%）时其雨水净化效果较差。

3. 优缺点

植被缓冲带建设与维护费用低，但对场地空间大小、坡度等条件要求较高，且径流控制效果有限。

（十六）初期雨水弃流设施

1. 概念与构造

初期雨水弃流指通过一定方法或装置将存在初期冲刷效应、污染物浓度较高的降雨初期径流予以弃除，以降低雨水的后续处理难度。弃流雨水应进行处理，如排入市政污水管网（或雨污合流管网）由污水处理厂进行集中处理等。常见的初期弃流方法包括容积法弃流、小管弃流（水流切换法）等，弃流形式包括自控弃流、渗透弃流、弃流池、雨落管弃流等。初期雨水弃流设施典型构造如图 10-22 所示。

2. 适用性

初期雨水弃流设施是其他低影响开发设施的重要预处理设施，主要适用于屋面雨水的雨落管、径流雨水的集中入口等低影响开发设施的前端。

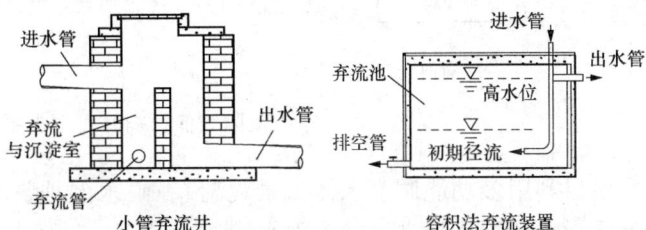

图 10-22　初期雨水弃流设施示意图

3. 优缺点

初期雨水弃流设施占地面积小，建设费用低，可降低雨水储存及雨水净化设施的维护管理费用，但径流污染物弃流量一般不易控制。

（十七）人工土壤渗滤

1. 概念与构造

人工土壤渗滤主要作为蓄水池等雨水储存设施的配套雨水设施，以达到回用水水质指标。人工土壤渗滤设施的典型构造可参照复杂型生物滞留设施。

2. 适用性

人工土壤渗滤适用于有一定场地空间的建筑与小区及城市绿地。

3. 优缺点

人工土壤渗滤雨水净化效果好，易与景观结合，但建设费用较高。

四、海绵城市的应用实例

（一）北京市顺义区某住宅区低影响开发雨水系统建设项目

1. 项目概况

东方太阳城老年住宅区位于北京市顺义区潮白河的西岸，占地 234hm²，其中景观湖占地 18hm²，集中绿地和高尔夫球场占地 70hm²。项目定位自然生态且场地空间布局适合低影响开发雨水系统建设。

项目所在地原为河滩淹没区，地势较低洼，建设期间周边无配套市政雨/污水管线，内涝风险高。同时，在一期建设初步完成时，作为重要亮点的中心景观水体因自净能力差，出现水体富营养化、发臭、耗水量高等多重问题。

2. 低影响开发雨水系统设计方案

项目在控制投资成本前提下，通过方案比较，采用了低影响开发雨水系统，如图 10-23 所示。

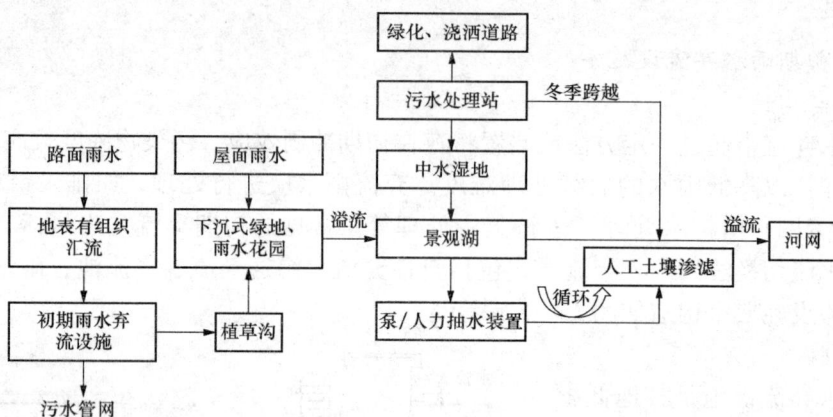

图 10-23　东方太阳城低影响开发雨水系统与水环境设计方案

项目利用多功能调蓄水体（景观湖）、雨水湿地、植草沟、雨水花园、初期雨水弃流设施等低影响开发设施进行径流雨水渗透、储存、转输与截污净化，实现径流总量减排、内涝防治、径流污染、雨水资源化利用等多重目标，并通过生态堤岸、人工土壤渗滤与中水湿地循环净化等保障了景观水体水质。

此外，本项目未建设雨水管渠系统，而是通过有效的场地竖向设计实现雨水的地表有组织排放，同时道路、绿地可作为超标雨水径流排放通道。

该项目投资合理、效果显著、便于运行管理，二期、三期同样采纳了低影响开发雨水系统的设计，并经受住了北京 2011 年 "6·23"、2012 年 "7·21" 等暴雨事件的考验。图 10-24 是东方太阳城景观湖实景图。

图 10-24　东方太阳城景观湖实景图

3. 综合效益

（1）项目利用低影响开发设施替代管渠系统，投资成本与传统开发模式持平，大大提高了小区内涝防治能力。

（2）每年利用雨水资源近 70 万 m^3，年径流总量控制率约 85%。

（3）通过低影响开发设施有效控制径流污染，入湖径流雨水水质大大改善；人工土壤渗滤和湿地循环净化系统使湖水水质得到明显改善。

（4）自然、生态设施的建设改善水体景观效果，为水生植物、动物提供了良好的栖息地。

（二）上海世博城市最佳实践区低影响开发雨水系统建设项目

1. 项目概况

上海世博城市最佳实践区位于世博园区浦西部分，占地面积 16.85hm²，包括北区和南区两个片区。在 2010 年上海世博会期间展示宜居家园、可持续的城市化和历史遗产保护与利用等内容。后世博时代，城市最佳实践区旨在打造一个充满活力的复合街坊和富有魅力的城市客厅，其建设目标是达到美国绿色建筑委员会颁发的 LEED-ND（Leadership in Energy and Environmental Design for Neighborhood Development）铂金级认证，该认证是目前国际上最为先进和具有实践性的绿色建筑认证评分体系。根据 LEED-ND 铂金认证体系中针对雨水收集利用的考核指标要求，需将园区 90％雨水收集利用并在 3 天内用完，具体解释为：通过渗透、蒸发（腾）或者集蓄利用等措施维持项目地范围内至少 90％的降雨。

（1）管理措施包括但不限于：雨水收集及回用系统、透水砖铺装下渗、雨水花园、绿色屋顶、渗透塘、渗井。

（2）除雨水收集和回用外，渗透等措施的排空时间应限在 72h 内。

（3）项目运营后，应分季节定期对低影响开发雨水系统进行维护。

2. 低影响开发雨水系统设计方案

（1）城市最佳实践区北区低影响开发雨水系统设计方案。世博城市最佳实践区北区面积 7.13hm²，雨水收集量为 929m³，其中可利用雨水量 89m³/d（包括绿化灌溉、冲厕、道路及广场冲洗、洗车用水），3 天利用水量为 267m³，其余 662m³ 雨水需要在 3 天内就地下渗。

2010 年上海世博会期间，在城市最佳实践区北区内设计展示了一个微缩版的成都活水公园案例，因此利用成都活水公园的水流循环系统蓄水，并将活水公园内的荷花池改造成雨水渗透塘，实现本区域收集的雨水在 3 天内就地下渗，总体设计方案如图 10-25 所示。

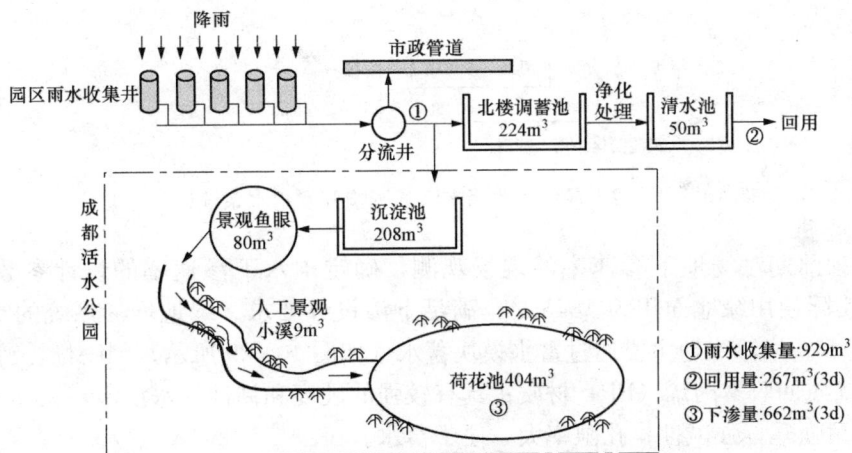

图 10-25　城市最佳实践区北区低影响开发雨水系统设计方案

根据工程前期对场地下渗速率的现场观测，确定雨水下渗速率的设计参数为 2.3×10^{-5} m/s（场地表层土为孔隙率较大的人工回填土，下渗速率较大）。活水公园内荷花池工程改造如图 10-26 所示，采取渗管下渗的方式。下渗管设有盖板，可人工启闭。需要下渗时，盖板打开，荷花池内的水通过下渗管引入碎石层中下渗；如果连续晴天不降雨，为保持荷花池内的景观用水，则将下渗管上部的盖板关闭。

（2）城市最佳实践区南区低影响开发雨水系统设计方案。世博城市最佳实践区南区面积 9.72hm²，共需收集雨水量 1375m³。与北区不同，南区没有成都活水公园这样的可以蓄水和改造下渗的荷花池。根据南区实际情况，提出利用南区 3# 地块的绿地空间，在绿地下面形成蓄水下渗空间，实现南区雨水就地下渗。总体设计方案如图 10-27 所示。

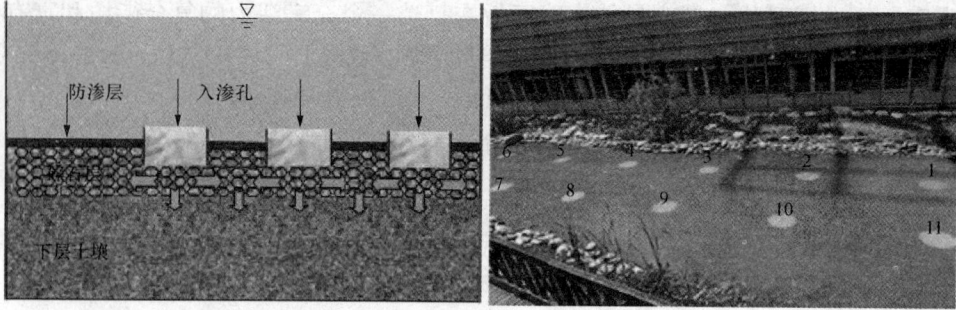

图 10-26 城市最佳实践区北区荷花池下渗改造（左：示意图；右：实景图）

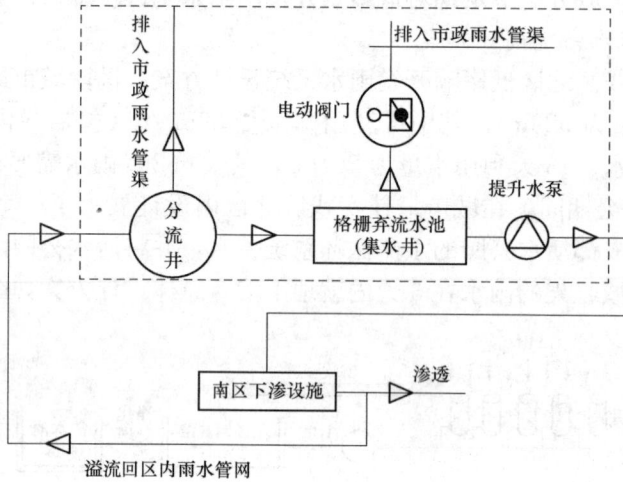

图 10-27 城市最佳实践区南区低影响开发雨水系统设计方案

根据工程前期对场地下渗速率的现场观测，确定雨水下渗速率的设计参数为 $6.48 \times 10^{-6} \mathrm{m/s}$。实际使用绿地面积为 $1845 \mathrm{m}^2$，满足下渗设计要求。绿地增渗系统的空间设计如图 10-28 所示。增渗绿地主要通过蓄水模块蓄水（如图 10-29 所示），其材质及特性为：高品质 100% 优质回收聚丙烯（PP）材质；具有较强的硬度和韧性；水浸泡，无异味，无析出物；较强的耐强酸，强碱性；孔隙率大，便于蓄水。

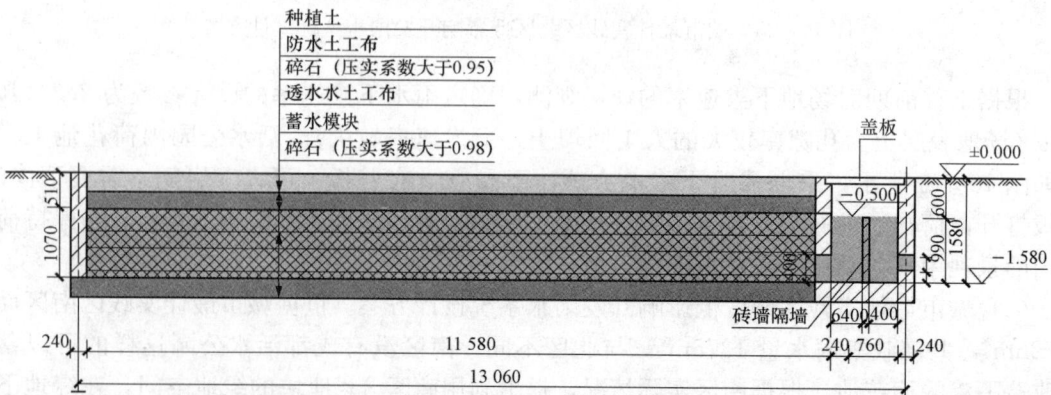

图 10-28 城市最佳实践区南区绿地增渗系统空间设计

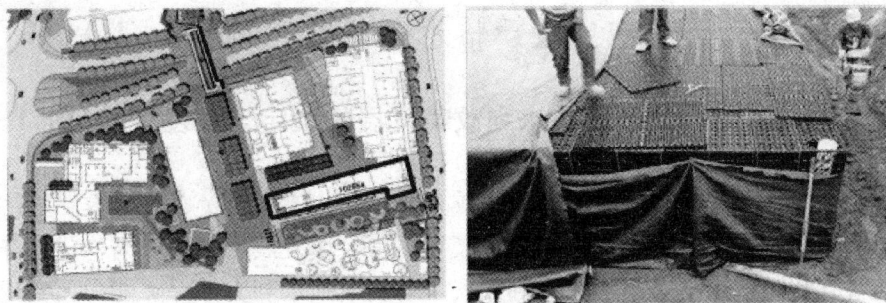

图 10-29　城市最佳实践区南区绿地增渗系统实景图

（左图：绿地增渗平面位置；右图：绿地增渗系统现场施工）

3. 综合效益

（1）项目已获得美国绿色建筑委员会 LEED-ND 铂金级预认证授牌，成为北美地区以外首个获得该级别认证的项目。对于实践城市低影响开发雨水系统，将产生良好的示范效应。

（2）示范区年径流总量控制率达 90%，有效减少雨水径流产生量以及径流污染带来的城市水环境污染。

习　　题

10.1　简述水环境规划的目的和意义。

10.2　简述水环境规划所遵循的原则和基本程序。

10.3　概述水功能区划的基本方法。

10.4　阐述水功能区划的基本步骤。

10.5　水环境容量的概念是什么？水环境容量怎样分类？

10.6　什么是纳污能力？如何计算河流的纳污能力？

10.7　污染物总量控制的概念是什么？包括哪几种类型？

10.8　总量控制理论模型包括哪几种？

10.9　水生态系统的概念是什么？它有什么作用？

10.10　阐述水生态系统的特性及功能。

10.11　什么是水生态文明？怎么样表征水生态文明？

10.12　简述水生态系统修复的步骤。

10.13　列举几种水生态系统修复的技术。

10.14　什么是排污许可证制度？怎样才能贯彻执行好排污许可证制度？

10.15　什么是海绵城市？

10.16　海绵城市的专项规划应该包括哪些？低影响开发技术按照功能可以分为几类？

附录 1　最严格水资源管理制度

中共中央　国务院关于加快水利改革发展的决定（中发〔2011〕1 号）

　　水是生命之源、生产之要、生态之基。兴水利、除水害，事关人类生存、经济发展、社会进步，历来是治国安邦的大事。促进经济长期平稳较快发展和社会和谐稳定，夺取全面建设小康社会新胜利，必须下决心加快水利发展，切实增强水利支撑保障能力，实现水资源可持续利用。近年来我国频繁发生的严重水旱灾害，造成重大生命财产损失，暴露出农田水利等基础设施十分薄弱，必须大力加强水利建设。现就加快水利改革发展，作出如下决定。

　　一、新形势下水利的战略地位

　　（一）水利面临的新形势。新中国成立以来，特别是改革开放以来，党和国家始终高度重视水利工作，领导人民开展了气壮山河的水利建设，取得了举世瞩目的巨大成就，为经济社会发展、人民安居乐业作出了突出贡献。但必须看到，人多水少、水资源时空分布不均是我国的基本国情水情。洪涝灾害频繁仍然是中华民族的心腹大患，水资源供需矛盾突出仍然是可持续发展的主要瓶颈，农田水利建设滞后仍然是影响农业稳定发展和国家粮食安全的最大硬伤，水利设施薄弱仍然是国家基础设施的明显短板。随着工业化、城镇化深入发展，全球气候变化影响加大，我国水利面临的形势更趋严峻，增强防灾减灾能力要求越来越迫切，强化水资源节约保护工作越来越繁重，加快扭转农业主要"靠天吃饭"局面任务越来越艰巨。2010 年西南地区发生特大干旱、多数省区市遭受洪涝灾害、部分地方突发严重山洪泥石流，再次警示我们加快水利建设刻不容缓。

　　（二）新形势下水利的地位和作用。水利是现代农业建设不可或缺的首要条件，是经济社会发展不可替代的基础支撑，是生态环境改善不可分割的保障系统，具有很强的公益性、基础性、战略性。加快水利改革发展，不仅事关农业农村发展，而且事关经济社会发展全局；不仅关系到防洪安全、供水安全、粮食安全，而且关系到经济安全、生态安全、国家安全。要把水利工作摆上党和国家事业发展更加突出的位置，着力加快农田水利建设，推动水利实现跨越式发展。

　　二、水利改革发展的指导思想、目标任务和基本原则

　　（三）指导思想。全面贯彻党的十七大和十七届三中、四中、五中全会精神，以邓小平理论和"三个代表"重要思想为指导，深入贯彻落实科学发展观，把水利作为国家基础设施建设的优先领域，把农田水利作为农村基础设施建设的重点任务，把严格水资源管理作为加快转变经济发展方式的战略举措，注重科学治水、依法治水，突出加强薄弱环节建设，大力发展民生水利，不断深化水利改革，加快建设节水型社会，促进水利可持续发展，努力走出一条中国特色水利现代化道路。

　　（四）目标任务。力争通过 5 年到 10 年努力，从根本上扭转水利建设明显滞后的局面。到 2020 年，基本建成防洪抗旱减灾体系，重点城市和防洪保护区防洪能力明显提高，抗旱能力显著增强，"十二五"期间基本完成重点中小河流（包括大江大河支流、独流入海河流和内陆河流）重要河段治理、全面完成小型水库除险加固和山洪灾害易发区预警预报系统建设；基本建成水资源合理配置和高效利用体系，全国年用水总量力争控制在 6700 亿 m^3 以内，城乡供水保证率显著提高，城乡居民饮水安全得到全面保障，万元国内生产总值和万元工业增加值用水量明显降低，农田灌溉水有效利用系数提高到 0.55 以上，"十二五"期间新增农田有效灌溉面积 4000 万亩；基本建成水资源保护和河湖健康保障体系，主要江河湖泊水功能区水质明显改善，城镇供水水源地水质全面达标，重点区域水土流失得到有效治理，地下水超采基本遏制；基本建成有利于水利科学发展的制度体系，最严格的水资源管理制度基本建立，水利投入稳定增长机制进一步完善，有利于水资源节约和合理配置的水价形成机制基本建立，水利工程良性运行机制基本形成。

（五）基本原则。一要坚持民生优先。着力解决群众最关心最直接最现实的水利问题，推动民生水利新发展。二要坚持统筹兼顾。注重兴利除害结合、防灾减灾并重、治标治本兼顾，促进流域与区域、城市与农村、东中西部地区水利协调发展。三要坚持人水和谐。顺应自然规律和社会发展规律，合理开发、优化配置、全面节约、有效保护水资源。四要坚持政府主导。发挥公共财政对水利发展的保障作用，形成政府社会协同治水兴水合力。五要坚持改革创新。加快水利重点领域和关键环节改革攻坚，破解制约水利发展的体制机制障碍。

三、突出加强农田水利等薄弱环节建设

（六）大兴农田水利建设。到 2020 年，基本完成大型灌区、重点中型灌区续建配套和节水改造任务。结合全国新增千亿斤粮食生产能力规划实施，在水土资源条件具备的地区，新建一批灌区，增加农田有效灌溉面积。实施大中型灌溉排水泵站更新改造，加强重点涝区治理，完善灌排体系。健全农田水利建设新机制，中央和省级财政要大幅增加专项补助资金，市、县两级政府也要切实增加农田水利建设投入，引导农民自愿投工投劳。加快推进小型农田水利重点县建设，优先安排产粮大县，加强灌区末级渠系建设和田间工程配套，促进旱涝保收高标准农田建设。因地制宜兴建中小型水利设施，支持山丘区小水窖、小水池、小塘坝、小泵站、小水渠等"五小水利"工程建设，重点向革命老区、民族地区、边疆地区、贫困地区倾斜。大力发展节水灌溉，推广渠道防渗、管道输水、喷灌滴灌等技术，扩大节水、抗旱设备补贴范围。积极发展旱作农业，采用地膜覆盖、深松深耕、保护性耕作等技术。稳步发展牧区水利，建设节水高效灌溉饲草料地。

（七）加快中小河流治理和小型水库除险加固。中小河流治理要优先安排洪涝灾害易发、保护区人口密集、保护对象重要的河流及河段，加固堤岸，清淤疏浚，使治理河段基本达到国家防洪标准。巩固大中型病险水库除险加固成果，加快小型病险水库除险加固步伐，尽快消除水库安全隐患，恢复防洪库容，增强水资源调控能力。推进大中型病险水闸除险加固。山洪地质灾害防治要坚持工程措施和非工程措施相结合，抓紧完善专群结合的监测预警体系，加快实施防灾避让和重点治理。

（八）抓紧解决工程性缺水问题。加快推进西南等工程性缺水地区重点水源工程建设，坚持蓄引提与合理开采地下水相结合，以县域为单元，尽快建设一批中小型水库、引提水和连通工程，支持农民兴建小微型水利设施，显著提高雨洪资源利用和供水保障能力，基本解决缺水城镇、人口较集中乡村的供水问题。

（九）提高防汛抗旱应急能力。尽快健全防汛抗旱统一指挥、分级负责、部门协作、反应迅速、协调有序、运转高效的应急管理机制。加强监测预警能力建设，加大投入，整合资源，提高雨情汛情旱情预报水平。建立专业化与社会化相结合的应急抢险救援队伍，着力推进县乡两级防汛抗旱服务组织建设，健全应急抢险物资储备体系，完善应急预案。建设一批规模合理、标准适度的抗旱应急水源工程，建立应对特大干旱和突发水安全事件的水源储备制度。加强人工增雨（雪）作业示范区建设，科学开发利用空中云水资源。

（十）继续推进农村饮水安全建设。到 2013 年解决规划内农村饮水安全问题，"十二五"期间基本解决新增农村饮水不安全人口的饮水问题。积极推进集中供水工程建设，提高农村自来水普及率。有条件的地方延伸集中供水管网，发展城乡一体化供水。加强农村饮水安全工程运行管理，落实管护主体，加强水源保护和水质监测，确保工程长期发挥效益。制定支持农村饮水安全工程建设的用地政策，确保土地供应，对建设、运行给予税收优惠，供水用电执行居民生活或农业排灌用电价格。

四、全面加快水利基础设施建设

（十一）继续实施大江大河治理。进一步治理淮河，搞好黄河下游治理和长江中下游河势控制，继续推进主要江河河道整治和堤防建设，加强太湖、洞庭湖、鄱阳湖综合治理，全面加快蓄滞洪区建设，合理安排居民迁建。搞好黄河下游滩区安全建设。"十二五"期间抓紧建设一批流域防洪控制性水利枢纽工程，不断提高调蓄洪水能力。加强城市防洪排涝工程建设，提高城市排涝标准。推进海堤建设和跨界河流整治。

（十二）加强水资源配置工程建设。完善优化水资源战略配置格局，在保护生态前提下，尽快建设一批骨干水源工程和河湖水系连通工程，提高水资源调控水平和供水保障能力。加快推进南水北调东中线一期工程及配套工程建设，确保工程质量，适时开展南水北调西线工程前期研究。积极推进一批跨流域、区域调水工程建设。着力解决西北等地区资源性缺水问题。大力推进污水处理回用，积极开展海水淡化和综合利用，高度重视雨水、微咸水利用。

（十三）搞好水土保持和水生态保护。实施国家水土保持重点工程，采取小流域综合治理、淤地坝建设、坡耕地整治、造林绿化、生态修复等措施，有效防治水土流失。进一步加强长江上中游、黄河上中游、西南石漠化地区、东北黑土区等重点区域及山洪地质灾害易发区的水土流失防治。继续推进生态脆弱河流和地区水生态修复，加快污染严重江河湖泊水环境治理。加强重要生态保护区、水源涵养区、江河源头区、湿地的保护。实施农村河道综合整治，大力开展生态清洁型小流域建设。强化生产建设项目水土保持监督管理。建立健全水土保持、建设项目占用水利设施和水域等补偿制度。

（十四）合理开发水能资源。在保护生态和农民利益前提下，加快水能资源开发利用。统筹兼顾防洪、灌溉、供水、发电、航运等功能，科学制定规划，积极发展水电，加强水能资源管理，规范开发许可，强化水电安全监管。大力发展农村水电，积极开展水电新农村电气化县建设和小水电代燃料生态保护工程建设，搞好农村水电配套电网改造工程建设。

（十五）强化水文气象和水利科技支撑。加强水文气象基础设施建设，扩大覆盖范围，优化站网布局，着力增强重点地区、重要城市、地下水超采区水文测报能力，加快应急机动监测能力建设，实现资料共享，全面提高服务水平。健全水利科技创新体系，强化基础条件平台建设，加强基础研究和技术研发，力争在水利重点领域、关键环节和核心技术上实现新突破，获得一批具有重大实用价值的研究成果，加大技术引进和推广应用力度。提高水利技术装备水平。建立健全水利行业技术标准。推进水利信息化建设，全面实施"金水工程"，加快建设国家防汛抗旱指挥系统和水资源管理信息系统，提高水资源调控、水利管理和工程运行的信息化水平，以水利信息化带动水利现代化。加强水利国际交流与合作。

五、建立水利投入稳定增长机制

（十六）加大公共财政对水利的投入。多渠道筹集资金，力争今后 10 年全社会水利年平均投入比 2010 年高出一倍。发挥政府在水利建设中的主导作用，将水利作为公共财政投入的重点领域。各级财政对水利投入的总量和增幅要有明显提高。进一步提高水利建设资金在国家固定资产投资中的比重。大幅度增加中央和地方财政专项水利资金。从土地出让收益中提取 10％用于农田水利建设，充分发挥新增建设用地土地有偿使用费等土地整治资金的综合效益。进一步完善水利建设基金政策，延长征收年限，拓宽来源渠道，增加收入规模。完善水资源有偿使用制度，合理调整水资源费征收标准，扩大征收范围，严格征收、使用和管理。有重点防洪任务和水资源严重短缺的城市要从城市建设维护税中划出一定比例用于城市防洪排涝和水源工程建设。切实加强水利投资项目和资金监督管理。

（十七）加强对水利建设的金融支持。综合运用财政和货币政策，引导金融机构增加水利信贷资金。有条件的地方根据不同水利工程的建设特点和项目性质，确定财政贴息的规模、期限和贴息率。在风险可控的前提下，支持农业发展银行积极开展水利建设中长期政策性贷款业务。鼓励国家开发银行、农业银行、农村信用社、邮政储蓄银行等银行业金融机构进一步增加农田水利建设的信贷资金。支持符合条件的水利企业上市和发行债券，探索发展大型水利设备设施的融资租赁业务，积极开展水利项目收益权质押贷款等多种形式融资。鼓励和支持发展洪水保险。提高水利利用外资的规模和质量。

（十八）广泛吸引社会资金投资水利。鼓励符合条件的地方政府融资平台公司通过直接、间接融资方式，拓宽水利投融资渠道，吸引社会资金参与水利建设。鼓励农民自力更生、艰苦奋斗，在统一规划基础上，按照多筹多补、多干多补原则，加大一事一议财政奖补力度，充分调动农民兴修农田水利的积极性。结合增值税改革和立法进程，完善农村水电增值税政策。完善水利工程耕地占用税政策。积极稳妥推进经营性水利项目进行市场融资。

六、实行最严格的水资源管理制度

（十九）建立用水总量控制制度。确立水资源开发利用控制红线，抓紧制定主要江河水量分配方案，建立取用水总量控制指标体系。加强相关规划和项目建设布局水资源论证工作，国民经济和社会发展规划以及城市总体规划的编制、重大建设项目的布局，要与当地水资源条件和防洪要求相适应。严格执行建设项目水资源论证制度，对擅自开工建设或投产的一律责令停止。严格取水许可审批管理，对取用水总量已达到或超过控制指标的地区，暂停审批建设项目新增取水；对取用水总量接近控制指标的地区，限制审批新增取水。严格地下水管理和保护，尽快核定并公布禁采和限采范围，逐步削减地下水超采量，实现采补平衡。强化水资源统一调度，协调好生活、生产、生态环境用水，完善水资源调度方案、应急调度预案和调度计划。建立和完善国家水权制度，充分运用市场机制优化配置水资源。

（二十）建立用水效率控制制度。确立用水效率控制红线，坚决遏制用水浪费，把节水工作贯穿于经济社会发展和群众生产生活全过程。加快制定区域、行业和用水产品的用水效率指标体系，加强用水定额和计划管理。对取用水达到一定规模的用水户实行重点监控。严格限制水资源不足地区建设高耗水型工业项目。落实建设项目节水设施与主体工程同时设计、同时施工、同时投产制度。加快实施节水技术改造，全面加强企业节水管理，建设节水示范工程，普及农业高效节水技术。抓紧制定节水强制性标准，尽快淘汰不符合节水标准的用水工艺、设备和产品。

（二十一）建立水功能区限制纳污制度。确立水功能区限制纳污红线，从严核定水域纳污容量，严格控制入河湖排污总量。各级政府要把限制排污总量作为水污染防治和污染减排工作的重要依据，明确责任，落实措施。对排污量已超出水功能区限制排污总量的地区，限制审批新增取水和入河排污口。建立水功能区水质达标评价体系，完善监测预警监督管理制度。加强水源地保护，依法划定饮用水水源保护区，强化饮用水水源应急管理。建立水生态补偿机制。

（二十二）建立水资源管理责任和考核制度。县级以上地方政府主要负责人对本行政区域水资源管理和保护工作负总责。严格实施水资源管理考核制度，水行政主管部门会同有关部门，对各地区水资源开发利用、节约保护主要指标的落实情况进行考核，考核结果交由干部主管部门，作为地方政府相关领导干部综合考核评价的重要依据。加强水量水质监测能力建设，为强化监督考核提供技术支撑。

七、不断创新水利发展体制机制

（二十三）完善水资源管理体制。强化城乡水资源统一管理，对城乡供水、水资源综合利用、水环境治理和防洪排涝等实行统筹规划、协调实施，促进水资源优化配置。完善流域管理与区域管理相结合的水资源管理制度，建立事权清晰、分工明确、行为规范、运转协调的水资源管理工作机制。进一步完善水资源保护和水污染防治协调机制。

（二十四）加快水利工程建设和管理体制改革。区分水利工程性质，分类推进改革，健全良性运行机制。深化国有水利工程管理体制改革，落实好公益性、准公益性水管单位基本支出和维修养护经费。中央财政对中西部地区、贫困地区公益性工程维修养护经费给予补助。妥善解决水管单位分流人员社会保障问题。深化小型水利工程产权制度改革，明确所有权和使用权，落实管护主体和责任，对公益性小型水利工程管护经费给予补助，探索社会化和专业化的多种水利工程管理模式。对非经营性政府投资项目，加快推行代建制。充分发挥市场机制在水利工程建设和运行中的作用，引导经营性水利工程积极走向市场，完善法人治理结构，实现自主经营、自负盈亏。

（二十五）健全基层水利服务体系。建立健全职能明确、布局合理、队伍精干、服务到位的基层水利服务体系，全面提高基层水利服务能力。以乡镇或小流域为单元，健全基层水利服务机构，强化水资源管理、防汛抗旱、农田水利建设、水利科技推广等公益性职能，按规定核定人员编制，经费纳入县级财政预算。大力发展农民用水合作组织。

（二十六）积极推进水价改革。充分发挥水价的调节作用，兼顾效率和公平，大力促进节约用水和产业结构调整。工业和服务业用水要逐步实行超额累进加价制度，拉开高耗水行业与其他行业的水价差价。合理调整城市居民生活用水价格，稳步推行阶梯式水价制度。按照促进节约用水、降低农民水费支出、保障灌排工程良性运行的原则，推进农业水价综合改革，农业灌排工程运行管理费用由财政适当补助，探索实行农民定额内用水享受优惠水价、超定额用水累进加价的办法。

八、切实加强对水利工作的领导

（二十七）落实各级党委和政府责任。各级党委和政府要站在全局和战略高度，切实加强水利工作，及时研究解决水利改革发展中的突出问题。实行防汛抗旱、饮水安全保障、水资源管理、水库安全管理行政首长负责制。各地要结合实际，认真落实水利改革发展各项措施，确保取得实效。各级水行政主管部门要切实增强责任意识，认真履行职责，抓好水利改革发展各项任务的实施工作。各有关部门和单位要按照职能分工，尽快制定完善各项配套措施和办法，形成推动水利改革发展合力。把加强农田水利建设作为农村基层开展创先争优活动的重要内容，充分发挥农村基层党组织的战斗堡垒作用和广大党员的先锋模范作用，带领广大农民群众加快改善农村生产生活条件。

（二十八）推进依法治水。建立健全水法规体系，抓紧完善水资源配置、节约保护、防汛抗旱、农村水利、水土保持、流域管理等领域的法律法规。全面推进水利综合执法，严格执行水资源论证、取水许可、水工程建设规划同意书、洪水影响评价、水土保持方案等制度。加强河湖管理，严禁建设项目非法侵占河湖水域。加强国家防汛抗旱督察工作制度化建设。健全预防为主、预防与调处相结合的水事纠纷调处机制，完善应急预案。深化水行政许可审批制度改革。科学编制水利规划，完善全国、流域、区域水利规划体系，加快重点建设项目前期工作，强化水利规划对涉水活动的管理和约束作用。做好水库移民安置工作，落实后期扶持政策。

（二十九）加强水利队伍建设。适应水利改革发展新要求，全面提升水利系统干部职工队伍素质，切实增强水利勘测设计、建设管理和依法行政能力。支持大专院校、中等职业学校水利类专业建设。大力引进、培养、选拔各类管理人才、专业技术人才、高技能人才，完善人才评价、流动、激励机制。鼓励广大科技人员服务于水利改革发展第一线，加大基层水利职工在职教育和继续培训力度，解决基层水利职工生产生活中的实际困难。广大水利干部职工要弘扬"献身、负责、求实"的水利行业精神，更加贴近民生，更多服务基层，更好服务经济社会发展全局。

（三十）动员全社会力量关心支持水利工作。加大力度宣传国情水情，提高全民水患意识、节水意识、水资源保护意识，广泛动员全社会力量参与水利建设。把水情教育纳入国民素质教育体系和中小学教育课程体系，作为各级领导干部和公务员教育培训的重要内容。把水利纳入公益性宣传范围，为水利又好又快发展营造良好舆论氛围。对在加快水利改革发展中取得显著成绩的单位和个人，各级政府要按照国家有关规定给予表彰奖励。

加快水利改革发展，使命光荣，任务艰巨，责任重大。我们要紧密团结在以胡锦涛同志为总书记的党中央周围，与时俱进，开拓进取，扎实工作，奋力开创水利工作新局面！

附录2 国务院关于实行最严格水资源管理制度的意见
（国发〔2012〕3 号）

中共中央 国务院关于加快水利改革发展的决定（中发〔2011〕1 号）

各省、自治区、直辖市人民政府，国务院各部委、各直属机构：

水是生命之源、生产之要、生态之基，人多水少、水资源时空分布不均是我国的基本国情和水情。当前我国水资源面临的形势十分严峻，水资源短缺、水污染严重、水生态环境恶化等问题日益突出，已成为制约经济社会可持续发展的主要瓶颈。为贯彻落实好中央水利工作会议和《中共中央 国务院关于加快水利改革发展的决定》（中发〔2011〕1 号）的要求，现就实行最严格水资源管理制度提出以下意见：

一、总体要求

（一）指导思想。深入贯彻落实科学发展观，以水资源配置、节约和保护为重点，强化用水需求和用水过程管理，通过健全制度、落实责任、提高能力、强化监管，严格控制用水总量，全面提高用水效率，严格控制入河湖排污总量，加快节水型社会建设，促进水资源可持续利用和经济发展方式转变，推动经济社会发展与水资源水环境承载能力相协调，保障经济社会长期平稳较快发展。

（二）基本原则。坚持以人为本，着力解决人民群众最关心最直接最现实的水资源问题，保障饮水安全、供水安全和生态安全；坚持人水和谐，尊重自然规律和经济社会发展规律，处理好水资源开发与保护关系，以水定需、量水而行、因水制宜；坚持统筹兼顾，协调好生活、生产和生态用水，协调好上下游、左右岸、干支流、地表水和地下水关系；坚持改革创新，完善水资源管理体制和机制，改进管理方式和方法；坚持因地制宜，实行分类指导，注重制度实施的可行性和有效性。

（三）主要目标。确立水资源开发利用控制红线，到 2030 年全国用水总量控制在 7000 亿立方米以内；确立用水效率控制红线，到 2030 年用水效率达到或接近世界先进水平，万元工业增加值用水量（以 2000 年不变价计，下同）降低到 40 立方米以下，农田灌溉水有效利用系数提高到 0.6 以上；确立水功能区限制纳污红线，到 2030 年主要污染物入河湖总量控制在水功能区纳污能力范围之内，水功能区水质达标率提高到 95％以上。

为实现上述目标，到 2015 年，全国用水总量力争控制在 6350 亿立方米以内；万元工业增加值用水量比 2010 年下降 30％以上，农田灌溉水有效利用系数提高到 0.53 以上；重要江河湖泊水功能区水质达标率提高到 60％以上。到 2020 年，全国用水总量力争控制在 6700 亿立方米以内；万元工业增加值用水量降低到 65 立方米以下，农田灌溉水有效利用系数提高到 0.55 以上；重要江河湖泊水功能区水质达标率提高到 80％以上，城镇供水水源地水质全面达标。

二、加强水资源开发利用控制红线管理，严格实行用水总量控制

（四）严格规划管理和水资源论证。开发利用水资源，应当符合主体功能区的要求，按照流域和区域统一制定规划，充分发挥水资源的多种功能和综合效益。建设水工程，必须符合流域综合规划和防洪规划，由有关水行政主管部门或流域管理机构按照管理权限进行审查并签署意见。加强相关规划和项目建设布局水资源论证工作，国民经济和社会发展规划以及城市总体规划的编制、重大建设项目的布局，应当与当地水资源条件和防洪要求相适应。严格执行建设项目水资源论证制度，对未依法完成水资源论证工作的建设项目，审批机关不予批准，建设单位不得擅自开工建设和投产使用，对违反规定的，一律责令停止。

（五）严格控制流域和区域取用水总量。加快制定主要江河流域水量分配方案，建立覆盖流域和省市县三级行政区域的取用水总量控制指标体系，实施流域和区域取用水总量控制。各省、自治区、直辖市要按照江河流域水量分配方案或取用水总量控制指标，制定年度用水计划，依法对本行政区域内的年度用水实行总量管理。建立健全水权制度，积极培育水市场，鼓励开展水权交易，运用市场机制合理配置水资源。

（六）严格实施取水许可。严格规范取水许可审批管理，对取用水总量已达到或超过控制指标的地区，暂停审批建设项目新增取水；对取用水总量接近控制指标的地区，限制审批建设项目新增取水。对不符合国家产业政策或列入国家产业结构调整指导目录中淘汰类的，产品不符合行业用水定额标准的，在城市公共供水管网能够满足用水需要却通过自备取水设施取用地下水的，以及地下水已严重超采的地区取用地下水的建设项目取水申请，审批机关不予批准。

（七）严格水资源有偿使用。合理调整水资源费征收标准，扩大征收范围，严格水资源费征收、使用和管理。各省、自治区、直辖市要抓紧完善水资源费征收、使用和管理的规章制度，严格按照规定的征收范围、对象、标准和程序征收，确保应收尽收，任何单位和个人不得擅自减免、缓征或停征水资源费。水资源费主要用于水资源节约、保护和管理，严格依法查处挤占挪用水资源费的行为。

（八）严格地下水管理和保护。加强地下水动态监测，实行地下水取用水总量控制和水位控制。各省、自治区、直辖市人民政府要尽快核定并公布地下水禁采和限采范围。在地下水超采区，禁止农业、工业建设项目和服务业新增取用地下水，并逐步削减超采量，实现地下水采补平衡。深层承压地下水原则上只能作为应急和战略储备水源。依法规范机井建设审批管理，限期关闭在城市公共供水管网覆盖范围内的自备水井。抓紧编制并实施全国地下水利用与保护规划以及南水北调东中线受水区、地面沉降区、海水入侵区地下水压采方案，逐步削减开采量。

（九）强化水资源统一调度。流域管理机构和县级以上地方人民政府水行政主管部门要依法制订和完善水资源调度方案、应急调度预案和调度计划，对水资源实行统一调度。区域水资源调度应当服从流域水资源统一调度，水力发电、供水、航运等调度应当服从流域水资源统一调度。水资源调度方案、应急调度预案和调度计划一经批准，有关地方人民政府和部门等必须服从。

三、加强用水效率控制红线管理，全面推进节水型社会建设

（十）全面加强节约用水管理。各级人民政府要切实履行推进节水型社会建设的责任，把节约用水贯穿于经济社会发展和群众生活生产全过程，建立健全有利于节约用水的体制和机制。稳步推进水价改革。各项引水、调水、取水、供用水工程建设必须首先考虑节水要求。水资源短缺、生态脆弱地区要严格控制城市规模过度扩张，限制高耗水工业项目建设和高耗水服务业发展，遏制农业粗放用水。

（十一）强化用水定额管理。加快制定高耗水工业和服务业用水定额国家标准。各省、自治区、直辖市人民政府要根据用水效率控制红线确定的目标，及时组织修订本行政区域内各行业用水定额。对纳入取水许可管理的单位和其他用水大户实行计划用水管理，建立用水单位重点监控名录，强化用水监控管理。新建、扩建和改建建设项目应制订节水措施方案，保证节水设施与主体工程同时设计、同时施工、同时投产（即"三同时"制度），对违反"三同时"制度的，由县级以上地方人民政府有关部门或流域管理机构责令停止取用水并限期整改。

（十二）加快推进节水技术改造。制定节水强制性标准，逐步实行用水产品用水效率标识管理，禁止生产和销售不符合节水强制性标准的产品。加大农业节水力度，完善和落实节水灌溉的产业支持、技术服务、财政补贴等政策措施，大力发展管道输水、喷灌、微灌等高效节水灌溉。加大工业节水技术改造，建设工业节水示范工程。充分考虑不同工业行业和工业企业的用水状况和节水潜力，合理确定节水目标。有关部门要抓紧制定并公布落后的、耗水量高的用水工艺、设备和产品淘汰名录。加大城市生活节水工作力度，开展节水示范工作，逐步淘汰公共建筑中不符合节水标准的用水设备及产品，大力推广使用生活节水器具，着力降低供水管网漏损率。鼓励并积极发展污水处理回用、雨水和微咸水开发利用、海水淡化和直接利用等非常规水源开发利用。加快城市污水处理回用管网建设，逐步提高城市污水处理回用比例。非常规水源开发利用纳入水资源统一配置。

四、加强水功能区限制纳污红线管理，严格控制入河湖排污总量

（十三）严格水功能区监督管理。完善水功能区监督管理制度，建立水功能区水质达标评价体系，加强水功能区动态监测和科学管理。水功能区布局要服从和服务于所在区域的主体功能定位，符合主体功能区的发展方向和开发原则。从严核定水域纳污容量，严格控制入河湖排污总量。各级人民政府要把限制排污总量作为水污染防治和污染减排工作的重要依据。切实加强水污染防控，加强工业污染源控制，加大主要污染物减排力度，提高城市污水处理率，改善重点流域水环境质量，防治江河湖库富营养化。流域管理机构要加强重要江河湖泊的省界水质水量监测。严格入河湖排污口监督管理，对排污量超出水功能区限排总量的地区，限制审批新增取水和入河湖排污口。

（十四）加强饮用水水源保护。各省、自治区、直辖市人民政府要依法划定饮用水水源保护区，开展重要饮用水水源地安全保障达标建设。禁止在饮用水水源保护区内设置排污口，对已设置的，由县级以上地方人民政府责令限期拆除。县级以上地方人民政府要完善饮用水水源地核准和安全评估制度，公布重要饮用水水源地名录。加快实施全国城市饮用水水源地安全保障规划和农村饮水安全工程规划。加强水土流失治理，防治面源污染，禁止破坏水源涵养林。强化饮用水水源应急管理，完善饮用水水源地突发事件应急预案，建立备用水源。

（十五）推进水生态系统保护与修复。开发利用水资源应维持河流合理流量和湖泊、水库以及地下水的合理水位，充分考虑基本生态用水需求，维护河湖健康生态。编制全国水生态系统保护与修复规划，加强重要生态保护区、水源涵养区、江河源头区和湿地的保护，开展内源污染整治，推进生态脆弱河流和地区水生态修复。研究建立生态用水及河流生态评价指标体系，定期组织开展全国重要河湖健康评估，建立健全水生态补偿机制。

五、保障措施

（十六）建立水资源管理责任和考核制度。要将水资源开发、利用、节约和保护的主要指标纳入地方经济社会发展综合评价体系，县级以上地方人民政府主要负责人对本行政区域水资源管理和保护工作负总责。国务院对各省、自治区、直辖市的主要指标落实情况进行考核，水利部会同有关部门具体组织实施，考核结果交由干部主管部门，作为地方人民政府相关领导干部和相关企业负责人综合考核评价的重要依据。具体考核办法由水利部会同有关部门制订，报国务院批准后实施。有关部门要加强沟通协调，水行政主管部门负责实施水资源的统一监督管理，发展改革、财政、国土资源、环境保护、住房城乡建设、监察、法制等部门按照职责分工，各司其职，密切配合，形成合力，共同做好最严格水资源管理制度的实施工作。

（十七）健全水资源监控体系。抓紧制定水资源监测、用水计量与统计等管理办法，健全相关技术标准体系。加强省界等重要控制断面、水功能区和地下水的水质水量监测能力建设。流域管理机构对省界水量的监测核定数据作为考核有关省、自治区、直辖市用水总量的依据之一，对省界水质的监测核定数据作为考核有关省、自治区、直辖市重点流域水污染防治专项规划实施情况的依据之一。加强取水、排水、入河湖排污口计量监控设施建设，加快建设国家水资源管理系统，逐步建立中央、流域和地方水资源监控管理平台，加快应急机动监测能力建设，全面提高监控、预警和管理能力。及时发布水资源公报等信息。

（十八）完善水资源管理体制。进一步完善流域管理与行政区域管理相结合的水资源管理体制，切实加强流域水资源的统一规划、统一管理和统一调度。强化城乡水资源统一管理，对城乡供水、水资源综合利用、水环境治理和防洪排涝等实行统筹规划、协调实施，促进水资源优化配置。

（十九）完善水资源管理投入机制。各级人民政府要拓宽投资渠道，建立长效、稳定的水资源管理投入机制，保障水资源节约、保护和管理工作经费，对水资源管理系统建设、节水技术推广与应用、地下水超采区治理、水生态系统保护与修复等给予重点支持。中央财政加大对水资源节约、保护和管理的支持力度。

（二十）健全政策法规和社会监督机制。抓紧完善水资源配置、节约、保护和管理等方面的政策法规体系。广泛深入开展基本水情宣传教育，强化社会舆论监督，进一步增强全社会水忧患意识和水资源节约保护意识，形成节约用水、合理用水的良好风尚。大力推进水资源管理科学决策和民主决策，完善公众参与机制，采取多种方式听取各方面意见，进一步提高决策透明度。对在水资源节约、保护和管理中取得显著成绩的单位和个人给予表彰奖励。

国务院

二〇一二年一月十二日

附录3　水污染防治行动计划（水十条）

国务院关于印发水污染防治行动计划的通知

国发〔2015〕17号

各省、自治区、直辖市人民政府，国务院各部委、各直属机构：

现将《水污染防治行动计划》印发给你们，请认真贯彻执行。

国务院

2015年4月2日

水污染防治行动计划

水环境保护事关人民群众切身利益，事关全面建成小康社会，事关实现中华民族伟大复兴中国梦。当前，我国一些地区水环境质量差、水生态受损重、环境隐患多等问题十分突出，影响和损害群众健康，不利于经济社会持续发展。为切实加大水污染防治力度，保障国家水安全，制定本行动计划。

总体要求：全面贯彻党的十八大和十八届二中、三中、四中全会精神，大力推进生态文明建设，以改善水环境质量为核心，按照"节水优先、空间均衡、系统治理、两手发力"原则，贯彻"安全、清洁、健康"方针，强化源头控制，水陆统筹、河海兼顾，对江河湖海实施分流域、分区域、分阶段科学治理，系统推进水污染防治、水生态保护和水资源管理。坚持政府市场协同，注重改革创新；坚持全面依法推进，实行最严格环保制度；坚持落实各方责任，严格考核问责；坚持全民参与，推动节水洁水人人有责，形成"政府统领、企业施治、市场驱动、公众参与"的水污染防治新机制，实现环境效益、经济效益与社会效益多赢，为建设"蓝天常在、青山常在、绿水常在"的美丽中国而奋斗。

工作目标：到2020年，全国水环境质量得到阶段性改善，污染严重水体较大幅度减少，饮用水安全保障水平持续提升，地下水超采得到严格控制，地下水污染加剧趋势得到初步遏制，近岸海域环境质量稳中趋好，京津冀、长三角、珠三角等区域水生态环境状况有所好转。到2030年，力争全国水环境质量总体改善，水生态系统功能初步恢复。到本世纪中叶，生态环境质量全面改善，生态系统实现良性循环。

主要指标：到2020年，长江、黄河、珠江、松花江、淮河、海河、辽河等七大重点流域水质优良（达到或优于Ⅲ类）比例总体达到70％以上，地级及以上城市建成区黑臭水体均控制在10％以内，地级及以上城市集中式饮用水水源水质达到或优于Ⅲ类比例总体高于93％，全国地下水质量极差的比例控制在15％左右，近岸海域水质优良（一、二类）比例达到70％左右。京津冀区域丧失使用功能（劣于Ⅴ类）的水体断面比例下降15个百分点左右，长三角、珠三角区域力争消除丧失使用功能的水体。

到2030年，全国七大重点流域水质优良比例总体达到75％以上，城市建成区黑臭水体总体得到消除，城市集中式饮用水水源水质达到或优于Ⅲ类比例总体为95％左右。

一、全面控制污染物排放

（一）狠抓工业污染防治。取缔"十小"企业。全面排查装备水平低、环保设施差的小型工业企业。2016年底前，按照水污染防治法律法规要求，全部取缔不符合国家产业政策的小型造纸、制革、印染、染料、炼焦、炼硫、炼砷、炼油、电镀、农药等严重污染水环境的生产项目。（环境保护部牵头，工业和信息化部、国土资源部、能源局等参与，地方各级人民政府负责落实。以下均需地方各级人民政府落实，不再列出）

专项整治十大重点行业。制定造纸、焦化、氮肥、有色金属、印染、农副食品加工、原料药制造、制革、农药、电镀等行业专项治理方案，实施清洁化改造。新建、改建、扩建上述行业建设项目实行主要污染物排放等量或减量置换。2017年底前，造纸行业力争完成纸浆无元素氯漂白改造或采取其他低污染制浆技术，钢铁企业焦炉完成干熄焦技术改造，氮肥行业尿素生产完成工艺冷凝液水解解析技术改造，印染行业实施低排水染整工艺改造，制药（抗生素、维生素）行业实施绿色酶法生产技术改造，制革行业实施铬减量化和封闭循环利用技术改造。（环境保护部牵头，工业和信息化部等参与）

集中治理工业集聚区水污染。强化经济技术开发区、高新技术产业开发区、出口加工区等工业集聚区污染治理。集聚区内工业废水必须经预处理达到集中处理要求，方可进入污水集中处理设施。新建、升级工业集聚区应同步规划、建设污水、垃圾集中处理等污染治理设施。2017年底前，工业集聚区应按规定建成污水集中处理设施，并安装自动在线监控装置，京津冀、长三角、珠三角等区域提前一年完成；逾期未完成的，一律暂停审批和核准其增加水污染物排放的建设项目，并依照有关规定撤销其园区资格。（环境保护部牵头，科技部、工业和信息化部、商务部等参与）

（二）强化城镇生活污染治理。加快城镇污水处理设施建设与改造。现有城镇污水处理设施，要因地制宜进行改造，2020年底前达到相应排放标准或再生利用要求。敏感区域（重点湖泊、重点水库、近岸海域汇水区域）城镇污水处理设施应于2017年底前全面达到一级A排放标准。建成区水体水质达不到地表水Ⅳ类标准的城市，新建城镇污水处理设施要执行一级A排放标准。按照国家新型城镇化规划要求，到2020年，全国所有县城和重点镇具备污水收集处理能力，县城、城市污水处理率分别达到85%、95%左右。京津冀、长三角、珠三角等区域提前一年完成。（住房城乡建设部牵头，发展改革委、环境保护部等参与）

全面加强配套管网建设。强化城中村、老旧城区和城乡接合部污水截流、收集。现有合流制排水系统应加快实施雨污分流改造，难以改造的，应采取截流、调蓄和治理等措施。新建污水处理设施的配套管网应同步设计、同步建设、同步投运。除干旱地区外，城镇新区建设均实行雨污分流，有条件的地区要推进初期雨水收集、处理和资源化利用。到2017年，直辖市、省会城市、计划单列市建成区污水基本实现全收集、全处理，其他地级城市建成区于2020年底前基本实现。（住房城乡建设部牵头，发展改革委、环境保护部等参与）

推进污泥处理处置。污水处理设施产生的污泥应进行稳定化、无害化和资源化处理处置，禁止处理处置不达标的污泥进入耕地。非法污泥堆放点一律予以取缔。现有污泥处理处置设施应于2017年底前基本完成达标改造，地级及以上城市污泥无害化处理处置率应于2020年底前达到90%以上。（住房城乡建设部牵头，发展改革委、工业和信息化部、环境保护部、农业部等参与）

（三）推进农业农村污染防治。防治畜禽养殖污染。科学划定畜禽养殖禁养区，2017年底前，依法关闭或搬迁禁养区内的畜禽养殖场（小区）和养殖专业户，京津冀、长三角、珠三角等区域提前一年完成。现有规模化畜禽养殖场（小区）要根据污染防治需要，配套建设粪便污水贮存、处理、利用设施。散养密集区要实行畜禽粪便污水分户收集、集中处理利用。自2016年起，新建、改建、扩建规模化畜禽养殖场（小区）要实施雨污分流、粪便污水资源化利用。（农业部牵头，环境保护部参与）

控制农业面源污染。制定实施全国农业面源污染综合防治方案。推广低毒、低残留农药使用补助试点经验，开展农作物病虫害绿色防控和统防统治。实行测土配方施肥，推广精准施肥技术和机具。完善高标准农田建设、土地开发整理等标准规范，明确环保要求，新建高标准农田要达到相关环保要求。敏感区域和大中型灌区，要利用现有沟、塘、窖等，配置水生植物群落、格栅和透水坝，建设生态沟渠、污水净化塘、地表径流集蓄池等设施，净化农田排水及地表径流。到2020年，测土配方施肥技术推广覆盖率达到90%以上，化肥利用率提高到40%以上，农作物病虫害统防统治覆盖率达到40%以上；京津冀、长三角、珠三角等区域提前一年完成。（农业部牵头，发展改革委、工业和信息化部、国土资源部、环境保护部、水利部、质检总局等参与）

调整种植业结构与布局。在缺水地区试行退地减水。地下水易受污染地区要优先种植需肥需药量低、环境效益突出的农作物。地表水过度开发和地下水超采问题较严重，且农业用水比重较大的甘肃、新疆（含新疆生产建设兵团）、河北、山东、河南等五省（区），要适当减少用水量较大的农作物种植面积，改种耐旱作物和经济林；2018年底前，对3300万亩灌溉面积实施综合治理，退减水量37亿立方米以上。（农业部、水利部牵头，发展改革委、国土资源部等参与）

加快农村环境综合整治。以县级行政区域为单元，实行农村污水处理统一规划、统一建设、统一管理，有条件的地区积极推进城镇污水处理设施和服务向农村延伸。深化"以奖促治"政策，实施农村清洁工程，开展河道清淤疏浚，推进农村环境连片整治。到2020年，新增完成环境综合整治的建制村13万个。（环境保护部牵头，住房城乡建设部、水利部、农业部等参与）

（四）加强船舶港口污染控制。积极治理船舶污染。依法强制报废超过使用年限的船舶。分类分级修订船舶及其设施、设备的相关环保标准。2018年起投入使用的沿海船舶、2021年起投入使用的内河船舶执行新的标准；其他船舶于2020年底前完成改造，经改造仍不能达到要求的，限期予以淘汰。航行于我国水域的国际航线船舶，要实施压载水交换或安装压载水灭活处理系统。规范拆船行为，禁止冲滩拆解。（交通运输部牵头，工业和信息化部、环境保护部、农业部、质检总局等参与）

增强港口码头污染防治能力。编制实施全国港口、码头、装卸站污染防治方案。加快垃圾接收、转运及处理处置设施建设，提高含油污水、化学品洗舱水等接收处置能力及污染事故应急能力。位于沿海和内河的港口、码头、装卸站及船舶修造厂，分别于2017年底前和2020年底前达到建设要求。港口、码头、装卸站的经营人应制定防治船舶及其有关活动污染水环境的应急计划。（交通运输部牵头，工业和信息化部、住房城乡建设部、农业部等参与）

二、推动经济结构转型升级

（五）调整产业结构。依法淘汰落后产能。自2015年起，各地要依据部分工业行业淘汰落后生产工艺装备和产品指导目录、产业结构调整指导目录及相关行业污染物排放标准，结合水质改善要求及产业发展情况，制定并实施分年度的落后产能淘汰方案，报工业和信息化部、环境保护部备案。未完成淘汰任务的地区，暂停审批和核准其相关行业新建项目。（工业和信息化部牵头，发展改革委、环境保护部等参与）

严格环境准入。根据流域水质目标和主体功能区规划要求，明确区域环境准入条件，细化功能分区，实施差别化环境准入政策。建立水资源、水环境承载能力监测评价体系，实行承载能力监测预警，已超过承载能力的地区要实施水污染物削减方案，加快调整发展规划和产业结构。到2020年，组织完成市、县域水资源、水环境承载能力现状评价。（环境保护部牵头，住房城乡建设部、水利部、海洋局等参与）

（六）优化空间布局。合理确定发展布局、结构和规模。充分考虑水资源、水环境承载能力，以水定城、以水定地、以水定人、以水定产。重大项目原则上布局在优化开发区和重点开发区，并符合城乡规划和土地利用总体规划。鼓励发展节水高效现代农业、低耗水高新技术产业以及生态保护型旅游业，严格控制缺水地区、水污染严重地区和敏感区域高耗水、高污染行业发展，新建、改建、扩建重点行业建设项目实行主要污染物排放减量置换。七大重点流域干流沿岸，要严格控制石油加工、化学原料和化学制品制造、医药制造、化学纤维制造、有色金属冶炼、纺织印染等项目环境风险，合理布局生产装置及危险化学品仓储等设施。（发展改革委、工业和信息化部牵头，国土资源部、环境保护部、住房城乡建设部、水利部等参与）

推动污染企业退出。城市建成区内现有钢铁、有色金属、造纸、印染、原料药制造、化工等污染较重的企业应有序搬迁改造或依法关闭。（工业和信息化部牵头，环境保护部等参与）

积极保护生态空间。严格城市规划蓝线管理，城市规划区范围内应保留一定比例的水域面积。新建项目一律不得违规占用水域。严格水域岸线用途管制，土地开发利用应按照有关法律法规和技术标准要求，留足河道、湖泊和滨海地带的管理和保护范围，非法挤占的应限期退出。（国土资源部、住房城乡建设部牵头，环境保护部、水利部、海洋局等参与）

（七）推进循环发展。加强工业水循环利用。推进矿井水综合利用，煤炭矿区的补充用水、周边地区生产和生态用水应优先使用矿井水，加强洗煤废水循环利用。鼓励钢铁、纺织印染、造纸、石油石化、化工、制革等高耗水企业废水深度处理回用。（发展改革委、工业和信息化部牵头，水利部、能源局等参与）

促进再生水利用。以缺水及水污染严重地区城市为重点，完善再生水利用设施，工业生产、城市绿化、道路清扫、车辆冲洗、建筑施工以及生态景观等用水，要优先使用再生水。推进高速公路服务区污水处理和利用。具备使用再生水条件但未充分利用的钢铁、火电、化工、制浆造纸、印染等项目，不得批准其新增取水许可。自2018年起，单体建筑面积超过2万平方米的新建公共建筑，北京市2万平方米、天津市5万平方米、河北省10万平方米以上集中新建的保障性住房，应安装建筑中水设施。积极推动其他新建住房安装建筑中水设施。到2020年，缺水城市再生水利用率达到20％以上，京津冀区域达到30％以上。（住房城乡建设部牵头，发展改革委、工业和信息化部、环境保护部、交通运输部、水利部等参与）

推动海水利用。在沿海地区电力、化工、石化等行业，推行直接利用海水作为循环冷却等工业用水。在有条件的城市，加快推进淡化海水作为生活用水补充水源。（发展改革委牵头，工业和信息化部、住房城乡建设部、水利部、海洋局等参与）

三、着力节约保护水资源

（八）控制用水总量。实施最严格水资源管理。健全取用水总量控制指标体系。加强相关规划和项目建设布局水资源论证工作，国民经济和社会发展规划以及城市总体规划的编制、重大建设项目的布局，应充分考虑当地水资源条件和防洪要求。对取用水总量已达到或超过控制指标的地区，暂停审批其建设项目新增取水许可。对纳入取水许可管理的单位和其他用水大户实行计划用水管理。新建、改建、扩建项目用水要达到行业先进水平，节水设施应与主体工程同时设计、同时施工、同时投运。建立重点监控用水单位名录。到 2020 年，全国用水总量控制在 6700 亿立方米以内。（水利部牵头，发展改革委、工业和信息化部、住房城乡建设部、农业部等参与）

严控地下水超采。在地面沉降、地裂缝、岩溶塌陷等地质灾害易发区开发利用地下水，应进行地质灾害危险性评估。严格控制开采深层承压水，地热水、矿泉水开发应严格实行取水许可和采矿许可。依法规范机井建设管理，排查登记已建机井，未经批准的和公共供水管网覆盖范围内的自备水井，一律予以关闭。编制地面沉降区、海水入侵区等区域地下水压采方案。开展华北地下水超采区综合治理，超采区内禁止工农业生产及服务业新增取用地下水。京津冀区域实施土地整治、农业开发、扶贫等农业基础设施项目，不得以配套打井为条件。2017 年底前，完成地下水禁采区、限采区和地面沉降控制区范围划定工作，京津冀、长三角、珠三角等区域提前一年完成。（水利部、国土资源部牵头，发展改革委、工业和信息化部、财政部、住房城乡建设部、农业部等参与）

（九）提高用水效率。建立万元国内生产总值水耗指标等用水效率评估体系，把节水目标任务完成情况纳入地方政府政绩考核。将再生水、雨水和微咸水等非常规水源纳入水资源统一配置。到 2020 年，全国万元国内生产总值用水量、万元工业增加值用水量比 2013 年分别下降 35％、30％以上。（水利部牵头，发展改革委、工业和信息化部、住房城乡建设部等参与）

抓好工业节水。制定国家鼓励和淘汰的用水技术、工艺、产品和设备目录，完善高耗水行业取用水定额标准。开展节水诊断、水平衡测试、用水效率评估，严格用水定额管理。到 2020 年，电力、钢铁、纺织、造纸、石油石化、化工、食品发酵等高耗水行业达到先进定额标准。（工业和信息化部、水利部牵头，发展改革委、住房城乡建设部、质检总局等参与）

加强城镇节水。禁止生产、销售不符合节水标准的产品、设备。公共建筑必须采用节水器具，限期淘汰公共建筑中不符合节水标准的水嘴、便器水箱等生活用水器具。鼓励居民家庭选用节水器具。对使用超过 50 年和材质落后的供水管网进行更新改造，到 2017 年，全国公共供水管网漏损率控制在 12％以内；到 2020 年，控制在 10％以内。积极推行低影响开发建设模式，建设滞、渗、蓄、用、排相结合的雨水收集利用设施。新建城区硬化地面，可渗透面积要达到 40％以上。到 2020 年，地级及以上缺水城市全部达到国家节水型城市标准要求，京津冀、长三角、珠三角等区域提前一年完成。（住房城乡建设部牵头，发展改革委、工业和信息化部、水利部、质检总局等参与）

发展农业节水。推广渠道防渗、管道输水、喷灌、微灌等节水灌溉技术，完善灌溉用水计量设施。在东北、西北、黄淮海等区域，推进规模化高效节水灌溉，推广农作物节水抗旱技术。到 2020 年，大型灌区、重点中型灌区续建配套和节水改造任务基本完成，全国节水灌溉工程面积达到 7 亿亩左右，农田灌溉水有效利用系数达到 0.55 以上。（水利部、农业部牵头，发展改革委、财政部等参与）

（十）科学保护水资源。完善水资源保护考核评价体系。加强水功能区监督管理，从严核定水域纳污能力。（水利部牵头，发展改革委、环境保护部等参与）

加强江河湖库水量调度管理。完善水量调度方案。采取闸坝联合调度、生态补水等措施，合理安排闸坝下泄水量和泄流时段，维持河湖基本生态用水需求，重点保障枯水期生态基流。加大水利工程建设力度，发挥好控制性水利工程在改善水质中的作用。（水利部牵头，环境保护部参与）

科学确定生态流量。在黄河、淮河等流域进行试点，分期分批确定生态流量（水位），作为流域水量调度的重要参考。（水利部牵头，环境保护部参与）

四、强化科技支撑

（十一）推广示范适用技术。加快技术成果推广应用，重点推广饮用水净化、节水、水污染治理及循环利用、城市雨水收集利用、再生水安全回用、水生态修复、畜禽养殖污染防治等适用技术。完善环保技术评价体系，加强国家环保科技成果共享平台建设，推动技术成果共享与转化。发挥企业的技术创新主体作用，推动水处理重点企业与科研院所、高等学校组建产学研技术创新战略联盟，示范推广控源减排和清洁生产先进技术。（科技部牵头，发展改革委、工业和信息化部、环境保护部、住房城乡建设部、水利部、农业部、海洋局等参与）

（十二）攻关研发前瞻技术。整合科技资源，通过相关国家科技计划（专项、基金）等，加快研发重点行业废水深度处理、生活污水低成本高标准处理、海水淡化和工业高盐废水脱盐、饮用水微量有毒污染物处理、地下水污染修复、危险化学品事故和水上溢油应急处置等技术。开展有机物和重金属等水环境基准、水污染对人体健康影响、新型污染物风险评价、水环境损害评估、高品质再生水补充饮用水水源等研究。加强水生态保护、农业面源污染防治、水环境监控预警、水处理工艺技术装备等领域的国际交流合作。（科技部牵头，发展改革委、工业和信息化部、国土资源部、环境保护部、住房城乡建设部、水利部、农业部、卫生计生委等参与）

（十三）大力发展环保产业。规范环保产业市场。对涉及环保市场准入、经营行为规范的法规、规章和规定进行全面梳理，废止妨碍形成全国统一环保市场和公平竞争的规定和做法。健全环保工程设计、建设、运营等领域招投标管理办法和技术标准。推进先进适用的节水、治污、修复技术和装备产业化发展。（发展改革委牵头，科技部、工业和信息化部、财政部、环境保护部、住房城乡建设部、水利部、海洋局等参与）

加快发展环保服务业。明确监管部门、排污企业和环保服务公司的责任和义务，完善风险分担、履约保障等机制。鼓励发展包括系统设计、设备成套、工程施工、调试运行、维护管理的环保服务总承包模式、政府和社会资本合作模式等。以污水、垃圾处理和工业园区为重点，推行环境污染第三方治理。（发展改革委、财政部牵头，科技部、工业和信息化部、环境保护部、住房城乡建设部等参与）

五、充分发挥市场机制作用

（十四）理顺价格税费。加快水价改革。县级及以上城市应于 2015 年底前全面实行居民阶梯水价制度，具备条件的建制镇也要积极推进。2020年底前，全面实行非居民用水超定额、超计划累进加价制度。深入推进农业水价综合改革。（发展改革委牵头，财政部、住房城乡建设部、水利部、农业部等参与）

完善收费政策。修订城镇污水处理费、排污费、水资源费征收管理办法，合理提高征收标准，做到应收尽收。城镇污水处理收费标准不应低于污水处理和污泥处理处置成本。地下水资源费征收标准应高于地表水，超采地区地下水资源费征收标准应高于非超采地区。（发展改革委、财政部牵头，环境保护部、住房城乡建设部、水利部等参与）

健全税收政策。依法落实环境保护、节能节水、资源综合利用等方面税收优惠政策。对国内企业为生产国家支持发展的大型环保设备，必须进口的关键零部件及原材料，免征关税。加快推进环境保护税立法、资源税税费改革等工作。研究将部分高耗能、高污染产品纳入消费税征收范围。（财政部、税务总局牵头，发展改革委、工业和信息化部、商务部、海关总署、质检总局等参与）

（十五）促进多元融资。引导社会资本投入。积极推动设立融资担保基金，推进环保设备融资租赁业务发展。推广股权、项目收益权、特许经营权、排污权等质押融资担保。采取环境绩效合同服务、授予开发经营权益等方式，鼓励社会资本加入水环境保护投入。（人民银行、发展改革委、财政部牵头，环境保护部、住房城乡建设部、银监会、证监会、保监会等参与）

增加政府资金投入。中央财政加大对属于中央事权的水环境保护项目支持力度，合理承担部分属于中央和地方共同事权的水环境保护项目，向欠发达地区和重点地区倾斜；研究采取专项转移支付等方式，实施"以奖代补"。地方各级人民政府要重点支持污水处理、污泥处理处置、河道整治、饮用水水源保护、畜禽养殖污染防治、水生态修复、应急清污等项目和工作。对环境监管能力建设及运行费用分级予以必要保障。（财政部牵头，发展改革委、环境保护部等参与）

（十六）建立激励机制。健全节水环保"领跑者"制度。鼓励节能减排先进企业、工业集聚区用水效率、排污强度等达到更高标准，支持开展清洁生产、节约用水和污染治理等示范。（发展改革委牵头，工业和信息化部、财政部、环境保护部、住房城乡建设部、水利部等参与）

推行绿色信贷。积极发挥政策性银行等金融机构在水环境保护中的作用，重点支持循环经济、污水处理、水资源节约、水生态环境保护、清洁及可再生能源利用等领域。严格限制环境违法企业贷款。加强环境信用体系建设，构建守信激励与失信惩戒机制，环保、银行、证券、保险等方面要加强协作联动，于2017年底前分级建立企业环境信用评价体系。鼓励涉重金属、石油化工、危险化学品运输等高环境风险行业投保环境污染责任保险。（人民银行牵头，工业和信息化部、环境保护部、水利部、银监会、证监会、保监会等参与）

实施跨界水环境补偿。探索采取横向资金补助、对口援助、产业转移等方式，建立跨界水环境补偿机制，开展补偿试点。深化排污权有偿使用和交易试点。（财政部牵头，发展改革委、环境保护部、水利部等参与）

六、严格环境执法监管

（十七）完善法规标准。健全法律法规。加快水污染防治、海洋环境保护、排污许可、化学品环境管理等法律法规制修订步伐，研究制定环境质量目标管理、环境功能区划、节水及循环利用、饮用水水源保护、污染责任保险、水功能区监督管理、地下水管理、环境监测、生态流量保障、船舶和陆源污染防治等法律法规。各地可结合实际，研究起草地方性水污染防治法规。（法制办牵头，发展改革委、工业和信息化部、国土资源部、环境保护部、住房城乡建设部、交通运输部、水利部、农业部、卫生计生委、保监会、海洋局等参与）

完善标准体系。制修订地下水、地表水和海洋等环境质量标准，城镇污水处理、污泥处理处置、农田退水等污染物排放标准。健全重点行业水污染物特别排放限值、污染防治技术政策和清洁生产评价指标体系。各地可制定严于国家标准的地方水污染物排放标准。（环境保护部牵头，发展改革委、工业和信息化部、国土资源部、住房城乡建设部、水利部、农业部、质检总局等参与）

（十八）加大执法力度。所有排污单位必须依法实现全面达标排放。逐一排查工业企业排污情况，达标企业应采取措施确保稳定达标；对超标和超总量的企业予以"黄牌"警示，一律限制生产或停产整治；对整治仍不能达到要求且情节严重的企业予以"红牌"处罚，一律停业、关闭。自 2016 年起，定期公布环保"黄牌"、"红牌"企业名单。定期抽查排污单位达标排放情况，结果向社会公布。（环境保护部负责）

完善国家督查、省级巡查、地市检查的环境监督执法机制，强化环保、公安、监察等部门和单位协作，健全行政执法与刑事司法衔接配合机制，完善案件移送、受理、立案、通报等规定。加强对地方人民政府和有关部门环保工作的监督，研究建立国家环境监察专员制度。（环境保护部牵头，工业和信息化部、公安部、中央编办等参与）

严厉打击环境违法行为。重点打击私设暗管或利用渗井、渗坑、溶洞排放、倾倒含有毒有害污染物废水、含病原体污水，监测数据弄虚作假，不正常使用水污染物处理设施，或者未经批准拆除、闲置水污染物处理设施等环境违法行为。对造成生态损害的责任者严格落实赔偿制度。严肃查处建设项目环境影响评价领域越权审批、未批先建、边批边建、久试不验等违法违规行为。对构成犯罪的，要依法追究刑事责任。（环境保护部牵头，公安部、住房城乡建设部等参与）

（十九）提升监管水平。完善流域协作机制。健全跨部门、区域、流域、海域水环境保护议事协调机制，发挥环境保护区域督查派出机构和流域水资源保护机构作用，探索建立陆海统筹的生态系统保护修复机制。流域上下游各级政府、各部门之间要加强协调配合、定期会商，实施联合监测、联合执法、应急联动、信息共享。京津冀、长三角、珠三角等区域要于 2015 年底前建立水污染防治联动协作机制。建立严格监管所有污染物排放的水环境保护管理制度。（环境保护部牵头，交通运输部、水利部、农业部、海洋局等参与）

完善水环境监测网络。统一规划设置监测断面（点位）。提升饮用水水源水质全指标监测、水生生物监测、地下水环境监测、化学物质监测及环境风险防控技术支撑能力。2017年底前，京津冀、长三角、珠三角等区域、海域建成统一的水环境监测网。（环境保护部牵头，发展改革委、国土资源部、住房城乡建设部、交通运输部、水利部、农业部、海洋局等参与）

提高环境监管能力。加强环境监测、环境监察、环境应急等专业技术培训，严格落实执法、监测等人员持证上岗制度，加强基层环保执法力量，具备条件的乡镇（街道）及工业园区要配备必要的环境监管力量。各市、县应自 2016 年起实行环境监管网格化管理。（环境保护部负责）

七、切实加强水环境管理

（二十）强化环境质量目标管理。明确各类水体水质保护目标，逐一排查达标状况。未达到水质目标要求的地区要制定达标方案，将治污任务逐一落实到汇水范围内的排污单位，明确防治措施及达标时限，方案报上一级人民政府备案，自 2016 年起，定期向社会公布。对水质不达标的区域实施挂牌督办，必要时采取区域限批等措施。（环境保护部牵头，水利部参与）

（二十一）深化污染物排放总量控制。完善污染物统计监测体系，将工业、城镇生活、农业、移动源等各类污染源纳入调查范围。选择对水环境质量有突出影响的总氮、总磷、重金属等污染物，研究纳入流域、区域污染物排放总量控制约束性指标体系。（环境保护部牵头，发展改革委、工业和信息化部、住房城乡建设部、水利部、农业部等参与）

（二十二）严格环境风险控制。防范环境风险。定期评估沿江河湖库工业企业、工业集聚区环境和健康风险，落实防控措施。评估现有化学物质环境和健康风险，2017 年底前公布优先控制化学品名录，对高风险化学品生产、使用进行严格限制，并逐步淘汰替代。（环境保护部牵头，工业和信息化部、卫生计生委、安全监管总局等参与）

稳妥处置突发水环境污染事件。地方各级人民政府要制定和完善水污染事故处置应急预案，落实责任主体，明确预警预报与响应程序、应急处置及保障措施等内容，依法及时公布预警信息。（环境保护部牵头，住房城乡建设部、水利部、农业部、卫生计生委等参与）

（二十三）全面推行排污许可。依法核发排污许可证。2015 年底前，完成国控重点污染源及排污权有偿使用和交易试点地区污染源排污许可证的核发工作，其他污染源于 2017 年底前完成。（环境保护部负责）

加强许可证管理。以改善水质、防范环境风险为目标，将污染物排放种类、浓度、总量、排放去向等纳入许可证管理范围。禁止无证排污或不按许可证规定排污。强化海上排污监管，研究建立海上污染排放许可证制度。2017 年底前，完成全国排污许可证管理信息平台建设。（环境保护部牵头，海洋局参与）

八、全力保障水生态环境安全

（二十四）保障饮用水水源安全。从水源到水龙头全过程监管饮用水安全。地方各级人民政府及供水单位应定期监测、检测和评估本行政区域内饮用水水源、供水厂出水和用户水龙头水质等饮水安全状况，地级及以上城市自 2016 年起每季度向社会公开。自 2018 年起，所有县级及以上城市饮水安全状况信息都要向社会公开。（环境保护部牵头，发展改革委、财政部、住房城乡建设部、水利部、卫生计生委等参与）

强化饮用水水源环境保护。开展饮用水水源规范化建设，依法清理饮用水水源保护区内违法建筑和排污口。单一水源供水的地级及以上城市应于 2020 年底前基本完成备用水源或应急水源建设，有条件的地方可以适当提前。加强农村饮用水水源保护和水质检测。（环境保护部牵头，发展改革委、财政部、住房城乡建设部、水利部、卫生计生委等参与）

防治地下水污染。定期调查评估集中式地下水型饮用水水源补给区等区域环境状况。石化生产存贮销售企业和工业园区、矿山开采区、垃圾填埋场等区域应进行必要的防渗处理。加油站地下油罐应于 2017 年底前全部更新为双层罐或完成防渗池设置。报废矿井、钻井、取水井应实施封井回填。公布京津冀等区域内环境风险大、严重影响公众健康的地下水污染场地清单，开展修复试点。（环境保护部牵头，财政部、国土资源部、住房城乡建设部、水

利部、商务部等参与）

（二十五）深化重点流域污染防治。编制实施七大重点流域水污染防治规划。研究建立流域水生态环境功能分区管理体系。对化学需氧量、氨氮、总磷、重金属及其他影响人体健康的污染物采取针对性措施，加大整治力度。汇入富营养化湖库的河流应实施总氮排放控制。到 2020 年，长江、珠江总体水质达到优良，松花江、黄河、淮河、辽河在轻度污染基础上进一步改善，海河污染程度得到缓解。三峡库区水质保持良好，南水北调、引滦入津等调水工程确保水质安全。太湖、巢湖、滇池富营养化水平有所好转。白洋淀、乌梁素海、呼伦湖、艾比湖等湖泊污染程度减轻。环境容量较小、生态环境脆弱，环境风险高的地区，应执行水污染物特别排放限值。各地可根据水环境质量改善需要，扩大特别排放限值实施范围。（环境保护部牵头，发展改革委、工业和信息化部、财政部、住房城乡建设部、水利部等参与）

加强良好水体保护。对江河源头及现状水质达到或优于Ⅲ类的江河湖库开展生态环境安全评估，制定实施生态环境保护方案。东江、滦河、千岛湖、南四湖等流域于 2017 年底前完成。浙闽片河流、西南诸河、西北诸河及跨界水体水质保持稳定。（环境保护部牵头，外交部、发展改革委、财政部、水利部、林业局等参与）

（二十六）加强近岸海域环境保护。实施近岸海域污染防治方案。重点整治黄河口、长江口、闽江口、珠江口、辽东湾、渤海湾、胶州湾、杭州湾、北部湾等河口海湾污染。沿海地级及以上城市实施总氮排放总量控制。研究建立重点海域排污总量控制制度。规范入海排污口设置，2017 年底前全面清理非法或设置不合理的入海排污口。到 2020 年，沿海省（区、市）入海河流基本消除劣于Ⅴ类的水体。提高涉海项目准入门槛。（环境保护部、海洋局牵头，发展改革委、工业和信息化部、财政部、住房城乡建设部、交通运输部、农业部等参与）

推进生态健康养殖。在重点河湖及近岸海域划定限制养殖区。实施水产养殖池塘、近海养殖网箱标准化改造，鼓励有条件的渔业企业开展海洋离岸养殖和集约化养殖。积极推广人工配合饲料，逐步减少冰鲜杂鱼饲料使用。加强养殖投入品管理，依法规范、限制使用抗生素等化学药品，开展专项整治。到 2015 年，海水养殖面积控制在 220 万公顷左右。（农业部负责）

严格控制环境激素类化学品污染。2017 年底前完成环境激素类化学品生产使用情况调查，监控评估水源地、农产品种植区及水产品集中养殖区风险，实施环境激素类化学品淘汰、限制、替代等措施。（环境保护部牵头，工业和信息化部、农业部等参与）

（二十七）整治城市黑臭水体。采取控源截污、垃圾清理、清淤疏浚、生态修复等措施，加大黑臭水体治理力度，每半年向社会公布治理情况。地级及以上城市建成区应于 2015 年底前完成水体排查，公布黑臭水体名称、责任人及达标期限；于 2017 年底前实现河面无大面积漂浮物，河岸无垃圾，无违法排污口；于 2020 年底前完成黑臭水体治理目标。直辖市、省会城市、计划单列市建成区要于 2017 年底前基本消除黑臭水体。（住房城乡建设部牵头，环境保护部、水利部、农业部等参与）

（二十八）保护水和湿地生态系统。加强河湖水生态保护，科学划定生态保护红线。禁止侵占自然湿地等水源涵养空间，已侵占的要限期予以恢复。强化水源涵养林建设与保护，开展湿地保护与修复，加大退耕还林、还草、还湿力度。加强滨河（湖）带生态建设，在河道两侧建设植被缓冲带和隔离带。加大水生野生动植物类自然保护区和水产种质资源保护区保护力度，开展珍稀濒危水生生物和重要水产种质资源的就地和迁地保护，提高水生生物多样性。2017年底前，制定实施七大重点流域水生生物多样性保护方案。（环境保护部、林业局牵头，财政部、国土资源部、住房城乡建设部、水利部、农业部等参与）

保护海洋生态。加大红树林、珊瑚礁、海草床等滨海湿地、河口和海湾典型生态系统，以及产卵场、索饵场、越冬场、洄游通道等重要渔业水域的保护力度，实施增殖放流，建设人工鱼礁。开展海洋生态补偿及赔偿等研究，实施海洋生态修复。认真执行围填海管制计划，严格围填海管理和监督，重点海湾、海洋自然保护区的核心区及缓冲区、海洋特别保护区的重点保护区及预留区、重点河口区域、重要滨海湿地区域、重要砂质岸线及沙源保护海域、特殊保护海岛及重要渔业海域禁止实施围填海，生态脆弱敏感区、自净能力差的海域严格限制围填海。严肃查处违法围填海行为，追究相关人员责任。将自然海岸线保护纳入沿海地方政府政绩考核。到2020年，全国自然岸线保有率不低于35%（不包括海岛岸线）。（环境保护部、海洋局牵头，发展改革委、财政部、农业部、林业局等参与）

九、明确和落实各方责任

（二十九）强化地方政府水环境保护责任。各级地方人民政府是实施本行动计划的主体，要于2015年底前分别制定并公布水污染防治工作方案，逐年确定分流域、分区域、分行业的重点任务和年度目标。要不断完善政策措施，加大资金投入，统筹城乡水污染治理，强化监管，确保各项任务全面完成。各省（区、市）工作方案报国务院备案。（环境保护部牵头，发展改革委、财政部、住房城乡建设部、水利部等参与）

（三十）加强部门协调联动。建立全国水污染防治工作协作机制，定期研究解决重大问题。各有关部门要认真按照职责分工，切实做好水污染防治相关工作。环境保护部要加强统一指导、协调和监督，工作进展及时向国务院报告。（环境保护部牵头，发展改革委、科技部、工业和信息化部、财政部、住房城乡建设部、水利部、农业部、海洋局等参与）

（三十一）落实排污单位主体责任。各类排污单位要严格执行环保法律法规和制度，加强污染治理设施建设和运行管理，开展自行监测，落实治污减排、环境风险防范等责任。中央企业和国有企业要带头落实，工业集聚区内的企业要探索建立环保自律机制。（环境保护部牵头，国资委参与）

（三十二）严格目标任务考核。国务院与各省（区、市）人民政府签订水污染防治目标责任书，分解落实目标任务，切实落实"一岗双责"。每年分流域、分区域、分海域对行动计划实施情况进行考核，考核结果向社会公布，并作为对领导班子和领导干部综合考核评价的重要依据。（环境保护部牵头，中央组织部参与）

将考核结果作为水污染防治相关资金分配的参考依据。（财政部、发展改革委牵头，环境保护部参与）

对未通过年度考核的，要约谈省级人民政府及其相关部门有关负责人，提出整改意见，予以督促；对有关地区和企业实施建设项目环评限批。对因工作不力、履职缺位等导致未能有效应对水环境污染事件的，以及干预、伪造数据和没有完成年度目标任务的，要依法依纪追究有关单位和人员责任。对不顾生态环境盲目决策，导致水环境质量恶化，造成严重后果的领导干部，要记录在案，视情节轻重，给予组织处理或党纪政纪处分，已经离任的也要终身追究责任。（环境保护部牵头，监察部参与）

十、强化公众参与和社会监督

（三十三）依法公开环境信息。综合考虑水环境质量及达标情况等因素，国家每年公布最差、最好的 10 个城市名单和各省（区、市）水环境状况。对水环境状况差的城市，经整改后仍达不到要求的，取消其环境保护模范城市、生态文明建设示范区、节水型城市、园林城市、卫生城市等荣誉称号，并向社会公告。（环境保护部牵头，发展改革委、住房城乡建设部、水利部、卫生计生委、海洋局等参与）

各省（区、市）人民政府要定期公布本行政区域内各地级市（州、盟）水环境质量状况。国家确定的重点排污单位应依法向社会公开其产生的主要污染物名称、排放方式、排放浓度和总量、超标排放情况，以及污染防治设施的建设和运行情况，主动接受监督。研究发布工业集聚区环境友好指数、重点行业污染物排放强度、城市环境友好指数等信息。（环境保护部牵头，发展改革委、工业和信息化部等参与）

（三十四）加强社会监督。为公众、社会组织提供水污染防治法规培训和咨询，邀请其全程参与重要环保执法行动和重大水污染事件调查。公开曝光环境违法典型案件。健全举报制度，充分发挥"12369"环保举报热线和网络平台作用。限期办理群众举报投诉的环境问题，一经查实，可给予举报人奖励。通过公开听证、网络征集等形式，充分听取公众对重大决策和建设项目的意见。积极推行环境公益诉讼。（环境保护部负责）

（三十五）构建全民行动格局。树立"节水洁水，人人有责"的行为准则。加强宣传教育，把水资源、水环境保护和水情知识纳入国民教育体系，提高公众对经济社会发展和环境保护客观规律的认识。依托全国中小学节水教育、水土保持教育、环境教育等社会实践基地，开展环保社会实践活动。支持民间环保机构、志愿者开展工作。倡导绿色消费新风尚，开展环保社区、学校、家庭等群众性创建活动，推动节约用水，鼓励购买使用节水产品和环境标志产品。（环境保护部牵头，教育部、住房城乡建设部、水利部等参与）

我国正处于新型工业化、信息化、城镇化和农业现代化快速发展阶段，水污染防治任务繁重艰巨。各地区、各有关部门要切实处理好经济社会发展和生态文明建设的关系，按照"地方履行属地责任、部门强化行业管理"的要求，明确执法主体和责任主体，做到各司其职，恪尽职守，突出重点，综合整治，务求实效，以抓铁有痕、踏石留印的精神，依法依规狠抓贯彻落实，确保全国水环境治理与保护目标如期实现，为实现"两个一百年"奋斗目标和中华民族伟大复兴中国梦作出贡献。

参 考 文 献

[1] 常明旺，李贵宝，张永爱，等．工业用水标准化及用水定额 [M]．北京：中国标准出版社，2008.

[2] 畅建霞，王丽学．水资源规划及利用 [M]．郑州：黄河水利出版社，2010.

[3] 陈家琦，王浩，杨小柳．水资源学 [M]．北京：科学出版社，2002.

[4] 董增川．水资源规划与管理 [M]．北京：中国水利水电出版社，2008.

[5] 冯尚友．水资源持续利用与管理导论 [M]．北京：科学出版社，2002.

[6] 高桂霞．水资源评价与管理 [M]．北京：中国水利水电出版社，2000.

[7] 高健磊，吴泽宁，左其亭．水资源保护规划理论方法与实践 [M]．郑州：黄河水利出版社，2002.

[8] 顾圣平，田富强，徐得潜．水资源规划及利用 [M]．北京：中国水利水电出版社，2009.

[9] 何俊仕，粟晓玲，付强．水资源规划及管理 [M]．北京：中国农业出版社，2014.

[10] 何俊仕，林洪孝．水资源规划及利用 [M]．北京：中国水利水电出版社，2014.

[11] 何书会，李永根，马贺明，等．水资源评价方法与实例 [M]．北京：中国水利水电出版社，2008.

[12] 黄强，畅建霞．水资源系统多维临界调控的理论与方法 [M]．北京：中国水利水电出版社，2007.

[13] 黄强，王义民．水能利用（第四版）[M]．北京：中国水利水电出版社，2009.

[14] 金菊良，丁晶，魏一鸣，等．解不确定型决策问题的投影寻踪方法 [J]．系统工程理论与实践，2003，23（4）：42-46.

[15] 金菊良，丁晶．水资源系统工程 [M]．成都：四川科学技术出版社，2002.

[16] 金菊良，刘永芳，丁晶，等．城市防洪工程经济风险分析的蒙特卡洛法 [J]．长江科学院院报，2003，20（1）：40-43.

[17] 金菊良，魏一鸣．复杂系统广义智能评价方法与应用 [M]．北京：科学出版社，2008.

[18] 李梅．不完备信息下的河流健康风险预估模型研究 [D]．西安理工大学博士学位论文．2007.

[19] 李彦彬，孙艳伟，张巍巍．水资源评价与管理 [M]．北京：中国水利水电出版社，2012.

[20] 门宝辉，刘昌明，夏军，等．南水北调西线一期工程河道最小生态径流的估算与评价 [J]．水土保持学报，2005，19（5）：135-138.

[21] 门宝辉，刘昌明．河道内生态需水量计算生态水力半径模型及其应用 [M]．北京：中国水利水电出版社，2013.

[22] 门宝辉，林春坤，李智飞，等．永定河官厅山峡河道内最小生态需水量的历时曲线法 [J]．南水北调与水利科技，2012，10（2）：52-56.

[23] 门宝辉，刘昌明．Tennant 法计算标准的修正及其应用 [J]．哈尔滨工业大学学报，2008，40（3）：479-482.

[24] 潘家铮，张泽桢．中国北方地区水资源的合理配置和南水北调问题 [M]．北京：中国水利水电出版社，2001.

[25] 钱正英，张光斗．中国可持续发展水资源战略研究综合报告及各专题报告 [M]．北京：中国水利水电出版社，2001.

[26] 舒畅，刘苏峡，莫兴国，等．基于变异性范围法（RVA）的河流生态流量估算 [J]．生态环境学报，2010，19（5）：1151-1155.

[27] 宋国君，韩冬梅．实施水排污许可证制度关键何在？[J]．水信息网.

[28] 王春元，杨永江．水资源经济学及其应用 [M]．北京：中国水利水电出版社，1999.

[29] 王浩，秦大庸，王建华，等．黄淮海流域水资源合理配置 [M]．北京：科技出版社，2003.

[30] 王浩，游进军．中国水资源配置30年 [J]．水利学报，2016，26（3）：116-121.

[31] 翁文斌，王忠静，赵建世．现代水资源规划——理论、方法和技术 [M]．北京：清华大学出版

社，2004.

[32] 吴持恭. 水力学（上册）［M］. 北京：高等教育出版社，1993.

[33] 徐志侠，董增川，周健康，等. 生态需水计算的蒙大拿法及其应用［J］. 水利水电技术，2003，34（11）：15 - 17.

[34] 薛朝阳. 确定水力半径的新方法［J］. 河海大学学报，1995，23（2）：107 - 112.

[35] 杨克君，曹叔尤，刘兴年. 复式河槽综合糙率计算方法比较与分析［J］. 水利学报，2005，36（7）：780 - 786.

[36] 张振兴. 北方中小河流生态修复方法及案例研究［J］. 长春：东北师范大学博士学位论文，2012.

[37] 中华人民共和国水利部，2014 年全国水利发展统计公报［M］. 北京：中国水利水电出版社，2015.

[38] 中华人民共和国水利部，2014 年中国水资源公报［M］. 北京：中国水利水电出版社，2015.

[39] 钟华平，董增川，王建生，等. 基于可利用量的水资源使用权配置［J］. 水利水电技术，2006，37（12）：35 - 40.

[40] 周泽松. 水文与地貌［M］. 上海：华东师范大学出版社，2002.

[41] 周之豪. 水利水能规划（第二版）［M］. 北京：中国水利水电出版社，2003.

[42] 左其亭，窦明，吴泽宁. 水资源规划与管理（第二版）［M］. 北京：中国水利水电出版社，2014.

[43] 左其亭，窦明，吴泽宁. 水资源规划与管理［M］. 北京：中国水利水电出版社，2005.

[44] 左其亭，陈曦. 面向可持续发展的水资源规划与管理［M］. 北京：中国水利水电出版社，2003.

[45] 左其亭，窦明，马军霞. 水资源学教程［M］. 北京：中国水利水电出版社，2008.

[46] Chow. VT. Open-channel hydraulics［M］. New York：McGraw-Hill Book Company lnc，1959. 24 - 25.

[47] Tennant D. L.. Instream Flow Regimens for Fish，Wildlife，Recreation and Related Environmental Resources［C］. in Orsborn J. F. and Allman C. H. （Eds），Proceedings of the Symposium and Speciality Conference on Instream Flow Needs II. American Fisheries Society，Bethesda，Maryland. 1976：359 - 373.

[48] http：//www. goootech. com/subject/shuishengtai/index. htm.

[49] http：//www. xchen. com. cn/lylw/sstxlw/684807. html.

[50] http：//blog. sina. com. cn/s/blog _ 616e37b60101ky0v. html.

[51] http：//www. china. com. cn/info/2012 - 03/20/content _ 24942821. htm.

[52] http：//baike. baidu. com/link? url=CQSDOH1pnrCLpnI7olWL22PEQl14itoYTst8J8fPV02JQ33n9i5zWPvBDaYDUxf9vvuHYGUolSnL6jzTbyVfkq.

[53] 中华人民共和国水利部. SL 532—2011 入河排污口管理技术导则［S］. 北京：中国水利水电出版社，2011.

[54] 中华人民共和国水利部. SL 662—2014 入河排污量统计技术规程［S］. 北京：中国水利水电出版社，2014.

[55] 中华人民共和国水利部. SL201—2015 江河流域规划编制规定［S］. 北京：中国水利水电出版社，2015.

[56] 中华人民共和国水利部. SL/Z 712—2014 河湖生态环境需水计算规范［S］. 北京：中国水利水电出版社，2015.

[57] 中华人民共和国水利部. SL/Z 552—2012 用水指标评价导则［S］. 北京：中国水利水电出版社，2012.

[58] 中华人民共和国水利部. SL 429—2008 水资源供需预测分析技术规范［S］. 北京：中国水利水电出版社，2009.

[59] 中华人民共和国水利部. SL 613—2013 水资源保护规划编制规程［S］. 北京：中国水利水电出版社，2013.

[60] 中华人民共和国水利部.SL 322—2013 建设项目水资源论证导则［S］.北京：中国水利水电出版社，2014.

[61] 中华人民共和国水利部.SL395—2007 地表水资源质量评价技术规程［S］.北京：中国水利水电出版社，2008.

[62] 中华人民共和国水利部.SL 459—2009 城市供水应急预案编制导则［S］.北京：中国水利水电出版社，2010.

[63] 中华人民共和国住房和城乡建设部，中华人民共和国国家质量监督检验检疫总局.GB/T 50594—2010 水功能区划分标准［S］.北京：中国计划出版社，2011.

[64] 中华人民共和国水利部.SL 726—2015 区域供水规划导则［S］.北京：中国水利水电出版社，2015.

[65] 中华人民共和国住房和城乡建设部，中华人民共和国国家质量监督检验检疫总局.GB/T 51051—2014 水资源规划规范［S］.北京：中国计划出版社，2015.

[66] 中华人民共和国水利部.SL 706—2015 水库调度规程编制导则［S］.北京：中国水利水电出版社，2015.

[67] 中华人民共和国水利部.SL 709—2015 河湖生态保护与修复规划导则［S］.北京：中国水利水电出版社，2015.

[68] 中华人民共和国水利部.SL 627—2014 城市供水水源规划导则［S］.北京：中国水利水电出版社，2014.

[69] 中华人民共和国水利部.SL 687—2014 村镇供水工程设计规范［S］.北京：中国水利水电出版社，2014.

[70] 中华人民共和国水利部.SL 525—2011 水利水电建设项目水资源论证导则［S］.北京：中国水利水电出版社，2011.

[71] 中华人民共和国水利部.SL/Z 479—2010 河湖生态需水评估导则［S］.北京：中国水利水电出版社，2011.

[72] 国家能源局.DL/T 5042—2010 河流水电规划编制规范［S］.北京：中国电力出版社，2010.

[73] 中华人民共和国住房和城乡建设部.海绵城市建设技术指南—低影响开发雨水系统构建（试行）［S］.中国建筑工业出版社，2015.

[74] 中华人民共和国水利部.SL/Z 322—2005 建设项目水资源论证导则（试行）［S］.北京：中国水利水电出版社，2005.

[75] 中华人民共和国水利部.SL 45—2006 江河流域规划环境影响评价规范［S］.北京：中国水利水电出版社，2006.

[76] 中华人民共和国水利部.SL 201—97 江河流域规划编制规范［S］.北京：中国水利水电出版社，1997.

[77] 中华人民共和国水利部.SL 367—2006 城市综合用水量标准［S］.北京：中国水利水电出版社，2007.